KB246305

트라우마 말하기

상처, 증언, 서사

지은이

양석원 梁碩原, Seokwon Yang

연세대학교 영어영문학과에서 학, 석사를 마치고 뉴욕주립대학교(SUNY Buffalo)에서 허먼 멜빌(Herman Melville)에 관한 연구로 박사학위를 받았다. 1997년부터 연세대학교 영어영문학과 교수로 미국문학과 문학비평을 가르쳤다. 2003·2011~2012년에 풀브라이트 방문학자로 캘리포니아대학교(UC Irvine)와 메릴랜드대학교(University of Maryland, College Park)에서 연구했고, 2018~2019년에는 캘리포니아대학교(UC Berkeley)에서 방문학자로 연구했다. 저서로『욕망의 윤리-라캉 정신분석과 예술, 정치, 철학』(한국영어영문학회 제9회 학술상, 한길사, 2018),『에로스의 두 얼굴-프로이트와 라캉의 성과 사랑 이론』(서강대학교출판부, 2019),『미메시스, 시뮬레이션, 상상력』(공저, 연세대학교 대학출판문화원, 2017) 및 기타 공저가 있고, 역서로『영향에 대한 불안』(문학과지성사, 2012),『주홍 글자』(을유문화사, 2011) 및 기타 공역서가 있다. 논문으로「트라우마, 감정, 주체-정신분석과 신경과학 사이」(한국영어영문학회 제5회 이상섭·김정매 논문상, 2020), "The Anxiety of 'Slighted Charms' : The Hysteric's Desire, Fantasy, and Affect in Henry James's 'The Turn of the Screw'"(2025) 등 미국문학과 비평이론 및 정신분석에 관한 다수의 글을 발표했다.

트라우마 말하기

초판발행 2026년 2월 20일

지은이 양석원

펴낸이 박성모
펴낸곳 소명출판
출판등록 제1998-000017호
　　주소 서울시 서초구 사임당로14길 15 서광빌딩 2층
　　전화 02-585-7840
　　팩스 02-585-7848
　이메일 somyungbooks@daum.net
홈페이지 www.somyong.co.kr

　　ISBN 979-11-7549-043-7 03180
　　정가 48,000원

이 저서는 2022년 대한민국 교육부와 한국연구재단의 지원을 받아 수행된 연구임(NRF-2022S1A6A4049391).
원제 : 상처와 감정의 서사

트라우마 말하기

상처, 증언, 서사

양석원 지음

사랑하는 딸 민지 에스터, 민아 루시아
그리고 아내 영신 프리스카에게

일러두기
1. 프로이트 책과 논문의 출처는 최초 인용 후 제목 뒤에 프로이트 영문판 전집 *Standard Edition(The Standard Edition of the Complete Psychological Works of Sigmund Freud)*의 약어 SE와 권호 및 쪽수만 표기한다.
2. 심리학 용어의 번역은 대체로 한국심리학회의 규정을 따르고 필요할 경우 수정했다.
3. 모든 인용문의 강조는 원문 강조의 표시다.

상처를 둘러싼 많은 표현이 있다. "상처받다", "상처를 입다", "상처를 주다", "가벼운 상처", "깊은 상처", "씻을 수 없는 상처", "마음의 상처", "아물지 않은 상처", "상흔"상처의 흔적, "상처가 덧나다", "상처를 다시 들추어내다", "상처를 가슴에 묻다", "상처투성이", "상처뿐인 영광", "상처가 낫다", "상처가 아물다", "상처를 감싸다", "상처를 어루만지다", "상처를 보듬다." 우리가 일상에서 빈번히 사용하는 이런 표현들은 삶이 곧 상처를 받고 주고 묻고 감싸고 보듬으며 어루만지는 과정임을 보여준다. 상처를 받지 않는 사람도 상처를 주지 않는 사람도 없다. 작건 크건, 가볍건 깊건 간에 우리는 상처를 받고 주며 상처와 함께 살아간다. 상처는 성별과 나이, 민족과 인종, 계층과 문화, 시대와 장소를 가리지 않는다. 그래서 우리는 모두 몸이나 마음에 상처를 지니고 살아간다.

큰 상처를 입고 상처가 아물지 않은 채 고통스럽게 살아가는 사람들이 많다. 고대부터 현대까지 동서양을 막론하고 전쟁, 기아, 질병, 폭력, 재난으로 점철된 역사는 상처의 보편성과 편재성을 증언한다. 상처는 개인과 가정, 사회와 국가에 지구적으로 발생한다. 홀로코스트와 캄보디아대학살, 양차 세계대전, 베트남전쟁, 이라크전쟁, 아프가니스탄전쟁, 9·11테러, 독재정권 유지를 위한 수많은 폭력의 역사에서 발생한 대규모 학살과 고문, 그리고 최근의 우크라이나전쟁과 가자지구전쟁에 이르기까지 인류의 근현대사는 상처로 얼룩져 왔다. 안으로 눈을 돌려 우리 근대사에 깊이 새겨진 상처만 보더라도 일제의 침략과 수탈, 명성황후 시해, 위안부와 강제징용 희생자, 6·25전쟁, 제주4·3사건, 5·18광주민주화운동, 세월호참사, 이태원참사 등 헤아릴 수 없이 많다. 이 엄청난 사건들이 지금도 미디어를 장식한다는 것은 그 상처가 아직 아물지 않았음을 보여준다. 우리 사회는 언제까지 이 상처들을 안고 묻고 살아야 할까? 이 상처들을 치유할 방법은 있는 것일까?

'상처'는 필자가 그동안 연구해 온 정신분석과 밀접히 관련된 주제다. 필자가 두 권의 졸저에서 '욕망'과 '사랑'이라는 주제를 다루면서 불가피하게 마주친 '고통'이라는 단어에 '정신적'이라는 형용사를 더하면 트라우마의 의미에 가까워진다. 트라우마에 관심을 가지고 연구하던 중 2018년에 처음으로 정동 이론과 장애 연구와 함께 트라우마를 대학원에서 가르치기 시작했으므로 이 주제에 관한 연구도 거의 10년 남짓 걸린 셈이다. 트라우마에 관한 내 관심은 논문 발표와 강의를 거듭하면서 깊어졌고 2022년 한국연구재단의 지원을 받으면서 본격적인 연구로 탄력을 받게 되었다. 당시에 '상처와 감정의 서사'라는 주제를 떠올리게 된 것은 트라우마를 정신적이고 감정적인 상처의 이야기로 생각했기 때문이다. 그러나 필자가 막연히 연구하겠다고 도전한 트라우마라는 주제의 범위가 얼마나 넓은지를 깨닫는 데에는 오랜 시간이 걸리지 않았다. 필자가 이 주제를 연구하면서 연세대학교 중앙도서관 2층 인문학 자료실, 3층 사회과학 자료실, 4층 자연과학 자료실을 빈번히 들락거리고, 법학도서관과 연합신학대학원 도서관 자료도 자주 대출했다는 사실은 이 주제의 연구가 얼마나 광범위한 분야에서 이루어지는지를 보여준다. 필자는 결국 제한된 시간과 능력으로 트라우마의 한 단면만을 다룰 수밖에 없다는 현실을 절감했다.

그래서 이 책은 광범위한 트라우마 연구를 종합한 것이 아니고 트라우마에 관한 몇몇 분야의 대표적이고 고전적인 연구를 상처, 증언, 서사의 관점에서 탐구한 결과에 불과하다. 서구의 고전적인 트라우마 연구가 홀로코스트를 가장 비중 있게 다루었기 때문에 이런 편중성에 대한 비판이 제기되었고 다른 지역의 재난과 폭력으로 인한 트라우마에 관심을 기울일 필요에 부응하는 연구도 적지 않게 이루어졌다. 또한 트라우마와 관계된 다양한 문학적 문화적 장르의 서사 연구도 매우 활발히 진행되고 있다. 이 책이 이런 요구와 발전을 모두 아우르지 못한 것이 아쉽다. 특히 시간과 지면의 부족으로 우리나라의 역사적 트라우마와 픽션과 논픽션을 포함한 트라우마 서사 연구를 일부라도 포함하지 못한 아쉬움이 매우 크다. 그러나 다른 한편으로 이런 아쉬움이 있기에 '상처'라는 주제가 필자에게 아직 다하지 못한 이야기를 더 하라는 사명감을 던져주는 것 같기도 하다.

상처는 필자가 그동안 연구해 오던 주제들과 연관되어 자연스럽게 학문의 관심사가 되었지만 개인적으로 겪은 크고 작은 상실과 상처의 경험도 이 주제를 연구하는 계기가 되었을 것이다. 어린 시절 평상 위에 누워계신 아버지의 시신을 목격하는 것은 이해할 수 없는 경험이었다. 성인이 되어서야 아버지의 죽음이 질병의 결과라는 것을 알게 되었지만, 이런 지식은 내 뇌리에서 아버지의 마지막 모습을 지우지 못했다. 지워지지 않고 내 의식의 저편에서 출몰하는 아버지의 모습. 그게 트라우마라는 걸 오랫동안 모르고 살았다. 재작년에 안타깝게 세상을 떠난 제자의 입관식에 참석했을 때 나는 아끼던 제자 곁으로 다가가지 못하고 유리 너머에서 그녀의 구원을 위해 성모송을 바치며 서 있었다. 트라우마 때문이었을까. 얼마나 많은 사람이 불의의 사고로, 폭력으로, 전쟁으로 또 질병으로 목숨을 잃은 가족과 연인과 친구와 동료의 상실에 가슴 아파하며 살고 있을까. 그들의 상처에 이 복잡한 학술서가 도움이 되리라 생각하지 않는다. 그러나 이 책이 상처를 말하고 공유하며 보듬는 공동체의 필요성을 알리는 데 도움이 된다면 상처받은 사람들의 마음을 조금이라도 어루만져 주지는 않을까 희망해 본다. 혹시 무심코 던진 말 한 마디로 차가운 시선으로 아니면 무관심으로 내가 상처를 준 사람들이 있다면 상처와 치유에 관한 글자들로 원고를 채우면서 그 상처들을 감싸고자 했던 자로 필자를 너그러이 감싸주시길 빈다.

졸고의 출간을 흔쾌히 수락하고 출판 일정을 배려하며 원고 편집과 교정을 위해 애써주신 소명출판 편집부에 깊은 감사의 마음을 전한다. 연구에 필요한 도서와 논문을 아낌없이 지원해 준 연세대학교 도서관에도 고마움을 전한다. 아울러 내가 트라우마를 연구하면서 개설한 대학원 세미나와 미국소설, 비평이론, 정신분석 등의 수업에서 발표하고 토론하며 삶과 문학에 대해 같이 고민하고 논의했던 학생들을 기억한다. 이들의 순수한 지적 호기심과 배움에 대한 열정은 내가 가르치고 연구하는 데 적지 않은 힘이 되었다. 학창 시절부터 교수로 재직하면서 오랫동안 몸담아 온 연세대학교 교정은 상처와 희생 그리고 치유의 공간이었다. 군사독재 시절 민주와 정의를 외치던 학생들의 시위를 진압하려고 자행된 폭력이 난무하고 최루탄 가스가 자욱했던 백양로는 역사의 상처가 새겨진 장소였고 이제 그 옛 모습은 추억의 대상이 되었다. 수경원을 내려다보는 언덕 위 이한열 동산에 세워진 추모비는 고귀한 희생을 기억하고 슬픈 상처를 어루만지려는 듯 말없이 서 있다. 윤동주 기념관 밑 시비는 일제에 짓밟힌 민족의 아픔을 몇 줄 시행으로 승화한 순수하고 고결한 시인의 숨결로 여전히 우리들의 마음을 울린다. 나날이 들어서는 현대식 건물들 뒤편에 아직 남아 바쁜 삶과 학업에서 벗어나 조용히 소나무 소리를 들으며 쉬어가라고 부르는 청송대聽松臺는 변함없이 안식과 사색의 공간이다. 내게 연세대학교는 지혜를 쌓고 상처의 교훈을 얻은 배움터이자 치유와 위안이 되어준 쉼터였다. 봄이 되면 꽃향기와 축제의 열기로 가득하고 가을에는 단풍이 물들고 아카라카 함성이 청춘을 외치는 이 아름다운 캠퍼스에서 배우고 가르치고 책을 읽고 글을 쓸 수 있도록 허락받은 은총과 축복에 감사드릴 뿐이다. 이 졸저는 내 마음을 위로하고 북돋고 자라게 해 준 이 캠퍼스를 떠나서 생각할 수 없다.

성당은 내게 또 다른 위로와 안식 그리고 묵상의 공간이었다. 속세의 생각으로 더럽혀진 마음을 조금이나마 씻을 수 있게 복음 말씀으로 초대하는 미사는 나처럼 기도에 게으른 신자에게는 영혼을 지켜주는 생명의 샘터와 같다. 성당 입구에서 장미꽃 한가운데 인자한 미소로 두 손을 모으고서 계신 성모상은 항상 겸허하게 기도하라고 가르치신다. 매일 아침 기도를 시작할 때, 성찬의 전례에서 신부님이 부활의 희망 속에 고이 잠든 교우들과 세상을 떠난 이들이 주님의 빛나는 얼굴을 뵙게 해 달라고 기도를 올릴 때, 기억하는 그리운 얼굴들이 떠오른다. 그분들의 상처받은 영혼을 위한 나의 기도에 주님께서 치유의 은총으로 응답하실 것을 믿는다. 대부분의 삶을 집과 학교를 왕복하며 보내온 나에게 집은 곧 글을 쓰는 작업실이자 소중한 안식처였다. 우리 집은 주님께서 내게 주신 가장 큰 선물이자 지금의 나를 있게 만든 작은 사랑의 공동체다. 멀리 떨어져 있지만 따뜻한 말과 관심으로 늘 엄마 아빠를 염려해 주는 큰 딸 민지, 바쁜 삶을 살면서도 밝고 기쁜 소식을 전하며 부모를 즐겁게 해 주는 작은딸 민아, 그리고 기도와 미소로 우리 집을 항상 밝고 따뜻한 성가정으로 만드는 아내 영신에게 이 책을 바친다. 소식을 듣고 보는 것만으로도 입가에 웃음이 돌고 같이 있는 것만으로도 기쁨과 위로와 치유가 되는 사랑하는 가족을 주님께서 주셨기에 상처에 대한 이 원고를 마무리할 수 있었다.

2026년 2월 방배동 자택에서

차례

상처의 시대에 말하고 듣기

신문과 뉴스 미디어에 등장하는 수많은 폭력과 재난의 소식은 우리 사회가 상처받은 사람들로 가득 차 있음을 알려준다. 우리는 상처의 시대에 상처의 문화에서 살고 있다. 우리가 매일 미디어를 통해 접하는 크고 작은 상처의 이야기는 우리에게 상처를 주고 우리가 가슴에 묻고 살았던 상처를 다시 들추어내게 한다. 그러나 우리는 또한 아픈 마음으로 공감하며 그 이야기를 듣기도 한다. 셀저^{Mark Seltzer}는 사적 영역과 공적 영역의 경계를 허물고 끊임없이 순환하는 "상처받은 신체와 상처받은 마음"의 이야기로 점철된 현대 사회를 "상처의 문화"로 일컬으면서 "트라우마 개념이 신체의 질서와 정신의 질서 사이에서 일종의 스위치 포인트로 기능할 뿐 아니라 개인과 집단, 사적 사물의 질서와 공적 사물의 질서 사이에서도 스위치 포인트로 기능하게 되었다"고 진단한다.[1] 온갖 종류의 폭력과 상처의 시청각 자료들이 TV 스크린을 통해 우리의 감각을 침투해 들어올 때 그 외부의 상처들은 우리 뇌리에 각인된다. 셀저에 따르면 재난과 폭력의 스펙터클이 일상화된 시대에 군중들이 "상처, 트라우마, 병리의 장소"로 모이는 상처의 문화는 트라우마가 "상처에 기초

---

1   Mark Seltzer, "Wound Culture : Trauma in the Pathological Public Sphere", *October*, Vol. 90, 1997, 3·5쪽.

한 사회성의 장소"라는 점을 보여준다.[2]

　셀저는 개인이 공적인 트라우마의 재현에 지속적으로 노출되는 상처의 문화에서 발견하는 사회성을 "병리에 속박된 사회성"이라 명명하며, "타자와의 관계의 열림('공감적인' 사회적 유대)이 동시에 자아와 타자의 경계의 외상적 붕괴(정체성이 동일시에 굴복하는 것)"이고 따라서 "타자와의 관계 가능성의 열림은 또한 폭력의 가능성을 연다"고 진단한다.[3] 상처 문화에 대한 셀저의 부정적 진단은 우리가 얼마나 많이 타자의 상처에 노출되고 상처받는 미디어 재현의 문화에 살고 있는지를 강조한다. 그러나 쓰러진 자 주위로 사람들이 모이고 폭력의 희생자들에게 시선과 관심이 쏠리는 것이 부정적이기만 한 것일까? 상처가 모이게 하는 사람들의 사회성이 병리적이기만 한 것일까? 우리는 재난의 현장에서 생명을 구하려고 헌신하는 많은 사람을 보지 않는가? 우리는 상처를 주고받지만 동시에 상처를 감싸주고 어루만져 주기도 한다. 나는 왜 그들의 상처를 보고 지나칠 수 없는가? 인간의 이기심과 이타심의 근원에 관한 철학적 논쟁을 차치하고서 남의 상처를 보고 공감할 수 있는 능력은 우리가 상처를 받고 지니고 견디어온 경험에서 나오는 것이 아닐까? 이런 점에서 상처가 매개하는 사회성은 병리적인 것이 아니라 남의 상처를 보고 공감할 수 있는 상처받은 사람들의 유대를 의미하는 것일 수 있다. 타자의 죽음을 애도하는 행위의 밑바탕에 인간의 보편적 사멸성에 대한 인식이 존재하듯이, 남의 상처에 대한 공감과 관심의 토대에 나의 상처에 대한 경험이 존재한다. 나와 너를 구분하지 않는 상처는 나와 너를 이어주는 매개체가 될 수 있다.

2　　위의 글, 24쪽.
3　　위의 글, 9쪽.

상처는 스스로 자라고 커질 수 있다. 마음에 새겨진 상처는 쉽게 제거할 수 없게 깊이 뿌리를 내리고 자라서 점점 더 큰 고통을 주고 때로는 곪아 터져서 삶을 파괴하고 사회를 병들게 할 수 있다. 살갗의 가벼운 상처와 달리 마음의 깊은 상처는 저절로 낫지 않고 어루만져 주는 손길을 요구한다. 상처는 나와 너, 자신과 타자의 관계에서만 치유될 수 있다. 상처를 받거나 주는 것, 상처를 보듬거나 어루만진다는 표현들이 보여주듯이 상처는 관계의 성격을 지닌다. 상처를 받는 것도 치유하는 것도 관계 속에서 가능하고 실현된다. 이 상처의 공식이 인간의 조건이고 사회적 현실이다. 우리 사회는 상처를 빼고 치유를 보태는 관계의 방정식에 기초한 공동체를 요구한다. 우리가 말하고 듣는 행위는 이런 관계를 만들 수 있다.

사건과 재난이 빈번히 매체를 장식하는 시대에 트라우마는 일상생활에서 통용되는 낯익은 용어가 되었고 트라우마를 이야기하는 것도 더 이상 낯설지 않다. 그러나 트라우마를 말하고 듣는 행위가 왜 중요하고 어떤 의미를 지니는지에 대한 사회적 인식이 더 깊어졌을지는 의문이다. 오히려 트라우마는 과도한 사용으로 그 의미가 퇴색한 느낌마저 든다. 우리 시대에 트라우마는 더 깊이 연구하고 사회적으로 대면해야 할 문제이자 과제다. 지난 수십 년 동안 트라우마 연구는 다양한 분야에서 활발히 이루어졌고 이 주제를 둘러싼 학계의 논쟁도 적지 않다. 그러나 상처를 말하고 듣는 행위는 트라우마 연구의 중심에서 벗어날 수 없다. 히스테리 환자를 다루면서 정신적 상처의 치유는 말하는 과정을 통해 이루어진다고 밝힌 프로이트Sigmund Freud의 이론은 정신분석의 영역을 넘어서 트라우마 연구에 막대한 영향력을 행사했다. 말하고 듣는 행위가 트라우마의 치유에 필수적이라는 점은 수많은 증언과 실험 및 연구를 통해 입증되고 있다.

 필자는 트라우마를 감정과 서사의 주제와 연결해 연구하면서 트라우마가 과학적 실험과 연구뿐 아니라 말하고 듣는 과정에서 비로소 드러나고 치유될 수 있고, 이 과정은 상처를 공유하고 공감하는 상처의 윤리를 수행하는 공간과 공동체의 역할을 요구하며, 이를 가능하게 하는 것이 인간의 보편적인 취약성과 사멸성에 대한 인식과 각성이라는 결론에 도달했다. 그러나 자명하거나 단순해 보일 수도 있는 이 결론을 트라우마 연구의 결과로 제시하는 일은 쉽지 않다. '트라우마 말하기'에 관한 연구는 이 주제에 관한 학문적 탐구를 면밀하고도 비판적으로 검토하는 과정을 통해서 이런 결론을 도출해야 하기 때문이다. 필자는 이 책에서 상처의 발생과 치유의 현상과 원리를 규명하는 트라우마 메커니즘, 생존과 증언, 그리고 트라우마의 감정과 서사에 관한 연구를 심층적으로 해부하면서 트라우마 말하기와 듣기라는 주제에 다가가려 시도했다.

 이 책의 제1부 「트라우마의 메커니즘」을 구성하는 1, 2, 3장은 각각 프로이트와 카디너Abram Kardiner의 정신분석, 자네Pierre Janet의 심리학, 그리고 신경과학이 트라우마의 발생과 치유의 메커니즘을 어떻게 다루고 있는지, 이들 간의 공통점과 차이점은 무엇인지, 이 연구들이 정신적 상처와 인간 주체성 및 삶에 관해 무엇을 말해주고 있는지를 밝힌다.

 1장 「정신분석과 트라우마―프로이트와 카디너의 외상 이론」은 프로이트가 히스테리 환자를 치료하면서 시작한 트라우마 발생과 치유에 관한 연구가 그의 정신분석학 이론의 발전과 변화 과정에서 어떻게 전개되는지를 살펴보고, 참전용사의 트라우마를 연구한 카디너가 프로이트의 욕동이론을 비판하고 생리신경증 개념으로 트라우마를 해석하는 내용을 살펴본다. 프로이트는 전쟁신경증을 연구하면서 트라우마를 자아의 보호막을 꿰뚫고 들어와 지속적인 영향을 미치는 정신적 상처로 정의하고, 외상꿈을 위험에 대한 준비 역할을 하는 불안이 부재한 상태에서 발생한 트라우마를 사후에 통제하기 위해 불안을 장착하고 외상 장면으로 반복해서 회귀하는 것이라고 해석한다. 그가 트라우마의 치유 방법으로 제시하는 억압의 극복작업과 자아의 강화는 경제적인 관점에서 트라우마를 통제하는 정신적 능력의 배양을 의미하지만, 이 과정은 환자 주체의 능동적 역할, 의사와 환자가 창조하는 공감의 사회적 공간 창조의 중요성을 보여준다.

카디너에게 트라우마는 행동체계를 파괴해 적응력을 훼손하고 자아의 축소를 야기한다. 그는 적응력의 파괴와 자아의 축소에 동반되는 감각신체적 장애에 주목하며 생리신경증 개념으로 트라우마와 신체의 관계를 논한다. 카디너에게 트라우마의 치유는 행동체계가 외상적 사건에 의해 파괴되기 이전 상태로 환자의 기억을 회복하는 것이고 이 과정에서 환자의 의식적 노력도 중요하다. 트라우마와 신체의 관계에 주목한 카디너의 생리신경증 개념은 신경과학적 트라우마 연구를 예견한다.

2장 「해리와 적응의 경제적 심리학―피에르 자네의 트라우마 이론」은 신경과학의 발달로 트라우마 연구가 새로운 국면을 맞은 현재에 자네의 심리학이 새롭게 조명되는 이유를 중심으로 그의 트라우마 이론을 살펴본다. 자네는 히스테리의 원인으로 유전의 중요성도 주장했으나 외적 원인인 트라우마의 중요성도 간과하지 않았다. 외상기억이 무의식에 억압된다고 주장하는 프로이트와 달리 자네는 외상기억이 잠재의식에 고착된 표상으로 해리되어 외상적 증상을 낳는다고 주장한다. 즉 그의 이론은 억압이 아닌 분해 또는 해리 이론이다. 해리 메커니즘은 의식이 지각의 일부만 허용하는 의식의 축소다. 지각 전부를 수용하지 못하

고 축소된 의식은 환자들의 종합력과 현실 적응력이 훼손된 것을 의미
한다. 환자들은 과거의 의식이 종합한 지각들의 연상으로 구성된 자동
적 행위를 할 뿐 현재 의식은 지각을 종합할 능력이 없다.

　따라서 트라우마의 치유는 의식의 종합력과 자아의 적응력을 회복하
는 것이다. 치료는 해리된 의식을 재통합하고 이 과정에서 상실한 기억
을 회복하거나 외상기억을 다른 기억으로 대체하며, 정신적 에너지^{힘과 긴}
^장의 과도한 소비를 줄이고 재충전하는 것이다. 외상기억의 회복은 상실
한 기억의 단순 회복이 아니라 현재의 시점에서 과거에 발생한 사건을
환자의 개인 역사에 자리매김하는 현재화와 동화 및 서사화를 의미한다.
현재화와 서사화가 이루어질 때 환자는 과거의 사건을 반복하지 않고 현
실에 적응하는 데 성공한다. 현대 과학자들이 억압보다 실험적으로 증명
할 수 있는 해리를 더 신뢰한다는 점에서 자네의 심리학은 현대 트라우
마 연구에 더 적합하다고 여겨진다. 아울러 자네가 제시한 기억의 치환,
현재화 및 서사화 개념은 외상적 기억의 신경과학적 치료뿐 아니라 트라
우마를 삶의 서사의 일부로 편입하여 새로운 정체성을 창조하는 트라우
마 서사 치유의 방법과도 상통한다는 점에서 큰 의의를 지닌다.

　3장 「신경과학과 트라우마─트라우마, 감정, 주체」는 신경과학이 트
라우마의 발생과 치료에 관한 연구에서 가져온 패러다임 변화의 내용을
구체적으로 살펴보고 이런 변화의 의의와 변화에 동반된 논쟁과 문제점
을 짚어본다. 신경과학이 트라우마 연구에서 일으킨 가장 큰 변화는 기
억이 의식적이고 외현적인 서술기억과 비의식적이고 암묵적인 절차적
비서술기억으로 구분된다는 과학적 발견에 기초한다. 외상기억은 의식
적인 외현적 기억과 분리되어 암묵적이고 비의식적인 기억으로 저장된
다. 신경과학적 관점에서 의식적 외현적 기억은 해마가 담당하고 공포

등의 감정은 편도체가 담당한다. 트라우마의 스트레스는 의식적인 외현적 기억에 장애를 유발하지만 감정을 담당하는 편도체의 기능은 오히려 활성화해서 비의식적 암묵적 기억을 증폭시킨다. 외현적 기억과 암묵적 기억의 차이는 언어와 이미지의 차이로도 나타난다. 의식적 서술기억은 언어적 형태로 저장되고 비의식적 암묵적 기억은 이미지와 감정의 형태로 저장된다. 이는 외상 후 스트레스 장애 환자들이 겪는 플래시백과 분노, 공포 등의 감정적 고통을 잘 설명해 준다.

따라서 트라우마 치료의 초점도 의식과 언어의 차원에서 신체의 차원으로 이동한다. 신경과학적 트라우마 치료법은 정신의 차원에서 신체적 증상을 통제하는 하향적 방식 대신 신체에 작용해서 정신적 변화를 유도하는 상향적 방식을 시도한다. 신체체험치료, 안구운동과 둔감화 재처리, 내면 가족체계 치료, 정신운동치료 및 뉴로피드백 등의 개발과 연구는 트라우마의 발생과 치료에 획기적인 변화와 발전 가능성을 보여준다. 그러나 인문학적 관점에서 이런 치료법은 트라우마 환자를 주체가 아닌 대상으로 더 넓게는 인간을 신경과 신체, 뇌의 물질적 차원으로 환원한다는 비판을 받을 수 있다. 신경과학적 전회의 시대에 트라우마 치료의 변화는 신경과학과 정신분석 및 인문학이 주체의 정의定義를 중심으로 부단히 대화할 필요를 제기한다.

제2부 「생존과 증언」은 트라우마 생존자가 외상을 경험하고 생존하는 과정에서 겪는 정신적 경험의 내용과 생존자가 자신의 경험을 정신분석가, 심리학자 그리고 공동체에 말해야 할 필연성과 방식, 트라우마 증언의 내용과 형식에 관한 증언 연구의 갈래, 증언이 트라우마 경험을 전달하거나 재현할 수 있는가에 대한 논쟁을 다룬다.

4장 「생존의 상처」는 생존자가 겪는 정신적 상처의 내용을 탐구한다.

트라우마는 죽은 자가 아닌 생존자가 겪는 고통이다. 히로시마 원폭과 홀로코스트 생존자를 연구한 리프턴Robert Jay Lifton은 삶에 내재한 죽음의 문제를 생존자 트라우마의 핵심으로 파악한다. 생존자가 목격한 죽음 이미지는 세상 종말의 이미지와 함께 그의 뇌리에 각인되어 삶과 죽음의 경계는 모호하다. 생존자가 겪는 정신적 마비는 생존자를 압도하는 세력에 대한 분노나 저항을 억압해서 궁극적으로 생존하는데 기여하지만 극한 상황에서 생존하기 위해서는 감정, 인격, 자아 즉 인간성을 버려야 한다는 역설을 보여준다. 나치 강제수용소의 무젤만muselmann, muslim은 이런 죽음과 같은 비인간화된 삶을 가장 잘 예증한다. 무젤만은 리프턴이 삶을 구성하는 과거와 미래의 이미지를 창조하는 능력으로 정의하는 상징화를 박탈당해 세계와 철저히 단절되고 고립된 탈역사적이고 탈감정적인 존재다. 베틀하임Bruno Bettelheim이 생존자와 무젤만의 경계를 인간과 비인간의 경계로 본 것과 달리 아감벤Giorgio Agamben은 무젤만이 인간 내부의 비인간성 또는 비인간성의 인간성을 드러낸다고 주장하며 '벌거벗은 생명'으로서의 무젤만을 인간 범주에서 배제하는 것을 비판한다. 랭거Lawrence Langer는 삶과 죽음의 경계에 놓인 극한 상황에서 일상적 도덕의 기준이 무용할 수 있음을 암시한다.

트라우마가 사건의 발생보다 뒤늦게 발현된다는 프로이트의 '지연된 행동' 개념에 기초해서 트라우마의 이해 불가능성 이론을 펼치는 캐루스Cathy Caruth는 생존자가 죽음뿐 아니라 생존도 이해할 수 없음을 강조하며 생존의 트라우마적 성격을 논한다. 트라우마의 과거를 떠나 미래로 향하는 '떠남'출발과 '깨어남'의 개념은 이해할 수 없는 사건을 이해하려는 반복적 시도이고 파악할 수 없는 사건에 의미를 부여하려는 시도로 해석할 수 있다. 캐루스가 외상적 깨어남과 떠남을 설명하면서 죽음과 생존의 불가해성을 강조한 것과 달리 리프턴은 죽음과 대면하는 트라우마에서 의미를 찾아 삶의 역사에 동화시키는 중요성을 강조한다. 그러나 캐루스와 리프턴 모두 트라우마에서 해방되거나 떠나는 방식으로서의 생존을 중요하게 논한다. 이는 생존자에게 트라우마가 종점이 아닌 출발점이어야 한다는 일종의 당위성을 제시한다. 캐루스는 죽은 아들이 살아서 자신이 불타는 것을 보지 못하냐고 호소하는 꿈을 꾸던 아버지가 깨어나는 것에 대한 프로이트와 라캉Jacques Lacan의 해석을 논하며 이 호소가 깨어나서 죽은 자에 대해 증언해야 할 생존자의 의무를 예시한다고 해석한다. 생존은 증언의 명령을 수행하는 것이다.

5장「상처의 외침─트라우마의 증언」은 트라우마 생존자가 상처를 말할 필요성과 들을 공감적 청자의 당위성을 논한다. 침묵과 발언 모두 상처가 드러나는 방식일 수 있지만, 침묵과 달리 발언은 트라우마를 치유하는 방법이 될 수 있다. 상처의 사회적 속성은 궁극적으로 고백의 장소를 진료실과 상담실을 넘어 사회공동체로 향하게 한다. 이런 과정에서 고백은 증언이 되고, 개인의 이야기는 공동체의 집단적 기록이 된다. 증언은 일차적으로 목격한 사건의 사실적 보고지만 모든 증언에는 개인의 체험에 기초한 관점과 가치판단이 개입한다. 따라서 증언은 객관적 사실성 이외에도 진실성의 측면을 지닌다. 증언 연구는 트라우마와 폭력의 생존자가 주관적인 경험을 전달하는 체험 중심의 증언 연구와 사건에 대한 객관적인 지식과 정보의 확보를 지향하는 인식론적 증언 연구로 양분된다. 대표적인 트라우마 증언 연구는 사건의 사실성에 대한 객관적인 담론적 진리가 아닌 생존자의 외상 경험과 생존의 고유한 체험에 기초한 체현된 진리를 강조한다.

『증언』의 공저자 라웁Dori Laub이 홀로코스트 생존자 구두 증언 연구에서 주장하는 역사적 진리는 궁극적으로 객관적 사실의 전달이 아닌 실존적 체현된 진리를 묘사한다. 『증언』의 또 다른 저자 펠먼Shoshana Felman도 대체 불가능한 생존자의 경험을 말하는 것이라는 증언의 정의를 제시하며 생존자가 대체할 수 없는 고유한 증언을 말하는 서사적 수행이 곧 역사적 진리를 구성한다고 주장한다. 진리의 구성은 증인뿐 아니라 청자도 요구한다. 부단한 기억과 증언을 통해 역사와 생존자의 삶을 복구하는 작업은 증인의 말하기와 청자의 듣기로 이루어진 대화적 과정에서 가능하다. 증인과 청자가 상호주체적이고 공감적인 대화의 과정에서 증언 공동체를 형성할 때 비로소 생존자는 진정한 의미에서 고백에서 벗어나 증인이 되고 청자도 정보 수신인의 역할을 넘어서 공감적 동반자가 되어 증언을 가능하게 하고 완성하는 참여자가 될 수 있다.

6장 「트라우마의 재현」은 트라우마 생존자가 트라우마를 증언하는 어려움 및 트라우마 재현의 가능성과 불가능성을 논한다. 생존자가 느끼는 비현실감과 공허감은 생존자를 침묵하게 한다. 블랙홀 같은 침묵은 이해할 수 없는 고통의 금지된 기억을 표현할 언어의 부재를 지시한다. 증인은 침묵을 깨고 말해야 하지만 말하려는 증인과 공감적인 청자로 구성된 이상적인 증언 공동체가 있어도 증인은 결코 모든 것을 말할 수 없다. 아감벤은 말하는 행위에 인간의 주체성과 탈주체성, 인간성과 비인간성이 공존한다고 설명하며 이를 생존자와 무젤만의 관계에 대입한다. 아감벤에게 증언은 트라우마 경험의 밖에 있는 자가 안에 있던 자를 증언하는 것이 아니라 안과 밖의 구별이 불가능한 관계, "안과 밖이 구분되지 않는 경계" 즉 인간성 안의 비인간성에 대한 증언이다. 비인간성 속에서 파괴되지 않고 남은 것은 불변하는 인간의 본질이 아닌 이 파열을 증언하는 증인이다. 증언은 따라서 말할 수 있음과 말할 수 없음 사이의 역설적 관계인 이접^{離接, disjunction}에 위치한다.

　말할 수 없는 것을 말하는 증언의 정의는 증언의 진정성과 트라우마 재현 가능성의 문제를 제기한다. 하트먼^{Geoffrey Hartman}은 죽은 무젤만을 참된 증인으로 보는 레비^{Primo Levi}와 아감벤이 생존한 증인이 아닌 무젤만에게 증언의 권위를 부여하므로 생존자 증언의 진정성을 박탈한다고 비판하며 생존자의 경험 자체에 포함된 죽음과 상실과의 투쟁에서 진정성을 찾는다. 아도르노^{Theodore Adorno}에게 아우슈비츠는 전달할 수 없고 심지어 생각할 수 없을 정도로 훼손된 현대 문화를 드러내는 사건이다. 리오타르^{Jean François Lyotard}는 쟁론^{différend, differend} 개념으로 칸트의 숭고 미학에서 추출한 포스트모던 숭고의 재현 불가능 이론을 세공하며 트라우마 재현의 문제를 파헤친다. 그는 '잘못'을 '손해'와 구분하여 희생자가 항변할 수단을 박탈당한 것으로 정의하고, 잘못을 표현할 언어가 없는 상황을 쟁론으로 개념화한다. 아우슈비츠는 말해지지 않고 문장화되어야 할 긴급사태가 가장 크지만 어떤 문장화도 잘못을 모두 손해로 바꿀 수 없기에 말해지지 않고 남은 것이 문장화되기를 기다리는 고통의 느낌이 가장 큰 사건이라는 점에서 현시될 수 없는 것의 표본이다. 리오타르는 또한 소문자 복수로 인용부호 안에 표기되는 '유대인들'을 서구사상이 제거하고 재현함으로써 통제하고 추방하려 했으나 결코 재현할 수 없는 타자로 규정하고 이를 망각하려는 정치학에 맞서 기억하고 재현하려는 미학을 감각 또는 상상력을 초과한다는 의미에서 무감각의 미학이라 부른다.

　제3부 「트라우마의 감정과 서사」는 트라우마 서사의 특징을 서사 구조의 관점에서 다루면서 정동 이론이 트라우마의 감정을 이해하는 데 어떤 변화를 가져왔는지와 함께 감정적 고통을 트라우마 서사의 필수적

구성요소로 논한다. 이 부분의 마지막 장에서는 트라우마 서사의 위기를 구성하는 트라우마의 상처와 고통이 어떻게 서사의 동력으로 기능할 수 있는가와 서사가 트라우마 치유에 어떻게 왜 기여할 수 있는가의 문제를 다룬다.

7장 「역사와 허구―랑시에르와 리쾨르의 재현과 서사 이론」은 트라우마 재현의 불가능성을 주장한 리오타르를 반박하고 리얼리즘의 언어로 홀로코스트를 재현할 수 있다고 주장하는 랑시에르Jacques Rancière와 아리스토텔레스Aristotle이론에 기초해 문학과 역사 서사의 자율성을 주장하면서도 서사가 사건의 현실을 지시할 수 있다고 주장하는 리쾨르의 비판적 리얼리즘적 서사 이론을 논한다. 랑시에르는 역사적으로 예술 체제를 플라톤의 윤리적 예술 체제, 아리스토텔레스의 재현적 예술 체제, 그리고 근대 미학적 예술 체제로 구분하고, 재현 가능 / 불가능의 범주 자체는 재현적 예술 체제에서만 가능하다고 주장한다. 근대의 미학적 체제에서는 재현 가능한 것과 불가능한 것, 예술의 적절한 대상과 부적절한 대상의 경계가 와해된다. 미학적 예술 체제가 재현적 예술 체제에서 해방되는 것은 역설적으로 현실 모사에서 해방된 자율적 예술이 아닌 현실과 예술의 경계를 와해하는 리얼리즘이다. 랑시에르는 재현할 수 없는 것의 범주가 사라진 미학적 예술 체제에서 홀로코스트와 같은 사건을 재현하는 것은 불가능하지 않을 뿐 아니라 이 사건을 재현하는 특별한 언어가 존재하지 않는다고 주장한다.

랑시에르가 아리스토텔레스를 현실 모사에서 분리한 재현적 예술 체제의 대표적 인물로 제시하는 것과 달리 리쾨르는 아리스토텔레스가 말하는 개연성이 실제 역사와 무관하지 않다고 해석한다. 리쾨르가 아우구스티누스Augustine의 『고백록Confessions』과 아리스토텔레스의 『시학Poetics』

에 나타난 시간관을 비교하면서 아리스토텔레스에게서 추출하려는 플롯의 논리는 일치가 아닌 불일치적 일치다. 리쾨르가 주목하는 비극적 플롯의 특징은 반전과 고통이라는 불일치의 요소들을 포함하는 구성이다. 구조는 사건을 포괄할 수 있다. 리쾨르가 아리스토텔레스의 불일치적 일치의 구성 개념에 기초한 서사를 탐구하며 추가하는 것은 시간이다. 리쾨르에 따르면 플롯이 수행하는 가장 큰 역할은 종합이고, 종합은 단순히 사건들을 통일시키는 것이 아니라 이질적인 요소들을 하나로 묶는 것이다. 시간은 이질적인 것들을 종합하는 구성의 필수요소이고 서사적 정체성의 창조를 가능하게 한다. 서사의 불일치적 일치의 플롯에서 발생하는 가장 불일치적인 경험은 자신이 소멸하는 무의 경험이다. 여기에서 서사적 정체성은 무로 환원된 자기동일적 정체성이 아니라 무의 경험을 통해서도 무로 환원될 수 없는 '나'라는 질문을 던지는 정체성이다. 이런 점에서 서사는 트라우마라는 불일치적 요인으로 인해 극단적인 자기 소멸을 경험하는 생존자에게 허락된 자기 탈환과 재형성의 도구가 될 수 있다.

8장 「트라우마와 정동」은 신경과학적 전회와 정동적 전회의 영향으로 감정 논의가 신체 중심으로 바뀐 것과 이런 경향이 트라우마의 정동 논의에 가져온 변화를 살펴본 후, 정동 이론이 트라우마 희생자들이 경험하는 죄책감과 수치심의 논의에 미친 영향을 논한다. 인지와 개념보다 신체에 주목하는 정동 이론은 신경과학처럼 감정의 비신체적 비의식적 차원을 강조한다. 정동 이론은 타당하거나 타당하지 않은 관념에 따라 더 능동적이거나 수동적으로 바뀌는 정동이 "신체들의 상관적 변화"를 반영한다고 주장한 스피노자^{Baruch Spinoza}의 철학에 기초한다. 신경과학자 다마지오^{Antonio Damasio}는 스피노자가 감정의 신체적 메커니즘에 대한 이론을 예견하는 통찰력을 보여주었다고 주장하며 감정과 느낌의 원천을 신체에서 찾고 공포, 분노, 혐오, 놀람, 슬픔, 행복을 원초적 감정으로 제시한다. 정동 이론가들에게 큰 영향을 미친 심리학자 톰킨스Silvan Tomkins도 정동을 선천적으로 타고난 신경체계와 후천적으로 발달한 신경체계로 정의하고 여덟 개의 원초적 정동을 제시한다.

정동 이론은 탈개인적인 신체 개념도 도입한다. 마수미Brian Massumi는 (초개인적 사회적) 정동을 (개인적) 감정과 구분하며 정동의 잠재력에 기초한 정치학을 주장하고, 클러프Patricia Clough는 들뢰즈Gilles Deleuze의 기계적 배치로서의 신체 개념에 기초해서 트라우마 주체를 전개인적인 정동적 능력의 배치로 고려할 것을 주장한다. 이런 관점에서 생명권력이 통제하는 사회에서 파괴되는 것은 개인의 신체라기보다 전개인적 신체적 능력이고 정동이다. 정동의 사회성과 정치성에 관한 관심은 재난적 사건에 초점을 맞추는 경향에서 탈피해 소규모의 일상적 상처를 트라우마 연구에 포함하려는 시도를 낳는다. 예외적인 사건은 일상에 스며들어 부지불식간에 폭력을 가하고 주체가 난관에 봉착하게 만드는 체계의 위기를 일상적 위기보다 더 확대해 보여줄 뿐이다. 이런 경향은 트라우마 주체가 겪는 정신적 고통을 개인 고유의 내면적 갈등과 상처가 아니라 사회구조적인 체계의 위기와 모순이 드러나는 현상으로 이해한다. 레이스Ruth Leys는 신경과학과 정동이론이 신체를 강조한 결과 정동을 인지와 이데올로기에서 분리하는 탈인지적 경향을 초래했고 이런 변화가 트라우마 연구에서 죄책감을 행동과 수치심을 존재와 연결하는 경향을 낳았다고 비판한다. 이로 인해 가해자와 동일시하는 희생자의 죄책감에 대한 논의가 축소되고 타자의 응시에 노출된 굴욕적 모습에 대한 생존자의 수치심이 강조된다.

9장 「트라우마의 감정」은 트라우마 희생자들이 겪는 여러 감정 및 죄책감과 수치심의 차이를 살펴보고, 이 두 감정과 트라우마의 관계에 대한 논쟁을 검토하며 트라우마 감정의 메커니즘과 의미를 살펴본다. 트라우마 환자는 무엇보다 감정 마비, 공포, 분노를 경험한다. 감정 마비는 트라우마 사건에 대한 표상을 거부하고 회피하기 위한 방어의 일환이다. 프로이트가 "경악"을 트라우마의 감정으로 꼽듯이 무감각과 더불어 공포도 트라우마의 대표적 감정이다. 공포와 연관되어 트라우마 환자를 괴롭히는 분노는 생존체계와 위협의 인지적 처리와 관계가 있다. 전투 같은 위기 상황에서 가동된 생존체계는 평시에도 더 쉽게 작동하며 그 결과 트라우마 환자는 분노와 공격성을 지니게 되고 삶의 적응에 실패한다. 분노는 자신을 향할 수도 있고 자신에 대한 분노는 가해자가 아니라 피해자에게 더 두드러진다. 공포, 분노와 더불어 트라우마 환자를 괴롭히는 대표적인 감정은 죄책감과 수치심이다.

트라우마와 관련해서 가장 중요한 죄책감은 생존자 죄책감이다. 죽은 자들을 구하지 못했거나 버렸다는 생존자 죄책감은 그들과의 동일시에서 유래한다. 동일시 죄책감은 생존자가 상실한 타자와 동일시해서 그 타자의 눈으로 자신을 판단하는 과정에서 느끼는 감정이다. 강제수용소에서 초자아 기능이 정지되어 죄수들이 양심에 따라 행동하지 못하고 가해자를 모방하고 동일시하는 현상은 공격자와의 동일시를 낳는다. 그러나 극한 상황에서 산 자와 죽은 자의 유대가 강하며 생존자의 증언이 죽은 자들과의 유대를 입증한다고 주장하는 학자들은 이런 동일시 개념이 희생자를 비난하는 논리로 해석될 여지가 있다고 비판한다. 수치심과 죄책감은 구분하기 어려우나 중요한 차이가 존재한다. 아감벤은 레비가 죄책감과 수치심을 구분하지 않는다고 비판하며 앙텔므Robert Antelme

의 『인류*The Human Species*』에서 한 이탈리아 학생이 나치 친위대원에게 호명될 때 얼굴을 붉히는 것을 수치심으로 해석한다. 아감벤은 우연히 죽을 운명을 맞이한 이탈리아 학생의 홍조가 '벌거벗은 생명'이라는 인간의 한계로 추락하는 수치심을 증언하고 이는 인간과 비인간, 말하는 주권적 주체(비오스*bios*)와 주권을 박탈당한 벌거벗은 생명(조에*zoē*) 사이의 이접적 관계를 증언하는 것이라고 주장한다. 일부 평자들은 아감벤이 앙텔므가 인류의 동질성을 언급하는 맥락을 간과하고 인류의 연대감과 상호주체성을 무시한다고 비판한다. 그러나 인간성과 비인간성의 이접적 관계를 경험하는 이탈리아 학생의 얼굴 붉힘으로 나타난 수치심이 돈호법을 통해 앙텔므의 독자에게 전달된다는 아감벤의 주장은 모든 인간이 이탈리아 학생이 체험하는 인간성과 비인간성의 이접적 관계를 경험할 수 있다고 주장한다는 점에서 인간 한계의 보편성에 대한 인식의 통찰력을 보여준다.

10장 「서사와 치유」는 서사의 치유력 관점에서 서사가 트라우마 같은 이질적이고 파괴적인 요소들을 통합할 수 있는지, 서사를 통해서 트라우마의 주체가 새로운 서사적 정체성을 찾을 수 있는지를 검토한다. 트라우마 서사는 아리스토텔레스의 불일치 또는 비트겐슈타인이 말하는 울퉁불퉁하고 헐벗은 삶의 모습이 질서정연한 이야기의 플롯과 충돌하는 이야기다. 외상적 사건이 서사의 시간적 진행을 방해한다는 점에서 트라우마 서사는 서사와 반-서사가 충돌하는 장소이며, 과거로 돌아가는 반복의 성격을 지닌다. 과거에서 회귀하는 트라우마의 기억은 삶의 역사를 거부하는 무시간적 속성을 지닌다. 블랑쇼*Maurice Blanchot*는 무시간성과 탈역사성을 재난의 특성으로 설명한다. 재난은 발생했으므로 역사적인 것이지만 이미 항상 지난 것으로 경험되기에 무시간적이고 탈역사적이다. 시간의 중단과 반복은 글쓰기의 시간적 흐름을 방해하고 글을 파편으로 만든다. 홀로코스트 구두 증언이 근본적으로 서사적 흐름의 전개를 따를 수 없다는 랭거의 주장은 재난의 글쓰기의 특징을 파편화로 규정한 블랑쇼의 주장과 상통한다.

트라우마 서사는 서사 이론의 관점에서 이야기와 플롯의 갈등으로 볼 수 있다. 트라우마 환자는 과거의 사건을 역사적인 시간에 따라 자신 삶의 일부로 진술하면서 동시에 그 사건을 중심으로 삶의 이야기를 재구성할 수 있기 때문이다. 리쾨르는 이질성과 독특성을 동일성으로 환원하지 않고 이질적 사건이 서사의 진행에 기여하는 가능성을 언급한다. 이 주장은 트라우마(사건)이 서사의 흐름에 저항하면서도 서사의 흐름을 중단시키지 않고 오히려 추진하는 동력이 되는 가능성을 암시한다. 이런 가능성은 토도로프Tzvetan Todorov의 "서사적 변형" 개념 그리고 삶을 죽음이라는 목적을 향해 가는 우회로라는 프로이트의 설명을 토대로 시작과 끝이 아닌 중간을 이탈과 변화의 공간으로 이해한 브룩스Peter Brooks의 이론에서도 찾을 수 있다. 프랭크Arthur Frank가 상처 주변을 맴도는 '혼돈 서사'를 넘어서 혼돈을 포함하고 수용하는 삶을 지향하는 것으로 제시하는 '추구 서사'는 고통과 시련이 서사의 동력이 될 가능성과 고통과 혼돈을 포함하는 새로운 이야기로 삶을 다시 쓰는 가능성을 보여준다. 과거를 복원하는 것이 아니라 환자와 분석가의 협업으로 재창조하는 서사에 관한 셰퍼Roy Schafer와 스펜스Donald Spence의 정신분석적 서사 이론도 궁극적으로 동화시킬 수 없었던 고립되고 불연속적인 외상 사건을 삶의 일부로 통합하여 새로운 이야기로 재창조하는 가능성을 암시한다. 서사적 치유는 문제의 제거나 해결이 아니라 문제를 포함할 수 있는 서사로 삶을 다시 이야기하는 것이다.

　마지막으로 「책을 맺으며」에서는 아서 프랭크와 버틀러Judith Butler가 인간의 취약성vulnerability을 다루며 중요하게 논하는 레비나스Emmanuel Levinas의 고통에 대한 윤리적 사색을 간단히 살펴봄으로써 상처와 고통의 보편성에 기초한 윤리적 결론을 모색한다. 상처를 말하고 듣는 것은 고통스러운 일이지만 상처를 말하고 들을 때 너의 상처는 나의 상처를 공명해서 우리의 상처가 될 수 있다. 상처받은 사람들의 공동체는 더 이상 상처를 감추거나 피하거나 억누르지 않고 있는 그대로 대면하는 과정에서 상처를 새롭게 바라보고 말하고 다시 쓰게 할 수 있다. 이 과정은 상처를 없애는 것이 아니라 감싸고 어루만져 상처가 덧나지 않도록 아물게 하는 것이다. 상처는 영광이 아니지만 그렇다고 낙인도 아니다. 오히려 상처는 우리가 공유하는 인간의 속성이고 인류 공동체의 유산이자 서로를 이어주는 공통분모다. 그래서 상처는 희망을 준다. 아프지 않은 자가 아픈 자를 이해할 수 없듯이 상처를 경험한 자만이 남의 상처를 감싸고 어루만지는 공감을 가질 수 있고 우리는 누구나 예외 없이 상처를 받은 자들이기 때문이다. 헤밍웨이Ernest Hemingway가 인용하는 던John Donne의 "어느 누구도 섬이 아니다"라는 말은 트라우마의 관점에서 "누구도 상처 없는 사람은 없다"로 다시 쓸 수 있다. 이 명제가 "누구나 상처를 감싸고 어루만질 수 있다"로 발전하고 "누구나 상처를 감싸고 어루만져 주어야 한다"는 윤리적 명령으로 탈바꿈할 때 상처의 공동체적 윤리는 뿌리를 내릴 수 있다.

트라우마의 메커니즘

제1부

제1장

정신분석과 트라우마
프로이트와 카디너의 외상 이론[1]

1. 프로이트와 카디너의 트라우마 이론 연구의 필요성

신경과학이 인간 정신을 전례 없는 새로운 관점으로 접근하고 있는 전환기에 정신분석은 위기와 변화를 맞고 있음이 분명하다. 그럼에도 신경과학자를 포함한 트라우마 학자들은 트라우마 연구에서 프로이트의 이론을 출발점으로 삼아 빈번히 참고하며 논한다.[2] 이는 신경과학적 전회가 트라우마 연구에서 패러다임 변화를 가져온 현재에도 트라우마의 발생과 치유를 이해하는 데 그의 이론이 매우 중요하다는 사실을 보여준다. 프로이트의 트라우마 이론은 다양한 트라우마 연구 갈래의 출

---

[1] 이 장의 일부(37~81쪽)는 『비평과 이론』 27권 2호, 2022, 87~119쪽에 수록된 「정신적 상처의 원인과 치유의 탐구―프로이트의 트라우마 이론 다시 읽기」를 수정한 것이다.

[2] 브렛(Elizabeth Brett)과 오스트로프(Robert Ostroff)는 외상후 스트레스 장애(PTSD)를 논하기 위해 프로이트의 트라우마 정의를 출발점으로 삼는다. Elizabeth A. Brett and Robert Ostroff, "Imagery and Posttraumatic Stress Disorder : An Overview." *American Journal of Psychiatry*, Vol. 142, No. 4, 1985), 417~418쪽. 반 데어 콜크(Bessel A. van der Kolk)는 여러 글에서 신경과학적으로 외상후 스트레스 장애의 치유를 연구하면서 트라우마, 외상기억과 정동, 행동화 등에 대한 프로이트의 논의를 광범위하게 다룬다. 예컨대 "Trauma, Neuroscience, and the Etiology of Hysteria : An Exploration of the Relevance of Breuer and Freud's 1893 Article in Light of Modern Science", *Journal of the American Academy of Psychoanalysis*, Vol. 28, No. 2, 2000, 237~262쪽을 참조할 것.

발점에 있을 뿐 아니라 현시점의 트라우마 연구에서 깊이 숙고하고 성찰할 많은 중요한 논점을 제공하고 있다는 점에서 트라우마 연구의 현재와 미래와도 밀접히 관계된다. 따라서 트라우마 말하기라는 주제를 다루는 이 연구를 프로이트의 트라우마 이론으로 시작하는 것은 필연적이다. 그의 트라우마 이론의 핵심 내용과 쟁점 및 파생된 문제들이 트라우마에 관한 다양한 논의의 토대를 제공할 것이기 때문에 그의 이론은 트라우마의 발생과 치유의 메커니즘을 다루는 제1부뿐 아니라 생존과 증언을 다루는 제2부와 감정과 서사를 다루는 제3부에도 필수적이다.

그러나 프로이트의 정신분석이론이 오랜 세월 크게 발전하고 변화하는 동안 트라우마에 대한 그의 사유도 적지 않은 변화를 겪었기 때문에 그의 트라우마 이론을 일목요연하게 정리하기는 쉽지 않다. 이런 까닭에 프로이트의 트라우마 이론에 관한 대부분의 연구는 관점에 따라 그의 초기 히스테리 연구, 1차 세계대전 무렵에 쓴 전쟁신경증에 관한 논문들, 같은 시기에 그가 외상꿈traumatic dream과 죽음 욕동death drive을 논한 『쾌락원칙을 넘어서Beyond the Pleasure Principle』, 그리고 그가 유대교의 발생을 트라우마의 관점에서 설명한 『모세와 일신론Moses and Monotheism』을 선택적으로 집중해서 논하는 경향이 있다.[3] 예컨대 이 연구들은 『쾌락원

---

3   프로이트 전집 영어판 역자 스트레이치(James Strachey)는 프로이트가 구분해서 사용한 독일어 *instinkt*와 *trieb*(영어 drive)를 모두 instinct(본능)로 영역했다. 프로이트 이론에서 이 두 용어의 차이에 대해서는 Jean Laplanche and Jean-Bertrand Pontalis, *The Language of Psychoanalysis*, Donald Nicholson-Smith 역, New York : Norton, 1973, 214~216쪽을 볼 것. 라캉(Jacques Lacan)은 *trieb*를 drive로 영역해야 하며 일반적으로 사용되는 프랑스어 *pulsion* 대신 *dérive*로 옮겨야 한다고 주장한다. Jacques Lacan, *Écrits : The First Complete Edition in English*, Bruce Fink, Héloïse Fink, and Russell Grigg 공역(New York : Norton, 2006), 680쪽. 앞으로 영문판 프로이트 전집에서 instinct로 영역된 프로이트 용어는 '욕동'으로 옮기되 다른 인용 문헌에서 drive와 instinct를 구분하여 사용하는 경우에는 각각 '욕동'과 '본능'으로 옮긴다. 마크 솜

칙을 넘어서』에서 트라우마를 논하다가 죽음 욕동을 도입하는 그의 이론적 선회에 주목하기도 하고, 반대로 이런 선회를 비판하고 초기 트라우마 이론의 중요성을 강조하기도 하며, 프로이트가 트라우마와 관련해 사용한 특정 개념들 ─ 지연된 행동*Nachträglichkeit, deferred action*이나 억압된 것의 귀환 등 ─ 에 주목해 트라우마 이론을 전개하기도 하고, 성, 문화, 사회, 정치의 관점에서 그의 이론을 비판적으로 논하기도 한다.[4]

즈(Mark Solms)는 최근에 스트레이치의 영문번역을 수정해서 출판한 프로이트 수정판 전집에서 'instinct'를 'drive'로 번역했다. Sigmund Freud, *The Revised Standard Edition of the Complete Psychological Works of Sigmund Freud*, 24 Vols., James Strachey and Mark Solms 공역, London : The Institute of Psychoanalysis, 2024.

4 레이스는 프로이트의 『히스테리 연구(*Studies on Hysteria*)』와 『쾌락원칙을 넘어서』를 중심으로 그의 이론 내에 상존하는 모방(mimetic) 이론과 반모방(antimimetic) 이론의 갈등을 다룬다. Ruth Leys, *Trauma : A Genealogy*의 1장 "Freud and Trauma"를 볼 것. 필자는 레이스가 논하는 이 갈등을 후에 카디너를 다룰 때 그리고 8장에서 간단히 논할 것이다. 라플랑슈(Jean Laplache)는 성, 히스테리에 관한 프로이트의 초기 트라우마 이론을 논한다. Jean Laplanche, *Life and Death in Psychoanalysi*s, Jefferey Mehlman 역, Baltimore : Johns Hopkins UP, 1976, 25~47쪽과 129~131쪽을 볼 것. 플레처(John Fletcher)는 히스테리, 늑대인간 사례연구 및 죽음 욕동에 초점을 맞춰 프로이트의 트라우마 이론을 논한다. John Fletcher, *Freud and the Scene of Trauma*, New York : Fordham UP, 2013 프로이트가 문화, 사회, 정치적인 관점에서 트라우마를 조명하지 않는다는 비판적 시점에서 프로이트 트라우마 이론의 내용과 영향을 다룬 연구로는 E. Ann Kaplan, *Trauma Culture : The Politics of Terror and Loss in Media and Literature*, New Brunswick : Rutgers UP, 2005, 1장 "'Why Trauma Now' : Freud and Trauma Studies"를 볼 것. 캐플랜은 이 책 2장 "Memory as Testimony in World War II : Freud, Duras, and Kofman"에서 프로이트가 나치 정권의 유대인 박해를 피해 영국으로 망명한 배경을 중심으로 『모세와 일신론』을 다룬다. 허먼(Judith Herman)은 성폭력과 가정폭력을 분석하면서 프로이트가 히스테리와 트라우마의 관계를 조명했지만 외상이론을 포기하면서 여성 성폭력의 현실을 환상으로 치부하며 외면했다고 비판하고 페미니스트들이 "성폭력을 공포를 통해 여성을 종속시키는 정치적 통제로 재정의했다"고 평가한다. Judith Herman, *Trauma and Recovery : The Aftermath of Violence From Domestic Abuse to Political Terror*, Rev. ed., New York : Basic, 2015, 31쪽. 러셀(Diana Russell)도 근친상간 희생자들의 트라우마를 "비밀의 트라우마"로 부르며 페미니즘 관점에서 프로이트를 비판한다. "프로이트의 오이디푸스 콤플렉스

　이런 연구들은 다양한 관점에서 프로이트의 트라우마 이론을 조명하지만 트라우마 치유보다 트라우마 발생의 메커니즘에 대한 프로이트의 논의에 집중하는 경향이 있고 프로이트의 이론이 발전하는 과정을 트라우마의 관점에서 추적하지는 않는다. 그 이유는 프로이트가 오랜 기간 정신분석이론을 수정하고 발전시키는 동안 트라우마를 독립적인 주제로 지속해서 논하지도 않고 초기 히스테리 연구를 제외하면 정신분석 치료의 관점에서 트라우마 문제를 집중적으로 논하지도 않기 때문이다. 그러므로 트라우마의 발생과 치유에 대한 프로이트의 이론을 포괄적이고 심층적으로 다루기 위해서는 초기 히스테리 연구부터 전쟁신경증과 외상꿈의 탐구에서 비롯된 죽음 욕동 이론 및 불안에 관한 연구를 거쳐 정신분석치료에 관한 후기 사유에 이르기까지 그의 사상의 전개를 세밀히 추적하는 작업을 통해 그가 논리정연하게 제시하지 못한 생각들을 연결하고 재구성할 필요가 있다. 이렇게 프로이트의 이론이 발전하고 변화하

이론 — 3~6세 사이의 모든 아이는 이성의 부모를 성적으로 욕망하는 단계를 거친다는 개념 — 은 근친상간 행위의 책임을 아이에게 이전하는 것을 매우 쉽게 만든다. 이 이론은 어른 남성의 성적 욕망을 아이들에게 투사하는 것으로 보인다. (…중략…) 그렇다면 프로이트의 유산은 무시할 수 없는 근친상간적 학대의 현실을 무시하고 아이가 애초에 성적 접촉을 원했다고 비난하는 것이다." Dania E. H. Russell, *The Secret Trauma : Incest in the Lives of Girls and Women,* New York : Basic Books, 1986, 5~6쪽. 프로이트의 지연된 행동과 억압된 것의 귀환 개념을 토대로 트라우마의 불가해성, 증언의 필연성과 불가능성, 그리고 생존의 윤리적 책임의 문제를 논의한 대표적 연구로는 Cathy Caruth, *Unclaimed Experience : Trauma, Narrative, and History,* Baltimore : Johns Hopkins UP, 1996을 볼 것. 여성성을 중심으로 프로이트의 초기 트라우마 이론에 대한 라캉적 해석을 제시한 연구로서 Paul Verhaeghe, *Does The Woman Exist? From Freud's Hysteric to Lacan's Feminine,* Marc Du Ry 역, Rev. ed., New York : Other P. 1999, 2장 "From Trauma to Fantasy : The Real as Impossible"을 볼 것. 프로이트가 『쾌락원칙을 넘어서』에서 정의한 트라우마 개념을 라캉 이론의 관점에서 논한 국내연구로는 박찬부, 「트라우마와 정신분석」, 『비평과 이론』 15권 1호, 2010, 31~58쪽을 볼 것.

는 맥락 속에서 그의 트라우마 이론의 역동적 윤곽을 그릴 수 있다.

트라우마의 메커니즘에 관한 제1부의 2장과 3장에서 다룰 자네와 신경과학의 트라우마 이론을 논하기 전에 1차 세계대전 재향군인을 치료한 미국 정신의학자 카디너를 프로이트와 함께 논할 필요가 있다. 프로이트의 트라우마 이론은 그 중요성에 걸맞게 수많은 연구를 통해 해부되고 논의되어왔고, 신경과학적 트라우마 이론이 정신분석적 트라우마 해석에 도전하는 현시점에서 프로이트의 동시대인 프랑스 심리학자 자네도 새롭게 주목받고 있다. 그러나 이들에 비해 카디너의 트라우마 이론에 관한 연구는 매우 빈곤하다.

카디너는 리비도와 욕동 / 본능의 관점에서 전쟁신경증을 해석하려는 프로이트를 비판하고 외상신경증을 생리신경증phisioneurosis의 일부로 해석하면서 신체 증상과 적응 메커니즘을 주요하게 다룬다는 점에서 신경과학적 트라우마 연구에서 중요하다. 신경과학적 트라우마 학자인 반 데어 콜크는 카디너가 『전쟁 외상신경증The Traumatic Neuroses of War』에서 현대의학 용어로 외상후 스트레스 장애라 불리는 외상신경증을 논하며 선언한 "신경증의 핵은 생리신경증이다"라는 주장이 시선을 사로잡았다고 고백한다.[5] 반 데어 콜크에 따르면 "외상후 스트레스는 일부 사람들이 가정하듯이 '모두 머릿속에 있는 것'이 아니라 생리적 토대를 갖고 있다. 카디너는 심지어 그 당시에도 증상들이 최초의 트라우마에 대한 신체 전부의 응답에 기원을 두고 있다는 것을 이해했다."[6] 자네는 최근 신경과학자들에 의해 활발하게 재발견되고 있으나 카디너에 대한 관심은 여

---

5   Bessel A. van der Kolk, *The Body Keeps the Score : Brain, Mind, and Body in the Healing of Trauma,* New York : Penguin, 2014, 11쪽.

6   위의 책, 11쪽.

전히 미미하다. 콜크도 자신이 환자의 증상을 관찰한 내용을 카디너가 확인해주었지만 치료 방법을 제시해주지는 못했다고 말한다. 그러나 카디너의 연구는 트라우마의 생리적 차원을 강조할 뿐 아니라 적응의 관점에서 트라우마의 발생과 치료를 논한다는 점에서 신경과학뿐 아니라 자네와도 상통한다. 따라서 카디너에 대한 논의는 프로이트의 정신분석과 2, 3장에서 살펴볼 자네와 신경과학 사이의 가교역할을 할 수 있다. 이런 취지에서 이 장에서는 먼저 프로이트의 정신분석적 트라우마 이론을 살펴본 후 프로이트와 비교하며 생리신경증을 중심으로 카디너의 트라우마 이론을 논하고자 한다.

2. 트라우마의 메커니즘 기억과 정동, 해리와 억압

프로이트의 트라우마 연구는 트라우마의 정의에서 시작한다. 트라우마는 주체가 적절히 대응할 수 없는 강한 자극을 지닌 사건이 미치는 파괴적인 영향을 의미한다. 트라우마의 어원은 '상처'를 뜻하는 그리스어 *τραῦμα*이고 이 단어는 '꿰뚫는다'는 의미의 '티트로스코*τιτρώσχω*'에서 유래한다.[7] 트라우마가 외부에서 가해진 상처라는 정의는 이미 프로이트와 브로이어Josef Breuer가 공저 『히스테리 연구*Studies on Hysteria*』에서 히스테리 발병을 외상에 기인한 것으로 제시하는 데서 찾을 수 있다. 이 연구에서 그들은 히스테리 환자가 "촉발하는 사건과 병리적 현상 사이의 인과관계"를 망각하는 기억상실을 증상으로 갖고 있음을 발견한다.[8] 그들은

---

7   Jean Laplanche and Jean-Bertrand Pontalis, *The Language of Psychoanalysis*, 465쪽.

8   Sigmund Freud, *Studies on Hysteria, The Standard Edition of the Complete Psychological*

"외상 히스테리의 경우 증상을 촉발하는 것이 사건"임을 즉 "외적 사건
들이 히스테리의 병리를 결정한다"는 사실을 강조한다.

외적 사건과 증상의 인과관계는 히스테리에 한정되지 않고 외상신경
증 전반에 적용될 수 있다. 그들은 "**일반 히스테리의 발병과 외상신경증
발병 사이의 유사성**"이 "**외상 히스테리 개념의 확대**"를 정당화한다고 주
장한다.[9]

여기에서 중요한 것은 그들이 트라우마의 의미를 신체적인 것이 아
닌 정신적인 것으로 규정한다는 사실이다. 어떻게 신체적 외상이 정신
적 상처가 되는 것일까? 라플랑슈에 따르면 신체적 트라우마가 정신적
트라우마로 변하는 것을 설명하는 두 가지 발생론이 있었다. 하나는 신
체적 상처가 점차 소멸되어 마침내 한계에 다다를 때 정신적인 것이 된
다는 가설이고, 다른 하나는 신체적 트라우마 이후에 신체조직의 상처
는 발견되지 않고, 신체적 트라우마 이후에 일정한 잠복기가 존재하며,
외상적 사건 당시 발생했던 마비와 유사한 현상 즉 "최소한의 트라우
마 — 전적으로 상징적이고 (따라서 전적으로 '정신적인') 트라우마" — 를 최
면상태에서 재생할 수 있다는 가설이다.[10] 프로이트는 이 가설을 따라
샤르코Jean-Martin Charcot가 제시한 "트라우마의 선조건이거나 아니면 반대
로 트라우마 자체가 유발한 특수한 정신상태에서 발생하는 '표상에 의
한 마비paralysis due to ideas'"라는 생각을 세공하는데, 이는 "'최면상태'로 알
려진 정신적 방어"로서의 마비를 뜻한다.[11] 이렇게 표상에 의한 마비로

Works of Sigmund Freud, Vol. II, James Strachey 역, London : Hogarth, 1955, 3쪽.

9   위의 책, 5쪽. 명사 'trauma'는 '트라우마' 또는 '외상'으로, 형용사 'traumatic'은 문맥에
따라 '외상' 또는 '외상적'으로 번역하여 사용한다.

10   Jean Laplanche, *Life and Death in Psychoanalysis,* 130쪽.

11   위의 책, 130쪽.

서의 정신적 트라우마가 출현한다. 신체적 트라우마가 소멸해도 외상의 '표상'에 의한 정신적 트라우마는 발생하며, 따라서 트라우마는 일시적인 외부 충격을 가하는 데 그치지 않고 정신에 지속적인 영향을 미친다.

결정적인 정신적 트라우마와 히스테리 현상의 인과관계는 트라우마가 단지 증상을 표출하는 유발요인agent provocateur의 역할을 하고 이후에는 증상이 독립적으로 존재한다는 것을 의미하지 않는다. 오히려 우리는 정신적 트라우마 — 더 정확히 트라우마의 기억 — 가 침입해 들어온 후 오랫동안 여전히 작용하고 있는 요인으로 간주해야 하는 이물질처럼 행동한다고 가정해야 한다.[12]

프로이트의 설명에는 표상트라우마의 기억과 더불어 정동이 필연적인 요소로 작용한다. "외상신경증에서 질병의 작동 원인은 사소한 신체적 상처가 아니라 경악fright의 정동 — 정신적 트라우마 — 다."[13] 따라서 외적인 사건이 유발한 정신적 트라우마 현상의 핵심은 기억표상과 정동affect이다. "기억이 사라지거나 그 기억의 정동이 상실되는 것은 여러 요인에 의존한다. 이중 가장 중요한 것은 정동을 유발한 사건에 대한 강한 반응이 있었느냐의 여부다."[14] 외상적 사건에 대한 반응이 충분하면 그 사건의 정동이 사라진다. 반면 외상적 사건에 대한 반응이 행동이나 언어로 수행되지 않으면 그 사건의 정동이 남아 정신적 트라우마를 유발할 수 있다. 외상적 사건에 대한 기억의 강도는 망각을 통해서 감소할 수도 있고, 외상적 기억이 다른 경험의 표상들과 연상관계를 맺으면 정동이 해소될

---

12   Sigmund Freud, *Studies on Hysteria*, 6쪽.
13   위의 책, 5~6쪽.
14   위의 책, 8쪽.

수 있다. 예컨대 위험한 상황에서 경악을 경험한 사건의 기억은 이후에 구원된 경험의 기억과 연상관계를 맺음으로써 교정될 수 있다.

그러나 외상적 사건의 기억이 의식의 다른 표상들과 연상관계를 맺지 못하면 '비정상적 의식의 상태'를 형성하는 '의식의 분열splitting' 또는 '해리dissociation'가 발생하며, 어떤 상황이 정상적인 표상들의 집단에서 해리된 이 사건의 기억을 자극하면 히스테리 환자는 고통을 겪는다.[15] "히스테리 환자들은 주로 회상reminiscence으로 고통을 겪는다"는 프로이트의 발언은 이를 단적으로 표현한다.[16] 환자가 정상적인 표상들과 해리되어 기억하지 못하는 외상적 사건을 기억해 말로 표현하게 해서 정상적 의식에 통합하는 방식으로 치료하는 것이 유명한 '말(하는) 치료대화 치료, talking cure'다.[17] 이 치료의 관건은 사건의 정동적 경험을 생생하게 경험하고 기억해야 한다는 점이다.

> 우리가 증상을 유발한 사건의 기억을 분명히 밝혀 그것에 동반된 정동을 일깨우는 데 성공해서 환자가 가능한 최대로 자세하게 그 사건을 묘사하고 그 정동을 말로 옮겼을 때 개별 히스테리 증상은 즉각적이고 영구적으로 사라졌다. 정동 없는 기억은 거의 아무런 결과도 낳지 못한다. 원래 발생했던 정신적 과정은 가능한 생생하게 반복되어야 한다. 그것은 발생한 상태status nasendi로 되돌려져 말로 표현되어야 한다.[18]

---

15 위의 책, 12쪽.

16 위의 책, 7쪽.

17 위의 책, 30쪽. talking cure는 국내에서 주로 "대화 치료"로 번역된다. 환자와 분석가의 대화에서 치료가 이루어진다는 점에서 이런 번역은 유용하나, 프로이트와 라캉 모두 환자의 말하는 행위에서 치료가 이루어진다는 점을 강조하므로 "말(하는) 치료"로 옮긴다. 이에 대한 상세한 논의는 졸저 『에로스의 두 얼굴―프로이트와 라캉의 성과 사랑 이론』 32쪽, 각주 4번을 참조할 것.

여기에서 주목할 점은 외상신경증 치료는 망각된 외상적 사건을 기억해 정확히 말로 표현하는 것이며 이때 기억은 반드시 정동을 동반해야 한다는 점이다. 외상적 사건을 '생생하게' 기억하는 것은 표상의 기억뿐 아니라 표상에 결부된 정동을 다시 경험하는 것을 의미한다. '정신적' 트라우마의 핵심에 기억과 정동이 있다. 정동을 동반한 기억이 '원래 발생했던 정신적 과정'의 반복이라면 이는 외상적 사건의 충실한 재현일 뿐 아니라 생생한 재경험을 의미한다.

기억과 정동이 불가피하게 연관되어야 한다는 것은 이 둘이 분리될 수도 있다는 점을 의미한다. 이는 히스테리 메커니즘을 해리로 보느냐 억압으로 보느냐의 문제와 관계된다. 잘 알려져 있듯이 프로이트와 브로이어는 원래 히스테리 메커니즘을 의식의 분열 또는 해리로 설명하면서 해리와 억압을 분명히 구분하지 않았고, 브로이어와 달리 프로이트는 점차 의식의 해리가 아닌 억압의 메커니즘으로 히스테리를 설명했다. 이 차이는 『히스테리 연구』의 후반부에 브로이어와 프로이트가 각자 자신의 이론을 제시하는 데에서 나타난다. 브로이어는 의식의 해리가 히스테리의 메커니즘이라는 점을 확고하게 주장한다. 그는 외상적 사건의 표상이 정상 의식의 연상에서 배제되는 두 가지 방법을 설명한다. 첫째는 "'방어' 즉 주체에게 행복과 자존심을 위협하는 것으로 보이는 괴로운 표상들의 의도적인 억누름"이고 이는 프로이트가 주장한 억압 (또는 방어)에 해당한다.[19] 둘째는 "그 표상을 기억하길 **원하지** 않아서가 아니라 기억할 **수 없어서**, 즉 그 표상이 원래 출현해서 정동을 지닌 상태에 있었고 깨어있는 의식 ─ 즉 최면 또는 그와 유사한 상태 ─ 에서 그것에

---

18   Sigmund Freud, *Studies on Hysteria*, 6쪽.
19   위의 책, 214쪽.

대한 기억상실이 발생했기 때문에" 정동이 소모되지 않은 경우다.[20] 브로이어에게 망각된 기억은 외상적 정동을 지닌 상태 즉 '정동적 표상들'로 제2의 의식에 해리되어 있고 최면을 통해 이 기억이 회복되어 정상 의식에 속한 표상들의 연쇄에 통합되면 외상적 정동은 해소된다.[21] 브로이어가 말하는 '무의식적 표상들'은 제2의 의식에 해리된 표상들을 의미한다.[22]

그러나 프로이트는 브로이어의 의견에 반박하면서 환자가 치료 중에 무엇인가를 말하지 않으려는 현상 즉 외상적 표상에 대한 저항을 발견하고 최면을 통해서도 환자의 저항이 감소하지 않는다는 점에 주목한다. 환자가 저항한다는 사실은 외상적 표상이 해리된 것이 아니라 억압되어 있음을 보여준다.

> 히스테리는 방어의 동기로 인해 양립 불가능한 표상이 억압된 것에서 비롯한다. 이런 견해에서 억압된 표상은 약한 (적은 강도를 지닌) 기억 흔적으로 지속되고, 반면 표상에서 떨어져나온 정동은 신체 감응을 위해 사용된다. (즉 자극은 '전환된다.') 표상이 병적 증상의 원인이 되는 것은 정확히 억압을 통해서다. (…중략…) 이런 정신적 메커니즘을 보이는 히스테리는 '방어 히스테리'라고 명명할 수 있다.[23]

브로이어가 정상 의식에서 망각되어 제2의 의식에 해리된 채 존재하는 표상이 트라우마가 발생했을 때의 '정동을 지닌 상태'라고 본다면, 프

---

20   위의 책, 214쪽.
21   위의 책, 214쪽.
22   위의 책, 221쪽.
23   위의 책, 285쪽.

로이트는 트라우마의 표상이 억압되면서 억압된 기억은 약한 강도로 (즉 적은 정동만을 지닌 채로) 무의식에 저장되고, 그 표상을 동반했던 정동 은 표상에서 떨어져 나와 히스테리 환자의 신체감응으로 전환된다고 주 장한다.

프로이트는 「무의식」The Unconscious의 3장 '무의식적 감정'에서 표상만 이 억압될 수 있고 정동은 억압되지 않으며 표상이 억압될 경우 다른 표 상과 연결된다고 주장한다.[24] 이런 차이는 트라우마의 치료에서 정동 없 이 기억된 표상은 치료 효과를 낳지 않는다는 주장과 어떻게 관계되는 것일까? 프로이트는 「억압」Repression에서 표상이 억압될 때 표상에 동반 된 정동은 불안 등의 느낌으로 경험된다고 말하고, 억압의 핵심은 표상 이 아니라 정동이라고 밝힌 바 있다.[25] 그렇다면 트라우마의 치료에서 관 건은 표상의 기억뿐 아니라 표상이 억압됨으로써 다른 표상과 잘못 연결 된 정동을 기억된 표상과 다시 연결하는 — 프로이트가 '올바른 연결true connection'이라 불렀던 — 과정을 포함한다고 볼 수 있다.[26] 후에 살펴보겠 지만 프로이트가 트라우마를 포함한 정신질환 치료의 관건을 억압의 극 복작업working-through을 통한 기억의 회복이라고 말할 때 이 회복에는 정동 의 해소가 동반된다. 표상과 정동의 분리와 재결합을 설명하는 프로이트 억압 가설은 제2의 의식에 해리되어 있었던 정동적 표상의 회복을 주장

---

24 "엄밀히 말하면 (…중략…) 무의식적 표상들이 있듯이 무의식적 정동들이 있는 것이 아니다. 그러나 무의식체계에 다른 구조처럼 의식적이 될 수 있는 정동적 구조는 있 을 수 있다." Sigmund Freud, "The Unconscious", *SE*, Vol. XIV, 178쪽. 무의식적 정동은 없다는 해석의 기초가 되는 이 발언에 대한 존스턴(Adrian Johnston)의 치밀한 해석은 Adrian Johnston and Catherine Malabou, *Self and Emotional Life : Philosophy, Psycho-analysis, and Neuroscience*, New York : Columbia UP, 2013, 102~149쪽을 참조할 것.

25 Sigmund Freud, "Repression", *SE*, Vol. XIV, 153쪽.

26 Sigmund, Freud, "The Unconscious", 178쪽.

했던 브로이어의 주장보다 더 복잡하고 정교하게 외상적 기억^{표상}의 상실과 회복을 정동과의 관계에서 설명하는 이론적 체계를 보여준다.

3. 트라우마 원인의 경계 전쟁신경증, 반복강박, 죽음 욕동

히스테리 환자 치료에서 제시된 프로이트의 트라우마 이론은 1차 세계대전 후 급증한 전쟁신경증을 논하면서 새로운 국면을 맞는다. 왜냐하면 전쟁신경증은 성이 아니라 죽음과 밀접히 관계되고 프로이트는 히스테리 배후에 성과 관계된 외상이 존재했다는 외상이론을 이미 수정했기 때문이다. 이런 수정의 계기는 그가 『성 이론에 관한 세 편의 에세이 *Three Essays on the Theory of Sexuality*』에서 유아가 성적으로 순수하다는 통념과 달리 유아에게 성적 대상이 필요없는 "다형적으로 도착적인" 성적 욕동이 존재하며 유혹은 '내적인 원인에서 자발적으로 발생할 수 있다'는 사실을 발견한 것이다.[27] 그는 유아의 성을 발견하고 리비도 이론을 발전시키면서 유아에게 성적 욕동 자체가 외상적이고 이 성적인 트라우마에서 자신을 방어하기 위해 환상을 만들어 낸다는 환상이론을 제시하며, 어른의 유혹이 히스테리 원인이라는 유혹이론과 (성적인) 트라우마가 히스테리의 원인이라는 외상이론을 폐기한다. 나지오^{Juan-David Nasio}가 말하듯이 "왜 환상이 트라우마와 같다고 말하는가? 그 이유는 성감대인 이 환상의 온상에서 전성기기적^{pregenital}이고 (즉 자기성애적이고) 억압의 힘에 자동으로 종속되는 과도한 성이 분출하기 때문이다. 유아의 성은 무분

---

27   Sigmund Freud, *Three Essays on the Theory of Sexuality, SE*, Vol. VII, 191쪽.

별하고 극단적이므로 항상 시작부터 나쁘다. 이것이 프로이트가 히스테리의 기원에 실제 트라우마가 있다는 이론을 포기하게 만든 위대한 발견이다."[28] 이제 히스테리 환자가 억압하고 방어하는 것은 외적인 트라우마가 아닌 내적인 성적 욕동이다.

히스테리의 원인이 외부가 아닌 내부로 정의된 상황에서 히스테리와 외상신경증의 원인이 외상이라는 유사성에 주목해서 "외상 히스테리 개념의 확대"를 논했던 프로이트의 트라우마 이론에는 어떤 변화가 생기는가? 프로이트 성이론의 변화는 외부에서 가해진 상처라는 트라우마의 정의에 어떤 영향을 미치는가? 전쟁과 같은 외적인 사건이 유발하는 외상신경증도 '성적 에너지'로 정의되는 리비도의 관점에서 해석할 수 있을까?[29] 레이스가 지적하듯 전쟁신경증을 양산한 1차 세계대전 후 "프로이트에게 도전은 포탄 충격shell shock의 경험을 그의 이미 잘 수립된 이론체계 특히 리비도이론과 히스테리의 정신성적psychosexual 기원 이론으로 동화시키는 것이었다."[30] 전쟁신경증의 논의를 통해 프로이트는 트라우마 원인의 경계를 주체의 안과 밖의 관점에서 재설정해야 하는 문제에 봉착한다.

「정신분석과 전쟁신경증 서론Introduction to Psychoanalysis and the War Neuroses」은 전쟁신경증도 리비도이론으로 해석할 수 있는지에 대한 논의를 보여준다. 프로이트는 이 글에서 전쟁신경증 연구가 "증상형성에서 표현되는 동력이 성적인 것이고 신경증은 자아와 자아가 거부하는 성적 욕동

---

28   Juan-David Nasio, *Hysteria From Freud to Lacan : The Splendid Child of Psychoanbalysis*, Susan Fairfield 역, New York : Other Press, 1998, 29쪽.

29   Sigmund Freud, "On Narcissism : An Introduction", *SE*, Vol. XIV, 76쪽.

30   Ruth Leys, "Death Masks : Kardiner and Ferenczi on Psychic Trauma", *Representations* Vol.53, 1996, 49쪽.

사이의 갈등"이라는 정신분석이론과 만나지 못했다고 말하면서 리비도
이론과 전쟁신경증과의 관계를 탐색한다.[31] 전쟁신경증은 아브라함^{Karl}
^{Abraham}이 주장하듯 "군인의 옛 평화 자아와 새로운 전쟁 자아" 사이의 갈
등에서 비롯되거나, 자아 내의 갈등과 무관하게 평화 시에 발생하는 "경
악의 경험 또는 심각한 사건"이 촉발하는 외상신경증이다.[32] 프로이트는
「나르시시즘 서론^{On Narcissism}」에서 리비도가 대상에 카섹트^{투자}되기 전에
원래 자아에 카섹트되어 있었다는 사실 즉 대상리비도 이전에 나르시스
적 리비도^{자아리비도}가 존재하고 있었다는 사실을 발견한다.[33] 그는 이를 토
대로 리비도이론을 "나르시스적 신경증으로 확대하는 것이 가능해졌다"
라고 말하고 "경악, 불안 그리고 나르시스적 리비도 사이에 의심의 여지
없이 존재하는 관계"가 규명된다면 평화 시의 외상신경증도 (나르시스적)
리비도의 관점에서 해석될 여지가 있다고 주장한다.[34]

그러나 프로이트는 리비도이론의 확대를 시도하는 대신 외상의 원인
이 내적인 리비도이건 외적 사건이건 모두 자아가 위험으로부터 스스로
를 방어한다는 가설로 통합할 수 있다고 주장하며 방어를 억압으로 설
명한다.

---

31 Sigmund Freud, "Introduction to Psychoanalysis and the War Neuroses", *SE*, Vol. XVII, 209쪽.
32 위의 글, 209쪽.
33 Sigmund Freud, "On Narcissism : An Introduction", 75~76쪽. '카섹시스(cathexis)'는
    독일어 'Besetzung'을 영어로 번역한 용어로서 리비도 또는 정신적 에너지가 표상이나
    대상에 달라붙는 것을 뜻한다. Jean Laplanche and Jean-Betrand Pontalis, *The Language
    of Psycho-Analysis*, 62~65쪽을 참조할 것. 이 책의 프랑스 원본의 국역본에는 "투여(집
    중)"로 번역되어 있다. 장 라플랑슈·장 베르트랑 퐁탈리스, 『정신분석 사전』, 임진수
    역, 열린책들, 2005, 490~494쪽을 참조할 것. 이 용어를 불어로는 '*investissement*(투
    자)'으로 옮긴다. 앞으로 이 용어의 명사 cathexis는 카섹시스, 동사 'cathect'는 문맥에
    따라 카섹트 또는 '투자'로 번역한다.
34 Sigmund Freud, "Introduction to Psychoanalysis and the War Neuroses", 209~210쪽.

외상신경증과 전쟁신경증에서 인간의 자아는 외부에서 위협하는 위험 또는 자아 자체가 취한 형태로 체현된 위험으로부터 스스로를 방어한다. 평화시의 전이신경증에서 자아가 방어하는 적은 사실 위협적인 요구를 하는 것으로 보이는 리비도다. 두 경우 모두 자아는—후자의 경우 리비도에 의해, 전자의 경우 외적 폭력에 의해—다칠 것을 두려워한다. 그럼에도 전쟁신경증의 경우 순수한 외상신경증과 대조적으로 그리고 전이신경증과 유사하게 두려운 것은 내적인 적이라고 말할 수 있다. 이런 종류의 통일된 가설을 방해하는 이론적 어려움은 극복할 수 없는 것이 아니다. 결국 우리는 모든 신경증의 토대에 놓여 있는 억압을 트라우마에 대한 반응으로, 기본적인 외상신경증으로 기술할 완전한 권리를 갖고 있다.[35]

외상신경증의 원인을 외적인 사건으로 볼 것인지 리비도로 볼 것인지에 대한 이론적 난국은 결국 자아가 처한 위험에 대한 방어라는 통일된 가설의 정립으로 극복된다. 그리고 방어의 전략은 억압이다. 히스테리와 전쟁신경증 모두에서 내적 또는 외적 위험에 대한 자아의 방어와 억압이 '트라우마에 대한 반응' 즉 트라우마의 메커니즘이고 이것이 또한 "기본적인 외상신경증"이다. 전쟁신경증의 경우 방어할 적이 내적이라는 발언은 위험이 외적인 상처가 아니라 전쟁에서 경험한 경악과 불안 등의 감정적 요소라는 의미다. 프로이트는 이 점을 이 글의 부록 「전쟁신경증 환자의 전기치료에 관한 보고서 Memorandum on the Electrical Treatment of War Neurotics」에서 분명히 밝힌다. 전쟁신경증은 '떨림이나 마비같은 운동장애'에서 나타나지만, 환자들을 관찰한 결과 '전쟁신경증 원인의 정신적 성격

---

35 위의 글, 210쪽.

에는 의문의 여지'가 없고, 평화 시 신경증의 원인이 '감정적 삶의 장애'
인 것처럼, "모든 전쟁신경증의 직접적인 원인은 군복무 중 병사에게 가
해진, 병사가 느끼기에 위험하거나 충격적인 요구에서 물러서려는 병사
의 무의식적 경향"이다.[36] 전쟁신경증은 외상이 초래한 감정적 위험으로
부터 자아가 스스로를 보호하기 위해 이를 억압한 결과 발생한다.

　이런 논의는 『쾌락원칙을 넘어서』에서 유명한 트라우마의 정의로 발
전한다. 유기체의 표면은 외부자극에 대한 보호막protective shield을 형성해
서 표면 밑에 있는 피층cortical layer에 자극의 강도가 약하게 전달되게 한
다. 보호막 밑의 피층이 외부자극을 수용하는 기관으로 분화된 것이 의
식이다. 의식은 투사projection를 통해서 외부자극과 달리 보호막으로 방어
할 수 없는 내적 자극에 대해서도 마치 외부자극인 것처럼 대처한다. 트
라우마는 자극의 강도가 커서 이 보호막을 꿰뚫고 침범할 때 발생한다.

　우리는 보호막을 깰 만큼 강한 외부자극을 '외상적'이라 묘사한다. 트라우
마 개념은 자극에 대한 효과적인 장벽의 파열과 이렇게 반드시 연관됨을 함
축하는 것으로 보인다. 외적인 트라우마와 같은 사건은 유기체의 에너지 기능
에 대규모 장애를 유발하고 모든 가능한 방어책을 작동시킨다. 동시에 쾌락
원칙은 잠시 활동을 멈춘다. 정신기구는 대량의 자극 쇄도를 방지할 가능성이
없고, 대신 또 다른 문제 즉 침입한 자극의 양을 통제해서 나중에 처리할 수
있도록 정신적 의미에서 구속하는bind 문제가 발생한다.[37]

　트라우마는 단순히 강한 자극을 지닌 외적인 상처에 그치지 않고 자

36　Sigmund Freud, "Memorandum on the Electrical Treatment of War Neurotics", *SE*, Vol.
　　XVII, 212쪽.

극을 통제하고 구속하는 문제다. 트라우마 증상으로 나타나는 정신적 마비는 침입한 자극을 구속하기 위해 정신적 에너지를 투자해 방어하려는 '대규모 반카섹시스anticathexis'가 발생한 결과 "남은 정신기능이 광범위하게 마비되거나 감소한" 결과다.[38] 프로이트는 트라우마를 상처로 유입된 대규모의 자극을 통제하기 위해 정신적 에너지를 투자하는 반카섹시스로 설명함으로써 외상신경증의 발병을 보호막의 파괴로 설명하는 입장과 "경악과 생명에 대한 위협"으로 설명하는 입장을 통합한다.[39] 트라우마는 상처이자 상처를 막기 위한 정신적 에너지의 투자다. "충격의 본질을 분자구조나 심지어 신경계 요소들의 조직구조에 가해진 직접적인 손상으로 간주하는" 충격이론shock theory과 달리 정신분석은 '자극에 대한 (보호)막의 파열과 뒤따르는 문제들이 정신기관에 미친 영향'을 탐구한다.[40]

트라우마의 정신적 속성을 강조하는 이런 발언은 『히스테리 연구』에서 외상신경증의 원인이 "신체적 상처가 아니라 경악의 정동 ─ 정신적 트라우마"라는 발언의 연장이다. 그러나 『쾌락원칙을 넘어서』에서 프로이트는 트라우마를 보호막을 꿰뚫고 침입한 위협적인 자극을 정신적으로 구속하는 문제로 파악함으로써 트라우마의 메커니즘에 불안의 요소, 더 정확히 말하면 불안의 부재를 추가한다. 그가 『히스테리 연구』에서 외상적 기억표상에 동반된 정동의 해소에 초점을 맞추었다면, 『쾌락원칙을 넘어서』에서는 경악이라는 정동이 발생한 이유를 "불안에 대한 준비

---

37 Sigmund Freud, *Beyond the Pleasure Principle*, *SE*, Vol. XVIII, 29~30쪽.
38 위의 책, 30쪽.
39 위의 책, 31쪽.
40 위의 책, 31쪽.

의 결여"로 설명하면서 외상적 정동이 발생하는 메커니즘을 더 세공한다.[41] "불안에 대한 준비"가 있거나 유입되는 자극의 양을 감당할 수 있는 큰 정신적 에너지 즉 '수용체계의 과잉카섹시스hypercathexis'가 존재한다면 자극에 대한 보호막은 작동한다. 트라우마는 이 두 요건이 충족되지 않아서 발생한다. 외상신경증 환자는 위험상황을 알리는 신호로 작용하는 불안이 없어서 트라우마의 자극을 구속할 수 없었기 때문에 불안을 만들어 과거에 통제할 수 없었던 트라우마의 자극을 통제하려고 트라우마의 상황으로 되돌아가는 꿈을 꾼다. "외상신경증으로 고통받는 환자들의 꿈은 트라우마가 발생했던 상황으로 규칙적으로 되돌아가게 하며" 이 꿈은 "그것의 부재가 외상신경증의 원인이 되었던 불안을 발달시켜 소급적으로 자극을 통제하려 애쓴다."[42] 프로이트는 이렇게 소급적으로 트라우마의 자극을 통제하는 것이 쾌락원칙이 지배하기 전에 꿈이 수행했던 원초적인 과제였다고 추정한다. 즉 외상꿈은 트라우마 상황으로 되돌아가서 "외상적 인상들을 정신적으로 구속하려는 목적으로 반복강박에 복종한다."[43]

　반복강박의 발견은 생명이 탄생하기 전 상태 즉 "무생물의 상태로 회귀하려는 욕동" 즉 죽음 욕동이 먼저 존재했고 생명의 과정은 죽음이라는 목표로 향하는 우회로라는 유명한 논지로 발전한다.[44] 프로이트는 외상신경증 환자가 트라우마 현장으로 반복적으로 회귀하는 꿈의 해석에서 반복강박을 논한 직후 반복강박을 유기체 내에 존재하는 욕동의 문

41　위의 책, 31쪽.
42　위의 책, 32쪽.
43　위의 책, 33쪽.
44　위의 책, 38쪽.

제로 논한다. 그런데 반복강박을 죽음 욕동의 일환으로 설명한다면 레이스의 표현대로 외상신경증은 외상적 자극을 묶는 구속이라기보다 "죽음 욕동의 과격한 '탈구속unbinding'"이라고 볼 수도 있다.[45] 따라서 "외상적 경험은 죽음 욕동의 과격한 탈구속의 결과 자아의 통일성의 파편화나 상실을 포함하지만 동시에 카섹시스의 구속 (또는 재구속rebidning)도 수반한다"는 역설이 발생한다.[46] 이런 관점에서 트라우마는 외부에서 가해진 자극을 구속하는 문제일 뿐 아니라 더 나아가 방출된 죽음 욕동을 구속하는 문제일 수도 있다.

따라서 구속의 의미도 매우 복잡해진다. 프로이트에게 무의식은 카섹시스가 유동적인 전치displacement와 압축condensation이 발생하는 일차과정이고 의식은 카섹트된 표상들의 방출을 제어하고 구속하는 이차과정이므로,[47] 유입된 자극을 구속하는 것은 의식적인 자아의 행위다. 프로이트는 "일차과정에 도달하는 욕동적 자극을 구속하는 것은 정신기구의 고등 층위의 임무"라고 분명히 밝힌다.[48] 그런데 외상꿈에서 외상적 사건으로 반복적으로 회귀해서 외상적 자극을 소급적으로 통제하려는 구속은 "쾌락원칙에 모순되지 않으나 그럼에도 그것에서 독립된 정신기구의 기능"이다.[49] 이런 구속의 실패가 외상신경증을 유발하고 이런 구속이 이루어진 후에야 "쾌락원칙의 지배"가 가능하므로, 프로이트는 "실제로 쾌락원칙에 반대되지는 않지만 그것과 독립해있고 어느 정도 그것을 무시하는 정신기구의 다른 임무, 즉 자극을 통제하거나 구속하는 임무

---

45   Ruth Leys, *Trauma : A Genealogy*, Chicago : Chicago UP, 2000, 24쪽.

46   위의 책, 34쪽.

47   Sigmund Freud, "The Unconscious", 186~188쪽.

48   Sigmund Freud, *Beyond the Pleasure Principle*, 34~35쪽.

49   위의 책, 32쪽.

가 (쾌락원칙에) 앞서 존재했을 것으로 가정한다."[50] 그렇다면 쾌락원칙에 앞서 존재하는 이 구속의 기능은 의식적 자아가 수행하는 것보다 더 근원적인 기능이다.

여기에서 프로이트는 동일한 것을 반복하는 '유아의 정신적 삶의 초기 행동'을 설명하면서 "반복강박의 발현이 (…중략…) 고도의 욕동적 성격을 보여주며 쾌락원칙과 대립해서 작용할 때 '악마적' 힘이 작용하는 것으로 나타난다"고 말하며, 구속의 기능과 관계된 반복(강박)을 욕동의 특성으로 파악한다.[51] 라플랑슈와 퐁탈리스Jean-Bertrand Pontalis가 설명하듯 "이 구속과정이 궁극적으로 자아를 위한 것이라 하더라도 프로이트는, 그것을 반복강박의 토대로 보고 이 강박을 (…중략…) 욕동 자체의 특성으로 만든다는 점에서, 이 과정에 독립적인 의미를 부여하려는 듯 보인다."[52] 죽음 욕동을 논하기 위한 이런 발언은 반복강박이 욕동적이고 따라서 일차과정을 따른다는 점을 암시한다.[53] 플레처John Fletcher가 지적하듯이 "프로이트가 외상꿈의 반복과 압도적 자극의 통제에 대한 투쟁에서 반복강박의 가장 완전한 발현을 찾은 후 곧이어 구속의 근본

---

50 위의 책, 35쪽.

51 위의 책, 35쪽.

52 Jean Laplanche and Jean-Bertrand Pontalis, *The Language of Psychoanalysis*, 51쪽. 여기에서 프로이트 전집 영문판 번역자인 스트레이치는 각주에서 'instinctual'로 영역한 독일어가 '*Triebhaft*'이며 "'*Trieb*'가 영어 'instinct'보다 더 절박감(a feeling of urgency)을 지닌다"라고 말한다. 플레처는 스트레이치의 설명에도 불구하고 이 부분에서 프로이트가 반복강박의 유기체적 생물학적 성격을 설명하므로 오히려 '본능'의 의미가 더 중요하다고 주장한다. John Fletcher, *Freud and the Scene of Trauma*, 306쪽.

53 라플랑슈와 퐁탈리스가 말하듯 이 구속은 자아의 기능으로 여겨지는 통상적 의미의 구속과 다른 의미의 구속으로서 "무의식적 욕망과 환상의 조직을 지배하는 법 ― 다시 말해서 일차과정의 법"을 따른다. Jean Laplanche and Jean-Bertrand Pontalis, *The Language of Psychoanalysis*, 51쪽.

원칙이 아닌 '욕동'과 일차과정에서 반복강박을 찾은 것은 놀라운 일이다."[54] 즉 프로이트에게 반복강박은 죽음 욕동만의 특성이 아닌 욕동 자체의 특성이다. 그는 "'욕동적instinctual'이라는 술어가 어떻게 반복강박과 관계되는가?"라는 질문을 제기하고 이에 대해 "욕동들의 보편적 특성의 자취를 발견했을지도 모른다"고 답하며 **"욕동은 유기체적 생명에 내재한 이전의 상태를 회복하려는 충동**urge"이라는 정의를 제시한다.[55]

반복강박의 논의가 정신적 차원에서 생물학적 차원으로 이동하면서 같은 의미를 지니는지도 의문이다. 왜냐하면 "무의식적 외상 장면"으로 반복하여 회귀하는 것과 달리 생명 탄생 이전의 무생물 상태로 회귀하려는 "'유기체적' 반복은 주체의 역사에서 아무것도 반복하지 않기" 때문이다.[56] 즉 이 경우 반복은 생명체에 발생한 어떤 외상적 사건으로의 회귀가 아닌 생명 탄생 이전 상태로의 회귀다. 오히려 캐루스의 표현을 빌리자면 무생명 상태에서 생명이 발생하는 과정이 "생명으로의 외상적인 '깨어남'"이다.[57] 이렇게 외부의 충격으로 시작한 트라우마 이론이 반복강박 개념을 매개로 생명체 내부의 문제로 이동하는 과정에서 트라우마의 문제는 복잡해지며 이런 모순의 매듭을 풀기는 쉽지 않다.

---

54 John Fletcher, *Freud and the Scene of Trauma*, 305쪽.

55 Sigmund Freud, *Beyond the Pleasure Principle*, 36쪽.

56 John Fletcher, *Freud and the Scene of Trauma*, 309쪽.

57 Cathy Caruth, *Unclaimed Experience*, 65쪽.

4. 치유의 과정 행동화, 극복작업, 불안

히스테리 연구로 출발해 전쟁신경증을 거쳐 외상신경증 환자의 꿈을 분석하고 마침내 반복강박과 죽음 욕동 개념에 도달한 프로이트의 트라우마 이론은 트라우마 발생의 메커니즘을 복잡하게 할 뿐 아니라 트라우마에 특화된 치유의 방법론을 제시하지도 않는다. 그러나 분명한 것은 그가 트라우마를 억압의 메커니즘으로 파악했기 때문에 분석을 통한 억압의 극복을 트라우마 치유의 과정으로 보았다는 점이다. 따라서 현재 외상후 스트레스 장애PTSD, Posttraumatic Stress Disorder로 알려진 외상신경증 치료에 대한 프로이트의 사유는 신경증 치료에 대한 프로이트 이론에서 찾을 수밖에 없다. 앞서 논했듯이 프로이트는 외상 히스테리의 메커니즘을 의식의 해리로 파악하고 최면요법으로 해리된 의식을 통합시키는 치료를 시도하다가 해리가 아닌 방어와 억압을 외상 히스테리의 메커니즘으로 파악하게 된다. 그 결과 '말(하는) 치료'의 의미도 달라진다. 브로이어가 최면으로 환자가 말하게 해서 두 해리된 의식을 통합시키려 했다면, 프로이트는 최면요법을 포기하고 환자가 자유연상으로 떠오르는 것을 말하게 해서 억압된 무의식적 표상을 기억하게 만들어 의식과 무의식의 소통을 통해 치료하려 했다.

이 차이는 치유의 주체가 누구인가의 문제와 직결된다. 해리의 경우 의사의 최면을 통해 환자가 망각한 제2의 의식의 내용을 말하면 해리된 의식이 정상 의식에 통합되어 치료가 이루어지지만, 억압은 무의식적 표상이 유발하는 의식의 저항을 환자가 극복해야 가능하므로 환자의 주체적인 역할이 요구되기 때문이다. 프로이트는 「기억, 반복, 극복작업 Remembering, Repeating, and Working-Through」에서 이를 상세히 설명한다. 최면이 자유연상으로 바뀌면서 "정화의 요소는 배경으로 물러나고" 그 대신 "환자가 자신의 자유연상에 대한 비판을 극복해야 하는 데 사용할 작업의 소비"가 부각된다.[58] 이 과정에서 새로운 노동 분화가 발생한다. 분석가는 환자에게 환자가 의식하지 못하는 저항을 말해주고 환자는 이를 통해 의식적으로 알게 된 저항을 극복하는 작업을 수행한다.

그 결과는 망각한 것의 기억이다. 저항이 극복될 때 환자는 종종 망각한 상황과 연관들을 아무런 어려움 없이 진술한다. 이런 정신분석 테크닉의 목표는 동일하다. "묘사적으로 말하면 그것은 기억의 틈을 메우는 것이고, 역동적으로 말하면 그것은 억압으로 인한 저항을 극복하는 것이다."[59] 환자가 망각한 것을 과거의 것으로 기억하지 못하고 현재에서 행동으로 반복하는 것이 '행동화'acting out다. 억압된 표상에 대한 "저항이 클수록 행동화(반복)는 더 광범위하게 기억을 대신한다."[60] 프로이트는 이를 '반복강박'으로 묘사하는데, 앞서 살펴본 바와 같이 그가 이 용어를 후에 외상꿈을 설명하면서 사용한다는 점에서 트라우마와 관계된다.[61] 트라우마의 증상은 억압되어 기억하지 못하는 외상 상황으로 자신도 모르게 반복적으로 회귀하는 것이기 때문이다.

분석상황에서의 전이transference는 행동화의 한 예다. 환자는 과거에 겪었으나 억압하여 기억하지 못하는 것을 분석가에게 전이하여 행동으로 반복하며 분석가는 이를 통해 환자가 억압한 것을 발견할 수 있고 "치료작업"을 통해 환자가 저항을 극복하고 망각한 것을 기억하게 할 수 있

---

58   Sigmund Freud, "Remembering, Repeating, and Working-Through", *SE*, Vol. XII, 147쪽.
59   위의 글, 147~148쪽.
60   위의 글, 151쪽.
61   위의 글, 150쪽.

다. "전이에서 드러나는 반복적 반응으로부터 우리는 말하자면 저항이 극복된 후에 어려움 없이 나타나는 기억의 자각으로 가는 익숙한 길로 인도된다."[62] 즉 "일반신경증"이 "전이신경증"으로 바뀌는 과정에서 분석가가 개입할 수 있게 되어 치료의 길이 열린다.[63] 이런 관점에서 행동화는 반드시 부정적인 것이 아니며 분석가와 환자가 극복작업을 위해 협업하는데 필수적인 과정이다.[64]

프로이트는 분석가가 환자에게 저항에 대해 말해주어도 환자가 억압을 극복할 극복작업의 시간이 필요하다는 점을 강조함으로써 환자의 역할을 강조한다. 환자의 극복작업은 "회피할 수도 재촉할 수도 없는 과정"이며 치유의 효과를 낳는 데 결정적인 작업이다.[65]

이런 저항의 극복작업은 실제상황에서 분석 주체에게는 고된 일이고 분석가에게는 인내의 시험으로 판명된다. 그럼에도 그것은 환자에게 가장 큰 변화를 낳고 분석치료를 여타의 암시치료와 구분해주는 작업의 일부다. 이론적 관점에서 그것은 억압으로 질식된 정동의 양의 '해소' — 그것 없이는 최면치료

---

62 위의 글, 154~155쪽.

63 위의 글, 154쪽.

64 라플랑슈와 퐁탈리스에 따르면 "극복작업은 해석으로 인해 변형되기 때문에 주체가 반복 메커니즘에서 해방되는 것을 가능하게 하는 반복이지만 의심의 여지 없이 반복이다." Jean Laplanche and Jean-Bertrand Pontalis, *The Language of Psychoanalysis*, 488~489쪽. 라카프라(Dominick LaCapra)는 이 발언을 토대로 행동화와 극복작업이 이분법적으로 분리되지도 않고 행동화에서 극복작업으로 순차적으로 진행되는 것도 아님을 강조한다. Dominick LaCapra, *Representing the Holocaust : History, Theory, Trauma*, Ithaca : Cornell UP, 1996, 205~209쪽을 참조할 것. "극복작업은 결코 행동화와 반복강박의 힘을 완전히 초월하지 않으면서 다른 가능성을 낳기 위해 그것에 대응하거나 적어도 완화한다." Dominick LaCapra, *Writing History, Writing Trauma*, Baltimore : Johns Hopkins UP, 2001, 71쪽.

65 Sigmund Freud, "Remembering, Repeating, and Working-Through", 155쪽.

의 효과가 없을 해소 — 와 연관시킬 수 있다.[66]

　프로이트는 극복작업이 가장 고되지만 가장 결정적인 치료 효과를 낳는 과정이며 암시치료와 구분되는 분석치료의 핵심이라는 점을 분명히 밝힘으로써 주체 / 환자의 능동적인 역할의 중요성을 강조한다. 앞서 언급했듯이 그는 저항의 극복이 중요한 요소로 등장함에 따라 정화의 중요성이 감소한다고 말하지만 기억의 회복이 정동의 해소와 밀접히 관련됨을 보여준다. 이는 그가 『히스테리 연구』에서 정동이 동반되지 않는 기억은 치료 효과가 없다고 했던 발언과 일맥상통한다. 극복작업을 통한 트라우마의 치료는 기억의 회복에 동반된 정동의 해소를 포함한다.

　트라우마 치료에 대한 이후의 중요한 논의는 프로이트가 『억제, 증상, 불안Inhibitions, Symptoms, and Anxiety』에서 불안을 새롭게 해석하는 데서 발견된다. 이 책에서 그는 불안을 리비도의 변형으로 파악했던 이론을 수정하고 "위험 상태에 대한 반응" 즉 "위험 상황을 피하기 위한 신호"로 파악한다.[67] 아이가 성장함에 따라 위험 상황은 어머니의 상실에서 거세 위협 그리고 초자아에 의한 처벌의 두려움으로 바뀐다. 그리고 마지막으로 초자아에 대한 공포는 죽음에 대한 공포로 바뀌는데, 이는 "초자아에 대한 공포가 운명의 힘으로 투사된 것"이 죽음에 대한 공포이기 때문이다.[68] 위험 상황에서 중요한 것은 주체가 경험하는 물리적 정신적 무력함이다. 최초의 위험 상황의 신호가 되는 유아의 불안은 "생물학적 무력함의 자연적 상응물인 정신적 무력함"이다.[69]

66　위의 글, 155~156쪽.

67　Sigmund Freud, *Inhibitions, Symptoms, and Anxiety*, *SE*, Vol. XX, 134·138쪽.

68　위의 책, 140쪽.

프로이트는 이 책의 부록에서 위험 상황과 외상적 상황을 구분한다. 위험 상황은 "위험의 크기와 비교해서 자신의 힘을 평가하고 그 위험과 대면했을 때 무력함을 인정하는 것 — 위험이 현실적이면 신체적 무력함이고 위험이 욕동적이면 정신적 무력함 — "이고, "이런 종류의 무력함이 실제로 경험된 상황이 **외상적 상황**"이다.[70] 트라우마는 위험 상황을 실제로 경험하는 외상적 상황에서 발생한다. 불안은 과거에 경험한 (무력함을 동반한) 트라우마를 예상하고 자기보존을 위해 그것을 피하려고 자신에게 주는 신호다. "이런 예상의 결정요인을 포함하는 상황"이 위험 상황이고 "이 상황에서 불안의 신호가 주어진다."[71] 즉 불안은 "나는 무력함의 상황이 시작될 것을 예상한다" 또는 "현재의 상황은 내가 이전에 겪었던 외상적 경험 중 하나를 상기시킨다"라는 신호를 보낸다.[72] 따라서 "불안은 한편으로 트라우마의 예상이면서 다른 한편으로 완화된 형태로 그것을 반복하는 것이다."[73] 그 결과 "트라우마를 수동적으로 경험했던 자아는 이제 그것의 방향을 통제할 수 있다는 희망을 지니고 약화된 형태로 그것을 능동적으로 경험한다."[74] 신체적 정신적 무력함을 경험하는 외상적 상황을 약화된 형태로 재경험해서 외상의 자극을 다스리려는 불안은 이미 자체 내에 트라우마 치료의 방법을 포함하고 있다고도 볼 수 있다. 트라우마의 영향에서 벗어나기 위해 일종의 예방접종 역할을 하는 불안을 장착하고 외상적 경험으로 회귀하여 외상적 사건의

---

69   위의 책, 138쪽.

70   위의 책, 166쪽.

71   위의 책, 166쪽.

72   위의 책, 166쪽.

73   위의 책, 166쪽.

74   위의 책, 167쪽.

자극을 구속하는 것이 트라우마를 다스리는 방법이 될 수 있는 것이다.

　그러나 이런 논리적 귀결은 의문을 불러일으킨다. 트라우마를 통제하기 위해 불안을 갖고 과거로 회귀하는 것 자체가 치료라기보다 트라우마의 증상일 수 있기 때문이다. 트라우마 환자들은 외상적 사건을 연상시키는 상황에서 불안해하지 않는가? 여기에서 기억의 회복에 동반되는 정동의 해소를 다시 생각해 볼 필요가 있다. 환자가 극복작업을 거쳐 기억을 회복했을 때 동반되는 정동의 재경험을 정동이 해소되는 것이라고 볼 수 있을까? 오히려 억압된 기억에 동반되는 정동을 재경험하는 것은 외상 경험의 반복이 아닌가? 외상꿈이 불안을 지니고 과거에 구속하지 못했던 자극을 구속하기 위해 트라우마 현장으로 되돌아가는 것이라면 외상꿈의 반복은 그런 작업이 계속 실패한다는 것을 의미할 수 있기 때문이다. 분석상황에서 극복작업을 통해 기억을 회복하고 정동을 해소하는 과정이 외상꿈에 나타나는 반복강박과 다르려면 위험 상황에 대한 보호막을 강화하는 불안이 외상적 정동의 재경험을 외상적이 되지 않게 하는 역할을 해야 하지 않을까? 이런 역할을 수행하는 것을 '불안'이라는 이름으로 부를 수 있을까? 불안은 결국 트라우마의 신호일 뿐 치유가 아니지 않은가? 플레처가 주장하듯 "원래의 (보호막이) 파열되는 사건에서 부재했던 불안을 뒤늦게 반복해서 생산하는 것이 어떻게 프로이트가 추구하는 구속과 통제를 성취할 수 있는지는 분명하지 않다."[75]

　그렇지만 불안에 대한 프로이트의 논의는 역사적 트라우마 연구에서 유용하게 활용된다. 라카프라는 홀로코스트를 논하면서 불안의 부재가 트라우마의 원인이라는 프로이트의 논의에 기초해 불안은 "공감적인 증

75　John Fletcher, *Freud and the Scene of Trauma*, 302쪽.

인이 있어야만 회복될 수 있다"는 샌트너^{Eric Santner}의 발언을 긍정적으로 검토하면서 불안이 트라우마에 대처할 수 있는 준비의 역할을 할 수 있다고 주장한다.[76] 즉 "불안이 전적으로 대상 특정적이 아닌 한 해독제의 동종요법 논리를 불안에 적용하는 것"은 어렵지만, "불안이 전적으로 분산되지 않고 역사적 이해를 통해 밝혀지고 지식을 갖춘 판단에 종속될 수 있는 대상들과 관계된다면, 트라우마를 완전히 통제하거나 완전히 타당하게 재현할 수 없다 하더라도, 준비 ─ 또는 회복된 준비 ─ 는 트라우마에 대응할 수 있고 해독제로 기능할 수 있다."[77] 불안은 (홀로코스트와 같은) 구체적인 대상에 대한 것으로 기능할 때 트라우마에 대한 동종요법 즉 백신의 역할을 할 수 있어서 완전하지는 않을지라도 트라우마 극복에 기여할 수 있다는 것이다. 라카프라의 주장은 위험신호로 작용하는 불안을 통해 트라우마를 극복하려는 시도가 외상적 사건이라는 구체적인 대상과 관계할 때 치료 효과를 낳을 수 있다고 제시한다.

---

76 Eric L. Santner, *Stranded Objects : Mourning, Memory, and Film in Postwar Germany*, Ithaca : Cornell UP, 1990, 25쪽, Dominick LaCapra, *Representing the Holocaust*, 214쪽.

77 Dominick LaCapra, *Representing the Holocaust*, 215쪽. 라카프라는 불안의 대상이 특정하지 않다는 점에 대해 "프로이트에게 불안은 대상의 불확정과 부재 또는 비결정의 속성을 지닌다"고 지적한다. Dominick LaCapra, *Writing History, Writing Trauma*, 57쪽. 이는 대상이 있는 공포와 달리 "'불안'은 위험이 알 수 없는 것이라 하더라도 위험을 예상하거나 위험에 준비하는 특수한 상태를 묘사한다"라는 즉 불안은 특정한 대상이 없다는 프로이트의 발언에 기초한다. Sigmund Freud, *Beyond the Pleasure Principle*, 12쪽.

5. 치유의 공간과 방법 분석가와 환자, 자아의 강화

프로이트에게서 불안을 통한 트라우마의 동종요법적 치료의 논리를
엿볼 수 있지만, 그가 이 논리를 명확히 발전시킨 것은 아니다. 외상적
사건의 기억에 동반되는 정동을 해소할 수 있도록 외상적 자극을 소급
적으로 구속하고 통제하는 정신적 기능에 불안이 아닌 다른 이름이 필
요하지 않을까? 프로이트가 트라우마 발생의 메커니즘을 자아에 대한
내적 외적 위험에 대한 방어로 보았다면 트라우마 치유 문제 역시 자아
의 방어와 관련된 것이 아닐까? 정신분석치료에서 이루어진 진보를 설
명하는 「정신분석치료의 전진선Lines of Advance in Psycho-analytic Therapy」에는 정
신분석치료가 나아가야 할 방향에 대한 프로이트의 생각이 담겨있다.
환자가 의식하지 못하던 무의식적 저항을 알려주는 것이 치료의 시작
이지만 치료는 여기에서 멈추지 않는다. 분석은 화학자가 화학적 요소
들을 분해하듯이 분석가가 환자들의 "정신적 과정을 기초 구성요소들
로 분리해 그의 내부에서 이 욕동적 요소들을 단독으로 고립시켜 증명"
하는 것이다.[78] 그렇다면 분석가는 분해에 그치지 않고 분해된 요소들을
결합하는 "이런 통합을 정신치료의 주요 요인"으로 여겨 자신의 과제로
삼아야 할까?[79] 프로이트는 그렇지 않다고 말한다. 인간 정신은 스스로
"통일과 결합을 향한 충동"을 지니고 있어 분석에서 분해된 증상의 요소
들은 새로운 결합을 자동으로 시도하기 때문이다.[80]

---

78   Sigmund Freud, "Lines of Advance in Psycho-analytic Therapy." *SE*, Vol. XVII, 160쪽.

79   위의 글, 160쪽.

80   위의 글, 161쪽.

실제로 신경증 환자는 우리에게 저항들로 인해 분열된 정신을 제시한다. 우리가 그 정신을 분석하여 저항들을 제거하면, 그 정신은 결합하여 커진다. 우리가 그의 자아라고 부르는 위대한 통일체는 이전에는 그것에게서 분열되어 떨어져 있었던 모든 욕동적 충동들을 자신에게 들어맞게 한다. 정신종합 psycho-synthesis은 따라서 분석치료 중에 우리의 개입 없이 자동적이고 불가피하게 이루어진다.[81]

브로이어에게 두 의식의 통합이 치유의 과제라면 프로이트에게는 억압에 대한 저항을 제거해서 저항으로 분열된 정신의식과 무의식의 분열을 다시 통합시키는 것이 과제다. 그러나 이 정신종합은 인간 정신에 내재한 "통일과 결합을 향한 충동"으로 환자의 자아가 자동으로 수행하는 작업이다.

그렇다면 저항을 제거한 후 분석가의 임무는 무엇일까? 프로이트는 환자의 자아가 자동으로 수행하는 정신종합 이외에 분석가는 "적절한 방식으로 개입하는" "활동"activity을 수행해야 하며 그 활동 중 첫째는 환자가 "박탈"privation의 상태를 유지하게 만드는 것이라고 말한다.[82] 신경증의 원인은 좌절frustration이고 신경증 환자의 증상은 환자에게 대체 만족을 준다. 환자의 증상은 고통스럽지만 동시에 만족을 주는 이중기능을 수행하는 것이다. 그러나 분석에서 증상의 고통이 완화되면 환자는 "다양한 활동과 애호하는 것 그리고 습관에 리비도를 카섹트하고 그것들을 대체 만족의 위치로 격상시키기 위해 이제 부분적으로 해방된 리비도가 소유한 전치의 막강한 능력을 사용한다."[83] 환자가 리비도를 다른 대상

---

81   위의 글, 161쪽.
82   위의 글, 162쪽.
83   위의 글, 163쪽.

에 투자하는 전치를 통해 대체 만족을 찾는 행위는 치료에 필요한 리비도를 소모하고 치료를 방해한다. 따라서 분석가는 이런 대체 만족을 방지하고 환자가 치료의 필요성을 느낄 수 있도록 증상이 아닌 "다른 곳에 그것_{환자의 고통}을 어떤 두드러진 박탈의 형태로 복귀시켜야 한다."[84] 근원적 치료를 위해 분석가는 이런 방식으로 환자가 대체 만족을 얻는 것을 차단해야 하며, 환자를 관대하게 대해서 만족을 주는 것은 "삶의 시련으로부터 다시 도피하게" 만들 뿐이다.[85]

프로이트가 둘째로 제시하는 분석가의 활동도 치료에서 환자의 능동적이고 주체적인 역할을 강조하는 것이다. 분석가는 환자를 도와야 하지만 환자를 자신의 의학적 지식에 종속시키지 않아야 한다. 환자가 스스로 무력한 상태에서 벗어나게 도와주는 교육의 필요성도 어디까지나 환자 스스로 성취해야 한다. 즉 "환자는 자신의 본성을 해방하고 완성하도록 교육되어야 하며 우리를 닮도록 교육되지 않아야 한다."[86] 분석가 활동에 관한 프로이트의 셋째 제안은 질병에 따라 치료방식이 다양해야 한다는 점이다. 환자에 따라 분석가는 치료를 서두르지 않고 기다리는 테크닉을 활용해야 한다. 중증 강박신경증 환자의 경우에 "올바른 테크닉은 치료 자체가 강박이 될 때까지 기다리고 그런 다음 이 반대 강박으로 질병의 강박을 강력히 억누르는 것이다."[87] 그러나 셋째 제안에서 가장 주목할 점은 "회복의 '점근선적'asymptotic 과정, 치료의 끝날 수 없는 연기"에 대한 언급이다.[88]

---

84 위의 글, 163쪽.
85 위의 글, 164쪽.
86 위의 글, 165쪽.
87 위의 글, 166쪽.
88 위의 글, 166쪽.

환자가 증상이 완화되어도 다른 활동에서 대체 만족을 얻으려 한다는 사실과 치료는 무한히 연기될 수 있고 회복은 끝없이 다가가는 과정일 뿐이라는 통찰은 「끝낼 수 있는 분석과 끝낼 수 없는 분석Analysis Terminable and Interminable」에서 본격적으로 다루어진다. 프로이트는 이 글에서 분석가가 무의식적 저항을 알려주어 환자가 현실에 다시 적응할 정도로 증세가 완화되어도 억압된 기억을 모두 되살릴 수 없으므로 치료가 완결되지 않을 가능성을 강조한다. 예컨대 환자에게 치료 시간을 한정해서 환자가 기한 내에 억압된 기억을 되살리게 하는 시간제한 테크닉을 사용해도 일부 기억이 회복되는 대신 다른 기억은 여전히 망각될 수 있다. 프로이트는 이 글에서 극복작업을 언급하지는 않지만 치유의 미완성에 대한 프로이트의 통찰은 극복작업의 모호한 성격과도 관련된다. 앞서 보았듯이 극복작업은 반복 / 행동화와 완전히 구분되지 않으며 이는 극복작업이 상처의 완전한 치유가 아니라 상처에 대한 잠정적이고 열린 해결책임을 시사한다. 간토Jean-Michel Ganteau는 트라우마 서사의 맥락에서 프로이트의 극복작업 개념이 지니는 "고통스럽고 투쟁적인 성격"에 주목하며 "극복작업은 원래 다양한 유형의 불완전과 실패를 포함하며 상처에 취약한 개인 개념의 핵심, 따라서 근원적으로 결함이 있고 무능한 재현과 증언의 핵심"이라고 말한다.[89]

프로이트는 치료가 끝날 수 없는 근본적인 이유를 설명하기 위해 신경증의 원인과 치료를 방해하는 요인들을 차례로 설명하며 특히 트라우마와의 관계에서 자아의 강화를 치료의 방향으로 제시한다. 그는 신경증의 원인에 혼합되어있는 체질적 요인과 우연적 요인을 구분한다. 체

---

89 Jean-Michel Ganteau, "Working-Through", *The Routledge Companion to Literature and Trauma*, Colin Davis and Hanna Maretoja 공편, London : Routledge, 2020, 134~135쪽.

질적 요인은 자아가 길들이기에는 너무 강한 욕동이고, 우연적 요인은 "미숙한 자아가 통제할 수 없는 초기 (즉 너무 이른 시기의) 트라우마의 효과"다.[90] 체질적 요인이 강할수록 트라우마는 고착되어 발달장애를 유발할 수 있고, 외상적 요인이 강할수록 해로운 효과가 클 수 있다. 그러나 우연적 즉 외상적 요인이 강할수록 분석은 더 성공할 수 있다. "트라우마가 지배적인 사례일 때에만 분석은 최상의 능력을 발휘할 수 있다. 그럴 때만 분석은 환자의 자아를 강하게 했기 때문에 환자가 초기 삶에서 취했던 부적절한 결정을 올바른 해결로 대체하는 데 성공할 것이다."[91] 트라우마는 위험 상황에 대한 자아의 준비가 결핍된 상태에서 자아의 보호막을 파괴하는 외상적 사건에 의해 발생하므로 자아의 강화는 무력했던 상태에서 경험한 트라우마를 통제할 수 있는 능력을 갖추게 한다.

자아의 강화에 대한 이런 설명에서 불안이 지닌 예방접종 효과에 대한 프로이트의 논리를 엿볼 수 있다. 불안의 긍정적 역할은 결국 무력하고 수동적인 자아가 능동적으로 외상적 상황에 대처하게 하는 효과이기 때문이다. 트라우마 통제의 문제에서 자아의 강화와 불안의 관계는 경제적인 관점에서 더 분명해진다. 경제적 의미에서 자아의 강화는 내적 외적 위험에 대한 통제력 즉 자극에 대한 정신적 구속력의 향상으로 해석할 수 있고 프로이트의 논의에서 불안은 구속력과 연결된다. 제프^{Siegfried Zepf} 와 제프^{Florian Zepf}가 지적하듯이 "프로이트의 글 전체에서 트라우마는 우선 경제적인 용어로 이해된다."[92] 프로이트는 『정신분석강의』^{Introductory Lec-}

---

90   Sigmund Freud, "Analysis Terminable and Interminable", *SE*, Vol. XXIII, 220쪽.

91   위의 글, 220쪽.

92   Siegfried Zepf and Florian D. Zepf, "Trauma and Traumatic Neurosis : Freud's Concepts Revisited", Simon Thomas and Judith Zepf 공역, *International Journal of Psychoanalysis*, Vol. 89, No. 2, 2008, 333쪽.

tures on Psychoanalysis』에서 외상신경증 환자가 외상적 사건으로 회귀하는 이유를 "정신 과정의 경제적 관점"에서 과도한 외상적 자극이 "정상적 방식으로 해소되지 않아 (…중략…) 에너지가 작동하는 방식의 영구적인 장애"를 초래한 것으로 해석하면서 "'외상적'이라는 용어는 경제적인 의미 이외에 다른 의미가 없다"고 밝힌다.[93] 『쾌락원칙을 넘어서』에서 트라우마가 보호막을 침투한 과도한 자극을 구속하는 문제로 정의되는 것도 경제적인 설명이다. "자극을 통제하거나master 구속하는 임무"라는 표현이 보여주듯이 트라우마의 통제는 경제적인 의미에서 외상적 인상을 정신적으로 구속하는 과정이다.[94] 불안은 이런 구속력과 직결된 것으로 표현된다. 보호막이 파괴되어 발생한 경악은 "자극을 최초로 수용하는 체계의 과잉카섹시스 결여를 포함한, 불안에 대한 준비의 결여에 기인"하며, "불안에 대한 준비와 수용체계의 과잉카섹시스는 자극에 대한 보호막의 최종 방어선"이다.[95] 대량의 자극에 대처하도록 정신적 에너지를 집중시키는 과잉카섹시스의 결여는 불안(에 대한 준비)의 결여에 포함되거나 불안과 함께 보호막을 형성하므로 과도한 자극을 구속할 수 있는 카섹시스 능력은 불안과 불가분의 관계를 지닌다.

그러나 프로이트는 자아의 강화가 지니는 한계도 냉철하게 인식하며

93　Sigmund Freud, *Introductory Lectures on Psychoanalysis*, *SE*, Vol. XVI, 275쪽.

94　Sigmund Freud, *Beyond the Pleasure Principle*, 35쪽.

95　위의 책, 31쪽. 과잉카섹시스는 "이미 카섹트된 표상, 지각 등이 추가로 받는 카섹시스의 충전"으로 정의된다. Jean Laplanche and Jean-Bertrand Pontalis, *The Language of Psychoanalysis*, 191쪽. 라플랑슈와 퐁탈리스의 책 국역본 『정신분석 사전』에는 "과투여"로 번역되어 있다(64쪽). 라플랑슈와 퐁탈리스가 지적하듯이 "'경제적' 용어인 '과잉카섹시스'는 문제의 추가적 카섹시스의 대상이나 원천과 관련해서 어떤 함의도 없다." 즉 이 용어는 순전히 정신적 에너지가 한 대상에 추가로 집중된다는 경제적인 의미만을 지닌다. 따라서 트라우마의 문맥에서 이 용어는 트라우마의 충격을 대처할 만한 충분한 에너지가 집중된 상태를 의미한다.

위험에 대한 방어로 인해 자아가 변형되어 궁극적인 치료가 어려워질 수 있다고 지적한다. 체질적으로 강한 욕동과 더불어 분석을 방해하는 요인은 "자아가 방어적으로 투쟁하는 가운데 획득된 — 탈구되고 방해받았다는 의미의 — 자아의 변형"이다.[96] 약한 자아는 욕동을 통제하지 못해 신경증을 초래한다. 유년기에 발생하는 억압은 "미성숙하고 연약한 자아가 취하는 원시적인 방어책"이고, 질병 등으로 "자아의 힘이 감소하면 (…중략…) 그때까지 성공적으로 길들였던 모든 욕동이 다시 요구를 재개하고 비정상적 방법으로 대체 만족을 얻으려 애쓴다."[97] 분석은 "더 성숙해지고 강해진 자아가 오래된 억압을 수정해서" 욕동의 힘을 막을 수 있게 해준다.[98] 그러나 이렇게 "불안정한 억압을 신뢰할 수 있는 자아동조적 통제로 대체하는" 분석가의 노력은 부분적으로만 성취될 수 있고 "방어메커니즘에서 변화는 단지 불완전"할 뿐이다.[99]

방어메커니즘은 욕동에게만 적용되는 것은 아니다. 앞서 논했듯이 「정신분석과 전쟁신경증 서론」에서 프로이트는 자아가 외부와 내부의 위협 모두 위험으로 인식한다고 주장한다. 「끝낼 수 있는 분석과 끝낼 수 없는 분석」에서도 프로이트는 자아가 "외부세계의 위험"으로부터 이드를 보호하다가 "자신의 이드에게도 방어적 태도를 가져서 이드의 욕동적 요구를 외적 위험으로 다루도록 배운다"고 지적하며, 방어메커니즘을 내적 외적 위험에 맞서 자아가 "위험, 불안, 불쾌를 피하려고" 취하는 수단으로 정의한다.[100] 그런데 위험을 막으려는 방어메커니즘은 성공

---

96   Sigmund Freud, "Analysis Terminable and Interminable", 221쪽.

97   위의 글, 227·226쪽.

98   위의 글, 227쪽.

99   위의 글, 229·230쪽.

100   위의 글, 235쪽.

하더라도 그 자체로 위험이 될 수 있다. 그래서 자아가 사용한 방어메커니즘은 자아에 고착되어 방어를 초래한 "원래의 상황과 유사한 상황이 발생할 때마다 평생 반복되는 성격의 규칙적 반응양식이 된다."[101]

어른의 강해진 자아는 현실에서 더 이상 존재하지 않는 위험들로부터 계속 자신을 방어한다. 실제로 자아는 원래의 위험에 근접한 대체물로 기능하는 상황들을 현실에서 찾으려는 강박을 갖게 되고, 이는 그 상황들과 관련해서 자신의 습관적인 반응양식을 유지하는 것을 정당화할 수 있게 하기 위한 것이다. (…중략…) 문제의 핵심은 이전의 위험으로 향했던 방어메커니즘이 치료 중에 회복에 대한 **저항들**로 재발한다는 점이다. 따라서 자아는 회복 자체를 새로운 위험으로 여긴다. (…중략…) 저항들을 발견하는 것에 대한 저항이 있다. 방어메커니즘은 (…중략…) 이드의 내용을 의식하게 만드는 것에 대한 저항일 뿐 아니라 분석 전체 따라서 회복에 대한 저항이기도 하다. 방어가 자아에 가져온 효과는 '자아의 변형'이라고 올바로 묘사될 수 있다.[102]

프로이트가 제시하는 또 다른 유형의 저항은 리비도가 유동적이지 않아 다른 대상에 카섹트되는 것을 방해하는 "리비도의 접착력"과 "변화와 발전 능력인 가소성의 고갈" 그리고 "가능한 모든 수단을 통해 회복으로부터 자신을 방어하고 질병과 고통에 집착하려는 절대적으로 결연한 힘"이다.[103] 이 세 번째 '힘'은 "부정적인 치료반응과 죄의식"에서 확인되고 "이런 현상들은 정신적 삶에서 목적에 따라 공격 욕동 또는 파괴

---

101 위의 글, 237쪽.
102 위의 글, 238~239쪽.
103 위의 글, 241~242쪽.

욕동이라 부르는 그리고 우리가 생명체 본래의 죽음 욕동으로 추적하는 힘의 존재를 명백히 지시한다."[104] 이렇게 치료 효과에 대한 프로이트의 사유는 치료의 어려움에 대한 사유로 바뀌고, 트라우마 발생의 맥락에서 외상꿈의 반복강박을 설명하면서 출현한 죽음 욕동은 이제 치료를 불가능하게 하는 심층적 원인으로 다시 등장한다.

6. 프로이트 트라우마 이론의 의의

이제까지의 논의를 토대로 프로이트의 트라우마 메커니즘과 치료 이론의 내용과 의의를 다음과 같이 정리할 수 있다. 첫째, 프로이트는 자아의 강화를 치유의 근본적인 해결책으로 삼았고 분석가는 환자의 약해진 자아를 강하게 만드는 임무를 지닌다. 프로이트는 『새로운 정신분석 강의*New Introductory Lectures on Psychoanalysis*』에서 정신분석 치료가 "자아를 강화하고 초자아로부터 자아를 더 독립시켜 자아의 지각영역을 넓히고 조직을 확대해 이드의 새로운 부분들을 전유할 수 있게 하는 것"이라고 말하며, 정신분석치료의 메커니즘을 "이드가 있었던 곳에 자아가 있을 것이다"라는 유명한 공식으로 정립한다.[105] 앞서 논했듯이 자아의 강화는 이드의 통제뿐 아니라 신경증의 외적 즉 우연적 요인인 트라우마의 치료에도 해당한다. 트라우마 치유의 맥락에서 자아의 강화는 위험에 대한 신호로 기능하는 불안의 예방접종 효과를 외상적 사건의 통제를 위한 치료의 관점에서 새롭게 기술한 것으로 볼 수 있다.

---

104 위의 글, 243쪽.

105 Sigmund Freud, *New Introductory Lectures on Psychoanalysis*, *SE*, Vol. XXII, 80쪽.

둘째, 자아의 방어 준비 능력의 관점에서 트라우마의 치료를 설명한 프로이트의 후기 이론의 맹아는 사실 프로이트의 초기 이론에서 이미 찾아볼 수 있다. 프로이트는 『과학적 심리학 초고*Project for a Scientific Psychology*』에서 "자아의 임무는 정동의 발산을 허용하지 않는 것"이고 이를 위해 "관심의 메커니즘"을 사용한다고 말한다.[106] 그런데 "불쾌를 발산하는 카섹시스가 이것관심을 피하면 자아는 이 카섹시스에 대해 너무 늦게 행동하게 된다."[107] 성과 관련된 히스테리 증상이 외상이 최초로 발생한 시점이 아니라 성적 흥분이 가능해진 사춘기 이후에 최초의 외상적 사건을 연상시킨 다른 사건에 의해 유발되는 에마Emma의 사례에서도 무의식에 있던 외상적 기억이 불쾌를 발산하고 "자아는 이를 단지 너무 늦게 발견하게 된다."[108] 트라우마는 "불쾌가 처음 발산될 때 자아의 억제가 부재하지 않는가의 문제"로 요약할 수 있다.[109] 자아의 억제가 기능할 수 있다면 트라우마가 발산하는 불쾌를 방어할 수 있다. 따라서 자아의 강화에 대한 프로이트의 주장은 이미 트라우마가 만드는 불쾌의 발산을 억제하는 자아 기능에 대한 프로이트의 초기 사상의 연장선에 있다고 볼 수 있다. 프로이트의 트라우마 이론이 히스테리와 전쟁신경증 그리고 죽음 욕동 이론으로 이동하면서 변화와 모순을 보여준다면, 자아가 트라우마의 고통과 불쾌의 정동을 억제하는 중요한 기능을 한다는 점에서는 연속성을 보여주는 것이다.

셋째, 프로이트는 정신분석치료에서 환자 주체의 능동적 역할을 강조

---

106 Sigmund Freud, *Project for a Scientific Psychology*, *SE*, Vol. I, 358쪽.
107 위의 책, 358쪽.
108 위의 책, 358쪽.
109 위의 책, 359쪽.

한다. 프로이트가 해리이론에서 억압이론으로 선회하면서 치료의 방식은 최면이 아닌 자유연상을 통해 환자의 무의식에 접근하는 것으로 바뀐다. 이 변화는 분석가의 테크닉 뿐 아니라 환자 주체의 역할에도 중요한 변화를 가져온다. 해리이론에서 분석가의 최면이 환자의 해리된 두 의식을 연결하는 데 결정적인 역할을 한다면, 억압이론에서는 분석가가 환자의 무의식에 접근하는 테크닉과 더불어 환자가 억압에 저항하는 것을 극복하는 주체적이고 능동적인 노력이 필수적인 역할을 담당하게 된다. 프로이트는 환자가 분석가의 의학지식에 의존하게 하지 말 것과 환자가 고통스러운 현실을 회피하지 않고 대면할 것 그리고 환자의 무의식적 저항에 대한 극복작업의 중요성을 강조한다. 이는 비의식적인 신체에 직접 작용해서 트라우마를 치료하려는 시도에서 자칫 환자의 능동적 역할을 축소할 수 있는 신경과학적 트라우마 연구를 비판적으로 성찰하는 데 중요한 관점을 제공한다.

넷째, 프로이트는 환자와 분석가의 노동 분화를 언급하며 환자와 분석가의 공동작업의 중요성을 강조한다. 분석가는 환자에게 무의식의 내용을 알려주어 환자가 무의식에 억압된 고통스런 상처를 대면할 수 있는 환경을 조성하고, 환자는 무의식에 대한 저항을 극복하고 억압된 상처를 대면하는 고통스런 작업을 수행해야 한다. 따라서 치유는 분석가의 일방적인 테크닉의 효과도 환자 혼자 노력한 결과도 아닌, 환자와 분석가가 공동으로 수행하는 협업의 결과다. 앞서 언급했듯이 샌트너는 트라우마가 충격과 상실 자체가 아니라 충격과 상실의 순간 불안이 부재했기 때문에 발생하므로 불안을 갖추고 트라우마를 사후에 통제하려고 외상 장면으로 회귀하는 외상꿈 환자에 대한 프로이트의 해석을 논하며 분석가가 공감적 증인이 될 때 불안의 정동이 회복될 수 있다고 주장한다. "이 정동불안은 공감적 증인이 있어야만 회복될 수 있다. 포르트-다fort-da 놀이를 하는 아이의 경우 그것은 부모 / 관찰자이고 트라우마 희생자의 경우 그것은 상실이 상징적이고 정동적으로 통제될 수 있는 공간을 함께 구성하는 공감적 분석가다. (…중략…) 이 정동이 회복될 수 있는 사회적 공간 없이는 동종요법적 작업은 끝없이 반복되는 일종의 애가적 고리가 된다."[110] 환자와 분석가는 함께 트라우마를 극복할 "사회적 공간"을 만들어야 한다. 분석가에게서 증인의 역할을 찾는 샌트너의 해석은 분석상황이 진료실을 넘어 사회적인 차원을 지니며 프로이트가 제시한 치료방식이 정신분석의 영역을 넘어서는 통찰을 제공할 수 있음을 보여준다. 공감적 증인의 존재는 환자가 고립되지 않고 상처를 말하고 극복하는 데 필수적이다. 아서 프랭크의 말을 빌리면 환자가 자신의 상처난 몸이 말하게 할 때 그의 몸은 고립된 "일자적"monadic 몸이 아닌 "이자적"dyadic 이고 "소통적인" 몸이 되어 증언의 사회적 공간이 가능해진다.[111]

다섯째, 따라서 분석가와 환자가 공동으로 창조하는 치유의 공간은 더 큰 사회적 확장을 요구한다. 라카프라는 샌트너의 해석을 토대로 "공감적 증인의 사회적 공간이 일대일 관계로 충분한지 아니면 — 공적으로 효과적인 (그리고 아마도 개별적으로 지속적인) 애도 과정을 위해 — 보다 넓게 제도화된 실행의 역할을 요구하는지" 묻는다.[112] 그는 또한 프로이트의 극복작업에 대한 프리드랜더Saul Friedlander의 해석을 소개하며 이 개념이 트라우마 재현의 관점에서 확장된 의미를 지닐 수 있다고 지적한

---

110 Eric L. Santner, *Stranded Objects*, 25쪽.

111 Arthur Frank, *The Wounded Storyteller : Body, Illness and Ethics*, 2nd ed., Chicago : U of Chicago P, 2013, 36 · 35 · 48쪽.

112 Dominick LaCapra, *Representing the Holocaust*, 215쪽.

다. 앞서 논했듯이 극복작업은 행동화 / 반복과 완전히 구분되지 않고 불완전하고 열린 치유과정을 의미한다. 프리드랜더는 독일과 이스라엘 및 서구 유럽이 홀로코스트라는 재난을 역사 서사로 통합할 때의 여러 문제점을 검토하면서 사학자가 홀로코스트 같은 외상적 사건을 다룰 때 가장 어려운 문제는 "'보호막'을 반복적으로 파괴하는 감정과 이 막을 보호하는 마비 사이의 균형"을 찾는 것이라고 말한다.[113] 외상적 사건에 동반되는 강렬한 감정적 영향과 이를 방지하기 위해 감정적 마비 효과를 지니는 지적 거리두기를 취하는 것은 필요하고 불가피하다. 극복작업은 이 둘 사이의 균형을 취하는 것이다.

그래서 역사가에게 극복작업은 역사적 "서술의 안이하고 직선적인 진행을 교란하고 대안적 해석을 도입하며 어떤 부분적 결론도 의문시하고, 종결의 필요에 저항하는"(서사에 대립적인) '논평'commentary을 요구한다.[114] 이런 차원에서 "극복작업은 절망과 죽음의 구체성을 무효화하는 정치적 결정과 행정법령이 지배하는 장에서 **개인의 목소리를 대면하는 것을 의미한다.**"[115] 역사 서사에서 개인의 목소리와 상처를 대면하는 것은 역사적 서술이 닫힌 장이 되지 않고 항상 열려있게 만드는 것이다. 따라서 "극복작업의 주요 측면은 (…중략…) 역사가에게 **종결의 유혹에 굴복하지 않으면서** 문서와 증언이 허락하는 만큼 진실된 기록을 남기라는 명령을 동반한다."[116] 극복작업은 상처를 치유하는 일회성 작업이 아니라 상처에 대한 관심을 항상 유지하며 대면하는 것이다. 프리드랜더는

113　Saul Friedlander, "Trauma, Transference, and 'Working Through' in Writing the History of the 'Shoah'", *History and Memory*, Vol. 4, No. 1, 1992, 51쪽.

114　위의 글, 53쪽.

115　위의 글, 53쪽.

116　위의 글, 52쪽.

로렌스 랭거의 홀로코스트 희생자 연구에 기초해서 트라우마의 사건에 집중된 '심층 기억deep memory'이 사건 이전이나 이후의 정상적인 상태로 회복된 현재 시점에서 과거를 회상하는 '일반 기억'common memory으로 환원될 수 없음을 강조한다. 그러므로 트라우마의 진실에 더 근접한 역사적 서사와 재현이 이루어져도 "어떤 '심층 기억'의 불투명함은 없어지지 않을 것이다. 극복작업은 궁극적으로 블랑쇼의 말대로 '부재하는 의미를 지켜보는 것'을 의미할 수 있다."[117] "'심층 기억'의 불투명함"은 무의식의 심연을 암시한다. 환자가 무의식에 억압된 트라우마의 기억을 회복해도 무의식에 남은 상처의 의미는 소진되지 않는다. 극복작업은 트라우마에 서사를 제공하여 최종적 해석을 부여하는 것이 아니라 상처의 심층적 의미를 계속 대면하는 과정이다.

궁극적 치료를 방해하는 회복에 대한 저항과 부정적 치료반응의 근원적 원인을 죽음 욕동에서 찾는 프로이트의 논리를 트라우마 논의에 적용한다면 트라우마의 치료는 정신적 상처가 아닌 죽음 욕동이라는 극복 불가능한 장벽으로 인해 불가능해진다. 그러나 여기에서 치유 불가능성의 원인으로 지목된 죽음 욕동의 의미를 다시 생각해 볼 수 있다. 죽음 욕동은 상처를 아물지 않게 방해하는 자기파괴적이고 부정적인 것으로 제시되지만 삶에 필연적으로 내재하는 힘이다. 왜냐하면 죽음 욕동은 "처음부터 생명 욕동과 연관되어 있고" 삶은 "죽음을 향한 우회로"이기 때문이다.[118] 죽음 욕동은 생명 현상의 불가피한 특성 즉 생명의 사멸성, 삶 속의 죽음을 지시한다. 모든 상처가 죽음의 의미를 내포하지는 않는다. 그러나 죽음은 자아가 외상적 상황에서 자신을 방어하는 가장 큰

---

117 위의 글, 55쪽.
118 Sigmund Freud, *Beyond the Pleasure Principle*, 57·39쪽.

위험이며 인간이 피할 수 없는 궁극적인 위험이다. 무의식에 대한 저항을 극복하는 것은 검열을 해제하고 억압된 기억을 되살리는 것일 뿐 아니라 무의식의 심연에서 상처가 불투명한 상태로 지시하는 궁극적 위험인 죽음을 대면하는 것일 수도 있지 않을까.

죽음이 궁극적인 위험인 까닭은 삶 / 생명의 끝일뿐 아니라 삶의 과정에서 부여하는 의미를 허용하지 않는 공백이기 때문이다. 우리가 사용하는 '죽은 삶' 또는 '삶 속의 죽음'이라는 은유적 표현도 삶 속에 존재하는 죽음이 내포하는 절대적 무(의미)와 공백의 차원을 지시한다. 외상적 사건을 삶으로 동화하지 못하는 트라우마 환자들의 반응에서 확인할 수 있듯이 "프로이트의 '무활동으로의 회귀'는 트라우마와 관련해서는 공백과 말소로의 회귀 (또는 공백과 말소 안에서의 한계)가 된다."[119] 라웁과 리 Susanna Lee는 "외상적 경험이 프로이트가 묘사한 죽음 욕동의 두 양상 즉 혼란의 종말로서의 무활동 경향과 자신과 타자에게 폭력을 가하려는 파괴적 경향을 혼합하거나 화해시킨다"고 지적하며 이런 관점에서 "죽음 욕동은 외상적 경험을 통해 풀려나고 어떤 의미에서는 외상적 경험의 특징이며 (…중략…) 트라우마의 이해와 치유에 필수적이다"라고 주장한다.[120] 이들은 진실을 망각과 침묵, 부정과 거짓으로 회피하고 은폐하는 개인적 사회·문화적 공간에서 죽음 욕동이 작동하고 있다고 진단하고 "경험과 진리의 충실한 재건"을 통해 삶이 지속될 수 있는 치유를 지향한다.[121] "공백과 말소로의 회귀"로 나타나는 죽음 욕동을 다스리고 진

---

119 Dori Laub and Susanna Lee, "Thanatos and Massive Psychic Trauma : The Impact of the Death Instinct on Knowing, Remembering, and Forgetting", *Journal of American Psychoanalytic Association*, Vol. 51, No. 2, 2003, 439쪽.

120 위의 글, 437·434쪽.

121 위의 글, 461쪽.

리와 의미를 재건하는 것이 치유다. 이들이 "외상적 결과를 죽음 욕동의 파생물로 이해하는 것은 치유를 시작할 수 있는 개념적 틀을 창조한다" 고 주장하는 이유는 죽음 욕동이 초래한 침묵과 부정, 무와 공백이 역설적으로 진리와 의미로 메워나가는 치유의 길을 제시한다고 보기 때문일 것이다.[122]

그러나 프로이트의 발언은 죽음 욕동을 다루는 것이 얼마나 어려운 것인지 드러낸다. 프로이트의 진단은 이런 재건의 필요성을 부정하기보다 재건과 치유과정에서 드러나는 죽음 욕동의 심연을 상기시키고 죽음, 무, 공백에 의미를 부여하고 해석을 가하는 것이 궁극적으로 가능한가에 대한 의문을 제기한다. 이런 점에서 프로이트가 "무생명의 상태로 회귀하려는 욕동"으로 정의한 죽음 욕동의 목격은 블랑쇼의 표현대로 "부재하는 의미를 지켜보는 것" 즉 삶 / 생명의 과정에서 발생하는, 어떤 의미도 부여할 수 없는 공백과 대면하는 것이다. 프로이트는 치유의 방향을 제시했지만 동시에 많은 신경증 환자들과의 만남을 통해 치유의 지난한 과정을 목격하고 증언했다. 그가 신경증의 정신분석치료를 연구하며 도달한 결론 아닌 결론은 쉽게 아물지 않는 상처에 대한 고백이자 증언이다. 이 증언에서 트라우마의 해결책을 모색하는 우리는 상처의 회복과 치유가 트라우마의 상흔에서 인간존재의 근원적인 사멸성과 고통, 공백과 무를 목격하고 증언하는 과정이라는 역설적인 메시지를 읽을 수 있다.

---

122 위의 글, 461쪽.

7. 프로이트와 카디너 본능(욕동)과 행동체계

1차 세계대전은 카디너와 프로이트 모두 전쟁의 충격과 트라우마 발생의 관계에 주목하게 만든다. 1차 세계대전을 통해 프로이트는 전쟁신경증에 관심을 갖고 보호막을 침범하는 강력한 외부자극의 지속적인 영향의 관점에서 트라우마를 파악하게 된다. 앞서 보았듯이 프로이트는 「정신분석과 전쟁신경증 서론」에서 "경악, 불안 그리고 나르시스적 리비도 사이에 의심의 여지 없이 존재하는 관계"가 밝혀지면 외상신경증도 미래에 리비도의 관점에서 분석할 수 있다고 말하면서도 트라우마를 외적 사건이건 내적 리비도이건 자아에 위협을 가하는 위험으로 규정하고 외상신경증을 이런 위험에 대한 방어와 억압으로 설명한다. 그는 『억제, 증상, 불안』에서 불안이 리비도의 변형이라는 과거의 이론을 폐기하고 위험 상황에 대한 신호라고 주장하면서도 "그것은 초기의 발견들을 철회하기보다 최근의 발견들과 동조하게 만드는 문제다. (…중략…) 불안의 생성에서 방출을 찾는 것은 정확히 사용되지 않은 리비도의 잉여일 가능성이 있다"라고 말하며 여전히 리비도 이론과 화해할 가능성을 제시한다.[123] 프로이트는 『새로운 정신분석 강의』에서 불안이 위험 상황에 대한 신호라는 주장과 위험 상황과 외상적 상황의 차이에 대한 논의를 세공하면서 이런 잔재를 청산한다. 여기에서 그는 억압을 초래하는 불안이 "위협적인 외부 위험에 직면한 불안 — 즉 현실적 불안"이라고 주장한다.[124] 유아 신경증의 경우 어머니를 사랑하는 남아가 리비도의 요구에 직면할 때 불안이 발생할 수 있지만, 이 사랑이 요구하는 리비도가 내적

---

123 Sigmund Freud, *Inhibitions, Symptoms, and Anxiety*, 141쪽.

124 Sigmund Freud, *New Introductory Lectures on Psychoanalysis*, 86쪽.

위험으로 나타나는 것은 "외적인 위험 상황을 상기시키기 때문"이다.[125] 어머니를 사랑한 대가로 받을 수 있는 거세의 처벌 역시 실제로 발생하지 않더라도 남아는 외적인 위험으로 경험한다. "결정적인 것은 그 위험이 외부에서 위협하는 위험이며 아이가 그것을 믿는다는 것"이다.[126]

프로이트는 이렇게 "우리 손에 의해 신경증적 불안은 현실적 불안으로, 특수한 외적 위험 상황에 대한 공포로 바뀌었다"고 말한다.[127] 최초의 외적인 위험 상황인 출생은 "정신적 경험에 매우 강한 흥분 상태를 불러일으키고, 이 흥분 상태는 불쾌로 느껴지며 방출을 통해서 통제할 수 없다."[128] 이렇게 쾌락원칙을 무효하게 만드는 상황이 "외상적 순간"이고, "불안의 대상은 변함없이 쾌락원칙의 정상적 규칙으로 다룰 수 없는 외상적 순간의 출현"이며, "하나의 인상을 외상적 순간으로 바꾸고 쾌락원칙의 작동을 마비시키며 위험 상황을 중요하게 만드는 것은 흥분의 양의 크기"다.[129] 따라서 불안은 리비도 자체가 변형된 것이 아니라 과도한 자극이 쇄도했던 초기 위험 상황의 신호로 발생한다. 프로이트는 "성기능의 신체적 상처에 기인한 불안 신경증에서 불안이 발생하는" 경우에도 "리비도 자체가 불안으로 바뀐다고 더 이상 주장할 수 없다"고 말한다.[130] 프로이트 이론에서 불안은 결국 리비도가 아닌 과도한 자극을 동반한 외적 위험 상황에서 발생하는 외상적 순간의 산물로 정의된다. 내

---

125 위의 책, 86쪽.
126 위의 책, 86쪽.
127 위의 책, 93쪽.
128 위의 책, 93쪽.
129 위의 책, 94쪽.
130 위의 책, 94쪽. 스트레이치(James Stratchey)는 역주에서 프로이트가 이 발언을 통해 불안이 사용되지 않은 리비도가 방출된 것이라는 과거의 이론을 완전히 청산했다고 지적한다.

적인 흥분을 자극하는 리비도적 요구도 외적인 위험을 상기시킴으로써 위험으로 인지된다는 점에서 외상적 순간은 외적인 위험과 자극의 크기로 정의된다.

카디너의 외상신경증 연구는 프로이트 이론에서 외상 / 전쟁 신경증을 리비도의 관점에서 파악하는 경향을 비판하고 외적 자극의 관점에서 파악하는 경향을 지지한다. 이는 근본적으로 카디너가 프로이트의 본능 / 욕동 개념이 트라우마를 설명하는 데 한계가 있다고 생각하기 때문이다. 카디너는 트라우마에 관한 두 가지 관점을 비판한다. 먼저 그는 신체조직의 상처를 트라우마의 직접적인 원인으로 간주하는 "유기적 관점"organic point of view을 반박한다. 예컨대 뇌진탕을 겪지 않은 환자라도 뇌진탕 환자와 똑같은 증상을 보이는 경우가 보여주듯이 "뇌진탕이 초래한 증상들은 유기적 손상의 직접적 증거가 아니라 그 손상이 개인의 총체적 적응 가능성에 가한 간접적 영향이었고 적응의 방해는 유기적 상처가 있어도 없어도 발생할 수 있었다"는 사실을 보여준다.[131] 둘째로 더 중요한 비판의 대상은 정신분석이 가정하는 욕동 또는 본능 이론이다.[132] 카디너는 욕동의 존재를 부정하지 않지만 트라우마 증상의 원인을 욕동으로 볼 수 없다고 생각한다. 그 이유는 그의 "연구 대상이 인격체 전체"이고 "우리는 욕동들이 아니라 기능적이고 기능하는 단위들을 관찰"하기 때문이다.[133]

---

131 Abram Kardiner, *The Traumatic Neuroses of War*, Mansfield Centre, CT : Martino Publishing, 2012, 4쪽.

132 욕동(drive)과 본능(instinct)의 차이와 번역의 문제에 관해서는 각주 3번을 참조할 것. 카디너가 'drive'와 'instinct' 용어를 둘 다 사용하면서 대체로 동의어로 간주하므로 'instinct'를 본능으로 'drive'를 욕동으로 번역했다. 카디너를 논하거나 인용할 때는 자기보존 본능, 자아 본능(ego instinct), 성본능(sexual instinct), 죽음본능(death instinct) 등의 용어를 카디너가 사용하는대로 "본능"으로 옮겼다.

우리가 외상신경증에서 관찰하는 것은 자기보존 또는 더 좋은 표현으로는
일정한 효과적 적응을 궁극적인 목적으로 삼는 어떤 효과적인 단위들을 방해
하는 특징이다. 이는 자기보존 본능self-preservative instinct의 방해를 관찰한다고 말
하는 것과 매우 다르다. 이런 관점의 이동으로 인해 정신병리적 데이터에서
새로운 방향을 강조하게 된다. 징후의 **내용** — 즉 그것이 나르시스적인지 전
성기기pregenital적인 것인지 등 — 에 관한 질문에 대한 관심은 **어느 실행적 기
능**이 왜 방해를 받는가에 대한 질문에 자리를 내주게 된다. (…중략…) 이는
욕동들의 부정으로 해석되어서는 안된다. 그것은 단지 **본능** 또는 욕동이 임상
적 사실들을 공정히 대하고 치료의 기초를 제공할 수 있는 적절한 운영적 개
념이라는 가정을 의문시할 뿐이다.[134]

카디너에 따르면 본능 / 욕동은 직접 관찰할 수 없고 주체의 행동에
서 연역할 수 있을 뿐이다. 본능 이론은 주체의 "의욕적conative이고 질적
인 요소들"만 강조하고 "실제 실행 기구" 즉 "구조적인 요소들을" 간과한
다.[135] 카디너는 본능 개념이 행동의 동기와 목적을 설명할 수 있지만 목
적을 달성하기 위해 실행하는 행위의 실행적 차원을 설명하지 못한다고
비판한다. 트라우마의 발생을 자기보존 본능이 방해받았다고 보는 것보
다 자신을 보호하는 실행의 기능적 단위가 방해받았다고 보는 것이 관
찰로 확인할 수 있는 더 적절한 설명이라는 것이다. 카디너가 트라우마
를 설명하기 위해 본능 / 욕동 대신 사용하려는 관찰 가능한 "기능하는

---

133 Abram Kardiner, *The Traumatic Neuroses of War*, 5쪽.

134 위의 책, 6쪽.

135 Abram Kardiner and Herbert Spiegel, *War Stress and Neurotic Illness*, New York : Paul B.
     Hoeber, 1947, 258쪽.

단위" 또는 "운영 개념"은 "행동체계"action system다.[136] 외상신경증은 본능 개념이 아니라 행동체계의 관점에서 접근해야 한다.

운영 단위로서 "본능" 대신 우리는 행동체계를 사용할 수 있다. 성감대라는 기준 대신 우리는 외부세계에 대한 행위가 어떻게 통합되고, 이런 발달이 어떤 변화를 겪게 되는지 특히 실패에 동반되는 변화를 연구할 수 있다. 간단히 말해서 우리는 새로운 운영 개념의 도움으로 이외상 신경증의 데이터를 정리해야 하는데 이는 본능 개념을 좋아하지 않아서가 아니라 본능 개념이 이 신경증의 현상을 다루도록 허락하지 않기 때문이다.[137]

사실 관찰하는 구조적인 요소들이 "이미 그 자체로 함축된 욕동의 발현"이라면 어떤 행동에도 욕동이 함축되어 있으므로 "신뢰할 수 있는 차별적 기준"을 제공하는 것은 "행동체계"뿐이다.[138] 욕동을 부정하지 않고 모든 행위에 함축되어 있다고 보므로, "우리의 운영 개념은 욕동 더하기 행동체계"라고 말할 수도 있다.[139] 행동체계의 구조는 ① 욕동, ② 지각, ③ 협응coordination, ④ 과거 경험, 통합, 판단에 의한 의미, ⑤ 이에 따른 정동적 상태, ⑥ 관심과 호기심에 따른 자율적 성취 또는 좌절, ⑦ 자율적 성취의 경우 이용 및 조작, ⑧ 성공-기술과 자동화, ⑨ (성공에 따른) 정동적 상태에서 비롯된 자아 향상, 행복감과 긴장 완화 또는 좌절에서 비롯

---

136 카디너는 1941년에 출판한 『전쟁 외상신경증(*The Traumatic Neuroses of War*)』에서 "행동 증후군(action syndrome)"이라는 용어를 사용했으나 더 많은 환자의 관찰과 사례를 제공한 스피겔(Herbert Spiegel)의 도움으로 이 책을 수정한 『전쟁 스트레스와 신경질환(*War Stress and Neurotic Illness*)』에서는 "행동체계"로 수정했다.

137 Abram Kardiner and Herbert Spiegel, *War Stress and Neurotic Illness*, 258쪽.

138 위의 책, 258쪽.

139 위의 책, 258쪽.

된 자아의 궁핍화와 긴장의 축적 및 기능의 억제로 정리할 수 있다.[140]

8. 트라우마 적응의 파괴

카디너가 외상신경증에서 "자기보존"보다 더 좋은 표현으로 "일정한 효과적 적응을 궁극적인 목적으로 삼는 어떤 효과적인 단위들"을 제시하는 데에서 알 수 있듯이 행동체계의 궁극적인 목적은 "적응"이고 트라우마는 행동체계의 목표인 적응의 방해 즉 적응력의 파괴를 초래한다. 카디너는 적응을 "계속 존재하고 온전하게 또는 해를 입지 않고 남기 위한 목적으로 또 외부세계와 통제된 접촉을 유지하기 위해 외부세계에서 어떤 행동을 강요하는 외적 환경이나 유기체 내부의 변화에 대해 응답하는 일련의 작전maneuver"으로 정의한다.[141] 인간의 적응 기구apparatus는 방향성과 지각을 담당하는 수용기receptor와 외부세계를 목적에 맞게 만드는 효과기effector 그리고 조정coordinative 기능으로 이루어지고 이 세 체계의 협동을 통해 외부세계는 의미meaning를 지니게 된다.[142] 외부세계가 감각, 해석, 조작manipulative 기능과 연관되어 의미를 지니게 되면 의미는 유용성utility이 되고, 이런 유용성을 실현하는 기관이나 체계는 유용성 기능을 갖는다고 말할 수 있다. 또한 기관의 유용성 기능을 통해 세계가 의

---

140 위의 책, 314쪽.

141 위의 책, 259쪽.

142 여기에 정동의 차원이 추가된다. 『전쟁 외상신경증』에서 카디너는 "행동 증후군에 수용기, 조정기, 효과기 기구에 상응하는 세 가지 양상이 있다"고 주장했으나, 『전쟁 스트레스와 신경질환』에서는 "행동체계에는 수용기, 조정기, 효과기 기구와 정동적 동반에 상응하는 네 가지 양상이 있다"고 수정한다. 각각 *The Traumatic Neuroses of War*, 179쪽; *War Stress and Neurotic Illness*, 317쪽.

미를 지니게 되는 것 다시 말해서 "외부세계의 대상들을 제어해서 이용하는 것"을 "통제"mastery라 부른다.[143]

외부세계에 대한 적응에는 ① 대상의 유용성을 활용하는 능동적 통제, ② 유해한 대상을 회피하고 도피하는 것 같은 수동적 통제가 있고, 이 두 경우에 유기체는 해를 입지 않는다. 그러나 ③ 유기체는 압도되거나 파괴되기도 하고, ④ 마지막으로 유기체의 생명은 지속되지만 적응 작전이 바뀌기도 한다. 카디너는 "이 마지막 적응 양상이 다른 셋에 해당하지 않고 우리가 외상신경증에서 만났던 형태"라고 말한다.[144] 다시 말해서 외상신경증은 외부세계에 적절히 적응하지 못하지만 파괴되지 않고 적응 양상이 바뀐 상태다. 이는 아이가 성장하면서 발달하는 효과적 자아effective ego의 적응력이 타격을 받는 것을 의미한다. 아이가 성장하면서 발달한 효과적 자아는 유아적 자아가 갖추지 못한 "지각, 수의적voluntary 동작, 지향성, 기억, 억제 그리고 억압" 등의 기능을 획득하고 이 기능들은 통합되어 안전을 제공하는 "적응의 무기" 역할을 수행하며 성장 과정에서 변화한다.[145] 이 변화가 급격할 때 트라우마가 발생하고 그 결과는 자아의 수축이다.

우리가 성장과 발달이라 부르는 과정에서 외부세계의 적응 메커니즘의 성격은 지속적인 변화를 겪는다. 만일 이행이 점진적이면 불안은 거의 생기지 않고, 갑작스러우면 충격 반응이 나타날 가능성이 크다. 이 충격 반응이 취하는 특별한 형태가 우리의 중요 관심사다. 우리는 이미 이 반응이 ① 개인적인

---

143 Abram Kardiner and Herbert Spiegel, *War Stress and Neurotic Illness*, 260쪽.
144 위의 책, 260쪽.
145 위의 책, 286쪽.

감각 운동 기관의 억제, ② 특수한 완성된 기능들의 억제, ③ 또는 부분적 억제라고 부를 수 있는 억제와 행위 사이 타협의 형태를 취한다고 결론을 내렸다. 우리는 히스테리(히스테리성 실명), 외상신경증, 뇌전증이 주는 압도적 증거로부터 이 마지막 결론을 허용할 수 있다. 이는 자아가 외부세계로부터 자신을 해방하는 방법이다. 외상적 경험이 보호 메커니즘을 꿰뚫으면, 세계는 더 이상 만족의 원천이 되지 못하고, 자아는 애초에 이 메커니즘을 만들게 했던 것과 똑같은 경로와 수단을 따르는 것밖에는 해로운 영향으로부터 자신을 해방시킬 길이 없다. 자아는 외부세계나 유기체의 요구를 "억압"할 수 없지만 자신을 축소하고 수축하고 철회할 수 있다. 억압은 거의 표상, 충동, 많은 표상적 대표성을 지닌 정동에게만 효과적인 기술이다. 이 수축은 단일 기관이나 장소에 부분적으로 발생할 수도 있고 주기적인 의식의 소거와 함께 전체적으로 발생할 수도 있다.[146]

주체가 외부세계에 대해 방어하기 위해 감각운동이나 지각에서 적응 메커니즘이 억제되는 대표적인 예는 피로와 수면이다. 피로는 외부세계에서 철수해서 과도한 에너지 소모를 막는 억제 현상을 작동시키며, 수면은 "피로가 개시한 보호적이고 억제적인 과정의 결과 중 하나"다.[147] 피로와 수면은 "자아의 효과성이 축소된 상황으로부터 질서 정연하게 후퇴한 것의 증거"다.[148] 다시 말해서 피로와 수면은 효과적인 자아가 자신을 보호하기 위해 외부세계로부터 물러나서 휴식을 취하고 에너지를 회복하는 과정이다. "피로에서 개인은 자신의 적응 단절이 순전히 일시

---

146 위의 책, 286~287쪽.
147 위의 책, 293쪽.
148 위의 책, 287쪽.

적이라는 것과 자신의 자원을 어떻게 회복할지 알며, 휴식과 수면 중에 외부세계에 대한 관심을 포기하지도 외부세계와의 관계를 끊지도 않는 다."[149] 피로와 수면은 "정상적인 해체disorganization와 복원의 상태"이지만 "외상신경증의 중요한 현상을 확립하는 데 도움이 될 수 있다."[150] 즉 피 로와 수면 상태는 자아가 외부세계에 관한 관심과 관계를 유지하면서 외부세계에서 철수하는 과정을 보여준다는 점에서 외상신경증의 메커 니즘을 드러낸다. "피로한 개인의 꿈은 이런 외부세계와의 관계가 어떻 게 변하는지 묘사한다."[151] 예컨대 목마른 사람은 잠을 잘 때 꿈에서 물 을 마시는 꿈을 꿔서 환각의 상태에서 갈증을 해소하지만, 피로한 사람 이 꿈꿀 때는 "마치 그 행동을 연기하듯이 '나는 이걸 할 수 없어'라고 말 하며" 이런 행위의 좌절로 꿈에서 깨어나면 "수면의 회복적 역할이 무산 된다. 행동을 수행하지 못하는 것은 자아에 의해 항상 위험으로 간주된 다."[152] 양적인 차원에서 외상적 사건이 단시간에 많은 에너지를 요구한 다면 극단적 피로는 장시간에 걸쳐 에너지를 요구한다는 차이가 있다. 그러나 "질적인 차이는 피로에서는 발생하지 않는 사건이 외상신경증 에서 발생한다는 사실에 있다. 외상신경증에서 회복 조치는 피로에서와 같은 효과를 지니지 못한다. 그 이유는 보호적이고 영구적인 억제가 발 생해서 두 가지 결과를 낳았다는 것이다. 즉 이 억제가 주체의 자원을 영 구히 변화시킨 결과 외부세계는 영원히 더 위험한 장소로 바뀌었다."[153]

앞서 언급했듯이 카디너는 리비도가 아닌 외적 자극의 관점에서 트라

---

149 위의 책, 295쪽.
150 위의 책, 295쪽.
151 위의 책, 295쪽.
152 위의 책, 296쪽.
153 위의 책, 296쪽.

우마를 설명하는 프로이트의 이론을 지지한다. "외상적 경험이 보호 메커니즘을 꿰뚫은" 결과 자아가 외부세계로부터 물러나 수축한다는 카디너의 설명은 프로이트가 『쾌락원칙을 넘어서』에서 트라우마를 정의하는 방식과 상통한다. 카디너는 "프로이트 자신이 외상신경증의 재난 꿈catastrophic dream의 본질적 특징이 자극에 대한 정상적 방어가 깨진 것이고, 신경증은 이런 파열의 결과와 주체를 압도한 거대한 양의 자극을 통제하려는 이후 노력으로 이루어졌다는 사실에 관심을 기울임으로써 이 주제외상신경증 전체에 새로운 견해를 표명했다. 이는 외상신경증의 성격에 관해 이제까지 개진된 가장 값진 생각이다"라고 높게 평가한다.[154] 트라우마는 신체에 가해진 손상이나 인간이 생존하기 위해 자기를 보존하려는 본능의 작용이 아니라 외부에서 가해진 충격으로 인해 인간이 환경에 적응하는 능력의 파괴와 이를 회복하려는 노력의 관점에서 정의된다.

그러므로 외상신경증의 메커니즘은 히스테리나 강박신경증처럼 표상의 전환이나 전치와 같은 상징적 연장延長, extension을 포함하지 않는다. 프로이트에 따르면 강박신경증은 의식이 허용하지 않는 표상이 억압되고 양심의 강화 같은 다른 현상으로 대체되는 것이고, 히스테리는 의식이 허용하지 않은 표상이 억압되고 신체감응 증상으로 전환되는 것이다.[155] 그러나 외상신경증에서는 이런 전치가 불가능하다. 외상신경증 환자는 불안을 피하기 위해 기억상실을 통해 외상적 사건의 "표상적 내용"을 잊을 수는 있지만, 포기한 목표를 대체할 수 있는 것은 없다.[156] 포기된 목

154　위의 책, 253쪽.

155　히스테리, 강박신경증, 공포증에서 발생하는 전치(displacement)와 대체(substitution) 메커니즘에 관해서는 Sigmund Freud, "Repression", 153~157쪽, "The Unconscious", 182~185쪽을 볼 것.

156　Abram Kardiner and Herbert Spiegel, *War Stress and Neurotic Illness*, 308쪽.

표가 "외부세계와의 제어된 접촉"이고 외부세계는 억압이나 도피가 불가능하기 때문이다.[157] 따라서 유일하게 가능한 것은 "외부세계와의 제어된 접촉을 유지하는 인격 기능의 완전한 또는 부분적인 삭제"다.[158] 외상신경증 환자는 외부세계와 계속 접촉하려고 시도하지만 "그 결과는 결코 성공적이지 못하고 종종 축소된 규모로 이제 줄어든 인격에 맞는 보상적 장치의 도움을 받아 적응을 계속하려는 것으로 귀결된다."[159]

축소된 규모로 외부세계와 접촉을 시도하는 것은 수축된 자아가 적응에 실패하는 것을 의미한다. 이는 여러 가지 기능을 습득한 효과적 자아가 다시 유아적 자아로 후퇴한 것과 같다. 행동체계는 자아와 외부세계 사이의 균형을 조절하는 역할을 수행한다. 그러나 "자극이 너무 압도적일 때" "자아와 외부세계의 균형"은 파괴된다.[160] 트라우마 상황에서 외부세계의 충격을 감당할 능력이 없는 자아는 유아적 미발달의 상태와 같다. 외상신경증과 유아적 상태의 유사성에 대한 카디너의 주장은 이미 그가 1932년에 발표한 논문에서 발견된다.[161] 레이스는 이 당시 카디너의 트라우마 개념이 프로이트보다 페렌치Sandor Ferenczi와 베른펠트Siegfried Bernfeld에게 더 큰 영향을 받았다고 분석한다. 레이스에 따르면 베른펠트는 "유아의 가장 초기의 모방은 발생기 자아가 욕망에서 독립되어

---

157 위의 책, 308쪽.
158 위의 책, 308쪽.
159 위의 책, 309쪽.
160 위의 책, 318쪽.
161 "이 외상적 사례들에서 인지 능력과 모든 고차원적인 감각 운동 통합은 유아적 세계의 귀환을 촉진하기 위해 포기된다." Abraham Kardiner, "The Bio-Analysis of the Epileptic Reaction", *Psychoanalytic Quarterly* Vol.1, 1932, 419쪽. Ruth Leys, "Death Masks : Kardiner and Ferenczi on Psychic Trauma", 55쪽에서 재인용. 레이스는 카디너가 1932년 이후에 이름을 Abraham에서 Abram으로 바꾸었다고 지적한다. 위의 글, 64쪽, 미주 4번.

있고 대신 최면에서 관찰되는 대상에 홀린 몰입과 같은 종류의 모방적 또는 모사적 동일시를 수반한다"고 주장했다.[162] 베른펠트는 이런 홀린 상태를 매혹fasciation이라 불렀다. 베른펠트에 따르면 "매혹은 (…중략…) 완전한 운동 억제가 동반된 극도로 고조된 관심의 상태다. 이 상태가 더 지속되면 마비를 말할 수 있을 것이다. (…중략…) 또한 최면과도 중요한 연관이 있다."[163] 카디너는 베른펠트를 논하며 거의 유사한 언어로 매혹을 묘사한다. "우리가 유아적 매혹에서 보는 반응 유형은 통제가 불가능한 조건에서 일생 동안 지속된다. 이때 주어진 대상이나 행동에서 자신을 상실할 수 있어서 동일시의 예비 단계를 만들 수 있다. 이 상태에서는 자신 밖에 있고 대부분 자아 기능들은 억제되는데 이는 최면 및 수면과 밀접히 관계된 조건이다."[164] 여기에서 중요한 것은 이런 유아적 매혹의 상태가 트라우마의 상태와 같다는 점이다.

페렌치가 미친 영향도 자아에 상처를 가하는 트라우마가 전치를 허용하지 않으며 자아를 분열시키고 파편화시킨다는 논리다. 경련tic을 연구하면서 페렌치는 리비도 대상에서 철회한 유동적인 카섹시스가 다른 대상으로 전치될 수 있는 전환 히스테리와 달리 외상신경증에서는 카섹시스가 전치될 수 없어 방출되지 못하고 자아 안에 정체된 결과 "자아와 연관된 가장 기본적인 감각-운동-지각 기능들이 손상되거나 파괴된다"고 보았다.[165] 이런 시각은 외상적 상황에서 자아가 수축되어 유아적 상태로 회귀한다는 논리로 이어진다. 유아적 상태는 "대상 관계에 앞선 동

---

162 위의 글, 56쪽.

163 Siegfried Bernfeld, "Über Faszination", *Imago* Vol.14, 1928, 83~84쪽. Ruth Leys, "Death Masks : Kardiner and Ferenczi on Psychic Trauma", 56쪽에서 재인용.

164 Abram Kardiner and Herbert Spiegel, *War Stress and Neurotic Illness*, 276쪽.

165 Ruth Leys, "Death Masks : Kardiner and Ferenczi on Psychic Trauma", 53쪽.

일시"의 단계로서 "어떤 자기보호 행위나 방어" 없이 외적 영향의 인상에 종속되는 상태다.[166] 즉 독립된 자아가 대상과의 관계를 맺기 전에 대상과 동일시하면서 대상의 영향에 거의 전적으로 매몰되는 모방의 단계가 존재하며 트라우마는 이런 유아적 상태에 가깝다.

페렌치에 따르면 "트라우마가 준비되지 않은 상태 즉 저항카섹시스 countercathexis가 없는 상태에서 영혼이나 신체를 타격하면, 그 효과는 신체와 마음에 파괴적이다. 다시 말해서 파편화를 통해 파괴한다. (…중략…) 신체적 영역에서 이는 기관, 기관의 부분과 요소의 무정부상태를 의미한다. (…중략…) 정신적 영역에서 침투력은 (…중략…) 일종의 폭파를 낳는다. (…중략…) 보호받지 못한 아이는 말하자면 폭파될 준비가 되어있다."[167] 트라우마에 의해 파편화된 자아는 발달하지 못해 파편의 상태에 있는 유아적 자아와 유사하다. 따라서 트라우마가 초래한 자아의 파편화 또는 분열은 주체-대상의 관계에서 발생한다기보다 대상과의 몰입적 동일시의 상태에서 "어떤 정체성이나 지각 대상에 앞선 '주체'의 탈구나 해리"에 가깝다.[168] 카디너도 이와 유사하게 자아가 해체되는 트

---

166 Sandor Ferenczi, *The Clinical Diary of Sandor Ferenczi*, Judith Dupont 편, Michael Balint and Micola Zarday Jackson 공역, Cambridge : Harvard UP, 1988, 147~148쪽. Ruth Leys, "Death Masks : Kardiner and Ferenczi on Psychic Trauma", 58쪽에서 재인용.

167 Sandor Ferenczi, *The Clinical Diary of Sandor Ferenczi*, 69~70쪽; Ruth Leys, "Death Masks : Kardiner and Ferenczi on Psychic Trauma", 58~59쪽에서 재인용. 여기에서 저항카섹시스는 외상적 상황에 저항할 정신적 에너지가 충전된 상태를 의미한다. 프로이트는 "과잉카섹시스"를 유사한 의미로 사용했다. 각주 95번을 참조할 것.

168 Ruth Leys, "Death Masks : Kardiner and Ferenczi on Psychic Trauma", 61쪽. 레이스에 따르면 프로이트는 신생아가 겪는 출생 외상(birth trauma)이 반복된다고 주장한 랑크(Otto Rank)를 비판하면서 주객이 분리된 어른은 주체(아기)와 대상(엄마)이 구분되지 않은 상태의 출생을 반복할 수 없다고 주장했고, 보호막의 파괴로 정의된 트라우마는 자아가 겪는 대상의 상실이 아닌 "어떤 정체성이나 어떤 지각 대상 이전의 '주체'의 탈구 또는 해리"를 의미하므로 프로이트도 트라우마를 대상에 몰입된 "모방적 동일

라우마를 경악을 경험한 유아의 상태로 묘사한다.

유아의 경악 반응에서 우리는 외상적 환경이 지속되면 어떤 자아도 형성될 수 없었다는 것을 배웠다. (…중략…) 더구나 유아에게 외상적 자극에서 지각적 요소는 거의 완전히 부재할 가능성이 매우 높다. 이 두 사실은 외상신경증에서 확인할 수 있다. 자아는 해체되고, 트라우마의 감각적 요소는 아주 작게만 지각되며, 자극이 충분한 강도에 도달하면 의식은 전부 상실된다. (…중략…) 심한 트라우마 후의 상태는 유아의 조건이 실제로 재생되는 상태일 수 있다. 의식이 완전히 상실되거나 감각 기관과 운동 지각 기구들의 능력이 크게 약화된다. (…중략…) 사실 많은 경우에 외상 후 적응은 출생 후 발생했던 모든 통합 행위를 취소한다. 섬망 반응에서 자아는 인식할 수 없을 정도로 파편화되고 세계를 질서 있는 장소로 만드는 모든 경험적 연관들은 상실된다. (…중략…) 그리고 재적응이 시도되는 기간이 뒤따르는데 여기에 외상신경증의 핵심이 있다. (…중략…) 일부 환자는 완전히 재활하지만 다른 일부는 이 축소된 입장에 머무른다. 후자의 경우 재활을 방해하는 요인은 전적으로 무의식적이고 다소간 균일한 성격을 지닌 일련의 체계화된 억제다. 여기에 병리적 요인이 있다. 우리는 비성공적 적응 양상을 억제하는 이 능력이 (…중략…) 여기에서는 개인의 전적인 적응을 방해하는 것을 발견한다. (…중략…) 외상신경증의 경우 억제의 보호적 기능은 실패한 것으로 보인다.[169]

시"로 여겼다고 볼 수 있다. 레이스는 이런 모방적 동일시로서의 트라우마 개념이 프로이트가 트라우마를 특수한 사건에 대한 자아의 반응으로 다룰 때마다 회귀해서 충돌했다고 지적한다. 레이스는 또한 프로이트가 자아의 분열(splitting)을 논할 때도 "주체가 세계에 대한 모든 지각적 지식을 상실한다는 주장과 극도의 정신병에서도 항상 모든 것을 지켜보는 자기가 존재한다는 주장 사이에서 동요한다"고 지적한다. 위의 글, 70쪽, 미주 56번.

169 Abram Kardiner and Herbert Spiegel, *War Stress and Neurotic Illness*, 318~320쪽.

트라우마는 보호막을 꿰뚫고 자아를 해체하고 적응력을 파괴한다. 트라우마를 적응의 관점에서 파악하고 자아의 수축을 트라우마의 주요 증상으로 해석한다는 점에서 카디너의 외상신경증 연구는 2장에서 다룰 자네와 유사하다. 카디너는 자아가 외부세계에서 철수하고 수축한다는 설명이 프로이트가 말하는 리비도의 철회와 다르다고 강조한다. 리비도 철회는 "외부세계와의 접촉을 수립하는 적응체계"를 설명하지 못한다.[170] 유기체가 불리한 상황을 피하기 위해 자신이나 환경을 변화시킨 결과가 적응이고, "유기체가 적응할 수 없는 조건을 만드는 사건"이 트라우마다.[171] 카디너는 이런 외상적 상황에서 소망이나 충동 또는 욕동을 논의의 대상에서 제외하고 갑작스런 고통, 뇌종양, 사고, 두개골 골절, 피로, 동맥경화증 등의 사례를 제시한다. "트라우마는 이전의 적응에 갑작스런 변화를 시작하는 외적 요인이다. (…중략…) 따라서 외상신경증은 이전에 잘 통합된 적응패턴의 파괴에 뒤따르는 적응의 유형이다. (…중략…) 일차적 병리적 과정이 있고 이차적 회복 노력이 있다."[172] 다시 말해서 외상신경증은 기존 적응패턴의 파괴와 새로운 적응패턴의 구축을 동반하는 현상이다.

트라우마는 "① 공포와 불안 그리고 ② 분노의 정동을 동반하거나 하지 않는 조직된 공격성의 동원"을 유발한다.[173] 공포와 분노는 위험을 지각한 결과이고 공격성은 생존을 위해 위험과 투쟁하려는 시도다. 공포와 분노가 적응의 지각적 측면이라면 공격성은 적응의 실행적 측면이다. 외상적 사건에서 위험 상황의 지각은 "실행적 도구 전체를 혼란

---

170 위의 책, 295쪽.
171 위의 책, 172쪽.
172 위의 책, 178~179쪽.
173 위의 책, 182쪽.

의 상태로 빠뜨려" 정상적 상황에서 작동했을 적응을 불가능하게 만든
다.[174] 카디너는 적응력의 회복이 정도의 차이는 있으나 결코 완전히 회
복될 수 없게 영구히 훼손된다고 말한다. 그 결과 위험 상황에 대한 감수
성이 커져서 환자는 의지와 무관하게 위험 상황으로 반복적으로 회귀한
다. 다시 말해서 "주체는 항상 외상적 상황을 갖고 다니며 그것을 제거
할 수 없다."[175]

이런 적응력의 손상으로 외상신경증 환자는 끊임없이 악몽에 사로잡
힌다. 위험 상황이 더 이상 존재하지 않아도 이런 현상이 지속되는 이유
를 과거의 외상적 사건에서 발생했던 정동을 해소하지 않았거나 자신이
대처하지 못한 위험 상황이 미래에 다시 출현할 수 있기 때문이라고 설
명하는 것은 과거와 미래를 설명할 뿐이다. 카디너는 적응력의 손상이
과거, 현재, 미래를 모두 포괄한다고 주장한다. 즉 환자는 "위험한 세계
와 협상할 수 있는 능력이 영구히 손상되었다고 생각한다. 그는 외상화
된 자아를 자신의 현실적 자아로 받아들인다."[176] 그래서 외상신경증 환
자는 "외상적 사건에서 발생했던 감각의 환각적 지속"을 겪고 아주 생생
하게 "여전히 외상적 환경에서 살고 있다"고 말한다.[177] 환자가 겪는 기
능 장애는 이런 적응력의 손상을 예시한다. 기억상실은 환자가 "외상적
사건을 재경험하는 것으로부터 보호하려는 보호장치"의 역할을 한다.[178]
기억상실은 또한 환자가 걷기와 같은 기능도 망각하게 만든다. 기억상
실은 기능 상실을 동반한다.

---

174 위의 책, 182쪽.
175 위의 책, 189쪽.
176 위의 책, 190쪽.
177 위의 책, 194쪽.
178 위의 책, 192쪽.

9. 카디너와 생리신경증

카디너의 이론에서 특히 주목할 점은 그가 적응력의 손상에 동반되는 감각신체적 장애를 강조한다는 점이다. 이는 그가 교감신경체계와 부교감신경체계 같은 자율신경 기능 장애를 설명하는 것에서 나타난다. 분문근 경련, 유문근 경련 같은 자율신경 기능 장애는 불안의 "자율적 동반" 현상이지만 이후에 불안으로부터 독립해서 발달할 수 있다.[179] 외상신경증은 히스테리나 강박신경증 같은 전이신경증과 "실패하는 적응체계의 억제와 수정"이라는 공통점을 갖는다.[180] 하지만 이들은 적응이 파괴되는 지점이 다르다. 전이신경증 환자들은 성적 욕동과 타인과의 관계 및 공격성을 담당하는 정신체계에서 적응의 문제가 발생하지만 외부세계에 적응하는 기본 능력에는 장애가 없고 "신체자아 행동체계"body-ego action systems가 관련되지 않는다.[181] 반면 외상신경증의 적응 문제는 신체자아와 관련되고 "즉각적인 감각정신운동 기구"에서 발생한다.[182] 카디너는 이렇게 신체자아와 감각정신운동에 관계된 신경증을 생리신경증physioneurosis이라 부르고 이 용어가 "기관의 기능과 연관된 자아의 분야 및 특수한 정신신체적 통합을 더 정확히 기술하기 때문에" 프로이트의 현실신경증actual neurosis이라는 용어보다 더 정확하다고 주장한다.[183]

프로이트는 『정신분석강의』에서 정신신경증과 현실신경증 — 신경쇠

179　위의 책, 195쪽.
180　위의 책, 336쪽.
181　위의 책, 337쪽.
182　위의 책, 337쪽.
183　위의 책, 338쪽.

약^{neurasthenia}, 불안신경증^{anxiety neurosis}, 심기증^{hypochondria} — 증상의 원인이 모두 리비도에 있지만, "두개내압, 통증, 기관의 과민상태, 기능의 약화나 제약 같은 현실신경증의 증상들은 (…중략…) 어떤 정신적 의미도 없다"는 점에서 정신신경증과 다르다고 구분한다.[184] 리비도가 신체가 아닌 "마음속에서 작용하는 힘"이라는 사실과 신체증상을 특징으로 하는 현실신경증의 원인이 — 성적 자극의 불만족 등과 같은 — 리비도의 문제라는 사실 사이에 모순이 있는 것처럼 보이지만, 프로이트는 성기능이 완전히 신체적인 것도 정신적인 것도 아니므로, 성기능 문제는 정신신경증과 현실신경증에서 모두 나타날 수 있다고 주장한다. 외적인 독소의 중독이나 갑작스런 중단이 질병을 유발하는 것처럼 신체 내부의 "성적 독소"가 과도하게 생산되거나 과도하게 제약되었을 경우 현실신경증이 발병할 수 있다.[185] 프로이트는 "사랑을 중독이라고 말하거나 사랑의 미약^{love-philtres} 때문에 사랑에 빠진다고 믿는 것"이 사랑을 화학적 작용의 관점에서 보는 것이며 정신분석은 "사랑의 신진대사" 또는 "성의 화학"에 대한 지식이 없으므로 이런 작용을 밝히는 과제를 "생물학적 의학적 연구"에 맡기고 "정신분석의 이론적 상부구조가 (…중략…) 언젠가 유기체적 토대에 세워질 것"을 기대하자고 제안한다.[186]

카디너는 프로이트가 외상신경증을 포함하는 생리신경증을 리비도 이론의 관점에서 다룸으로써 이 신경증에 관계된 특수한 신체기관을 고려하지 못했다고 비판한다. 생리신경증과 신체 사이에 더 직접적인 관계를 설정한다는 점에서 카디너는 프로이트와 다르지만, 생물학적 화학

---

184 Sigmund Freud, *Introductory Lectures on Psychoanalysis*, 387쪽.

185 위의 책, 388쪽.

186 위의 책, 388~389쪽.

적 연구가 미래에 정신분석의 물적 토대를 제공해줄 것이라는 프로이트의 기대에 비추어 볼 때 카디너의 연구는 프로이트와 신경과학을 연결하는 의미를 지닌다고도 볼 수 있다. 2장에서 살펴보겠지만 자네 역시미래에 두뇌 변화에 동반되는 생리학적 현상들을 설명할 수 있다면 히스테리의 생리학적 정의가 가능할 수 있다고 언급함으로써 신경과학의미래에 개방적인 태도를 보였다. 이런 점에서 카디너가 생리신경증의다양한 합병증 — 뇌전증, 근육경련, 위장관 또는 호흡기 질환, 알레르기등 — 의 기능 장애가 자율신경계와 관계되는 것을 발견한 것은 주목할만하다.

그러나 카디너는 생리신경증 전체를 자율신경계 장애로 보지 않으며자아의 수축과 적응의 실패를 근본적인 요인으로 여긴다. 두 살 반의 아이가 교통사고를 당한 후 사고 전에 앓지 않았던 알레르기와 천식 및 기타 질병에 걸리는 사례는 한편으로는 자율신경계의 교란^{알레르기}이지만다른 한편으로는 적응력의 감소에 의한 감염 위험의 증가^{다른 질병들}를 보여준다. 따라서 카디너는 생리신경증이 "적응력의 파괴 및 일련의 근본적인 억제들"과 억제가 낳은 "혼란에 빠진 반응들" 그리고 자율신경 장애에 따른 신체적 결과들을 낳는다고 설명한다.[187] 외상신경증과 자아수축의 관계는 성격신경증과의 차이에서 나타난다. 성격신경증의 억제방법이 억압이라면 외상신경증의 억제 방법은 "자아 기능들의 수축"이기 때문이다.[188] 이런 수축의 결과 환자 자신에 대한 무의식적 개념과 외부세계의 의미가 변하고 "자율신경계가 관장하는 내적 조절 기구가 체신경계와 불화하게 된다."[189] 외상신경증 환자는 "새로운 수축된 자아"에

---

187 Abram Kardiner and Herbert Spiegel, *War Stress and Neurotic Illness*, 342쪽.
188 위의 책, 346쪽.

맞는 "새로운 적응"을 하게 된다.[190] 앞서 언급했듯이 생리신경증은 본능이 아니라 행동체계의 문제다. 외상신경증에서 문제가 되는 행동체계는 "신체자아의 방향성, 운동성, 조작의 기능들"과 관계된 것들이다.[191] 수축된 약한 자아는 행동체계가 파괴되어 목표에 도달하는 행위를 실행하지 못한다. 이 "약한 자아는 행동체계들이 파편화되어 욕동이나 소망 또는 욕구와 그것을 수행하려는 실행 작전 사이에 너무 많은 장애물이 있는 자아"다.[192]

그렇다면 수축된 자아와 여러 행동 제약의 증상을 지닌 외상신경증 환자의 치료는 어떻게 가능한가? 카디너는 환자의 행동과 꿈에서 "환자가 끊임없이 회복하려고 노력하고 있다"는 사실을 관찰한다.[193] 이 노력은 외상적 상황을 통제하려는 것과 환자 자신을 보호하려는 두 방식으로 나타난다. "불안에서 벗어나려는 반사적인 의도를 가지고 자신의 행동을 수축"하는 것은 안전을 확보하기 위한 행동이지만 이는 실패한다.[194] 꿈속에서 외상적 자극의 정동을 해소하려는 시도도 실패한다. 카디너는 따라서 두 가지 치료방식을 제시한다. 첫째는 환자에게 직접적인 안전을 제공해서 불안을 방지하고 스스로 노력하는 작업을 완수할 수 있게 도와주는 것이고, 둘째는 환자의 판단력이 작동할 수 있도록 기억상실을 제거하는 것이다. 환자의 판단력이 외상적 사건에서 작동하는 것은 "증상들과 외상적 사건의 관계가 외상적 환경이나 그것이 복제된

189 위의 책, 347쪽.
190 위의 책, 348쪽.
191 위의 책, 344쪽.
192 위의 책, 358쪽.
193 위의 책, 361쪽.
194 위의 책, 361쪽.

상황에서 재건될 때" 가능하다.[195] 즉 환자는 외상적 사건이 발생했을 때와 똑같은 환경을 다시 경험해야 한다. 왜냐하면 당시에는 행동체계가 파편화되지 않고 온전했기 때문이다. 파편화되기 이전의 행동체계를 회복하기 위해서는 그 행동체계가 온전했던 상태에서 외상적 사건을 겪었던 상황으로 되돌아가야 한다. 그래서 환자는 자신의 증상이 "현재의 파괴된 행동체계의 파편들"이라는 점을 깨달아야 한다.[196]

카디너는 이런 목표에 도달하기 위한 구체적인 치료방안으로 ① "직접적인 의식적 접근" ② 진정제 투여 ③ 최면의 세 가지 방안을 제시한다.[197] 외상적 사건이 초래한 정동이 과도한 급성 환자의 경우 기억상실을 제거하려는 직접적인 시도는 오히려 환자의 저항을 자극하고, 진정제 투여는 감각을 무디게 하는 단점을 지닌다. 따라서 카디너는 최면 요법이 "지엽적 의식저항체계를 해체하는 데 알려진 가장 효과적인 도구"이자 "환자를 위한 실험 상황을 만드는 데 가장 효과적인 장치"이므로 "어떤 의식적 접근으로도 수행될 수 없는 무의식적 과정의 존재를 증명하는 데 사용될 수 있다"고 주장한다.[198] 그럼에도 카디너는 의식적 차원의 치료가 반드시 동반되어야 한다고 본다. 순수히 최면을 통한 정동의 해소는 불가능하고 "의식체계를 통해서만 적절한 효과가 있는 치료를 위한 통합과제"가 있어야 한다.[199] 최면상태에서 기억상실을 해제하고 외상적 사건에 대한 기억을 회복했다면 이 기억을 의식으로 통합하는 과정은 오로지 의식적인 차원에서만 가능하다.

195　위의 책, 362쪽.
196　위의 책, 362쪽.
197　위의 책, 364쪽.
198　위의 책, 364~365쪽.
199　위의 책, 365쪽.

　이제 프로이트 및 2, 3장에서 다룰 자네와 신경과학과의 관계에서 카디너 이론의 의의를 요약하는 것으로 이 장을 마치고자 한다. 프로이트와 자네가 히스테리 환자의 치료에서 출발했다면 카디너는 재향군인의 전쟁신경증을 치료한 임상의로서 무엇보다 전쟁으로 인한 트라우마의 치료에 전념했다. 프로이트는 신경학자로서 출발했다가 정신분석학을 만들면서 이론적 체계를 수립해나갔고, 자네 역시 철학자로 출발해서 신경증 환자들을 관찰하고 치료하면서 과학적 관찰과 철학적 개념을 혼합한 체계를 만들어나갔다. 반면 전쟁신경증 환자의 치료에 매진한 카디너는 과학적 철학적 체계의 수립보다 자신이 관찰하고 경험한 환자의 증상과 치료의 자료를 바탕으로 더 현실적인 논의를 제시했다. 그가 신경과학자들의 관심을 상대적으로 적게 받는 이유는 프로이트와 자네가 더 이론적으로 정교하고 세밀한 논리를 제공하기 때문일 것이다. 하지만 그의 생리신경증 이론은 프로이트가 전쟁을 경험하며 제시한 현실신경증을 "정신신체적 통합"의 관점에서 더 발전시킴으로써 신경과학적 트라우마 연구가 주목하는 정신과 신체의 일원론적 견해를 더 선명히 보여준다.

　그럼에도 그의 이론은 프로이트와 자네의 이론과 접점을 지닌다. 그는 프로이트의 리비도 이론을 비판하지만 자아의 강화를 강조한다는 점에서는 프로이트와 유사하다. 카디너는 자네보다 더 생리학을 강조했지만 자아 적응의 관점에서 트라우마 치료에 접근했다는 점에서는 자네와 유사하다. 그가 최면의 효과를 인정하면서도 환자의 의식적 차원의 치료를 강조한 것도 자네와 유사하다. 자네 역시 최면을 사용하면서도 환자가 치료자에게 의존하지 않고 정신적 에너지를 회복할 수 있게 돕는 방법을 모색했기 때문이다. 따라서 카디너도 자네와 마찬가지로 정신에서 신체로 향하는 하향적 방식과 신체에서 정신으로의 향하는 상향적 방식을 혼합한 것으로 볼 수 있다. 그리고 환자가 치료자에게 의존하지 않고 자립적인 회복력을 갖게 하는 것을 치유의 궁극적인 목적으로 삼았다는 점은 정도의 차이는 있으나 프로이트, 자네, 카디너의 공통점이다. 이들에게 신체의 변화는 그 자체로 중요한 것이 아니라 정신적 변화의 신호로 중요하다. 역으로 궁극적 치료의 목적은 정신적 변화이고 여기에는 자아 또는 의식의 개입이 필요하다. 이런 점에서 3장에서 살펴볼 신경과학적 트라우마 연구는 대체로 프로이트보다 자네와 카디너의 관점에 더 가깝지만 그럼에도 신체의 역할과 중요성을 강조하는 정도에 있어서 이들과는 비약적인 차이를 보인다. 신경과학적 전회는 자네의 심리학과 카디너의 정신의학에서 선구자를 찾을 수 있으나 근본적으로는 20세기 후반에 발전한 뇌과학의 발견으로 발생하기 때문이다. 그 발견의 핵심 영역은 기억의 메커니즘이다. 인간의 기억이 어떻게 저장되는지에 대한 과학적 발견은 프로이트가 주장한 억압보다 자네가 주장한 해리를 더 과학적인 가설로 바라보게 만든다. 자네가 신경과학적 트라우마 이론에서 새롭게 조명되는 것은 우연이 아니다.

제2장

해리와 적응의 경제학
피에르 자네의 트라우마 이론[1]

1. 자네의 재발견

1장에서 살펴보았듯이 프로이트의 트라우마 연구는 현대 트라우마 연구의 초석이 되며 지금도 불변하는 중요성을 지닌다. 그렇지만 지난 수십 년간 신경과학적 전회의 영향으로 큰 변화를 겪은 트라우마 연구에서 프로이트가 제시한 정신분석이론이 중대한 수정과 비판에 직면하고 있는 것도 사실이다. 이와 반대로 신경과학적 전회의 시대에 1세기 전 프로이트와 함께 히스테리 연구를 주도했던 프랑스 심리학자 피에르 자네는 트라우마 연구에서 중요한 이론적 선구자로 재조명되고 있다. 트라우마 학자들은 왜 그의 이론을 다시 조명하고 그에게서 무엇을 재발견하고 재평가하는 것일까? 그의 이론은 프로이트 이론과 어떤 유사성과 차이를 지니며 트라우마 메커니즘의 이해와 트라우마 치유의 방향에 어떻게 기여하는 것일까? 이 장은 이런 질문들에 대한 대답을 모색하면서 앞서 살펴본 프로이트와 카디너의 트라우마 이론과 3장에서 본격적으로 살펴볼 신경과학적 트라우마 연구를 배경으로 삼아 비교적인 관

---

1 이 장은 축약된 형태로『비평과 이론』28권 2호, 2023, 193~214쪽에 수록된「정신적 에너지의 역동적 심리학─피에르 자네 트라우마 이론의 재발견」을 수정한 것이다.

점에서 자네의 심리학을 중점적으로 살펴보고 그의 이론이 신경과학의 관점에서 새롭게 조명되는 이유와 현대 트라우마 연구에 공헌하는 바를 가늠하고자 한다.

1989년 미국정신의학학회의 공식학술지 *American Journal of Psychiatry*의 사설은 자네의 박사학위논문 『심리적 자동현상 *L'automatism Psychologique*』의 출간 100주년을 기념하면서 100년 전 이 책의 출판을 과학 분야에서 프랑스혁명에 버금가는 중요한 사건으로 평가하며 자네의 심리학을 소개하고 그동안 상대적으로 간과되어온 자네를 재발견해야 할 필요성을 주장했다.[2] 사설의 필자 니마이어 *John C. Nemiah*는 자네의 저서들이 극히 제한된 상태로 영역된 탓에 영어권 독자들은 반 데어 콜크와 반 데어 하트 *Onno van der Hart*가 쓴 글에 제시된 자네 심리학의 요약적 설명과 자네의 생애와 작품에 대한 엘렌버거 *Henri F. Ellenberger*의 소개에 의존할 수밖에 없는 현실을 지적했다. 그로부터 30년 후 2019년에 반 데어 하트는 몇몇 학자들과 함께 자네 심리학에 대한 연구논문을 모은 『피에르 자네의 재발견 *Rediscovering Pierre Janet*』을 출판했고 3년 후인 2022년에는 자네의 박사논문 『심리적 자동현상』이 두 권으로 영역되어 마침내 세상의 빛을 보았다.

이 두 저서의 출간은 그동안 많은 학자가 자네의 선구적이고 독보적인 가치를 높이 평가하며 그의 심리학을 연구해왔고 비로소 그가 본격적으로 재발견되고 있음을 상징적으로 보여주는 신호로 볼 수 있다. 철학자로 시작해서 정신병원에서 환자들을 관찰하고 치료하며 정신의학적 지식을 쌓은 뒤 독자적인 심리학체계를 세운 자네의 사유의 폭은 철학, 심리학, 생물학, 사회학 및 종교를 아우를 정도로 넓고 그의 방대한

---

2   John C. Nemiah, "Janet Redivivus : The Centenary of *L'automatisme psychologique*", *American Journal of Psychiatry*, Vol. 146, No. 2, 1989, 1527~1529쪽.

저서는 다양한 방면에서 더 깊이 연구될 필요가 있다. 울라비브^{Lucien Ou-} lahbib가 지적하듯이 자네의 사상은 긴 세월이 지난 현재에도 여러 방면에서 중요한 학술적 의학적 가치를 지니는 동시대성을 보여준다.[3]

　포괄적인 사상의 관점에서 자네의 행위심리학^{psychology of conduct}은 정신과 신체 행위의 불가분한 관계를 설정함으로써 현대 신경과학적 심리연구를 선도한 것으로 자리매김할 수 있다. 자네가 래넥 생앙투안느^{Laennec and St.-Antoine} 병원에서 신경증 증세를 보이다 사망한 14세 소녀의 부검 결과 뇌에 포충 낭종^{hydaitic cyst}이 있었다는 사실을 발견하고 발표한 논문에서 "그렇게 중요한 두뇌 병소^{brain lesion}가 그렇게 적은 증상을 유발한 것에 대해 의아해하며" 환자가 신경증적 유전이 있는 가정 출신이었기 때문에 다른 기관이 아닌 두뇌에 낭종이 있었다고 주장했다는 점은 정신과 신체(그리고 유전)의 관계에 관심을 가졌다는 것을 잘 보여준다.[4] 자네는 1919년에 출판한 『심리 치료^{Psychological Healing}』의 결론에서 기존의 심리치료^{psychotherapy}의 정의가 "마음에 간접적 행동을 하는 신체적 방법을 배제하는 것처럼 보인다"고 비판하며 심리치료를 "신체적 정신적 장애에 모두 적용되는 신체적이고 정신적인 모든 종류의 치료 절차, 이전에 연구된 심리적 현상의 고려 그리고 무엇보다 이 심리적 현상들의 발달과 이 현상들이 서로 또는 생리적 현상들과 맺는 연관성을 조절하는 법칙들의 고려가 결정하는 절차의 총체"로 정의한다.[5] 이런 점은 그의 심리학이

3　Lucien Oulahbib, "La Contemporanéité de Pierre Janet"[The Contemporaneity of Pierre Janet], Annales Médico-Psychologiques, Vol.178, No.10, 2020, 1034~1038쪽.

4　이 사례와 자네의 논문에 관해서는 Henri F. Ellenberger, *The Discovery of the Unconscious : The History and Evolution of Dynamic Psychiatry*, New York : Basic Books, 1970, 340~341쪽을 볼 것.

5　Pierre Janet, *Psychological Healing : A Historical and Clinical Study Vol. II*, Eden and Cedar Paul 공역(New York : Macmillan, 1925), 1208쪽.

신체와 정신의 불가분한 관계에 관한 예리한 통찰력을 담고 있음을 보여준다. 크라파로Giuseppe Craparo와 반 데어 하트는 자네를 스피노자의 후예로 평가하며 다음과 같이 말한다.

> 자네는 레스 코지탄스res cogitans, 사유하는 것와 레스 엑스탄사res extensa, 연장된 것를 구분하는 데카르트적 이원론을 사실상 능가하며 행동의 구성을 정신, 두뇌, 신체의 교차점에 놓인 것으로 제시하는 것처럼 보인다. 이런 점에서 자네는 "인간의 정신을 참고하는 관념의 대상이 신체"라고 여긴 스피노자와 의견이 일치했다. 정신 / 신체의 모델로 자네는 체화된 인식에 관한 현재의 신경과학적 심리학 연구를 예견했다.[6]

자네의 심리학이 신경과학적 연구에 미친 영향은 후에 좀 더 살펴볼 것이다. 자네와 신경과학의 밀접한 영향 관계는 자네 심리학의 평가에서 중요하며 자네가 재발견되는 매우 중요한 배경이다. 그러나 세부적으로 볼 때 자네가 재발견되고 재평가되는 중요한 이유 중 하나는 그가 트라우마 연구에서 선구적인 통찰력을 보여주었고 그 가치와 중요성이 주목을 받았기 때문이다. 유럽 트라우마 해리 학회ESTD, European Society for Trauma and Dissociation의 공식 학술지『유럽 트라우마 해리 저널European Journal of Trauma and Dissociation』은 2018년 한 사설에서 엘렌버거가『무의식의 발견 The Discovery of the Unconscious』에서 자네의 저작을 폼페이처럼 파묻힌 거대한 도시에 비유하며 언젠가 발굴될 수도 있다고 피력한 소망이 이제 이루

---

6   Giuseppe Craparo and Onno van der Hart, "Preface to the English edition", Pierre Janet, *Catelepsy, Memory, and Suggestion in Psychological Automatism*, Giuseppe Craparo and Onno van der Hart 공편, Adam Crabtree and Sarah Osei-Bonsu 공역, London : Routledge, 2022, viii쪽.

어져 "요즘에는 피에르 자네가 현대 트라우마 연구의 선구자로 마침내 인식되고 있고 그의 외상적 해리 개념은 이 분야의 참조 사항"이라고 선언했다.[7] 크라파로를 비롯한 『피에르 자네의 재발견』의 편집자들도 "자네의 통찰력과 치료법은 현대 이론과 실습에서 특히 정신외상학psycho-traumatology 분야에서 극히 유익하고 적절하다"고 지적한다.[8] 이렇듯 현대 트라우마 연구에서 자네의 중요성이 재평가되는 이유는 그가 정신 현상에 대한 여러 가지 중요한 개념을 제시하고 그 개념들을 통해 인간 정신의 복잡성과 역동성을 설명하는 사상체계를 구축했기 때문이다.

2. 심리적 자동현상

자네가 히스테리 연구에서 발견하고 박사논문을 통해 체계적으로 설명한 중요한 현상은 심리적 자동현상이다. 엘렌버거는 자네의 『심리적 자동현상』의 부제목 "인간 행위의 열등한 형태에 대한 실험적 심리학적 에세이"가 "자네가 콩디야크Etienne Condillac처럼 감각에서 시작한 것이 아니라 행위에서 시작한다"는 것을 드러낸다고 지적한다.[9] 엘렌버거에 따르면 자네는 1925년부터 새로운 행위심리학의 체계를 구축하기 시작

---

7   Isabelle Saillot, "'The City Buried beneath Ashes' : Pierre Janet Unearthed." *European Journal of Trauma & Dissociation* Vol. 2, No. 1, 2018, 1쪽.

8   Giuseppe Craparo, Francesca Ortu, and Onno van der Hart. "Introduction", *Rediscovering Pierre Janet : Trauma, Dissociation, and a New Context for Psychoanalysis*, Giuseppe Craparo, Francesca Ortu, and Onno van der Hart 공편, London : Routledge, 2019, 1쪽. 물론 자네를 트라우마 연구의 선구자로 삼는 최근의 경향에 대한 비판도 있으며 정신분석학자들은 주로 자네가 아닌 프로이트를 트라우마 연구의 선구자로 평가한다.

9   Henri Ellenberger, *The Discovery of the Unconscious*, 358쪽.

한다.[10] 그리고 1926년에 출판한 『심리적 진화 연구*Les Stades de l'Évolution Psychologique*』에서 인간 행위를 단순한 것에서부터 복잡한 것까지 5단계로 정리했다.[11] 이후 자네는 이전에 사용했던 '심리적 힘psychological force' 또는 에너지와 '심리적 긴장psychological tension' 개념을 유지하면서 본능보다 더 유연한 개념인 경향성tendency 개념으로 인간의 행위를 저차원적 경향성, 중간적 경향성, 고차원적 경향성으로 나누어 9단계로 세분화했다.[12] 이

---

10 위의 책, 345쪽.

11 Onno van der Hart and Barbara Friedman, "A Reader's Guide to Pierre Janet : A Neglected Intellectual Heritage", *Rediscovering Pierre Janet*, Giuseppe Craparo 외 공편, 8쪽.

12 저차원적 경향성은 ① 반사적이고 자동적인 동작으로 구성된 반사적 경향성(reflexive tendencies), ② 최초의 자극 후에 중단되었다가 이차 자극이 가해진 후 완성되는 두 단계 자극이 필요한 지각적-중단적 경향성(perceptive-suspensive tendencies), ③ 개인이 사회에 또 자신에 적응하는 사회개인적 경향성(sociopersonal tendencies), ④ 언어 이전과 언어가 시작되는 기억, 상징적 사고, 생산, 설명의 지적 작용이 이루어지는 기초적인 지적 경향성(elementary intellectual tendencies)으로 구성된다. 중간적 경향성은 ⑤ 언어가 발달하면서 인간 행위가 신체적 행위와 언어적 행위로 분리되고, 언어가 내적인 사고를 표현하게 됨에 따라 믿음이 객관적 사실이 아닌 내적인 감정을 주장하는 데 적합하게 되는 즉각적 행동과 주장적 신념(immediate actions and assertive beliefs)의 경향성, ⑥ 개인의 감정을 넘어서 개인과 사회의 소통에 기초해서 의문, 자기주장의 중단 그리고 숙고(deliberation)의 과정을 겪는, 즉 사회적 현실에 대한 고려를 포함하고 자아가 발달하는 반성적 행동과 신념(reflective actions and beliefs)의 경향성으로 구성된다. 마지막 고차원적 경향성은 ⑦ 힘의 특수한 분배를 함축하는 일 / 노동(work) 개념이 추가되고, 자발적 행동, 인내, 진리, 논리 개념이 속하며 자아의 인격이 형성되는 단계인 합리적-행동의 경향성(rational-ergetic tendencies), ⑧ 경험을 고려해 사실에 부합하게 해서 절대적 감정이 가능성 개념으로 대체되어 과학의 출발점이 되며 미덕의 행위들을 포함하는 단계인 실험적 경향성(experimental tendencies), ⑨ 개인과 동료 인간의 개성을 완전히 성취하는 최고 발달의 단계인 진보적 경향성(progressive tendencies)이다. 이상의 내용은 Ellenberger, *The Discovery of the Unconscious*, 386~394쪽과 Gerhard Heim and Karl-Ernst Bühler, "Psychological Trauma and Fixed Ideas in Pierre Janet's Conception of Dissociative Disorders", *American Journal of Psychotherapy*, Vol. 60, No. 2, 2006, 121~123쪽을 참조할 것. 자네가 구축한 1930년의 9단계 행동과 1934년에 구축한 5단계 경향성을 정리한 도표는 Cécile Barral and Russell Meares, "The Holistic Project of Pierre Janet : Part Two : Oscillations and becomings : From Disintegra-

런 세분화된 행위심리학체계는 자네의 박사논문 주제인 심리적 자동현상에서 출발한다. 왜냐하면 그가 박사논문에서 의식적이고 의지적인 행위와 무의식적이고 자동적인 행위로 이분화한 행위가 후에 더 복잡한 체계로 발달했기 때문이다. 이보다 더 중요한 것은 자네가 이런 행위들의 원인을 심리라고 본 점 즉 신체 행위를 심리 현상으로 보았다는 점이다. 이런 점에서 자네의 심리학은 신체와 정신의 불가분한 관계에 정초한 이론이다.

자네는 『심리적 자동현상』의 서론에서 자신의 연구 대상이 "가장 단순하고 기본적인 형태의 인간 행위"이며 이 "기초적인 행위"가 바로 "자동 행위"라고 말한다.[13] "'자동적'이라는 용어는 두 가지 특성이 있는 동작을 지시한다. 첫째로 그것은 적어도 외관상 어떤 자발적인 면이 있고 (…중략…) 그다음으로 그 동작은 변화나 변덕 없이 엄격한 결정성으로 작동하며 매우 규칙적이다."[14] 규칙적이고 자발적인 행위는 자유의지와 의식으로 통일된 인격personality에 의한 고차원적인 행위가 아니라 "순전히 기계적이고 의식이 없는" 저차원적이고 무의식적인 행위다.[15] 그의 박사논문 부제목에 기술된 "인간 행위의 열등한 형태"는 의식적이고 의지적인 고차원적 행위와 구분되는 저차원이고 무의식적인 행위를 가리킨다. 자네는 이렇게 자발적이고 무의식적인 행위 역시 심리가 드러나는 것 즉 현상하는 것이라고 주장한다.

---

tion to Integration", *Rediscovering Pierre Janet*, Giuseppe Craparo 외 공편, 128쪽을 볼 것.

13   Pierre Janet, *Catalepsy, Memory, and Suggestion in Psychological Automatism*, 1쪽.

14   위의 책, 1쪽.

15   위의 책, 1쪽.

우리의 목적은 "자동적"이라고 불리기 적합한 인간 행위가 있다는 것뿐 아니라 그것을 심리적 자동현상으로 부르는 것이 타당하다는 것을 입증하는 것이다. (…중략…) 인간 행위는 때로는 비정상적 형태, 일관성 없는 경련성 동작, 그 행동들을 수행하는 자에게도 알려지지 않은 무의식적 행동들, 그리고 의지와 대립하고 주체가 저항할 수 없는 충동적 욕망에서도 나타난다. 우리가 자유롭고 통일된 의지의 이론만을 안다면 이런 불규칙성은 이해할 수 없다.[16]

자네는 의지와 의식의 차원으로 이해할 수 없는 불규칙적이고 무의식적인 행위들을 설명할 수 있는 인간 심리의 근원을 찾고자 한다. 이런 심리적 원인의 탐색은 주관적인 해석의 영역이 아니다. 자네가 서론에서 밝히듯 심리적 자동현상을 연구하는 방법은 "자연과학의 방법" 즉 관찰을 통해서 사실들을 수집하고 실험을 통해 가설의 결과를 입증하는 것이다.[17] 그는 신체 현상과 정신 현상의 관계가 중요하지만 "생리학은 정신적 사실과 신체적 사실 간의 조응에 주목할 뿐 의식의 법칙을 실제로 설명하지 않는다"고 말하며 "정신 현상의 참된 법칙"을 설명할 수 있는 "객관적 심리학"의 필요성을 주장한다.[18] 즉 신체와 정신의 조응을 묘사하는 것으로는 충분하지 않고 인과관계가 중요하다. 신체 행위의 근본 원인이 심리에 있고 이런 심리가 작동하는 법칙을 자연과학적인 관찰과 실험의 방법으로 체계적으로 연구하는 것이 자네의 객관적 심리학이다.

자네가 관찰한 심리적 자동현상은 전적인 것과 부분적인 것으로 구분되지만 중요한 것은 이런 구분과 무관하게 환자 주체가 알지 못하는 무

---

16   위의 책, 2쪽.
17   위의 책, 3쪽.
18   위의 책, 3쪽.

의식적이라는 점이다. 자네에 따르면 "모든 심리적 법칙들은 우리가 그 법칙들을 개인이 알고 있는 의식적 현상에만 적용할 때 틀린 것으로 보인다."[19] 따라서 자네의 관심은 환자가 의식하지 못하나 신체가 자동으로 실행하는 행위이고 이런 행위의 관찰을 통해서 심리 메커니즘을 발견하는 것이다.

3. 의식의 해리와 잠재의식

심리적 자동현상은 전적이거나 부분적인 강직증catalepsy과 무감각증anesthesia 및 몽유적 암시somnambulistic suggestion 등에서 나타난다. 자네는 최면상태 또는 단순히 환자가 자신의 팔을 보지 못하게 가린 상태에서 환자의 팔을 들어 올리거나 시계추처럼 움직이게 하면 환자가 무의식적으로 이런 자세나 동작을 유지하거나 반복하는 것을 관찰한다. 자네는 또한 환자 로즈Rose가 히스테리 발작 중에도 자신이 건드리는 팔이나 다리는 히스테리 경련에 영향을 받지 않고 움직이지 않는 것을 관찰한다. 이는 "의식의 주요 부분이 그때 어떤 상태에 있던지 이런 강직증적 행동이 분리되어 존재할 수 있고 말하자면 자신 고유의 삶을 살 수 있다"는 것을 보여준다.[20] 신체 동작의 분리는 의식의 해리를 지시한다.

---

19 Pierre Janet, *Subconscious Acts, Anesthesias, and Psychological Disaggregation in Psychological Automatism : Partial Automatism*, Giuseppe Craparo and Onno van der Hart 공편, Adam Crabtree and Sarah Osei-Bonsu 공역, London : Routledge, 2022, 1쪽.
20 위의 책, 8쪽.

주체 안에는 우리에게 "나는 보고 듣지만 내 팔이 움직이는 것을 느끼지 못해"라고 말하는 의식이 이미 있다. 주체 안에 있는 이 의식은 이 동작을 알지 못하기 때문에 강직증적 동작의 의식이 아니다. 그렇다면 동일한 주체의 마음 안에 또 다른 의식이 있는 것이 가능할까? (…중략…) 우리는 강직증 상태의 의식에 대해 말할 때 멘드비랑Maine de Biran을 따라 그 의식이 매우 열등하며 감각과 이미지로 구성될 뿐 지각으로 구성되지 않는다고 말했다. 우리는 또한 이런 기본적인 이미지들이 동일한 생각 속에 통일되어 있지 않고 하나의 인격을 형성하지도 않는다고 말했다. 이것들은 자아 관념이 없는 의식적 이미지들이라서 이 이미지들이 우리에게 "나"라고 말하는 매우 복잡한 마음을 가진 주체의 정상 의식 일부가 아니라는 것은 놀랍지 않다. 이런 종류의 이미지들이 마음속에 홀로 존재할 수 있다면 주체의 정상적 마음이 정상적으로 기능하는 것처럼 보이는 동안 그것들이 분리되어 존재한다고 인정하는 것은 부당하지 않다.[21]

이런 의식의 해리는 히스테리 발작뿐 아니라 단순히 관심을 다른 데로 돌리는 주의 분산distraction 상태에서도 가능하다. 자네는 최초 몽유상태에 있는 환자 레오니Léonie를 레오니 1이라고 칭한다. 이 상태에서 레오니는 자네의 명령에 따르지 않는다. 그러나 레오니를 다른 사람과 대화하게 해서 주의를 분산시킨 후 낮은 목소리로 꽃다발을 달라고 명령하면 레오니는 의식하지 못한 채 대화 중에 자네에게 꽃다발을 주는 동작을 취한다. 이때 이 동작을 의식하지 못하는 주체는 레오니 2이고 이 동작이 이루어지는 상태의 레오니는 레오니 3이다.

물론 레오니 1, 2, 3이 있듯이 의식과 인격의 분리는 둘로 나뉘는 것에 한정되지 않고 그 양태도 다양하다. 자네는 1906년 하버드 의과대학

21　위의 책, 9쪽.

에서 행한 강연에서 히스테리의 주요 증상인 몽유병이 이중인격과 다중인격을 보여준다는 점을 제시하며 의식의 해리 현상을 세 유형으로 분류한다. 첫째 유형은 맥니시MacNish가 『수면의 철학The Philosophy of Sleep』에서 한 여인이 깊은 잠에 빠졌다가 깨어난 후 기억을 모두 잃어버려서 글을 읽고 쓰는 것을 새로 배워야 했는데 다시 깊은 잠에 빠졌다가 깨어난 후에는 이전 상태로 되돌아갔던 사례를 제시한다. 이 여인은 이후 4년 동안 이 두 의식의 상태를 번갈아 경험했고 하나의 의식상태에서는 다른 의식상태의 기억을 완전히 망각한다. 자네는 이를 "상호적 몽유병"reciprocal somnambulism이라고 부른다.[22] 둘째 유형은 두 차례 실신 후 깨어났을 때 과거에 배운 지식을 잊어서 처음부터 새로 배우고 이전과 달리 활발하고 능동적인 성격을 갖게 되지만 다시 이상한 잠에 빠졌다가 깨어나 원래의 우울한 성격으로 되돌아간 된 메리 레이놀즈Mary Reynolds의 사례가 예증한다. 이런 상태 변화가 반복되다가 나중에는 두 번째 상태가 강해지는데 자네는 이렇게 "2번 상태가 1번 상태를 침범하는 경향"을 갖고 한 의식의 상태가 다른 의식의 상태를 지배하는 유형을 '지배형 몽유병dominating somnambulism'이라 부른다.[23] 셋째 유형은 "두 존재 형태가 아니라 많게는 아홉이나 열 개의 수많은 존재 형태를 지닌 복잡한 환자 사례"로서 흔히 다중인격으로 부르는 경우다.[24] 자네가 제시하는 대표적 사례는 1894년 발표된 몰리 팬셔Mollie Fancher의 사례로서 "그녀에게는 선빔Sunbeam, 아이돌Idol, 로즈버드Rosebud, 펄Pearl, 루비Ruby라는 시적인 예명

---

22   Pierre Janet, *The Major Symptoms of Hysteria : Fifteen Lectures Given in the Medical School of Harvard University*, Mcallister, 2017, 57쪽.

23   위의 책, 60쪽.

24   위의 책, 63쪽.

이 있는 적어도 다섯 명의 사람이 있고 이들 각각은 그녀의 기억과 인격을 지니고 있다."[25]

이런 의식의 해리는 최면 중에만 발생하는 것이 아니라 최면 후에도 지속되는 최면 후 암시posthypnotic suggestion 효과를 지닐 수 있다. 자네는 환자 루시Lucie에게 최면 중에 여러 가지 산술이 개입된 명령을 수행하게 하면 루시가 최면에서 깨어난 후에도 이런 행위를 계속하는 것을 관찰한다. 자네는 "무의식을 꿰뚫고 정상적 마음 밖에 있는 이런 심리적 작동을 드러내기 위해" 루시가 명령에 따라 기호나 글을 쓰게 한다.[26] 예를 들어 자네가 루시에게 "너는 739와 42를 곱해서 쓸거야"라고 말하면 루시는 정확한 셈으로 답을 쓴다.[27] 자네는 이렇게 주체가 의식하지 못하는 또 다른 의식의 상태를 잠재의식이라고 명명한다.

우리는 최면 후 암시로 실행된 이런 행위들의 무의식에 관한 앞의 진술들을 약간 수정해야 한다. 앞선 사실들에 적용된 이 표현은 더 이상 의미를 지니지 못한다. (…중략…) 무의식적 판단, 무의식적 곱셈 행위란 무엇인가? (…중략…) 이런 현상들은 개인의 정상 의식 밑에 있는 특별한 의식에 속하는 것처럼 보인다. 아무리 이상하게 보여도 이는 설명이 아니라 하나의 사실의 관찰이다. 우리는 단지 정상 의식 밑에 있는 의식을 가리켜 이것들을 잠재의식적 사실들이라고 부름으로써 이런 관찰을 요약할 것이다.[28]

---

25   위의 책, 64쪽.

26   Pierre Janet, *Subconscious Acts, Anesthesias, and Psychological Disaggregation in Psychological Automatism*, 26쪽.

27   위의 책, 26쪽.

28   위의 책, 27쪽.

자네가 명확히 밝히고 있듯이 그가 사용하는 '무의식적'이라는 용어는 더 정확히 말해서 잠재의식이다. "잠재의식subconscious이라는 말은 자네가 만든 것이다."[29] 심리적 자동현상은 의식이 완전히 배제된 상태를 의미하지 않는다. 반 데어 하트와 프리드먼Barbara Friedman은 그리스 원어로 자신을 뜻하는 'autos'와 자신을 위해 노력한다는 것을 뜻하는 'maiomai'의 합성어인 'automatism'이 "자기인식 개념을 배제하지 않으며" 자네가 관찰한 심리적 자동현상은 잠재의식에 속한 것으로서 "자네는 의식의 층위들을 구별했다"고 지적한다.[30] 프로이트가 무의식을 의식과 다른 체계로 정의한 것과 달리 잠재의식은 의식 안의 또 다른 층위의 의식이다.

의식 안의 또는 의식 밑의 또 다른 의식인 잠재의식의 작동원리는 무엇일까? 자네는 신체의 체계 일부 동작에만 감각이 없는 현상을 '체계화된 무감각증systematized anesthesia'이라 부르고 이런 현상이 동작뿐 아니라 감각과 이미지에도 발생한다는 것을 발견한다.[31] 그것은 "동일한 감각이 제공하는 다른 모든 현상의 지식이 의식에 도달하는 것을 허락하면서 단지 일정한 수와 일정한 체계의 감각과 이미지만 제거한다."[32] 예컨대 시각의 경우 다른 대상들은 보이지만 일정한 대상만 보이지 않는다. 베른하임Hippolyte Bernheim은 존재하지 않는 사물을 보는 환각과 반대로 존재

29　Henri Ellenberger, *The Discovery of the Unconscious*, 406쪽.

30　Onno van der Hart and Barbara Friedman, "A Reader's Guide to Pierre Janet", 10쪽.

31　Pierre Janet, *Subconscious Acts, Anesthesias, and Psychological Disaggregation in Psychological Automatism*, 34쪽. 자네는 후에 '체계화하다(systematize)'가 "사실들을 체계로 되돌린다"라는 의미를 지니는 반면 '체계적(systematic)'은 "단순히 하나의 체계와 관계된 또는 체계에 속하는 것들에 적용된다"라는 의미를 지니므로 '체계적'이 더 적합한 용어라는 바빈스키(M. Babinski)의 지적에 동의하며 '체계적 마비'로 사용한다. Pierre Janet, *The Major Symptoms of Hysteria*, 327~328쪽.

32　Pierre Janet, *Subconscious Acts, Anesthesias, and Psychological Disaggregation in Psychological Automatism*, 34쪽.

하는 사물이 보이지 않는 이런 현상을 '부정적 환각negative hallucination'이라 부른다.[33] 자네는 베른하임을 비판하며 이런 현상이 환각이 아니라 "다른 대상들의 지각을 온전히 유지하면서 특정 대상의 지각을 억누른 것"으로서 "체계화된 동작의 마비"와 유사한 "체계화된 무감각"이라고 말한다.[34] 그러나 자네는 베른하임이 암시를 통해 환자에게 특정 대상이 보이지 않게 한 것에 대해 "나는 눈의 마비를 만든 것이 아니고 그녀는 보이지 않는 것으로 암시된 대상 이외에 모든 대상을 본다. 나는 그녀의 뇌 안에서 감각적 이미지를 제거했다. 나는 이 이미지의 감각을 중화하거나 부정적으로 만들었다"고 말하며 이런 환자에게 실제로 감각이 없어진 것이 아니라고 주장한 것은 옳았다고 지적한다.[35] 즉 체계화된 무감각은 의식의 일부 층위에서만 발생하고 다른 층위에서 감각은 지속된다.

잠재의식의 눈이 볼 수 없는 대상을 의식의 눈은 계속 볼 수 있다. 예컨대 자네는 루시에게 20장의 카드를 주고 숫자 3의 배수가 적힌 카드를 볼 수 없다고 암시한다. 그러면 루시는 3의 2배수인 6이 적힌 카드를 제외하고 다른 카드(예를 들어 14가 적힌 카드)들은 본다. 이는 그녀가 6이 적힌 카드를 또 다른 의식의 눈으로 볼 수 있다는 것을 의미한다. 자네는 의식의 해리를 더 분명히 보여주는 실험을 소개한다. 그는 루시에게 몽유상태에서 이튿날 두 시에 포빌레비치Powilewicz 박사 사무실에 오라고 말한다. 이튿날 루시는 사무실에 오지만 자신이 여전히 집에 있다고 말한다. 이는 최면 후 효과이자 동시에 체계화된 무감각을 보여준다. 자네는 루시의 잠재의식에 길과 집 그리고 사무실에 대한 지식을 제공했기

---

33   위의 책, 35쪽.
34   위의 책, 35쪽.
35   위의 책, 35쪽.

때문에 정상 의식의 루시는 자신이 걸어온 길 그리고 자신이 방문한 집과 사무실을 보지 못한다. 자네는 이렇게 설명한다.

> 나는 잠재의식적 인간에게 한 행위를 암시했고 따라서 동시에 길과 집 그리고 사무실의 지식을 암시했다. 나도 모르게 나는 이 지식을 정신적 분해mental disaggregation의 법칙에 따라 루시에게서 제거했던 것이고 이 법칙은 점점 더 잠재의식적 현상의 특징인 것처럼 보인다. 이 모든 실험은 (…중략…) 이런 결론으로 인도한다 : 체계화된 무감각의 암시로 감각은 억눌리지 않고 억눌릴 수 없다. 그것은 단지 전치된 것이다. 그것은 정상 의식에서 제거되지만 또 다른 현상의 집단의 일부, 어떤 다른 형태의 의식의 일부로 발견될 수 있다.[36]

---

36 위의 책, 41쪽. "해리(dissociation)"라는 용어는 미국 의사 러시(Benjamin Rush)가 1812년에 최초로 사용했고, 프랑스에서는 모로드투르(Jacques Jeseph Moreau de Tours)가 1845년에 최초로 사용했다. Onno van der Hart and Rutger Horst, "The Dissociation Theory of Pierre Janet", 398~399쪽을 참조할 것. 반 데어 하트와 호스트(Rutger Horst)는 해리와 분해(*désagrégation*, disaggregation)를 동의어로 사용한다. 이 두 용어의 의미에 대해서는 평자들의 의견이 엇갈린다. 니마이어는 자네의 용어 *désagrégation*이 "약간 느슨하게 영어 dissociation으로 번역되었다"라고 지적한다. Nemiah, "Janet Redivivus", 1527쪽. 메아리스(Russell Meares)와 배럴(Cécile Barral)은 자네가 "분해를 통한 잠재의식의 이론"을 언급하며 "이 해리, 일정한 심리적 현상들이 특수 집단으로의 이런 이동이 다양한 원인 특히 감정에 의해 야기된 소진과 관계된 것처럼 보인다"고 말한 것을 인용하며 "분해"는 "특수 집단"의(으로 격리되는) "해리"와 구분되어야 하며 이 둘을 "동일시하는 것은 흔한 오류"라고 지적한다. Russell Meares and Cécile Barral, "The Holistic Project of Pierre Janet. Part One : Disintegration or *désagrégation*", *Rediscovering Pierre Janet*, Giuseppe Craparo 외 공편, 110~111쪽. 반면 반 데어 하트와 프리드먼은 이 두 용어의 차이를 지적하면서도 이 둘을 호환할 수 있다고 판단한다. "원래 모로드투르가 도입한 용어인 해리와 정신적 분해(mental dissolution, *désagrégation*)는 히스테리 환자들에게 이런 의식 영역의 축소가 발생하는 방식을 지칭한다. 해리는 이런 분해가 나타나는 형태로 간주될 수 있다. 그러나 자네는 저서 전체에서 두 용어를 호환적으로 사용하기도 했다." Onno van der Hart and Barbara Friedman, "A Reader's Guide to Pierre Janet", 11쪽.

자네는 무감각증 환자의 감각이 실제로는 지속되는 현상에서 기억상실과 의식의 관계를 파악한다. 왼쪽 눈의 무감각증을 앓는 환자 마리^{Marie}의 오른쪽 눈을 가린 후 왼쪽 눈앞에 뱀이 몸통을 감싸고 있는 나무 그림을 보여주고 무엇을 보았냐고 물으면 마리는 아무것도 보지 못했다고 답한다. 그리고 마리의 왼쪽 관자놀이를 쇠 접시로 건드려 왼쪽 감각을 되찾게 만들면 마리는 뱀이 올라가고 있는 나무를 보았다고 대답한다. 이렇게 마리의 무감각한 왼쪽 시각은 실제로 나무 그림을 목격했고 이 감각의 기억은 다른 의식에 저장되었다가 감각이 회복될 때 같이 회복된다. 자네는 "기억은 단지 감각의 보존일 뿐이다. 모든 감각이 여러 가지 다른 이유로 기억되지 않을 수 있지만 모든 기억은 의식적 감각"이었고 기억이 상실되고 회복되는 실험은 "그렇게 계속 명확하게 기억할 수 있었던 감각이 실제로 존재했었고 의식적인 현상이었다"는 것을 증명한다고 말한다.[37]

4. 고착된 표상과 트라우마

이렇게 잠재의식은 현재 의식과 해리된 기억 즉 표상들을 저장한다. 잠재의식은 이런 표상들이 의식의 지배를 벗어나 활동하는 또 다른 공간을 제공한다. 잠재의식에 하나의 표상이 고착되면 그 표상은 주체의 의식과 의지와 무관하게 환자의 동작과 행동을 지배할 수 있다. 자네는 무감각증과 마비에 관련된 다른 실험을 소개한다. 예컨대 자네가 선을 그어놓고 히스테리 환자에게 그 선을 넘지 못할 것이라고 암시하면 이

37　Pierre Janet, *Subconscious Acts, Anesthesias, and Psychological Disaggregation in Psychological Automatism*, 48·50쪽.

를 농담으로 여기던 환자는 실제로 그 선을 넘지 못한다. 이 경우 물론 동작의 억제는 실제로 마비가 일어난 것이 아니라 "몽유상태나 주의 분산 때 주어진 암시가 잠재의식적인 고착된 표상fixed idea을 낳은 것이다. 이 표상은 주체가 동작을 취하려 할 때 동작을 멈추게 하고 주체가 온전히 보존한 감각 이미지를 통해 그렇게 한다."[38] 자네가 환자의 잠재의식 속에 주입한 고착된 표상은 의식의 지배를 벗어나 있으므로 환자의 의지와 무관하게 행동의 제약을 가져온다.

고착된 표상은 인위적인 실험에서뿐 아니라 자연현상에서도 발생한다. "우리에게 고착된 표상은 이런 종류의 현상, 다시 말해서, 환자의 의지와 개인적 지각 밖에서 자동으로 발달하지만 암시처럼 실험적으로 불러일으켜지는 것이 아니라 우연한 원인의 영향으로 자연적으로 형성되는 심리적 현상이다."[39] 그래서 고착된 표상은 히스테리 발작이나 꿈, 인위적으로 유도된 몽유상태 그리고 심지어 환자가 깨어있을 때 환자가 알지 못하게 발생할 수 있다.[40] 고착된 표상의 무의식적 영향은 프로이트가 외상기억에 대해 말한 것과 유사하다. 실제로 자네는 프로이트와 브로이어가 『히스테리 연구』에서 "기억 속에 보존된 정신적 고통이 사건 발생 오랜 후에 눈물을 자극하는 것처럼, 유발요인은 오랜 세월 후에도 여전히 활동한다. (…중략…) 히스테리 환자들은 주로 **회상**reminiscence으로 고통을 겪는다"고 말했는데 이것이 자신의 주장을 잘 표현하고 있다고 말한다.[41] 고착된 표상의 종류는 사소한 생각에서부터 추상적 관념 및 공포

---

38 위의 책, 87쪽.

39 Pierre Janet, *The Mental State of Hystericals : A Study of Mental Stigmata and Mental Accidents*, Caroline Rollin Corson 역, New York : G. P. Putnam's Sons, 1901, 278쪽.

40 위의 책, 280~281쪽.

41 위의 책, 408쪽. 이 인용은 자네의 번역을 사용했다. 프로이트의 원문은 Sigmund

나 박해의 표상에 이르기까지 다양하고 그것이 의식에 침투하는 방식도 다양하다.[42] 그러나 자네의 관심은 "이 다른 종류의 고착된 표상들이 심리적 자동현상의 법칙과 어떤 관계가 있는지 탐구하는" 것이며 그 대답은 물론 의식의 분해 또는 해리다. "비정상적 현상은 인격에 통합되지 않는다. 그것은 거부하는 자아에 이질적이다."[43] 환자는 고착된 표상을 의식할 수도 있지만 통제할 수 없다. 잠재의식에 저장된 고착된 표상은 현재 의식의 지배를 벗어나 심리적 자동현상의 법칙을 따라 작동한다.

고착된 표상은 다양한 히스테리 증상에서 발현되며 트라우마와 밀접히 연관된다. 이런 연관성을 예증하는 대표적인 사례는 자네가 여러 저서에서 반복 소개하는 환자 마리의 증상과 치료의 이야기다. 마리는 19세에 르 하브르Le Havre 병원에 입원한 환자로서 월경이 다가오면 히스테리 발작을 일으킨다. 그녀는 오한과 복부 통증을 느끼고 비명을 지르며 계속해서 피와 불에 대해 말하면서 불길을 피해 도망치려 하고 방안을 어지럽히며 피를 토하기도 한다. 마리는 발작이 끝난 후 아무것도 기억하지 못하지만, 월경 때마다 반복되는 발작 사이에 근육경련과 무감각증 그리고 왼쪽 눈의 시력상실 등이 발생한다. 자네는 몽유 상태를 유도해 마리가 13세에 초경을 했을 때 이를 수치스러운 것으로 여겨 월경을 멈추려고 찬물에 들어간 사실을 밝혀낸다. 이후 마리는 섬망delirium을 겪지만 월경은 멈췄고 5년 후 월경이 다시 시작되자 히스테리 발작을 일으킨 것이다. 따라서 마리는 "매월 냉수욕 장면이 반복되어 추가적인 복

Freud, *Studies on Hysteria*, 7쪽을 볼 것.

42 Pierre Janet, *Subconscious Acts, Anesthesias, and Psychological Disaggregation in Psychological Automatism*, 137쪽.

43 위의 책, 137쪽.

부 출혈이 발생할 때까지 월경을 멈추고 섬망을 일으킨다. 정상 의식에서 그녀는 이런 지식이 없고 오한이 냉기의 환각에 기인한다는 것도 이해하지 못한다. 따라서 이 장면이 이 의식 밑에서 발생해서 다른 모든 장애를 유도했을 가능성이 크다."[44]

마리가 계속 피를 언급한 것은 16세에 어떤 노부인이 계단에 떨어져 피를 흘린 것을 보고 자살했다고 생각한 사건에서 경험한 공포의 감정을 드러낸다. 자네는 또한 마리의 왼쪽 시력상실의 원인이 과거에 왼쪽 얼굴에 상처가 있는 또래의 아이와 낮잠을 자게 강요받은 사건에서 찾는다. 이 아이는 "얼굴 왼쪽 전체에 볼거리mumps"를 앓았고 "마리도 이후 그 아이의 상처 자국과 닮은 볼거리 자국을 똑같은 곳에 가지게 되었다. 이 자국들은 수년 동안 다시 나타났다가 치료되었지만 (…중략…) 그때부터 그녀는 얼굴 왼쪽이 무감각해졌고 왼쪽 시력을 상실했다."[45] 마리가 불을 두려워하는 원인은 정확히 특정할 수 없지만 "아마도 표상들의 연상을 통해 발생했을 것이다."[46] 따라서 마리의 히스테리 발작은 그녀의 잠재의식에 존재하는 월경, 피와 얼굴 왼쪽 상처와 관련된 고착된 표상이 일으킨 것이다.

고착된 표상은 환자의 잠재의식에서 계속 활동하며 환각, 꿈, 자동 동작 등 다양한 방식으로 표출된다. 마리의 사례가 보여주듯이 고착된 표상이 발생하는 원인은 어떤 감정적 충격을 주는 사건이다. 자네는 히스테리의 원인을 여러 가지로 설명하지만 대체로 유전적 소질과 유발요인으로 구분한다.

---

44 위의 책, 142쪽.
45 Pierre Janet, *The Mental State of Hystericals*, 285쪽.
46 위의 책, 284쪽.

병리적 유전은 다른 모든 정신질환에서처럼 히스테리에서도 절대적으로 압도적인 역할을 한다. 아주 많은 상황이 "유발요인"의 역할을 하고 이런 잠재적 소질을 우연히 드러나게 한다. 그것들은 출혈, 소모성질환과 만성질환, 감염병 (…중략…) 신경체계의 기질성 질환organic disease, 다양한 중독, 신체적 정신적moral 충격, 신체적 또는 정신적 과로, 고통의 감정, 특히 누적 효과를 지니는 감정의 연속 등. 이 모든 유발요인이 동일한 성격을 갖는다는 것을 쉽게 알 수 있다. 그것들은 유기체를 약화하고 신경체계의 우울증을 증가시킨다.[47]

이 밖에도 여러 가지 불안과 감정적 문제들이 중요해지는 '정신적 사춘기moral puberty'도 히스테리 발병에 영향을 미치는데 이 모든 영향이 평상시에는 잠재적인 '심리적 부전psychological insufficiency'을 히스테리로 발병하게 한다.[48]

기질적으로 병에 걸리기 쉬운 자들에게 다양한 자극이 원인이 되어 심리적 부전이 생기면 히스테리는 발병한다. 자네가 제시한 다양한 유발요인 중 정신적 감정적 충격은 트라우마에 해당한다. 자네보다 프로이트가 트라우마를 더 중요하게 보았다고 주장하는 학자들은 자네가 히스테리의 원인을 궁극적으로 유전적 소질에서 찾았다는 점을 강조한다. 예컨대 산펠리포Luis César Sanfelippo와 다그팔Antonio Dagfal은 반 데어 콜크와 반 데어 하트를 비판하면서 위에 인용한 자네의 발언을 근거로 "심리적 트라우마는 유전적 성격의 '심리적 부적합성psychological unfitness'을 나타나게 하는 유발요인의 이런 긴 목록에서 작은 위치를 차지했"을 뿐이므로 "트라우마 개념이 자네의 작업에 핵심적이었다는 현시대 작가들의 주장

---

47   위의 책, 526쪽.
48   위의 책, 526~527쪽.

은 억지"이고 자네 "자신의 관념들은 그를 트라우마에 관한 현대 신경학적 발전의 선조로 제시하려는 자들의 가설과 정반대 방향을 향했다"고 주장한다.[49]

이런 비판에 일리가 없지 않지만 자네 심리학에서 트라우마가 차지하는 중요성은 매우 크다. 더구나 프로이트가 자네를 포함한 샤르코의 제자들이 유전이 "신경증적 애정의 유일하고 참된 필수적 원인이고 다른 병원적 영향은 단지 유발요인이라는 명칭을 염원할 뿐"이라고 생각한다고 비판하지만, 그 역시 유전과 기질을 신경증의 중요한 요소로 다루었다는 점도 유념해야 한다.[50] 자네는 프로이트보다 유전을 더 중요하게 취급하고 있지만 트라우마의 역할도 매우 중요하게 여겼다는 사실을 부인할 수 없다. 자네의 트라우마 이론을 연구하는 학자들은 이 사실에 주목한다. 예컨대 하임Gerhard Heim과 뷜러Karl-Ernst Bühler는 "장마르탱 샤르코와 피에르 자네는 심리적 장애에 대한 기질적이고 유전적인 소질과 더

---

49 Luis César Sanfelippo and Antonio Dagfal, "The Debate Between Janet and Freud Revisited : Trauma and Memory", *The Psychoanalytic Quarterly* Vol. 79, No. 1, 2020, 126·136쪽.

50 Sigmund Freud, "Heredity and the Aetiology of the Neuroses", *SE*, Vol. III, 143쪽. 예컨대 그는 브로이어와 함께 히스테리 환자의 의식이 해리된 최면상태를 논하면서 **기질적**(dispositional) 히스테리"와 트라우마가 초래한 "**정신적으로 습득된 히스테리**"를 구분한다. Sigmund Freud, *Studies on Hysteria*, 12쪽. 그는 또한 유전을 신경증의 선조건(Preconditions)으로, "감정적 장애, 신체적 소진, 급성 질병, 중독, 외상적 사건, 지적인 과로" 등을 공존 원인(Concurrent Causes)으로 그리고 "(환자의) 현재의 성적 삶의 장애 또는 과거 삶에서의 중요한 사건"을 특수 원인(Specific Causes)으로 구분한다. 위의 글, 147쪽. 프로이트는 "성적 장애"가 일반적으로 신경증의 "유전에 종속적이고 다른 유발요인들과 같이 편성되는" 반면 자신은 "성적 영향을 특수 원인의 지위로 승격시킨다"고 주장하는데 그가 이 글을 쓸 당시 히스테리의 원인을 유년기의 성적 사건 즉 유혹이라고 생각하고 있었다는 점을 고려해야 한다. 프로이트가 히스테리 원인을 유혹에서 외상으로 그리고 환상으로 수정한 변화에 대해서는 졸저 『에로스의 두 얼굴』 1장, 「프로이트와 히스테리」를 참조할 것.

불어 세 번째 원인으로 심리적 트라우마를 제시했다"고 주장한다.[51] 자네는 자서전적 글에서 히스테리 병원인 심리적 취약성을 논하면서 트라우마의 발견에 대해 이렇게 말한다.

내 생각에 매우 많은 이런 약화의 조건을 찾으면서 나는 어떤 경우에 주체환자의 과거 삶에서 일어난 하나 또는 몇 개의 사건의 역할을 인식하게 되었다. 격렬한 감정과 심리체계의 파괴를 일으킨 이 사건들은 자취를 남겼다. 이 사건들의 기억, 이 사건들을 기억하고 해결하는 데 관여하는 정신적 작업은 저층의 다소간 의식적인 심리적 과정의 형태 속에서 지속했고 큰 힘을 흡수했으며 지속적인 약화에 역할을 담당했다. 내가 틀리지 않았다면 이 개념은, 감정적 외상traumatism의 잠재의식적 지속으로 인해, 생산적이어서 신경증과 정신병 이론 전부를 낳았으며 이런 종류의 외상의 최대한도까지 모든 연구 방법을 동원했다. 이때까지 나는 임상적 관찰을 형이상학적 체계로 도입하지 않았고 모든 신경병적 취약성이 전적으로 외상적 회상의 결과라고 주장한 적도 없었다. 더구나 살페트리에르 병원Salpêtrière에서의 내 연구는 모든 종류의 소진, 기질성 질병, 유전적 소질이 담당한 역할을 점점 더 보여주었다. 나는 일부 특수한 사례에서의 올바른 관찰을 과장하고 싶지 않았다.[52]

---

51   Gerhard Heim and Karl-Ernst Bühler, "Psychological Trauma and Fixed Ideas in Pierre Janet's Conception of Dissociative Disorders", 111쪽.

52   Pierre Janet, "Pierre Janet", *A History of Psychology in Autobiography Volume I*, Carl Murchison 편, Worcester, MA : Clark University Press, 1930, 128쪽. 자네는 성적 트라우마를 모든 정신질환의 근원으로 여기는 프로이트 정신분석과 거리를 둔다. 그는 "앞선 모든 연구자가 그랬듯이 일부 정신질환 환자의 사례에서 성적인 사건에 기초한 외상 기억이 존재한다고 확립하는 대신, 그것(정신분석)은 그런 기억이 예외 없이 모든 정신질환 환자에게 존재한다고 주장한다"고 비판한다. Karl-Ernst Bühler and Gerhard Heim, "General Introduction to the Psychotherapy of Pierre Janet", *American Journal of Psychotherapy*, Vol.55, No.1, 2001, 78쪽에서 재인용.

자네의 발언은 트라우마가 감정적 충격과 심리적 파괴를 초래하고 트라우마의 회상 즉 외상기억이 환자의 정신에 지속적인 영향을 미친다는 사실을 임상적인 관찰을 통해 확인했으나 유전과 기질성 질병의 영향도 간과할 수 없었기에 트라우마를 원인의 전부로 일반화할 수 없었다는 고백이다. 이 고백에서 그가 관찰한 트라우마의 영향이라는 사실의 무게와 중요성을 충분히 확인할 수 있다. 한 연구에 따르면 자네는 1889년과 1904년 사이에 출판한 책들에서 "591건 중 257건의 사례(대부분 히스테리가 아닌 정신쇠약)에서 외상 경험을 발병요인으로 결정했다."[53]

자네는 고착된 표상이 사고에 의해서 발생할 수 있다는 사실을 자신이 관찰한 환자들을 통해 확인한다. 그는 살페트리에르 정신병원에서 환자들을 관찰할 수 있도록 도와준 샤르코가 분석한 환자의 예를 제시한다. 샤르코는 외출하려고 옷을 입지만 동시에 움직이지 못해서 누가 밀어내야 하거나 가게에 들어가지 못하거나 들어가도 움직이지 못하는 환자가 "내 안에 두 사람이, 두 의지가 있고 이 두 연속적인 의지가 서로 상쇄해서 나를 제자리에 있게 한다"고 호소하는 사례를 설명한 것을 충격의 결과로 설명한다.[54] "예기치 못한 사건, '신경충격'이 초래한 감정이 최면과 유사한 (혹은 적어도 정상적인 심리상태와 다른) 정신상태를 유발하는데 이 상태에서 부상이나 마비의 표상이 마음에 들어왔다. 일단 의식이 정상상태로 복귀해도 이 표상은 밑에서 지속하며 환자가 원하는 모든 동작을 멈추게 하거나 '억제한다.'"[55] 이 경우 부상당한 사고의 표상이 잠

---

53 Giuseppe Craparo and Onno van der Hart, "Preface to the English edition",, x쪽. 자네는 독일에서 주로 사용하는 '신경쇠약환자(neurasthenic)' 대신 '정신쇠약환자(psychasthenic)'를 사용한다. Pierre Janet, *The Mental State of Hystericals*, 519쪽.
54 Pierre Janet, *Subconscious Acts, Anesthesias, and Psychological Disaggregation in Psychological Automatism*, 87쪽.

재의식 속에 고착된 표상이 되어 계속 환자의 동작을 방해한다. 자네가 소개하는 샤르코의 설명은 최면으로 유도된 표상과 같은 고착된 표상이 외적인 사고의 충격으로 인해, 샤르코의 용어로 말하면 "신경충격"에 의해, 발생할 수 있다는 것을 보여준다.

자네의 많은 사례연구에서 트라우마는 큰 부분을 차지한다. 앞서 논한 마리처럼 D 부인의 사례도 트라우마가 잠재의식에 고착된 표상을 초래한 것을 보여준다. 그녀는 히스테리 발작 중에 공포에 떨며 "내 남편, 내 불쌍한 아이들! (……) 상복이 없는 불쌍한 제인 (……) 아 그 남자, 그 비참한 남자!"라는 말을 반복한다.[56] 그녀는 잠에 빠져들었다가도 깜짝 놀라 깨어나고 누군가가 들어왔었다고 생각한다. 자네는 D 부인을 몽유 상태에서 깊은 잠에 빠지게 했을 때 다음과 같은 사실을 말하는 것을 발견한다. 그녀는 8월에 어떤 남자가 들어와서 "D 부인, 침대를 준비하세요. 당신 남편이 죽어서 집으로 실려오고 있어요"라고 말하는 환각을 경험하며 "아! 이 남자, 이 비참한 사람! (……) 나는 차라리 죽을래요. 자살할래요"라고 말한다.[57] 자네는 8월 28일에 발생한 그 사건이 D 부인의 마음에서 고착된 표상으로 새겨져 환각에서 반복되는 것을 발견한다.

이사벨라Isabella의 거식증 역시 트라우마의 고착된 표상이 원인이다. 음식을 거부하는 이사벨라는 특별히 먹는다는 생각에 거부감이 없지만 먹으려고 하기만 하면 자신도 모르게 목이 메고 혐오감이 생긴다. 자네는 이사벨라가 몽유상태나 자동 글쓰기, 섬망 등 잠재의식 상태에서 죽은 엄마가 나타나 자신이 저지르지 않은 일에 대해 비난하고 살 자격이

---

55 위의 책, 87~88쪽.

56 Pierre Janet, *The Mental State of Hystericals*, 287쪽.

57 위의 책, 287쪽.

없으니 먹지 말고 하늘나라로 오라고 말한다는 것을 알게 된다. 이사벨라는 잠재의식적 섬망 중에 "나는 다른 사람들과 말할 자격이 없어요. (……) 나는 아주 부끄럽고 끔찍하게 갉아먹는 회한remorse 같은 짐이 마음을 누르고 있어요"라고 말한다.[58] 자네는 이사벨라의 회한 배후의 고착된 표상을 밝혀낸다.

> 문제는 더 이상 어떤 행위에 관한 것이 아니라 어떤 느낌, 그녀가 회한이라고 해석하는 일반적인 감정 상태에 관한 것이다. 그녀는 이 느낌을 결정하는 고착된 표상을 이해하고 표현할 능력이 없다. 만일 주체환자의 관심을 돌리면 당신은 자동 글쓰기를 얻을 수 있고, 환자의 손이 같은 이름, 얼마 전 죽은 이사벨라의 자매의 이름을 계속 쓰고 있는 것을 알게 될 것이다. 발작과 몽유적 수면 중에 우리는 이 불쌍한 젊은 소녀가 자신이 자매를 살해했다고 생각하는 매우 복잡한 꿈을 확인한다.[59]

D 부인과 이사벨라의 사례는 모두 남편 또는 자매의 죽음이라는 트라우마가 잠재의식 속에 고착된 표상을 만들어 히스테리를 유발했다는 사실과 고착된 표상이 공포와 회한이라는 감정을 중요한 속성으로 갖고 있다는 점을 보여준다.

---

58   위의 책, 289쪽.
59   위의 책, 290쪽.

5. 분해와 종합, 의식의 축소

자네는 자신의 연구가 생리학적 해부학적 연구가 아니라 심리학적 연구라는 점을 강조하며 무감각증, 섬망, 발작 등 다양한 히스테리 증상을 유발하는 고착된 표상의 원인이 되는 트라우마의 메커니즘을 신체 기관이 아닌 심리에서 찾는다. 예컨대 무감각증에서 "주체가 감각들을 알지 못하게 방해하는 것은 이런 감각들이 작거나 약해서가 아니다."[60] 무감각증의 원인이 신체조직이 아닌 심리에 있다면 심리에 어떤 문제가 발생하는 것일까? 자네는 문제의 원인을 지각perception을 종합하는 의식 능력의 훼손에서 찾는다. 지각은 여러 감각 예컨대 촉각과 시각, 근감각 및 청각 이미지를 종합하는 과정을 통해 발생한다. 이 종합의 과정은 감각뿐 아니라 기억 이미지도 포함한다.

이 감각들이 서로 연결되고 특유의 상태로 종합, 합병, 융합되는 능동적인 현재 종합의 작동. (…중략…) 이 새로운 현상이 지각 P이다. 이 지각이 시시각각으로 발생할 때 새로운 그룹의 결과는 감각뿐 아니라 기억도 포함한다. 그것은 우리가 우리 인격에 대해 갖는 관념을 형성하고 이제부터 우리는 한 사람이 TT'T" MM'M" 등의 이미지들을 느낀다고 말할 수 있다. 이렇게 삶의 매 순간 서로 다른 심리적 현상들을 종합하고 우리의 개인적 지각을 형성하는 이 행위는 표상들의 자동연상과 혼동되지 않아야 한다. 이미 말했듯 이 연상은 **현재의** 활동이 아니다. 그것은 이전에 어떤 현상들을 하나의 감정이나 지각으로 종합해서 그것들이 똑같은 순서로 재발하는 경향을 창조했던 오래

---

60 Pierre Janet, *Subconscious Acts, Anesthesias, and Psychological Disaggregation in Psychological Automatism*, 54쪽.

된 행위의 결과다. 우리가 지금 말하는 지각은 그것이 형성될 때, 그것이 새로운 현상들을 새로운 매 순간 하나의 통일체로 합칠 때 발생하는 종합이다.[61]

어떤 사람이 "나는 무엇을 느낀다"고 말하는 것은 여러 감각 이미지를 즉각적으로 종합하는 의식의 능동적 행위가 발생할 때 이루어진다. 지각은 "'나'와 같은 말로 표현되는 인격 개념으로 다양한 현상을 통일하는 것"이다.[62] 그런데 히스테리 환자를 비롯한 다른 신경증 환자에게서는 "의식 영역의 축소"가 발생해서 의식이 모든 감각 이미지들을 종합하지 못하고 일부 이미지들이 배제된다.[63] 그 결과 지각에는 일부의 감각만 포착된다. 이 경우 감각 이미지들은 종합되는 이미지들과 그렇지 못한 이미지들로 해리되어 두 그룹으로 나뉜다. "종합의 작동은 어느 때는 하나의 감각 집단을 다른 때에는 다른 집단을 선택해서 자아와 따라서 개인 의식과 연결하는 것으로 보이며", 종합에서 배제되어 인식되지 않는 이미지들은 "영구히 무의식적인 것이 아니라 단지 일시적으로만 그럴 뿐이다."[64] 이렇게 감각 이미지들의 기억이 상실되었다가 다시 회복된다는 사실은 감각을 담당하는 신체조직의 파괴나 상처가 아니라 감각 이미지들을 종합하는 능력에 문제가 발생했음을 보여준다. 따라서 "체계화된 또는 심지어 보편적인 무감각증은 감각의 손상이나 약화가 아니라, 심리적 현상들의 실제 분해disaggregation를 일으키는, 개인의 지각에서 감각들을 종합하는 능력의 손상이나 약화로 간주"해야 한다.[65] 하나의 지각으로 종합되지

---

61   위의 책, 56쪽. T는 touch(촉각), M은 muscular sense(근감각)을 뜻한다.
62   위의 책, 63쪽.
63   위의 책, 57쪽.
64   위의 책, 57~58쪽.
65   위의 책, 61쪽.

않고 배제된 감각 이미지들은 제2의 지각으로 종합된다. 이렇게 의식이 둘로 분해되면 각각의 의식은 일부 감각만 포착할 수 있게 되고 두 개의 지각(예컨대 P1, P2)이 서로 다른 감각들을 포착하는 현상이 발생한다.

그런데 감각 이미지들을 종합하는 지각의 본질은 "나"라는 말로 표현되는 "인격 개념과 이런 다양한 현상들을 통일시키는 것"이며, 따라서 제2의 지각은 "제2의 인격" "제2의 자아"를 의미한다.[66] 자네의 환자 루시는 자신의 둘째 자아를 아드리엔Adrienne이라 부른다. 또 다른 환자 레오니는 자네에게 보낸 편지에서 몸이 불편하다고 말하며 실제 이름 "Woman B"를 서명하지만, 편지 뒷면에는 완전히 다른 스타일로 "선생님, 정말로 레오니가 저를 많이 고통스럽게 해요. 그녀는 잠을 못 자고 정말로 저를 아프게 해요. 저는 그녀를 파괴하려고 해요. 그녀는 저를 화나게 하고, 저는 아프고 또 아주 피곤해요. 당신의 레온틴Léontine으로부터"라는 편지를 쓴다.[67] 레오니가 돌아왔을 때 첫 번째 편지는 기억하지만 두 번째 편지는 기억하지 못한다고 말한다. 레오니 안에는 그녀가 모르는 또 다른 자아인 레온틴이 존재하고 있는 것이다. 그리고 "이 두 인격은 단순히 교대하거나 서로를 따르지 않고 다소간 완전한 방식으로 공존할 수 있다."[68]

이렇게 히스테리 메커니즘의 가장 큰 특징인 자아의 해리는 의식 영역의 축소로 발생한다. 자네는 히스테리 환자들의 증상인 징표stigma와 사고accident를 의식이 축소된 결과로 설명한다.[69] 그중 암시suggestion는 "통제의 부재에 의존한다. 그러나 통제는 다름 아닌 동일한 의식에서 통

---

66   위의 책, 63쪽.

67   위의 책, 66쪽.

68   Pierre Janet, *The Mental State of Hystericals*, 492~493쪽.

합되는 다양한 심리적 상태의 투쟁, 경쟁이다. 통제가 부족하면 마음이 너무 좁아서 상반되는 표상들을 포함할 수 없기 때문이다."[70] 건망증absent-mindedness도 의식의 축소 때문이다. 건망증이 심해지면 지각되는 감각이 다섯에서 넷으로 다시 셋이나 둘로 줄어들 수 있고 감각 중 하나만 지각할 수 있다. 의식 영역의 축소가 더 진행되면 한 번에 하나의 감각만 지각할 수 있어서 여러 감각이 번갈아 지각되는 '교대alternation' 증상이 나타나는데, 이는 "의식 영역이 축소되어 한쪽에 하나(의 감각)를 없애지 않고서는 하나의 현상을 추가할 수 없기 때문이다."[71] 결론적으로 히스테리 환자들의 "근본적인 정신상태는 약한 주체가 자신의 정신적 현상을 모으고 압축해서 자신의 인격으로 동화하는 힘의 결여로 이루어진 특별한 정신적moral 취약성으로 특징지어진다."[72] 자네는 이렇게 정신적 현상들을 동화하는 능력의 취약성을 '심리적 궁핍psychological misery'이라 부른다.[73]

의식의 해리를 유발하는 심리적 취약성은 통합능력의 부재다. 반대로 건강은 이런 통합력이 있는 상태를 의미한다.

---

69 자네는 질병의 증상을 기본적이고 지속적인 증상인 징표(stigma)와 우연적이고 일시적인 증상인 사고(accident)로 구별한다. Henri Ellenberger, *The Discovery of the Unconscious*, 375쪽과 Onno van der Hart and Barbara Friedman, "A Reader's Guide to Pierre Janet", 13쪽을 참조할 것. 자네는 『히스테리 환자의 정신상태』에서 히스테리의 주요 징표로 무감각증, 기억상실증, 의지상실증, 동작 장애 등을, 사고로는 암시, 고착된 표상, 발작, 몽유병, 섬망 등을 논한다. 하버드대학에서 강연한 『히스테리의 주요 증상』에서는 암시를 징표로 분류한다. Pierre Janet, *The Major Symptoms of Hysteria*, 216쪽.

70 Pierre Janet, *The Major Symptoms of Hysteria*, 216쪽.

71 위의 책, 218쪽.

72 위의 책, 218쪽.

73 Pierre Janet, *Subconscious Acts, Anesthesias, and Psychological Disaggregation in Psychological Automatism*, 157쪽.

완전한 심리적 건강 상태, 여기에서는 종합력이 매우 커서 모든 심리적 현상은 그 발생이 어떻든 모두 동일한 개인적 지각에서 통일되어 있고 따라서 제2의 인격은 존재하지 않는다. 이런 상태에서는 주의 분산도, (체계화된 또는 보편적인) 무감각증도, 피암시성suggestibility도, 몽유병을 만들 가능성도 없다. 왜냐하면 존재하지 않는 잠재의식적 현상이 생길 수 없기 때문이다. (…중략…) 이런 완전한 건강이 존재하지 않을 때 정신적 종합력은 약해지고 상당한 심리적 현상들이 개인적 지각 밖으로 탈출하게 하는데 이것이 분해의 상태다.[74]

건강한 자아는 발생하는 모든 감각 이미지들을 종합할 수 있는 능력이 손상되지 않아 잠재의식과 해리가 없는 통일된 자아다.

이런 종합력은 정신의 고차원적 능력이다. 따라서 히스테리를 포함한 정신질환은 "마음의 고차원적 기능의 사라짐과 더불어 저차원적 기능의 보존 또는 때로는 과장으로 특징지어진다. 간단히 말해서 히스테리 환자들은 (…중략…) 의식 영역의 축소라는 특별한 형태를 취하는 정신 수준의 저하인 우울증이다."[75] 앞서 논했듯이 자네는 초기에 인간의 행동을 저차원적 행위와 고차원적 행위로 구분했다. 심리적 자동현상, 주의 분산, 본능, 습관, 열정 등 의식과 의지를 벗어난 행동이 저차원적 행위이고 의지와 의식 및 판단력이 고차원적 행위다. 고착된 표상이 의식에 침투하는 것은 고차원적 기능인 의식이 약할 때 발생한다. 히스테리 환자들의 "일시적으로 의식이 취약한 상태는 그들의 판단과 의지에 통합되지 않은 이질적 표상을 심는 것을 가능하게 했다. 표상들은 그들도 모르게 독립적으로 발달해서 때로는 그들이 모르는 행위들을 수행하게 한

74　위의 책, 76~77쪽.

75　Pierre Janet, *The Major Symptoms of Hysteria*, 221쪽.

다.”[76] 환자들이 의식하거나 통제하지 못하는 자동 행위는 저차원적 행위로서 의식의 통합력이 약할 때 마음을 지배한다.

이와 달리 수의적voluntary 행위는 의지와 판단력에 의한 행위다. 이는 단순히 지각의 차원을 넘어선다. 자네에 따르면 “**판단 또는 연결의 표상**은 지능에서 감각, 이미지 그리고 단순히 이미지들이 서로 연결된 집단인 지각과 다른 현상”이며 “수의적 행위는 정확히 판단과 연결의 표상이 결정하는 행위”다.[77] 연결 표상의 특징은 종합과 통일이다.

> 연결 표상들은 (…중략…) 자체로 추동력을 지닌 일정한 수의 실제 이미지들을 새로운 방식으로 종합한다. (…중략…) 우리가 환자들에게서 인식한 종합의 취약성은 심지어 개인적 지각을 형성하는 기본적인 종합도 허락하지 않고 더 구체적으로는 수의적 행위에 필요한 더 고차원적인 종합을 허락하지 않는다. (…중략…) 자동적 행위가 몇 개의 서로 다른 심리적 존재로 인도하는 반면 수의적 행위는 우리 마음속에 통일이 지배하게 만드는 경향이 있다.[78]

종합력의 약화와 부재는 심리적 기능을 저하하고 의식을 축소하며 고착된 표상과 심리적 자동현상이 지배하게 만들어 히스테리와 정신쇠약을 유발한다. 그렇다면 이런 정신질환의 치료는 어떻게 가능한가?

---

76 Pierre Janet, *Subconscious Acts, Anesthesias, and Psychological Disaggregation in Psychological Automatism*, 166쪽.

77 위의 책, 168~169쪽.

78 위의 책, 170쪽.

6. 의식의 재통합, 기억의 회복과 망각

자네가 『심리적 자동현상』에서 정신질환의 치료와 관련해서 논한 가소성plasticity과 심리적 궁핍에 대한 다음의 발언은 트라우마 치유에 대한 자네의 통찰력을 단적으로 보여준다.

심리적 궁핍이 지속되는 동일한 상태는 요소들의 자동적 작동이 온갖 형태를 취하게 한다. 이런 취약성에서 비롯된 또 다른 특징은 발작의 성격 또는 자동현상이 취하는 형태를 어느 때라도 인위적으로 바꾸기가 매우 쉽다는 점이다. 주체의 마음은 **비범한 가소성**을 지닌다. (…중략…) 우리가 원할 때 우리는 정상적인 깨어있는 상태를 형성했던 요소들을 일깨울 수 있고, 그 개인은 그렇게 하나의 존재에서 다른 존재로 이동할 것이다. 마음의 잠재의식적 부분들로 이렇게 쉽게 접근할 수 있기 때문에 이 자동적인 개인들의 모든 발작을 마음대로 수정할 수 있다. 이것이 그들을 치료하는 길일까? 어떤 면에서는 그렇다. (…중략…) 그러나 그렇게 함으로써 우리가 발작의 초기 원인이고 수개월이나 수일 안에 다른 발작을 유발할 정신적 궁핍의 상태를 억제했단 말인가? 아니다. 나는 그렇게 믿지 않는다. (…중략…) 무엇이 이 지속적인 심리적 궁핍을 설명하는가? 아주 종종 그것은 유전이다. (…중략…) 이 심리적 궁핍 상태, 이 분해와 고착된 표상의 초기 원인은 다른 방식으로도 나타나고 약간 다른 결과를 가져온다. 이 상태는 체질적이고 영구적인 대신 우연적이고 일시적이다. (…중략…) 큰 주의력을 기울여 노력하거나 오래된 지적 작업 뒤의 소진은 종종 이런 결과를 낳는다. 일시적인 정신적 궁핍의 가장 이상하고 흔한 원인 중 하나는 감정인데 그것의 성격은 아주 적게 이해되고 있다. (…중략…) 감정은 마음의 종합을 감소시키고 마음을 당분간 궁핍하게 만들어 마

음을 해체하는 영향을 미친다.[79]

자네는 우선 인간 마음의 가소성에 주목한다. 심리적 자동현상 같은 상태에서 환자의 마음은 변형될 수 있는 가소성이 크기 때문에 치료자가 개입해서 심리상태를 변형할 수 있는 여지가 있다. 자네의 말대로 "정상적인 깨어있는 상태를 형성했던 요소들"을 자극해서 일깨운다면 환자의 심리는 병리적 상태에서 정상적인 상태로 회복될 수 있다. 그러나 자네는 동시에 애초에 심리적 자동현상 등 정신질환을 일으킨 심리적 궁핍을 제거해야 또 다른 정신질환이 발생하지 않는다고 말한다. 심리적 궁핍의 원인은 유전적 소질이지만 또 다른 원인은 감정이다. 뷜러Karl-Ernst Bühler와 하임Gerhard Heim이 지적하듯이 "자네가 의미하는 감정émotion, emotion은 정상적인 느낌sentiment, feeling과 반대되는 '감정충격émotion-choc, emotional shock'을 뜻한다."[80] 앞서 논했듯이 감정적 충격을 가하는 우연적 사고는 트라우마다. 자네의 치유이론은 이렇게 가소성에 착안해서 다양한 증상으로 발현되는 비정상적 심리상태를 교정하는 것과 궁극적으로 심리적 궁핍을 치유해서 마음을 건강하게 만드는 방법으로 구분할 수 있다. 이 둘은 상호작용하며 불가분 연관되어 있다.

자네는 방대한 저서 『심리치료』에서 심리치료의 역사를 소개하며 암시와 최면요법, 휴식과 재교육, 자극, 심리생리학적 치료 및 정신적 지도moral guidance 등의 다양한 치료 방법을 제시한다. 그중에서도 11장 「정신적 청산을 통한 치료Treatment by Mental Liquidation」는 여러 사례연구를 통해

---

79   위의 책, 157~159쪽.
80   Karl-Ernst Bühler and Gerhard Heim, "General Introduction to the Psychotherapy of Pierre Janet", 80쪽.

그의 심리치료 이론을 구체적이고 집약적으로 보여주는데 이는 다음과 같이 정리할 수 있다. 첫째, 자네의 치료법에서 가장 중요한 것은 망각한 외상기억을 회복시켜 고착된 표상을 찾아 제거하는 것이다. 물론 자네는 외상기억이 없을 수도 있으므로 "외상기억이 없을 때 외상기억을 찾는 것을 피하도록 크게 주의해야 한다"는 점도 지적한다.[81] 그러나 트라우마가 원인일 경우 외상기억의 회복과 청산은 필수적이다. 반 데어 하트를 비롯한 학자들에 따르면 자네는 해리 환자들의 경우에 외상기억을 제거하는 것이 인격 통합을 가져오므로 인격 통합보다 외상기억의 통합을 더 강조했다.[82] 앞서 인용했듯이 자네는 "감정적 외상의 잠재의식적 지속"에 관한 연구를 통해 많은 환자를 치료했다.

앞에서 논한 마리의 사례를 살펴보자. 마리는 초경 때 월경을 멈추려고 냉수욕을 했을 때 오한을 느꼈고, 노부인이 넘어져 계단이 피로 물든 것을 자살로 생각해서 발작 중에 피에 대해 말했으며, 어려서 같은 침대에서 잤던 아이의 왼쪽 얼굴에 있는 상처를 보았기 때문에 왼쪽 시력을 상실했었다. 마리는 기억상실로 인해 이런 증상을 낳은 사건을 기억하지 못한다. 그러나 이 외상기억들은 "잠재의식적 기억의 형태" 즉 고착된 표상이 되어 "꿈, 망상, 섬망, 발작 그리고 다른 많은 장애를 유발"한다.[83] 자네는 몽유 상태에서 상실한 기억을 회복시켜 치료한다. 예컨대 그는 월경 때마다 히스테리 발작을 일으키던 마리에게 "월경이 냉수욕으로 멈춘다는 이 고착된 불합리한 표상"을 제거하고 이후 마리의 월

81　Pierre Janet, *Psychological Healing : A Historical and Clinical Study Vol. I*, Eden and Cedar Paul 공역, New York : Macmillan, 1925, 593~594쪽.

82　Onno van der Hart, Paul Brown, and Bessel A. van der Kolk, "Pierre Janet's Treatment of Posttraumatic Stress", *Rediscovering Pierre Janet*, Giuseppe Craparo 외 공편, 176쪽.

83　Pierre Janet, *Psychological Healing Vol. I*, 595쪽.

경은 정상으로 회복된다.[84] 자네는 또한 마리가 노부인이 계단에서 넘어진 사건 현장으로 되돌아가게 해서 노인이 자살한 것이 아니라 계단에서 넘어진 것이라고 믿게 해서 피에 관한 고착된 표상을 제거한다. 마리의 왼쪽 시력상실의 원인이 된 어떤 아이의 얼굴 왼쪽에 있는 상처에 대해서도 암시를 통해 그 아이가 다정하며 상처가 없다고 믿게 만들어 시력을 회복시킨다.

둘째, 외상기억의 회복은 해리되었던 의식이 다시 결합하는 의식의 재통합reintegration을 의미한다. 자네는 최면상태에서 환자가 망각한 기억을 말하게 해서 의식의 재통합이 이루어지면 치료된다고 주장하며 브로이어와 프로이트의 초기 히스테리 연구를 높이 평가한다.[85] 자네는 또한 자신이 잠재의식 개념을 도입한 최초의 인물 중 한 명이지만 잠재의식은 "우리가 결코 볼 수 없고 상상적으로 구성할 수 있을 뿐"이기에 정신분석에서 잠재의식 — 즉 프로이트의 무의식 — 이 "모든 신경증의 원칙"으로 여겨지는 현상을 비판한다.[86] 따라서 자네는 무의식의 회복이 아닌 의식의 재통합을 치료의 열쇠로 간주한다. 마리가 월경과 관련된 냉수욕을 말함으로써 오한 증상이 치료된 것은 해리되었던 의식이 재통합되어 이루어진 것이다. 히스테리 발작 중 자신도 모르게 "도둑이야!" "뤼시앵, 도와줘!"를 외치던 리Lie가 최면상태에서 과거에 집에 불이 났을 때 뤼시앵이 자신을 구했다는 기억을 말하게 함으로써 히스테리 발작이 멈

---

84 Pierre Janet, *Subconscious Acts, Anesthesias, and Psychological Disaggregation in Psychological Automatism*, 143쪽.

85 레이스는 자네가 외상신경증 환자의 정신적 통합을 통한 증상 개선과 적응을 치료의 목적으로 삼았다는 점에서 그리고 최면요법을 옹호하고 의사와 환자의 감정적 유대를 중요하게 여겼다는 점에서 프로이트 및 라캉과 다르다고 주장한다. Ruth Leys, *Trauma : A Genealogy*, 118쪽.

86 Pierre Janet, *Psychological Healing Vol. I*, 672쪽.

춘 것도 분열된 의식이 재통합되었기 때문이다.[87]

셋째, 마리의 사례가 보여주듯이 외상기억의 회복은 사실 고착된 표상을 단순히 제거하는 것이 아니라 수정하고 치환하는 과정이다. 마흔 살 쥐스틴Justine은 콜레라의 고착된 표상에 사로잡힌 환자다. 그녀는 "눈앞을 쳐다보며 — 처음에는 희미하게 그런 다음 아주 분명하게 — 두 구의 초록빛 파란색 시체를 본다. 그녀는 썩는 냄새를 맡고 신음과 비명을 들으며, 자신 내부, 위 속에서 '콜레라, 너는 콜레라에 걸렸어. 너는 콜레라로 죽을거야!'라고 속삭이는 목소리를 듣는다. 이 목소리는 곧 밖으로 나와서 환자는 '콜레라, 콜레라!'하고 외친다."[88] 그녀는 발작이 끝나면 이런 환각과 환청을 망각한다. 자네는 최면을 통해 쥐스틴이 죽어가는 환자를 돌보던 간호사였던 어머니를 돕다가 17세에 콜레라로 죽은 두 구의 시체를 보았다는 사실을 밝혀낸다. 자네는 이 고착된 표상을 없애기 위해서 쥐스틴의 트라우마 장면에 연기자로 참여해서 쥐스틴과 대화를 통해 콜레라를 다른 이미지로 바꾸는 방법을 시도한다. 즉 자네는 "환자가 상상한 장면이 변형되는 환각을 유도하는 일종의 치환"을 시도한다.[89] 그는 쥐스틴이 환각에서 본 시체에 옷을 입히고 그녀가 박람회에서 본 중국 장군과 동일시하게 하는데, 이 장군이 걷고 움직이는 모습은 무섭지 않고 우스워서 비명을 지르는 발작은 웃음으로 바뀐다. 그러나 '콜레라'라는 고착된 표상은 여전히 의식과 무의식에 남아서 쥐스틴은 이 말을 되뇌곤 한다. 자네는 이를 없애기 위해 콜레라가 중국 장군의 이름이라고 암시한 후 콜레라를 Cho-le-ra로 삼분해서 첫음절인 Cho를

---

87 위의 책, 673쪽.

88 Pierre Janet, *The Major Symptoms of Hysteria*, 393쪽.

89 Pierre Janet, *Psychological Healing Vol. I*, 677쪽.

다른 단어 예컨대 쵸콜릿Chocolate과 연상을 맺게 하고 이 첫음절의 소리 코co를 comme, colon, cororiko 등 다른 단어들과 짝짓게 해서 콜레라와 더 이상 연상되지 않게 만든다.[90]

넷째, 기억의 회복뿐 아니라 기억의 망각과 파괴도 치유가 될 수 있다. 자네는 의식의 재통합으로 모든 신경증을 치료하지 못하고 자신의 증상의 원인을 알게 된 환자의 증상이 지속되는 경우도 적지 않다고 지적하면서 오히려 외상적 사건을 망각하는 "기억의 파괴"가 치료책이 될 수 있다고 주장하며 "자발적 망각 능력은 정신의학에서 값진 발견"이라고 선언한다.[91] 이때 고착된 표상의 파괴는 그 표상을 구성하는 요소로 분해하는 과정을 동반한다. "고착된 표상은 많은 이미지로 구성된 구성물, 종합인 것으로 보인다. 그것을 전체로 공격하는 대신 낱개의 부분들로 해부해서 그 구성요소들을 파괴하거나 변형시켜야 한다. 그러면 아마도 전체는 더 이상 존속하지 않을 것이다."[92] 환자의 외상기억을 구성하는 고착된 표상은 여러 이미지로 구성되어 있어 먼저 해체한 후 파괴해야 효과적이다. 자네는 앞서 분석한 쥐스틴의 사례에서 콜레라라는 고착된 표상을 어떻게 해체해서 제거했는지 설명한다.

---

90 이상의 내용에 대해서는 Henri Ellenberger, *The Discovery of the Unconscious*, 367~368 쪽과 Onno van der Hart and Barbara Friedman, "A Reader's Guide to Pierre Janet", 17~18쪽을 참조할 것.

91 Pierre Janet, *Psychological Healing Volume I*, 676쪽. 레이스에 따르면 자네는 일찍이 1894년에 "신경증 치료에서 중요한 것은 외상적 사건의 '고백'이 아니라 제거라는 근거로 브로이어와 프로이트의 정화 치료 설명을 비판했다." Ruth Leys, *Trauma : A Genealogy*, 107쪽.

92 Gerhard Heim and Kar-Ernst Bühler, "Janet's Views on the Etiology, Pathogenesis, and Therapy of Dissociative Disorders", *Rediscovering Pierre Janet*, Giuseppe Craparo 외 공편, 191쪽에서 재인용.

나는 기억, 특히 고착된 표상을 하나의 가공품, 여러 서로 연결된 심리적 현상들로 구성된 하나의 체계로 간주한다. 그것의 요인들은 시각 이미지, 다른 감각에 붙은 이미지, 일부 운동적 경향 그리고 무엇보다 단어들이다. 많은 경우에 고착된 표상은 단어들로 구현되고 그 단어들은 나머지를 상기시킨다. 나는 이 체계를 부수려고 그것을 하나씩 허물어버리려 했다. 나는 이것을 **고착된 표상의 분리**dissociation of a fixed idea라 부른다. 콜레라라는 고착된 표상의 분리에 관한 연구에서 나는 이 고착된 표상의 다양한 요인인 조종 소리, 시체의 광경, 시체들의 냄새 그리고 콜레라라는 이름 자체를 상세히 점진적으로 억제하는 것이 필요하다는 것을 발견했다.[93]

환자가 고착된 표상과 동반되는 이미지와 단어들을 기억하지 못하도록 그것들을 하나씩 분리 / 고립시켜서 억제하고 망각하게 하면 치료가 될 수 있다.

7. 적응 기억의 서사화, 현재화, 동화

다섯째, 자네는 적응adaptation과 기억의 서사화를 치유의 과정으로 강조한다. 그는 프로이트가 자신과 다르게 외상기억이 잠재의식에 저장되는 것이 아니라 무의식에 억압된다고 보지만, 억압의 중요성도 결국 외상기억을 설명하는 데 있다고 생각한다. 프로이트주의자들이 억압 개념을 확대하는 것은 "모든 신경증 증상 배후에 있는 외상기억을 발견하

93　Pierre Janet, *Psychological Healing Vol. I*, 676쪽. 여기에서 'dissociation'은 표상이 무의식적으로 '해리'되는 것이 아니라 의사가 의식적으로 떼어내어 '분리'한다는 의미다.

고 주체[환자]의 감정을 자극한 사건의 다소간 수정된 기억을 파헤치기" 위해서다.[94] 그러나 자네는 외상적 신경증 환자의 사례를 통해 근본적으로 억압 개념을 비판하고 적응의 관점에서 외상기억을 설명한다. 20세의 이렌[Irène]은 폐결핵으로 죽어가는 어머니를 정성스레 간호하고 어머니가 사망한 후 심각한 증상을 보인다. 그녀는 친지들에게 사망을 알리지도 장례를 준비하지도 않으며 매장에 참여하지만 묘지에서 웃음을 터트리고 장례식은 어머니를 위한 것이 아니며 어머니는 멀리 떠났으나 돌아올 것이라고 말한다. 이렌은 슬퍼하지도 울지도 않고 상복을 입지도 않으며 어머니의 죽음을 완전히 망각한 것처럼 보인다. 그리고 섬망 발작 동안에는 "어머니의 최후의 순간과 죽음의 주요 장면을 매우 정확하게 반복"한다.[95]

자네에 따르면 이렌의 증상은 외상적 사건에 적절히 반응하여 적응하는 데 실패했기 때문에 발생한다. 외상적 사건은 반응해야 하는 상황을 초래한다. 즉 "외부세계와 자신을 수정함으로써 성취하는 적응이 필요"한데, 이렌은 "적응의 결여"로 인해 "어려운 상황을 청산하는 데 성공하지 못한다."[96] 자네는 정신분석가는 이렌의 기억상실이 끔찍한 사건의 기억을 억압한 결과라고 설명하겠지만 그런 설명은 순전히 이론적이며 이렌의 기억이 회복되어 치유된 후에도 "억압에 대한 노력이 있었다는 어떤 증거도 발견할 수 없었"다고 말한다.[97] 따라서 자네는 억압이 아니라 기억의 메커니즘을 통해서 이렌의 증상을 진단한다. 이렌이 외상적

---

94   위의 책, 610쪽.
95   위의 책, 658쪽.
96   위의 책, 660쪽.
97   위의 책, 660~661쪽.

사건의 기억을 두려워하는 "기억 공포증은 (…중략…) 기억 행위의 수정이 발현된 것"이다.[98]

이렌이 외상적 상황에 적응하지 못하는 것은 기억이 제 기능을 수행하지 못하기 때문이다. 기억은 "이야기를 하는 행동"이며 "발생하는 사건에 대한 우리의 태도에서 아주 독립된 언어적 작용"이다.[99] 예컨대 적의 침입을 감지한 보초병이 이에 대한 반응으로 적의 눈을 피해 아군의 막사로 돌아오는 것이 일차적인 적응행위라면, 막사로 돌아와 사건의 경위를 말로 보고하는 행위는 이차적인 적응행위로서 일차적 행위와 다르다. 일차적 적응행위가 사건 현장에서만 가능했다면 이차적 행위는 '사건에서 독립된' 행위로서 언제든 반복될 수 있다. 즉 보초병은 사건의 경위를 후에 언제든 반복해서 말로 설명할 수 있다. 따라서 사건이 유발한 이차적 적응행위는 사건의 '기억memorization'이고 그 사건의 발생과 독립된 상황에서 그 기억을 활성화하는 것은 '재기억rememoration'이다.[100]

여섯째, 사건을 기억하는 행위는 단순히 떠올리는 것이 아니라 시간적인 서사 행위다. 기억은 단순히 사건의 개별적 기억으로 끝나지 않고 그 사건을 과거의 위치에 자리매김해서 주체의 삶의 일부로 편입하는 것이다. 이는 과거를 현재의 관점에서 통합하는 현재화presentification와 "개인이 그 사건에 내적으로 적응하는 동화assimilation"의 과정이다.[101]

이야기하는 행동은 다양한 방식으로 완성될 수 있다. 말하는 자는 어떻게 말할지를 알아야 할 뿐 아니라 그 사건을 자신 삶의 다른 사건들과 어떻게 연

---

98   위의 책, 661쪽.
99   위의 책, 661쪽.
100   위의 책, 662쪽.
101   위의 책, 679쪽.

결할지, 우리 각자가 끊임없이 만들어가고 우리 인격의 필수요소가 되는 삶의 역사 안에서 그것이 차지하는 장소에 그 사건을 어떻게 위치시킬지 알아야 한다. 우리가 운동을 통한 외적 반응뿐 아니라 내적 반응을 성취하기 전까지 하나의 상황은 만족스럽게 청산되지 않는다. 이 내적 반응은 우리가 자신에게 하는 말, 타자와 자신에게 사건을 이야기하는 유기적 구조, 그리고 우리 개인 사의 한 장으로 그 이야기를 위치시키는 것을 통해 이루어진다.[102]

외상적 사건이 삶의 일부로 통합되지 못한 결과 외상신경증 환자들은 사건 발생 당시의 행동을 반복한다. 이렌의 경우 죽어가는 어머니를 간호했을 때 취했던 태도를 반복하는데 "이 태도는 사건과 독립적으로 이야기하는 것을 가능하게 하는 기억의 태도가 아니다."[103] 즉 이렌은 외상적 사건에 고착되어 있다. 그리고 "엄격히 말해서 하나의 사건에 대한 고착된 표상을 보존하는 자는 그 사건에 대한 '기억'을 갖고 있다고 말할 수 없다. 그것을 '외상기억'이라고 말하는 것은 단지 편의를 위해서일 뿐이다."[104] 앞서 보았듯이 심리적 자동현상은 과거에 지각이 종합한 현상들을 자동으로 실행하는 것이고 현재의 심리적 현상들을 종합한 것이 아니다. 정신질환 환자들은 의식의 축소로 현재의 종합력이 부족하다. 자네는 "종합의 개념에 더해서 현재화 즉 현재를 과거의 기억과 혼동하지 않고 현재에 집중하는 마음의 능력과 외적 대상과 현실에 작용해서 주체의 목적에 따라 수정하는 능력으로 구성된 현실 기능을 소개한다."[105] 서사 행위는 자신이 말하는 사건의 내용을 과거 시점이 아니라

---

102 위의 책, 662쪽.
103 위의 책, 663쪽.
104 위의 책, 663쪽.

말하고 있는 현재 시점에서 말하는 행위다. 따라서 "'현재화'는 현재를 현재로 구성하고 우리가 자신에 대해 말하는 이야기를 현재의 현실 및 우리의 실제 경험과 연결하는 능력에 의존한다."[106]

이렌은 현재화의 능력이 없으므로 외상적 사건을 과거의 경험으로 반복한다. 이는 1장에서 논한 프로이트의 행동화 개념에 상응한다. 이렌은 사건과 독립된 기억과 재기억을 통해 어머니가 죽은 사건을 자신 삶의 역사에서 과거의 사건으로 편입시키지 못한다. 이는 적응과 동화의 실패다. 그녀는 앞서 예시한 보초병처럼 "하나의 질문에 대한 응답으로 사건과 독립적으로 재생산될 수 있는 이야기를 만들지 못했다. (…중략…) 그녀는 아직도 어머니의 죽음에 관한 이야기를 자신의 역사와 연결하지 못한다. 그녀의 기억상실은 그녀의 적응 능력의 결함, 그 사건을 동화시키는 데 실패한 것의 한 양상일 뿐이다."[107] 이렌은 죽음의 고통을 겪던 어머니를 보살피는 외상적 사건에 대처하지 못해서 즉 그 당시 취했던 "행동 부족의 결과"로 당시 상황을 반복하고 외상적 사건은 청산되지 않는다.[108] 따라서 이렌의 치료는 현재화와 동화를 통해 가능해진다. "이렌은 수용, 체념, 재기억, 기억의 순서화 등 많은 행동을 수행하는 데 성공했기 때문에 치유되었다. 다시 말해서 그녀는 사건의 동화를 완성할 수

---

105 Clara Mucci, Giuseppe Craparo, and Vittorio Lingiardi, "From Janet to Brombert, via Ferenczi : Standing in the Spaces of the Literature on Dissociation", *Rediscovering Pierre Janet*, Giuseppe Craparo 외 공편, 83쪽. 자네에게 "현재화는 마음 상태와 현상들의 집단을 현재로 만드는 것"이다. Henri Ellenberger, *The Discovery of the Unconscious*, 376쪽에서 재인용. 엘렌버거에 따르면 "마음의 자연적 경향은 과거와 미래를 배회하는 것이어서 현재에 주의력을 유지하는 것은 일정한 노력을 요구하고 현재의 행동에 주의력을 집중하는 것은 더 큰 노력을 요구한다."

106 Ruth Leys, *Trauma : A Genealogy*, 112쪽.

107 Pierre Janet, *Psychological Healing Vol. I*, 662쪽.

108 위의 책, 663쪽.

있었다."[109] 이렌이 어머니의 죽음을 과거의 사건으로 기억하고 그녀의 삶의 한 장으로 동화한 후 환각 등의 여러 증상이 사라졌고 그렇게 "동화된 사건은 외상적이 되기를 멈췄다."[110]

8. 정신적 청산 정신적 에너지의 절약과 재투자

자네가 외상적 신경증 환자의 치료에서 고려하는 마지막 요소는 감정과 정신적 에너지의 경제적 문제다. 프로이트가 정동을 고려한 것처럼 자네 역시 외상적 기억의 내용뿐 아니라 외상기억에 동반되는 감정의 양적 요소를 고려한다. 자네는 프로이트가 사건으로 인해 "정동으로 충전되었"거나 또는 '감정적 충전emotive charge'을 갖게 되어서 "정화"를 해야 하므로 방전discharge에 의한 치료가 중요하다고 말하지만 프로이트의 설명은 모호하다고 지적한다.[111] 그는 정동의 양quantity of affect이라는 프로이트의 용어 대신 '정신적 에너지mental energy' 또는 '심리적 긴장'이라는 용어를 사용한다.[112] 이런 용어들은 자네 심리학의 경제적이고 역동적인 차원을 보여준다. 그는 자서전적 글 말미에서 "미래의 가장 유용한 심리학은 실용적인 행위심리학이 될 것인데 이는 동시에 역동적이고 에너지의 심리적 생산과 분배를 연구할 것"이라고 전망한다.[113] 엘렌버거가 지적하듯 자네의

---

109 위의 책, 681쪽.

110 위의 책, 680~681쪽. 자네는 동화가 치료방식 중 "자극(excitation)"으로 분류할 수 있는 수정된 행동의 일부이고 이렌은 이 과정에서 "우울증을 떨쳐버리고 자신을 '자극해서' 필요한 청산을 할 수 있는 능력을 갖게 되었다"고 말한다.

111 위의 책, 680~681쪽.

112 위의 책, 682쪽.

113 Pierre Janet, "Pierre Janet", 133쪽.

이론은 심리적 생리학적 에너지의 경제에 기초한 "역동적 이론"이다.[114]

자네는 심리적 힘과 심리적 긴장이라는 용어로 심리적 에너지의 경제를 설명한다. 엘렌버거에 따르면 "**심리적 힘**은 기본적인 정신적 에너지의 양"이고 "에너지를 동원한다는 것은 그것을 잠재적 형태에서 외현적 형태로 이동시키는 것"이며, "**심리적 긴장**은 자네가 묘사한 경향성의 위계질서 중 다소 높은 수준에서 개인이 자신의 정신적 에너지를 사용하는 능력이다."[115] 자네는 이 둘을 엄격히 구분하며 이 둘 사이에 균형이 이루어져야 건강하다고 말한다.

> 운동의 힘, 숫자, 지속을 의미하는 정신적 또는 심리적 에너지는 행동의 활성화 정도와 위계질서의 단계적 차이로 특징지어지는 심리적 긴장과 혼동해서는 안된다. 정상 행동과 균형 잡힌 개인들에게는 이용 가능한 에너지와 긴장 사이에 확실한 비율이 유지될 가능성이 높다. 만일 작용하는 에너지가 많을 때 긴장이 저하되면 그 결과는 동요와 장애다. (…중략…) 심리적 긴장이 높을 때는 이용 가능한 에너지가 많아도 문제가 되지 않는다. 이 에너지가 이롭고 상당한 지출을 요구하는 고급 행동의 수행에 쓰일 수 있고 활성화의 최종단계에서는 에너지가 비축될 수 있기 때문이다. 그러나 긴장이 낮으면 단지 적은 에너지의 양이 이용 가능한 것이 더 좋다.[116]

트라우마는 환자가 충격을 대면할 정신적 능력 즉 심리적 긴장을 충

---

114 Henri Ellenberger, *The Discovery of the Unconscious*, 377쪽.

115 위의 책, 378쪽. 반 데어 하트와 프리드먼이 지적하듯이 자네의 용어 "긴장"은 이 단어의 일상적인 의미와 무관하다. Onno van der Hart and Barbara Friedman, "A Reader's Guide to Pierre Janet", 23쪽을 참조할 것.

116 Pierre Janet, *Psychological Healing Vol. I*, 691~692쪽.

분히 갖추지 못해 발생한 것이다. 즉 "자네는 개인의 심리적 긴장이 잠재적으로 외상적인 경험을 다룰 수 있는가를 대체로 결정한다고 생각했다."[117] 트라우마는 정신적 에너지를 고갈시킨다. 트라우마는 애초에 주체가 사건에 적절히 반응하지 못해서 즉 적응하지 못해서 발생하며, 적응에 실패한 환자가 반복적으로 적응을 시도할 때 환자의 정신적 에너지는 소진된다. 환자는 "자신이 만족스런 역할을 할 수 없었던 어려운 상황, 자신의 적응이 불완전했던 상황과 대면해서 계속 적응하려고 노력한다. 이런 상황의 반복, 이 계속되는 노력이 피로를 야기하고 그의 감정에서 큰 요인인 소진을 낳는다."[118]

트라우마에 지속적으로 투자되는 정신적 에너지의 소모와 그로 인한 심리적 소진을 막으려면 경제적 의미에서 트라우마를 완전히 청산해야 한다. 자네는 이를 "경제에 의한 치료"라고 부르며 다음과 같이 경제적인 비유로 설명한다.[119]

> 추가 지출의 원인은 청산하지 못한 일이 무한히 지속되는 것이다. 환자는 많은 지출을 계속 요구하고 수익을 주지 않는 난국에 처한 일에 관심을 유지한다. 우리는 외상기억과 많은 고착된 표상을 이런 방식으로 보아왔다. 이 설명은 우리의 치료를 인도할 것이다. 우리는 누출을 막아야 한다. 정신적 소독 방법의 유일한 목적은 무익한 지출을 종식시키는 것이다. (…중략…) 우리가 정신적 청산 방법의 이름으로 고려해온 치료 방법은 다름 아닌 절약의 방법이다.[120]

---

117 Onno van der Hart, Paul Brown, and Bessel A. van der Kolk, "Pierre Janet's Treatment of Posttraumatic Stress", 166쪽.

118 Pierre Janet, *Psychological Healing Vol. I*, 663쪽.

119 위의 책, 693쪽.

120 위의 책, 694쪽.

그러나 감정적으로 충전된 외상적 표상을 방전시키는 것으로는 충분하지 않다. 무익한 지출의 방지와 더불어 새로운 투자가 이루어져야 완전한 회복이 가능하다. 청산은 재투자로 완성된다.

> 한 행동의 끝에서 사건을 모두 청산하기 위해서는 마음속에서 내적인 재편성이 일어나야 한다. 이 재편성의 중요한 부분은 발생한 사건 및 최근 행동과 관계된 옛 경향성의 수정이다. 새로 조직할 경향성 중 하나는 기억을 구성할 이야기를 반복하고 그 이야기를 사건에서 독립하게 만들어 우리 삶의 역사에서 적절한 위치에 정착시키는 경향성이다. 그러나 이보다 더 많은 것이 필요하다. 행동을 끝내기 위해서 우리는 그것과 연관된 모든 운동을 종식시켜야 한다. 행동의 종식을 확정하려면 그 행동에 참여한 힘을 해제하고 분산해야 한다. 일시적으로 즐거운 흥분과 (…중략…) 모든 승리감을 낳는 것은 이렇게 회복된 에너지의 분산이다. (…중략…) 마지막으로 거의 인식되지 못하는 최후의 행동이 있다. (…중략…) 나는 사용되지 않은 에너지의 비축과 재투자를 지시하는 것이다.[121]

트라우마를 완전히 청산하기 위해서는 동화와 서사화를 통해 과거의 사건을 자신의 삶 속에서 올바른 위치에 놓는 것을 넘어서 그 트라우마로 인해 잘못 투자된 정신적 에너지의 투자를 정상화해야 한다. 이는 트라우마와 관련된 경향성을 수정하고 새로운 경향성으로 바꾸는 것이다. 앞서 논했듯이 자네는 자동화된 저차원적 행위와 의식적이고 의지적인 고차원적 행위로 이분화한 것을 발전시켜 5개 또는 9개의 행동 또는 경

121　위의 책, 666쪽.

향성으로 세분화했다. 따라서 트라우마와 관계된 저차원적 경향성을 고차원적 경향성으로 바꾸는 것은 심리적 자동현상을 의식적인 행위로 대체하는 것과 같다.

이 과정이 바로 적응이다. "사건이 발생해서 반응이 필요해질 때 이 반응은 부분적으로 새로운 경향성의 구축으로 이루어질 수 있고 이것이 적응의 역할이다."[122] 그러나 사건이 과거의 경향성을 자극하면, 예컨대 분노나 증오가 발생하면, 그 감정적 충전을 방전시키고 정신적 에너지를 다른 곳으로 돌려야 한다. 자네는 고도로 충전된 경향성을 방전하는 가장 좋은 방법은 더 고차원적인 경향성에 의해 이루어지는 것이라고 말한다. "경향성의 충전이 높을수록, 배출을 낳기 위해서는 그것에 더 고차원적인 경향성으로 맞서는 것이 더 중요하다. 마지막으로 경향성 활성화의 최종단계를 연구하면서 우리는 승리의 단계를 추정하고 이 단계에서 동원되었으나 사용되지 않은 에너지의 특별한 배출이 발생하며 에너지를 잠재적 형태로 새롭게 비축하게 된다고 추정하게 되었다."[123] 이렇게 외상적 사건에 충전된 정신적 에너지를 방전하고 회복된 정신적 에너지를 새로운 경향성에 재투자할 수 있는 상태는 환자에게 승리감을 준다.

정신적 에너지의 회복과 재투자는 그가 심리적 힘과 심리적 긴장의 균형이 이루어져야 한다고 말한 것과 관계가 있다. 이는 또한 트라우마 치료 과정에서 어떻게 외상기억을 떠올리는 행위가 트라우마를 재경험하지 않도록 이루어져야 하는지를 설명한다. 자네가 소개하는 한 여성 환자의 사례는 좋은 예시가 될 수 있다. K1이라는 환자는 자신의 막내아이의 엉덩이에 있는 모반이 남편의 허벅지에 있는 모반과 닮았으므로

122　위의 책, 682~683쪽.
123　위의 책, 683쪽.

그 아이의 아버지가 남편이라는 증거가 되지 않겠냐는 강박관념에 사로
잡힌다. 이 강박관념은 아이가 태어나기 전 그녀가 다른 남자와 정사를
가졌기 때문에 생긴 것이다. 이 환자는 강박 증상이 2~3년 주기로 반복
될 때마다 무시하지만 심한 의지상실증에 걸리자 자네에게 편지를 쓰고
긴 여행을 감수하면서 자네를 만나러 온다. 그녀는 자네에게 증상을 토
로한 후 자신을 괴롭힌 고착된 표상에서 벗어났다고 말한다. 자네는 이
환자가 고착된 표상에서 벗어났다면 왜 그 표상이 방전된 에너지를 다
시 흡수해서 증상이 반복되지 않았는지 묻는다. 그리고 "단순히 방전이
있었던 것이 아니라 높은 긴장의 활동에 의한 방전이 발생한 것이다. 그
상황을 청산한 동화는 에너지를 회복해서 비축하고 그 에너지가 동원되
는 것을 저지했다"고 답한다.[124]

　외상적 사건에 투자되는 정신적 에너지의 소모가 크므로 이를 축소하
고 다른 곳에 투자하게 만드는 방법을 통해 환자는 치유될 수 있다. 이
는 고착된 표상의 기억뿐 아니라 표상과 관련된 정신적 에너지의 해소
와 재투자도 치료에 중요하다는 점을 보여준다. 외상기억으로 괴로워하
는 환자가 사건에 대해 고백한 후에 고통이 감소하는 것은 외상기억에
충전된 감정의 방전과 재투자가 이루어졌기 때문이다. 치료자는 이 과
정을 도울 수 있으나 치료자의 존재가 반드시 필요한 것은 아니다. 자네
의 또 다른 환자는 자신의 성병과 관련된 고통스런 생각을 부끄러움을
무릅쓰고 친척에게 말함으로써 "병적인 경향의 에너지 충전을 소비하고
에너지를 (다른 곳으로) 돌렸기" 때문에 위기를 넘긴다.[125] 또 다른 환자 좁
Zob은 신경과민의 위기를 겪을 때 "그림을 그리거나 시를 씀으로써 자신

124　위의 책, 687쪽.
125　위의 책, 685쪽.

의 감정을 방전할 수 있다는 것을 안다."[126]

자네는 정신적 에너지의 잘못된 소비를 막는 방법으로 신체적인 휴식, 새로운 외상기억을 초래할 수 있는 사건을 피하기 위한 삶의 단순화, 사회적 관계에서 발생하는 정신적 소비를 줄이는 고립 등을 제시한다.[127] 그리고 정신적 에너지를 획득하는 방법으로는 교육과 자극 및 정신적 지도 등을 제시한다.[128] 자네는 또한 심리적 힘이 부족해서 발생하는 질병을 무력증후군쇠약증후군, asthenic syndrome으로, 심리적 긴장이 부족해서 발생하는 질병을 저긴장 증후군hypotonic syndrome으로 분류하고, 무력증후군의 치료책으로 수입 증가, 지출 감소, 부채 청산을 제시하고, 저긴장 증후군의 치료방법으로 동요agitation같은 파생물의 에너지를 재흡수하거나 자극과 훈련을 통해 심리적 긴장을 높이는 방법을 제시한다.[129] 자네는 이런 경제적인 심리치료를 통해 정신적 에너지가 소진된 환자가 정신적 건강을 회복하는 길을 제시한다. 심리적 궁핍이 정신질환의 원인이라면 정신적으로 건강한 자는 풍부한 정신적 에너지를 가진 심리적 부자다. 자네가 "심리적 백만장자들psychological millionaires 즉 많은 심리적

126　위의 책, 685쪽.

127　위의 책, 695~697쪽.

128　자네는 『심리치료』 2권에서 심리적 취득(psychological acquisition)을 본격적으로 논한다. 『심리치료』의 축약본 격인 『심리치료 원칙(*Principles of Psychotherapy*)』의 2부 4장 「정신적 소득(Psychic Income)」에서 자네는 ① 새로운 경향성 취득, ② "행동 가능성"으로 정의된 힘의 증대, ③ 힘의 동원 원칙(principle of the mobilization of forces)·심리적 평형 원칙(principle of psychological equilibrium)·(정신적) 발광 또는 정신적 동조화의 원칙(principle of irradiation or of syntonization)으로 이루어진 자극(stimulation) 등을 논한다. Pierre Janet, *Principle of Psychotherapy*, H. M. and E. R. Gutrie 공역, New York : Macmillar, 1924, 207~250쪽을 참조할 것.

129　이상의 내용은 자네의 치료원칙과 이를 세공한 자네의 제자 슈와르츠(Leonhard Schwartz)의 체계를 엘렌버거가 정리한 내용이다. Henri Ellenberger, *The Discovery of the Unconscious*, 379~383쪽을 참조할 것.

힘과 높은 수준의 심리적 긴장을 갖춘 자들"이라고 부른 것은 건강한 심리를 경제적 비유로 표현한 단적인 예로 볼 수 있다.[130]

9. 자네심리학의 의의와 현재성 자네와 신경과학

자네의 심리학은 1세기가 지난 현재에도 트라우마의 발생과 치유에 관해서 매우 중요한 이론적 통찰력을 제공한다. 이 장의 시작에서 언급한 바와 같이 신경과학의 발달이 트라우마 연구의 패러다임 전환을 가져온 동시대에 자네의 심리학이 재발견되는 이유는 그의 심리학적 트라우마 이론이 광범위한 사례연구와 체계적인 분석에 기초해서 정신적 상처의 발생을 과학적으로 이해하고 효과적인 치료 방법을 제시하기 때문이다. 이제 지금까지의 논의를 바탕으로 다음 장에서 논할 신경과학과의 연관성을 중심으로 자네의 트라우마 연구가 지니는 의의와 공헌을 간단히 정리해보자.

첫째, 우선 1장에서 살펴본 프로이트의 트라우마 이론과 자네의 이론을 비교해볼 필요가 있다. 프로이트는 트라우마를 억압의 메커니즘으로 파악하고 저항을 극복하는 극복작업을 트라우마 치료의 핵심으로 파악했다. 자네는 초기 프로이트와 브로이어처럼 외상기억 또는 고착된 표상이 무의식에 억압된 것이 아니라 잠재의식에 해리되어 있다고 파악하고 이를 제거하거나 수정하는 것을 치료라고 보았다. 해킹Ian Hacking이 지적하듯이 자네는 "심리학의 경험주의 전통"에 있고 프로이트는 "합리주

---

130 위의 책, 383쪽.

의적 이론적 뿌리"를 갖고 있었으며, "해리가 관찰적 개념인 반면 억압은 이론적 개념이다."[131] 이런 점에서 신경과학자들은 관찰에 기초한 자네의 개념들을 이론적인 프로이트의 억압 개념보다 더 과학적으로 증명할 수 있는 것으로 간주한다. 자네가 주장한 해리 현상을 과학적으로 입증하는 최근의 연구는 이를 예증한다. 스칼라브리니^{Andrea Scalabrini}는 공동 연구자들과 함께 자기공명영상법으로 자네의 해리 이론을 과학적으로 탐구하며 스트레스와 관련된 장애에서 "신체와 뇌 사이의 시공간적 동기화가 해리에서 방해되는 것"을 확인하고 "해리가 심리적 신경적 층위에서 통합의 장애"라는 결론을 내린다.[132]

둘째, 정신과 육체의 불가분한 관계를 강조하며 두뇌, 몸, 신경에 기초한 주체 개념을 모색하는 신경과학자들은 트라우마 연구에서 정신에서 신체로의 하향식이 아닌 신체에서 정신으로의 상향식 접근을 선호한다. 이런 점에서 자네의 심리학과 신경과학적 연구 사이에는 적지 않은 접점이 있다. 리오티와 리오티^{Giovanni Liotti and Marianna Liotti}는 프로이트의 억압과 방어 개념을 자아의 능동적 행위로, 자네가 제시하는 의식의 축소와 정신적 에너지의 소진을 수동적인 행위로 구분하고 트라우마에 대한 반응이 수동적인 것에 가깝다고 주장한다. 이들에 따르면 "신경영상^{neuroimaging} 연구의 데이터는 적어도 외상기억의 활성화에 대한 응답으로 발생하는 것이 능동적인 정신 내적 방어의 사용이라기보다 정신 수준의 직접적이고 수동적인 저하라는 자네의 생각과 양립하는 것처럼 보인

---

131 Ian Hacking, "Repression and Dissociation—A Comment on 'Memory Repression and Recovery'", *Health Care Analysis* Vol. 5, 1997, 118·120쪽.

132 Andrea Scalabrini, Clara Mucci, et al. "Dissociation as a Disorder of Intergration—On the Footsteps of Pierre Janet", *Progress in Neuropsychopharmacology & Biological Psychiatry*, Vol. 101, 2020, 8·10쪽.

다."[133] 앞서 보았듯이 트라우마가 유발한 고착된 표상과 자동적 심리현상이라는 저차원적 현상은 고차원적 층위에서 의식의 축소를 유발한다. 이런 점에서 자아가 외상기억을 밑으로 억압한다고 본 프로이트와 달리 "자네는 외상 후 해리의 발생을 이해하려고 시도하면서 저차원의 마음-두뇌 층위에서 더 고차원적 층위로 진행하는(격한 감정이 의식 기능을 방해하는) 밑에서 위로의 메커니즘을 생각했다."[134]

자네는 『히스테리 환자의 정신상태』의 마지막 장 「심리적 관점」에서 튜크M. Hack Tuke의 『정신의학 사전Dictionary of Mental Medicine』으로부터 "히스테리는 (…중략…) 대뇌피질의 최고 기능적 중심의 장애 또는 발달결함"이라는 정의를 인용하며 순전히 신체적 증상만 보이는 히스테리도 고착된 표상으로 설명될 수 있는 예를 제시하고, 히스테리를 두뇌의 변화가 궁극적 원인인 '정신질환mental malady'이라고 주장한다.[135] 그는 히스테리와 정신쇠약의 원인인 소진이 두뇌의 특정 부위에서 발생한다기보다 "두뇌 기능의 일반적 소진" 즉 두뇌의 전반적인 기능의 쇠퇴에 기인한다고 여기고, "두뇌의 핵심 기능이 심리적 기능"이므로 "심리적 부전"을 설명해야 한다고 본다.[136] 이 심리적 부전은 결국 의식 영역의 축소다. 자네는 정신질환이 "알려지지 않은 두뇌의 변화"에 의존할 수 있고 언젠가 "대뇌 부전에 동반되는 이런 생리학적 현상들"을 정확히 설명할 수 있게 된다면 "히스테리의 생리학적 정의"를 갖게 되겠지만 그때까지는 "심리적

---

133 Giovanni Liotti and Marianna Liotti, "Reflections on Some Contributions to Contemporary Psychotraumatology in the Light of Janet's Critique of Freud's Theories", *Rediscovering Pierre Janet*, Giuseppe Craparo 외 공편, 99쪽.

134 위의 글, 100쪽.

135 Pierre Janet, *The Mental State of Hystericals*, 507~508쪽.

136 위의 책, 499쪽.

정의”가 히스테리 증상을 설명하는 가장 좋은 공식이라고 주장한다.[137]

이렇게 자네는 생리학과 심리학의 불가분한 관계에 주목하면서도 심리학적 체계를 유지한다. 그러나 정신질환이 두뇌의 변화에 기인한다는 그의 발언은 그의 심리학이 신경과학적 연구와 매우 가깝다는 것을 보여준다.[138] 바랄Cécile Barral과 메아레스Russell Meares는 자네가 “심리적 힘”에서 “‘아주 이상한 혼합’, ‘근육의 힘’(신체)과 ‘정신적 힘’(마음)을 결합한 심리생리학적 현상”을 보았고 “시대에 앞서 아주 나중에 다마지오가 다룰 ‘몸뇌마음’체계로서의 자아 개념과 씨름하고 있었다”고 평한다.[139] 8장에서 논하겠지만 다마지오가 제시하는 신체표지자 가설somatic-marker hypothesis은 어떻게 신체적 직감이 고차원적 이성적 판단과 결정에 개입하는지를 보여준다.[140] 앞서 소개한 자네의 5단계 또는 9단계의 인간행동 / 경향성의 구분도 다마지오나 반 데어 콜크가 제시하는 저차원적인 것에서부터 고차원적인 것으로 단계적으로 구성된 인간 유기체체계와 상통하는 면이 있다.

셋째, 트라우마 발생의 메커니즘에 대한 자네의 주장뿐 아니라 트라우마 치료에 관한 자네의 연구도 신경과학적 트라우마 연구에 큰 영향

137 위의 책, 514~515쪽.

138 치료자가 유도하는 최면과 몽유상태가 뇌의 “신경생리학적 수정”에 의존한다는 자네의 주장이 애착(attachment)에 대한 최근 생리학적 연구와 상통한다는 지적에 대해서는 Kathy Steele and Onno van der Hart, “The Hypnotherapeutic Relationship with Traumatized Patients : Pierre Janet's Contributions to Current Treatment”, *Rediscovering Pierre Janet*, Giuseppe Craparo 외 공편, 151~152쪽을 볼 것.

139 Cécile Barral and Russell Meares, “The Holistic Project of Pierre Janet : Part Two : Oscillations and Becomings : From Disintegration to Integration”, 120쪽.

140 다마지오의 “신경적 자아”와 몸 / 마음 / 뇌의 관계에 대해서는 『데카르트의 오류』 10장 “The Body-Minded Brain”을 볼 것. Antonio R. Damasio, *Descartes' Error : Emotion, Reason, and the Human Brain*, New York : Penguin, 2005, 223~244쪽.

을 미친다. 자네가 제시하는 신체활동의 훈련을 통한 치료법은 신체에서 정신으로 향하는 상향식 접근법이라고 할 수 있다. 예컨대 그는 잘 걷지도 움직이지도 못하는 운동실조증astaxia 환자나 히스테리성 구축증contracture 환자의 치료를 위해 신체적 훈련을 사용한다. 그는 환자의 고착된 표상을 제거하는 작업에 마사지와 수동적 운동을 추가해서 치료한다.

> 내 생각에 마사지와 수동적 운동의 주요 효과는 주체환자의 교육을 통해 성취된다. 그는 점진적으로 고착된 태도로 망각하기 쉽게 버려두었던 이 다리를 수정하는 것을 의식적으로 알게 된다. (…중략…) (마사지 덕분에) 일정한 개선을 알게 되자마자 우선 다리의 수동적 운동을 더 확대하는 방식으로, 다음으로는 환자에게 병든 부위를 아주 적게라도 수의적으로 움직이게 요구하는 방식으로 우리는 이를 이용해야 한다. 그렇게 우리는 점차 수의적 운동의 재교육을 통한 치료로 넘어간다.[141]

이런 치료법은 신체에서 정신으로 향하는 신경과학적 접근법과 일맥상통한다. 물론 자네는 신체의 중요성을 과장하거나 일방적으로 강조하지 않는다. 오그덴Pat Ogden이 지적하듯이, "자네는 상향식 신체적 방법만으로 건강이 회복될 수 있다고 믿지 않았고 이 방법과 하향적 개입을 통합함으로써 회복될 수 있다고 믿었다."[142] 자네는 방전에 의한 치료를 설명하면서 불안이나 동요로 고통받는 환자들이 고함을 치는 등 발작을 겪은 후 증세가 완화되는 현상을 지적하고 "수의적으로나 다른 방식으

---

141 Pierre Janet, *Psychological Healing Volume II*, 756~757쪽.
142 Pat Ogden, "Acts of Triumph : An Interpretation of Pierre Janet and the Role of the Body in Trauma Treatment", *Rediscovering Pierre Janet*, Giuseppe Craparo 외 공편, 208쪽.

로 수행한 격렬한 운동"도 그런 진정 효과를 가져올 수 있다고 말한다.[143] 그러나 그는 긴장이 고조되면 신경계가 견디지 못해 방전한다고 주장하는 견해를 비판하며 "그런 심리적 현상을 생리적 용어로 임의로 번역함으로써 아무것도 얻지 못하고 많은 위험을 감수한다"고 말한다.[144]

자네의 트라우마 치료의 핵심은 심리적인 수정작업이고 이 역시 신경과학적 트라우마 치료에 큰 영향을 미친다. 반 데어 콜크는 자네의 박사논문『심리적 자동현상』을 "외상 스트레스에 관한 최초의 책 분량의 과학적 설명"이라 부르고 "히스테리 현상을 이해하는 데 초점을 맞춰 연구한 샤르코와 대조적으로 자네는 환자를 치료하는 목적을 가진 최초 최고의 임상의였다"라고 평가하며 자네를 자신의 가장 중요한 스승의 한 사람으로 지목한다.[145] 반 데어 콜크는 트라우마가 해리된 외상기억을 현재의 삶으로 통합하지 못하는 것이라는 자네의 주장이 입증되고 있다고 지적하고 "외상후 스트레스 장애의 문제가 해리라면, 치료의 목적은 트라우마의 단절된 요소들을 진행 중인 삶의 서사로 통합해서 뇌가 '그건 그때이고 이건 지금'이라는 것을 인식할 수 있게 하는 연합"이라고 말한다.[146] 이는 또한 10장에서 논할 서사적 치유에 관한 논의도 예견한다. 환자가 과거의 이미지를 수정하거나 대체하게 하는 자네의 치료법은 반 데어 콜크가 소개하는 최근 신경과학적 치료법과 매우 유사하다. 예컨대 자네가 콜레라의 표상에 고착된 쥐스틴이 시체의 이미지를 중국 장군의 이미지로 바꾸게 해서 치료하는 방법은 트라우마의 환자나 가해자

---

143 Pierre Janet, *Psychological Healing Vol. I*, 690쪽.
144 위의 책, 691쪽.
145 Bessel van der Kolk, *The Body Keeps the Score*, 180~181쪽.
146 위의 책, 182~183쪽.

들을 긍정적이고 이상적인 인물들로 바꾸는 역할 놀이를 통한 페소^{Albert} ^{Pesso}의 정신운동치료^{psychomotor therapy}와 유사하다.[147] 반 데어 하트를 비롯한 학자들은 외상기억을 대체하는 자네의 기법이 성폭력 희생자의 경우에는 범죄를 부인하게 될 우려가 있어서 조심스럽게 사용되어야 하지만 여전히 외상기억의 치료에 유용하게 사용될 수 있다고 지적한다.[148]

마지막으로, 치료자의 역할과 치료과정에 관한 자네의 논의는 현재에도 매우 중요한 방향을 제시한다. 프로이트가 치료에서 환자의 능동성을 강조하면서도 분석가의 적절한 역할을 제시하듯이 자네도 정신적 에너지가 소진된 환자의 회복에 치료자의 역할이 중요하다는 것을 인식하고 적절히 개입하는 방법론을 제시했다. 그는 『심리치료』의 마지막 장 「정신적 지도」에서 치료자가 환자를 어떻게 다루어야 하는지 상술한다. 정신적 에너지가 고갈된 환자는 휴식 등의 방법을 통해 에너지를 회복하길 원하지만 스스로 그렇게 할 능력이 없으므로 의사의 정신적 지도는 환자의 치유에 핵심적이다.

환자는 휴식과 에너지 절약을 급히 필요로 하는 피로하고 지친 사람이지만 어떻게 휴식할지 모르고 계속 더 지치게 만드는 활동에 관여한다. (…중략…) 이런 영구적인 시도와 다양한 노력은 여분의 에너지가 거의 없는 사람의 끊임없는 에너지소비를 유발한다. 최면, 암시, 표상의 분리, 삶의 단순화 또는 교육, 어떤 종류에 관한 것이든 의사와의 회기는 환자의 이런 노력과 소비를 절약한다. (…중략…) 지도자의 지속적인 영향 이외에 어떤 것도 치료 방법의

---

147 이에 관한 자세한 내용은 3장 「신경과학과 트라우마」를 볼 것.

148 Onno van der Hart et al., "The Treatment of Traumatic Memories : Synthesis, Realization, and Integration", *Dissociation*, Vol. 6, No. 2/3, 1993, 15~16쪽.

적용에서 일정한 일관성을 확보할 수 없다.[149]

자네는 지도자가 환자에게 미치는 '영향'을 프로이트 정신분석학에서 말하는 사랑이나 성적 욕망 또는 암시나 최면보다 더 일반적이고 넓은 개념으로 규정한다. 이 영향은 지도자의 뛰어난 역량이나 기술로도 설명되지 않는다. 뛰어난 능력을 지닌 의사보다 그렇지 못한 의사가 성공적인 치료를 하는 경우가 많은 만큼 여러 가지 다른 요소가 영향에서 중요한 역할을 한다. 그중 하나는 "환자와 환자에게 효과가 있는 절차에 대한 정확한 지식"이다.[150] 의사가 환자에게 영향력을 행사하기 위해서는 환자 개개인에 대한 정확한 지식, 예컨대 "환자의 과거 삶, 그의 교육, 청춘의 사건들, 그가 경험한 정서sentiments, 그가 이전에 기울인 노력에 관한 연구"가 필요하다.[151] 이런 지식은 의사가 환자 자신을 이해한다고 느끼게 만든다. 여러 요인이 복합적으로 작용해서 환자가 특정 지도자의 영향을 받게 되는 것은 그에게 특별한 경향을 지니게 되었기 때문이다. 자네는 이를 '채택 행위act of adoption'라 부른다.

우리는 치료 중 일정한 순간에 환자들이 마음속에서 특정인, 그들에게 특별히 관심을 가졌던 사람에게 이런 특별한 경향을 지니게 되었다고 가정해야 한다. 우리는 이 순간, 이 주목할만한 행동을 "채택 행위"라고 말할 수 있다. (…중략…) 이 행동은 다소간 비슷한 많은 종류의 이전 성향이 특별한 방식으로 종합적으로 혼합되어 발생한다. (…중략…) 여러 뿌리 깊은 경향성, 현존

149　Pierre Janet, *Psychological Healing Vol. II*, 1143~1145쪽.
150　위의 책, 1149쪽.
151　위의 책, 1170쪽.

하는 위험과 의지의 취약성에 관한 감정, 고려된 사람의 다소간 숙련된 행동, 호의적인 조건에서 빈번한 만남과 회기의 반복, 이런 것들이 어떤 환자들의 마음속에서 다행히 이루어진 종합에서 중요한 역할을 한다.[152]

환자가 의사에게 자신을 이해한다고 말하며 제시하는 이유는 근거가 희박하고 이런 말은 그 의사를 선택했다는 "채택 행위의 표현"에 불과하며 환자의 '영향 행위behavior of influence'의 일부다.[153] 환자가 의사를 채택하기 위해서는 여러 조건이 필요하다. 자네는 성, 나이, 교육 등은 상대적으로 중요하지 않고 환자의 사회적 조건을 더 중요하게 여긴다. 특히 환자에게 권위적인 영향을 행사하는 가족은 채택 행위를 방해한다. 환자가 의사를 채택해서 치료를 시작하더라도 환자의 저항에 부딪힐 수 있다. 환자는 의사의 능력을 의심하고, 질문을 던지며, 자신을 이해하지 못한다고 불평하기도 한다. 환자는 또한 의사가 자신을 지배해서 복종시킨다는 강박관념을 갖거나 역으로 의사의 지배를 벗어나 다시 자유를 갖게 될 것을 두려워하기도 한다. 이런 강박이 심해지면 "박해 망상" 또는 "영향 망상"을 겪기도 한다.[154] 의사는 이런 영향의 방해를 완화해야 하지만 동시에 이런 현상은 환자가 채택 행위를 시작했다는 좋은 신호이기도 하다. 의사는 환자의 비난에 개의치 않고 인내를 가지고 환자의 채택 행위를 유도해서 치료에 집중해야 한다.

치료과정에서 의사의 영향력이 소진되어 환자를 치료할 수 없게 되기도 하지만 의사의 영향력이 감소하고 처음보다 환자의 변화가 적어지는

---

152 위의 책, 1154~1155쪽.
153 위의 책, 1157쪽.
154 위의 책, 1179쪽.

것은 환자의 상태가 좋아졌다는 신호이기도 하다. 즉 환자의 심리적 긴장이 높아지고 정신적 변화가 일어났기 때문에 치료 초기보다 영향력은 감소할 수 있다. 환자의 치료과정에서 자네가 주목한 현상은 환자가 치료자에게 과도하게 의존하고 최면에 대한 중독을 보이는 것이다. 자네가 '몽유병자 열정somnambulist passion'이라 부르는 이 현상의 특징은 "이전에 환자를 최면했던 사람에게 돌아가려는 강렬한 충동"이다.[155] 의사의 영향력이 줄어들면 몽유병자 열정도 감소한다. 몽유상태에서 발생했던 기억상실이 감소하고 "그런 상태에서 몽유병 자체가 곧 사라진다. 최면감수성이 사라지는 것은 신경증적 조건 치유의 가장 뚜렷하고 두드러진 신호 중 하나다."[156] 이는 환자들이 의존에서 독립으로 변화하고 있다는 것을 보여준다. 의사를 신성시하고 칭찬하던 환자들이 비판하는 태도를 보이는 "이유는 그들이 지원에 대한 필요와 상충하는, 독립에 대한 욕망으로 생기를 얻게 되었다는 것이다. (…중략…) 환자의 사랑은 그의 취약성의 표현일뿐이었고 그의 배은망덕은 회복의 가장 좋은 표시다."[157]

이렇게 환자가 개선되는 것을 관찰하면 의사는 치료를 끝내기 위해서 환자가 영향을 받는 기간과 회기 간격을 되도록 늘려서 스스로 자립하도록 해야 한다. "회기 간격의 점차적 연장, 암시 횟수와 자극 강도의 축소는 궁극적으로 환자가 의사를 필요하지 않게 할 수 있다."[158] 이런 점에서 스틸Kathy Steele과 반 데어 하트가 말하듯이 자네는 "환자의 치료자에 대한 의존과 환자 자신의 자기행위력self-agency의 균형에 대한 예리한

---

155 위의 책, 1136쪽.
156 위의 책, 1198쪽.
157 위의 책, 1198~1199쪽.
158 위의 책, 1200쪽.

감각을 가졌다."[159] 자네의 비유를 따르자면 의사의 지도^{direction}는 환자에게 목발의 역할을 한다. 의사의 지도는 "환자를 더 고차원적 수준에서 지탱하고 환자가 혼자였다면 보일 수 없었을 정도의 사회적 행위를 가능하게 한다. 환자는 명백히 허약자이고 지도는 목발의 역할을 한다."[160] 궁극적으로 자네에게 치료의 목적은 환자가 정신적 에너지와 고차원적인 통합력을 회복해서 정신적으로 자립하는 것이고 정신적 지도의 의미도 여기에 있다.

---

159 Kathy Steele and Onno van der Hart, "The Hypnotherapeutic Relationship with Traumatized Patients", 161쪽.

160 Pierre Janet, *Psychological Healing Vol. II*, 1203쪽.

제3장

신경과학과 트라우마

트라우마, 감정, 주체[1]

1. 신경과학적 전회와 트라우마

신경과학적 전회neuroscientific turn는 인간의 본질과 행동을 탐구하는 다양한 학문의 영역에서 지각변동을 초래했다. 프로이트의 정신분석이 인간 정신의 진리를 의식이 아닌 무의식에서 찾았다면, 신경과학은 인간 본질의 탐구를 정신에서 신체로, 사유에서 정동 / 감정으로 이동시켰다.[2] 신경적 자아neural self, 시냅스 자아synaptic self, 체화된 자아embodied self 등의 용어들이 보여주듯, 이런 변화는 전통적인 철학적 주체 개념에 중대한 수정을 가했다. 정신질환의 연구도 이런 변화를 반영한다. 1990년대 각광을 받은 항우울제 프로작prozac의 복용자가 마치 걱정 근심이 사라진 것 같다고 말했듯이 정신질환에 대한 약물치료가 지배적인 처방이 된 것은 이미 오래전 일이다. 신체조직에 작용하는 약물이 정신질환

---

1 이 장의 일부(165~186·222~233쪽)는『영어영문학』66권 4호, 2020, 676~691쪽에 게재된「트라우마, 감정, 주체 ─ 정신분석과 신경과학 사이」를 수정한 것이다.

2 스피노자 철학적 계보의 정동이론에서 affect는 "정서"로 주로 번역되고, 심리학에서 emotion은 "정서"로 번역된다. 정신분석에서 affect는 "정동"으로, emotion은 "감정"으로 주로 번역된다. 필자는 affect를 "정동"으로, emotion을 "감정"으로, feeling을 "느낌"으로 옮긴다.

의 치료제라는 점은 정신의 문제가 곧 신체의 문제임을 입증하는 듯 보인다. 정신질환의 연구도 이런 변화를 반영한다. 신경과학은 마음, 영혼, 정신, 주체 등의 이름으로 다루어져 왔던 문제에 대한 열쇠를 두뇌라는 신체 기관에서 찾을 수 있다는 자연과학적 신념에 기초한다. 그리고 정동 / 감정은 신체와 정신을 잇는 중요한 매개체로 주목을 받는다.

신체 증상을 호소하는 히스테리 환자의 치료에서 출발한 정신분석은 정신과 신체의 상호작용을 탐구했다는 점에서 처음부터 인문학과 신경과학이 만나고 충돌하는 장소였다. 신경학자로 출발한 정신분석 창시자 프로이트가 한편으로 칸트Immanuel Kant와 같은 철학자와 소포클레스Sophocles, 셰익스피어William Shakespeare, 도스토옙스키Fyodor Dostoevsky, 레오나르도 다빈치Leonardo Da Vinci 등의 작가와 예술가를, 다른 한편으로 바이스만August Weismann 같은 진화생물학자를 빈번히 인용하고 논하는 것은 정신분석이 인문학과 신경과학 사이에서 몸과 마음의 복잡한 관계를 다루고 있다는 점을 방증한다. 그는 신경학자에서 정신분석가로 탈바꿈하면서 정신의 문제를 생물학과 엄밀히 구분했지만, 당시 해결할 수 없는 문제를 미래에 이루어질 신경생물학의 진보가 해결할 수 있을지도 모른다는 희망을 종종 표현했다. 그의 사후 비약적으로 발달한 신경과학의 진보는 프로이트의 정신분석에 과학적 토대를 제공하며 프로이트의 예언적 전망을 실현하는 듯 보이기도 하지만, 사실상 그의 학문적 유산을 계승하기보다 정신분석을 대신한 것처럼 보이기도 한다. 정신분석은 의학이 아닌 문화와 예술비평을 비롯한 인문학에서 더 깊이 연구되고 발전한다. 『침상에서 실험실로From the Couch to the Lab』라는 최근의 저서 제목은 정신 치료가 정신분석학에서 심리학과 신경과학으로 이동하는 추세를 보여준다.[3] 이런 변화는 진보라고 단정할 수 없을만큼 갈등과 문제를 동반했고, 이 변화에 동반된 갈등의 해결을 모색하고 정신분석과 신경과학을 접목하려는 새로운 학문적 시도는 신경정신분석neuropsychoanalysis의 이름으로 출현했다.[4]

트라우마는 정신분석과 신경과학의 시각이 첨예하게 부딪치는 핵심적인 문제다. 트라우마 연구는 다양하고 광범위하며 현재에도 계속 발전·진화하고 있다. 이 진화와 발전의 과정에서 신경과학이 차지하는 역할과 비중은 인문학에서도 결코 간과할 수 없게 되었다. 최근 신경과학과 정신분석 그리고 트라우마 연구는 국내에서도 주목을 받기 시작했다. 그러나 트라우마 연구는 주로 트라우마 서사의 관점에서 다루어지거나 정신분석의 관점에서 연구되어왔고 신경과학적 트라우마 연구는 문학자들의 관심에서 상대적으로 벗어나 있다. 신경정신분석도 최근 주목을 받고 있지만 주로 의학에서 다루어지고 인문학의 관점에서 트라우마와 관련해 조명하는 경우는 드물다.[5]

이 장에서는 1장과 2장에서 살펴본 프로이트, 카디너, 자네의 트라우마 이론을 배경으로 신경과학적 트라우마 이론이 트라우마의 메커니즘과 치료 이론을 어떻게 수정하는가를 기억과 감정을 중심으로 살펴보고, 트라우마 연구와 관련해서 신경과학적 전회의 핵심과 결과가 무엇인지를 신경과학과 정신분석의 논쟁적 관계를 통해 검토한 후, 주체의

3　Aikaterini Fotopoulu, Donald Pfaff, and Martin A. Conway 공편, *From the Couch to the Lab : Trends in Psychodynamic Neuroscience*, Oxford : Oxford UP, 2012.

4　Aikaterini Fotopoulou, "The History and Progress of Neuropsychoanalysis", *From the Couch to the Lab*, Aikaterini Fotopoulu 외 공편, 12~24쪽을 참조할 것.

5　트라우마와 정동의 관점에서 트라우마 서사를 연구한 예로 김정하, 「트라우마와 정동」(『비평과 이론』 19권 2호, 2014, 47~64쪽)을, 최근에 신경과학과 정신분석의 관계를 다룬 논문으로는 정경훈, 「신경과학과 정신분석 마주쳐 읽기 Ⅰ—욕망, 충동, 신경전달물질 / 호르몬을 중심으로」(『비평과 이론』 23권 3호, 2018, 113~132쪽)을 볼 것.

문제를 중심으로 신경과학이 가져온 변화의 의의와 문제점을 인문학의 관점에서 짚어볼 것이다. 트라우마의 발생과 치유에 관한 신경과학적 연구의 이해를 통해 인문학과 신경과학의 접점과 거리를 가늠하는 일은 제3부에서 다룰 트라우마의 감정과 서사에 대한 논의에도 중요한 토대를 제공할 것이다.[6]

2. 안과 밖, 억압과 해리

트라우마는 "보호막을 깰만큼 강한 외부 자극"이고 정신이 "대량의 자극 쇄도를 방지할" 수 없어서 "침입한 자극의 양을 통제하여 나중에 처리할 수 있도록 정신적 의미에서 구속하는 문제"라는 프로이트의 트라우마 정의는 신경과학적인 트라우마 연구에서 빈번히 인용된다.[7] 그러나 신경과학적 트라우마 연구는 프로이트의 트라우마 연구와 양면적 관계를 갖는다. 그 이유는 1장에서 보았듯이 프로이트가 트라우마의 메커니즘을 의식의 해리라고 보았다가 외상적 사건의 표상에 대한 방어 즉 억압이라고 수정하고, 트라우마를 외부에서 가해진 상처로 정의하다가 궁극적으로 내부에서 발생하는 욕동의 작용으로 이해하는 이론적 선회를 하기 때문이다. 프로이트의 이런 모순적인 논리적 전개는 종종 비판

---

6 암스트롱(Paul B. Armstrong)은 최근의 연구에서 신경과학이 서사의 사회적 힘에 대해 알려줄 수는 없으나 서사의 사회적 힘이 작동하는 "뇌 / 몸에 기초한 과정"을 밝혀줄 수 있다고 주장한다. Paul B. Armstrong, "Neuroscience and the Social Powers of Narrative : How Stories Configure Our Brains", *Journal of English Language and Literature*, Vol.64, No.1, 2018, 20쪽. 이런 관점에서 신경과학은 트라우마 서사가 발휘하는 사회문화적 치유의 과정을 조명하는 데 기여할 수 있을 것이다.

7 Sigmund Freud, *Beyond the Pleasure Principle*, 29~30쪽.

의 대상이 되어왔다. 신경과학의 세례를 받은 트라우마 연구도 프로이트의 이런 선회에 비판적이며, 정신분석에서 주관적인 요소를 배제하고 과학적인 실험과 검증에 부합하는 요소들을 선택적으로 수용한다. 프로이트가 초심리학적 개념들로 이론화하고 미래의 과학이 해결해주리라 기대했던 가설들은 심리학적 실험의 검증을 통해 수정되거나 재해석된다. 앞서 보았듯이 카디너와 자네는 프로이트 이론을 비판적으로 수용하고 발전시키는 과정에서 이미 이런 방향성을 제시했다. 그것은 억압보다 해리를, 정신보다 (또는 정신 못지않게) 신체를, 표상들의 전치나 전환 같은 무의식적 욕동의 메커니즘보다 자아의 적응과 동화 등 현실적인 능력의 회복에 더 관심을 기울이는 것이다. 프로이트 개념을 따르자면 정신신경증보다 현실신경증을 트라우마 연구에 더 가까운 것으로 보는 것이다. 신경과학적 트라우마 연구가 프로이트에 비판적인 반면 이들의 이론을 더 참조하는 것은 당연하다.

이런 관점에서 신경과학자들에게 프로이트 이론의 중요성은 트라우마가 유년기의 (성적 욕동의) 억압 및 고착과 맺는 관계보다 외적으로 가해진 자극의 영향과 이에 대한 방어에 대한 설명에 있다. 따라서 이들은 프로이트의 욕동이론이 아니라 자극과 정동의 양적인 측면을 강조한 프로이트와 브로이어의 초기 히스테리 이론과『과학적 심리학 초고』및『쾌락원칙을 넘어서』를 주로 참조한다. 반 데어 콜크는 프로이트가 "경험을 통합하는 능력의 와해인 해리가 히스테리의 근원"이라는 주장을 포기하고 히스테리를 방어와 억압의 메커니즘으로 설명한 결과 "정신 내적 현실과 주관적 경험에 대한 관심이 외적 현실의 각인에 대한 탐구를 대신"했다고 비판한다.[8] 억압이 의식에 의해 표상이 무의식에 갇히게 되는 수직적 과정이라면 해리는 표상이 다른 의식상태잠재의식에 갇히게 되는 수평적 이동의 과정이다. 따라서 반 데어 콜크와 반 데어 하트는 억압과 해리가 동시에 발생할 수 없으며 외상적 경험은 환자가 능동적으로 무의식에 억압하는 것이 아니라 "(트라우마) 장면에서 자동으로 제거되어 멀리서 바라보거나 전적으로 사라져 그들 인격의 다른 부분이 압도적인 경험에 고통을 받고 그 경험을 저장하도록 내버려 두게" 된다고 주장한다.[9] 반 데어 하트와 호스트도 해리를 (무의식적) 억압으로 대체한 프로이트 입장을 성급히 따른 결과 자네 이론의 중요성이 간과되었다고 비판한다.[10]

프로이트의 억압이론에 대한 비판은 억압이 과학적으로 증명되기 어렵다는 인식에 기초한다. 커메이어Laurence Kirmayer는 억압보다 해리 메커니즘을 더 과학적인 것으로 신뢰한다. 커메이어에 따르면 통상 억제suppression는 의식적인 것이고 억압은 무의식적인 것으로 구분된다. 즉 억제는 "어떤 것을 생각하지 않으려는 의식적인 노력"인 반면, 억압은 "자동적인(즉 비-의식적인) 것과 동기화된 (즉 욕망의 갈등과 관련된) 것 둘 다를 의미한다."[11] 커메이어에게 억압은 "탈-억압의 중요한 순간에 극복되는 엄격한 장벽"이지만 해리는 "기억상실 장벽을 가로지르는 유동적 운동"을 포함하고 있어 일정한 조건이 충족되면 더 쉽게 해제된다.[12] 예컨대 충

---

8   Bessel A. van der Kolk, "Trauma, Neuroscience, and the Etiology of Hysteria", 242쪽.

9   Bessel A. van der Kolk and Onno van der Hart, "The Intrusive Past : The Flexibility of Memory and the Engraving of Trauma", *Trauma : Explorations in Memory*, Cathy Caruth 편, Baltimore : Johns Hopkins UP, 1995, 168쪽.

10   Onno van der Hart and Rutger Horst, "The Dissociation Theory of Pierre Janet", 409~410쪽.

11   Laurence Kirmayer, "Landscape of Memory : Trauma, Narrative, and Dissociation", *Tense Past : Cultural Essays in Trauma and Memory*, Paul Antze and Michael Lambek 공편, New York : Routledge, 1996, 179쪽.

12   위의 글, 180쪽.

분한 안전과 신뢰가 확보되면 "해리 장애 환자들은 하나의 상태에서 다른 상태로, 하나의 기억에서 다른 기억으로 쉽게 이동한다."[13] 그는 "해리 현상이 최면으로 실험실에서 쉽게 재생될 수 있"는 반면 "억압에 대한 실험적 증거는 거의 또는 전적으로 없어서 현재 이 개념에 대한 회의가 매우 크다"고 지적한다.[14] 이런 불신의 원인 중 하나는 "기억의 지속성과 현저성이 자극적 사건의 강도와 직접적으로 비례해서 큰 사건은 큰 기억을 낳는다는 상식적 개념을 억압이 위반"하기 때문이다.[15]

억압이 무의식적 과정이라는 관념도 억압에 대한 불신을 초래한다. 프로이트는 히스테리 환자가 의식과 양립할 수 없는 표상을 "의도적으로" 억압한다고 표현한다.[16] 어델리Matthew Erdelyi는 프로이트가 『새로운 정신분석 강의』전까지는 억압을 무의식적 과정으로 보지 않았고 저항이 무의식적일 수 있으나 항상 그렇다고 주장한 것은 아니며 "방어 메커니즘이 반드시 무의식적"이라는 주장을 확립한 것은 아나 프로이트Anna Freud의 『자아와 방어 메커니즘The Ego and the Mechanisms of Defense』이라고 지적한다.[17] 그러나 억압이 무의식적이라는 관념은 현대 정신의학에도 지속되어 미국정신의학회에서 발행하는 『정신질환의 진단 및 통계편람Diagnostic and Statistical Manual of Mental Disorders, DSM-III-R』에서 방어프로이트의 억압는 무의식적이고 억제suppression는 의도적인 메커니즘으로 분류된다. 무의식적

---

13   위의 글, 180쪽.

14   위의 글, 179·178쪽.

15   위의 글, 194쪽.

16   Sigmund Freud, *Studies on Hysteria*, 116쪽.

17   Matthew Hugh Erdelyi, "Repression, Reconstruction, and Defense : History and Integration of the Psychoanalytic and Experimental Frameworks", *Repression and Dissociation : Implications for Personality Theory, Psychotherapy, and Health*, Jerome L. Singer 편, Chicago : U of Chicogo P, 1990, 13쪽.

과정이 실험실에서 검증될 수 없으므로 이런 통념은 정신분석과 실험심리학의 통합을 방해한다.[18] 인지 신경과학 분야에서도 억압 개념은 신뢰받지 못한다.[19]

3. 외현적 기억과 암묵적 기억

트라우마 연구에서 해리와 억압의 구분만큼 중요하고 해리 이론의 과학적 근거를 제시하는 것은 기억의 종류가 다양하다는 사실의 발견이다. 이 발견을 토대로 해리 이론은 두 다른 기억체계의 기록으로 발전한다. 1980년대 이후 활성화된 기억 연구는 기억을 서술declarative 또는 외현적explicit 기억과 비서술nondeclarative 또는 암묵적implicit 절차적procedural 기억으로 구분한다. "서술(외현적) 기억은 사실들과 사건들의 의식적 기억"이고, "비서술(암묵적) 기억은 경험이 어떤 기억내용에 대한 접근도 제공하지 않으면서 비의식적으로 행동을 바꾸는 이질적 능력들의 집합"을 의미한다.[20] 서술기억이 의식으로 쉽게 떠올릴 수 있는 일반적인 기억이라면, 비서술기억은 "기술학습(운동기술, 지각기술, 인지기술), 습관형성, (일부 감정학습을 포함한) 단순한 고전적 조건형성classical conditioning, 이전의 특정 행동과 무관한 자극을 그 행동과 연결하는 것을 배우는 것, 기타 기억보다 수행을 통해 표현되는

---

18   위의 글, 14쪽.

19   Yoram Yovell, Mark Solms, and Aikaterini Fotopoulou, "The Case for Neuropsychoanalysis : Why a Dailogue with Neuroscience is Necessary but Not Sufficient for Psychoanalysis", *International Journal of Psychoanalysis*, Vol. 96, No. 6, 2015, 1534쪽.

20   Larry R. Square, "Declarative and Nondeclarative Memory : Multiple Brain Systems Supporting Learning and Memory", *Memory Systems*, D. L. Schacter and E. Tulving 공편, Cambridge : MIT P, 1994, 205쪽.

지식"을 포함한다.[21]

르두[Joseph LeDoux]에 따르면 암묵적 기억의 발견은 20세기 초 신경학자 클라파레드[Edouard Claparede]의 연구로 거슬러 올라간다. 클라파레드는 뇌 손상을 입은 환자가 새로운 기억형성의 능력을 상실해서 만날 때마다 자신을 알아보지 못했지만 손바닥에 압정을 숨겨놓고 악수를 했더니 이후로는 여전히 자신을 알아보지 못하면서도 악수를 하지 않는 것을 발견한다. 이는 환자의 뇌가 의식적 기억 이외에 압정이 가한 고통에 대한 비의식적 기억을 기록하고 있음을 보여준다. 이런 연구에서 가장 중요한 사례는 H.M.으로 알려진 뇌전증 환자다. 그는 뇌전증 발작 치료를 위해 뇌 조직 일부를 제거하는 수술을 받았는데 이때 측두엽 일부도 불가피하게 제거된다. 이후 그의 뇌전증 발작은 크게 개선되지만, 그는 나이, 날짜, 주거지, 부모 및 과거를 잊는 광범위한 기억상실 환자가 된다. 그럼에도 그는 몇 초의 단기 기억은 유지하는데 이는 측두엽이 장기 기억이 저장되는 장소라는 사실을 증명한다. 제거된 측두엽은 해마와 편도체 및 그 주변부였고 이후 여러 실험은 특히 해마가 장기 기억의 장소라는 사실을 증명한다. 또한 H.M.이 손기술을 학습할 수 있다는 사실과 여러 기억상실 환자의 실험에서 손기술뿐 아니라 복잡한 정신적 과제의 학습도 가능하다는 사실이 밝혀진다. 기억상실 환자들은 점화[priming, 하나의 자극에 대한 노출이 그 자극과 관련된 자극에 반응하게 만드는 것]와 고전적 조건형성도 익힐 수 있다는 사실이 밝혀진다. 이런 실험들을 통해 외현적 서술기억과 다른 암묵적 또는 절차적 비서술기억이 존재한다는 사실이 입증된다. H.M. 당시에는 이런 사실이 아직 밝혀지지 않았으므로 H.M.이 외현적

---

21   위의 글, 205쪽.

서술기억의 능력을 상실했으나 암묵적 절차적 비서술기억은 보존했다
는 사실은 사후적으로 설명된다.[22]

　이런 발견은 트라우마가 외현적 서술기억이 아니라 암묵적 비서술기
억에 영향을 미친다는 주장의 토대가 된다. 어델리에 따르면 "외상적 경
험이 절차적 요소뿐 아니라 서술적 요소도 지니고 있고 억압은 일부 기
억복합의 절차적 측면에 영향을 주지 않으면서 서술적 사실들의 기억상
실을 만드는 흥미로운 효과를 낳을 수 있다."[23] 따라서 히스테리 환자의
증상은 프로이트가 주장하듯 의식적이었던 기억이 전환된 것이 아니라
"서술기억 성분과 대조적으로 억압이 활동적인 기억에서 제거하지 못한
원래 기억복합의 절차적 기억성분"이다.[24] 트라우마 발생 당시 스트레스
호르몬 부신스테로이드adrenal steroids의 과도한 분비가 외현적 기억을 담
당하는 해마를 손상해서 "서술기억이 아예 부호화되지 않았거나 저하된
기억만이 부호화되었을" 가능성도 있다.[25]

　암묵적 기억은 기술학습과 인지학습뿐 아니라 감정과도 밀접한 관계
를 지닌다. 의식적 기억은 해마hippocampus가 담당하고, 공포 등의 감정은
편도체amygdala가 담당한다. 암묵적 기억을 담당하는 두뇌체계는 기술에
따라 다양한 분야가 관계된다. 예컨대 눈깜박임은 뇌간brain stem이, 공포
는 편도체가 담당한다. 앞서 논했듯이 클라파레드의 환자는 그를 의식
적으로 기억하지 못해도 압정이 있는 손과 악수한 경험이 가져온 공포

22　Joseph LeDoux, *The Emotional Brain : The Mysterious Underpinnings of Emotional Life*,
New York : Simon, 1996, 179~198쪽.

23　Matthew Hugh Erdelyi, "Repression, Reconstruction, and Defense", 16쪽.

24　위의 글, 18~19쪽.

25　Yoram Yovell, Mark Solms, and Aikaterini Fotopoulou, "The Case for Neuropsychoanaly-
sis : Why a Dailogue with Neuroscience is Necessary but Not Sufficient for Psychoanaly-
sis", 1534쪽.

에 대한 암묵적 기억을 지니고 있었기 때문에 악수를 피한다. 르두는 이렇게 "암묵적 공포가 조건형성된 기억"을 "감정적 기억"이라 부르고 이에 대한 외현적 서술기억을 "감정에 대한 기억"으로 구분한다.[26]

외상적 사건에서 발생한 공포는 외상환자가 그 사건을 의식적으로 망각해도 암묵적 기억으로 기록된다. 어떻게 공포에 대한 의식적 기억이 없으면서 공포가 무의식적으로 새겨지는가? 르두는 공포체계를 "위험을 간파하고 가장 유익한 방식으로 위험한 상황에서 생존하는 가능성을 최대화하는 반응을 생산하는 체계"로 정의한다.[27] 따라서 공포체계는 기본적으로 방어행동들로 구성된다. 여기에서 중요한 점은 "정보를 시상 thalamus에서 편도체로 직접 전달할 수 있는 통로의 발견이 어떻게 조건 공포 자극이 피질의 도움을 받지 않고 공포반응을 불러일으킬 수 있는지" 보여준다는 점이다.[28] 위험에 대한 정보가 공포의 감정을 담당하는 편도체에 전달되는 것은 피질을 경유하는 "고차원적 피질 도로"와 직접 편도체에 전달되는 "저차원적 시상도로"를 통해 이루어진다.[29] 예컨대 숲속을 걷다가 들리는 바스락거리는 소리는 먼저 피질하부의 시상통로를 통해 직접 편도체에 전달되고, 이후에 피질을 거쳐 편도체에 전달된다. 직접적인 회로는 일단 위험을 피하는 동작을 유발하지만, 피질을 경유하는 회로는 이 소리가 나뭇가지가 만든 소리인지 방울뱀이 만든 소리인지를 구분한 후 행동하게 한다. 이렇게 피질하부 통로 subcortical pathway를 통한 직접적인 회로는 생존을 위해 작동되는 진화론적으로 더 오래

26　Joseph LeDoux, *The Emotional Brain*, 182쪽.
27　위의 책, 128쪽.
28　위의 책, 158쪽.
29　위의 책, 163쪽.

된 통로로서 피질을 통한 회로를 통해 방울뱀이 아닌 나뭇가지가 만든 소리라는 점이 밝혀져 결과적으로 회피 동작이 불필요한 것으로 밝혀지기 전에 선제적인 방어행동을 가능하게 한다.

4. 트라우마의 신경학적 메커니즘

다마지오는『데카르트의 오류*Descartes' Error*』에서 뇌 구조의 관점에서 감정의 작용을 설명한다. 인간의 뇌는 비의식적으로 부단히 작용하는 진화적으로 오래된 구조 — 피질하부 변연계limbic system — 와 진화적으로 새로운 구조 — 신피질neocortex — 로 구성된다. 오래된 구조는 의지 및 이성과 무관하게 생존과 항상성 등 기초적인 생명 과정을 조절하며 뇌간, 시상하부hypothalamus, 기부전뇌basal forebrain, 편도체 및 대상회cingulate 등으로 구성된다. 이 선천적 신경회로에 생존을 위해 싸우거나 도피하는 행동을 유발하는 욕동과 본능의 신경회로 그리고 성행위 등으로 개인의 유전자를 지속하게 하는 욕동과 본능을 통제하는 신경회로가 더해져 유기체가 환경에서 생존하게 만든다. 감정과 느낌은 생존을 위한 이런 욕동과 본능작용의 일부다.[30]

감정에는 선천적인 일차 감정과 개별적인 경험에 의해 형성되는 이차 감정이 있다. 일차 감정은 변연계 회로에 의지하고 전측 대상회anterior cingulate 특히 편도체가 주로 담당한다. 일차 감정은 감정을 불러일으키는 대상에 대한 인지에 앞서 작용한다. 예컨대 공포의 감정은 공포를 유발

---

30   Antonia Damasio, *Descartes' Error*, 108~123, 127~128쪽.

하는 뱀이 어떤 동물인지에 대한 지식에 의존하지 않는다. 감정과 그 감정을 자극한 대상의 관계를 실현하는 것이 느낌이다. 자극이 유발한 신체 상태로 자동으로 발생하는 감정 이외에 대상과 감정의 관계에 대한 경험적 지식을 토대로 의식이 수행하는 느낌이 필요한 이유는 보호장치를 확대하기 위해서다. 즉 X라는 대상이나 상황은 공포의 감정이 자동으로 발생하게 하지만, 이 감정은 X라는 대상 / 상황에 특수한 것이 아니다. 그러나 이 대상이나 상황에 대해 안다면 X라는 대상 / 상황이 발생할 가능성을 예측할 수 있어, 그 대상 / 상황을 만났을 때 자동으로 반응하기 전에 X를 피할 수 있다.[31] 이차 감정은 우리가 "느낌을 경험하고, 한편으로 대상 및 상황의 범주와 다른 한편으로 일차 감정 사이에 체계적인 연결을 형성"할 때 발생한다.[32] 따라서 이차 감정에는 상황에 대한 인지과정에 관여하는 전두엽의 활동이 필요하다.[33]

전전두엽 기질 표상prefrontal dispositional representation의 반응은 비의식적이고 자동적이며 불수의적으로 편도체와 전측 대상회에 전달되고 이 부위

---

31   위의 책, 131~133쪽.
32   위의 책, 134쪽.
33   예컨대 오랫동안 만나지 못했던 친구를 우연히 만나거나 같이 일하던 동료의 갑작스런 사망 소식을 접하면 심장박동의 증가, 안면근육 운동을 동원한 표정의 변화 등 내장과 골근격 내분비샘을 통한 신체상태의 변화 즉 감정이 발생한다. 다마지오에 따르면 상황에 대한 의식은 먼저 정신 이미지(mental image)로 표현되고, 이 이미지의 신경 기질(neural substrate)은 다양한 초기 감각(시각, 청각 등) 피질에서 발생하는 표상들이며, 이 표상들은 연합 피질(association cortices)에 분포된 기질 표상의 안내를 받아 구성된다. 비의식적 차원에서는 전전두엽의 네트워크가 이 이미지들의 과정에서 발생하는 신호들에 자동으로 불수의적으로 응답한다. 이 전전두엽 반응은 선천적인 것이 아니며 개인마다 다른 후천적 기질 표상에서 발생한다. 즉 이차 감정에 필요한 전전두엽의 후천적 기질 표상은 일차 감정에 필요한 선천적 기질 표상과 분리된 영역이다. 그러나 후천적 기질 표상이 표현되기 위해서는 선천적인 기질 표상이 필요하다. 위의 책, 134~137쪽.

의 기질 표상들은 자율신경계, 운동계, 내분비계 및 신경전달물질을 통해 신호와 화학적 메시지를 내보낸다.[34] 따라서 전전두엽의 손상을 입은 환자는 일정한 상황과 자극이 불러일으키는 이미지들과 관계된 감정을 생성하지 못하고 이 감정에 의해 발생하는 느낌을 경험하지 못한다. 하지만 이 환자들은 전전두엽과 관계없이 변연계에서 발생하는 일차 감정의 장애는 겪지 않는다. 예컨대 이 환자들은 누군가가 갑자기 비명을 지르면 공포의 감정을 보인다. 반대로 변연계의 편도체와 전측 대상회에 손상을 입은 환자들은 일차 감정과 이차 감정 모두 훼손된다.[35] 이렇게 일차 감정과 이차 감정은 전전두엽의 개입 여부에 따라 구분되지만 둘 다 비의식적이고 자동으로 발생한다.

감정학습이 사고와 의식을 담당하는 고차원적인 두뇌체계인 신피질을 우회해서 이루어진다는 사실은 트라우마의 정보가 (신)피질을 우회해서 직접 편도체에 전달됨으로써 기록될 수 있음을 보여준다. 따라서 외상기억에 동반되는 감정은 직접적이고 비의식적으로 기록될 수 있다. 외상 상황에서 의식적 기억은 해마체계가, 무의식적 기억은 편도체체계가 담당한다. 외상적 사건에서 존재했던 자극을 후에 다시 경험하면 해마체계의 기억 인출retrieval은 외상에 대한 의식적 기억을 떠올리게 하고, 편도체체계의 기억 인출은 "위험에 대비하는 신체 반응의 표현"을 유발한다.[36] 이렇게 외현적 기억과 암묵적 기억은 트라우마를 기록하는 두

---

34 전전두엽의 기질 표상들은 ① 자율신경계의 핵을 활성화하고 말초신경을 통해 신체에 신호를 보내고, ② 운동체계에 신호를 보내 골근격이 안면과 신체 자세에서 외적으로 감정을 표현하게 하며, ③ 내분비와 펩타이드체계를 활성화해 신체와 뇌의 상태 변화를 낳는 화학작용을 수행하고, ④ 마지막으로 뇌간과 기저 전뇌에 비특이적 신경전달물질을 활성화해 단뇌(telenchphalon)의 여러 부위에 화학적 메시지를 방출하게 한다. 위의 책, 138쪽.

35 위의 책, 136~138쪽.

상이한 체계다.

르두는 외현적 의식적 기억을 상실한 환자가 어떻게 암묵적 기억을 저장하는가를 신경과학적으로 설명한다. 스트레스 상황에 노출되면 스트레스 호로몬인 부신스테로이드가 분비되어 이 상황에 대처하게 한다. 편도체는 부신스테로이드 분비를 통제하므로, 편도체가 위험을 감지하면 시상하부에 메시지를 보내고, 시상하부는 다시 뇌하수체^{pituitary gland}에 메시지를 전달하며 그 결과 ACTH라는 호로몬이 분비되고, 이 호르몬이 혈액을 통해 부신 선^{adrenal gland}에 흘러들어가 스테로이드 호르몬이 분비된다. 과도한 스트레스는 해마가 스트레스 호르몬의 분비를 통제할 수 있는 능력을 훼손해 "외현적 의식적 기억 기능"에 장애를 유발하고 결과적으로 외상환자들의 해마는 수축한다.[37] 심각한 스트레스에 노출되면 신체는 고통을 완화하기 위해 내인성 오피오이드^{endogenous opioids}를 분비하고 오피오이드의 과도한 분비는 "경험이 서술기억에 저장되는 것을 방해한다."[38]

이와 달리 스트레스는 편도체에 간섭하지 않을 뿐 아니라 "심지어 편도체 기능을 향상시킬 수 있다. 따라서 외상적 경험에 대한 의식적 기억이 부족하면서 동시에 편도체가 매개된 공포 조건형성을 통해 매우 강력한 암묵적 무의식적 감정 기억을 형성하는 것이 완전히 가능하다."[39] 르두는 외상적 경험이 무의식에 기록된다는 프로이트의 주장은 옳지만

---

36   Joseph LeDoux, *The Emotional Brain*, 239쪽.

37   위의 책, 242쪽.

38   Bessel A. van der Kolk, "The Body Keeps the Score : Approaches to the Psychobiology of Posttraumatic Stress Disorder", *Traumatic Stress : The Effects of Overwhelming Experience on Mind, Body, and Society*, Bessel A. van der Kolk, Alexander C. McFarlane, and Lars Weisaeth 공편, New York : Guilford, 1996, 227쪽.

39   Joseph LeDoux, *The Emotional Brain*, 245쪽.

그 경험은 억압되기보다 아예 다른 경로를 통해 다른 장소에 기록된다고 본다. 스트레스는 의식적 기억과 무의식적 기억에 상반된 결과를 낳는다. 스트레스가 외현적 기억을 방해하는 것과 달리 "트라우마에 대한 기억상실을 유발할 스트레스의 양은 외상적 사건 중에 형성되는 암묵적 또는 무의식적 기억을 증폭시킬 수 있다."[40]

내측 전전두엽 피질medial prefrontal cortex은 자극인자가 더 이상 존재하지 않을 때 자극에 대한 반응도 없어지게 하는 "소거extinction의 조절자"다.[41] 따라서 전전두엽의 손상은 더 이상 위험이 없어도 위험에 대한 반응을 계속하게 만든다. 스트레스는 해마뿐 아니라 전전두엽 피질에도 영향을 미쳐 소거를 방해한다. 이런 사실은 "소거가 조건 공포반응의 표현을 방해하지만 이런 반응의 저변에 있는 암묵적 기억을 제거하지 않는다는 점을 시사한다. 다시 말해서 소거는 편도체의 기억 판을 청소하기보다 편도체의 출력output에 대한 피질의 통제를 수반한다."[42] 따라서 "편도체를 통해 생긴 무의식적 공포 기억들은 뇌에 지워질 수 없게 새겨지는 것으로 보인다."[43]

외현적 기억과 암묵적 기억의 차이는 언어와 이미지의 차이로도 나타난다. 반 데어 콜크는 의식적 서술기억이 언어적 형태인 것과 달리 무의식적 암묵적 비서술기억은 이미지와 감정의 형태로 저장된다고 주장한다. 해리 메커니즘으로 보면 암묵적 비서술기억은 언어적 서사로 이루어진 서술기억에 통합되지 못하고 경험의 감각적이고 감정적인 파편으로 기록되는 것이다. "트라우마의 기억은 적어도 처음에는 사건의 감각

---

40   위의 책, 246쪽.
41   위의 책, 248쪽.
42   위의 책, 250쪽.
43   위의 책, 252쪽.

적 성분의 파편들로 즉 시각 이미지, 후각, 청각, 근육운동 감각 또는 강렬한 느낌의 파도"로 이루어진다.[44] 따라서 트라우마 환자는 외상적 사건에 대한 '말할 수 없는 공포speechless terror'에 시달린다.[45] 뇌 구조의 관점에서 트라우마 환자는 인지와 언어를 관장하는 좌뇌의 브로카 영역Broca's area의 활동이 저하되고, 반대로 "유입되는 정보의 감정적 중요성을 평가하고 이 자극에 대한 자율적이고 호르몬에 의한 반응을 조절하는 데 관여하는 것으로 알려진 우뇌 활동의 편재화"를 보인다.[46]

외상적 경험의 감각에 대한 기억 흔적이 재활성화되면 "감정을 말로 옮기는 데 필요한 부위를 포함하여 전두엽이 정지되고" 이 순간부터 의식적 통제를 벗어난 "감정적 뇌(변연계와 뇌간)가 감정적 각성, 신체 생리, 근육 행동의 변화를 통해 변화된 활성화를 표현한다."[47] 정상의 경우 합리적 기억과 감정적 기억은 협동하여 통합된 반응을 보이지만, 감정적 뇌가 지배하면 "외상적 경험의 각인은 일관성 있는 논리적 서사가 아니라 파편화된 감각적 감정적 흔적들 — 이미지, 소리, 신체 감각 — 로 조직된다."[48] 따라서 환자들이 외상기억을 경험할 때 "외상적 경험의 감각적 요소들을 느끼고 보고 들을 수 있"지만 "이 경험을 소통적 언어로 번역하는 것은 생리적으로 방지된다."[49] 이는 많은 트라우마 학자가 트라우마 서사의 특징으로 꼽는 파편화된 서사의 특징을 보여준다. 영Allan

---

44   Bessel A. van der Kolk and Rita Fisler, "Dissociation and the Fragmentary Nature of Traumatic Memories : Overview and Exploratory Study", *Journal of Traumatic Stress*, Vol.8, No.4, 1995, 513쪽.

45   위의 글, 511쪽.

46   Bessel A. van der Kolk, "The Body Keeps the Score", 233쪽.

47   Bessel A. van der Kolk, *The Body Keeps the Score*, 178쪽.

48   위의 책, 178쪽.

49   Bessel A. van der Kolk, "The Body Keeps the Score", 234쪽.

Young은 시간적으로 양방향적이어서 수정할 수 있는 정신 기억과 "변연계와 자율신경계에 고정되어 진화 메커니즘을 통해서만 수정할 수 있는" 신체 기억을 구분한다.[50] 외상환자가 경험의 파편을 통일된 서사로 만들려는 시도에는 한계가 있으며, 정신 기억 밑에는 "공포, 분노, 고통으로 환원되는 요소들"로 구성되고 "생존"을 최고의 가치로 삼는 신체 기억의 서사가 존재한다.[51]

5. 트라우마 치료의 변화

신경과학은 트라우마 메커니즘을 억압에서 해리로 이동시키고, 트라우마의 장소를 정신에서 신체로 그리고 의식에서 비의식무의식으로 이동시켰다. 그렇다면 비의식적 신체의 기억으로 저장된 트라우마의 경험이 유발하는 증상의 치료는 어떻게 가능한가? 언어화되지 못한 무의식적 신체 기억을 어떻게 다루어야 하는가? 반 데어 콜크가 주목하는 프로이트와 브로이어의 초기 히스테리 연구에서 그들이 외상적 표상에 붙은 정동을 정화하기 위해 제시한 "말(하는) 치료"가 여전히 유효한 것일까? 신경과학은 프로이트가 전망한 정신분석적 치료의 과학적 토대를 제공하여 정신분석적 이론을 과학적 용어와 이론으로 번역할 수 있을까? 또는 신경과학은 자네와 카디너가 탐구했던 심리학과 생리학의 관계를 과학적으로 규명해서 이들이 제시한 적응의 방법을 혁신할 수 있을까? 신

---

50 Allan Young, "Bodily Memory and Traumatic Memory", *Tense Past*, Paul Antze and Michael Lambek 공편, 98쪽.

51 위의 글, 99쪽.

경과학적 트라우마 치료 연구는 과학적 영역에 속하고 현재 진행형이며 다양하고 광범위해서 쉽게 요약하기 어렵다. 여기에서는 신경과학이 뇌의 구조 및 기억과 감정에 관해 발견한 내용을 배경으로 반 데어 콜크가 『몸은 기록한다*The Body Keeps the Score*』에서 논하는 신경과학적 트라우마 치료 방법을 중심으로 그 특성을 살펴보고자 한다.

신경과학적 전회는 트라우마 치료에 중요한 변화를 초래한다. 이 변화의 핵심은 전통적인 치료가 의존하는 가설에 대한 반론이다. 전통적인 치료는 진화론적으로 더 발달한 신피질의 의식 메커니즘이 진화론적으로 오래된 피질 하부에 속한 변연계와 뇌간에 저장된 외상기억을 통제할 수 있다는 "하향식 과정"의 가설에 기초하며, "하향식 과정은 불쾌한 감각과 감정들을 '처리하는'(통합하는) 것보다 억제하는 데 초점을 맞춘다."[52] 이런 방식은 "외상을 상기시키는 것에 대한 자동적 생리 반응을 중단시키는 데 도움을 줄 수 있으나 없애지는 못하며" 뇌과학적 관점에서 "두뇌의 경보장치를 변경하는 것"을 허용하지 않는다.[53] 다시 말해서 인지와 언어를 관장하는 의식은 근본적으로 비의식적 신체 기억의 변화를 가져올 수 없다.

이런 반론은 프로이트와 브로이어의 말(하는) 치료에 대한 회의를 낳는다. 만일 트라우마가 언어를 담당하는 좌뇌의 브로카 영역을 비활성화시키고 이미지와 감정을 담당하는 우뇌의 편도체를 활성화해서 서술 기억이 아닌 신체적인 암묵적 기억으로 저장된다면, 이 비언어적 기억을 언어화하는 데는 한계가 있으며 "말(하는) 치료"의 효과는 감소할 것

52　Bessel A. van der Kolk, "Posttraumatic Therapy in the Age of Neuroscience", *Psychoanalytic Dialogues*, Vol.12, No.3, 2002, 387쪽.

53　위의 글, 387쪽.

이다. 말보다는 글이 더 좋은 치료 방법일 수 있다. 반 데어 콜크는 페니베이커James Pennebaker의 연구를 소개하며 외상 경험을 말하지 않고 글로 쓰는 것이 듣는 사람들의 반응에 얽매이지 않고 자신 내면의 느낌을 표현할 수 있는 장점이 있다고 지적한다. 페니베이커의 실험은 여러 대조군 중에서 자신이 겪은 외상적 사건의 사실뿐 아니라 그에 관한 감정과 느낌 및 그 사건이 자신의 삶에 미친 영향을 쓴 실험군이 가장 좋은 치료 효과가 있다는 것을 보여준다. 환자들이 트라우마에 관해 쓸 때 심장 박동과 혈압 등이 상승하지만 이후에 이런 수치들이 감소하고 치료 효과는 지속되며 면역력도 증가한다. 환자들이 외상적 사건에 관해 쓸 때 그들의 어조와 글씨체 및 성격도 변하는 '전환switching'이 발생한다.[54] 이런 전환은 환자의 상태가 신체적 직감을 표현할 수 있는 방식으로 바뀌었다는 신호로 볼 수 있을 것이다. 따라서 "상심케 하는 사건들에 대해 쓰는 것은 신체적 정신적 건강을 향상시킨다."[55]

이런 장점에도 불구하고 반 데어 콜크는 "언어 치료가 외상후 스트레스 장애 환자들의 생물학적 변화를 재설정할 수 있는지는 불명확하다"고 말한다.[56] 언어 치료가 신경과학적으로 입증될 수 있는 생물학적 변화를 가져오지 못한다면 "언어가 치료에 필수적이라는 결론이 사실상 항상 참된 것인지 우리는 여전히 모른다"는 회의를 낳을 수 있다.[57] 이는 "트라우마가 있었던 곳에 서사가 있을 것이다"라는 명제로 요약되는 트라우마 서사치료 이론과 충돌할 여지가 있다.[58] 그러나 앞으로 살펴볼 신경과학적 치료들이 보여주듯이 언어는 치료에서 여전히 중요한 역할

---

54   Bessel A. van der Kolk, *The Body Keeps the Score*, 241~244쪽.

55   위의 책, 243쪽.

56   Bessel A. van der Kolk, "Trauma, Neuroscience, and the Etiology of Hysteria", 249쪽.

을 담당한다. 신경과학적 변화는 언어의 배제가 아니라 치료의 초점을 언어에서 신체로 이동한 것으로 보아야 한다. 반 데어 콜크는 트라우마의 언어적 치료를 무시하기보다 그 치료 효과의 한계를 지적한다. "트라우마 이야기는 트라우마의 소외를 감소시키고 왜 사람들이 그런 방식으로 고통받는지에 대한 **설명**을 제공한다."[59] 그러나 "이야기는 더 중요한 문제 즉 트라우마가 사람들을 변화시키고 그들은 더 이상 '자신들'이 아니라는 사실을 모호하게 만든다."[60]

여기에서 "자신들"은 마음이라기보다 몸이고 트라우마로 인해 바뀐 자신들이 신체로 느끼는 것을 언어로 표현하는 데는 한계가 있다. 언어와 신체 사이에는 뇌 구조상 거리가 있기 때문이다. 그러므로 언어가 아닌 신체가 말하는 것에 관심을 기울이는 것이 치료의 길이다.

더 이상 자신이 아니라는 느낌을 말로 표현하는 것은 극히 어렵다. 언어는 일차적으로 우리의 내적 느낌, 우리의 내면성을 전달하기 위해서가 아니라 "밖에 있는 것들"을 공유하기 위해 발달했다. (다시 말하지만, 뇌의 언어 중심은 자신을 경험하는 중심으로부터 지리적으로 가능한 멀리 떨어져 있다.) (⋯중략⋯) 우리는 감각, 목소리의 어조, 신체의 긴장을 통해 말하는 자기관찰적 신체기반 자기 체계를 사용함으로써 언어의 불안정성을 넘어설 수 있다. 직감적 감각을 지각할 수 있는 것이 감정적 인식의 근본이다. 만일 환자가 여덟 살 때 아버지가 가정을 버렸다고 말하면 나는 멈춰서 그에게 자신을 알아보라고 요구할 것이

---

57   Bessel A. van der Kolk, *The Body Keeps the Score*, 245쪽.

58   Roger Luckhurst, *The Trauma Question*, New York : Routledge, 2008, 82쪽. 이 명제에 관해서는 10장 「서사와 치유」를 볼 것.

59   Bessel A. van der Kolk, *The Body Keeps the Score*, 239쪽, 원문강조.

60   위의 책, 239쪽.

다. 그가 아버지를 다시 보지 못한 소년에 대해 내게 말할 때 내면에서 무슨 일이 일어나는가? 그것이 그의 신체 어디에 기록되는가? 당신이 당신의 직감을 활성화해서 당신의 상심에 귀를 기울일 때 — 당신이 가장 깊숙한 내면으로 통하는 내부감각수용적 경로를 따라갈 때 — 변화가 시작된다.[61]

트라우마에 대한 사실적 설명이 아니라 트라우마가 새겨진 신체가 표현하는 감정적 감각적 표현에 귀를 기울이는 것이 트라우마를 치료하는 길이다. 신체의 목소리를 체험하는 것이 치료의 시작이다. 그런데 여기에서 낯익은 문제가 발생한다. 이렇게 트라우마가 새겨진 신체의 외침을 듣는 것은 결국 트라우마를 재경험하는 고통을 주는 것이 아닐까? 트라우마의 진실에 다가가는 통로가 신체적 감각의 통로라면 이 길은 트라우마가 발생했을 때의 충격을 다시 경험하는 것이 아닐까? 트라우마를 재경험하고 말하는 치료를 중도에 그만두는 확률이 높은 이유는 "환자가 즉각적인 안도 없이 트라우마를 재경험하면서 과잉 흥분을 느끼기 때문"이다.[62] 그렇다면 트라우마의 고통에 다시 노출되지 않으면서 신체를 통해 트라우마를 치료하는 방법은 무엇일까? 이제 반 데어 콜크가 논하는 치료법을 중심으로 몇몇 대표적인 신체 중심 트라우마 치료의 종류와 메커니즘을 살펴보자.

---

61   위의 책, 239~240쪽.
62   Bessel A. van der Kolk, "Posttraumatic Therapy in the Age of Neuroscience", 389쪽.

6. 신체체험치료

트라우마 치료를 위해 외상기억을 회복하는 과정에서 트라우마에 다시 노출되는 것은 치료를 방해한다. 따라서 트라우마를 말하는 사회적 환경의 구축뿐 아니라 환자가 트라우마를 말할 때 안전하다고 느끼게 만드는 장치의 확보가 필요하다. 신체는 바로 이런 안전장치를 제공하는 장소로 새롭게 주목을 받는다. 신체는 상처가 새겨진 곳이자 치료의 도구이며 장소다. 신체체험somatic experiencing치료를 개발한 러빈Peter Levine은 이런 추세의 한복판에 있다.[63] 반 데어 콜크가 논하는 러빈의 치료법은 신체가 어떻게 치료에 동원되는지 구체적으로 보여준다. 러빈이 개발한 신체체험 심리치료에는 9단계 치료과정이 있다. 이 단계들은 반드시 순서가 정해져 있지 않고 또 반복될 수 있지만 처음 세 단계는 반드시 순서대로 진행되어야 한다.

첫째 단계는 치료자가 환자에게 **"상대적** 안전의 환경을 설정하는 것"이다.[64] 이는 트라우마가 초래한 혼란한 상황에서 환자가 "평형상태로 회귀하기 위한 출발점"이고 환자에게 "피난처, 희망, 가능성을 전달하는 분위기"를 제공한다.[65] 둘째 단계는 트라우마에 의해 "그들의 신체 내부

---

63 신체 중심 치료는 최근 지배적인 현상이 되었다. 트라우마가 초래한 감정이 신체에 저장된다고 주장하고 신체에 초점을 맞춘 치료를 제안한 라이히(Wilhelm Reich)에서 시작한 신체 치료가 주변부에 머물러 있다가 신경과학적 트라우마 연구를 통해 트라우마 치료의 중심에 서게 되는 과정을 러빈을 중심으로 논한 글로는 Lauren Dockett, "From Margin to Mainstream : Peter Levine's Bottom-Up Approach to Healing", *Psychotherapy Networker*, Vol. 43, No. 2, 2019, 26~31쪽을 참조할 것.

64 Peter A. Levine, *In an Unspoken Voice : How the Body Releases Trauma and Restores Goodness,* Berkeley, California : North Atlantic Books, 2010, 75쪽.

65 위의 책, 75쪽.

에서 발생하는 원초적인 감각, 본능, 느낌으로부터 단절된" 환자들이 이런 내면적인 감각을 회복하기 위해 필요한 단계다.[66] 트라우마 환자들에게 "신체는 적이 되었기 때문에" 이 단절된 내적 감각을 갑자기 대면하면 외상적 사건에서 겪은 공포와 무력감에 다시 노출된다.[67] 그러므로 치료자는 환자의 표정이나 자세의 변화 등에서 안심하거나 밝아지는 것 같은 "순간적인 긍정적 변화"를 간파해서 이런 감각에 집중하게 함으로써 점차 불편하고 불쾌한 감각들까지 모두 경험할 수 있게 해야 한다.[68] 둘째 단계는 이렇게 처음에는 내적 감각들을 탐색하다가 점차 불쾌한 감각을 수용할 수 있게 도와주는 단계다. 이런 과정에서 "내담자는 거부했던 저변의 감각들 ― 특히 무력감, 마비, 분노 ― 이 의식에 출현하는 것을 허락하기 시작한다. 그는 저항 / 공포와 수용 / 탐색이라는 두 대립되는 상태에서 선택함으로써 행위력의 경험을 발달시킨다. 내담자는 저항과 수용, 공포와 탐색 사이에서 동요하면서 부드럽게 왔다 갔다 진동하며 점차 보호장비를 벗는다."[69]

이런 율동적인 진동운동이 셋째 단계인 "핵심적인 내적 변화 과정인 진자운동pendulation"이다.[70] 진자운동은 "우리에게 어떤 느낌도 시간제한이 있고 고통은 영원히 지속되지 않을 거라고 말해주는 수축과 팽창의 **자연적인 회복의 리듬**"을 의미한다.[71]

---

66   위의 책, 76쪽.
67   위의 책, 76쪽.
68   위의 책, 77쪽.
69   위의 책, 77쪽.
70   위의 책, 78쪽.
71   위의 책, 79쪽.

트라우마가 얼어붙고 갇히는 것이라면 진자운동은 수축과 팽창의 선천적이고 유기체적인 리듬이다. 다시 말해서 그것은 아무리 끔찍한 느낌도 **변할 수 있고 변할 것임**을 아마도 처음으로 앎으로써 (내부에서 감지함으로써) 벗어나는 것이다. (…중략…) 어려운 감각들을 다루는 놀랍도록 효과적인 전략은 "반대되는" 감각을 찾도록 도와주는 것이다. 이 감각은 신체의 특수 부위, 특별한 자세 또는 작은 동작에 있거나 더 적게 얼어붙고 무력하며, 더 강하고 또 유동적이라 느끼는 것과 연관되는 것이다. 내담자의 불편함이 순간적이라도 변하면, 치료자는 그 순간적인 신체 감각에 집중해서 새로운 지각·즉 그가 적어도 괜찮다고 느끼는 '안전섬island of safety'을 발견해서 정착했다는 지각을 갖게 격려할 수 있다. 이 섬을 발견하는 것은 전반적인 나쁜 느낌들을 부정하고, 신체는 결국 적이 아닐 수 있다고 알려준다. (…중략…) 새로운 시냅스 연결이 형성되고 강화됨에 따라 이렇게 커지는 안정감과 더불어 선택과 심지어 기쁨이 가능해진다.[72]

이렇게 진자운동은 수축과 팽창을 단순히 반복하는 것이 아니라 점차 팽창이 수축보다 커지는 과정으로서 "트라우마 치료와 더 일반적으로 고통의 완화에 중추적"이다.[73] 여기에서 주목할 점은 환자에게 안전감을 주는 것이 신체라는 점이다. 트라우마로 인해 자신이 통제할 수 없는 증상의 장소가 된 신체는 이제 원초적인 감각의 회복력과 안전감을 제공하는 장소가 된다. 몸은 트라우마가 새겨지는 장소일 뿐 아니라 트라우

---

72 위의 책, 78~79쪽. 러빈은 "안전섬"을 인용부호로 표기한다. 반 데어 콜크는 이 용어를 처음 사용한 사람이 자신인지 러빈인지 불분명하다고 밝힌다. Bessel A. van der Kolk, *The Body Keeps the Score*, 410쪽, 미주 22번.

73 Peter A. Levine, *In an Unspoken Voice*, 80쪽.

마가 치료되는 장소이기도 한 것이다. 왜 신체의 특수 부위나 자세 또는 동작이 안전섬을 제공할 수 있는 것일까? 반 데어 콜크에 따르면 "이 부분들은 공황의 메시지를 가슴, 배, 목에 전달하는 미주신경vagus nerve이 미치지 않는 곳에 주로 위치해서 트라우마를 통합하는 데 협력자 역할을 할 수 있기" 때문이다.[74]

반 데어 콜크는 "탐색상태와 안전상태 사이, 언어와 신체 사이, 과거를 기억하는 것과 현재에 살아있다고 느끼는 것 사이에서 진자운동 하는 것이 트라우마 해결을 위한 장을 마련한다"고 설명한다.[75] 진자운동은 언어와 신체 사이, 과거와 현재 사이에서 발생하고 수축과 팽창을 오가며 팽창이 확대되는 과정이므로 과거에서 현재로, 언어에서 신체로 점차 이동하는 과정이라고 볼 수 있다. 러빈이 치료과정에서 환자에게 말로 지시하므로 언어가 배제되지는 않는다. 그러나 치료 효과를 낳는 것은 러빈의 말이 아니라 환자의 신체반응이므로 언어는 보조적인 역할을 할 뿐이다. 언어가 아니라 감각이 치료의 중심에 서게 된다. 이런 관점에서 언어의 불안정과 위험을 신체의 안전으로 보완하고 상쇄하는 진자운동 기법은 치료의 열쇠가 신체에 있다는 것을 보여준다. 트라우마 치료는 몸을 매개로 한 정신의 치료일뿐 아니라 몸을 변화시켜 변신하는 치료다. 치료에서 발생하는 변화는 나에 대해 말하는 언어적인 인식의 변화라기보다 '어떤 몸이 되는 것becoming some body' 즉 변신이다.[76]

환자에게 이런 변화가 갑자기 발생하지 않도록 환자가 외상과 관련된 감정 및 신체 반응과 대면하면서 트라우마에 다시 노출되는 위험을

---

74   Bessel A. van der Kolk, *The Body Keeps the Score*, 247쪽.
75   위의 책, 247쪽.
76   위의 책, 248쪽.

최대한 방지하는 것이 중요하다. 러빈의 9단계에서 넷째 단계인 적정 titration은 바로 이점을 방지하기 위한 것이다. 화학 용어인 적정은 "반응 물질들을 점진적으로 변화시키기 위한 통제된 배합으로 잠재적 폭발력을 지닌 두 가지 부식성 물질을 혼합하는 방식"을 의미한다.[77] 즉 적정은 목표하는 화학반응을 일으키기 위해 필요한 최소한의 용액 농도를 정하는 것이다. 러빈은 신체체험치료에서 이 용어를 "트라우마 재협상의 점진적이고 단계적인 과정"의 의미로 사용한다.[78] 트라우마는 점진적인 수축과 팽창의 과정을 통해서만 치료될 수 있다.

환자는 진자운동과 적정을 통해 외상 상황에서 겪은 공포에 동반된 마비와 무운동immobility에서 벗어날 수 있다. 치료는 다시 무운동으로 들어갔다가 나오는 과정이 필요하다. 외상 상황에 적절히 대응하지 못해 무력함과 마비를 경험한 환자는 이 무운동에서 벗어나기 위해 극단적인 분노를 표출할 수 있고 이를 억제하기 위해 분노를 자신에게 돌리는데 이는 다시 환자가 수치심을 느끼게 만드는 악순환에 빠지게 한다. 외상 상황에서 환자가 경험한 공포는 이미 사라졌음에도 불구하고 마비와 분노가 일시적인 것임을 알지 못하는 환자는 잔존하는 무운동과 분노에 저항하기 위해 새로운 공포 상태를 만들어낸다.[79] 치료과정에서 환자는

77　Peter A. Levine, *In an Unspoken Voice*, 83쪽.

78　위의 책, 82쪽.

79　르두는 외상 상황의 공포가 사라져도 공포를 재생산하는 메커니즘을 내측 전전두엽의 손상으로 설명한다. "이 부위(내측 전전두엽)는 피질의 감각 영역과 편도체에서 신호를 받아서 편도체가 투사하는 많은 부위뿐 아니라 편도체로도 연결(connections)을 다시 보낸다. 내측 전전두엽은 따라서 외부세계의 사건들과 이 사건들에 대한 편도체의 해석에 기초해서 편도체의 출력을 조절할 수 있는 위치에 있다. (…중략…) 피질에 손상을 입은 쥐의 편도체는 신경증 환자처럼 자극이 더 이상 위험과 무관하다는 정보를 갖고도 공포의 기억을 고집스럽게 표현한다. (…중략…) 인간의 전두엽 손상의 특징 중 하나는 보존(preservation) 즉 어떤 것이 더 이상 적절하지 않아도 그것을 멈추는

트라우마에서 경험한 무운동으로 들어갔다가 치료자의 지도에 따라 진자운동과 적정의 과정을 통해 이 악순환에서 벗어날 수 있다. 환자는 자신이 외상 상황에 적절히 대처하지 못한 것이 생물학적이고 본능적인 반응이었다는 사실을 받아들이고 무운동을 끝내고 악순환에서 벗어나 시간적으로 전진할 수 있게 된다.[80]

치료가 신체를 통해 이루어진다면 치료되었다는 신호 역시 신체적으로 나타난다. 환자가 마비와 분노에 대한 저항에서 벗어나 무운동을 탈출하면 전율 등을 경험하는 데 이는 외상 상황에서 발생한 에너지를 방전하는 효과를 낳는다. 치료의 일곱째 단계는 "생명보존 행동을 위해 동원된 많은 생존 에너지의 방전을 촉진해서 각성상태를 해소하는 것"이다.[81]

무운동에서의 탈출에서 수동적 반응이 능동적 반응으로 대치될 때 특별한 생리 과정이 발생한다 : 불수의적 흔들림과 떨림의 파동을 경험하고 이어서 긴장한 얕은 호흡이 깊고 이완된 호흡으로 자발적으로 바뀐다. 이런 불수의적 반응들은 본질적으로 유기체가 투쟁, 도주 또는 기타 자기보호를 위해 준비하도록 동원되었으나 충분히 실행되지 못했던 방대한 에너지를 방전하는 기능을 한다. (…중략…) 이런 자율신경계 방출과 더불어 사건 당시 완성되지 못한 (잠재적 에너지로 동면하고 있는) 자기보호적 방어적 반응들이 미세 운동을 통해 수시로 해방된다.[82]

능력의 부재다."Joseph LeDoux, *The Emotional Brain*, 248~249쪽. 르두에 따르면 보존은 인지장애에서뿐 아니라 공포와 같은 감정의 영역에서도 존재한다.

80 Peter A. Levine, *In an Unspoken Voice*, 86~91쪽.
81 위의 책, 91쪽.
82 위의 책, 91~93쪽.

러빈의 여덟째 단계는 이런 과정을 통해 내적인 자기수용적introceptive 평형을 회복해서 이제 안전하다는 느낌을 갖는 것이고, 마지막 아홉째 단계에서는 과거의 트라우마에 의한 속박에서 벗어나 현재의 현실에서 타인과 사회적 유대를 맺고 소속감과 안전감을 느끼는 것이다.

러빈의 신체체험치료는 새로운 신체치료의 개발에 영향을 미친다. 예컨대 로페즈Giovanni Lopez는 생물체계 정신치료 학파Biosystemic School of Psycho-therapy가 제시하는 생물체계치료법을 트라우마가 자율신경계에서 초래한 교감신경과 부교감신경의 불균형을 회복하는 치료로 소개한다. 교감신경이 에너지를 소비한다면 부교감신경은 에너지를 재생하는 역할을 하고 시상하부가 이들을 조절한다. 러빈이 제시한 수축과 팽창의 진자운동은 이렇게 교감신경과 부교감신경이 서로 교대해서 작용하는 과정을 지칭한다. 그러나 교감신경과 부교감신경이 동시에 활성화되면 위기가 발생하고, 또 둘이 서로 영향을 주지 않는 해리가 발생하면 동기화 해제out of synchronization가 발생한다. 교감신경은 기쁨, 분노, 좌절같은 능동적 감정을, 부교감신경은 수치심, 고통, 사랑 등의 수용적 감정을 조절하는데 각각의 감정은 교감신경과 부교감신경이 교대할 때 "역동적 상태"에, 교대하지 않을 때 "만성상태"에 빠진다.[83] 외상 상황에서 스트레스 반응이 변연계와 시상하부에 미친 효과로 인해 외상후 반응은 만성상태다. 생물체계치료에서 환자는 "감정의 증가-감소 주기를 다시 삶으로써 교감신경과 부교감신경의 동기화된 교대를 재활성화할 수 있다."[84]

83　Giovanni Lopez, "Why Verbal Psychotherapy is Not Enough to Treat Post Traumatic Stress Disorder : a Biosystemic Approach to Stress Debeiefing", *Body, Movement and Dance in Psychotherapy*, Vol.6, No.2, 2011, 133쪽.

84　위의 글, 135쪽.

7단계로 이루어진 트라우마 치료를 위한 생물체계 프로토콜^{BPTT, Bio-}

7단계로 이루어진 트라우마 치료를 위한 생물체계 프로토콜BPTT, Bio-systemic Protocol for Trauma Treatment도 신체를 통해 감정을 통제하는 방법을 보여준다. 치료자는 환자에게 외상 상황에서 느꼈던 시각, 촉각, 후각 등 여러 감각의 이미지를 안전한 환경에서 떠올리게 한다. 그 방법은 환자가 트라우마에서 느낀 감정과 연관된 신체 부위를 만지게 해서 — 예컨대 숨이 막혔다면 목을, 마비를 겪었으면 마비되었던 다리를 만지게 해서 — 그 감정을 더 잘 통제할 수 있게 유도한다. 또한 치료자는 환자가 느낀 감정을 표현할 때 신체적인 요소를 동반하게 한다. 예컨대 환자가 느끼는 감정표현에 적합한 어조로 말하거나 발을 구르거나 팔과 다리를 흔드는 동작을 하게 한다. 환자가 언어적이고 신체적으로 통합된 형태로 감정을 표현할 때 치료자는 개입해서 "교감 활성화"를 강화하고, 감정표현이 극에 달하면 환자가 감정표현을 축소하게 하는 "부교감 활성화"를 유도한다.[85] 특히 치료자는 안전한 환경에서 트라우마와 관계된 네 가지 감정 — 고통, 분노, 수치심, 죄책감 — 을 표현하게 한다. 이런 다음 환자들은 모여서 서로 다른 인물 또는 자기 안의 서로 다른 부분의 역할을 맡는 역할극을 통해 감정과 반응 사이의 관계를 확인하고 외상 상황에서 얻지 못한 도움을 구하며, 외상에 대한 개인 반응을 공유해서 그런 반응이 정상적인 것이었음을 깨닫게 한다. 이후 질의응답과 피드백으로 치료는 마무리된다.[86] 이 생물체계 기법은 "전통적인 언어적 접근법과 반대로 트라우마를 세공하는 마음신체 통합적인 치료 프로토콜을 위한 도구"다.[87]

---

85 위의 글, 138~139쪽.
86 위의 글, 132~140쪽.
87 위의 글, 141쪽.

7. 둔감화와 재처리

치료의 중심이 언어에서 신체로 이동하면서 외상적 경험의 감각을 무디게 하는 둔감화desensitization가 중요한 치료 방법으로 출현하는 것은 놀랍지 않다. 환자가 외상적 감정을 느끼는 정도를 무디게 만들어 현실에 적응하게 하는 둔감화 역시 러빈이 제안한 적정의 과정 즉 점차적인 단계로 이루어져야 한다. 월프Joseph Wolpe가 제안한 '체계적 둔감화systematic desensitization'는 이런 점진적 과정을 통해 신경증 증상을 궁극적으로 없애는 "전형적인 소거 치료"다.[88] 체계적 둔감화 치료는 월프가 "비적응 반응의 지속적인 습관"을 없애기 위해 이 반응과 "경쟁적인(양립하지 않는) 반응"을 유도해 비적응 반응을 억제하는 상호억제reciprocal inhibition기법 중 하나다.[89] 예를 들어 공포증 환자는 불안 반응의 강도에 따라 가장 낮은 상황에서부터 가장 높은 상황으로 정렬된 '위계질서hierarchy'를 만들고 환자가 가능한 깊이 이완하게 만든 다음 몇 초 동안 가장 낮은 단계의 상황부터 시작해서 각 상황마다 정서장애가 발생하지 않을 때까지 반복해서 점차 최고의 불안 상황에서도 장애를 느끼지 않게 한다.[90] 르두의 설명에 따르면 "일단 환자가 치료 환경에서 편안하게 느끼는 것을 배우면, 그(녀)는 덜 무서운 이미지부터 시작해서 더 무서운 이미지로 나아가도록 감정적 이미지를 만들라고 요구된다. (…중략…) 그런 다음 둔감화는 이미지에서 불안을 유발하는 실제 대상과 상황으로 이동하는데 여기에

---

88   Joseph LeDoux, *The Emotional Brain*, 264쪽.

89   Joseph Wolpe, "Psychotherapy by Reciprocal Inhibition", *Conditional Reflex*, Vol. 3, No. 4, 1968, 234~235쪽.

90   위의 글, 237쪽.

서도 마찬가지로 가정 덜 무서운 것으로 시작해서 더 무서운 것으로 나아간다."[91] 이 기법은 러빈이 제시한 적정 개념과 일치하며 치료의 목적이 불안 같은 감정의 완화에 있음을 보여준다.

반 데어 콜크가 "외상적 경험을 언어로 다시 살게 하지 않으면서 외상 후 스트레스 장애 환자들을 둔감하게 하는" 치료법으로 주목하는 안구운동 둔감화 재처리법EMDR, Eye Movement Desensitization and Reprocessing은 월프의 둔감화 치료법을 기억의 재처리 관점에서 한층 발달시킨 치료로서 의식이 아닌 감정, 마음이 아닌 몸에 직접 작용하는 방법으로 볼 수 있다.[92] 샤피로Francine Shapiro는 이 치료법을 우연히 발견한다. 그녀는 1987년 봄에 걷던 중 의식적인 노력 없이 불안한 생각이 사라져 버린 것을 발견하고 이를 확인하기 위해 자신이 무엇을 했는가에 주목한다. 그리고는 불안한 생각이 떠올랐을 때 자신의 눈이 위쪽 대각선 방향으로 빨리 왕복운동을 자발적으로 하기 시작했다는 것을 알게 된다.[93] 샤피로는 이 치료의 효과를 실험하기 위해서 자원한 전쟁 트라우마에 시달리는 베트남전 참전용사를 대상으로 시험한 결과 그를 괴롭히던 외상기억의 장면이 바뀌고 마음이 평온해진 상태에서 그가 "나는 전쟁이 끝났다고 최종적으로 말할 수 있고 모두에게 집에 가라고 말할 수 있다"고 말하는 것을 경험한다.[94]

샤피로는 이후 22명의 트라우마 환자를 대상으로 통제 연구를 진행해서 이 치료법이 외상기억을 효과적으로 둔감화했다는 사실을 입증하

91　Joseph LeDoux, *The Emotional Brain*, 264쪽.

92　Bessel A. van der Kolk, "Posttraumatic Therapy in the Age of Neuroscience", 389쪽.

93　Francine Shapiro, *Eye Movement Desensitization and Reprocessing (EMDR) Therapy : Basic Principles, Protocols, and Procedures*, 3rd edition, New York : The Gilford Press, 2018, 7쪽.

94　위의 책, 9쪽.

고 안구운동법을 체계적으로 확립한다. 샤피로는 이 기법이 월프의 둔감화 치료나 자극홍수법flooding보다 더 안전하고 효과적임을 발견한다. 월프의 둔감화 치료는 적어도 9회의 상담회기가 필요하고 자극홍수법 역시 불안을 제거하는 데 평균 5~9회의 상담회기가 필요하다. 더구나 자극홍수법은 환자가 장시간 높은 불안을 강제로 대면해야 하는 위험이 있다.[95] 이에 반해서 안구운동 치료는 단기간에 효과적으로 환자의 불안을 제거할 수 있다. 환자는 외상기억에 집중하면서 치료자의 손가락을 따라 눈을 좌우로 빨리 움직인다. 그 결과 외상적 생각은 완전히 제거되고 다시 떠올려도 불안한 감정이 생기지 않는다.

EMD안구운동둔감화 절차에서 내담자들은 율동적이고 쌍방의 도약안구운동saccadic eye movements을 끌어내기 위한 수단으로 양옆으로 10~20회 아주 빨리 움직이는 치료자의 손가락을 눈으로 따라가도록 요구된다. 그러는 동안 내담자들은 동시에 외상적 사건을 시각화해서 연상된 불합리한 인지 또는 부정적 자기진술 (즉 자기평가)를 마음속에서 반복한다. 예비 검사는 이 절차가 ① 강렬하고 장기적인 불안 없이 단기간1회의 상담회기에 고도의 외상기억을 둔감화하고, ② 시각표상의 재정의와 함께 언어화된 자기진술 또는 평가의 인지적 구조조정을 생산하며, ③ 적절한 행동 변화를 상당히 유발하는 능력을 지니고 있음을 제시했다.[96]

실험에 참가한 환자들은 모두 0~11 사이의 주관적 고통단위 지수SUD,

95　Francine Shapiro, "Efficacy of the Eye Movement Desensitization Procedure in the Treatment of Traumatic Memories", *Journal of Traumatic Studies*, Vol. 2, No. 2, 1989, 200쪽.
96　위의 글, 201쪽.

Subjective Units of Disturbance가 눈에 띄게 감소한다. 반대로 치료자는 환자들에게 과거와 다른 자신이 바라는 대안을 제시하게 하고 이 대안적인 상황의 느낌을 7단계로 측정하는 인지가치 지수Validty of Cognition가 급격히 상승한다. 치료 중에 환자가 처음에 떠올렸던 외상기억과 다른 기억이 떠오를 수 있고 이 경우 그 새로운 기억을 대상으로 안구운동치료를 하면 원래의 외상기억이 일으키는 불안도 감소한다. 또한 환자들은 도약안구운동의 상담회기를 거듭하면서 "상황의 성공적이고 생태학적인 치료평가와 관련된 일련의 논리적 사고의 일부였던 새로운 통찰과 관점(예컨대 '내가 책임이 있어'에서 '나는 아주 어렸어'를 거쳐 '나는 최선을 다했어' 그리고 '내 잘못이 아니었어'로 이어지는)을 자발적으로 생산"한다.[97] 이런 변화는 외상기억과 관계된 장면뿐 아니라 감정에서도 일어난다. 보통 트라우마 환자들에게서 발생하는 "부정에서 시작해 공포와 죄책감, 분노와 슬픔을 거쳐 안도와 수용으로 이행하는 감정의 자연적인 진행"이 수일에서 수개월 또는 수년이 걸리는 반면 이 치료는 불과 몇 분 안에 이런 효과를 낳는다.[98] 그 결과 플래시백, 침투적 사고intrusive thought, 악몽, 타인에 대한 신뢰부족, 두통, 공황, 불면증 등의 증상이 제거되거나 급격히 감소한다. 이런 효과는 3개월 후의 추수연구에서도 지속되는 것으로 입증된다.

샤피로는 이 치료법이 단순히 불안을 감소시키는 것이 아니라 외상기억을 재처리하는 것이므로 1990년에 EMD를 EMDR로 바꿔 부른다.[99] 예컨대 다리가 절단되었음에도 불구하고 다리에 통증을 느끼는 환지통

---

97   위의 글, 215쪽.

98   위의 글, 215쪽.

99   샤피로는 다시 명명할 수 있다면 둔감화가 아닌 "재처리 치료(reprocessing therapy)"로 명명했을 것이라고 말한다. Francine Shapiro, *Eye Movement Desensitization and Reprocessing(EMDR) Therapy*, 1쪽.

phantom limb pain 환자는 다리가 없다고 인지하더라도 다리의 신체기억이 역기능적으로 저장되었기 때문에 다리 통증과 관계된 "부정적 정동과 신체 감각이 유지된다."[100] 이렇게 잘못 저장된 기억은 재처리를 요구한 다. 샤피로는 외상기억을 재처리하는 과정이 치료의 핵심이며 둔감화는 정보 재처리의 결과라고 본다.

EMDR 실습에서 중대한 (그러나 다른 정보처리 이론에서는 명시되지 않은) 그리고 절차들의 지속적 적용이 제시한 원칙은 우리 모두 안에 정신적 건강의 상태로 정보를 처리하도록 생리학적으로 맞춰진 선천적 체계가 있다는 것이다. 이 체계의 도움으로 부정 감정은 완화되고 학습이 발생하며 적절히 통합되어 미래에 사용할 수 있게 된다. 다시 말해서 이 체계가 적절히 작동하면 처리는 괴롭거나 무서운 기억의 적응적 해결을 낳는다. 이 체계는 발달기에 생긴 트라우마나 스트레스 때문에 균형이 깨질 수 있지만 일단 EMDR 치료로 적절히 활성화되어 역동적 상태로 유지되면 치료적으로 적절한 해결의 상태로 정보를 빨리 바꿀 수 있다. 둔감화, 자발적 통찰, 인지적 구조조정 그리고 긍정적 정동과 자원과의 연합은 신경생리학적 차원에서 발생하는 적응적 재처리의 부산물로 볼 수 있다. (…중략…) 외상기억이 저장되는 방식을 포함해 외상기억의 역기능적 성격은 과거의 부정적 정동과 신념이 현재에 내담자를 침투하게 허용한다. 그런 기억의 EMDR 치료의 처리는 적응적 정보를 포함하는 생리학적 네트워크에 자발적으로 접근해서 더 긍정적이고 고무적인 현재의 정동과 인지가 신경생리학적 네트워크 전체에 걸쳐 연관된 기억으로 일반화되어 내담자가 더 적절한 행동을 하도록 자발적으로 유도한다.[101]

---

100 위의 책, 14쪽.
101 위의 책, 14~16쪽.

트라우마가 인간에게 선천적인 정보처리체계를 교란했기 때문에 이 체계를 복구하면 트라우마가 치료되며 둔감화는 정보 재처리의 결과일 뿐이다. EMDR은 정신역동적pshchodynamic 접근, 인지행동적cognitive-behavioral 접근과 양립하며 페미니즘, 신체치료 등 많은 주요 심리치료를 포괄하는 통합적integrative 접근이다. 그러나 EMDR의 핵심은 "역기능적 인지와 행동이 단지 생리학적으로 저장된 기억의 증상일 뿐이고, 쌍방향 자극의 사용을 포함한 처리 절차를 통해 이 기억을 직접 해결한다는 적응적 정보처리AIP, Adaptive Information Processing 원리"다.[102]

샤피로는 8단계로 구분된 안구운동 둔감화 재처리 치료법을 정립한다. ① "내담자 역사와 치료계획" 단계에서는 EMDR 치료과정이 요구하는 정신적 신체적 적합성(예컨대 치료과정에서 대면할 불안을 대면할 능력 또는 연령, 호흡기와 심장 질환 유무 등)을 갖춘 내담자를 선택하고, 이들의 증상에서 재처리할 표적(예컨대 사건, 현재 유발요인)과 긍정적 태도와 미래에 필요한 태도 등을 정해서 치료계획을 수립한다. ② "준비" 단계에서는 내담자에게 EMDR 치료에서 불안을 대할 수 있다고 알려주고 미리 "정동 조절 테크닉" 등을 훈련시켜 치료를 준비하게 한다. ③ "평가" 단계에서는 임상의가 환자에게 치료할 외상기억을 나타내는 이미지를 정하고 관련된 부정적 자기평가와 신념 — 예컨대 "나는 자격이 없어 / 사랑받을 만하지 않아" 등)을 선택하고 임상의는 이를 대치할 긍정적 인식 — 예컨대 "나는 자격이 있어 / 사랑받을만 해" 등)을 명시하며, 부정적 인지와 관련된 불안 지수를 10단계 SUD 척도로, 긍정 인식을 7단계 VOC 척도로 측정한다. ④ "둔감화" 단계에서는 안구운동을 여러 회 실행해서

---

102 위의 책, 23쪽.

SUD 지수가 0 또는 1이 되게 한다. 이 단계는 내담자가 새로운 통찰과 연상을 얻는 등 다양한 반응을 포함한다.

　⑤ '설치installation' 단계에서는 내담자가 부정적 인지를 대신할 것으로 찾은 긍정적 인지를 설치해서 강화하는 데 집중하여 긍정적 인지가치 지수가 VOC 척도의 최고인 7에 도달하게 한다. 예컨대 "나는 힘이 없어" 대신 "나는 이제 다스릴 수 있어"가 설치된다. 이때 평가 단계에서 명시된 긍정 평가를 사용하는 것이 바람직하다. ⑥ '몸 살피기Body Scan' 단계에서는 내담자가 표적 사건과 긍정적 인지를 마음에 둔 상태에서 신체를 위에서 아래로 정신적으로 스캔해서 신체 감각의 형태로 남아 있는 장애를 찾아내게 한 뒤 이 신체 감각을 표적으로 삼아 치료한다. 이 단계는 이전에 숨겨진 긴장과 저항의 영역을 드러내며 처리되지 않고 남아 있는 정보를 해결한다. ⑦ "종결" 단계에서는 외상기억의 재처리가 완전한가의 여부와 무관하게 내담자는 감정적 평형을 되찾아야 한다. 내담자에게 상담회기 중 부정적인 이미지, 감정, 생각, 기억 등이 떠오를 수 있다는 것을 알려주고 이것들을 기록하고 다음 회기에서 사용할 수 있도록 스냅샷 형태로 시각화하게 한다. ⑧ "재평가" 단계에서 임상의는 내담자가 이전에 처리된 표적에 접근하게 하고 표적이 된 기억에 대해 어떻게 느끼는지 묻는 등의 방식으로 기억이 통합되는 치료 효과를 확인해서 다른 표적을 처리해야 할지를 결정한다. 이 재평가 단계는 새로운 상담주기가 시작될 때마다 시행한다.[103]

103　이상의 내용은 위의 책 65~71쪽을 볼 것. 더 상세한 내용은 위의 책 4~8장을 참조할 것. 이 8단계를 간단히 도표로 정리한 내용에 관해서는 Francine Shapiro and Deany Laliotis, "EMDR and the Adaptive Information Processing Model : Integrative Treatment and Case Conceptualization", *Clinical Social Work Journal*, Vol. 39, No. 2, 2011, 194쪽을 볼 것.

　이와 같은 샤피로의 안구운동 둔감화 재처리 치료법에서 주목할 것은 그녀가 치료과정에서 언어의 개입을 최소화한다는 점이다. 치료의 여러 단계에서 치료자는 구두로 내담자를 훈련시키고 지시한다. 그러나 치료자는 치료의 메커니즘이 내담자의 의식이나 언어가 아니라 두뇌에 있음을 분명히 설명한다. 예컨대 치료자는 "이제 치료하는 것은 당신의 두뇌이고 당신이 통제하고 있다는 것을 기억해요. 나는 당신이 정신적으로 표적에 집중하고 내 손가락을 따라 눈을 움직이라고 할 거예요. 일어나는 일을 그대로 일어나도록 내버려 둬요. 우리는 회기 끝에 이야기할 거예요"라고 말한다.[104] 이때 치료자는 내담자에게 표적이 되는 사건의 이미지, 그것의 부정적 인지 및 동반되는 신체 감각을 동시에 주목하게 한다. 예컨대 임상의는 "그림과 말을 떠올리고 (임상의는 부정적 인지를 반복한다) 몸 어디에서 느끼는지 주목하세요. 이제 내 손가락을 따라 눈을 움직여요"라고 말할 수 있는데, 샤피로는 "은유적으로 이는 역기능적으로 저장된 자료에 세 가지 레이저 광선을 쏘는 것과 같다"고 말한다.[105] 내담자가 자신의 신체와 두뇌에서 발생하는 것에 치료자의 개입 없이 주목하는 것이 치료의 핵심이다.

　EMDR 치료의 의도는 역기능적 재료를 자극하고 처리 메커니즘을 활성화해서 정보가 자연스런 경로를 따라 적응적 해결로 흐르게 하는 것이다. 이를 가장 잘 성취하기 위해서 내담자는 경험 안에 남게 즉 정보의 감각적 표명과 접촉하게 허락되어야 한다. 능동적 청취 — 임상의가 **"제가 듣기로 당신이 말하는 바는"**이라고 말하고 내담자의 말을 반복하거나 달리 표현하는 것 — 는

104　Francine Shapiro, *Eye Movement Desensitization and Reprocessing(EMDR) Therapy*, 137쪽.
105　위의 책, 137쪽.

EMDR 처리에서 사용되지 **말아야** 한다. 이런 기술은 치료 이득이 주로 언어적 재평가에 의존하는 다른 형태의 심리치료에서 널리 사용되지만 EMDR 치료 효과와는 상반된다. 임상의가 환자의 말을 반복할 때 심지어 억양의 사소한 변화도 의미를 바꿀 수 있다. 내담자는 충분히 임상의의 말을 해석하고 임상의의 진술을 자신이 느끼는 것과 비교한 후 이 비교를 언어화하기 위해 자신의 경험에서 나오도록 강요된다. 내담자를 감정적 감각적 경험에서 나오게하는 이런 형태의 인지적 해석은 처리를 방해할 수 있다.[106]

인지와 언어 그리고 해석의 개입을 최소화하는 이 치료의 효과는 두뇌와 신체에 기인한다. 샤피로는 최초의 트라우마 통제연구에서 이 치료가 단순히 외상기억에 노출했기 때문도 아니고 월프처럼 위계질서적으로 단계적인 둔감화를 한 것도 아니므로 EMD의 효과는 외상기억에 집중한 상태에서 치료자의 손가락을 따라 안구운동을 한 것에 있다고 결론을 내린다. 그런데 안구운동이 치료효과를 낳는 신경과학적 메커니즘은 무엇일까? 샤피로는 월프의 상호억제 이론을 토대로 안구운동이 트라우마로 인해 깨진 자극과 억제의 불균형을 회복시켰을 것이라 가정한다.

이 이론은 외상 사건의 효과가 자극적인 성격을 지녀서 신경 요소들의 불균형을 초래한다고 가정한다. 꿈REM 수면 상태 동안 무의식적인 재료가 떠올라 부분적으로 둔감화되는 것처럼, 율동적인 다중-도약운동이 신체의 자율적인 억제 (또는 자극 완화) 메커니즘일 수 있다. 따라서 EMD 과정은 (불안 증상과 관계된) 흥분 단계를 상호적으로 억제하고 신경 요소들에게 균형을 되찾아 줄만큼

---

106 위의 책, 139쪽.

강할 수 있다. 이런 (순)기능적 정보처리의 회귀는 외상기억의 둔감화와 높은 SUD 수준에서 동반되는 하락으로 나타날 것이다. 균형이 점차 회복됨에 따라 회화적, 인지적, 근육운동적 정보가 처리되고, 피험자들이 보고하는 것처럼 이 정보의 표상은 점진적으로 변해서 증상의 중단을 일으키며 해결된다.[107]

샤피로는 신경생물학의 연구를 토대로 이런 효과가 '도약운동의 특징인 뉴런 격발neuronal burst'을 통해 발생할 가능성도 있다고 지적한다.[108] 안구운동이 인간에게 선천적인 정보처리 능력을 회복시키는 과정은 신경세포의 차원에서 발생한다. 반 데어 콜크는 눈을 쌍방향으로 움직이는 이 치료법의 효과에 대해 "쌍방향 자극을 제공하는 것은 분명히 의식에 직접적 영향을 미치지 않는다. 그것은 통찰과 이해와 거의 또는 전혀 무관한 피질하부 과정에 작용했을 것"이라고 추정한다.[109] 이후 그는 실험을 통해 이 치료의 신경과학적 변화를 확인한다. 그는 EMDR 치료를 3회 받은 후 12명의 피험자 중 8명이 PTSD 점수에서 급격한 하락을 보인 것과 그들의 뇌스캔에서 "치료 후 전측 대상회와 기저핵의 활동 증가뿐 아니라 전전두엽 활성화의 가파른 증가"를 관찰한다.[110]

반 데어 콜크의 실험을 포함해 EMDR에 대한 신경과학적 연구는 지난 20년간 꾸준히 이루어졌다. 샤피로는 최근 개정한 『안구운동 둔감화 재처리 치료』 3판에서 여러 실험을 소개한다. 이 실험들은 대체로 EMDR 치료가 트라우마로 발생한 과도한 편도체와 피질하부의 고활

---

107 Francine Shapiro, "Efficacy of the Eye Movement Desensitization Procedure in the Treatment of Traumatic Memories", 220~221쪽.

108 위의 글, 221쪽.

109 Bessel A. van der Kolk, "Posttraumatic Therapy in the Age of Neuroscience", 390쪽.

110 Bessel A. van der Kolk, *The Body Keeps the Score*, 256쪽.

성화를 완화하고 편도체와 피질하부를 통제하는 신피질의 저활성화를 정상화해서 궁극적으로 외상기억과 감정을 더 통제할 수 있다는 것을 보여준다. 그중 몇 가지 연구를 살펴보자. 외상후 스트레스 장애의 증상은 "편도체나 해마같은 피질하부 영역의 고활성화hyperactivation와 그렇게 과다각성된 영역에 전두피질frontal cortex이 미치는 통제의 결여 사이의 불균형의 결과"인데 자기공명영상 연구는 "성공적인 EMDR 치료가 스트레스 조건에서 이런 구조들이 위축되는 추세를 역전시키는 것을 보여주는 편도체와 해마의 해부학적 변화를 일으킨다"고 보고한다.[111] 또한 EMDR은 수면 중 급속안구운동REM, Rapid Eye Movement 즉 렘수면이나 서파수면SWS, Slow Wave Sleep과 같은 상태를 유도한다는 사실도 밝혀진다. EMDR 치료에서 이런 상태는 "피질하부 차원에 있는 외상적 그리고 / 또는 감정적으로 충전된 자서전적 기억을 재편하고 맥락화해서 피질 차원의 의미semantic 네트워크에 적응하게" 한다.[112] 또한 "쌍방향 자극BLS, bilateral stimululation은 서파수면 동안 발생하는 것과 유사한 전기생리학적 반응을 처음 이끌어내고" 이 반응은 "외상기억을 신피질로 이동시켜 즉각적인 이완의 감각과 생동감 감소를 유발하고 렘 상태의 특징인 기억 통합이 뒤따른다."[113]

단일광자방출 컴퓨터 단층촬영술SPECT, Single Photon Emission Computed Tomography을 활용한 신경영상법neuroimaging 연구는 "성공적인 EMDR 치료 후에 외상 후 스트레스 장애와 관련된 변연계 구조에서 혈류 정상화"가 발생한 것과 "증상 소실이 전두엽 영역의 증가된 활성화와 피질 하부 영역

---

111 Francine Shapiro, *Eye Movement Desensitization and Reprocessing(EMDR) Therapy*, 367쪽.
112 위의 책, 367쪽.
113 위의 책, 367쪽.

의 저하된 활성화와 연관된다는 것"을 보여주고, 뇌전도EEG, electroenceph-alography 연구는 "안구운동이 쌍방향 자극 역할을 한 성공적 EMDR 치료에서 외상 후 스트레스 장애의 증상 단계와 연관된 피질 하부 고활성화가 정상화되었다는 사실"을 보여준다.[114] EMDR 치료의 결과는 "높은 감정가를 지닌 피질과 피질하부 영역(즉 편도체와 안와전두엽orbitofrontal cortex)으로부터 인지 연상 기능이 처리되는 피질 영역(즉 다중모드 연합피질multi-modal associative cortex)으로 활성화가 아주 크게 이동하는 것"을 발견한다.[115] 사피로는 생리학적, 신경생리학적 연구가 "EMDR 치료 중에 특히 쌍방향 자극 중에 교감 각성과 피질 하부 변연계 고활성화가 크게 감소하는 것"을 공통적으로 보여준다는 결론을 내린다.[116]

8. 요가와 내면 가족체계 치료

이런 연구들은 안구운동이 언어와 의식을 관장하는 신피질이 아니라 피질하부 변연계에 직접 작용해서 트라우마에 의해 저장된 외상기억을 재처리하는 신경과학적 메커니즘을 보여준다. 반 데어 콜크가 소개하는 다른 치료법도 모두 감정과 관계된 신체와 뇌의 성분에 작용하여 효과를 내는 상향식 방법이다. 예컨대 호흡에 집중하는 요가는 심박 변이도HRV, Heart Rate Variability를 개선한다. "교감신경계SNS, Sympathetic Nervous System는 아드레날린 같은 화학물질을 사용해서 신체와 두뇌에 연료를 공급해

---

114 위의 책, 368~369쪽.
115 위의 책, 369쪽.
116 위의 책, 369쪽.

행동하게 하는 반면, 부교감신경계PNS, Parasympathetic Nervous System는 아세틸콜린을 사용해 소화, 상처 치료, 수면 꿈 주기 같은 기본적인 신체기능을 조절하는 것을 돕는다. (…중략…) 심박 변이도는 교감신경계와 부교감신경계의 상대적 균형을 측정한다."[117] 들숨은 교감신경을 자극해서 심박수를 올리고 날숨은 부교감신경을 자극해 심박수를 낮춘다. 외상후 스트레스 장애 환자들은 교감신경과 부교감신경의 균형이 깨져 심박 변이도가 낮다.

반 데어 콜크는 호흡과 감각에 집중하는 요가가 심박 변이도를 향상시킬 뿐 아니라 "피험자들이 그들의 신체와 맺는 관계를 극적으로 개선한다"는 사실을 발견한다.[118] 예컨대 그들은 "나는 이제 내 몸을 돌볼 수 있어요", "나는 내 몸이 무얼 필요로 하는지 들어요"라는 반응을 보인다.[119] 그래서 반 데어 콜크는 요가의 심박 변이도 개선 효과 연구에서 요가가 트라우마 환자들이 외상이 새겨진 자신의 "고문당한 신체에 편안하게 거주하는 것을 배우는 데 도움을 주는가"에 관한 연구로 변경한다.[120] 트라우마 환자들은 자신의 신체에서 유리되어 신체 내부에서 무엇이 발생하는지 알지 못한다. 이는 "그리스어로 느낌에 대한 말을 갖지 않는다는 의미의 실감정증alexithymia 현상"을 낳는데, "외상을 겪은 많은 아동과 성인은 그들의 신체 감각이 무엇을 의미하는 지 알 수 없기 때문에 그들이 무엇을 느끼는지 묘사할 수 없다."[121] 신체에 집중하는 요가는 트라우마 환자가 자신의 신체와 교감하는 능력을 회복할 수 있게 한다.

---

117 Bessel A. van der Kolk, *The Body Keeps the Score*, 268~269쪽.
118 위의 책, 272쪽.
119 위의 책, 272쪽.
120 위의 책, 272쪽.
121 위의 책, 100쪽.

요가에서 당신은 매 순간 호흡과 감각에 관심을 집중한다. 당신은 당신의 감정과 신체의 연관에 — 아마도 어떤 자세를 취하는 것에 대한 불안이 어떻게 실제로 당신의 균형을 무너뜨리는지에 — 주목하기 시작한다. 당신은 당신이 느끼는 방식을 바꾸는 실험을 하기 시작한다. (…중략…) 무엇을 느끼는가에 단순히 주목하는 것이 감정조절을 조성하고 당신 안에서 일어나는 것을 무시하려는 것을 멈추도록 돕는다. (…중략…) 신체 자각은 시간 감각도 변화시킨다. 트라우마는 당신을 무력한 공포의 상태에 영원히 갇혀있다고 느끼게 만든다. 요가에서 당신은 감각이 정점에 올랐다가 떨어지는 것을 배운다. 예를 들어 강사가 특히 도전적인 자세를 취하라고 초대하면 당신은 처음에는 이 특수한 자세가 유발하는 느낌을 감당할 수 없다고 예상하며 패배감 또는 저항감을 느낀다. 훌륭한 요가 선생은 당신이 호흡의 흐름과 함께 느끼는 시간을 측정하면서 "열 번 호흡하는 동안 이 자세를 유지합시다"라고 말하며 어떤 긴장에라도 단지 주목하라고 격려할 것이다. 이는 불편함이 끝날 것을 기대하고 신체적 감정적 디스트레스를 다루는 능력을 강화하게 돕는다. 모든 경험이 일시적이라는 자각은 당신 자신에 대한 관점을 바꾼다.[122]

자신의 신체에서 일어나는 변화에 집중하는 요가는 궁극적으로 신체에 새겨진 트라우마의 흔적이 변할 수 있다는 것을 체험하게 한다. 신경과학은 요가에서 경험하는 변화가 신체와 두뇌의 생리학적 변화라는 점을 과학적으로 입증한다. 반 데어 콜크는 하버드 대학 연구가 "집중 명상이 생리학적 자기조절에 중요한 두뇌 부위에 정확히 긍정적인 효과가 있다"는 것을 입증했고 자신의 연구에서는 "20주의 요가 실행이 기본적

---

122 위의 책, 275~276쪽.

인 자기체계self-system인 섬엽insula과 내측 전전두엽 피질의 활성화를 증가시켰다"는 사실을 발견한다.[123]

　반 데어 콜크가 논하는 또 다른 치료는 슈워츠Richard Schwartz의 내면 가족체계 치료IFS, Internal Family Systems Therapy다. 슈워츠는 체계 개념을 인간의 마음에 적용한다. "체계는 부분들이 하나의 패턴으로 다른 부분과 관계를 맺는 실체로 정의될 수 있다."[124] 체계 중에서도 환경의 피드백에 따라 변할 수 있는 능력을 지닌 체계가 인공지능체계cybernetic system이다. 인간체계는 환경에 대한 반응의 피드백뿐 아니라 인공지능체계에는 없는 선천적으로 자신의 건강을 유지하고 내적, 외적으로 조화로운 삶을 살 수 있는 "내적인 자원과 지혜" 즉 '균형balance', '조화harmony', '리더쉽leader-ship', '발전development'을 갖추고 있다.[125] 내면 가족체계 이론은 인간의 마음이 여러 부분으로 이루어졌으며 이 부분들 사이의 조화와 균형이 깨져 내면의 핵심이 적절한 리더쉽을 발휘하지 못할 때 질병이 발생한다고 본다.

　인간 내면을 구성하는 부분은 첫째, 상처받아 분노와 공포, 수치심 등의 감정을 느끼는 망명자exiles, 둘째, 부정적 감정을 느끼는 망명자를 선제적으로 추방하고 억압하여 내면체계를 보호하려는 매니저managers, 셋째, 추방된 망명자가 활성화되었을 때 약물, 과음, 자살 시도 등을 포함한 극단적인 방법까지 동원해서 망명자의 부정적 감정의 불길을 끄려고 반응하는 소방수firefighters가 있다. "소방수들은 매니저들과 같은 — 마

123　위의 책, 277쪽.

124　Richard C. Schwartz and Martha Sweezy, *Internal Family Systems Therapy*, 2nd edition, New York : Guilford Press, 2020, 25쪽.

125　위의 책, 25~28쪽.

음에서 추방자를 없애려는 — 기본 목적을 갖고 있지만, 그들의 전략은 매니저들의 전략과 아주 다르고 (자주 갈등하는) 경향이 있다. 매니저들은 항상 인격체person를 통제하고 모든 사람을 즐겁게 하려고 노력한다. 그들은 자주 고도로 합리적이고 계획적이며 활성화하는 상황을 예상하고 선취할 수 있다. 반대로 소방수들은 망명자가 표면으로 떠오르는 것에 반응한다. 그들은 인격체를 통제에서 벗어나게 하고 (행동이 일중독이나 다이어트처럼 사회적으로 용인되는 것이 아닌 한) 모든 사람을 불쾌하게 한다. 그들은 반응적이고, 충동적이며, 무모하다."[126]

이 부분들과 더불어 모든 사람의 내면 핵심에는 '자기self'라 불리는 의식이 있는데, "이 자기는 출생부터 좋은 동정심, 관점, 호기심, 수용, 자신감을 포함한 좋은 리더쉽의 모든 필수 자질을 갖추고 있다. (…중략…) 자기는 최고의 내적 리더이며 부분들이 허락하면 내면에 균형과 조화를 낳을 것이다. 동시에 우리의 부분들은 자기를 보호하고 트라우마에 직면해서는 어떤 대가를 치르더라도 자기를 위험에서 배제하기 위해 조직되어 있다."[127] 트라우마 등의 상처를 입으면 부분들은 조화를 이루지 못하고 서로 갈등하는 편극화polarization가 발생하고 자기의 위치를 차지하려 한다. 예컨대 매니저나 소방수가 지배적인 위치를 점할 수 있다. 내면 가족체계 치료는 내담자가 자기 내면의 부분들을 발견하고 부분들은 망명자를 보호하고 지배하려는 입장을 포기하고 자기에게 지도자의 자리를 내주어 자기가 망명자의 상처를 이해하고 망명자를 트라우마가 초래한 감정적인 짐에서 해방시키는 것이다.

내면 가족체계 치료가 다른 치료방식과 다른 점은 인간 내면이 처음

---

126 위의 책, 35~36쪽.
127 위의 책, 38쪽.

부터 다양한 부분들로 이루어져 있다고 가정하는 것이다. "다양성이 마음의 타고난 본성이라는 점은 내면 가족체계에서 자명하다. 다양성은 외적 영향이 내면화된 산물도, 한때 하나였던 인격이 트라우마에 의해 파편화된 결과도 아니다."[128] 따라서 인간 내면에 서로 다른 부분들이 있는 것은 결코 병리적인 현상이 아니다. 오히려 이런 내면의 다양성을 인지하고 수용하는 것이 필요하다. "우리의 모든 부분의 이질적 성격과 관점을 인정하면, 우리는 일관성이 없거나 혼합 감정을 갖거나 내적 갈등이 있다는 이유로 우리 자신 (또는 다른 사람)을 부인하는 데 에너지를 소비하는 것을 멈출 수 있다. (…중략…) 자기수용은 모든 부분을 환영하고 어떤 부분도 추방하지 않는 지속적인 과정이다."[129] 치유는 두 가지 방법이 있는데, 첫째는 "(내담자의 자기가 내적으로 부분들과 소통할 때의) 내면-보기in-sight"이고 둘째는 "(치료자의 자기가 내담자의 부분들과 소통할 때의) 직접적인 접근"이다.[130] 내면 가족체계 치료에서 치료자는 첫째, 어느 부분이 체계를 지배하고 있는가 즉 "증상적 부분(예컨대 우울이나 불안)이 보호자인지 망명자인지"를 확인하고, 둘째, "내담자가 자기에 얼마큼 접근할 수 있는지"를 판단한다.[131] 만일 내담자가 "자신의 부분들에 관심이 있고, 자신의 부분들에 호기심, 친절 또는 동정심의 느낌을 갖거나 갖는다고 상상하면" 자기에게 접근할 수 있다고 판단할 수 있다.[132] 이 경우에는 내담자가 직접 자신의 부분들과 소통하는 "내면-보기" 테크닉을 사용할 수 있다.

---

128 위의 책, 39쪽.
129 위의 책, 42쪽.
130 위의 책, 97쪽.
131 위의 책, 101·104쪽.
132 위의 책, 104쪽.

내면 가족체계 치료의 목적은 "① 부분들을 극단적 역할에서 해방시켜 더 좋은 가치있는 역할들로 옮겨가게 하고, ② 자기의 리더쉽에 대한 부분들의 신뢰를 회복하며, ③ 부분들의 체계를 다시 조화롭게 해서 부분들이 서로를 알고 생산적으로 협력하게 하는 것"이다.[133] 내면 가족체계 치료는 내담자가 시간과 맺는 관계도 바꾸게 한다. 내담자의 보호자들매니저와 소방수은 현실을 받아들이는 대신 과거의 기억에 매달리거나 미래에 대한 환상을 만들어 낸다. "과거를 무효화하고 특수한 미래를 예측하는 것은 느낌을 통제하기 위한 매니저의 전략이다."[134] 예컨대 매니저는 "그것이 일어나기 전으로 돌아가서 그것을 지우자"라는 식으로 과거를 없애려하거나 "내가 5분만 연기했더라면 어땠을까"라고 생각하거나 "그때가 더 좋았어"라고 향수에 젖는 식으로 과거에 집착하기도 하고 "내가 승자가 될거야!" 또는 "부자가 되는 건 좋지 않겠어?" 식으로 미래에 대한 환상을 품는다.[135] 그 결과 망명자는 현재에 살지 못하고 과거나 미래의 시간에 종속된다. 치료는 망명자를 시간의 굴레에서 해방시켜 현재에 살게 하는 것이다.

보호자들이 기억과 기대를 조종하려고 시간 속에서 바쁘게 움직이는 사이 망명자들은 시간에 갇혀있다. 내담자의 자기가 망명자와 신뢰의 관계를 구축하면, 망명자는 자기에게 과거로 여행하게 해서 자신이 어디에 어떻게 갇혀 있는지 보여준다. 이 여행은 자기에게 망명자의 관점을 인정하거나(너는 상처 받았어) 그것을 확인하는(너가 그렇게 된 것은 부당해) 기회를 줘서, 마침내 망

---

133 위의 책, 106~107쪽.
134 위의 책, 107쪽.
135 위의 책, 107쪽.

명자가 그런 경험들로 인해 생긴 믿음과 느낌 — 짐 — 을 덜어낼 준비를 하게
한다. (…중략…) 우리의 궁극적 목적은 내담자들이 현재에 **각성하고 가용적**
이며, 그들이 원하면 원할 때 과거를 기억해서 방문하고, 상상적으로 미래로
이동해 불필요한 구속에서 벗어나 그들이 염려할 때 그 염려가 현실에 기초
할 것이라는 자신을 갖게 하는 것이다.[136]

윗 인용문은 내면 가족체계 치료의 목적이 내담자가 현재의 현실에서
살게 하는 데 있다는 것과 더불어 이 치료의 중요한 두 가지 과정을 집
약적으로 보여준다. 첫째는 망명자가 자기를 과거로 여행하게 해서 자
신의 상처를 보고 알게 하는 '목격witnessing'이고, 둘째는 망명자가 트라
우마에서 발생한 부정적 느낌과 믿음의 짐을 벗어 던지는 '짐벗기unbur-
dening'다.[137] 이 과정은 부분이 자기와 구분되지 않고 섞여서 자기를 압도
하는 혼합blended에서 벗어나 어떤 부분도 자기를 압도하지 않는 비혼합
unblended 상태로 바뀌는 과정이다. 궁극적으로 짐벗기의 결과는 부분들
이 "변화되고 치료되며 이는 내면체계 전체가 커지고 강해지는 기회를
주는" 것이다.[138]

---

136 위의 책, 107쪽.
137 더 구체적으로 짐벗기 과정은 다음의 여섯 단계로 구성된다. ① 망명자가 자기에게
     자신의 경험을 보여주는 "목격(witness)", ② 자기가 과거의 시공간으로 가서 망명자
     가 원했으나 갖지 못했던 것을 주는 "다시하기(do-over)", ③ 자기가 망명자를 과거에
     서 현재의 안전한 곳으로 데려오는 "구출(retrieve)", ④ 망명자가 과거의 감각, 느낌, 믿
     음을 버리는 "짐벗기(unburden)", ⑤ 망명자가 미래에 필요한 새로운 자질들을 초청하
     는 "초청(invite)", ⑥ 보호자들이 자신들이 보호했던 망명자가 짐을 벗고 치료되었다
     는 것을 알고 자신들의 일을 그만두도록 초청되는 "보호자 확인(protector check-in)".
     Frank G. Anderson, Martha Sweezy, and Richard C. Schwartz, *Internal Family Systems
     Skills Training Manual : Trauma-informed Treatment for Anxiety, Depression, PTSD & Sub-
     stance Abuse*, www.pesipublishing.com : PESI Publishing & Media, 2017, 120쪽.

내면 가족체계 치료는 신경과학과 구체적으로 어떤 관계가 있을까? 반데어 콜크는 내면 가족체계 치료가 능동적 치료자와 수동적 환자 관계를 설정하지 않고 내담자의 자기가 내면의 부분들을 능동적으로 조율하는 역할을 한다는 점을 논하면서 "마음 챙김mindfulness이 내측 전전두엽 피질의 활성화를 증대시키고 우리의 감정적 반응을 촉발하는 편도체와 같은 구조의 활성화는 감소시킨"다는 점을 신경과학이 입증했다고 지적한다.[139] 앤더슨Frank Anderson, 스위지Martha Sweezy, 슈워츠는 자신들의 내면 가족체계 치료 훈련 매뉴얼이 이 치료 모델에 기초한 명상법뿐 아니라 이 치료의 단계와 관계된 "신경과학의 현재 지식을 통합했다"고 말한다.[140]

신경과학적으로 볼 때 내면 가족체계 치료의 여러 단계는 "시냅스 차원에서 기존의 감정적 기억을 변화하는 일종의 신경가소성neuroplasticity 즉 기억 재응고memory reconsolidation와 일치한다."[141] 내담자가 표적 부분을 찾고 그 부분에 집중하는 것은 기억 재응고 과정에서 암묵적 기억을 찾아 인출하는 '접근accessing' 단계에, 목표 부분이 과거의 경험을 다시 사는 대신 내담자의 자기와 연결하도록 돕는 것은 기억 재응고 과정에서

---

138 위의 책, 121쪽.

139 Bessel A. van der Kolk, *The Body Keeps the Score*, 286쪽.

140 Frank G. Anderson, Martha Sweezy, and Richard C. Schwartz, *Internal Family Systems Skills Training Manual*, 2쪽.

141 위의 책, 127쪽. "두뇌의 뉴런(신경세포)들은 경험에 의해 활성화될 때 새로운 시냅스를 강화하고 자라게 한다. **신경가소성**은 경험에 대한 반응으로 변하는 연결을 지칭한다. 이 뉴런들이 점화할 때 새로운 신경 세포들이 자란다. 이것이 **신경발생**(neurogenesis)이라 불린다. 경험은 따라서 두뇌에 구조적 변화를 창조한다. **신경 통합**(Neural Integration)은 기능적으로 연결된 두뇌의 다른 영역들 사이의 협응(coordination)과 균형의 과정이다." Frank Guastella Anderson, "Who's Taking What?' Connecting Neuroscience, Psychopharmacology and Internal Family Systems for Trauma", *Internal Family Systems Therapy New Dimensions*, Martha Sweezy and Ellen L. Ziskind 공편(Routledge : London, 2013), 108쪽.

감정적 기억의 네트워크가 해체되어 시냅스 차원에서 열리는 재활성화 reactivation 단계에, 자기가 목격하고 다시 하고do-over, 구출하는 단계는 기억 재응고 과정에서 표적 기억의 의미를 거부하는 부정합mismatch 단계에, 그리고 망명자가 과거의 감각, 느낌, 믿음의 짐을 벗고 새로운 자질을 초청하는 것은 기억 재응고 과정에서 내담자가 트라우마 경험의 의미를 수정하는 기회를 갖는 삭제erasure 단계에 각각 해당한다.[142]

내면 가족체계 치료는 이렇게 피질하부의 비의식적 차원에 새겨진 암묵적 기억을 수정하는 효과를 가진다. 이와 더불어 이 치료는 비의식적 암묵적 기억을 의식적 외현적 기억으로 전환해서 궁극적으로 외상적 경험이 환자의 삶의 서사에 편입되는 것을 돕는다.

내면 가족체계에서 트라우마 치료와 짐벗기의 주요 목표는 암묵적 기억을 외현적 기억으로 바꾸어 외상 경험에 응집력 있는 서사를 가져오는 것이다. 일부 보호자들은 암묵적 기억의 자질을 갖는다. 자주 극단적으로 강렬하고 반사적이며 전부 아니면 전무의 반응을 보이는 소방수들은 현재의 현실을 볼 수 없다. (…중략…) 이 암묵적 기억의 부분들을 부드럽게 하는 것은 특히 신경 통합의 최적 환경인 자기 에너지Self-energy를 불러일으키는 목적을 도와준다. 나는 외상화된 보호자들과 망명한 부분들이 자기 앞에서 중독성 믿음과 느낌의 짐을 벗게 허락하는 내면 가족체계 방법이 두뇌의 오래된 경로를 해체하는 방법이며 암묵적 기억을 외현적 기억으로 전환해서 새로운 신경 네트워크 형성의 길을 마련하는 효과적 전략이라는 사실이 연구로 증명될 것이라고 믿는다. 일단 짐벗기가 발생하면 뇌간, 변연계 및 피질 구조가 새롭게 통합

---

142 Frank G. Anderson, Martha Sweezy, and Richard C. Schwartz, *Internal Family Systems Skills Training Manual*, 127~128쪽.

된 방식으로 협력할 수 있다.[143]

앞서 살펴본 것처럼 트라우마는 전전두엽과 해마에 영향을 미쳐 의식적 외현적 기억의 장애를 초래하고 피질하부의 뇌간과 편도체와 관련된 암묵적 무의식적 기억으로 저장된다. 앤더슨은 내면 가족체계 치료가 암묵적 기억을 외현적 기억으로 바꾸어 내담자가 현재의 현실에 거주하게 하는 신경과학적 효과 즉 피질하부 차원의 변화를 가져온다고 믿는다. 더구나 이 변화는 "외상 경험에 응집력 있는 서사를 가져오는" 효과를 지니므로 트라우마 환자가 외상기억을 바꾸어 트라우마를 현재 삶의 이야기로 편입할 수 있게 한다. 기억의 수정과 서사에 대한 이런 주장은 10장에서 논할 서사와 치유의 관계에 관한 논의와도 상통한다.

9. 정신운동치료와 뉴로피드백

반 데어 콜크가 논하는 나머지 치료법은 페소Albert Pesso가 개발한 정신운동치료psychomotor therapy와 뉴로피드백이다. 앞서 논했듯이 좌뇌가 언어를 담당한다면 우뇌는 공간과 이미지를 담당한다. 반 데어 콜크는 "인간 소통의 90%까지 비언어적 우뇌 영역에서 발생하고 페소의 작업이 향하는 곳은 이곳"이라고 지적한다.[144] 과거의 구조를 바꾸는 것은 우뇌의 작업으로 볼 수 있다. 물론 하우Louisa Howe가 지적하듯이 페소의 페소

---

143 Frank Guastella Anderson, "'Who's Taking What?' Connecting Neuroscience, Psycho-pharmacology and *Internal Family Systems for Trauma*", 109쪽.

144 Bessel A. van der Kolk, *The Body Keeps the Score*, 300쪽.

체계 / 정신운동Pesso System Psychomotor, PS / P은 "일차적으로 비언어적 형태의 정신치료"라는 인식에도 불구하고 언어치료와 비언어치료를 병행하도록 점차 발전했고 "정보가 언어적 비언어적 채널을 통해 오간다"는 사실이 "강점"이라고 볼 수 있다.[145] 정신운동psychomotor이란 용어도 이 치료의 양면성을 보여준다. "psychomotor의 'psycho' 부분은 정신(psyche, 영혼 혹은 마음, 정신적인 것)을 지칭한다. 'motor' 부분은 정신과 연결된 에너지 원천의 동력을 받는, 시작되거나 방해받은 행동을 포함한 신체 감각과 운동 — 운동적 행동 — 을 지칭한다."[146] 이런 점에서 페소 시스템 정신운동 또는 후에 개명된 페소 보이든체계 정신운동PBSP, Pesso Boyden System Psychomotor은 신체와 정신의 상호작용을 핵심으로 여기는 신경과학적 접근에 부합한다.

페소가 바스나Han Wassenaar와 함께 제안한 '감각-정신-효과기 모델sensor-psycho-effector model'은 "신경생물학과 정신치료 두 장 사이에 다리를 놓아 연결하려고 시도한다."[147] 이 모델은 "중추신경계cental nervous system와 직접적이고 완전하게 연결된 정신 영역"에 여과기filter와 관문gate이라는 두 용어를 가정한다. 여과기는 "외부세계(환경과 신체)에서 오는 잠재적 의미를 지닌 메시지가 의미, 인지, 주의의 차원이 메시지에 더해지는 정신 영역으로 유입되는 것을 조절하는 (많은 피질하부 연결을 지닌 피질의) 뉴런 회로의 유도체derivative"로서 "PS / P 용어에서는 기억에 기초한 수용성

---

145 Louisa P. Howe, "Origins and History of Pesso System/Psychomotor Therapy", *Moving Psychotherapy : Theory and Application of Pesso System/psychomotor Therapy*, Albert Pesso and John Crandell 공편, Cambridge, MA : Brookline Books, 1991, 3~4쪽.

146 위의 글, 5쪽.

147 Albert Pesso and Han Wassenaar, "The Relationship Between PS/P and a Neurobiological Model", *Moving Psychotherapy*, Albert Pesso and John Crandell 공편, 33쪽.

및 경험 개념과 연결된다."[148] 여과기를 통해서 메시지는 "의미와 결합한 이미지가 된다."[149] 관문은 "의미 있는 메시지나 이미지들의 표현을 조절하고 수정하는 (많은 피질하부 연결을 지닌 피질의) 뉴런 회로의 유도체"이며 "PS / P 용어에서는 표현 및 자기실현 개념과 연결된다."[150] 인간 개체는 "부모에게서 물려받은 고유의 유전자 조합에 의해 개인에게 최적화된 진화역사의 특수한 집합"으로 정의되는 핵core과 "의식적이고 학습된 자기를 의미하고 인격체의 기억에 저장되는 개인적 경험과 역사에서 수집되고 기록되는 삶에 대한 정보를 포함하는" 자아ego로 구성된다.[151] 핵과 자아의 합이 자기self다.

건강한 사람은 여과기와 관문이 잘 작동해서 메시지의 유입과 의미 부여, 이미지 형성 및 표현이 원활히 이루어진다. 반면 여과기와 관문이 잘 작동하지 않으면 신경증과 같은 정신병리학적 증상을 초래한다. 여과기의 오작동으로 유입된 정보가 의미, 인지, 주의를 부여받지 못하면 이 "비통합 정보는 부적합한 에너지, 감각, 행동 또는 신체의 긴장"으로 나타나고 PS / P에서 이런 정보를 "에너지"라 부른다.[152] 관문의 오작동으로 처리된 정보가 표현되지 못하면 이런 "비표현 정보"는 "의식적으로 표현할 수 없고 아직 충분히 명명되거나 의미를 부여받지 못한 채로" 남는다.[153] 중요한 것은 이렇게 여과기와 관문의 오작동으로 정상적으로 처리되지 못한 정보는 신체에 저장되고 그 결과 신체가 무의식의 통로

---

148   위의 글, 33쪽.
149   위의 글, 33쪽.
150   위의 글, 33~34쪽.
151   위의 글, 34쪽.
152   위의 글, 35쪽.
153   위의 글, 35쪽.

가 된다는 점이다.

이 과정을 핵과 자아로 설명하면 핵은 형태shape이고 자아는 반형태 반형성, countershape다. 즉 원래 주어진 형태인 핵과 외부세계와의 상호작용에 의해 형성된 새로운 형태가 반형태다. 아이가 성장하면서 부모를 비롯한 외부세계와의 관계에서 여과기와 관문이 잘 작동하면 핵은 외부세계와 긍정적인 상호작용을 하게 되고 원래의 형태는 외부세계의 반작용 / 반형태에 의해 건강한 자아로 성장한다.[154] 이를 PS / P의 용어로 '자아-감싸기ego-wrapping'라 부르는데 여기에서 감싸기는 "핵을 자아로 감싸는 것"을 의미한다. 에너지는 "아직 외부세계 따라서 자아에 의해 반형성되지 못한 핵의 부분" 즉 "외부세계와의 만족스런 또는 인증적 관계를 갖지 못해서 반형태가 없는 핵의 이질적 부분"이다.[155] 페소 정신운동치료의 목표는 "신체의 에너지를 통해 발견된 핵의 그런 부분들을 의미, 말, 의식 등으로 감싸는 것"이며, 이런 치료의 방법을 구조structure라고 부른다. 이 개념에 대한 페소의 설명은 정신운동치료의 핵심을 보여준다.

구조는 중요한 삶의 경로 패턴(여과기와 관문 성향들)의 창조를 낳은 중요한 역사적 시기의 과거 감정적 반응과 표현의 재구성을 포함한 조절되고 조직된 정신치료적 / 상징적 사건이다. 구조 속에서 중추신경계(따라서 신체)에 증상으로 저장된 모든 처리되지 못한 에너지(정보)는 의식적 경험과 표현에 접근할 수 있고 이름이 부여되며 이름에 첨부된 중요성과 의미를 갖도록 허락된다. 더구나 구조는 원래의 부정적인 인물들의 중독성 행위에 대응하는 해독 행위를 제공하는 역할극의 이상적 인물들을 활용해서 본질적이고 반형성적인 상호작용

---

154 위의 글, 37쪽.
155 위의 글, 37쪽.

을 제공하는 새로운 상징적 사건의 창조를 포함한다. (…중략…) 내담자의 의식 일부는 그런 사건들이 발생했던 나이의 차원으로 회귀하지만, 의식의 다른 부분은 내담자의 참된 느낌을 지지하는 증인 인물witness figure의 도움으로 성인의 위치에서 그 차원을 관찰한다. 이런 조합으로 내담자는 원래의 사건에서 억압된 것 전부를 처리하고 표현하도록 오래된 사건들을 개조할 수 있다. (…중략…) 이 과정에서 내담자의 관찰하는 성인 부분은 — 이상적 인물들과 치료자의 의식 및 주의와 결합해서 — 원래의 의미를 연장하고 확장하는 의미 그리고 이상적 사건을 통해 원래의 의미를 보충하는 의미를 모든 사건에 부여한다. 이런 방식으로 우리는 원래의 기억 옆에 심을 새로운 상징적 기억을 만든다.[156]

이렇게 과거 기억 옆에 놓인 새로운 기억 때문에 과거의 기억을 자극하는 사건이 발생하면 "구조에 의해 창조된 새로운 상징적 기억도 이전 기억 옆에 놓였기 때문에 같이 환기되어 여과기와 관문의 수행과 선택성에 영향을 미친다."[157] 그 결과 "새 지도(확장된 여과기와 관문)를 갖게 되어 새로운 경험이 더 가능해지고 자기의 더 많은 부분이 표현 가능해진다."[158]

내면 가족체계 치료가 내담자의 다양한 부분들 사이의 소통에 기초한 과거의 수정을 목표로 삼는다면, 정신운동치료는 여러 인물이 내담자의 과거에서 중요했던 인물들을 대신해 과거와 다른 역할을 수행해서 내담자의 과거를 수정하는 집단 치료다. 이 치료법은 트라우마의 환자나 가해자들을 긍정적이고 이상적인 인물들로 바꾸는 일종의 역할 놀이를 통해 환자의 외상적 과거를 수정한다. 반 데어 콜크에 따르면 "당신의 내

---

156 위의 글, 38~39쪽.
157 위의 글, 40쪽.
158 위의 글, 40쪽.

적 세계를 구조의 3차원적 공간에 투사하는 것은 당신 마음의 극장에서 일어나는 것을 볼 수 있게 하고 과거의 사람들과 사건들에 대한 당신의 반응들에 대한 더 명확한 관점을 준다."[159] 이런 가상적인 공간에서 역할극은 환자들이 과거에 하지 못한 일들 — 예컨대 아버지가 어머니를 구타하는 것을 막는 것 — 을 하게 만듦으로써 과거의 "중요한 장면들을 다시 쓰게" 한다.[160] 그 결과 이 치료는 "기본적인 인간의 욕구가 충족되고 사랑과 보호에 대한 갈망이 만족되는 대안 기억"을 제공한다.[161] 이런 점에서 2장에서 언급했듯이 이 치료법은 외상적 사건에 등장하는 인물들을 다른 인물로 바꾸는 자네의 치료법과 유사하다. PBSP 공식 홈페이지에 소개된 치료 방법은 다음과 같다.

PBSP는 신체운동, 언어테크닉, 그 밖의 다른 요소들을 사용한 고도로 구조화된 집단 정신치료다. 우리가 "구조들"이라고 부르는 것에서 내담자들은 역할극으로 만들어진 사건을 개발하는 데 도움을 받는데, 이 사건들은 있는 그대로의 부정적인 기억들의 효과를 상쇄하는 긍정적이고 상징적인 기억들로 마음에 기록된다. 구조들 안에서 내담자들은 다음과 같은 것들을 할 수 있는 장면들을 조직한다.

• 역사적으로 충족되지 못한 장소, 양육, 지지, 보호 및 규제[162]에 대한 욕구를 충족시키는 역할극의 "이상적 인물들"과 함께 기초, 발전, 성숙의 욕구

---

159   Bessel A. van der Kolk, *The Body Keeps the Score*, 301쪽.

160   위의 책, 301쪽.

161   위의 책, 302쪽.

162   "규제(limits)"는 "유아나 아이가 자신이나 타자 또는 소중한 대상에 해를 가하지 못하게 신체적으로 통제하고 제한하는 행위"를 의미한다. Albert Pesso and John Crandell 공편, *Moving Psychotherapy*, 290쪽.

들을 상징적으로 만족시킨다.

- 외상적 역사의 효과를 상쇄하는 새로운 상징적 사건들을 창조한다.
- 스스로 어렸을 때 그들을 돌보려는 진심 어린 동정심을 일깨웠던 비극적 상실 이야기의 소유자이자 그들의 가족 네트워크의 고통받는 일원들을 적절히 돌보려는, 이상적인 인물들을 이용해서 욕구를 충족시키는 상황들을 창조한다.[163]

내담자는 과거의 기억을 없애는 것이 아니라 새로운 이상적인 인물과 상황의 기억으로 상쇄하고 대치한다. 이는 과거와 현재가 동시에 존재하게 하는 환경을 조성하는 구조 덕분이다. "구조들은 깊은 치료적 변화를 위한 핵심 조건 중 하나 즉 다수의 ― 과거와 현재 ― 현실들이 나란히 살 수 있는 무아경같은trancelike 상태를 촉진한다."[164] 이런 구조의 기능으로 인해 과거의 외상기억과 공존하는 새로운 기억이 만들어질 수 있다. "정신운동치료의 구조들은 과거의 고통스런 현실과 나란히 살아있고 상처와 배신의 기억에 대한 해독제로 기능할 수 있는, 보이고 돌봐지고 지원받는 느낌의 감각적 경험을 제공하는 가상virtual 기억을 형성하는 가능성을 제시한다."[165] 반 데어 콜크는 이렇게 기억을 바꾸는 정신운동치료의 효과를 신경과학적 관점에서 신체적이고 감정적인 차원의 변화로 평가한다. 그는 이 방법이 "편도체의 세팅을 바꿀 수 있다"는 페소의

---

163 Pesso Boyden System Psychomotor, "Structures", https://pbsp.com/theory-and-technique/structures/

164 Bessel A. van der Kolk, *The Body Keeps the Score*, 304쪽.

165 위의 책, 310쪽. PBSP 이론에서 "해독제(antidote)"는 "원래의 역사적 인물들과 함께 경험한 부정적 역사의 중독성 효과에 대응하기 위해 이상적 인물들이 제공하는 치료 (해독적) 상호작용"으로 정의된다. Albert Pesso and John Crandell 공편, *Moving Psychotherapy*, 289쪽.

확신을 신뢰하는 것으로 보인다.[166]

이제 반 데어 콜크가 신경과학 관점에서 마지막으로 검토하는 뉴로피드백neurofeedback을 간단히 살펴보자. 실험에 따르면 정상군에 비해서 "트라우마 환자들의 뇌파는 더 느슨히 조직되어 있고 응집력 있는 패턴으로 수렴하는 데 실패한다. 특히 그들은 무관한 정보를 걸러내어서 현재의 임무에 관심을 기울이게 돕는 뇌파 패턴을 생산하지 못한다. (…중략…) 그들의 뇌는 현재 순간에 일어나고 있는 것에 주의력을 기울이도록 조직되어 있지 않다."[167] 이런 증상은 여러 뇌파의 활성화에 문제가 있는 데서 비롯된다. 1950년대에 카미야Joe Kamiya가 뇌의 알파파가 이완과 관계되어 있다는 사실을 발견한 후 델타파 훈련이 스트레스를 줄여 준다는 점은 널리 알려졌다.[168] 수면 시에 가장 많이 관찰되는 델타파는 가장 낮은 주파수2~5 Hz를 갖는데 이는 사고와 판단의 능력을 감소시킨다. 주의력 결핍 및 과잉행동 장애ADHD 환자나 외상 후 스트레스 장애 환자의 전두엽은 과도한 서파slow waves를 보인다. 반면 꿈은 뇌파의 속도를 올리며 이때 발생하는 세타파5~8 Hz는 "최면의 무아 상태"의 특징이고 "논리나 일상적 삶의 요구에 구속받지 않는 마음 상태를 창조해서 새로운 연결과 연상을 만드는 잠재력을 연다."[169]

반 데어 콜크는 3년 이상 전투 경험이 있는 환자들의 뇌에서 알파파가 감소하고 베타파가 증가한 것을 발견한다. 참전용사들을 대상으로 알파 / 세타 훈련을 시키는 뉴로피드백 실험은 이들이 "신체적 증상호

---

166   Bessel A. van der Kolk, *The Body Keeps the Score*, 299쪽.
167   위의 책, 313쪽.
168   위의 책, 317쪽.
169   위의 책, 322~323쪽.

소, 우울, 불안, 편집증뿐 아니라 외상후 스트레스 장애 증상에서 두드러진 감소"를 보이는 것을 발견한다.[170] 이런 증상 개선은 알파 / 세타 훈련이 꿈이나 최면과 같이 새로운 연상을 창조해서 외상적 사건의 과거에서 벗어나 현재의 순간에 주의를 기울일 수 있게 하는 효과를 낳았음을 보여준다. "알파 / 세타 훈련이 조성한 몽롱 상태twilight states에서 외상적 사건들은 안전하게 재경험되고 새로운 연상이 조성된다. (…중략…) 사람들이 두려움 및 무력함과 연관된 이미지, 느낌, 감정을 안전하게 경험할 수 있는 어떤 상태도 새로운 잠재력과 더 넓은 관점을 창조할 수 있다."[171] 이처럼 내면 가족체계 치료, 정신운동치료, 뉴로피드백은 외상기억을 수정하거나 가상적인 대안 기억으로 대체해서 과거의 지배에서 벗어나 현재의 삶을 창조적으로 재구성하는 것이 가능하다는 것을 신경과학적으로 입증하고자 한다. 이런 점에서 이런 치료법은 2장에서 살펴본 자네의 서사화와 현재화 이론 및 10장에서 살펴볼 서사의 치유력에 신경과학적 근거가 있을 수 있음을 암시한다.

10. 정신분석과 신경과학 사이

이제 1, 2장에서 살펴본 정신분석과 심리학적 트라우마 치료와의 관계에서 신경과학적 트라우마 연구의 의의를 짚어보자. 지금까지 살펴본 다양한 치료법은 정신분석과 심리학이 제시했던 트라우마 치료법에 대한 신경과학적 토대를 제공하는 것으로 보인다. 프로이트가 전망

---

170 위의 책, 328쪽.
171 위의 책, 328쪽.

한 대로 그의 정신분석적 가설은 신경과학적 용어로 번역될 수 있을까? 반 데어 콜크는 외상기억의 원인이 "외상기억과 관계된 감각들을 통합된 의미 기억semantic memory으로 종합하는 데 실패한 것"이라는 프로이트와 자네의 주장에 대해 "트라우마 순간에 신경호르몬의 대량 분비가 외상기억의 장기활동 증폭long-term potentiation — 따라서 과잉응고overconsolidation — 에 기여한다"는 신경과학적 설명을 제시한다.[172] 르두는 무의식에 억압된 갈등을 의식으로 소환하는 데 집중하는 정신분석이 "측두엽 기억체계를 통해 외현적 지식으로 편도체를 통제"하는 반면, "소거치료는 전전두엽-편도체 회로를 수반하는 암묵적 학습의 형태"를 취한다는 점에서 다를 뿐이라고 말한다.[173] 르두는 감정적 정보가 의식을 침범하기는 쉬우나 감정을 의식적으로 통제하기는 어려운 이유를 피질에서 편도체로 이어지는 연결이 편도체에서 피질로 이어지는 연결보다 약하다는 사실에서 찾는다. 감정이 의식에 침범하기 쉽다는 사실은 외상기억이 의식에 쇄도하는 트라우마 증상을 설명해준다. 이는 또한 의식의 검열과 저항으로 인해 무의식에 억압된 표상을 의식으로 소환하기 어렵다는 프로이트의 주장에 대한 신경과학적 설명을 제공하는 셈이다.

신경과학은 정신분석의 오류를 수정할 수도 있다. 예컨대 기억상실이 정신분석이 주장하듯 트라우마가 무의식에 억압되었기 때문이 아니라 처음부터 "서술 형태로 일관성 있게 부호화되지 않았기" 때문이라면, 억압을 극복하려는 정신분석의 시도는 존재하지도 않았던 기억을 소환하려는 즉 "존재하지 않는 방어를 해석하려는" 헛된 시도가 된다.[174] 또한

172　Bessel A. van der Kolk, "Trauma, Neuroscience, and the Etiology of Hysteria", 250쪽.

173　Joseph LeDoux, *The Emotional Brain*, 265쪽.

174　Yoram Yovell, Mark Solms, and Aikaterini Fotopoulou, "The Case for Neuropsychoanaly-

미래에 진일보한 뇌 영상이 거짓 기억과 진짜 기억을 구분할 수 있게 해준다면 이는 "정신분석 테크닉을 향상하고 발생하지 않았던 것을 기억하는 주체의 경험 — 정신분석적으로 유의미한 정신현상 — 을 더 잘 이해하게 할 수 있다."[175] 포토폴루Aikaterini Fotopoulou는 미래에 "신경과학이 정신분석 안에서 제시되고, 논의되고, 논쟁을 벌인 초심리학 모델들에 영향을 미칠 수 있을 것"이라고 전망한다.[176]

신경과학이 몸과 마음의 유기적 관계를 증명함으로써 트라우마 연구에 공헌하고 중요한 변화를 가져온 것은 분명하다. 몸의 변화가 정신의 변화를 가져오는 것과 반대로 정신치료가 두뇌의 변화를 가져온다는 것을 입증하는 연구도 있다.[177] 이런 연구는 정신분석과 신경과학이 대화하고 협력할 가능성을 보여준다. 데리다Jacques Derrida의 제자로서 프로이트와 라캉을 비판하고 신경과학적 전회를 철학적 관점에서 비판적으로 포용하는 말라부Catherine Malabou는 상처와 치유에 대한 새로운 접근의 필요성을 주장한다. 그녀는 알츠하이머병이 주체의 정체성을 손상하고 정동적 경제를 전복한다는 사실에 기초해 전통적인 정신분석이 이해할 수 없는 '새로운 부상자new wounded'가 출현한 것으로 진단한다.[178] 말라부는 사고나 질병으로 두뇌를 다친 환자들이 일시적이거나 영구적인 무관심

---

sis : Why a Dailogue with Neuroscience is Necessary but Not Sufficient for Psychoanalysis", 1536쪽.

175 위의 글, 1536쪽.

176 Aikaterini Fotopoulou, "The History and Progress of Neuropsychoanalysis", *From the Couch to the Lab*, Aikaterini Fotopoulu 외 공편, 22~23쪽.

177 Johannes Lehtonen, "Dimensions in the Dialogue between Psychoanalysis and Neuroscience", *International Forum of Psychoanalysis*, Vol. 19, No. 4, 2010, 222쪽.

178 Catherine Malabou, *The New Wounded : From Neurosis to Brain Damage*, Steven Miller 역, New York : Fortham UP, 2012, 9쪽.

이나 탈감정 등의 장애를 겪는 것에 주목하지만, 새로운 부상자는 뇌병변brain lesion 환자가 아니더라도 트라우마로 인해 신경조직과 정신적 평형이 영구적으로 변한 충격상태에 있는 환자도 포함한다. 따라서 그녀는 뇌손상이 "뇌의 감정적 정동적 기능체계"에 미친 영향 및 뇌와 주체적 경험의 상호관계를 연구하기 위해 신경과학과 정신분석을 매개하는 신경정신분석의 가능성과 중요성을 강조한다.[179]

그러나 신경과학과 정신분석의 학제적 연구를 위해 창시된 신경정신분석은 논쟁을 불러일으켰다. 이 논쟁은 개인적이고 주관적인 경험에 기초한 정신분석과 보편적이고 객관적인 실험에 기초한 신경과학의 차이이기도 하지만 무엇보다 마음과 몸 / 뇌의 차이에 관한 것이다. 트라우마 연구에서 이 차이는 트라우마의 주체에 대한 서로 다른 이해로 나타난다. 트라우마가 무의식에 억압되는 것으로 파악하는 정신분석은 환자가 억압을 극복하고 트라우마의 고통스런 진실과 대면할 것을 강조한다. 분석을 통해 트라우마가 새겨진 무의식의 장소에서 트라우마를 소환하는 것은 궁극적으로 환자 / 주체의 몫이다. 신경학자로 출발한 프로이트가 새로운 학문을 정신의 영역에 정초하고 트라우마를 "정신적 트라우마"로 정의한 것은 트라우마의 발생과 치유 모두 주체의 정신적 문제라고 보기 때문이다.[180]

이와 달리 신경과학은 트라우마를 비의식적인 두뇌의 장소에 새겨진 외적인 상처로 정의하고 주체가 아닌 뇌를 트라우마 메커니즘과 치료의 장소로 지정한다. 반 데어 콜크도 인간을 순전히 세포로 이루어진 물질적 존재로 환원하지는 않는다. 왜냐하면 그 역시 인간의 능동적 행위력

---

179 위의 책, 14쪽.

180 Sigmund Freud, *Studies on Hysteria*, 6쪽.

을 강조하기 때문이다. 그러나 그가 강조하는 행위력은 정신이 아닌 신체에 기초한다. "행위력에 대한 우리의 감각, 우리가 얼마큼 통제하고 있다고 느끼는가는 우리의 신체와 신체의 리듬과의 관계에 의해 정의된다. 우리가 깨고 자는 것 어떻게 우리가 먹고 앉고 걷는가가 우리 날들의 윤곽을 정의한다. 우리의 목소리를 찾기 위해서 우리는 우리의 신체 안에 있어야 한다. 즉 충분히 숨 쉴 수 있고 우리의 내적 감각에 접근할 수 있어야 한다."[181] 반 데어 콜크는 정신과 신체의 유기적인 상호작용을 말하면서도 궁극적으로 주체를 신체적인 것으로 정의한다. 그가 의식적 주체에 앞서 "매 순간 다차원에서 유기체의 신체구조 상태의 지도를 그리는 신경패턴들의 일관성 있는 모음"으로 정의되는 다마지오의 '원형 자기proto-self'를 중요하게 여기는 것은 그가 주체를 신경적 자기neural self로 보기 때문이다.[182]

이런 관점에서 정신분석과 신경과학의 차이는 결국 정신과 신체의 이분법에 대한 논의로 귀결된다. 데카르트의 이원론을 비판하고 정신과 신체의 유기적이고 필연적인 관계를 과학적으로 규명하려는 다마지오가 일원론자인 스피노자의 철학을 신경과학의 철학적 모델로 삼는 것은 당연하다. 그는 유기체에 내재한 생존하려는 힘, 노력 또는 경향을 뜻하는 스피노자의 코나투스conatus를 생물학적으로 "내적 또는 환경적 조건에 처했을 때 생존과 복지를 추구하는 뇌 회로에 놓인 기질들의 합"으로 번역한다.[183] 정신과 신체, 마음과 몸 / 뇌는 결국 생존과 복지를 위해 작동하는 하나의 실체다. 이런 생각은 정신적인 것을 생물학적인 것으로

---

181 Bessel A. van der Kolk, *The Body Keeps the Score*, 333쪽.
182 Antonia Damasio, *The Feeling of What Happens : Body and Emotion in the Making of Consciousness*, New York : Harcourt, 1999, 154쪽.

설명할 수 있다는 과학적 신념에 기초한다. 다마지오에게 "영적인 것은 **유기체**의 특수한 상태, 일정한 신체적 구성과 일정한 정신적 구성의 섬세한 조합"이다.[184] 그는 영혼의 숭고함을 생물학적 차원으로 환원할 필요는 없으나 결국 "영적인 것의 숭고함은 생물학의 숭고함에서 체현되는 것"이며, 미래에 신경과학의 발전에 의한 "새로운 치료가 정신건강을 혁신할 것"이라고 전망한다.[185]

　그러나 이런 전망이 실현되어 정신분석적 주체가 신경적 주체에게 자리를 내주게 될지는 불확실하다. 신경과학과 정신분석의 접목을 위해 신경정신분석을 제안한 솜즈가 이 두 학문의 차이를 지적하는 것은 주목할 가치가 있다. 솜즈는 우뇌에 손상을 입은 뇌졸중 환자들의 우울증이나 불각증anosognosia이 뇌손상이 아니라 어머니에 대한 양가감정과 동일시 및 상실감과 수치심에 대한 공포에서 비롯된다는 것을 밝힌 사례와 다리 마비 환자들의 증상이 "나르시스적 상처"와 상실감에 기인하는 사례를 제시한다.[186] 이는 물리적인 외상을 입은 환자의 "정신적 증상을 기질손상organic lesion으로 환원할 수 없다"는 것을 보여준다.[187] 솜즈는 뇌가 마음보다 더 실재하고 정신을 뇌의 작용으로 설명할 수 있다는 논리의 위험성을 지적한다. "정신기능은 그 기능과 관계된 생리학적 부분들의 합 이상"이다.[188]

183　Antonia Damasio, *Looking for Spinoza : Joy, Sorrow, and the Feeling Brain*, Orlando : Harvest, 2003, 36쪽.

184　위의 책, 286쪽.

185　위의 책, 286~287쪽.

186　Mark Solms, "Is the Brain More Real than the Mind?" *Psychoanalytic Psychotherapy*, Vol. 9, No. 2, 1995, 113쪽.

187　위의 글, 114쪽.

188　위의 글, 117쪽.

11. "나"는 "뇌"인가?

정신분석과 신경과학의 대화와 논쟁 한복판에 정신과 신체의 갈등과 긴장이 존재한다. 포토풀루가 말하듯 이 긴장은 "인간 조건의 근원적 성격"일 수 있다.[189] 이 문제는 철학자 리쾨르와 신경과학자 샹구Jean-Pierre Changeux가 벌인 논쟁의 핵심이다. 현상학자 리쾨르는 신체와 정신 즉 "신경들과 신경들의 체계 내 관계의 문제"와 "지식, 행동, 느낌"의 문제를 구분하고 "뇌가 생각한다"라는 공식을 '의미론적 혼합semantic amalgamation'으로 거부한다.[190] 반대로 샹구는 『신경적 인간Neuronal Man』을 쓸 당시 스피노자의 『에티카Ethica』에 등장하는 "나는 인간의 행동과 충동을 선, 면 또는 신체의 탐구처럼 여길 것"이라는 문장에 영감을 받아 "해부학적인 것과 행동적인 것을 통일하고, 신경적인 묘사를 지각되고 경험한 것과 연결할" 담론의 필요성을 역설한다.[191] 이들의 논쟁에서 주체를 어떻게 정의하는가의 문제는 해결되지 않는다. 샹구에게 신체의 연구는 정신의 문제를 밝혀줄 물적 토대이지만, 리쾨르에게 주체는 유기체의 생물학적 화학적 탐구로 도달할 수 없는 주관적인(현상학적인) 경험의 행위자다.

리쾨르는 샹구가 "신경적인 것에서 정신적인 것으로의 이동에서 인과성의 범주"를 "무비판적으로 사용"한다고 비판한다.[192] 이 비판은 트라우마 연구에서 해결되지 않은 문제의 철학적 맥락을 제시한다. 정신분

---

189 Aikaterini Fotopoulou, "The History and Progress of Neuropsychoanalysis", 20쪽.

190 Jean-Pierre Changeux and Paul Ricoeur, *What Makes Us Think? : A Neuroscientist and a Philosopher Argue about Ethics, Human Nature, and the Brain*, M. B. Debevoise 역, Princeton : Princeton UP, 2000, 14쪽.

191 위의 책, 8·17쪽.

192 위의 책, 46쪽.

석을 신경과학의 토대에서 비판적으로 재정립하려는 말라부도 이런 위험성을 경고한다. 말라부는 다마지오가 비의식적 신경적 원형 자기에서 의식적 주체가 발생하는 것을 과학적 사실로 가정하지만, "신경적인 것에서 정신적인 것으로의 연속성은 (…중략…) 본질적으로 실험적이면서 해석학적인 이론적 혼합"이라고 지적한다.[193] 즉 신경이 정신으로 번역되는 과정은 "과학적 설명이 **해석**에 의해 중계될 것을 요구한다."[194] 신경과학은 신경에서 정신으로 이동할 때 불가피하게 발생하는 "존재론적 폭발"을 설명하지 못하며 이 번역 과정에서 무엇인가가 상실된다.[195] 다마지오도 사실상 인간의 정신을 신경과학적으로 설명하는 데 한계가 있음을 시인한다. 그는 인간의 정신에서 출현하는 근본 이미지가 "두뇌 지도들의 모임, 즉 다양한 감각 부위에서 뉴런 활동과 비활동(간단히 말해서 신경 패턴)의 모임"이라고 주장하지만 신경 패턴과 정신적 이미지의 차이를 인정한다.[196] 다마지오에 따르면 "어떻게 신경 패턴들이 정신적 이미지가 되는가에 대한 현재의 이해에는 중대한 틈이 있다. 하나의 대상 또는 사건과 관계된 역동적인 신경 패턴들(또는 지도들)이 뇌에 존재하는 것은 그 대상 또는 사건의 정신적 이미지를 설명하는 데 **필요하지만** 충분한 토대는 아니다. (…중략…) 어떻게 전자에서 후자로 가는가는 부분적으로만 알려져 있다. 비록 현재의 무지가 그 이미지들이 생물학적 과정이라는 추정에 모순되지도 않고 그 이미지들의 물질성을 부인하지도 않지만 말이다."[197]

---

193 Catherine Malabou, *What Should We Do With Our Brain?* Sebastian Rand 역, New York : Fortham UP, 2008, 62쪽.

194 위의 책, 63쪽.

195 위의 책, 72쪽.

196 Antonia Damasio, *Looking for Spinoza*, 197쪽.

이런 비판은 트라우마 연구에도 중요하다. 트라우마 치료에서 환자는 뇌에 실험이 가해지는 대상인가 아니면 자신의 상처를 대면하고 극복하는 주체인가? 신경과학적 트라우마 연구는 비의식적 뇌의 활동에 변화를 유도하여 환자를 새로운 주체로 변모시키는 방법을 통해 대상과 주체의 이분법을 극복하려 한다. 그러나 이 과정에서 어떻게 신체적 신경적 자아가 새로운 (의식적) 주체로 출현하는지는 여전히 불명확하다. 환자主體의 뇌에서 이루어지는 트라우마의 발생과 치료의 과정을 환자가 "나"의 것으로 인식하지 못한다면 환자에게 트라우마는 "그것"에 불과할 것이다. 신경조직에서 주체가 출현하는 존재론적 폭발에 대한 과학적 설명이 인문학적 해석과 화해할 수 있을 때 비로소 정신분석과 신경과학의 진정한 만남이 이루어질 수 있지 않을까? "생존자는 자신에게 가해진 상처에 책임이 없지만, 자신의 회복에는 책임이 있다. (…중략…) 생존자가 자신의 회복을 완전히 통제할 수 있는 유일한 방법은 그것에 책임을 지는 것이다."[198] 트라우마의 원인이 환자 밖에 있다는 엄연한 사실에도 불구하고 트라우마 극복의 주체는 환자 자신이라는 허먼의 발언은 트라우마의 사회정치적 차원에 대한 발언이라는 맥락을 넘어서 트라우마 환자가 치료의 대상이 아닌 주체로서 새로 태어날 당위성을 시사한

---

197 위의 책, 198쪽. 다마지오는 "신경지도 활동에 대한 현재의 신경과학적 묘사가 정신적 이미지의 생물물리학적 구성에 대해 우리에게 충분한 세부 사항을 제공하지 않는다. 미래에 그 틈이 메워질 것이라는 희망처럼 이 틈은 인정된다"고 말하면서 어떻게 신경이 정신이 되는가가 미래에 밝혀질 것이라는 희망을 피력한다. 위의 책, 208쪽. 그는 주석에서 "나는 환원주의적 연구 전략이 궁극적으로 어떻게 '신경지도' 차원에서 '정신적' 차원으로 가는지 설명할 수 있을 것이라고 희망한다. 비록 정신적 차원은 신경지도 차원에서 창조되는 신생 속성들을 소유하기 때문에 신경지도로 '환원되지' 않지만 말이다"라고 말하는데 이런 발언은 그의 희망 속에 여전히 정신은 결코 신경으로 환원될 수 없다는 인식을 드러낸다. 위의 책, 327쪽, 미주 21번.

198 Judith Herman, *Trauma and Recovery*, 192쪽.

다. 이런 관점에서 트라우마를 연구하는 정신분석과 신경과학의 지속적이고 논쟁적인 대화를 통해 주체의 존재론적 폭발에 대한 의문은 계속 탐구되어야 한다. 트라우마 연구의 미래는 신경과학의 발달뿐 아니라 "나"는 "뇌"인가의 의문에 대한 집요한 탐구에 달려 있다.

생존과 증언

제2부

제4장

생존의 상처

1. 생존과 죽음

외적 자극이 보호막을 뚫고 침투해 정신에 영향을 행사하는 상처라는 프로이트의 트라우마 정의는 트라우마가 일시적인 것이 아니라 정신에 지속해서 고통을 가하는 과정임을 보여준다. 상처가 새겨지는 기록의 장은 생존자의 정신이다. 트라우마는 죽음을 접하는 치명적 상처이지만 생존의 장에서 전개되는 현상이다. 프로이트가 『쾌락원칙을 넘어서』에서 소개하는 타소Torquato Tasso의 서사시 『해방된 예루살렘Geresalmme Liberata, Jerusalem Liberated』에 등장하는 탄크레드Tancred와 클로린다Clorinda의 이야기는 상처와 생존자의 관계를 잘 예시한다.

주인공 탄크레드는 사랑하는 연인 클로린다가 적군 기사의 갑옷으로 변장해 있는 동안 결투에서 이를 알지 못한 채 그녀를 죽인다. 그녀를 매장한 후 그는 십자군을 공포에 떨게 하는 이상한 마법의 숲으로 들어간다. 그는 큰 나무를 칼로 베는데 베인 상처에서 피가 흘러나오고, 그 나무에 영혼이 갇혀있던 클로린다가 그가 연인에게 다시 한번 상처를 입혔다고 한탄하는 목소리가 들린다.[1]

프로이트는 이 이야기를 "마음속에 쾌락원칙을 무효로 하는 반복강박이 정말 존재한다"는 가설을 뒷받침하는 예로 제시한다.[2] 캐루스는 『소유자 불명의 경험Unclaimed Experience』에서 이 이야기를 해석하며 트라우마의 반복적 특성에 이해할 수 없는 성격과 타자성을 더한다. 캐루스가 강조하는 타자성은 탄크레드 내부의 타자성보다 탄크레드 외부 즉 클로린다의 타자성이다. 캐루스에 따르면 "클로린다의 목소리가 (…중략…) 자기 과거의 '알지 못하는' 외상적 사건의 기억을 간직하는 자아 안의 타자를 재현한다고 이해하는 것이 가능"하지만, 이 "목소리가 말하는 것을 개인이 자기 과거의 사건과 맺는 관계의 이야기가 아니라 자신의 트라우마가 타자의 트라우마와 연관되는 방식의 이야기로 읽을 수 있다."[3] 이렇게 보면 이 이야기에서 "말하는 상처는 정확히 말해서 탄크레드 자신의 상처가 아닌 타자의 상처, 트라우마다."[4] 상처의 타자성에 대한 캐루스의 논의는 상처의 사회성과 공동체에 대한 중요한 관점을 제시한다.

그러나 이 이야기는 생존자와 죽은 자의 불가분하고 불가피한 관계로 이해할 때 또 다른 중요한 의미를 지닌다. 이런 관점에서 상처는 내부와 외부의 경계가 분명하지 않다. 클로린다의 목소리가 캐루스가 언급하는 "자기 과거의 '알지 못하는' 외상적 사건의 기억을 간직하는 자아 안의 타자"를 나타낸다고 볼 때, 이 상처의 낯설고 이해할 수 없는 타자성은 프로이트가 트라우마를 외부에서 "침입해 들어온 후 오랫동안 여전히 작용하고 있는 행위자로 간주해야 하는 이물질처럼 행동한다"고 설명한 것과 상통한다.[5] 죽은 클로린다의 목소리는 생존자 탄크레드의 내부에

---

1   Sigmund Freud, *Beyond the Pleasure Principle*, 22쪽.

2   위의 책, 22쪽.

3   Cathy Caruth, *Unclaimed Experience*, 8쪽.

4   위의 책, 8쪽.

서 계속 상처의 공명을 일으키는 트라우마를 체현한다.

이 목소리는 죽은 클로린다 또는 클로린다의 죽음이 생존자 탄크레드의 정신에 가하는 죄의식과 슬픔을 포함한 상처의 울림이다. 『해방된 예루살렘』은 프로이트가 요약하고 캐루스가 인용하는 줄거리에 나타나지 않는 탄크레드의 상처를 자세히 묘사한다. 사투 끝에 클로린다를 죽인 것을 깨달은 탄크레드는 "그대 사악하고 파렴치한 죽음의 성직자여, 그대는 왜 이 죄지은 생명의 끈을 자르지 않는가"라고 외치며 그녀를 해친 자신의 손을 탓하고, "나는 정의를 다루는 내 복수의 여신들인 고통과 슬픔 속에서 미친 방랑자로 살리라"라고 울부짖는다.[6] 탄크레드는 최후에 기독교 신앙으로 슬픔을 극복하고 꿈에 나타난 클로린다의 위로를 받지만, 그의 절규는 죄책감, 슬픔, 고통 및 광기로 점철된 그의 정신적 상처를 잘 보여준다.

사투를 벌이다 클로린다를 죽인 탄크레드는 자신과 클로린다의 죽음을 모두 직간접적으로 경험하고 살아남는다. 트라우마를 경험하는 자는 치명적 상처를 입고 죽은 클로린다가 아니라 죽음을 경험하고 생존한 탄크레드가 아닌가? 캐루스는 트라우마의 불가해성 및 타자성과 더불어 트라우마와 생존(자)의 관계도 중요하게 다룬다. 캐루스는 "탄크레드는 죽음의 영향 — 상처를 주는 사건과 클로린다의 죽음 — 의 현실을 피하지 못하고 오히려 그 현실을 두 번 산다"는 사실을 강조하면서 "트라우마는 죽음과의 만남인가 아니면 죽음을 겪고 생존한 지속적인 경험인가?"라는 물음을 제기하고, 트라우마 서사를 "**죽음의 위기와 상관적인 삶**

---

5   Sigmund Freud, *Studies on Hysteria*, 6쪽.

6   Torquato Tasso, *Jerusalem Delivered*, Ralph Nash 역, Detroit : Wayne State UP, 1987, 271쪽.

의 위기 사이, 사건의 참을 수 없는 성격의 이야기와 생존의 참을 수 없는 성격의 이야기 사이를 동요하는 일종의 이중 이야기"로 정의한다.[7]

트라우마는 죽음을 대면하는 경험일지라도 죽음이 아닌 생존으로 귀결된 사건의 파괴력이 살아남은 자에게 새겨진 상처이며 따라서 죽은 자가 아닌 산 자의 몫이다. 죽은 자는 말이 없다. 클로린다가 삶의 종점에서 외친 목소리는 생존자 탄크레드의 정신에서 상처를 새기며 파괴력을 행사한다. 죽은 자가 경험한 상처는 그것을 목격하고 살아남은 생존자의 기억에서만 언어와 이미지로 기록되고 그 기억에서 호출되며 고통을 유발한다. 트라우마 개념을 비판하는 그린스펀Henry Greenspan이 조금 다른 맥락에서 아이러니하게 지적하듯이 "대량 살상을 '트라우마'에 포함시키는 동시대 습관의 예상치 못한 결과는 죽은 자들을 효과적으로 사라지게 하는 것이다. 트라우마는 거의 항상 재난이 죽지 **않은** 자들에 미친 영향을 지시한다."[8] 이런 점에서 트라우마는 생존의 대가이고 생존의 상처다.

그래서 트라우마는 오로지 우연이건 필연이건 아니면 선택이건 간에 생존의 특권을 허락받은 자에게만 가해지는 형벌이다. 이런 까닭에 트라우마로 고통받는 생존자는 종종 생존의 의미와 자신의 정체성에 대한 회의와 의문에 휩싸인다. 이런 회의와 의문도 트라우마가 가하는 정신적 상처의 일부다. 왜 내가 살아남았을까? 9장에서 상세히 논하겠지만 이런 의문은 삶이 무엇인가에 대한 존재론적 질문으로 확대된다. 그러

---

7   Cathy Caruth, *Unclaimed Experience*, 7쪽.

8   Henry Greenspan, "From Testimony to Recounting : Reflections from Forty Years of Listening to Holocaust Survivors", *Beyond Testimony and Trauma : Oral History in the Aftermath of Mass Violence*, Steven High 편, Vancouver : UBC P, 2015, 164쪽, 미주 7번.

나 생존에 관해서 먼저 제기되는 가장 근본적인 질문은 생존자를 어떻게 정의할 것인가의 문제다. 캐루스는 트라우마 이론을 "이전의 온전한 자아의 파괴로서의 트라우마"에 초점을 두는 경향과 "압도적 경험에 스스로 마비됨으로써 그 경험에서 벗어나게 허락하는 트라우마의 생존 기능"에 초점을 두는 경향으로 구분하고 후자를 대표하는 연구로 리프턴의 연구를 꼽는다.[9] 트라우마를 생존(자)의 관점에서 깊이 있게 조명하는 리프턴의 연구에서 생존은 근본적으로 죽음과의 관계에서 정의된다. 리프턴이 「생존자 개념The Concept of the Survivor」에서 제시한 "죽음을 대면하고 죽음에 노출되거나 죽음을 목격하고 살아남은 자"라는 생존자의 정의는 생존과 죽음의 불가피한 관계를 보여준다.[10]

물론 리프턴의 생존자 개념은 그의 연구가 상당 부분 히로시마 원폭이나 홀로코스트의 생존자를 대상으로 삼은 것과 무관하지 않으며, 모든 트라우마가 죽음 문턱에 갔다가 회생한 치명적인 경험에서 비롯되는 것도 아니다. 그러나 트라우마는 적어도 생의 심각한 위기를 동반한다는 점에서 죽음과 직간접적으로 관계된다. 리프턴이 히로시마 원폭을 다룬 『삶 속의 죽음Death in Life』에서 제시한 "어떤 신체적 또는 정신적 방법으로 죽음과 접촉했다가 살아남은 자"라는 생존자의 정의는 그가 의미하는 죽음이 물리적 죽음에 국한되지 않음을 보여준다.[11] 이 정의가 보여주듯이 생존자는 신체적인 죽음의 위협이 아니더라도 "정신적 방법

---

9 Cathy Caruth, *Unclaimed Experience*, 131쪽, 미주 2번.

10 Lifton, Robert Jay, "The Concept of the Survivor", *Survivors, Victims, and Perpetrators : Essays on the Nazi Holocaust*, Joel E. Dimsdale 편, Washington : Hemisphere Publishing, 1980, 117쪽.

11 Robert Jay Lifton, *Death in Life : Survivors of Hiroshima*, Chapel Hill : U of North Carolina P, 1991, 479쪽.

으로” 죽음과 접촉한다는 점에서 삶의 위기를 겪은 자다. 생존은 단순히 죽음의 회피나 모면이 아니라 삶의 위기에 관한 문제다.

생존자의 트라우마는 죽음을 배경으로 성립한다. 프로이트의 죽음 욕동 이론이 1차 세계대전에서 죽음에 노출된 전쟁신경증 환자의 외상꿈 연구에서 발전한 것은 결코 우연이 아니다. 1장에서 논했듯이 죽음 욕동이 치유를 방해하는 궁극적인 원인이라는 프로이트의 논의는 트라우마의 핵심이 바로 삶 속의 죽음 즉 인간의 근본적인 사멸성과의 대면이라는 함의를 지시하고 있음을 보여준다. 트라우마 현상의 배후에는 삶에 내재하는 죽음의 심연을 대면하는 근본적인 문제가 존재한다. 이런 점에서 생존(자)의 의미를 죽음과의 관계에서 탐구하는 리프턴의 연구는 트라우마의 핵심을 밝히는 데 크게 공헌한다.

리프턴의 관심은 죽음에 머무는 것이 아니라 삶과 죽음의 불가피한 역학관계에 있다. 프로이트가 1차 세계대전을 통해 죽음 욕동 개념에 도달한 것처럼, 리프턴의 연구도 홀로코스트와 히로시마 원폭 등 20세기를 점철한 죽음의 향연이 세계 종말의 어두운 그림자를 드리웠던 시대의 산물이다. 그는 『끊긴 연결*The Broken Connection*』에서 “인간의 서사를 종식할 정도의 대규모 살인, 죽음, 파괴”의 위협에 대처하는 새로운 패러다임을 구축할 필요에 부응하기 위해 “죽음과 연속성의 주제”를 다루고자 한다.[12] 죽음의 경험은 연속성 즉 삶의 지속에 중요한 의미를 제공한다. 죽음의 경험 이전과 이후의 삶이 다른 것은 이 경험이 역설적으로 삶의 의미에 새로운 깨달음을 주기 때문이다. 따라서 죽음과 대면하는 트라우마는 고통스럽긴 하지만 삶의 숨겨진 의미를 발견하는 계기를 제공할

---

12   Robert Jay Lifton, *The Broken Connection : On Death and the Continuity of Life*, New York : Simon and Schuster, 1980, 3~4쪽.

수도 있다.

죽음에 대한 리프턴의 관심은 죽음에 경도된 문화의 이면에 죽음을 부정하려는 경향이 있다는 것을 밝히고 삶에 내재한 죽음을 대면하고 삶을 지속하려는 기획의 일환이다. 리프턴에 따르면 "인간은 (프로이트와 랑크 그리고 현대에 그들의 많은 제자가 제시한 견해인) 죽음을 부정할 필요에서 문화를 창조하는 것이 아니라 인간은 죽기도 하고 지속하기도 한다는 독특한 인식을 사는 방식으로서의 문화를 창조한다."[13] 리프턴이 아담과 이브 이야기에 대한 글래처Nahum Glatzer의 유대교적 해석을 논하며 자기 저서의 목적을 밝힐 때 삶과 죽음이 불가분하게 엮어지는 방식으로서의 인류 문화에 대한 그의 통찰이 드러난다.

시종일관 나의 노력은 인간 상상력에서의 죽음의 위치와 그것이 끝, 변화, 시작에 대해 우리가 갖는 의미와 맺는 관계를 탐구하는 것이다. 이 작품의 정신은 네이험 글래처가 말한 아담과 이브 이야기의 유대교적 해석의 우화에서 포착된다. 글래처에 따르면 에덴동산에서 남녀가 추방되는 묘사는 '타락'이 아닌 '발생rise'이었다. 그것은 '인간이 됨' 즉 '지식을 위해 불멸을 포기하는 것'을 의미했다. 왜냐하면 인간이 되는 것은 (다른 동물들의 상태인) 죽음에 대한 무지와 (신만의 특권인) 영원한 삶에 대한 기대를 둘 다 포기하는 것을 의미했기 때문이다. 우리가 의미하는 '지식'은 죽음의 관념을 탐구해서 그것을 삶-연속의 원칙과 연관시키는 상징화하는 상상력의 능력 즉 문화의 능력이다. 이 우화는 따라서 **문자적 불멸을 상징적 불멸과 교환하는 것**을 묘사한다. 그것은 죽음의 사실에 대해 마비된 채(무지한 채) 남아 있을 필요가 없는, 죽음을 알지만

---

13 위의 책, 5~6쪽.

초월할 수 있는 사멸적 존재의 이상을 제시한다.[14]

인간의 문화는 죽음을 부정하거나 거부하는 것이 아니라 죽음을 앎으로써 역설적으로 초월할 수 있는 지식을 의미한다. 죽음의 관념에 마비되는 무지의 상태는 삶과 죽음이 불가피하게 엮인 인간의 조건에 대해 모르는 동물적 상태다. 죽음의 관념에 관한 연구는 근본적으로 삶의 연속이라는 원칙과의 관계에서만 의의를 지닌다. 리프턴은 '불멸의 상징화symbolization of immortality'를 인간 진화의 고차원적 단계에서 "인간 연관성을 다양한 차원에서 상상할 수 있는 능력"에 기초한 것으로 설명한다.[15] 인간은 자신의 죽음을 상상할 수 없지만 자신이 존재하지 않는 세계를 상상할 수 있다. 이 세계에서 "'나'는 존재하길 멈출 것이지만(이 때문에 나는 나의 죽음을 상상할 수 없다), 내 '자아'의 요소들 ― 타자(아이들, 학생들, 친구들 그리고 희망컨대 독자들) ― 은 지속할 것"을 상상할 수 있다면 이는 나와 인간(역사)의 연관성을 통해 자신의 죽음이라는 관념을 수용할 수 있게 한다.[16] 따라서 우리는 "위험한 착각"으로 볼 수 있는 "온전한 자아의 문자적 영속화"와 자아가 "더 큰 인간 문화 형태와의 연관"을 통해서 지속한다는 "상상된상징화된 영속화"를 구분해야 한다.[17]

이런 관점에서 죽음을 대면하는 트라우마의 사건은 역설적으로 삶(의 의미)에 대한 통찰을 제공해줄 수 있는 경험이다. 캐루스는 리프턴과의 인터뷰에서 이 저서에 실린 「생존자 경험과 트라우마 증후군Survivor

---

14   위의 책, 7쪽.
15   위의 책, 8쪽.
16   위의 책, 8쪽.
17   위의 책, 8쪽.

Experience and Traumatic Syndrome」에 관해 생존 개념에 초점을 맞추는 이 글이 동시에 죽음을 내포하는 트라우마를 강조하는 역설을 지적한다. 리프턴은 이에 대해 "트라우마보다 생존에 초점을 맞추는 것은 죽음을 외상 경험으로 다시 끌어들이는데, 이는 죽음이 있었고 따라서 생존자는 죽음과 대면했으며, 죽음과의 대면이 그(녀)의 심리적 경험에 핵심임을 생존이 암시하기 때문이다"라고 답한다.[18] 죽음과의 대면은 "죽음이 실제이고 자신이 죽을 것이라는 끔찍한 내적 교훈"을 통해 일종의 '깨달음illumination'을 준다.[19] 이 깨달음은 사멸성에 대한 각성에 그치지 않고 삶에서 무엇이 중요한가의 역설적인 질문을 낳는다. 죽음은 따라서 삶을 변화시킬 수 있는 잠재력을 지닌다.

죽음이 변화시킬 수 있는 잠재력은 무엇입니까? 죽음은 잠재적으로 무엇이든 모든 것을 변화시킵니다. 그것이 존재의 유일한 지속적 사실입니다. 모든 사람이 이런저런 방식으로 그것을 말했습니다. 그러나 죽음을 받아들이는 것 즉 죽음과의 대면에 개방적인 것은 항상 무엇이 궁극적이고 의미가 있으며 또는 (…중략…) "무엇이 중요한가"를 재평가하는 것을 의미합니다. 우리는 삶에서 정말로 무엇이 중요한가라는 질문을 던집니다. 그것은 무엇이 가장 강력하고 가장 삶을 긍정하며 무엇이 자신의 죽음을 겪고 생존할 수 있는지와 관계됩니다.[20]

죽음을 체험하고 삶을 지속하는 생존자는 이런 역설의 의미를 깨닫는

---

18   Cathy Caruth, "An Interview with Robert Jay Lifton", *Trauma : Explorations in Memory*, Cathy Caruth 편, 128쪽.

19   Robert Jay Lifton, *The Broken Connection*, 170쪽.

20   Cathy Caruth, "An Interview with Robert Jay Lifton", 131쪽.

시험에 처하는 운명을 지닌다. 그러나 이런 의미를 깨닫는 것, 죽음에서 삶의 의미를 찾는 일은 결코 쉬운 것도 반드시 발생하는 것도 아니다. 오히려 트라우마 희생자들은 죽음의 이미지에 압도된 나머지 삶의 의미를 긍정하거나 새로 규정할 능력을 상실한다. 리프턴이 제시하는 생존자의 심리는 이런 현상을 잘 설명한다. 그러나 리프턴은 생존자의 심리가 "보편적인 심리적 경향"을 보여주며 "생존자는 보통 사람Everyman이 된다"고 말한다.[21] 이런 점에서 생존자의 경험과 심리에 대한 탐구는 죽음이라는 인간존재의 보편적 조건에 대한 통찰을 제공한다.

2. 죽음의 각인

리프턴이 제시하는 다섯 가지 생존자 경험 중 첫째는 죽음의 각인death imprint이다. 사건에 따라 죽음 이미지의 성격과 종류는 다를 수 있지만 생존자가 목격한 죽음 이미지는 그의 뇌리에 지울 수 없는 형태로 각인된다. 리프턴은 특히 히로시마 원폭 생존자와 나치 강제수용소의 생존자들이 "죽음의 각인을 둘러싼 그로테스크grotesqueness" 즉 "죽음이 편재할 뿐 아니라 기이하고 부자연스럽고 망측하며 불합리하다는 심리적 느낌"을 갖는다고 지적한다.[22] 이런 이유로 그들에게 죽음의 각인은 더욱더 강렬할 수밖에 없다. 비르케나우Birkenau 강제수용소의 화장터에서 위젤 Elie Wiesel이 집단으로 화장되는 아기들의 시신을 목격했을 때 그가 본 광경은 이런 그로테스크한 죽음의 이미지를 잘 예시한다. "우리에게서 멀

---

21   Robert Jay Lifton, *Death in Life*, 479쪽.
22   위의 책, 480쪽.

지 않은 곳에 불길, 큰 불길이 배수로에서 솟아오르고 있었다. 무엇인가 거기에서 태워지고 있었다. 트럭이 다가와 싣고 온 짐을 내렸다. 작은 아이들이었다. 아기들! 그렇다 나는 내 눈으로 이걸 (…중략…) 불길에 던져지는 아이들을 보았다. (그 이후로 잠들 수 없었던 것이 놀라운가?)"[23] 화장터의 재로 사라진 아이들의 시신 더미는 위젤의 뇌리에 박혀 잠잘 수 없게 하고 그의 기억에서 지워지지 않는다.

비르케나우에서 아우슈비츠로 이송된 위젤이 수많은 죄수의 죽음을 목격한 후 "아우슈비츠와 비르케나우의 화장터에서 매일 죽어간 수천 명의 사람이 더 이상 나를 괴롭히지 않았다"고 회상하듯이 일상적이고 편재했던 죽음은 그의 감각을 무디게 만든다.[24] 그럼에도 미군 공습 중에 수프를 훔쳐먹으려다 적발되어 교수형으로 처형된 폴란드 소년의 죽음은 그의 뇌리에 깊이 각인된다. 이는 그 소년이 용감하게 "자유 만세! 독일에 저주를!"을 외치며 죽어간 탓도 있지만, 독일군이 본보기를 보이기 위해 모든 죄수가 그의 시신을 보게 강요했기 때문이다. "그리고 모든 캠프가 구역별로 교수형 당한 소년을 지나 종대로 지나가며 그의 죽은 눈과 벌어진 입에서 늘어진 혀를 보았다. 카포Kapo들은 모든 사람이 똑바로 그의 얼굴을 보게 했다."[25] 죽음이 보편화된 가운데에서도 죽은 자를 응시하도록 강요받은 위젤에게 죽은 소년의 얼굴은 생생하게 그의 기억에 각인된다.

죽음의 이미지는 종종 타자에서 자신으로 이동한다. 수용소에서 타자의 죽음은 항상 자신의 죽음에 대한 불안과 공포를 유발하기 때문이다.

---

23   Elie Wiesel, *Night*, Marion Wiesel 역, New York : Hill and Wang, 2006, 32쪽.
24   위의 책, 62쪽.
25   위의 책, 62~63쪽.

아우슈비츠에서 아버지와 함께 수감되어 있던 위젤의 다음과 같은 회상
은 죽은 자의 이미지에서 자신을 발견하는 장면을 보여준다.

> 우리 발밑에 눌리고 발에 짓밟혀 죽어가는 사람들이 누워있었다. 아무도
> 그들에게 관심을 주지 않았다. 우리는 밖에 있었다. 얼음같이 찬 바람이 얼굴
> 을 후려쳤다. 나는 입술이 얼지 않도록 계속 입술을 씹고 있었다. 사방에 죽음
> 의 춤으로 보이는 것들이 있었다. 머리가 어지러웠다. 나는 묘지를 통과해 걷
> 고 있었다. 뻣뻣한 시체들 사이에 통나무가 있었다. 고통의 소리도 슬피 우는
> 소리도 없고 대규모의 고뇌와 침묵뿐이었다. 아무도 누구에게도 도움을 요청
> 하지 않았다. 그냥 죽어야 했기에 죽을 뿐이었다. 소란을 일으킬 필요가 없었
> 다. 나는 모든 뻣뻣한 시체에서 나 자신을 보았다. 곧 그들을 보지 않게 될 것
> 이었고 나도 그들 중 하나가 될 수 있었다.[26]

이런 죽음의 이미지는 회상하는 과거에서 현재로 이동한다. 미군이
수용소를 해방한 직후 끝나는 위젤의 회고록은 병원으로 이송되어 삶과
죽음의 기로를 오가다 깨어난 날을 회상하는 장면으로 매듭지어진다.
"어느 날 일어날 수 있었을 때 나는 맞은편 벽의 거울에서 나 자신을 보
기로 결심했다. 게토 생활 이후에 나 자신을 본 적이 없었다. 거울 깊은
곳으로부터 하나의 시신이 나를 응시하고 있었다. 그가 나를 응시할 때
그의 눈빛은 이후 나를 떠나지 않았다."[27] 거울에 비친 자신의 모습은 단
순히 시체와 같이 여윈 그의 외모만을 의미하는 것이 아니다. 거울 속 위
젤의 시선은 그가 수용소에서 목격한 수많은 죽은 자들의 모습을 응축

---

26   위의 책, 89쪽.
27   위의 책, 115쪽.

한 죽음의 이미지가 아닐까. 이 이미지는 이후 위젤의 삶에서 떠나지 않는다. 죽음을 경험한 이후 위젤의 삶에는 죽음이 지울 수 없는 표식으로 각인되어 있기 때문이다.

위젤의 삶에서 떠나지 않는 죽음의 이미지는 인간의 근본적인 사멸성을 상기시킨다. 리프턴은 죽음의 각인이 인간이 죽음과의 조우를 통해서 인간의 취약성과 사멸성을 깨달았다는 각성의 신호로 해석한다. 죽음과의 조우는 자신이 약하지 않고 죽지 않을 것이라는 착각을 여지없이 파괴한다. 죽음을 겪고 생존한 자가 "강화된 불사신invulnerability의 느낌"을 갖기도 하지만 — 예를 들어 히로시마 원폭 생존자가 "나 자신은 죽음에 대한 공포를 더 이상 느끼지 않는다"고 말하는 것 — 이는 "가장 깨지기 쉬운 정신적 실체"이고 죽음에 대한 "진짜가 아닌 가짜 통제"에 불과하다.[28]

죽음 이미지의 각인은 죽음의 이미지에 경도되는 것 즉 "죽음과의 조우 자체에 예속되는 것"으로서의 '죽음 마법death spell'으로 이어질 수도 있다.[29] 죽음 마법은 죽음을 접했다는 사실과 생존했다는 사실을 생존자에게 상기시키며 이런 기억은 "생존의 반복된 재연"일 수 있다.[30] 따라서 죽음 마법은 "생존 자체를 상기시키는 것"이다.[31] 그러나 리프턴은 죽음과 접했다는 사실에 예속되는 죽음 마법이 무엇보다 "장기적인 슬픔과 애도와 연관될 수 있다"는 사실을 지적한다.[32] 프로이트가 「애도와 우울증Mourning and Melancholia」에서 상세히 논했듯이 애도는 상실을 전제한

---

28   Robert Jay Lifton, *Death in Life*, 481~482쪽.

29   위의 책, 482쪽.

30   위의 책, 483쪽.

31   위의 책, 483쪽.

32   위의 책, 483쪽.

다. 생존자는 무엇의 상실에 슬퍼하고 애도하는 것일까? 리프턴에 따르면 생존자는 자신의 가족이나 가까웠던 자들 뿐 아니라 자신의 집과 소유물 그리고 "부서진 신념, '살해된' 삶의 방식"을 애도할 수도 있고 이를 종합하면 "그는 이전의 자신 즉 죽음과 죽음의 갈등이 자신을 침범하기 이전의 자신을 애도"하고 "그는 이 상실한 상태를 되찾을 수 없기 때문에 죽은 자에게 그리고 자신의 슬픔에 속박되어 있다."[33]

생존자의 슬픔과 애도가 끝나지 않고 장기화되는 이유는 죽음과의 조우 이전의 상실한 자신을 회복할 수 없을 뿐 아니라 상실에 대처할 수 없었기 때문이다. 리프턴은 "'애도의 작업'을 성취할 수 없는 일반적인 무능"을 '손상된 애도impaired mourning'라 부른다.[34] 생존자는 "자신의 상실에 준비하고 점진적인 '예상된 애도'의 과정을 경험할 기회를 박탈당하기" 때문에 손상된 애도가 발생한다.[35] 리프턴의 설명은 1장에서 살펴본 프로이트의 트라우마 이론의 관점에서 보았을 때 불안의 결여와 유사하다. 프로이트는 트라우마가 외부의 충격에 대처할 수 있게 하는 불안이 준비되어 있지 않았기 때문에 발생했다고 보며 경제적으로는 이런 불안의 (준비의) 결여를 외부의 충격을 구속할 반카섹시스의 결여로 설명한다. 리프턴의 논의에서는 이 외부 충격이 죽음과 갑자기 대면하는 경험으로 구체화된다. 이런 경험은 예상하지 못하고 준비되지 않은 상태에서 생존자들이 "정상적 존재에서 압도적인 죽음과의 대면으로 갑자기 완벽하게 이동하는 것"에서 발생한다.[36] 나치즘 생존자나 원폭 생존자들이 매장되

---

33   위의 책, 484쪽.
34   위의 책, 484쪽.
35   위의 책, 484쪽.
36   위의 책, 484쪽.

지 못한 대규모 시신들을 목격하는 '무덤 실종missing grave'이나 "보통은 애도의 의례를 준비할 시신 — 인간 유해 — 들이 갑자기 연기나 무로 사라졌다는 생존자의 느낌"을 의미하는 '시신 실종missing dead'은 준비하지 못한 죽음과의 조우의 대표적인 예이고 손상된 애도의 원인이다.[37]

　죽음의 각인의 또 다른 차원은 생존자가 갖는 세상 종말의 이미지다. 리프턴에 따르면 성인의 죽음 불안은 유아가 경험하는 (출생을 포함한, 엄마로부터의) 분리 및 상실이 상징적으로 재활성화된 것이고, 대규모 살상을 경험한 생존자의 경우 "거의 절대적인 절멸의 압도적인 **외적** 경험"이 "원래 어린아이에게 '세상 종말'을 의미했을 정신적 이미저리 — 분리와 무력감뿐 아니라 정체停滯, stasis와 절멸의 위협적인 이미저리"와 합쳐져 "죽음과의 조우의 지울 수 없는 특성"을 만들어낸다.[38] 이런 경험은 현실의 느낌을 전복해 "생존자의 정신적 경제는 영구적인 변화 즉 **정신적 변이**psychic mutation를 겪는다."[39] 따라서 생존자는 죽음과의 조우 이전의 현실과 이후의 현실이 완전히 다르다고 느낀다. 리프턴은 이런 세상 종말의 느낌 배후에 결국 죽음의 위협이 존재하며 생존자가 느끼는 근본적인 불안은 자신의 죽음에 관한 것이라고 여긴다. 여기에서 "생존자가 느끼는 죽음의 불안은 죽음 자체가 아니라 시기상조의 죽음과 실현되지 못한 삶과 관계된다."[40] 즉 생존자의 뇌리에 각인된 죽음 이미지는 예상할 수 있는 자연적 죽음이 아니라 삶을 성취하지 못하게 만드는 갑작스런 죽음의 타격이다. 이런 관점에서 죽음과의 조우는 삶과 죽음의 자연적인 관계를 전복

37　위의 책, 484쪽.
38　위의 책, 486쪽.
39　위의 책, 486쪽.
40　위의 책, 487쪽.

해서 삶과 죽음의 관계가 어긋났다고 생존자가 느끼게 만드는 것이다.

3. 삶과 죽음의 경계 무젤만과 탈상징화

　생존자는 현재에도 현재뿐 아니라 과거를 산다. 생존자를 지배하는 죽음의 이미지는 생존이 단순히 과거와의 결별이나 극복을 의미하지 않는다는 것을 보여준다. '살아있는 시체living dead' 개념은 생존자의 이런 현실을 명확히 표현한다. 리프턴이 생존자 심리의 셋째 특징으로 제시하는 '정신적 마비psychic numbing'는 살아있는 시체의 심리적 현상을 설명한다.[41] 정신적 마비라는 트라우마 현상은 생존자가 당시에 대면했던 충격으로부터 자신을 보호하기 위한 것이다. 프로이트가 정신적 트라우마를 경악이라는 정동으로 정의했듯이 이 충격은 감정적인 것이다. 신경과학적 용어로 말하자면 트라우마가 의식을 우회해 애초에 무의식 / 비의식에 저장되는 이유도 불쾌의 감정을 차단하고 외상의 충격에서 생존자를 보호하기 위한 것이다. 리프턴도 이 점을 지적한다. "죽음 불안과 죽음 죄책감에 대한 생존자의 주요 방어책은 느낌을 중단하는 것이다. (…중략…) 정신적 마비는 생존자의 삶 전체의 양식을 특징짓게 된다."[42]

　9장에서 논하겠지만 감정 마비는 트라우마의 주요 증상이다. 정신적 마비에 대한 리프턴의 논의가 기여하는 바는 외상기억과 감정의 문제를 죽음을 거부하려는 생존자 심리의 관점에서 분석한다는 점이다. "나는 아무것도 느끼지 않아. 그러니까 죽음은 일어나지 않아"라든지 아니

41　Robert Jay Lifton, *Death in Life*, 500쪽.
42　위의 책, 500쪽.

면 "나는 네가 죽은 것을 보지만 나는 너나 너의 죽음과 무관해"와 같은 죽음의 부정은 "자신의 환경을 침범하는 힘에 의해 자신이 완전히 비활성화된다는 느낌과 완전한 무력감에서 생존자를 보호한다."[43] 그래서 생존자는 "현실감을 완전히 영구적으로 상실하는 것을 피하려고 급진적이거나 일시적인 현실감의 감소를 처음에 경험한다. **그는 영구적인 신체적 또는 정신적 죽음을 피하려고 가역적인 상징적 죽음을 겪는다.**"[44] 죽음에서 다시 생명으로 되돌이킬 수 있는 일시적인 상징적 죽음인 정신적 마비는 되돌릴 수 없는 죽음(과의 대면)을 피하는 심리적 메커니즘이다.

리프턴은 정신적 마비가 생존자를 압도하는 세력에 대한 분노나 저항을 억압해서 궁극적으로 생존하는데 기여한다고 지적한다. 나치 수용소에서 암묵적이고 자발적으로 실행된 "감히 알려고 하지 말라Don't dare to notice" 그리고 "감히 느끼려고 하지 말라Don't dare to feel"는 두 가지 명령은 생존을 위한 메커니즘이다.[45] 어떻게 생존했느냐는 질문에 대해 많은 강제수용소 생존자가 제시하는 "나는 모든 느낌을 상실했다"라는 대답은 감정의 차단이 생존에 필수적임을 예증한다.[46] 리프턴은 "수용소에서 심지어 ('비인간화', '비인격화', '자아의 자동화' 등으로 다양하게 불리는) 장기적인 정신적 마비의 형식들이 (…중략…) '생존의 경제를 위해 매우 중요했다'"고 지적한다.[47] 극한 상황에서 생존하기 위해서는 감정, 인격, 자아를 모두 일시적으로 버려야 한다.

감정, 인격, 자아를 포기해야 한다면 생존을 위해 작동했던 정신적 마

---

43   위의 책, 500쪽.
44   위의 책, 500쪽.
45   위의 책, 501쪽.
46   위의 책, 501쪽.
47   위의 책, 501쪽.

비의 메커니즘이 결국 인간의 삶을 구성하는 요소들을 제거하는 결과를 낳는다는 모순이 발생한다. 리프턴이 주장하듯 "정신적 마비는 죽음에 노출되는 것에 대한 방어로 시작하지만 유기체가 죽음 이미지로 범람하는 것으로 끝난다."[48] 원폭이나 나치 수용소 생존자들이 사용하는 "걸어다니는 시체", "살아있는 시체", "유령" 등과 같은 용어들은 그들의 삶을 지배하는 죽음의 힘 즉 생명력을 박탈당한 삶을 나타내며 리프턴의 표현대로 "문자 그대로의 죽음이나 완전한 활력이 아닌 일종의 반쪽 삶half-life의 형태"다.[49]

이런 죽음과 같은 삶 그리고 비인간화와 비인격화를 가장 잘 보여주는 예는 나치 강제수용소의 무젤만이다.[50] 리프턴이 주목하는 무젤만에 대한 아우슈비츠 생존자 레비의 묘사는 이런 살아 있는 시체의 모습을 정확히 묘사한다.

가스실에서 끝난 모든 무젤만은 똑같은 이야기를 가졌고 더 정확하게는 아무런 이야기도 갖지 않았다. (…중략…) 그들은 적응하기 전에 압도되었고 시간에 패배했다. (…중략…) 그들의 삶은 짧지만 숫자는 끝이 없다. 그들, 무젤만Muselmänner, 익사한 자는 수용소의 근간 즉 계속 재생되고 항상 똑같으며 침묵 속에 행진하고 노동하며, 내면의 신성한 불꽃이 죽은, 이미 너무 고갈되어 고통을 받을 게 없는 비인간non-men으로 이루어진 익명의 대중을 형성했다. 그

---

48 위의 책, 503쪽.

49 위의 책, 504쪽.

50 레비는 『아우슈비치에서의 생존』에서 독일어 *Muselmänner*를 사용하고 'musselman'으로 표기하며 각주에서 이 말이 독일어 '*Muselmann*'을 지칭한다고 설명한다. Primo Levi, *Survival in Auschwitz*, Stuart Woolf 역, New York : Simon & Schuster, 1996, 88쪽. 따라서 "musselman"은 "무셀만"으로 표기하는 것이 옳지만 독일어 원어의 발음 "무젤만"으로 통일한다. 아감벤도 독일어 Muselmann을 사용한다.

들을 살아 있다고 부르기도 망설여지고 너무 지쳐서 이해할 수 없기에 죽음 앞에서 죽음을 두려워하지도 않는 그들의 죽음을 죽음이라 부르기도 망설여진다. 그들의 얼굴 없는 존재들이 내 기억을 쇄도한다. 만일 내가 우리 시대의 악을 하나의 이미지에 넣을 수 있다면 내게 친숙한 이 이미지, 고개를 떨구고 어깨가 굽은 얼굴과 눈에 생각의 흔적을 찾아볼 수 없는 이 쇠약한 인간을 선택할 것이다.[51]

레비가 묘사하는 무젤만의 모습은 좀비와 다를 바 없다. 리프턴과 더불어 강제수용소 생존자의 트라우마 연구를 개척한 니더랜드[William Nieder-land]는 강제수용소 생활의 가장 위험한 단계를 "무젤만 단계"로 명명하며 이 단계를 "미국적 표현으로 좀비 상태로 가장 잘 묘사될 수 있는 완전한 무관심과 심신[psychophysical] 공백의 상태"로 정의한다.[52] 니더랜드에게 이 무젤만 단계는 강제수용소의 열악한 신체적 정신병적 환경에 기인한다. "신체적 악화에 정신적 퇴행의 양과 방향이 중첩되는 것은 정신병적(종종 우울성) 철회, 혼미[stupor]와 죽음을 초래하는 경향이 있다."[53] 프로이트에 따르면 "신경증이 자아와 이드의 갈등의 결과인 반면, 정신병은 자아와 외부세계의 관계에서 유사한 장애의 결과다."[54] 정신병은 "자아가 외부세계에서 자신을 분리하는" 메커니즘으로 작동하며 이 "메커니즘은 (…중략…) 자아가 내보낸 카섹시스의 철회로 이루어진다."[55] 즉 정신병

---

51 Primo Levi, *Survival in Auschwitz*, 90쪽.

52 William G. Niederland, "Psychiatric Disorders Among Persecution Victims : A Contribution to the Understanding of Concentration Camp Pathology and Its After-effects", *Journal of Nervous and Mental Disease*, Vol.139, No.5, 1964, 467쪽.

53 위의 글, 467쪽.

54 Sigmund Freud, "Neurosis and Psychosis", *SE*, Vol. XIX, 149쪽.

55 위의 글, 153쪽.

은 자아가 세계에 투자한 리비도 또는 정신적 에너지를 철회해서 자아
로 회수함에 따라 세계와 단절된 환상에 갇히는 결과를 초래한다. 신경
증 환자도 불편한 현실에서 도피해서 환상으로 대체하려고 시도하면서
도 여전히 "신경증의 세계가 (…중략…) 현실의 조각에 들러붙으려는 경
향이 있는" 반면 "정신병의 상상적인 외부세계는 외부 현실을 자신으로
대체하려 한다."[56] 니더랜드가 분석하는 무젤만은 현실에서 완전히 단절
된 환상의 세계에서 철저히 고립된 정신병적 존재다.

리프턴에게도 무젤만은 세계와 단절된 존재다. 리프턴은 무젤만의 이
미지를 "'총제적 탈상징화de-symbolization', 연결의 내적 이미지의 와해 (…
중략…) 인간 연속성에 대한 감각의 절대적 상실"로 해석한다.[57] 리프턴
에게 상징화는 인간이 환경과 관계를 맺으며 살아가는 삶의 원칙이다.
그는 삶을 "우리의 역사와 생명 활동과의 연결을 상징화하는" 궁극적 차
원과 "보다 즉각적인 느낌과 이미지"를 포함하는 근접적 차원이 결합해
서 "단순히 살아남기 위한 것이 아니라 살아있다고 **느끼기** 위한 인간의
투쟁"으로 설명한다.[58] 궁극적이고 근접적인 차원에서 관계를 맺는 것이
삶이라면 이 삶의 핵심 원칙은 "형성 과정" 즉 "환경과의 모든 만남이 이
전의 경험 및 예상되는 경험에 따라 즉 우리가 '알고' 예상하는 것에 따
라 새롭게 구성되도록 정신적 이미지와 형식을 계속 창조하는 것"이며,
상징화는 이렇게 "지각하고 알고 느끼는 유일한 수단으로 모든 경험을
구성할 특별히 인간적인 필요"로 정의된다.[59] 따라서 탈상징화를 체현하

---

56   Sigmund Freud, "The Loss of Reality in Neurosis and Psychosis", *SE*, Vol. XIX, 187쪽.

57   Robert Jay Lifton, *Death in Life*, 502쪽.

58   Robert Jay Lifton, *The Broken Connection*, 5쪽.

59   위의 책, 6쪽.

는 무젤만은 인간이 궁극적이고 근접적인 차원에서 환경 / 세계와의 모든 연관성을 상실한 철저히 단자화된 고립된 존재이며, 인간 삶의 원칙인 상징화를 박탈당해 죽어 있는 존재다.

리프턴의 상징화 개념은 삶의 시간적 연속성을 전제한다. 상징화는 인간이 과거 경험으로 알고 있는 세계에 대한 이미지와 미래의 예상하는 이미지를 결합해서 창조하는 정신적 이미지를 바탕으로 살아가는 수단이다. 탈상징화를 겪는 무젤만은 자신을 둘러싼 세계에서 공간적으로 소외될 뿐 아니라 이 세계 속의 삶을 재구성할 과거와 미래의 이미지도 박탈당한 탈인식적 탈감정적 존재다. 시공간적으로 철저히 고립된 무젤만은 따라서 탈역사적인 존재이고 인간 역사에서 퇴출된 비인간화된 인간이다.

무젤만은 문자 그대로 무슬림Muslim을 뜻한다.[60] 이 용어의 기원에 대해서는 의견이 일치하지 않는다. 일부 해석은 강제수용소에 수감된 죄수들의 자세에서 이 용어의 기원을 찾는다. 예컨대 천천히 움직이며 서 있는 자세가 아랍인들이 기도하는 모습과 닮았다거나,[61] 땅에 웅크리고 있는 모습이 다리를 꼬고 앉아 있는 동양인과 닮았다거나 또는 상체를 흔드는 모습이 이슬람 기도 의식과 유사하기 때문이라는 해석들이 있다.[62]

---

60 Giorgio Agamben, *Remnants of Auschwitz : The Witness and the Archive*, Daniel Heller-Roazen 역, New York : Zone Books, 2002, 41쪽.

61 "그들은 자신 주위에서 일어나는 모든 것에 무관심해졌다. 그들은 환경과의 모든 관계에서 자신들을 차단했다. 그들이 아직 움직일 수 있었으면 무릎을 구부리지 않고 느린 동작으로 움직였다. (…중략…) 멀리서 보면 아랍인들이 기도하는 것을 보는 인상을 받았다. 이 이미지가 아우슈비츠에서 영양실조로 죽어가는 사람들을 위해 사용된 용어인 무슬림들의 기원이었다." Zdzislaw Ryn and Stanslaw Klodzinski, *An der Grenze zwischen Leben und Tod : Eine Studie über die Erscheinung des "Muselmnns" im Konzentrazionslager Auschwitz-Hefte*, Vol. I., Weinheim and Basel : Beltz, 1987, 94쪽. Giorgio Agamben, *Remnants of Auschwitz*, 43쪽에서 재인용.

레비는 이 용어에 대한 두 가지 설명 — 즉 운명론과 터번을 닮은 머리 붕대 — 모두 설득력이 없고, "끝나다" "결론나다"라는 의미를 지닌 러시아어 *dokodjaga*가 이 용어를 반영한다고 지적한다.[63] 극한 상황에서도 인간의 자유의지를 신뢰하는 베틀하임은 무젤만이 자신의 운명을 스스로 포기한 자라는 해석의 오류를 지적한다. 베틀하임에 따르면 수용소에서 환경의 영향에 절대적으로 굴복해서 "걸어다니는 시체"가 된 이 죄수들이 "'무슬림'무젤만"이라고 불리는 것은 "회교도들이 그들의 운명을 담담하게 받아들이는 것으로 여겨지듯이 환경에 대한 운명론적 굴복으로 잘못 여겨지기 때문이다. 그러나 이들은 진짜 회교도들처럼 결단의 행위를 해서 자유의지로 운명에 굴복한 것이 아니다. 이와 반대로 그들은 정동, 자존심 그리고 모든 형태의 자극을 박탈당하고 신체적 감정적으로 완전히 탈진한 나머지 환경이 그들을 완전히 압도하게 된 것이다."[64]

아감벤은 가장 유력한 해석을 "무조건적으로 신의 뜻에 복종하는 자라는 아랍어 무슬림의 글자 그대로의 의미"에서 찾지만 "무슬림의 체념이 매 순간 심지어 가장 작은 사건에서도 알라의 뜻이 작용하고 있다는 신념으로 이루어지는 반면, 아우슈비츠의 무젤만은 모든 의지와 의식의 상실로 정의된다"고 지적한다.[65] 의지와 의식을 상실한 무젤만은 삶에 대한 인간적 열망을 결여한 동물적 존재로 환원된다. 아메리Jean Amery는 "굶주림과 탈진으로 죽음과 직접 대면한 주체가 탈지성화될 뿐 아니라

---

62   Giorgio Agamben, *Remnants of Auschwitz*, 45쪽.

63   Primo Levi, *The Drowned and the Saved*, Raymond Rosenthal 역, New York : Simon & Schuster, 1986, 85쪽.

64   Bruno Bettelheim, *The Informed Heart : Autonomy in A Mass Age*, New York : The Free Press, 1960, 151쪽.

65   Giorgio Agamben, *Remnants of Auschwitz*, 45쪽.

실제로 비인간화되는" 예로 무젤만을 제시하며 "좋고 나쁨, 고결 저속, 지성 반지성의 대조를 의식할 여지가 없는" 존재로 그리고 "비틀거리는 시체, 최후의 경련 중인 신체 기능의 다발"로 묘사한다.[66]

소프스키Wolfgang Sofsky는 『테러의 질서The Order of Terror』에서 강제수용소에 입소한 죄수들이 배고픔에 지쳐 나날이 여위어가다가 마침내 신체적 정신적 한계에 도달해 비인간화된 무젤만이 되는 과정을 생생히 묘사한다. 굶주림으로 인해 그들의 맥박은 느려지고 혈압과 체온은 떨어져 몸을 떨며 각종 피부병에 시달리는 무젤만들의 신체는 통일성과 통제력을 잃고 부분들로 와해된다. 신체적 쇠약과 더불어 정신적으로도 기억과 감정, 의도와 의식이 모두 쇠퇴한다. "지각의 지평 역시 수축하고 봉쇄되었으며, 주의력은 마비되고 감각은 둔감해졌다. (…중략…) 그들은 이제 과거와 미래를 상실했듯이 현재도 상실했다. 느낌은 얼어붙어 둔감해졌다. 그들의 정신과 마음은 공허해져 내적인 황무지로 경화되었다. (…중략…) 지성은 희미해졌고 의도적 행위가 사라짐에 따라 의식의 내용도 사라졌다. (…중략…) 모든 방어 메커니즘이 와해되었고 죄수들은 총체적 무감각과 예속의 상태에 있었다."[67] 폭력을 탐구하는 소프스키의 논의는 이런 개인의 신체적 정신적 비인간화의 사회적 차원을 강조한다. 무젤만이 비인간화되는 것은 인간에게 절대적인 힘을 행사해서 인간의 삶을 죽은 상태로 만드는 권력 때문이다.

---

66 Jean Amery, *At the Mind's Limits : Contemplations by a Survivor on Auschwitz and its Realities*, Sidney Resenfield and Stella P. Rosenfeld 공역, Bloomington : Indiana UP, 1980, 9쪽.

67 Wolfgang Sofsky, *The Order of Terror : The Concentration Camp*, William Templer 역, Princeton : Princeton UP, 1997, 201~202쪽.

무젤만들은 파괴되고 황폐해진 사람들이고 삶과 죽음 사이에 걸려있는 부서진 잔해다. 그들은 인간존재의 단계적 궤멸의 희생자들이다. 절대 권력은 즉각적인 신체적 폭력을 사용해 죽이기 전에 고의적인 비참의 정책, 인간 조건*conditio humana*의 변모를 추구한다. 무젤만의 외적인 모습만으로도 심오한 비인간화를 보여주었다. (…중략…) 무젤만은 특별히 극단적인 형태의 절대 권력의 인류학적 의미를 체현한다. 권력은 살인 행위에서 자신을 폐지한다. 타자의 죽음은 사회적 관계를 끝낸다. 그러나 타자를 굶김으로써 권력은 시간을 얻는다. 권력은 삶과 죽음 사이의 림보라는 제3의 영역을 만든다. 시체 더미처럼, 무젤만은 인간존재에 대한 권력의 전적인 승리를 기록한다. 아직 명목적으로 살아있더라도 그들은 이름 없는 폐선廢船이다. (…중략…) 무젤만은 (…중략…) 아직 살아있으나 죽은 자다.[68]

무젤만은 아우슈비츠에서 나치즘이 인간의 신체와 정신에 절대적인 권력을 행사해 인간을 비인간의 한계까지 몰고 가 삶과 죽음의 경계에 존재하는 생존의 한계를 체현하는 존재다. 권력에 대한 소프스키의 설명은 푸코Michel Foucault가 정의하는 생명권력biopower을 엿보게 한다. 푸코는 『감시와 처벌*Discipline and Punish*』과 『성의 역사*The History of Sexuality*』 1권에서 절대왕정이 무너지고 제3계급이 득세하는 근대 세계에서 어떻게 권력이 신민의 목숨을 빼앗는 공개처형을 통해서 왕권을 과시하는 형태에서 근대 시민 주체의 생명을 유지하면서 자유를 구속하고 훈육하는 형태의 권력으로 탈바꿈했는지를 설명한다. 목숨을 빼앗을 수 있는 왕의 절대 권력은 목숨을 부지하게 하고 훈육하는 생명권력으로 탈바꿈하고

---

68 위의 책, 199~200쪽.

이 과정에서 근대식 감옥이 탄생한다.

그러나 나치즘은 생명을 유지하기 위해 권력을 행사한 것이 아니라 궁극적으로 생명을 없애기 위해 생명을 유지했다. 홀로코스트 생존자들이 증언하는 비인간화는 오로지 비인간적인 기계적 기능 때문에 그들이 생존할 수 있었다는 사실이다. 홀로코스트 생존자 하임Chaim E.의 구두 증언 — "우리는 개인이 아니었어요. 우리는 인간이 아니었어요. 우리는 우연히 먹고 우연히 일했던 곳에서 단지 로봇에 불과했어요. 그리고 그들은 우리가 어떤 기능을 하는 한 우리를 유지했어요. (……) 그 기능이 좋지 않으면 우리는 너희를 원하지 않아. (우리는) 너희를 파괴해. (…중략…) 그것이 그곳에 존재하는 유일한 목적이었어요. 사람들을 **죽이는** 것 그것이 그곳의 목적이었어요" — 은 수용소에서 강제노동을 위해 동원된 기계와 같은 존재로 전락한 생존자들의 비인간화가 곧 죽음을 전제로 한 생명 유지라는 사실을 잘 표현한다.[69]

나치즘의 절대 권력에 대한 소프스키의 설명은 생명권력과 대규모 살상이 결합한 형태를 보여준다. 무젤만의 대규모 출현과 대량 살상은 권력의 폭력성을 예증한다. 나치즘은 "시체 더미"와 다를 바 없는 무젤만을 만들어 죽게 했다. 아감벤이 말하듯이 "아우슈비츠에서는 사람들이 죽기보다 시체들이 생산되었다."[70] 이런 점에서 "히틀러의 독일에서는 **살게 만드는** 생명권력의 전례 없는 절대화가 **죽게 만드는** 통치권sovereign power의 마찬가지로 절대적인 일반화와 교차해서 생명정치biopolitics는 즉각적으로 죽음정치thanatopolitics와 일치하게 된다."[71] 무젤만이 악의 이미

---

69 Lawrence Langer, *Holocaust Testimonies : The Ruins of Memory*, New Haven : Yale UP, 1991, 178쪽에서 재인용.

70 Giorgio Agamben, *Remnants of Auschwitz*, 72쪽.

지를 집약한다고 레비가 느끼는 것은 무젤만이 생명정치와 죽음정치가 결합한 나치즘의 절대 권력을 가장 가시적으로 보여주는 희생자이기 때문일 것이다.

권력이 행사하는 폭력으로 비인간화되는 과정은 강제수용소의 사회적 공간에서 완성된다. 소프스키는 무젤만들이 신체적 정신적 죽음과 더불어 동료 죄수들에 의해 버림받고 고립되는 사회적 죽음을 맞이한다고 지적한다. 이들이 버림받는 궁극적인 이유는 그들을 보는 다른 죄수들이 그들처럼 될 수 있다는 불안을 없애기 위해 무젤만들에 대한 관심을 차단하기 때문이다. "무관심은 자신의 불안에 귀먹게 만든다. 무관심은 자신의 무력함을 지각하는 것을 막는 두꺼운 갑옷이다. (…중략…) 그들은 다른 사람들이 자신의 이미지가 반영된 거울을 인식해야 했던 비참의 거울이었다. 무젤만들에게는 자신의 죽음이 계속 카메오 형태로 존재했다. 무젤만들에게 일어났던 것은 모든 죄수에게 일어날 수 있었다. (…중략…) 무젤만이 죽는 것을 보는 것은 자신의 죽음, 죽음보다 더 끔찍한 죽음을 미리 보는 것이었다."[72] 누구나 무젤만이 될 수 있다면 인간과 비인간의 구분은 언제든 와해될 수 있는 유동적인 경계다.

4. 비인간화와 윤리 베틀하임과 아감벤

무젤만은 강제수용소에 입소한 죄수들이 언제든 될 수 있는 잠재적 가능성이 실현된 존재다. 이런 점에서 무젤만과 다른 죄수들 사이에는

---

71   위의 책, 83쪽.
72   Wolfgang Sofsky, *The Order of Terror*, 204쪽.

구별할 수 있는 특성의 차이가 없고 단지 여러 조건에 의해 모든 죄수에게 내재한 잠재적 요소가 실현되는가 아닌가의 차이만 존재한다. 그렇다면 일반 죄수와 무젤만을 인간과 비인간으로 단순하게 구분할 수 있을까? 아감벤은 무젤만에 대한 두 가지 해석을 대조한다. 우선 베틀하임은 무젤만이 인간에서 비인간으로 변모한 경계를 보여준다고 해석한다. 그는 자신이 목격한 무젤만의 문제에 고민하지만 극한 상황에서 인간성이 유지되는가의 도덕적 관점에서 무젤만을 인간성의 경계를 넘어 비인간화된 존재로 간주한다. 베틀하임에게 "자신의 인간성(그리고 흔히 생명 자체)을 보존하는 것과 인간존재로서의 죽음(또는 아마도 신체적 죽음)을 받아들이는 것 사이의 중요한 차이"는 "극한 상황에 영향을 미칠 수 있는 능력을 완전히 넘어서는 것으로 보일 때조차 그런 조건에 대한 자신의 태도를 자율적으로 선택할 자유를 보존하는 것"이다.[73] 베틀하임에게 무젤만은 이런 선택의 자유가 없기에 비인간적 상태로 추락한 존재다. 아감벤은 베틀하임에게 무젤만이 "어떤 의미에서는 인간이 비인간이 되고 임상적 진단이 인류학적 분석으로 통과하는 이동 경계를 표시했다"고 지적한다.[74] 즉 베틀하임은 무젤만을 인간의 범주 안에서 병적인 존재로 판단하는 임상적 진단을 내리는 것이 아니라 인간 범주를 벗어난 비인간적 존재로 규정하는 인류학적 분석을 제시한다. 아감벤에 따르면 이와 달리 레비에게 아우슈비츠는 이런 (도덕적) 판단과 구분을 불가능하게 하는 "새로운 윤리적 물질"을 제공하는 장소였고, "아우슈비츠에서는 정확히 무젤만이 (…중략…) 인간과 비인간을 구분하는 것을 영원히 불가능하게 하는 지점에서 윤리가 시작된다."[75] 누구든 무젤만이 될 수 있고 언

---

73 Bruno Bettelheim, *The Informed Heart*, 158쪽.

74 Giorgio Agamben, *Remnants of Auschwitz*, 47쪽.

제든 인간이 비인간화될 수 있어서 인간 / 인간의 경계가 유동적이라면 무젤만은 이런 경계를 보여주는 존재로 판단하기보다 인간성의 범주와 경계를 다시 생각하는 윤리적 요청의 계기를 제시한다는 것이다.

아감벤은 예외 상태state of exception의 관점에서 이 문제에 접근한다. 일상적인 법질서는 애초에 합법성을 갖기 위해 폭력적 변화를 허락하는 예외 상태에서 출발한다. "예외 상태가 정상적 법질서의 설립과 정의를 허락하듯이 — 근본적으로 일종의 예외인 — 극한 상황의 관점에서 정상 상황을 판단하고 결정하는 것이 가능하다."[76] 베틀하임에게 극한 상황인 강제수용소는 "무엇이 비인간적이고 인간적인가를 결정하는 것 그리고 이런 방식으로 무젤만을 인간존재에서 분리하는 것을 허락한다."[77] 그러나 예외 상태가 주는 통찰과 교훈은 이런 구분과 결정이 아니라 다른 데 있다.

아우슈비츠는 정확히 예외 상태가 법칙과 완벽히 일치하고 극한 상황이 일상생활의 패러다임 자체가 되는 장소다. 그러나 흥미로운 것은 한계 상황이 정반대의 것으로 바뀌는 이런 역설적 경향이다. 예외 상태와 정상 상황이 보통 때처럼 시공간에서 분리되는 한, 이 둘은 비밀리에 서로를 구성하더라도 불투명하게 남는다. 그러나 이들이 오늘날 점점 더 자주 발생하듯이 공모관계를 보이자마자 말하자면 안으로부터 서로를 조명한다. 그러나 이는 극한 상황이 베틀하임에게 그랬던 것처럼 더는 구별기준으로 기능할 수 없다는 것을 함축한다. 그것은 극한 상황의 교훈이 절대적인 내재성의 교훈, "모든 것은 모

---

75   위의 책, 47쪽.
76   위의 책, 48쪽.
77   위의 책, 48쪽.

든 것 안에 있다"는 교훈이라는 것을 함축한다.[78]

내재성^{immanence} 개념은 정상과 예외, 다른 죄수와 무젤만을 구분하는 정당성에 근본적 의문을 제기한다. 베틀하임은 인간적 연민의 감정을 유지한 죄수와 인간적 감정을 박탈당한 무젤만을 구분한다. "죄수들은 그들 안에서 더는 감정을 불러일으킬 수 없을 때 무슬림 단계에 들어선다. (…중략…) 다른 죄수들은 할 수 있을 때 그들에게 친절하려고 자주 애썼지만 그들은 누군가가 음식을 주는 행위에 있는 감정적 태도에 더는 반응할 수 없었다."[79] 그러나 아감벤은 무젤만을 친절하게 대했던 사람이 없었다는 게 공통된 증언이라고 지적하며 베틀하임은 자신이 "인간존재를 비현실적인 패러다임, 식물 기계로 변모시켰다는 것을 깨닫지 못한다. 이 패러다임의 유일한 목적은 수용소에서 구분할 수 없게 된 인간과 비인간의 구분을 허락하기 위해서 어떤 대가도 치르려는 것이었다"고 반박한다.[80]

아감벤은 레비의 회고록 『아우슈비츠에서의 생존*Survival in Auschwitz*』의 이탈리아 원본 제목 『이것이 인간이라면*If This is a Man*』과 앙텔므의 『인류*The Human Species*』가 제기하는 인간 또는 인류는 생물학적 개념이며 도덕적이거나 철학적 의미를 내포하지 않는다고 해석한다.[81] 아감벤에 따르면 도덕적 철학적 인간 개념이 전제하는 인간의 존엄^{dignity} 개념도 사실은 외적인 권위가 인간 내면의 속성으로 바뀐 것이다. 존엄은 원래 사법

---

78 위의 책, 49~50쪽.

79 Bruno Bettleheim, *The Informed Heart*, 156쪽.

80 Giorgio Agamben, *Remnants of Auschwitz*, 58쪽.

81 위의 책, 58쪽. 앙텔므의 책 영어제목은 아감벤을 따랐다. 영문판 제목은 *The Human Race*이다.

적인 개념으로 공직의 지위와 권위를 지칭하는 것이었고, 이것이 중세 법학자들에 의해 국왕의 신체에 동반되는 "일종의 신비한 신체"로 변하 거나, 교회법 학자들에 의해 육화된 그리스도의 장소로서 죽은 뒤에도 성스러운 유물 속에 생존하는 성직자의 신체로 바뀌고, 도덕철학에서는 인간 내적인 것으로 내면화되었다.[82]

강제수용소에서 존엄을 유지하는 것은 불가능하기에 이런 존엄 개념 으로 죄수와 무젤만을 구별하는 것은 적절하지 않다. "무젤만은 존엄과 존경 같은 범주뿐 아니라 윤리적 한계라는 개념 자체도 의미를 상실하 는 특별한 종류의 한계 인물이다."[83] 아우슈비츠는 존엄이 유지될 수 없 는 장소일 뿐 아니라 존엄의 정의 자체가 무의미한 장소다.

이 때문에 아우슈비츠는 존엄과 규범에의 순응이라는 모든 윤리의 종식과 파멸을 표시한다. 인간존재가 환원되는 벌거벗은 생명은 어떤 것도 요구하거 나 어떤 것에도 순응하지 않는다. 그것은 그 자체로 유일한 규범이고 절대적 으로 내재적이다. (…중략…) 그러므로 생존자들이 수용소에서 구할 수 있는 선善, the good은 — 여기에서 "선"을 말하는 것이 의미가 있다면 — 존엄은 아니 다. 반대로 생존자들이 수용소에서 인간존재의 땅으로 갖고 오는 잔혹한 뉴스 는 정확히 말해서 존엄과 품위를 상상할 수 없을 정도로 상실하는 것이 가능 하다는 것, 가장 극심한 타락degradation에서도 생명이 존재한다는 것이다. 이 새 로운 지식은 이제 모든 도덕성과 모든 존엄을 판단하고 측정할 시금석이 된 다. 그것의 가장 극단적 표현인 무젤만은 새로운 윤리, 존엄이 끝나는 곳에서 시작하는 생명 형식의 윤리의 경계에 있는 경비원이다.[84]

---

82   Giorgio Agamben, *Remnants of Auschwitz*, 66~68쪽 참조.
83   위의 책, 63쪽.

강제수용소의 한계 상황에서 인간이 비인간화된다는 것은 정상 상황의 도덕적 기준으로 인간과 비인간을 구분하는 것이다. 한계 상황은 이런 정상 상황의 도덕적 구분의 정당성을 재고하게 만든다. 모든 법질서에 그것과 반대되는 폭력을 허락하는 예외 상태가 내재한 것처럼, 정상 상황에서 정의된 인간(성)의 개념에는 그와 반대되는 비인간(성)이 내재한다. 이것이 예외 상태의 교훈이고 인간성과 비인간성이 교차하는 무젤만은 이런 교훈을 체현하는 존재다. "의문시되는 것은 인간의 인간성 자체다. 왜냐하면 인간은 그를 인간으로 구성하는 것과 맺는, 즉 죽음과 삶의 신성함과 맺는 특권적 유대의 파편화를 목격하기 때문이다. 무젤만은 집요하게 인간적으로 나타나는 비인간이고 비인간과 분리되었다고 말할 수 없는 인간이다."[85]

레비는 베틀하임처럼 강제수용소를 경험한 자도 생존자가 겪은 정신적 고뇌나 증언의 충동을 단순화한다고 지적하며 강제수용소에서 겪은 고뇌는 창세기 2장에 나오는 "신의 정신 아래 으스러진, 그러나 인간의 정신은 없는, 버려지고 공허한 우주의 '토후보후'tohu-bohu, 즉 아직 태어나지 않았거나 이미 소멸한 것이 모든 사람에게 새겨진 고뇌"라고 말한다.[86] 'tohu-bohu'는 히브리어로 창세기 1장 2절에 하느님이 세상을 창조하기 전의 혼돈 즉 무형의 공허를 의미한다. 이는 형성되기 이전이거나 소멸된 무의 상태이고 인간의 정신이 없는 상태다. 아감벤은 레비의 발언을 다음과 같이 해석한다.

---

84 위의 책, 69쪽.

85 위의 책, 81~82쪽.

86 Primo Levi, *The Drowned and the Saved*, 71쪽.

이는 인간들이 자신 안에 비인간의 표식을 지니고, 인간의 정신은 그 중심에 비정신의 상처, 잔혹하게도 모든 것을 할 수 있게 만들어진 비인간적 혼돈을 포함한다는 것을 의미한다. 생존자의 불편과 증언은 단순히 행해지거나 고통받은 것뿐 아니라 행해지거나 고통받을 수 있었던 것과 관계한다. 비인간적인 것은 사실, 행동, 생략이 아니라 이 능력, 거의 무한대로 고통받을 수 있는 이 잠재력이다.[87]

인간에 내재한 비인간성은 정상 상황에서는 가시화되지 않으나 한계 상황에서는 볼 수 있는, 고통을 무한대로 겪을 수 있는 능력이다. 이런 점에서 무젤만은 비인간이 아니라 정상 상황에서 드러나지 않는 인간에 내재하는 비인간성을 가시화하는 인물이다. 레비는 강제수용소에서 모든 죄수가 무젤만이 될 수 있음을 처절히 목격한다. 그는 수용소에 입소해서 이름마저 빼앗기고 번호로 환원된 후 "사랑하는 모든 사람과 집, 습관, 옷, 간단히 말해서 소유한 모든 것을 박탈당한 사람을 상상해보라. 그는 위엄과 절제를 망각하고 고통과 욕구로 환원되는 공허한 인간이다. 왜냐하면 모든 것을 상실한 자는 쉽게 자신을 상실하기 때문이다"라고 말하는데, 이런 공허한 인간의 모습은 그가 수용소에서 목격하는 무젤만의 모습과 다를 바 없다.[88]

따라서 무젤만을 인간의 범주에서 탈락시켜 비인간으로 규정하는 것은 비도덕적이고 비윤리적이다. "무젤만은 도움뿐 아니라 존엄과 자존심이 무용해진 인간의 지대로 들어갔다. 그러나 이 개념들이 의미가 없는 인간의 지대가 있다면 이 개념들은 참된 윤리적 개념이 아니다. 왜냐하

---

87   Giorgio Agamben, *Remnants of Auschwitz*, 77쪽.
88   Primo Levi, *Survival in Auschwitz*, 27쪽.

면 윤리는 그 인간성이 아무리 불쾌하고 어렵게 보이더라도 인류의 일부를 배제할 수 없기 때문이다."[89] 이런 점에서 무젤만은 오히려 인간성에 대한 편견을 깨는 통찰력을 주는 존재다. 레비가 헤밍웨이가 『누구를 위하여 종은 울리나?*For Whom the Bell Tolls?*』의 제명으로 삼은 존 던의 시의 첫 행 "어느 누구도 섬이 아니다no man is an island"와 마지막 행 "그것은 그대를 위해 울린다it tolls for thee"를 인용하는 것은 무젤만이 곧 우리이고 무젤만의 죽음이 우리의 죽음이며 무젤만과 우리는 모두 같은 인류라는 것, 비인간으로 배제할 수 있는 인간은 없다는 것을 함축한 것이 아닐까.[90]

5. 생존의 도덕

레비는 수용소의 삶을 회상하며 "우리의 일상적인 도덕적 세계가 철조망 이쪽에서 얼마나 생존할 수 있었을까"라는 질문을 던진다.[91] 그는 강제수용소에서의 인간을 익사한 자the drowned와 구조된 자the saved로 구분하고 무젤만을 대표적인 익사한 자로 분류한다. 이 구분의 기준은 도덕이 아니라 철저히 생존을 위한 투쟁이다. 레비는 마르코 복음 4장 25절의 말씀 "사실 가진 사람에게는 더 주실 것이고, 갖지 못한 사람, 그에게서는 가진 것마저 빼앗으실 것입니다"를 강제수용소의 잔혹한 생존원칙으로 인용한다.[92] 무젤만 같이 누구의 기억에도 남지 않고 가스실에서

---

89   Giorgio Agamben, *Remnants of Auschwitz*, 63~64쪽.
90   레비는 마지막 행을 "모든 종은 모든 이를 위해 울린다"로 풀어서 쓴다. Primo Levi, *The Drowned and the Saved*, 72쪽.
91   Primo Levi, *Survival in Auschwitz*, 86쪽.
92   위의 책, 88쪽.

재로 변할 익사한 자의 운명은 동일하다. 그러나 구조된 자가 취하는 생존의 방식은 다양하다. 강제수용소에서 여러 가지 직책 — 죄수 관리자, 요리사, 간호사, 청소부 등 — 을 맡는 유대인 죄수들은 자신의 자리를 빼앗기지 않으려고 다른 유대인 죄수들을 잔혹하게 대한다. 이들의 행위를 지배하는 법칙은 생존뿐이다.

> 흐름에 거슬러 투쟁하고, 매일 매시간 탈진, 배고픔, 추위와 이에 따르는 무력과 싸우고 적에 저항하고 경쟁자에게 연민을 갖지 않고 기지를 갈고닦으며 인내심을 기르고 의지력을 강화해야 한다. 또는 모든 위엄의 목을 조르고 모든 양심을 죽이며 경기장에 내려가 다른 짐승들에 대항하는 짐승이 되어야 한다. (…중략…) 죽지 않으려고 우리가 고안해서 실행에 옮긴 방법은 인간 성격이 다른 만큼 많다. (…중략…) 운명의 강력하고 직접적인 개입을 제외하고 자신의 도덕적 세계의 일부라도 포기하지 않고 생존하는 것은 순교자와 성인의 자질을 갖춘 극소수의 우수한 개인들에게만 허락되었다.[93]

레비는 강제수용소에서 도둑질을 포함해 생존에 최적화된 방법에 능통한 일라이어스 린드진Elias Lindzin이라는 인물을 소개하며 "유일한 구원의 길은 일라이어스로, 광기와 기만적인 동물성으로 인도한다. 다른 모든 길은 막다른 길이다"라고 짐승과 같은 생존의 길을 표현한다.[94] 또 다른 생존의 적응자인 앙리Henri는 무엇보다 다른 죄수의 연민을 자극해 생존하는 인물이다. 그는 즐겁고 따뜻한 감정, "인간의 영혼"을 느끼게 하지만 앙리의 배후에는 "창세기의 뱀과 같이 비인간적으로 간교하고 이

---

93 위의 책, 92쪽.
94 위의 책, 98쪽.

해할 수 없는" 모습이 엿보인다.[95] 레비가 이런 아우슈비츠의 생존자들을 "구조(원)된 자"로 명명하는 것은 강제수용소에서 생존이 도덕적이고 종교적인 구원의 의미와 무관하다는 냉소적인 메시지를 던진다. 오히려 생존은 일상적 세계의 도덕과 반대편에 위치한다.

그러나 모든 죄수와 무젤만을 구별할 수 없듯이 구조된 부도덕한 생존자와 그렇지 않은 생존자를 구분하는 것도 쉽지 않다. 레비가 말하듯 수용소에서는 일라이어스처럼 생존하는 길과 막다른 죽음의 길 이외에 다른 길은 없지 않은가? 그렇다면 생존자는 누구나 일라이어스나 앙리의 모습을 지니고 있는 것이 아닐까? 레비는 최후의 저서 『익사한 자와 구조된 자The Drowned and the Saved』의 2장 「회색 지대The Gray Zone」에서 이 문제를 성찰한다. 가해자인 나치주의자들과 나치즘에 가담한 독일인들에 대한 도덕적 판단은 명확하다. 가해자들과 "희생자들을 혼동하는 것은 도덕적 병이거나 미학적 가식 또는 불길한 공모의 기호"다.[96] 그러나 나치주의자들이 유대인들의 처형에 동원한 유대인 특수분대Special Squad는 나치주의자들이 자신들의 죄책감을 전가하기 위해 고용한 희생자들이고 따라서 "누구도 그들을 심판할 권위가 없다."[97] 그러나 나치즘에 동조한 유대인의 경우는 문제가 다르다. 나치주의자들이 루지Lodz 게토의 회장으로 임명한 룸코프스키Chaim Rumkowski는 게토 안에서 경찰력을 조직하고 독재자로 군림하다 결국 아우슈비츠로 이송되어 죽는다. 레비는 룸코프스키를 나치즘의 권력에 의해 타락한 자로 묘사하지만, 그의 사색은 이 힘에 저항하는 도덕력을 갖춘 자를 찾기 힘들고 룸코프스키에

---

95   위의 책, 100쪽.
96   Primo Levi, *The Drowned and the Saved*, 37쪽.
97   위의 책, 47쪽.

서 우리 자신의 모습을 찾는 것으로 귀결된다.

국가사회주의처럼 지옥 같은 체제는 이에 맞서 자신을 보호하기 어려운 끔찍한 타락의 힘을 행사한다. 그것은 크고 작은 공모를 필요로 하기 때문에 희생자들을 타락시키고 자신과 유사하게 만든다. 그것에 저항하는 것은 정말로 견고한 도덕적 뼈대를 요구하며 루지 상인인 하임 룸코프스키와 그의 세대에게 가능했던 도덕적 뼈대는 약했다. 그러나 우리들의 것, 오늘날 유럽인들의 그것은 얼마나 강한가? 우리 각자는 필연에 의해 몰리고 동시에 유혹의 시험을 받으면 어떻게 행동할 것인가? (…중략…) 아마도 그것이 이야기의 의미는 더 클 것이다. 우리는 모두 룸코프스키에 반영되어 있고 그의 모호성은 우리의 모호성이며 흙과 영으로 빚어진 우리 혼성체hybrid의 제2의 본성이다. (…중략…) 룸코프스키처럼 우리도 권력과 특권에 눈이 멀어 우리의 본질적인 취약성을 망각한다. 자발적이건 아니건 우리는 권력과 타협한다.[98]

레비의 사색은 익사한 자와 구조된 자, 권력에 저항한 자와 타협한 자를 이분법으로 구분하는 도덕적 기준에 의문을 던진다. 홀로코스트 생존자들의 구두 증언을 연구한 랭거도 나치 수용소와 같은 극단적 상황에서의 행동을 우리가 평상시에 갖는 도덕적 기준으로 이해하거나 수용하기 어렵다고 지적한다. "우리에게 친숙한 도덕체계는 개인의 선택과 선택의 결과에 대한 책임이라는 전제에 기초하기 때문에 우리는 그런 체계를 지지하는 예를 찾아 칭찬하거나 마이라Myra L의 증언에 나오는 예들을 무시하고 이런 예들에 당황한다."[99] 랭거의 지적은 삶과 죽음의 경계에 놓

---

98 위의 책, 55~56쪽.
99 Lawrence Langer, *Holocaust Testimonies*, 125쪽.

인 극한 상황에서 일상적 도덕의 기준이 무용할 수 있음을 암시한다. 랭거는 따라서 '이기적인selfish' 행위와 '자기-적인self-ish' 행위를 구분한다.

> "이기적인" 것과 "자기-적인" 것의 차이는 더 세공이 필요하다. 이기적인 행위는 행위자가 어떤 인정할만한 방식으로 자신을 해롭게 하지 않으면서 도와줄 수 있는 위치에 있을 때 선택을 통해 타자의 필요를 무시한다. 이기심의 동기는 탐욕, 무관심, 악 그리고 다른 많은 가치가 내재한 범주들이다. (…중략…) 그러나 자기-적인 행위는 실존적인 것과 거리가 멀고 보통은 그것이 일상적으로 대면했던 암울한 결정이 삶뿐 아니라 죽음도 포함했기 때문에 가치를 무시했거나 부정했다.[100]

수용소에서 배급을 더 받기 위해 죽은 다섯 살짜리 자식의 시체를 5주 동안이나 침대 밑에 숨겨놓았던 여성은 어떠한가? 이 여성의 행위에 대한 도덕적 판단이 가능한가? 생존경쟁이 원칙인 상황은 형제와 부모 자식 사이의 사랑과 배려의 도덕적 책임을 면제하는가? 우리의 도덕적 기준에서 갓 태어난 신생아를 나치 친위대 휘하의 병원에서 훔쳐 자신의 외투 주머니에 숨겼던 아버지의 행위는 죽은 자식의 배급을 대신 타려던 어머니의 행위에 비해 용감한 행위로 인식되겠지만, 랭거는 친위대가 이를 발견하고 아기의 머리를 벽에 던져 죽였다는 마이라 L의 이야기 결론을 전달하며 이런 도덕적 판단에 대한 의문을 제기한다.[101]

랭거는 마이라 L이 제시하는 보편적으로 수용할 수 없는 생존의 원칙 —"생존의 의지가 너무 커서 아무도 다른 사람들을 위해 자신을 희생

---

100 위의 책, 124쪽.
101 이 두 에피소드의 출처는 위의 책, 125쪽.

하지 않았다"—을 그런 극한 상황에서 삶의 원칙으로 받아들이는 자아를 '임시적 자아impromptu self'라 부른다. 이런 자아는 자신의 행위를 이기적인 행위가 아닌 자기-적인 행위로 판단할 것이다. 간호사였기 때문에 수용소에서 일부 환자들의 축출을 감독하게 된 마이라 L은 축출대상이 된 사촌이 자신 뒤에 숨었다가 발각되어 독일군에 끌려가면서 구해달라고 외쳤으나 구해주지 못한 사건을 말하면서 자신이 대신 끌려갈까 두려웠다고 증언한다. 랭거는 이렇게 증언하면서 마이라 L의 "다른 비자기-적인unself-ish인 자아"가 "그게 내 마음을 움직였어요. 내가 그녀를 구할 수 없었다는 사실 말예요"라고 말하지만, 곧이어 마이라 L의 "자기-적인 자아의 목소리"가 "나는 아마 내 사촌을 위해서 (즉 사촌 때문에) 가고 싶지 않았을 거예요"라고 덧붙인다고 말한다.[102]

마이라 L의 증언은 죄책감과 관련한 도덕적 판단의 어려움을 보여준다. 그녀가 제시하는 생존원칙은 명시적으로는 "그런 곤경의 현실이 자신의 인간적 존엄을 유지하는 문제를 단지 이론적인 문제로 만든다."[103] "우리는 동물처럼 행동했어요. 달리 행동할 방법이 없었어요"라는 마이라 L의 고백은 이를 단적으로 예증한다.[104] 그러나 그런 원칙은 또한 "자기-적인 제스처를 그것의 공감할 수 없는 '동음이의어'즉 '이기적' 로부터 해방하는 어떤 대안적 언어적 계획도 없기 때문에" 증인과 (증언을 듣는) 관중에게 문제적이다.[105] 마이라 L의 증언에 대한 랭거의 해석은 트라우마로 인해 죄책감을 겪는 생존자의 행위에 대한 도덕적 판단의 딜레마를

---

102 위의 책, 126쪽.
103 위의 책, 126쪽.
104 위의 책, 125쪽.
105 위의 책, 126쪽.

잘 보여준다. 이기적인 행위와 자기-적인 행위의 경계가 모호하다면 생존자의 행위와 죄책감을 판단할 도덕적 기준은 무엇일까?

마이라 L.의 증언에 대한 도덕적 판단은 그녀와 같은 경험을 한 자들과 그렇지 않은 자들 사이, 외상적 사건의 안과 밖 사이의 경계에 따라 달라질 수 있다. 즉 생존자 / 증인과 그(녀)의 증언을 듣는 청중의 판단은 다른 도덕적 기준에 따를 가능성이 있으며, 증언의 해석과 트라우마의 치유에 있어서 이런 가능성은 중요한 고려사항이다. 그러나 마이라 L의 증언은 사건의 안과 밖 즉 생존자와 청중의 경계에 따라 달리 판단될 수 있을 뿐 아니라 랭거의 해석이 보여주듯 과거 행위에 대한 생존자의 과거 시점의 판단과 현재 시점의 판단이 다를 수 있음도 보여준다. 마이라 L이 자기-적인 판단으로 자신의 행위를 판단하는 것이 과거 시점에 따른 판단이라면, 비자기-적인 관점에서 다소 비판적으로 자신의 과거 행위를 판단하는 것은 현재 시점의 판단으로 볼 수 있다.

그러나 마이라 L의 증언에서 비자기-적인 판단이 곧바로 자기-적인 판단으로 바뀌는 것은 생존자의 현재와 과거가 분명히 구분되지 않고 생존자가 현재에서 과거로 계속 회귀하는 것을 예증한다. 현재의 마이라의 도덕과 과거의 마이라의 도덕 중 무엇이 옳은 것일까? 앞서 살펴본 레비의 사색과 아감벤의 해석에 비추어 볼 때 이 둘이 구분될 수 있을까? 현재 마이라의 도덕 안에는 과거 마이라의 도덕이 내재하는 것은 아닐까? 현재 마이라가 더 인간적이고 과거 마이라가 비인간적이라고 판단하는 것은 이런 내재성의 진리를 외면하는 것일 수 있다.

6. 생존자의 특권

마이라 L.의 예가 보여주듯이 생존자는 자신의 행위와 생존의 의미에 대해 계속 고뇌하고 갈등한다. 도덕적 갈등은 이런 과정의 일부다. 9장에서 상세히 논하겠지만 생존자가 자신의 생존에 대해 갖는 죄책감과 도덕적 비판 또는 정당화는 결국 생존했다는 사실에 뿌리를 둔다. 생존했다는 사실은 물론 죽음을 피했다는 것을 의미한다. 제1부에서 본 것처럼 프로이트, 카디너, 자네 및 신경과학자들이 공통으로 지적하는 트라우마 증상인 기억 상실은 정신이 감당할 수 없는 충격과 그 충격의 핵심인 죽음과의 대면을 피하기 위해 무의식 / 비의식적으로 이루어진 정신적 메커니즘의 일부다. 그러나 이 충격을 피한 것과 극복한 것은 다르다. 이들이 모색하는 트라우마 치료는 외상기억을 회복하고 정동을 해소해서 트라우마로 인한 충격을 극복하려는 다양한 시도로 볼 수 있다.

리프턴은 신경증의 병인에 관해서 프로이트가 강조한 성sexuality보다 "통제하지 못한 죽음 이미저리"가 더 중요하고 신경증 자체를 "죽음 불안 및 죽음 죄책감과 관련된 정신적 마비와 제한된 삶의 공간의 발현"으로 해석한다.[106] 그러나 1장에서 보았듯이 프로이트가 트라우마 치유를 방해하는 부정적 치료반응을 논하며 죽음 욕동을 소환하는 것은 그가 삶에 내재한 죽음을 대면하고 사멸성을 직시하는 것이 치유(과정)의 불가피한 일부라는 점을 암시한다고 해석할 수 있다. 이는 역으로 죽음을 피하는 것이 치유의 방법이 아니라 오히려 트라우마의 증상이라는 것을 의미한다. 이런 점에서 프로이트가 치료를 논하면서 죽음 욕동을 소환

---

106 Robert Jay Lifton, *Death in Life*, 504쪽.

하는 것은 상처의 핵심에서 죽음(과의 조우)을 발견하는 리프턴의 연구와 상통하는 면이 없지 않다.

리프턴에 따르면 설스Harold Searles는 정신분열증 환자가 살아있지 않다고 느끼는 것은 죽었다고 느낌으로써 더는 죽음에 대한 불안을 가질 필요가 없기 때문이고, 전능하다고 느끼는 것 역시 불멸을 위한 것이라고 해석한다. 삶을 상징화 능력으로 보는 리프턴의 관점에서 보면 "정신분열증 환자는 정확히 말해서 **상징적** 불멸이 과격하게 손상되었기 때문에 (…중략…) 전능과 불멸의 이런 원시적 환상을 필요로 한다."[107] 리프턴에게 상징화는 죽음을 삶의 지속과 연결할 수 있는 능력이고, 아담과 이브가 선악과를 먹고 금지된 지식을 얻는 대가로 에덴동산에서 추방되는 창세기의 우화가 "문자적 불멸을 상징적 불멸과 교환"하고 "죽음을 알지만 초월할 수 있는 사멸적 존재의 이상"을 제시한다는 그의 해석에서 알 수 있듯이, 정신분열증 환자가 겪는 상징적 불멸의 손상은 거꾸로 그가 문자적 즉 물리적 죽음의 회피에 매몰되어 있다는 것을 보여준다.

리프턴은 히로시마 원폭 생존자들과 나치 강제수용소 생존자들이 자살을 시도하는 것도 "정신적 마비에서 벗어나려는 그리고 자신을 죽이는 행위로 비활성을 극복하려는 필사적 노력"이고 결국 "죽음을 통제하고 아무리 마법적이라도 상징적 온전integrity의 형태와 불멸감을 추구하는 방법"으로 해석한다.[108] 9장에서 논할 가해자와의 동일시 역시 "자신을 위협한다고 느끼는 (가해자의) 권력을 공유하려는 시도"이고 "생존자에게 이는 죽음 자체에 대한 권력을 의미한다."[109] 즉 생존자는 가해자가

---

107 위의 책, 508쪽.
108 위의 책, 507쪽.
109 위의 책, 511쪽.

행사할 수 있는 죽음에 대한 힘을 얻고자 가해자와 동일시한다.

리프턴은 생존자 편집증survivor paranoia 역시 이런 관점에서 해석한다. 강제수용소 생존자들의 편집증은 실제로 감금당했을 때 겪은 잔혹 행위 때문이기도 하지만 더 중요한 것은 "그렇게 철저히 무력해지고 비활성적인 것에 대한 분노와의 투쟁"이다.[110] 다시 말해서 이 편집증은 자신이 권력에 의해 무력해지고 죽음의 위협을 받은 것에 대한 분노를 해소하려는 시도다. 이런 관점에서 생존자 편집증은 무력과 죽음에 저항하는 생명력을 얻으려는 시도, 즉 "활력을 표현하려는 필사적 노력"이다.[111] 리프턴은 생존자 편집증을 ① 죽음에 몰입하는 최초의 단계, ② 극단적 비활성화와 마비 및 죽음 불안과 죽음 죄책감을 느끼는 단계 ③ 손상의 느낌과 자신을 도우려는 제안들이 거짓이라고 느끼는 위조 돌봄counterfeit nurturance의 단계, ④ 복수심과 죽음에 대한 능동적 힘을 느끼려는 단계, ⑤ 그리고 마지막으로 내가 그를 죽이고 싶다는 복수심이 타자에게 투사되어 그가 나를 죽이려 한다는 망상의 형태로 다시 죽음에 몰입하는 것으로 회귀하는 단계로 구분한다. 그러나 궁극적으로 "모든 편집증은 (…중략…) 마법적 형태의 활력과 죽음에 대한 힘을 성취하려는 투쟁을 나타낸다."[112]

무력감과 죽음에 대한 힘을 얻으려는 생존자의 노력은 이 힘을 과신하는 '생존자 휴브리스survivor hubris' 즉 "죽음에 대한 '특별한' 지식을 신성한 것으로 만들 정도로 수용하는 경향"을 낳고 "이 마법적이나 깨지기

---

110 위의 책, 513쪽.

111 위의 책, 513쪽.

112 위의 책, 514쪽. 리프턴은 "(환상이건 실제로건) 타자를 죽이려는 방향으로 움직이는 편집증 환자"와 반대로 우울증 환자의 "자살 움직임은 죽음을 통제해서 정신적 마비에서 탈피하려는 수단"이라고 해석한다. 위의 책, 515쪽.

쉬운 죽음에 대한 힘의 느낌을 강화하려는 노력은 생존 과정에 대한 '갈망'이나 '중독'으로 귀결될 수 있다."[113] 생존자의 휴브리스는 죽음을 통제하고 싶은 욕망이 생명력의 극단적 추구로 나타난 결과다. 이는 생존자가 영원히 살려는 욕망의 표현이고 이런 편집증은 "영원한 생존자가되려는 강박적인 내적 충동에 기초한 과장된 형태의 생존에 대한 중독"이다.[114] 리프턴에 따르면 부고란에 대한 집착이나 처형에 대한 매료 또는 혼자 살아남는 환상은 이런 영원한 생존자에 대한 편집증적 열망에 기인한다. 그는 "마음속 깊이 누구도 자신의 죽음을 믿지 않는다. (…중략…) 무의식에서 우리는 모두 자신의 불멸을 믿는다"라는 프로이트의 통찰이 생존자에게는 더 강하게 나타난다고 주장한다.[115] 이런 믿음은 생존자가 죽음의 경험을 통해서 죽음에 대한 특권적 지식을 얻은 존재로 자신을 생각하는 경향을 낳는다. 이 '생존자 배타성survivor exclusiveness'은 "한편으로는 인간 최고의 경험적 지식인 '죽음의 지식'을 유일하게 소유한다는 느낌과 (…중략…) 다른 한편으로는 '만질 수 없는' 죽음 오염을 지닌 자와 '죽음의 전달자'라는 데에서 유래한다."[116]

생존자는 죽음의 지식을 지닌 특권적 존재임과 동시에 죽음의 접촉을 통해 오염된 존재라는 역설을 체현한다. 이 역설은 생존자를 바라보는 사회적 시선에도 반영된다. 따라서 사회는 생존자들에 대해 죄책감을 느끼면서 동시에 그들에 대해 "오염 불안"과 적대감을 가진다.[117] 이

113　위의 책, 521쪽.

114　위의 책, 521쪽.

115　위의 책, 522쪽.

116　위의 책, 524쪽.

117　위의 책, 517~521쪽. 이런 점에서 트라우마의 희생자는 사회적 낙인의 대상이 될 수도 있다. 어떤 신체적, 정신적 결함이나 인종, 국가 및 종교적 속성을 스테레오타입화해서 정상인과 구별되는 낙인찍힌 사람의 범주를 만드는 현상을 연구한 고프먼

런 역설은 생존이 개인의 문제일 뿐 아니라 사회적 문제라는 사실, 트라우마를 사회적 상처로 접근해야 할 필요성 그리고 트라우마를 치유하는데 공동체의 책임과 역할이 얼마나 중요한 변수인지를 보여준다.

7. 생존의 의미

자신을 특권적 존재와 오염된 존재로 바라보는 생존자는 분열된 존재다. 이런 분열은 생존자에게 생존의 의미에 대한 의문을 불러일으킨다. 이 의문은 당혹감에 가깝다. 캐루스의 표현을 빌리자면 "트라우마는 단순히 파괴의 효과가 아니라 근본적으로 생존의 수수께끼다. 외상적 경험을 파괴와 생존의 역설적 관계로 인식할 때만 우리는 파국적 경험의 핵심에 있는 불가해성의 유산도 인식할 수 있다"[118] 캐루스는 프로이트의 외상꿈 논의에서 트라우마와 생존의 관계에 주목한다. 1장에서 보았듯이 프로이트는 외상적 신경증 환자가 트라우마 장면으로 반복해서 회귀하는 외상꿈의 목적을 외상 당시에 갖추지 못했던 (트라우마에 대처할 수 있게 하는 신호인) 불안을 갖고 되돌아가 외상적 충격을 통제하려는 것으로 해석한다. 트라우마의 불가해성을 강조하는 캐루스는 이런 시도를 "애초에 충분히 파악하지 못한 것을 통제하려는 시도"로 정의하고 생존

(Erving Goffman)의 고전적인 사회학적 연구는 이와 관련해 유용한 해석을 제공할 수 있다. 고프먼에 따르면 "우리는 낙인을 지닌 사람이 완전히 인간이 아니라고 믿으며" 이런 가정하에 "그의 열등성을 설명하고 그가 재현하는 위험을 설명하는 이데올로기인 낙인 이론을 만들며 때로는 다른 차이들에 기초한 적대감을 합리화하기도 한다." Erving Goffman, *Stigma : Notes on the Management of Spoiled Identity*, New York : A Touchstone Book, 1986, 5쪽.

118　Cathy Caruth, *Unclaimed Experience*, 58쪽.

을 이런 시도의 반복적 실패로 해석한다.[119] "과거에 죽음의 위협을 진정 알지 못했던 생존자는 그것을 반복해서 대면하도록 계속 강요받는다. (…중략…) 트라우마의 경험으로서의 생존 행위는 자신의 생명에 대한 위협을 파악할 필연성과 불가능성과의 반복적인 대면이다."[120] 생존은 트라우마 통제의 필연성과 불가능성에 기초한 반복적 행위다.

트라우마에서 삶과 죽음의 경계는 와해되고 죽음의 과거가 현재의 삶을 지배한다. 캐루스는 르네*Alain Renais*의 영화 〈히로시마 내 사랑*Hiroshima mon amour*〉을 논하며 트라우마가 삶과 죽음의 경계를 알 수 없게 만드는 것을 분석한다. 제2차 세계대전 중 사랑했던 독일군의 죽음을 경험한 프랑스 여배우가 영화 촬영을 위해 원폭으로 폐허가 된 히로시마를 방문해서 원폭으로 가족을 잃은 일본인 남성을 만나는 이 영화에서, 프랑스 여인이 잠자고 있는 일본인 남성을 응시하는 장면은 갑자기 다른 남자의 손이 경련을 일으키는 장면과 여인이 피 흘리는 남자의 얼굴에 키스하는 장면으로 차례로 바뀐 다음, 다시 침대에 누운 일본 남성의 장면으로 되돌아온다. 그녀가 과거에 사랑했던 독일군 시신의 손과 현재 일본인 남성의 손을 차례로 보는 이 장면은 삶과 죽음이 구분되지 않고 죽음이 현재로 침투하는 트라우마를 예시한다. "여인이 실제로 보는 행위는 실제 보기가 비유적 보기로 이동하는 과정에서 죽음의 현실을 지우기보다 과격한 혼동 속에서 그녀가 보고 있는 남자의 살아 있는 몸을 보는 것 속으로 독일군 연인의 죽음을 도입한다. (…중략…) 여인이 보는 행위는 한때 알려진 죽음을 지우는 것이 아니라 그녀가 완전히 파악하지 못한 죽음의 지속적 재등장이고, 그녀가 삶과 죽음의 차이를 **알지 못하**

---

119 위의 책, 62쪽.
120 위의 책, 62쪽.

는 것이 시각에서 재출현하는 것이다."[121] 현재의 현실에서 과거의 죽음을 계속 보는 것은 생존이 죽음에서 벗어나지 못했다는 것을 보여준다. 따라서 트라우마의 경험에서 이해할 수 없는 것은 죽음뿐 아니라 생존이다. 9장에서 논하겠지만 『히로시마 내 사랑』은 삶과 죽음을 혼동하던 여주인공이 깨어나는 과정을 극화한다.

캐루스는 외상환자들이 경악해서 깨어나는 악몽에 대한 프로이트의 논의에서 '깨어남awakening'을 생존의 수수께끼로 해석한다. "트라우마는 죽음을 대면했다는 것뿐 아니라 **정확히 말해서 그것을 알지 못한 채 생존했다**는 데 있다. 플래시백에서 회귀하는 것은 자신의 근접한 죽음의 불가해성이 아니라 자신 생존의 불가해성이다. 다시 말해서 반복은 단순히 자신이 거의 죽었었다는 것을 이해하려는 시도가 아니라 더 근본적이고 불가사의하게도 **자신의 생존을 청구하려는** 시도다."[122] 역설적이게도 자신의 생존을 청구하는 것이 죽음 욕동이다. 왜냐하면 프로이트는 죽음 욕동을 죽음 즉 무생명의 상태에서 깨어난 생명이 다시 무생명의 상태로 회귀하려는 경향으로 정의하기 때문이다. "생명은 준비하지 못했던 '죽음'에서의 깨어남"이기 때문에 외상적이고, "욕동의 기원은 정확히 말해서 알지 못한 채 죽음을 통과한 경험"이며, "욕동은 자신이 살아나는 행위의 순간으로 되돌아가는 데 실패하기 때문에 인간 역사의 미래로 출발한다."[123] 준비 없이 죽음에서 깨어나는 삶, 알지 못한 채 죽음을 통과해 생존하는 외상적 경험이 죽음 욕동이므로 생명의 탄생은 죽음 욕동이라는 역설이 발생한다. 프로이트가 삶을 죽음을 향한 우회로로 설명

---

121 위의 책, 36~37쪽.
122 위의 책, 64쪽.
123 위의 책, 65쪽.

한 것은 이런 역설을 보여준다.

여기에서 캐루스는 프로이트의 논의에 담긴 시간성에 주목한다. 죽음에서 생명이 깨어나 미래로 향하는 죽음 욕동의 발생은 과거(의 상태)로 돌아가기 위해 미래로 향하는 시간적 역설을 보여주며 이것이 인간 역사의 경로다. 캐루스의 논의에서 '깨어남'과 '떠남출발, departure'은 동격이다. 포르트-다fort-da 게임에서 실패를 던지는 행위는 엄마의 상실을 상징하고 실패를 잡아당기는 행위는 엄마의 귀환을 나타낸다. 프로이트는 따라서 엄마의 상실이라는 트라우마를 나타내는 '포르트' 뒤에는 엄마의 귀환을 나타내는 '다'의 쾌락이 보상으로 주어진다고 설명하면서도 이 게임은 '포르트-다'의 쌍보다 '포르트'만 있는 경우가 더 많다는 점을 지적한다. '포르트'만 존재하는, 즉 엄마의 귀환 없이 상실만 존재하는 경우에만 포르트-다 게임은 트라우마의 예가 될 수 있다. 캐루스는 『쾌락원칙을 넘어서』에서 개인적 차원의 떠남과 귀환을 보여주는 이 게임에 대한 논의가 『모세와 일신론』에서 유대민족의 집단적인 역사적 생존의 차원을 이미 포함하고 있다고 해석한다. 유대민족이 일신교를 가르친 모세를 살해하고 상실한 외상적 사건이 무의식에 억압되었다가 자신들이 유일신 야훼가 선택한 민족이라는 이해할 수 없는 사건을 알지 못한 채 이미 겪고 생존한 역사 인식으로 회귀하는 패턴은 "트라우마의 생존"과 유사하다.[124]

일신론에서 회귀하는 것 — 유대민족의 잠복기 후에 돌아오는 일신론 관념 — 은 단순히 폭력적 분리라는 놓친 사건이 아니라 정확히 말해서 모세로부터 폭력적으로 분리되었고 **생존했다**는 이해할 수 없는 느낌이다. 프로이트

---

124 위의 책, 68쪽.

에게 일신론이 '깨어남'이라면 그것은 단순히 과거의 귀환이 아니라 그것을 겪고 생존했다는 사실, 새로운 유대교 신의 형상에서 유대인들이 선택한 행위가 아닌, 약속을 통해 아직 이해해야 할, 미래를 위해 **선택되었다는** 이해할 수 없는 사실로 나타나는 생존의 사실이다. 선택받음은 단순히 과거의 사실이 아니라 완전히 자신의 것이 아닌 미래로 발사된 경험이다.[125]

유대인이 선택받은 민족이라는 이해할 수 없는 사실을 자각하게 되는 것은 일신론을 가르친 모세를 살해했다는 외상적 사건이 억압되었다가 회귀했다는 점에서 과거의 반복이지만, 이 깨어남은 이해할 수 없는 선택을 이미 경험하고 생존했으며 그 의미가 오로지 미래에 약속의 형태로 주어진다는 점에서 유대민족의 미래 역사로 던져지는 떠남 / 출발이다. 즉 이 귀환에서 발생하는 반복에는 과거를 미래로 만드는 차이가 존재한다. 죽음 욕동이 무생명의 상태에서 깨어나 무생명의 상태로 돌아가기 위해 미래의 삶으로 나아가는 것처럼, 외상적으로 깨어나는 생존의 트라우마는 과거로 회귀하기 위해 미래로 떠나는 것이다. 즉 트라우마는 "떠남의 경험, 사건을 뒤로 두고 떠나는 경험"이다.[126]

사건을 뒤로 하고 떠나는 깨어나는 행위가 단순히 과거의 반복이 아니려면 구체적으로 어떤 행위일까? 캐루스는 죽음과의 조우 및 생존의 이해할 수 없는 성격을 강조하지만, 과거에서 미래로 투척되는 떠남과 깨어남의 개념은 이해할 수 없는 사건을 이해하려는 반복적 시도, 파악할 수 없는 사건에 의미를 부여하려는 시도로 해석할 수 있지 않을까? 리프턴은 생존자 개념을 논하면서 생존자의 심리적 주제의 마지막 범주

---

125 위의 책, 71쪽.
126 위의 책, 66쪽.

로 "생존자의 **의미를 위한 투쟁**"을 제시한다.[127] 강제수용소 생존자들은 그들이 경험한 이해할 수 없는 사건에서 경제적이고 사회적인 정의를 넘어서 "도덕적 우주와 유사한 것"을 찾으려 하고, 죽은 자들에 대한 책임과 증언의 충동은 '생존자 임무survivor mission' 즉 "부조리에서 의미를, 대규모 죽음에서 생명력을 추출하려는 기획에 대한 지속적인 투신"을 낳는다.[128] 리프턴은 "프로이트의 본능과 방어의 모델에서 죽음과 삶의 지속을 고려하는 데 정초한 모델로 이론적 패러다임을 바꾸는 것이 필요하다"고 주장하지만, 이제까지 살펴본 캐루스의 프로이트 해석은 리프턴이 추구하는 새로운 패러다임을 프로이트 이론에서 찾아낸 것으로 볼 수 있다.

사실 리프턴도 생존자가 새로운 관계와 질서에 대한 공식을 찾는 노력을 "중대한 정신적 혼란에 따르는 기본적인 회복 과정"으로 설명하면서 프로이트가 애도를 논하며 "새로운 현실, 상실한 것을 더 갖고 있지 않은 세계에 대한 점진적 인식에 도달할 생존자의 필요성"을 묘사하고 있다고 지적한다.[129] 이는 그가 프로이트에게서 죽음과 삶의 지속에 대한 사유를 이미 발견한 것으로 볼 수 있다. 생존자가 적응해야 할 새로운 세계가 상실을 포함한 세계라면 이는 상실을 설명하고 포용하는 새로운 세계관을 갖는 것을 의미한다. 리프턴에 따르면 생존자가 박탈당한 것은 물리적인 상실을 넘어 "질서 있는 상징적 우주의 존재"이고, 상실과 박탈에 의미를 줄 수 있는 새로운 질서 또는 세계관의 "공식을 만들려는 노력은 생존자의 '귀환'의 수단이다."[130]

---

127   Robert Jay Lifton, "The Concept of the Survivor", 123쪽.

128   위의 글, 123쪽.

129   Robert Jay Lifton, *Death in Life*, 525쪽.

그러나 생존자들이 부조리한 것으로 경험한 상실과 죽음을 설명하는 새로운 질서와 세계관을 수립하는 것은 어렵고 오히려 파괴된 질서를 타자와 공유하려는 경향이 발생할 수 있다. 따라서 "생존자가 자신의 정신세계를 복구할 수 없다면 파멸의 공유를 상상할 수 있는 타자와의 유일한 관계로 발견할 것이다."[131] 리프턴은 상실을 설명하는 여러 가지 잘못된 공식으로 사건의 책임을 타자에게 전가하는 '희생양 공식scapegoating formulation'과 자신을 자책하는 '자기비난 공식self-accusatory formulation'을 제시한다.[132] 또한 생존자가 죽은 자들에 대한 복수에 집착하는 것 역시 공식을 만드는 능력이 훼손된 결과다.

그렇다면 생존자는 어떻게 새로운 세계관을 정립할 수 있을까? 리프턴은 인간 정신 초기에 형성되는 삶과 죽음의 이미저리를 구성하는 세 쌍 즉 연결connection과 분리separation, 통합integrity과 분해disintegration, 운동movement과 정체stasis에서 삶에 해당하는 연결, 통합, 운동을 (재)활성화할 것을 강조한다. 물리적 죽음의 관념에 몰입하는 것에서 해방되려면 트라우마로 깨진 삶의 이미저리를 회복해야 한다. "공식화의 임무는 그것들(분해, 정체, 분리)과 반대되는 연결, 상징적 통합, 운동을 다시 주장하는 것이다. 이런 삶을 긍정하는 주제들에 대한 위협에서 매번 생존한 경험을 '알았던' 것처럼, 이 '생존들' 후에 자신의 내적 외적 세계를 재구성하는 공식화가 요구된다."[133] 트라우마에 의해 파열된 연결과 통합을 회복하고 새로운 세계관을 만드는 공식화에서는 트라우마 이전에 경험한 삶의

---

130 위의 책, 526쪽.
131 위의 책, 527쪽.
132 위의 책, 529~534쪽.
133 위의 책, 537쪽.

이미저리를 재활성화해야 한다. 이 과정에서 유년의 긍정적 감정들은 중요하다. 리프턴은 "자신 내부에서 사랑, 돌봄, 조화의 오래되고 심오한 느낌들을 죽음 몰입을 넘은 삶의 새로운 공식화에 적용할 수 있도록 이 느낌들을 재활성화"해야 할 필요성을 강조한다.[134]

트라우마 이전의 과거는 트라우마 이후의 미래를 위한 공식화에서 중요한 역할을 담당할 수 있다. 그러나 앞서 살펴본 외상적 깨어남을 통해 미래로 떠나는 트라우마의 시간성에 대한 캐루스의 논의에 비추어보면 트라우마 이전 삶의 긍정적 이미지의 역할은 다소 유토피아적이다. 왜냐하면 이 이미지에는 죽음과의 대면이라는 트라우마의 경험이 삶에 주는 통찰이 없기 때문이다. 물론 리프턴은 죽음 몰입의 경험이 유년에 경험한 (엄마로부터의) 분리의 반복이라고 보고 유년에 삶과 죽음의 복합적 이미저리가 형성된다고 보기 때문에 유년의 긍정적인 이미지를 환기하는 것은 훼손된 것을 복구하는 의미를 지닌다. 그럼에도 유년의 긍정적 이미지는 유토피아적인 면이 없지 않다. "죽음과의 만남 이전의 개인적 '황금시대'를 청구하는 것이 왜곡할 수 있다는 것은 사실이지만 이제 필사적으로 요구되는 생명 유지 이미저리의 원천으로 기능할 수 있다"는 리프턴의 발언에서 '황금시대'라는 표현은 그가 유년의 긍정적 삶의 이미지가 지니는 유토피아적 요소와 한계를 인식하고 있음을 보여준다.[135]

유년의 삶의 긍정적 이미지는 트라우마 생존자가 새로운 세계관을 정립하는 데 도움이 될 수 있다. 그러나 이 세계관의 정립에 필수적인 것은 트라우마의 핵심인 죽음과의 대면을 포괄하는 것이다. 캐루스는 외상적 깨어남과 떠남이 과거로의 회귀가 아니라 미래로 떠나는 것임을 강조

---

134 위의 책, 534쪽.
135 Robert Jay Lifton, *The Broken Connection*, 178쪽.

한다. 과거와 미래의 차이는 바로 죽음과 대면하고 생존하는 트라우마의 경험이다. 리프턴이 죽음 몰입이라는 용어로 문자적 죽음에 매몰되는 생존자 증후군을 설명하고 상징적 불멸을 강조하는 이유는 죽음과의 대면이라는 경험을 삶의 연속과 연결해야 할 필요성 때문이다. 리프턴은 불안의 결여로 트라우마를 겪은 외상신경증 환자가 불안을 갖고 과거로 회귀해서 외상을 통제하려는 반복강박을 지닌다는 프로이트의 주장을 "이전에 트라우마에 적절한 느낌을 경험할 능력이 없었던 것"으로 해석한다.[136] 리프턴에게 트라우마에서 불안의 감정을 경험하지 못하는 것은 '실패한 실행failed enactment' 즉 "경험했어야 했지만 경험하지 못한 느낌들의 문제"다.[137] 다시 말해서 리프턴은 외상적 사건에서의 불안의 결여를 정신적 마비' 즉 자신의 감정에서 분리되는 것으로 해석한다. "외상 증후군의 극심한 형태에서 마비는 **마음이 자신의 정신적 형태에서 분리되는 것**", 즉 "자아가 자신의 역사로부터, 타자에 대한 연민, 공동체적 참여 및 다른 궁극적 가치들과 같은 정신 형태에 기반한 것으로부터 분리되는 것"이다.[138] 따라서 새로운 세계관 또는 가치관을 만드는 공식화는 이런 분리에서 벗어나 통합과 연결을 추구하는 것이다.

분리에서 벗어나 통합을 제시한다는 점에서 리프턴의 논의는 2장에서 살펴본 자네의 이론과 상통한다. 리프턴이 자네가 해리 개념으로 이런 분리를 설명했다고 언급하는 것은 우연이 아니다.[139] 리프턴은 자네가 사용하는 '동화' 개념도 사용한다. 새로운 세계관의 수립은 정신적 마

---

136 위의 책, 174쪽.
137 위의 책, 174쪽.
138 위의 책, 174쪽.
139 위의 책, 175쪽.

비로 회피하고 방어하려 했던 죽음과의 조우를 삶의 일부로 동화하는 과정이다. 리프턴은 프로이트의 죽음 욕동 이론을 비판하며 "파괴적 또는 소멸적 힘을 이전의 또는 수정된 정신구조에 동화하는 투쟁을 강조한다."[140] 새로운 공식은 죽음과의 조우라는 외상적 경험을 삶의 지평으로 다시 통합하고 동화하는 것이다. 생존자의 임무는 "외상적 사건을 포함하는 새로운 내적 형식들을 개발하는 공식화"이고 이는 "자신의 남은 삶이 의미와 의의를 잃지 않도록 그것외상(적 사건) 안에서 의미와 의의를 찾을 것을 요구한다."[141] 이 새로운 삶의 공식은 "동화할 수 없는 경험이 이해될 수 있는 궁극적 의미"를 제시하므로 이를 수립하지 못하면 죄책감과 정신적 마비 같은 트라우마 증후군에서 벗어날 수 없다.[142]

새로운 삶의 공식화를 통해 외상적 사건은 삶의 지평 안에서 의미를 부여받는다. 캐루스가 외상적 깨어남과 떠남을 설명하면서 죽음과 생존의 불가해성을 강조한 것과 달리 리프턴은 죽음과의 대면이라는 트라우마에서 의미를 찾고 이를 삶의 역사에 동화시키는 중요성을 강조한다. 그럼에도 캐루스와 리프턴은 모두 트라우마에서 해방되거나 떠나는 방식으로서의 생존을 중요하게 논한다. 이는 생존자에게 트라우마가 종점이 아닌 출발점이어야 한다는 일종의 당위성을 암시한다. 생존자가 찾는 의미는 반드시 희망이나 약속 같은 긍정적인 것이 아닐 수 있고 무의미 자체에서 의미를 찾을 수도 있다. 그러나 그것은 죽음과의 조우를 겪고 생존한 후에 찾는 외상 후post traumatic 의미이고 트라우마가 남기는 유산이자 과제다. 생존자가 이 유산과 과제에서 벗어날 수 없다는 점에서

---

140   위의 책, 174쪽.
141   위의 책, 176쪽.
142   위의 책, 177쪽.

생존은 상처이자 윤리적 명령이다. 그리고 생존의 윤리적 명령은 개인을 넘어 타자로 향하는 증언을 포함한다.

8. 생존과 증언 "아버지 제가 타고 있는 걸 보지 못하세요?"

캐루스의 『소유자 불명의 경험』 4장 「외상적 깨어남^{Traumatic Awakenings}」은 프로이트의 『꿈의 해석』에 등장하는 꿈에 대한 라캉의 해석을 논하면서 생존과 증언의 필연적 관계를 밝히는 데 공헌한다. 이 꿈은 자신이 불타고 있다고 호소하는 죽은 아들의 목소리를 듣고 꿈에서 깨어나는 아버지의 이야기다. 이 이야기에서 병든 아들을 간호하던 아버지는 아들이 죽자 옆방에 가서 눕는데 아들의 시신을 볼 수 있게 문을 열어둔 채 아들 침대 옆에 촛불을 켜두고 한 노인이 지켜보게 한다. 아버지는 꿈에서 아들이 옆에 와서 팔을 잡으며 "아버지 제가 타고 있는 걸 보지 못하세요?"라고 책망하듯 속삭이는 꿈을 꾼다.[143] 그가 잠에서 깨어나 급히 옆방으로 가보니 노인은 잠들어 있고 아들의 시신은 떨어진 촛불에 타고 있다.

프로이트는 이 꿈의 원인으로 열린 문틈 사이로 빛이 들어와 아버지를 깨웠을 가능성과 잠들기 전 노인이 시신을 잘 지켜보지 못할 걸 염려했을 가능성을 제시하고, "내가 타고 있다"는 아들의 말이 그가 생시에 열병을 앓으면서 했던 말일 수 있으며 "아버지 보지 못하세요?"라는 말도 그가 어떤 감정적으로 중요한 상황에서 했던 말일 수 있다고 해석한

---

143 Sigmund Freud, *The Interpretation of Dreams II*, *SE*, Vol. Ⅴ, 509쪽.

다.[144] 프로이트는 이 꿈을 아들이 살아 있기를 바라는 아버지의 소망을 성취하는 것으로 해석하면서도 "그러나 우리는 이 꿈이 의미를 지니는 과정이고 그 의미를 꿈꾸는 자의 정신적 경험의 연쇄에 삽입할 수 있다는 것을 인식하면서도 왜 가능한 가장 빨리 깨어나는 것이 요구되는 상황에서 꿈이 발생했는지 여전히 의아하다"고 말한다.[145]

프로이트는 여기에 의식의 작용에 관한 해석을 추가한다. 그는 무의식적 꿈 사고dream-thought가 여러 종류의 왜곡을 거쳐 의식의 외현적 꿈 내용manifest dream-content으로 표현되는 과정인 꿈 작업dream-work에서 의식은 꿈 내용의 생산에 관여하지 않고 단지 의식에 불쾌를 일으키는 무의식적 사고가 꿈에 나타나지 않도록 방어하고 검열하는 기능만을 담당한다고 주장한다. 그러나 그는 꿈 작업의 넷째 요소인 2차 수정secondary revision을 논하면서 의식도 "이건 꿈일뿐이야" 등의 표현을 꿈에 삽입하거나 파편화된 꿈 내용 사이를 메워 매끄러운 서사를 만드는 역할 등으로 꿈 형성에 참여한다고 설명한다. 그는 전의식the preconscious이 자고 싶은 소망을 통해 꿈 형성을 돕는다고 밝히며 이런 관점에서 이 꿈을 해석한다.

전의식의 단호한 수면 소망은 일반적으로 꿈 형성을 쉽게 하는 영향을 행사한다. 옆방에서 새어 나오는 불빛에서 아이의 시신이 불타는 걸 추론한 남자의 꿈을 상기해보자. 아버지는 불빛으로 깨어나는 대신 꿈에서 이렇게 추론했고, 우리는 이 결과의 원인인 정신적 힘 중 하나가 꿈에서 그린 아이의 생명을 조금 더 연기하는 소망이었다고 암시했다. (…중략…) 그러나 우리는 꿈의 생산에 더 존재하는 원동력이 아버지의 수면 욕구였고, 아들의 생명처럼 그의

---

144 위의 책, 510쪽.
145 위의 책, 510쪽.

잠도 꿈으로 조금 더 연기되었다고 가정할 수 있다.[146]

　아들이 살아있길 바라는 아버지의 무의식적 소망과 잠을 자고 싶은 전의식의 소망에서 꿈의 원인을 찾는 이런 해석은 꿈의 근본적인 기능을 쾌락원칙의 관점에서 소원성취로 보는 프로이트의 초기이론에 따른 것이다. 그러나 이 꿈은 소원성취가 아닌 트라우마의 관점에서 보았을 때 전혀 다른 해석을 요구한다. 1장에서 보았듯이 프로이트는 외상꿈을 과거에 통제하지 못했던 외상적 충격을 통제하기 위해 외상 현장으로 반복해서 돌아가는 것으로 해석하면서 쾌락원칙 이전에 존재했던 더 원초적인 꿈의 기능을 가정하고 반복강박과 죽음 욕동 이론을 전개한다. 이 꿈은 외상꿈의 예로 제시되지는 않지만 열병을 앓다 죽은 아들의 고통스런 호소를 듣는 아버지의 외상적 경험을 분명히 담고 있다. 살아있는 아들의 모습을 보고 싶은 아버지의 소망은 쾌락원칙에 부합하지만, 아들의 시신이 타는 모습은, 프로이트가 설명하듯 아버지의 의식 또는 무의식의 정신적 연쇄에서 아들이 앓던 열병과 연상을 맺으므로, 쾌락이 아닌 트라우마의 경험과 연관된다. 왜 급히 깨어나는 것이 요구되는 절박한 상황에서 아버지가 아들이 타는 걸 호소하는 꿈을 꾸었냐는 프로이트의 의문은 아들이 살아있기를 바라는 소망으로는 해소되지 않는다. 왜냐하면 아버지가 꿈속에서만 아들이 살아있는 것을 볼 수 있다는 사실과 그가 꿈에서 깨어날 것을 요구하는 상황은 모순되기 때문이다. 또한 아들의 호소는 자신의 시신을 태우는 불을 꺼달라는 현실적인 호소로 읽어도, 프로이트가 가정하듯이 살아있을 적 열병에 대한 호소

146　위의 책, 570~571쪽.

로 읽어도, 아들의 질병과 고통 및 죽음과 관계된다.

캐루스는 라캉이 트라우마의 관점에서 이 꿈을 다시 읽고 있는 것에 주목한다. 라캉은 세미나 11『정신분석의 네 가지 근본 개념*The Four Funda-mental Concepts of Psychoanalysis*』에서 투케 즉 실재와의 반복되는 놓친 만남으로 트라우마를 설명한다.

> 실제로 반복되는 것은 항상 (…중략…) **마치 우연처럼** 반복되는 것이다. (…중략…) 투케*tuché* 즉 만남으로서의 실재*the real* — 그 만남을 놓치는 한, 그 것이 본질적으로 놓친 만남*missed encounter*인 한에서 — 의 기능은 그 자체로 이미 우리의 관심을 불러일으키기 충분한 형태 즉 트라우마의 형태로 정신분석 역사에서 처음으로 나타났다. 분석 경험의 기원에서 실재가 그 안에서 **동화할 수 없는 것** 즉 트라우마의 형태로 자신을 드러냈다는 것은 놀랍지 않은가?[147]

실재와의 만남은 실패를 전제로 한 반복되는 마주침에서만 가능하고, 이 실재는 정신분석에서 트라우마처럼 동화할 수 없는 것의 형태로 나타나는 현실 즉 상징계적 현실과는 다른 현실이다. 아들이 불타고 있다고 호소하는 아버지의 꿈은 이런 현실 — 즉 실재 — 을 궁극적으로 놓치는 만남의 장이다. 라캉은 이 꿈이 아들이 살아있기를 바라는 아버지의 소원을 성취한다는 프로이트의 해석을 전복한다.

> **수면자를 깨우는 것은 무엇인가?** 그것은 꿈 안의 또 다른 현실, 프로이트가 아이가 침대 옆에서 팔을 잡고 책망하듯 아버지 제가 타는 걸 보지 못하세요?

---

147 Jacques Lacan, *The Four Fundamental Concepts of Psychoanalysis*, Alan Sheridan 역, New York : Norton, 1978, 54~55쪽.

라고 속삭인다고 묘사하는 현실이 아닌가? 아버지가 옆방에서 일어나는 이상한 현실을 확인하는 소음보다 이 메시지에 더 큰 현실이 있지 않은가? 아이의 죽음을 일으킨, 놓친 현실이 이 말에 표현되어 있지 않은가? (…중략…) 옆방에서 일어나는 일을 막는 명백히 긴급한 행위도 어쨌든 말해진 말속에 나타나는 정신적 현실 속에서 문제가 되는 것과 관련해서 이제 너무 늦은 것으로 느껴지지 않는가? 꿈은 본질상 놓친 현실 — 결코 이루지 못한 깨어남에서 끝없이 반복하지 않고는 더 재생될 수 없는 현실 — 에 경의를 표하는 행위가 아닌가? (…중략…) 이 꿈은 소원을 성취하는 환상이 아니다. (…중략…) 왜냐하면 꿈에서 그는 아들이 여전히 살아있다고 자신을 설득하지 않기 때문이다. 그러나 죽은 아들이 아버지 팔을 잡는 끔찍한 장면은 꿈속에서 들리는 저 너머를 지시한다. 욕망은 대상의 가장 잔인한 지점의 이미지에서 표현되는 상실로 꿈에 나타난다. 꿈에서만 이 정말로 독특한 만남이 일어날 수 있다. 오로지 끝없이 반복되는 행위인 의례만이 이 기억할만하지 않은 만남을 기억할 수 있다. 왜냐하면 아버지로서의 아버지를 제외한 그 누구도 즉 어떤 의식적 존재도 아이의 죽음이 무엇인지 말할 수 없기 때문이다.[148]

라캉의 해석에서 아버지를 깨우는 것은 옆방에서 새어 나오는 불빛 같은 현실적 요소가 아니라 꿈에서만 만날 수 있는 다른 현실인 실재이고 이 실재는 아버지 팔을 잡고 "아버지 제가 타고 있는 걸 보지 못하세요?"라고 말하는 죽은 아들의 메시지다. 이 메시지는 현실이 아닌 현실 '너머beyond'에서 오는 메시지이고 "대상의 가장 잔인한 지점의 이미지에서 표현되는 상실" 즉 삶의 종점인 죽음의 순간 아들의 모습으로 나타

148　위의 책, 58~59쪽.

나는 상실을 표현한다. 라캉의 말대로 이 상실은 "동화할 수 없는" 트라우마이기에 "반복된 의례"를 통해서만 기억될 수 있다. 이는 프로이트가 『쾌락원칙을 넘어서』에서 제시한 반복강박 이론에 트라우마가 "동화할 수 없는" 또 다른 현실인 실재에 속한다는 설명을 추가한 해석이다.

이 꿈에서 아들의 죽음은 바로 그런 실재에 속한다. 이 해석에서 반복적으로 놓치는 만남의 대상은 아들의 죽음이라는 동화할 수 없는 현실 아닌 현실인 실재다. 아버지는 아들의 죽음을 만나지 못하고 계속 놓친다. 라캉은 타고 있다고 호소하는 아이의 메시지가 "아이의 죽음을 일으킨, 놓친 현실"을 표현하지 않느냐는 수사학적 질문을 던지고, "이 말이 아마도 아들을 지켜보라고 침대에 둔 사람이 의무를 다하지 못하고 (…중략…) 잠든 것에 아버지가 느끼는 회한을 영구화한다"고 말한다.[149] 다시 말해서 라캉은 병든 아들을 지켜보라고 시킨 자가 의무를 다하지 못하고 잠들어 아버지가 아들이 죽는 순간을 놓쳤다는 것을 암시한다고 해석한다. (프로이트는 아버지가 아들이 죽기 전 밤낮으로 간호하다가 죽은 뒤에 노인에게 아들의 시신 곁을 지키게 했다고 말한다. 따라서 아들의 임종 순간을 놓친 것은 노인이 아닌 아버지 자신이 잠들었기 때문이다. 이런 맥락에서 라캉은 이 부분에서 아버지가 아들의 시신이 불타는 것을 놓친 것을 의미할 수도 있다. 중요한 것은 아버지가 아들이 죽는 순간을 놓치는 트라우마가 아들의 시신이 불타는 것을 목격하지 못하고 놓치는 사건에 의해 반복된다는 사실이다.) "결코 이루어지지 않은 깨어남"에 대한 회한 즉 아들이 죽는 순간 깨어있지 못했다는 죄책감은 아버지를 평생 괴롭힐 것이다. 그리고 아버지가 "옆방에서 일어나는 일을 막는 명백히 긴급한 행위" 역시 이 메시지에 담긴 놓친 현실 즉 아들의 죽음과 관

---

149 위의 책, 58쪽.

련해서 "이제 너무 늦은 것"이다. 따라서 아버지는 아들의 죽음이라는 현실을 반복해서 놓친다. 그는 꿈에서 아들의 죽음을 대면하는 실재를 접하는 순간 현실로 깨어나므로 이 대면을 다시 놓치는 것이다. 그래서 라캉은 "영원히 놓친 만남은 꿈과 깨어남 사이에서 발생했다"고 말한다.[150]

현실에서 아들의 죽음을 놓친 아버지는 꿈에서만 아들의 죽음이라는 실재를 대면할 수 있다. 캐루스가 지적하듯이 프로이트의 해석과 라캉의 해석에서 꿈은 전혀 다른 기능을 수행한다.

> 라캉의 분석에서 '아버지 제가 타고 있는 걸 보지 못하세요?'라는 아이의 말은 단순히 밖의 불타오름을 재현하지 않고 오히려 안에서 아버지에게 건네는 말이며 아버지가 잠자는 사실에 대한 불만으로 아버지에게 호소한다. 즉 **수면자를 깨우는 것은 꿈 자체이고**, 이 역설적 깨어남 (…중략…) 에서 꿈꾸는 자는 외면할 수 없는 죽음의 현실과 대면한다. 다시 말해서 프로이트가 꿈이 아버지가 계속 자게 한다고 암시한다면, 라캉은 정확히 말해서 역설적으로 아버지가 꿈을 꾸기 때문에 깨어난다고 암시한다.[151]

꿈이 잠을 자게 하지 않고 깨어나게 하는 역설이 발생하는 이유는 이 꿈을 아들이 살아있기를 바라는 소원이 아닌 아들의 죽음과의 대면으로 해석하기 때문이다. 꿈의 안과 밖을 실재와 (상징계적) 현실로 구분할 수 있다면 지젝Slavoj Žižek이 말하듯 아버지는 아들의 죽음이라는 트라우마의 실재를 피하려고 상징계의 현실로 도피하는 것이다.

---

150 위의 책, 59쪽.

151 Cathy Caruth, *Unclaimed Experience*, 99쪽.

그가 꿈에서 만나는 것, 그의 욕망의 현실, 라캉적 실재 ─ 우리 경우에 아
버지의 근본적인 죄를 함축하는, 아이가 아버지를 책망하는 현실인 '제가 타
고 있는 걸 보지 못하세요?' ─ 는 소위 말하는 외적 현실보다 더 끔찍하고, 이
때문에 그는 끔찍한 꿈에서 드러나는 자기 욕망의 실재를 피하려고 깨어난다.
그는 계속 잘 수 있기 위해, 그의 눈멂을 유지하고 그의 욕망의 실재로 깨어나
는 것을 피하려고 소위 말하는 현실로 도피한다.[152]

캐루스는 지젝을 비판하면서 "아들의 시체로 깨어나는 것을 도피로
이해할 수 있다는 것"을 수용하기 어렵고 "실재는 단순히 꿈의 안이나
밖에서 찾을 수 없고 둘 사이 전환의 순간, 전자에서 후자로의 이동에서
찾아야 한다"고 주장한다.[153] 이런 비판은 깨어남에 대한 해석의 차이에
서 발생한다. 지젝의 해석에서 아버지는 꿈에서 대면하는 아들의 죽음
이라는 실재를 피하려고 현실로 도피하기 때문에 깨어남은 역설적으로
아들의 죽음이라는 외상적 실재에 대한 눈뜸을 회피하고 "눈멂"을 유지
하기 위해 계속 자는 것이다. 아버지는 꿈의 실재에서 현실로 깨어남으
로써 아들의 죽음과의 대면을 다시 놓친다. 반대로 캐루스의 해석에서
깨어남은 아들의 죽음에 눈감는 것이 아니라 "아들의 시체로 깨어나는
것"이다. 캐루스는 외면할 수 없는 아들의 죽음과의 만남이 꿈에서도 깨
어남에서도 아닌 꿈에서 깨어나는 과정에서 이루어진다는 라캉의 해석
에 주목한다. 아들의 죽음이라는 실재를 만나지 못하고 놓치는 것은 꿈
과 깨어남 사이에서 발생한다. 여기에는 독특한 인과관계가 존재한다.
죽은 아들의 메시지를 듣는 것은 꿈속이지만 이 메시지의 즉각적인 효

---

152 Slavoj Žižek, *The Sublime Object of Ideology*, London : Verso, 1989, 45쪽.

153 Cathy Caruth, *Unclaimed Experience*, 142쪽, 미주 9번.

과는 아버지가 꿈에서 현실로 깨어나는 것이기 때문이다. 즉 꿈의 실재가 낳는 효과는 상징계의 현실에서 발생한다.

깨어남을 아들의 죽음이라는 실재에 눈감는 "눈멈"의 상태로 해석한 지젝과 달리 아버지가 아들의 죽음이라는 현실로 깨어난다고 보는 캐루스는 깨어난 아버지의 삶을 도피가 아닌 응답으로 해석한다. 따라서 캐루스는 지젝이 설명하지 않는 깨어난 후의 아버지의 삶인 생존에 아들의 죽음과 관련된 의미 즉 꿈에서 아들이 던지는 메시지에 대한 응답이라는 의미를 부여한다. 실재가 놓치는 만남이기 때문에 이 응답은 실패의 반복이라는 성격을 지닌다. 그래서 "이 깨어남에서 아버지의 응답은 (…중략…) 적절히 응답하지 못하는 반복된 실패, 죽은 아이를 보지 못하는 실패의 이야기"이고 이 꿈은 "죽은 아이의 애원에 적절히 응답하는 것의 불가능성"을 보여준다.[154] 그러나 역설적으로 이 응답으로서의 생존은 불가능성과 더불어 당위와 책임의 성격도 지닌다. 라캉에게 이 이야기는 "죽은 아이가 건네는 말과 본질적으로 연관된 생존으로서의 아버지의 이야기"이고 "절박한 책임 또는 라캉이 (…중략…) 실재와의 **윤리적** 관계로 정의하는 것의 이야기"다.[155] 즉 이 이야기는 아들의 죽음을 지키지 못한 아버지의 죄의식의 표현할 뿐 아니라 자기 죽음에 깨어있으라는 아들의 메시지에 책임 있게 응답하는 것이 아버지 생존의 이유와 의미임을 보여준다.

캐루스에 따르면 자신이 타는 것을 보지 못하냐는 아들의 말은 "**일어나세요, 나를 떠나 생존하세요, 살아서 내가 타는 이야기를 말하세요**"라는 메시지이고 "생존하라는 명령, 더 이상 단순히 아이의 아버지로서가

---

154 위의 책, 103쪽.
155 위의 책, 102쪽.

아니라 보지 않는 것이 무엇을 의미하는지 (…중략…) 말해야 하는 자로
서 생존하라는 명령"이다.[156] 즉 아들의 메시지는 자신이 불타고 있다는
증언이고 이 증언을 듣는 아버지는 이 증언을 전달하는 책임을 지닌 증
인으로 탈바꿈한다.

　　깨어남으로써 즉 죽은 아이가 건네는 "아버지 제가 타는 걸 보지 못하세
요?"라는 말에 응답함으로써 아버지는 더 이상 살아있는 아이의 아버지가 아
니라 정확히 말해서 이제 아이의 죽음이 무엇인지 **말할 수 있는** 자로서의 아
버지다. (…중략…) 이런 깨어남이 여전히 어떤 의미에서 트라우마의 반복(아
이의 죽음의 재연)이라면 — 아버지만의 이야기의 — **똑같은** 실패와 상실의 단
순한 반복이 아니라, 정확히 떠남과 차이 — 타고 있는 아이의 명령에 따른 아
버지의 떠남과 그가 깨어나는 차이 즉 안의 타오름과 밖의 타오름 사이의 견
딜 수 없는 차이 — 를 반복하는 새로운 행위다. (…중략…) 이 새로움은 이 말
이 말하는 자 즉 죽은 아이나 (…중략…) 말을 듣는 아버지가 더 이상 통제하
거나 소유하지 않는다는 사실에서 실행된다. 아버지도 아들의 소유도 아닌 이
말은, 정확히 말해서, 자아를 깨우는 것이 아니라 **깨어남을 타자에게 전달하는**
행위로서 **전달된다**. (…중략…) 아이의 말은 아이의 죽음과 아버지 생존의 명
령 사이에서 전환하는 타오름, 촛불처럼 떨어져 듣는 자를 새롭게 깨우는 타
오름을 전달한다.[157]

　　아버지는 아들의 죽음을 놓치는 만남의 경험을 똑같이 반복하는 자가
아니라 아들의 죽음에 눈뜨는 깨어남을 통해서 아들의 죽음을 말하고

156　위의 책, 105쪽.
157　위의 책, 106~107쪽.

전달할 수 있는 증인으로 새롭게 태어난다. 이 해석에서 아버지가 아들의 죽음을 겪고 그 죽음에서 떠나 생존하는 책임은 곧 증언하는 책임으로 재정의된다. 아버지가 아들의 죽음이라는 동화할 수 없는 트라우마를 겪고 생존하는 이유는 아들이 던지는 메시지에 대한 응답으로 그의 죽음을 증언하는 명령을 수행하는 윤리적 책임을 지는 것이다. 이 이야기에서 아버지와 아들의 관계는 증언을 듣는 주체가 증인에게 지는 책임으로 일반화할 수 있다. 트라우마의 메시지는 생존자를 증언의 장으로 소환한다.

제5장

상처의 외침
트라우마의 증언[1]

1. 증언과 증인

제1부에서 살펴본 바와 같이 트라우마 환자의 상처는 기억상실을 비롯한 정신적 마비와 행동 제약 등 다양한 증상으로 나타난다. 신경과학적 관점에서 트라우마가 의식을 우회해 감정적 비의식적 기억으로 저장될 수 있다는 점에서 트라우마의 정신적 신체적 증상들은 언어로 기록되고 표현될 수 있는 한계와도 연관된다. 따라서 트라우마 환자들의 침묵은 그 자체로 그들이 겪은 상처의 강도와 성격을 반영한다. 그러나 침묵은 상처의 외침을 완벽하게 지속해서 봉쇄하지 못한다. 외상환자는 자신의 상처에 대해 침묵하는 만큼 동시에 말하려는 의지와 충동을 지닌다. 침묵과 발언 모두 상처가 드러나는 방식일 수 있지만, 침묵과 달리 발언은 트라우마를 치유하는 방법이 될 수 있다. 그래서 외상환자는 진료실과 상담실에서 정신분석가와 심리학자에게 자신의 상처를 비밀스럽게 고백할 수 있고 이 과정에서 치유될 수 있다.

---

1   이 장의 일부(301~304 · 307~323 · 335~362 · 367~368 · 372~375쪽)은 『비평과 이론』 30권 3호, 2025, 127~156쪽에 수록된 「트라우마와 증언 ─ 진실의 전달과 공감」을 수정한 것이다.

그러나 상처의 사회적 속성은 궁극적으로 고백의 장소를 진료실과 상담실을 넘어 사회공동체로 향하게 한다. 이 과정에서 고백은 증언이 되고, 개인의 이야기는 공동체의 집단적 기록이 된다. 하트먼이 말하듯이 "고백과 증언의 차이는 여전히 정의되어야 한다. 증언에서 개인적 경험을 주장하는 것은 우리를 침묵시키려는 것이 아니라 집단적으로 인내한 역사를 기록하고 소중히 간직하기 위한 것이다."[2] 교통사고나 자연재해처럼 순전히 우연히 발생한 것처럼 보이는 사건도 엄밀히 분석하면 그 원인은 상당 부분 사회적이며 그로 인한 트라우마도 불가피하게 사회적 차원을 지닌다.

사회적 불의와 정치적 폭력의 사건에서 트라우마의 사회적 성격은 더 명백하다. 사회적 폭력의 희생자들에게 정신분석과 심리상담은 중요한 치유의 역할을 담당할 수 있다. 그러나 이와 더불어 "고문과 국가폭력으로 고통받는 자들이 증인으로 활동할 수 있는 공간, 치료환경과는 분명히 구분되며 그들이 공적으로 자신들을 표현할 수 있는 진짜 가능성이 있는 공간을 제공하는 것" 또한 매우 중요하다.[3] 1장에서 프로이트를 논하며 언급했듯이 "분석가와 환자가 공동으로 창조하는 치유의 공간은 더 큰 사회적 확장을 요구한다." 고티에Andrés Gautier는 정신분석가가 환자들의 무의식을 발견하는 고전적인 정신분석가의 역할을 넘어서 환자가 자신의 이야기를 공적으로 말할 수 있는 매개체의 역할을 할 것을 주장한다. 분석가는 환자의 증언을 듣는 "최초의 또는 시험적 증인의 역할"

2　Geoffrey H. Hartman, *The Longest Shadow : In the Aftermath of the Holocaust*, Blooming-ton : Indiana UP, 1996, 137쪽.

3　Andrés Gautier, "The Psychoanalyst : From Private Witness to Public Testimony", *Bearing Witness : Psychoanalytic Work with People Traumatised by Torture and State Violence*, Andrés Gautier and Anna Sabatini Scalmati 공편, London : Karnac, 2010, 239~240쪽.

을 수행하며 "피분석가의 이야기가 전달될 수 있다는 것을 인정하는 사회의 대표자"로 기능해야 한다.[4] 그래서 고티에는 "분석가가 고문, 강제수용소 또는 다른 형태의 국가폭력 같은 '인재'의 결과에 대한 증인이 될" 경우에 "그런 사례를 트라우마가 엄격히 개인적인 것처럼 다루는 것으로 충분한가?"라는 물음을 제기하고 "증언의 수용체가 됨으로써 정신분석가들은 동시에 암묵적 또는 명시적으로 그 증언이 사적인 문제로 남지 않도록 보장하는 임무를 부여받는다"고 대답한다.[5] 폭력의 희생자들을 치유하는 정신분석가는 "정신치료, 인권, 정치 사이의 공간" 즉 "중립성이 불가능한 공간"에서 일하며 "정신분석가가 (…중략…) 비인간성과 대면해서 침묵하기를 거부하는 것보다 더 큰 의무는 없다."[6]

정신분석가나 심리학자가 고백이 아닌 증언의 적극적인 수용자가 될 수 있지만, 생존자가 자신의 경험을 증언하는 공간은 반드시 정신분석가나 심리학자의 매개를 요구하지 않는다. 많은 폭력의 희생자들이 자신들의 경험을 말과 글로 표현해왔다. 불의와 폭력의 희생자가 자신의 상처를 고백하는 많은 자서전과 회고록은 상처를 말하는 그들의 외침을 들으라고 인류공동체에 호소하는 준엄한 선언이자 증언이다. 이런 외침은 생존자의 삶에 중요한 의미를 부여하고 그 삶의 중요한 일부를 구성한다. 그러므로 상처를 말하는 증언은 생존자의 사명이 되고 사회를 향해 자신의 상처를 말하는 순간 생존자는 증인이 된다.

나치즘의 희생자들은 이런 증언의 필요성을 끊임없이 피력했다. 2차

4　위의 글, 235쪽.

5　위의 글, 238·246쪽.

6　Anna Sabatini Scalmati and Andrés Gautier, "A Time for Bearing Witness", *Bearing Witness*, Andrés Gautier and Anna Sabatini Scalmati 공편, xxviii쪽. 이런 점에서 진료실은 곧 증언의 장소가 되거나 증언을 위한 매개의 장소가 될 수 있다.

대전 생존자 유태계 독일인 클렘페러^{Victor Klemperer}는 나치즘이 출현하고 지배하던 시기의 생애를 기록한 일기 1권 『나는 증언할 것이다 *Will Bear Witness*』의 제명에서 "나는 계속 쓸 것이다. 이것이 나의 영웅적 행위다. 나는 증언, 정확한 증언을 할 것이다"라고 말한다.[7] 클렘페러는 자신의 체험을 일기에 적는 일을 독백이 아닌 영웅적 행위이자 증언으로 여기고 "정확한 증언"이라는 말로 자신의 일기가 사실의 기록이라는 점을 강조한다. 나치 강제수용소 생존자 레비는 생애 마지막에 아우슈비츠 경험을 다시 다룬 『익사한 자와 구조된 자』에서 그의 처녀작 『아우슈비츠에서의 생존』의 독일어판을 읽은 독일인들이 보낸 편지의 다양한 내용을 논하면서 이 책의 독일어 역자에게 자신이 보냈던 편지를 공개한다. 여기에서 그는 "나는 인간의 삶이 반드시 뚜렷한 목적을 지닌다고 믿지 않습니다. 그러나 내 삶과 내가 지금까지 세운 목적을 생각하면 그 목적 중 하나만 잘 정의했고 의식했다고 인식하며 그것은 정확히 말해서 증언하는 것, 독일인들이 내 목소리를 듣게 하는 것입니다"라고 말한다.[8]

이런 발언은 레비가 아우슈비츠에 수감되어 있을 때 미처 깨닫지 못한 증언의 중요성을 절감하게 된 것을 보여준다. 그는 수용소에서 만난 오스트리아 헝가리제국 군인이었던 슈타인라우프^{Steinlauf}가 말했던 내용을 다음과 같이 회상한다.

> 그의 평범하고 거침없는 말을 잊었다는 것이 슬프다. (…중략…) 그러나 그때나 나중에나 잊지 않은 의미가 있는데 이는 다음과 같다. 수용소가 우리를

---

7   Victor Klemperer, *I Will Bear Witness : A Diary of Nazi Years 1933~1941*, Martin Chalmers 역, New York : Modern Library, 1999, v쪽.

8   Primo Levi, *The Drowned and the Saved*, 160쪽.

짐승으로 환원하는 거대한 기계이기 때문에 우리는 짐승이 되어서는 안 된다. 이곳에서도 생존할 수 있고 따라서 생존해서 이야기하고 증언하기를 원해야 한다. 생존하기 위해서 우리는 적어도 문명의 뼈대, 골조, 형태를 구원하기 위해 우리 자신을 강제해야 한다. 우리는 모든 권리를 박탈당하고 온갖 모욕에 노출되고 어떤 죽음의 선고를 받은 노예지만 여전히 하나의 힘을 갖고 있고 모든 힘을 다해 그것을 지켜야 한다. 왜냐하면 그것은 최후의 힘, 동의하는 것을 거부하는 우리의 힘이기 때문이다.[9]

레비는 "선의의 인간"인 스타인라우프가 당시에 했던 이런 말이 그의 "익숙하지 않은 귀에 낯설었고 반쯤만 이해하고 받아들였다"고 고백하며 여전히 스타인라우프가 강조했던 무너진 "도덕체계"의 수립보다 차라리 "체계의 결여를 인정하는 것이 낫지 않은가"라고 묻는다.[10] 이런 의문은 그가 강제수용소에서 목격하고 체험한 처절한 비인간화의 현실이 인간의 도덕성에 대한 절망과 회의를 불러일으켰음을 보여준다. 그렇지만 그가 수용소에서 해방된 지 2년 후 비로소 『아우슈비츠에서의 생존』을 집필하고 증언의 중요성에 대한 슈타인라우프의 말을 기록했다는 사실은 독일어 역자에게 보낸 편지가 보여주듯이 그가 슈타인라우프의 말에 공감하고 실제로 증언을 실천하는 증인이 되었음을 보여준다. 아감벤은 "나는 증언했기 때문에 나 자신에게 평화롭다"는 레비의 말을 인용하며 레비를 만났을 때 그가 보여준 불안과 죄책감이 증언하지 않아서가 아니라 생존했다는 사실 때문으로 해석한다.[11] 레비는 증언의 책임을

---

9   Primo Levi, *Survival in Auschwitz*, 41쪽.
10   위의 책, 41쪽.
11   Giorgio Agamben, *Remnants of Auschwitz*, 16~17쪽.

실천한 자다.

위젤은 1986년 노벨 평화상 수상 연설에서 자신이 죽은 자들을 대변할 권리가 없으나 그들의 존재를 항상 느끼고 있고 "밤의 왕국"을 발견한 (과거의 자신을 대변한다고 볼 수 있는) 어린 유대인 소년이 현재의 자신에게 던지는 "내 미래에 무엇을 했나요? 당신 삶에 무엇을 했나요?"라는 질문에 "나는 기억을 살리려 노력했어. 잊으려는 자들과 싸우려고 노력했어. 우리가 잊으면 우리는 죄를 짓고 공범이 되기 때문이지"라고 답한다.[12] 그의 회고록 『밤*Night*』의 서문은 이 책이 바로 그가 수상소감에서 밝힌 망각과 투쟁한 노력의 산물로서의 증언임을 보여준다. 그는 아우슈비츠에 관한 연구가 이루어지고, 소설이 출판되고 영화가 제작되며, 학회가 열리고 재단이 설립되는 것이 결국 기억하기 위한 것이라고 말하며 증언의 필요성을 역설한다.

증언하기를 선택하는 생존자에게 명백한 것은 죽은 자 **그리고** 산 자를 위해 증언하는 것이 그의 의무라는 것이다. 그는 우리의 집단 기억에 속하는 과거를 미래 세대에게서 박탈할 권리가 없다. 잊는 것은 위험할 뿐 아니라 공격적이다. 죽은 자들을 잊는 것은 그들을 두 번 살해하는 것과 같다. 때로 나는 "아우슈비츠에 대한 응답"을 아느냐는 질문을 받는다. (…중략…) 내가 아는 것은 책임에 "응답"이 있다는 것이다. 우리가 그렇게 가깝고도 먼 이 악과 어둠의 시대에 대해 말할 때, "책임"이 핵심어다. 증인은 오늘의 청년과 내일 태어날 아이들을 위해 증언하도록 자신을 강요했다. 그는 자신의 과거가 그들의 미래가 되길 원하지 않는다.[13]

---

12 Elie Wiesel, "The Nobel Peace Prize Acceptance Speech Delivered by Elie Wiesel in Oslo on December 10, 1986", Elie Wiesel, *Night*, 118쪽.

위젤에게 증언은 생존자가 과거의 죽은 자들과 미래의 세대에게 지는 의무이자 책임이다. 위젤의 발언은 과거의 자신에게 망각과 투쟁해서 기억을 기록하고 전달하는 행위를 통해 아우슈비츠에 대한 증언의 의무를 수행했다는 대답이자 독자들에게 이런 증언에 응답할 책임을 요구하는 메시지다.

1941년 나치 점령군에 살해되기 전 유태계 러시아인 두부노프Simon Dubnow가 동료들에게 남긴 말—"선인들이여, 잊지 마시오! 말하시오! 쓰시오!"—은 증언의 절박함과 중요성을 생생하게 전하는 메시지다.[14] 비비오르카Annette Wieviorka가 20세기를 "홀로코스트 기억이 전형적 역할"을 한 "증인의 시대"라 명명하듯이, 홀로코스트 증언은 지난 세기 발생한 많은 비극적 사건에 대한 증언이 폭발적으로 증가하는 데 기여했다.[15] 비비오르카는 가해자에 초점을 맞춘 뉘른베르크Nurenberg 재판과 달리 피해자에 초점을 맞춘 아이히만Eichmann 재판이 "증인의 도래"를 알리는 사건이었다고 평가한다.[16] 비비오르카에 따르면 이 재판에서야 비로소 "생존자들이 사회가 그들을 생존자로 인식했기 때문에 생존자의 사회적 정체성을 획득했다. (…중략…) 이렇게 새로 인식된 생존자 정체성의 한복판에는 역사의 전달자bearer라는 새로운 기능이 있었다. 아이히만 재판과 더불어 증인은 과거와 과거의 지속적 현재를 증언하는 기억의 체현이 된다."[17] 홀로코스트 생존자가 획득한 '생존자'라는 호칭은 이제 단순히

---

13   Elie Wiesel, *Night*, xv쪽.

14   Annette Wieviorka, *The Era of the Witness*, Jared Stark 역, Ithaca : Cornell UP, 2006, ix쪽에서 재인용.

15   Annette Wieviorka, "The Witness in History", Jared Stark 역, *Poetics Today* Vol.27, No.2, 2006, 386쪽.

16   위의 글, 389쪽. 이 재판에 관한 더 상세한 내용은 Annette Wieviorka, *The Era of the Witness*, 56~95쪽을 참조할 것.

살아남았다는 의미를 넘어 역사적 기억을 간직하고 전달하는 증인의 정의를 내포하게 된다.

증언은 홀로코스트 생존자들에게만 주어지는 의무나 특권이 아니다. 모든 억압과 폭력의 희생자들이 증언의 의무를 수행하는 증인이 될 수 있다. 홀로코스트 증언으로 촉발된 트라우마 생존자에 대한 사회적 관심은 범세계적인 사회적 폭력과 억압의 희생자들을 증언의 무대에 서게 했고 이들의 증언에 관한 연구도 활발하게 진행되고 있다. 많은 학자가 홀로코스트 연구의 특권적 지위를 비판하고 트라우마와 증언 연구의 확장 필요성을 지적했다.[18] 이런 요구는 우리나라의 근현대사에 새겨진 상

---

17   Annette Wieviorka, "The Witness in History", 391쪽.

18   예컨대 하이(Steven High)는 나치 점령 하의 유럽은 물론 르완다, 보스니아, 아르헨티나, 캄보디아에서 발생한 대량 학살뿐 아니라 실직한 공장 노동자들의 상처도 논하며 "증언 행위가 대규모 폭력에 대한 많은 저항의 장소를 포괄한다는 것을 보여주는 것"을 목표로 삼는다. Steven High, "Introduction", *Beyond Testimony and Trauma*, Steven High 편, 9쪽. 지보니(Michal Givoni)는 "홀로코스트를 현대 정치적 악의 모델로 신성화한 탓에 증언 이론은 나치 박해와 절멸의 논리를 반복하지 않고 실제로 이 논리에서 크게 벗어나는 현대 정치적 재난에 대한 지구적 증언이 제기하는 도덕적 정치적 문제를 다루는데 적합하지 않다"고 지적한다. Michal Givoni, *The Care of the Witness : A Contemporary History of Testimony in Crisis*, Cambridge : Cambridge UP, 2016, 15쪽. 탈(Kalí Tal)도 홀로코스트가 고유명사가 되어 대문자(Holocaust)로 쓰이면서 "노예제, 종족학살, 억압 같은 다른 인간이 만든 악의 묘사와 분리되었다"고 비판하고 "홀로코스트를 다른 문화적 역사적 사건들과 동등한 일련의 역사적 문화적 사건으로 다시 환원해서 탈신비화해야 한다"고 주장한다. Kalí Tal, *Worlds of Hurt : Reading the Literatures of Trauma*, Cambridge : Cambridge UP, 1996, 7·8쪽. 헌터(Anna Hunter)는 이 점을 지적하면서도 홀로코스트가 트라우마 서사의 틀로 기능할 수 있다고 주장한다. "현대 의식에서 홀로코스트가 차지하는 막중함 때문에 어떻게든 다른 집단적 트라우마들보다 홀로코스트를 특권화하는 것은 위험한 행동이다. (…중략…) 홀로코스트를 궁극적 트라우마 서사로 세우는 것이 우리의 집단의식을 요구하는 것에서 다른 트라우마 서사들을 배제하는 것을 의미한다면 여기에는 내재하는 위험이 있다. 그러나 홀로코스트에 대한 반응의 대규모 문화적 충격과 정도가 다른 트라우마를 측정하는 잣대가 아니라 다른 집단 트라우마에 접근하기 위한 담론적 틀을 발견하는 수단이 될 일종의 메타-트라우마로 홀로코스트를 설정하는 주장은

처의 연구에도 해당한다. 그러나 홀로코스트 증언 연구는 홀로코스트의 특권적 지위 때문이 아니라 홀로코스트라는 전대미문의 폭력이 지구상의 다른 크고 작은 폭력 및 재난과 공유하는 보편성 때문에 중요하다. 하트먼은 1981년 시작된 예일대학 홀로코스트 구두증언 영상기록 기획인 포츄노프 영상 아카이브Fortunoff Video Archive를 논하면서 "유대인 홀로코스트 생존자들이 고통을 독점한다는 가정"이 있거나 "그들의 증언이 그런 방향으로 향하는 경향이 있지 않기"를 희망하면서 증언의 효력은 특수성보다 보편성에 있다는 점을 상기시킨다.[19]

증언의 권위는 일반화될 수 있는 것을 전치하기보다 강화하는 직접성과 연관된다. 그 권위는 경험한 것의 독특성이나 심지어 극단적인 성격에서 오지 않는다. 왜냐하면 불의는 보편적 구조를 갖기 때문이다. 불의는 실제 경험이 공유될 수 없을 때조차도 공유될 수 있는 슬픔과 분노의 감정을 일으킨다. (…중략…) 화면에서 이 증인들을 보는 것은 다른 고통을 배제하는 것이 아니라 크건 작건 인간의 삶을 소모하는 모든 불의를 상기시키는 것이다. 이 점은 매우 중요하다. 왜냐하면 다른 박해받은 집단들이 자신들의 역사적 또는 지속적 고통을 희생하는 대가를 치르면서 유대인들이 홀로코스트를 예외적인 것으로 만들려 한다고 느낄 수 있기 때문이다. 토니 모리슨이 소설 『빌러비드 Beloved』를 "6천만 이상"에게 헌정했다는 사실은 우리에게 비인간적 조건에서 미국으로 강제 이송된 중간항로Middle Passage 이후에 노예화된 아프리카계 미국인들의 슬픔을 상기하라고 요청한다.[20]

있을 수 있다." Anna Hunter, "The Holocaust as the Ultimate Trauma Narrative", *Trauma and Literature*, J. Roger Kurtz 편, Cambridge : Cambridge UP, 2018, 81쪽.

19 Geoffrey H. Hartman, *The Longest Shadow*, 137쪽.

모리슨이 소설화한 미국 흑인 노예의 처참한 역사가 유대인을 포함한 모든 민족에게 노예제의 폭력과 불의에 분노하고 아프리카계 미국인들의 슬픔과 고통의 역사에 공감하게 하듯이 홀로코스트 증언도 모든 민족에게 예외성이 아닌 사회적 불의에 대한 보편적 공감을 일으킨다. 증언 연구는 증언의 주체와 역사적 맥락의 다양성을 포괄하도록 확장되어야 한다. 하지만 가장 활발히 연구된 홀로코스트 증언 연구는 유대인 학살의 배타성이 아닌 상처와 생존의 기록이라는 보편성 때문에 증언의 근본적인 성격과 사회적 수용의 문제를 탐구하는 통로가 될 수 있다.

2. 증언의 사실과 진실

증인은 무엇을 증언하는가? 이에 관해 일견 가장 명백해 보이는 대답은 그가 본 것을 증언한다는 것이다. 증인은 문자 그대로 본 것을 말하는 자다. 옥스퍼드 영어사전*Oxford English Dictionary*에 따르면 증인은 "현존했거나 현존해서 개인적인 관찰로 증언할 수 있는 자"로 정의된다.[21] 따라서 증인의 증거능력은 사건 현장에서 직접 눈으로 관찰했다는 사실에 있고 이런 점에서 증인은 곧 목격자*eye witness*다. 그러나 목격 자체가 증거능력을 확실히 보장하지는 않는다. 목격에 기초한 증언의 고전적 연구인 『목격자 증언*Eyewitness Testimony*』의 저자 로프터스*Elizabeth Loftus*는 법정에서 증거능력을 인정받아온 목격자 증언의 오류가 많은 무고한 사람에게 형벌

---

20 위의 책, 137~138쪽.
21 "Witness., n.(6.a.)", *Oxford English Dictionary*, https://www.oed.com/search/ dictionary/?scope=Entries&q=witness. Oxford UP, 2025.

을 가하는 사법적 불의의 원인이 되었다고 주장한다.

증인이 목격한 사건을 기억하는 과정은 사건을 지각하는 "획득acquisi-tion 단계", 지각한 기억을 보유하는 "보유retention 단계" 그리고 보유한 기억을 소환하는 "인출retrieval 단계"로 이루어진다.[22] 이 세 단계마다 여러 요인이 작용해서 정확한 지각과 기억을 방해한다. 예컨대 획득 단계에서는 증인이 기억하는 사건을 얼마나 오래 보았는지 또는 어떤 정신적 스트레스를 경험하며 목격했는지 등과 같은 "사건 요인과 증인 요인이 증인의 정확한 지각 능력에 극적인 영향을 미칠 수 있다."[23] 마찬가지로 사건과 사건을 기억하는 순간 사이의 보유 단계에서도 "증인의 생각만큼이나 외부에서 제공된 외적 정보가 그의 기억에 침투할 수 있고, 둘 다 그의 기억에 극적인 변화를 초래할 수 있다."[24] 인출 단계에서도 기억은 "인출 환경이 변했는지, 정보를 얻기 위해 어떤 유형의 질문들이 사용되었는지, 이 질문들이 어떤 말로 표현되었고 누가 질문을 하는지" 등의 요인들에 영향을 받는다.[25] 로프터스는 최초에 획득한 정보가 사건 이후 얻은 지식 및 정보와 공존해서 원래의 기억이 보존되고 인출될 수 있는지 아니면 후에 얻은 정보가 원래의 정보를 변경해서 원래의 기억을 인출할 수 없는지에 대한 논쟁은 해결되지 않았다는 잠정적 결론을 내린다.[26] 그럼에도 로프터스의 연구는 목격이 곧 사건의 사실적 정보를 정확히 전달하는 데 한계가 있을 수 있다는 점을 입증하는 데 공헌한다.

로프터스의 연구는 증인을 목격자로 정의할 때 발생하는 문제 즉 증

---

22 Elizabeth F. Loftus, *Eyewitness Testimony*, Cambridge : Harvard UP, 1996, 50쪽.
23 위의 책, 50~51쪽.
24 위의 책, 87쪽.
25 위의 책, 109쪽.
26 위의 책, 131~133쪽.

인이 사실을 있는 그대로 전달할 수 있는 능력이 보장될 수 없다는 문제
를 제기한다. 여기에서 증인이 목격한 사건의 성격은 중요하다. 로프터
스는 트라우마를 언급하지 않지만 "증인이 범죄나 교통사고 같은 심각
한 사건을 볼 때"에 기초해 기억의 세 단계를 설명하므로 그녀가 법정
진술 분야에서 설명하는 기억의 변화와 부정확성은 트라우마의 증언과
무관하지 않다.[27] 제1부에서 살펴본 트라우마 증상인 기억의 상실과 억
압, 의식의 해리, 비의식적 신체적 감정적 외상기억에 대한 논의와 함께
고려할 때 로프터스의 연구는 트라우마 생존자 증언의 사실성에 대한
의문을 제기한다.

목격이 증언의 사실성을 보장하지 않는다면 증언은 무엇에 기초해야
하는가? 앞서 보았듯이 클렘페러의 "정확한 증언"에 대한 주장은 그의
일기가 사실의 기록이라는 점을 강조한다. 증언은 무엇보다 사실을 있
는 그대로 전달하는 것이다. 많은 홀로코스트 문학 학자가 증언의 사실
성을 주장했다. 예컨대 데 프레Terrence des Pres는 "과거를 묘사할 때 서술자
는 수용할 수 있는 이미지를 만들기 위해 선택하고 정리하며 강조하고
지나치면서 사실을 다룬다"는 점을 인정하면서도 강제수용소 생존자들
의 "증언은 기억에서 주어지고 고통 속에서 자주 서툴게 스타일이나 수
사학적 장치를 생각하지 않고 말해진다. 더구나 그들이 묘사하는 경험
은 대부분의 기억행위에 영향을 미치는 소설화 경향에 저항한다"고 주
장한다.[28] 그러나 저자가 경험한 사건을 있는 그대로 전달하려 해도 일
기나 회고록이 사건의 사실성과 객관성을 보장하지는 않는다. 영James

---

27   위의 책, 50쪽.

28   Terrence des Pres, *The Survivor : An Anatomy of Life in the Death Camps*, New York : Oxford UP, 1976, 29쪽.

Young은 홀로코스트 증언의 사실적 권위를 주장하는 데 프레를 반박하면서 모든 기록이 구성된 것이고 일기나 회고록도 불가피하게 저자의 언어, 세계관, 정치적 성향 및 일기나 회고록이 지니는 장르적 관례의 영향을 받는다고 주장한다. 오히려 나치가 관리한 게토에서 저항계획이 발각될 염려 또는 나치가 정보를 통제하고 허위로 조작했을 상황을 고려하면 게토에서 작성된 일기가 사실을 충실히 기록하지 못했을 가능성도 있다. 사실의 기록에는 항상 사실을 기록하는 자의 해석이 반영된다.[29] 일기나 회고록뿐 아니라 구두 증언의 경우에도 인터뷰 형식이 증언의 내용에 영향을 미친다. "인터뷰는 말해지는 것의 액자를 구성하는 능동적 과정"이라서 "연구자의 기획 디자인, 핵심 질문, 모집 전략" 등에 의해 중개된다.[30]

영에 따르면 증언의 가치는 '사실성factuality'이 아니라 저자의 해석을 쓰는 행위의 '실제성actuality'에 있다.[31] 즉 생존자는 그가 목격한 죽음과 파괴의 증거를 제시하고자 하지만 궁극적으로 그가 증언하는 것은 사실이 아니라 자신의 생존과 삶의 기록이다. 만Mendel Mann은 "나는 내 책을 통해서 나의 존재를 증언하기 때문에 쓴다"고 말한다.[32] 즉 "만에게 글쓰기는 경험에 대한 자아의 궁극적 주장, 그를 삼켜버렸을 수도 있는 경험의 (부정은 아니지만) 거부다. 멘델 만은 그런 많은 말로 '나는 쓴다. 고로 나는 존재한다'고 말했던 것이다."[33] 이 말은 쓰는 증언 행위를 통해서

---

29   James Young, *Writing and Rewriting the Holocaust : Narrative and the Consequences of Interpretation*, Bloomington : Indiana UP, 1988, 32~35쪽.

30   Steven High, "Introduction", 18쪽.

31   James Young, *Writing and Rewriting the Holocaust*, 37쪽.

32   위의 책, 37쪽에서 재인용.

33   위의 책, 37~38쪽.

물리적 생존뿐 아니라 생존자의 존재 자체가 출현한다는 것을 의미한다. 증언은 자신을 파괴할 수 있었던 외상 경험에 대한 생존자의 힘을 입증하고 그런 능력을 지닌 존재의 출현을 선언하는 행위다.

증언은 무엇보다 사건의 기록이 아니라 생존의 기록이다. "생존자는 자신의 생존을 확인한 후에야 자신을 증인으로 또는 자신이 증언하는 사건들의 흔적으로 자신을 지각할 수 있다. 이런 방식으로 증인은 필사적으로 '나는 쓴다. 고로 나는 존재한다'를 '나는 쓴다. 고로 홀로코스트는 존재했다'로 확장하려고 시도한다."[34] 즉 생존자의 생존과 증언 행위가 홀로코스트라는 사건이 발생했다는 사실에 우선한다. 이는 증언의 가치가 사실의 확인과 증명에 있지 않다는 점을 암시한다.

대부분의 역사이론가들이 인정하듯이 역사적 자료의 합법성과 가치는 사실적 요인에만 의존할 수 없다. 그럴 경우 독자들은 상충하는 판본들에 의해 끊임없이 곤란해질 것이다. 경쟁하는 이야기들의 자격을 박탈하는 대신 비판적 독자는 그렇게 많은 자에게 발생한 것이 본질적으로 "다르기" 때문이 아니라 희생자와 생존자가 **어떻게** 그들의 경험을 파악하고 말하는가가 "그들 이야기"의 실제 핵심을 구성하기 때문에 모든 홀로코스트 작가가 "다른" 이야기를 한다는 점을 받아들인다.[35]

많은 홀로코스트 증언의 가치는 공통되고 정확한 역사적 사실을 수립하는 데 있지 않다. 각각의 증언은 생존자가 각각 다른 상황에서 다른 관점으로 경험한 내용을 기록한 이질적 문헌이고, 증언의 가치는 생존자

---

34 위의 책, 38쪽.
35 위의 책, 38~39쪽.

가 체험한 삶의 주관적 해석의 진실을 전달한다는 데 있다. 따라서 증언이 전달하는 생존자의 주관적 진실은 사실의 왜곡이 아니라 독자와 청중에게 공감을 불러일으키는 보편성을 지닐 수 있다. 증언의 본질은 사실이 아니라 진실이기 때문이다.

하트먼은 포츄노프 비디오 아카이브에 기록된 증언의 다양성을 논한다. 성향에 따라 어떤 증인은 사건의 전모를 기록하려 애쓰고, 다른 증인은 매우 선택적인 발언으로 증언을 개인적인 것으로 만들기도 한다. 또한 이 증언들은 "공식 진술서, 비공식적 연대기, 표현적 회고록, 유산 수립을 위한 증언" 등 다양한 장르와 형식을 취하기도 한다.[36] 하트먼은 강제수용소에서 해방된 후 일상적 삶을 살아온 생존자들이 겪은 안도와 망각으로 인해 이들의 증언이 정확성의 한계를 지닐 수 있다고 지적하면서도 "괄목할만한 정확성이 남아있다"는 사실에 놀라움을 표시한다.[37] 그러나 하트먼에게 홀로코스트 구두 증언의 중요성은 정확성이 아니라 진실에 있다.

분명히 사건에서 시간상 멀어지면서 특수한 사실이나 생각을 기억하는 데 어려움이 있다. 그러나 사학자가 문제 있다고 보는 바로 그 인식의 밀도와 중재성을 포함해서 어떤 보상이 있을 수 있지 않을까? (…중략…) "역사"가 아무리 정보를 잘 갖춘 한 사람에 의해 쓰였다고 해도 문학적 회고록과 구두 기록에 살아 현존하는 많은 존재로 구성된 존재인 이질적인 목소리들의 코러스를 초월하는 진리 가치를 지니는 것을 의미하지 않는다. 더구나 최근에는 객관적 방식으로 밖에서 말하지 않고 상황 안에서 말하는 현지 지식이 조숙하

---

36   Geoffrey H. Hartman, *The Longest Shadow*, 136쪽.
37   위의 책, 136쪽.

게 통일적인 목소리를 취하는 자들이 놓치는 진리의 질감texture of truth을 제공
할 수 있다는 확신이 생겨났다. (…중략…) 단순히 학구적 사학자의 건조한
어조로 증인들의 목소리를 대체하려는 것은 부정직한 것이다.[38]

홀로코스트 생존자들의 구두 증언이 노출하는 문제점에도 불구하고
사학자들의 객관적인 사실의 기록보다 더 값진 것은 그 증언이 담고 있
는 "진리의 질감" 때문이다. 이 진리의 질감은 무엇을 의미하는 것일까?
증언이 사실이 아닌 진실이라면 이 진실성은 어디에서 확보되는 것일까?

3. 수페르스테스와 테스티스, 담론적 진리와 체현된 진리

하트먼이 제시하는 역사적 객관적 사실성과 홀로코스트 증언의 진실
성의 차이는 증언 연구의 두 갈래에 해당한다고 볼 수 있다. 증언 연구는
트라우마와 폭력의 생존자가 주관적인 경험을 전달하는 체험 중심의 증
언 연구와 사건에 대한 객관적인 지식과 정보의 확보를 지향하는 인식
론적 증언 연구로 양분된다. 생존자 증인 중심의 연구는 "극단적 폭력과
정치적 불의의 생존자들과 연관된 증언에 관한 관심, 따라서 증언 행위
가 문화적 기억과 속죄의 정치학, 미래 독재의 예방을 위해 지니는 의미
에 관한 관심"을 갖는 연구로서 "폭력 경험 처리processing의 정치-윤리적
차원이 전형적이고 극적으로 체현되는 **생존자들**(흔히는 희생자들)**의 증언**"
에 관한 연구다.[39] 이와 달리 "중립적 증인" 중심의 연구는 "타자의 말을

---

38 위의 책, 135쪽.
39 Sybille Krämer and Sigrid Weigel, "Introduction : Converging the Yet-Separate Theoreti-

통해 생산된 지식의 증거, 객관성 및 진리를 어떻게 평가하는지의 문제와 증언을 지식의 참된 원천으로 인정할 수 있는가 또는 어느 정도 인정할 수 있는가를 평가하는 문제와 관련된 지식 실천으로서의 증언"에 관한 연구다.[40]

크래머Sybille Krämer와 바이겔Sigrid Weigel이 지적하듯이 생존자 증언과 중립적 증언의 구분은 언어학자 벵베니스트Émile Benveniste가 사용한 두 용어 수페르스테스superstes와 테스티스testis의 구분에 해당한다. 벵베니스트에 따르면 어원적으로 테스티스는 두 사람이 개입된 거래에서 제3자terstis로 현존하는 자를 뜻하고, 수페르스테스는 사건을 넘어 존속하는subsists beyond 자 즉 생존자이자 증인을 뜻한다.[41] 크래머와 바이겔은 타자의 말을 토대로 증언하는 테스티스의 진리와 생존자가 사건의 직접적인 경험을 토대로 증언하는 수페르스테스의 진리를 각각 담론적 진리와 실존적 진리로 설명한다.

만일 우리가 이 삶-세계의 의미에서 타자들이 우리에게 말하는 것을 통해 정보를 얻는다면, 우리는 이 보고들에 관한 '진리'를 말할 수 있을 뿐이다. (…중략…) 우리는 이런 유형의 소통된 진리를 담론적 진리discursive truth라고 부른다. 이 경우 발생genesis과 타당성validity은 어쨌든 어느 정도 서로에게서 분리된다. 반대로 비범한 사건의 생존자들이 증언할 때 그들은 매우 종종 폭력적인 경험을 직접 체현한다. 그들은 사건의 신체적 흔적이고, 이 사건의 독특한 경

---

cal Discourses of Testimony Studies", *Testimony/Bearing Witness : Epistemology, Ethics, History and Culture*, Sybille Krämer and Sigrid Weigel 공편, London : Rowman & Littlefield, 2017, x~xi쪽.

40   위의 글, xi쪽.

41   위의 글, xi쪽.

험과 기억은 말을 통한 전달에서 빠져나가거나 아주 제한된 의미에서만 전달을 가능하게 하는 경향이 있다. 증언되어야 하는 것은 단지 말하는 언어적 발화가 아니라 사건을 표현하게 되는 생존자라는 사람 자체다. 여기에는 문장의 진리가 아니라 하나의 삶, 하나의 경험, 한 인간의 진리가 달려 있다. 우리는 이런 유형의 진리를 **실존적 또는 체현된 진리**existential or embodied truth라 부르는데 그것의 발생과 타당성은 불가분 엮여있다. 실존적 진리에서는 증인과 청중 사이에 환원 불가능한 비-공시성, 시간과 경험의 극복할 수 없는 단절이 있는 반면에, 담론적 진리에서는 일반적으로 일정한 삶의 지평의 동등성이 인식론적 신뢰의 조건을 제공하고 증인을 위한 강연장을 공급한다.[42]

인식론적 증언은 증인과 청중 사이에 동등한 인식 지평과 신뢰가 있어서 청중은 증인의 증언에 담긴 담론적 진리를 이해할 수 있다. 반면 트라우마 증언의 경우 증인과 청중 사이에 놓인 인식 지평의 괴리로 인해 증인의 경험과 삶에 체현된 진리는 청중에게 온전히 전달될 수 없다. 이 구분에 따르면 하트먼이 홀로코스트 구두 증언에서 포착하는 "진리의 질감"은 담론적 진리가 아니라 증인들의 삶의 체험에서 발생하는 체현된 진리로 볼 수 있을 것이다. 6장에서 상세히 논하겠지만 "체현된 진리"에 대한 크래머와 바이겔의 주장은 트라우마 증언 연구에서 반복적으로 환기되는 증언의 재현 불가능성을 잘 설명한다.

크래머와 바이겔은 영미철학적 인식론적 증언 연구와 유럽대륙의 탈구조주의적 트라우마 중심 증언 연구 사이에 발생하는 갈등을 해소해야 할 필요성을 제기한다. 이들은 코우디C.A.J. Coady의 증언 연구를 인식

론적 증언 분야에서 이정표가 된 중요한 연구로 평가한다. 코우디는 어떤 진술을 믿는 근거를 관찰, 연역적 추리, 귀납적 추리 및 증언으로 분류하고 증언의 신뢰성을 궁극적으로 관찰로 환원하는 흄David Hume의 환원주의를 비판하고 "증언의 증거는 관찰이나 연역적 추리 같은 다른 기본 범주들로 환원되거나 이 범주들에 의거해 정당화될 수 없는 근본적인 증거의 범주를 구성한다"고 주장한다.[43] 증언은 관찰에 의존하지 않고 타자의 말을 신뢰하는 그 자체의 증거능력을 지닌 일상적 소통의 근간이 되는 행위다. 코우디가 오스틴J. L. Austin의 발언 ― "권위와 증언에서 다른 사람들을 믿는 것은 소통행위, 우리 모두가 끊임없이 수행하는 행위의 본질적 부분이다. 그것은 약속하거나 경쟁적 게임을 하거나 심지어 색깔 있는 조각을 지각하는 것만큼 우리 경험의 환원 불가능한 부분이다" ― 을 그의 저서 『증언 ― 철학적 연구Testimony : A Philosophical Study』의 제사로 삼는 것은 우연이 아니다.[44] 이 책에서 코우디는 "타자의 말에 의존하는 것은 우리가 보통 인식하는 것보다 훨씬 더 일상생활과 전문이론에서 보편적이다"라고 주장한다.[45]

크래머와 바이겔에 따르면 코우디가 독립적인 사고와 인식만을 지식의 원천으로 간주하는 도그마를 탈피해서 타자의 지식에 의존한 지식을 지식의 원천으로 인정하는 인식론적 상호의존을 주장함으로써 증언을 청중을 향한 수행적 발화행위로 인식하게 한 것을 계기로 증언 연구

---

43 C. A. J. Coady, "Testimony and Observation", *American Philosophical Quarterly* Vol.10, No.2, 1973, 154쪽.

44 J. Wisdom, J. L. Austen, and A. J. Ayer, "Symposium : Other Minds", *Proceedings of the Aristotelian Society, Supplementary Volumes*, Vol. 20, *Logic and Reality*, 1946, 186쪽.

45 C. A. J. Coady, *Testimony : A Philosophical Study*, Oxford : Clarendon Press, 1992, 262~263쪽.

는 개인의 차원에서 공동체의 차원으로 발전한다. 그럼에도 "증언에 관한 분석 철학적 논쟁은 홀로코스트 생존자들 증언의 극적이고 외상적인 상황을 아직 반영하지 못했고, 전쟁범죄 재판소와 진리위원회에서 이루어진 증언의 정치적 법적 차원을 참조하지 못했으며, 정치적인 동기로 자행된 폭력과 파괴의 희생자들에 관한 영상녹화 기록과 예술작품을 반영하지 못했다."[46] 반대로 대륙철학자들의 탈구조주의적 증언 연구는 사건의 재현 불가능성을 지나치게 강조한 나머지 생존자 증언이 지니는 인식론적 가치를 간과한다는 비판을 받는다. 예컨대 슈미트 Sibylle Schmidt는 이런 관점에서 "증언 일반 특히 생존자 증언의 증거 가치를 부정하는 것은 증언이 우리 삶에서 담당하는 중요한 역할을 무시할 뿐 아니라 도덕적으로 의심쩍은 함의를 지니기 때문에 문제적이다. 즉 생존자 증언이 잠재적인 인식론적 가치를 지닌다는 것을 부정하는 것은 증인에게 일종의 사회적 인정을 부정하는 것이다"라고 비판한다.[47]

따라서 인식론적 증언 연구와 탈구조주의적 트라우마 증언 연구는 인식의 보편성과 체험의 고유성 사이의 괴리를 메우고, 담론적 진리와 체현된 진리를 포괄하는 접점을 모색할 필요가 있다. 왜냐하면 "증언은 **본질적으로** 인식론적 윤리적 측면을 모두 지닌 양면 현상이기" 때문이다.[48] 증언의 사실적 증거능력을 결핍한 트라우마 증언은 객관적 진리를 전달하지 못할 수 있고, 직접적이든 간접적이든 증인의 체험을 전달하지 못하는 증언은 진정성의 결핍으로 청중 / 독자의 공감을 불러일으키지 못할 수

46　Sybille Krämer and Sigrid Weigel, "Introduction : Converging the Yet-Separate Theoretical Discourses of Testimony Studies", xv쪽.

47　Sibylle Schmidt, "The Philosophy of Testimony : Between Epistemology and Ethics", *Testimony/Bearing Witness*, Sybille Krämer and Sigrid Weigel 공편, 260쪽.

48　위의 글, 259쪽.

있다. 그러나 증언의 이 두 측면은 화해하기 어렵고 긴장과 갈등을 유발할 수 있다. 버나드-도널스Michael Bernard-Donals와 글레저Richard Glejzer가 홀로코스트를 소재로 한 스피글먼Art Spiegelman의 만화 소설『쥐Maus』에 대해 말하듯, 증언적 성격을 지닌 모든 서사는 항상 "역사적으로 정확한 것을 아는 것과 사건 자체의 중요성, 기억으로서의 그것의 의미를 아는 것 사이의 곤경", 즉 객관적 사실과 주관적 진실의 갈등을 내포할 수 있다.[49]

증언은 본질적으로 개인의 고백을 넘어선 사회적 행위이므로 역사적이고 사실적이며 공동체적 성격을 지닌다는 점을 간과할 수 없다. 버나드-도널스가『쥐』에 대해서 말한 것처럼 트라우마의 증언에서도 사건의 정확한 보도와 주관적 기억의 표현 사이의 긴장과 갈등은 존재한다. 그럼에도 트라우마의 고유한 성격 때문에 트라우마 증언은 개인의 체험에 기초한 체현된 진리 전달의 성격이 강하다. 트라우마 증언 연구는 증언의 인식론적 가치를 간과한다는 비판을 받음에도 불구하고 체현된 진리가 사회적 공간에서 역사적 인식론적 진리로 변모하는 과정의 복잡성을 세밀하게 파헤치는 미덕을 지닌다. 이런 관점에서 증인이 청중 / 독자에게 트라우마 생존자의 체현된 진리를 전달해서 하트먼이 논하는 "진리의 질감"을 경험하게 하는 것은 중요하다. 증언은 청중 / 독자에게서 울림을 만들어내지 못할 때 독백으로 남기 때문이다.

증언의 윤리적 도덕적 차원은 인식론적 사실의 보도가 아닌 체현된 진리의 질감에 있다. 마르갈리트Avishai Margalit의 '도덕적 증인moral witness' 개념은 증언이 인식론적 진리가 아닌 체현된 실존적 진리를 전달한다는 점을 보여준다. 마르갈리트는 도덕적 증인을 악과 고통을 목격하고 증언

---

49 Michael Bernard-Donals and Richard Glejzer, *Between Witness and Testimony : The Holocaust and the Limits of Representation*, Albany : State U of New York P, 2001, 67쪽.

하는 자로 정의한다. 자연재해로 인한 고통을 목격하고 증언해도 도덕적 증인이 되지 못하고 사회적 악을 증언하는 것만으로도 도덕적 증인이 되지 못한다. 도덕적 증인은 "악과 악이 생산하는 고통의 조합"을 목격하고 증언해야 한다.[50] 이 조합은 인식론적 진리와 체현된 진리의 혼합으로 해석할 수 있다. "도덕적 증인이 자신이 대면하는 악을 들춰내는 특별한 역할"을 하므로 도덕적 증인의 증언은 악을 고발하고 폭로하는 사실의 증언이다.[51] 그러나 마르갈리트는 사실의 관찰이 아닌 체험을 도덕적 증인의 더 중요한 요소로 제시한다. "스스로 악의 고통받는 희생자가 아닌 관찰자들"도 도덕적 역할을 할 수 있지만 "도덕적 증인의 전형적 사례는 고통을 경험하는 자, 단순히 관찰자가 아닌 고통 받는 자다."[52]

도덕적 증언의 진정한 가치가 사실의 보도가 아닌 고통스런 체험의 전달에 있다는 것은 도덕적 증언의 진리가 인식론적 진리가 아닌 체현된 진리라는 의미다. 여기에 정치적 증인과 도덕적 증인의 차이가 있다. "정치적 증인은 사실적 진리를 있는 그대로 말해서 들춰내는 데 더 효과적일 수 있다. 그러나 도덕적 증인은 그것이 어떤 느낌이었는지 즉 그런 악에 종속되는 게 어땠는지 말하는 데 더 가치가 있다. 도덕적 증인의 일인칭 이야기는 그들이 보도하는 것에 본질적이고, 정치적 증인은 아무런 상실 없이 삼인칭 관점에서 증언할 수 있다."[53] 따라서 자신의 증언이 전쟁에서 중요한 정보가 될 수 있다고 믿는 정치적 증인은 도덕적 증인이 될 수 없고 증언의 도구적 역할과 무관하게 증언의 "내재적 가치"를

---

50 Avishai Margalit, *The Ethics of Memory*, Cambridge : Harvard UP, 2002, 148쪽.
51 위의 책, 165쪽.
52 위의 책, 150쪽.
53 위의 책, 168쪽.

믿는 자가 도덕적 증인이다.[54]

지금까지 살펴본 증언 연구의 맥락으로 볼 때 트라우마 증언 연구는 인식론적 가치를 배제하지 않지만 생존자의 체험에 기초한 체현된 진리의 전달을 더 중요하게 여긴다. 대표적인 트라우마 증언 연구는 모두 사건의 사실성에 대한 객관적 인식이 아닌 생존자의 외상 경험과 생존의 고유한 체험에 기초한 체현된 진리를 강조한다. 증언은 사건의 기록이 아닌 생존의 기록이다. 여기에서 일견 당연해 보이는 생존과 증언 사이에 어떤 필연적 관계가 있는가에 대한 의문이 제기된다. 생존자는 왜 침묵하지 않고 증언해야 하는가? 생존자를 증언의 장으로 소환하는 것은 정확히 무엇인가? 사건을 직접 체험한 생존자가 사건을 기술하고 증언하기 위해서는 어떤 사회적 조건이 필요한가? 앞서 논했듯이 많은 생존자가 증언에서 삶의 의미와 목적을 찾는다. 마르갈리트는 "진정한authentic 사람은 특히 문명화된 도덕적 환경에 의해 보호받지 못하는 극한 상황에서 자신의 페르소나(마스크)를 제거하고 자신의 '진실된 자아'를 표현하는 자"라고 정의하면서 나치 강제수용소 생존자 중에는 이런 진실성을 찾아 "증인이 되기 위해" 자살하지 않고 생존을 선택한 자들이 있고 이런 결정은 "그들의 삶에 의미를 주었다"고 지적한다.[55] 마르갈리트에 따르면 이들이 생존하려고 결정한 것은 "자신의 삶을 가장 험난한 조건에서 자기를 정의하는 삶으로 만들려는 의도적 노력"이며, "자기를 정의하는 특징에는 자신의 이야기를 하고 증인이라는 의식sense을 지니고 사는 사명이 있다."[56] 생존자에게 증언은 자신의 삶을 이야기하는 증인의

---

54 위의 책, 167쪽.

55 위의 책, 170쪽.

56 위의 책, 171쪽.

삶으로 (다시) 정의함으로써 삶의 의미와 사명감을 부여하는 행위다.

4. 증언의 진리

트라우마의 증인은 무엇을 말해야 하는가? 4장에서 살펴본 바와 같이 캐루스가 분석하는 프로이트의 『꿈의 해석』에 등장하는 꿈에서 "아버지 제가 타고 있는 것을 보지 못하세요?"라는 아이의 호소는 아버지가 증인으로서 증언해야 하는 것이 바로 그가 '본' 것이라는 점을 말해준다. 아우슈비츠에 수감되었던 프랑스 레지스탕스 대원 델보Charlotte Delbo는 자신이 목격한 죽음을 묘사하면서 독자들에게 "보려고 애쓰세요. 보려고 애쓰기만 하세요Try to look. Just try and see"라고 반복해서 말하며 자신이 목격한 걸 독자들도 보라고 거듭 간청한다.[57] 자신이 목격한 것을 독자들에게 보라고 말하는 델보는 마르갈리트의 도덕적 증인의 권위를 지닌다. 그러나 증언은 단순히 목격자가 전달하는 사실의 보고가 아니고 델보가 보라고 하는 것도 단순히 시체가 아니다. 델보는 독자에게 다른 장면들을 묘사할 때는 오히려 "보지 마세요"라고 말한다.[58] 눈뜸과 눈멈을 번갈아 명령하는 델보의 호소는 너무 잔혹해서 "비현실적이고 믿을 수 없는 unreal, unbelievable" 것으로 느껴지는 현실을 대할 때 발생하는 정신적 혼란을 보여준다.[59] 델보의 모순된 언어는 사실주의적 묘사나 사실을 확인하

57　Charlotte Delbo, *Auschwitz and After*, Rosette C. Lamont 역, New Haven : Yale UP, 1995, 84·85·86쪽.
58　위의 책, 89·106쪽.
59　위의 책, 168쪽.

라는 주장이 아니라 자신이 경험한 비현실적 체험에 담긴 진리를 전달하는 증언이다.

마르갈리트가 논하는 "도덕적 증인"의 권위도 이런 진리의 설명에 부합한다. 마르갈리트는 튀르키에 대학살을 피해 시리아에 정착한 아르메니아 난민들을 만나 그들의 삶을 소재로 한 소설『무사 다그의 사십일*The Forty Days of Musa Dagh*』의 저자 베르펠Franz Werfel이 아무리 아르메니아 난민들과 동일시하고 그들이 겪은 악과 고통을 기록했어도 증인이 될 수 없다고 단언한다. 유대인인 베르펠이 이 소설을 쓰기 전이나 후에 나치즘의 박해를 받았던 경험이 있어서 아르메니아 난민들에게 공감할 수 있었어도 베르펠은 도덕적 증인이 될 수 없다. 왜냐하면 "도덕적 증인의 권위는 목격자라는 데에서 나오기 때문이다."[60] 그러나 도덕적 증인의 권위는 일반적 권위가 아니라 "특별한 종류의 카리스마"이고 "이 카리스마는 증인을 도덕적 힘으로 만드는 일종의 높은 정신성spirituality으로 고양되는 특별한 종류의 경험을 한 것에서 나온다."[61] 따라서 "우리는 도덕적 증인을, 말하자면, 범죄를 목격한 목격자eyewitness보다 계시된 진리를 받는 자에 가깝다고 여긴다."[62]

앞서 논했듯이 사실의 기록을 넘어서 생존자의 삶에 체현된 진리를 전달하는 윤리적 차원을 강조하는 트라우마 증언 연구에서 증언은 테스티스가 아닌 수페르스테스에 해당한다. 아감벤에 따르면 "증언testimony이 유래하는 테스티스는 어원적으로 두 상대자 사이의 재판이나 소송에서 제3자의 위치에 있는 자"를 의미하므로 사법적으로 중립적이고 객관적

---

60   Avishai Margalit, *The Ethics of Memory*, 173쪽.
61   위의 책, 178쪽.
62   위의 책, 178쪽.

인 증거를 제시할 수 있는 자로 법정에 소환되는 자인 반면, 수페르스테스는 "무언가를 겪고 살아온 자, 하나의 사건을 처음부터 끝까지 경험해서 그 사건을 증언할 수 있는 자"이므로 사법적 판단을 위해서가 아니라 자신의 경험 때문에 증언의 능력을 부여받는 자다.[63] 그래서 수페르스테스는 법정에서 사실을 확인하지 않고 자신의 체험을 진리로 주장한다.

라웁은 포추노프 비디오 아카이브 기획에서 자신이 인터뷰한 60대 여성의 아우슈비츠 증언이 역사적 사실과 다르다는 점을 강조한다. 그녀는 침묵을 깨고 낮은 속삭임으로 아우슈비츠에서 발생한 반란에 대해 말하기 시작한다.

그녀는 아우슈비츠 반란 목격자로서의 기억을 말하고 있었다. 갑자기 강렬함, 열정, 색채가 서사에 유입되었다. 그녀는 완전히 그곳에 있었다. 그녀는 "우리는 갑자기 네 개의 굴뚝이 폭발하며 불길에 휩싸이는 걸 보았어요. 불길은 하늘로 치솟았고 사람들은 달리고 있었어요. 믿을 수 없는 일이었죠"라고 말했다. 방에는 침묵이 흘렀고 이 고정된 침묵을 배경으로 그녀의 말이 크게 울려퍼졌다. (…중략…) 그것은 더 이상 아우슈비츠의 죽은 영원성timelessness이 아니었다. 과거에서 나온 눈부신 순간이 고요한 무덤 같은 배경의 얼어붙은 정적을 질주하는 유성의 속도로 휩쓸고 지나가며 쏟아지는 광경과 소리로 폭발했다. 그러나 과거에서 온 유성은 계속 움직였다. 그 여인은 침묵에 빠졌고 그 혼란의 순간은 사라졌다.[64]

---

63   Giorgio Agamben, *Remnants of Auschwitz*, 17쪽.

64   Shoshana Felman and Dori Laub, *Testimony : The Crises of Witnessing in Literature, Psychoanalysis, History*, New York : Routledge, 1992, 59쪽. 이 책은 펠먼과 라웁의 공저이므로 본문에서 해당 장의 저자를 표기한다.

인터뷰에서 증인이 과거의 기억에서 아우슈비츠 반란을 소환해서 사건을 묘사하는 장면은 마치 하늘에서 무서운 속도로 떨어지는 유성이 과거의 어둠과 현재의 침묵을 깨고 세상을 순간적으로 훤히 비추고 사라지는 것으로 묘사된다. 이런 묘사는 곧바로 이어지는 사학자들의 주장을 비판하는 데 적합하다. 라웁은 수개월 뒤 열린 학회에서 사학자들이 반란 당시에 네 개가 아닌 한 개의 굴뚝이 폭발했다는 역사적 사실을 근거로 이 여인의 증언 전체를 수용할 수 없다고 주장한 것을 비판한다. 이런 사학자들의 주장에 한 정신분석가는 다음과 같이 반박한다.

> 그 여인은 폭파된 굴뚝의 수가 아니라 더 근본적이고 중요한 어떤 것 즉 상상할 수 없는 일이 발생했다는 현실을 증언한 겁니다. 아우슈비츠에서 한 개의 굴뚝이 폭파된 것은 네 개가 폭파된 것과 똑같이 믿을 수 없는 일이었습니다. 숫자는 발생했다는 사실보다 중요하지 않았습니다. 사건 자체가 거의 생각할 수 없는 것이었죠. 그 여인은 유대인 무장 반란이 일어나지 않았었고 일어날 장소도 없었던 아우슈비츠의 강제적 구도 전체를 파괴한 사건을 증언했습니다. 그녀는 구조의 파괴를 증언했어요. 그건 역사적 진리였습니다.[65]

여기에서 라웁이 지목한 정신분석가는 바로 라웁 자신이다. 그는 폭파된 굴뚝 수의 오류를 이유로 이 여인의 증거능력을 박탈하려는 사학자들에게 이 여인이 유대인 무장 반란이라는 상상할 수 없는 일의 발생을 증언함으로써 역사적 사실이 아닌 "역사적 진리"를 제시한다고 말한다. 이 여인의 증언을 눈부실 정도로 환한 유성에 비유하는 라웁의 언어

65　위의 책, 60쪽.

는 그 자체로 이 증언이 지니는 계몽적 진리의 가치를 묘사하는 수사적 효과를 지닌다. 그녀의 증언은 유성처럼 과거의 어둠에서 갑자기 나타나 역사적 진리가 무엇인지를 밝히고 사라진다.

라웁이 말하는 역사적 진리는 단순히 역사적 사실이나 지식이 아니다. 그 여인은 가스실에서 죽은 죄수들의 소지품을 정리하는 일을 담당한 소위 '캐나다 특공대^{Canada Commando}'라 불린 부대 소속으로 이 소지품들을 생존한 다른 죄수들에게 나누어주는 일을 담당했다. 라웁은 그녀가 캐나다 특공대의 의미를 아느냐는 질문에 모른다고 대답했다고 말하지만 이런 지식의 결핍이 사학자들이 주장하듯 그녀 증언의 가치를 훼손하지 않는다고 주장한다. 그녀는 또한 자신이 묘사한 아우슈비츠 반란이 폴란드 저항군의 배신 때문에 실패했다는 사실도 모른다. 이 여인을 인터뷰할 때 역시 이 사실을 모르고 있었던 라웁은 이 사실을 알았다 하더라도 인터뷰에서 그 여인에게 이에 관한 질문을 하지 않았을 것이라고 말한다. 왜냐하면 역사적 사실의 지식에 관한 질문은 "그녀의 메시지를, 그녀가 거기에서 내게 말하려는 것을 억압했을 것"이고 "증언 과정을 방해했을 것"이기 때문이다.[66]

오히려 증언에서 중요한 지식은 미리 주어진 객관적인 사실의 정보가 아니라 증인과 인터뷰 진행자의 관계에서 이루어지는 증언 과정에서 발생하는 것 즉 "증언하는 자가 재생하고 복제하는 주어진 사실이 아니라 그 자체로 참된 도래, 사건"이다.[67]

증언하는 이 여인은 이미 안전하게 온전히 소유하고 있던 지식을 단순히

66   위의 책, 61쪽.
67   위의 책, 62쪽.

전달하려 오지 않았다. 오히려 그녀가 그 사건에 대해 알게 도와준 것은 그녀가 내게 하는 말, 그녀가 감내하며 살아온 트라우마를 증언하는 과정 자체였다. 그리고 내가 그녀의 주관적 진리뿐 아니라 사건의 역사성 자체를 완전히 새로운 차원에서 이해할 수 있게 해준 것은 내가 그녀를 듣는 과정을 통해서였다. 그녀는 단순히 경험적이고 역사적인 사실이 아니라 생존의 비밀과 절멸extermination에 대한 저항의 비밀을 증언하고 있었다. 나는 사학자들이 그녀의 침묵이 그 자체로 그녀가 정확히 증언했던 역사적 진리의 본질적 일부가 되는 방식을 들을 수 없다고 생각했다. (…중략…) 그 여인의 증언은 증언 자체를 통해서 강제수용소의 구도를 파괴하고, 심지어 말함으로써 아우슈비츠를 깨고 나오는 것이다. (…중략…) 나는 그녀의 증언이 그때 재연하고 있던 구도의 파괴에 대해 알고 있었기에 그녀가 더 많이 알고 있다고 생각했다.[68]

지식은 증언 과정에서 발생하는 사건이다. "그녀가 감내하며 살아온 트라우마를 증언하는 과정 자체"가 증언의 핵심적인 지식을 구성한다는 라웁의 말은 정확히 앞서 논한 "실존적 또는 체현된 진리"를 묘사한다. 그래서 라웁은 그녀가 캐나다 특공대나 폴란드 저항군의 배신과 같은 역사적 사실을 모른다 해도 더 많이 알고 있고 역사적 진리를 전달하고 있다고 말하는 것이다. 프리모 레비 역시 증언을 생존자의 삶에 새겨진 상처의 외침으로 정의한다. 레비에 따르면 강제수용소 생존자 중 수치심으로 침묵하는 자와 달리 말하는 자들은 "다양한 의식의 차원에서 (이제는 먼) 그들의 투옥에서 그들 삶의 중심을, 좋건 나쁘건 그들의 존재 전체에 표식을 남긴 사건을, 지각하기 때문에" 즉 "그들이 증인임을 알

---

68   위의 책, 62~63쪽.

기 때문에" 말한다.[69]

레비는 홀로코스트에 관한 많은 문화적 기록이 "단순화와 스테레오타입으로 흐르는 경향에 맞서 여기에서 제방을 쌓고 싶다"고 말하며 "'그곳'에서 있었던 일들과 대략적인 책, 영화, 신화에 기초한 현재의 상상력으로 재현된 일들 사이"에 존재하는 균열을 메우는 것이 "사학자의 임무"라고 주장한다.[70] 레비는 사실과 상상적 재현 사이의 괴리를 제거하는 임무를 사학자에게 요청하면서도 사학자가 아니라 자신의 체험을 기록하는 그의 증언이 사실상 그런 임무를 수행하고 있다는 역설을 드러낸다. 라웁이 인터뷰한 여인의 증언과 마찬가지로 레비의 회고록은 "역사적 진리"를 전달하는 증언이다.

여인의 체험적 증언이 "역사적 진리"라는 라웁의 주장은 증언의 인식론적 담론적 진리와 실존적인 체현된 진리의 접점을 암시한다. 폭파된 굴뚝의 숫자가 틀렸어도 여인의 증언이 역사적 진리가 될 수 있는 이유는 더 큰 맥락에서 아우슈비츠 반란이 나치즘의 구도를 파괴하는 사건이었다는 역사적 의미를 증언하기 때문일 것이다. 그러나 트레지스^{Tho-ams Trezise}는 사학자들이 사실성의 결핍을 이유로 여인의 증언을 무시했다는 라웁의 비판이 정당하지 않다고 지적하면서 라웁의 "역사적 진리" 주장에 오류가 있다고 비판한다. 라웁은 사학자들을 이 여인이 증언을 통해서 아우슈비츠 즉 나치즘의 구도 자체를 파괴한다는 중요한 의미를 파악하지 못하는 집단으로 규정하고, 증언을 주어진 사실을 재생산하는 것이 아니라 청자와의 관계에서 증인이 말하는 수행^{performance}에서 발생하는 사건으로 정의하면서 사학자들이 증인의 수행은 물론 자신들의 역

---

69   Primo Levi, *The Drowned and the Saved*, 135쪽.

70   위의 책, 143쪽.

사적 서술의 수행성도 간과한다고 본다는 것이다.

트레지스는 라웁이 이 여인의 증언에 관한 사실을 정확히 파악하지 못했다고 지적함으로써 라웁 주장의 신빙성에 의문을 제기한다. 그는 라웁이 인터뷰한 포추노프 비디오 아카이브의 여성 증인들의 영상기록을 모두 검토한 결과 라웁이 언급하는 여인이 "사실은 적어도 세 명의 다른 여자들의 영상기록 증언에 기초한 합성 인물이고 그들의 특성 일부는 과장되고 변형되거나 상당 부분 만들어진 것"이라고 주장한다.[71] 실제로 네 개의 (화장터) 굴뚝의 파괴가 언급되는 인터뷰의 증인은 세레나^{Serena} N.인데 이 여인은 라웁이 소심하다고 묘사한 것과 달리 활기차고 자신감 있는 인물이었고, 라웁의 글에서처럼 침묵을 지키다가 반란을 묘사할 때 갑자기 열정적으로 말하는 태도 변화도 보이지 않을 뿐 아니라, 세레나의 인터뷰에는 라웁이 묘사하는 긴 침묵의 순간도 없다는 것이다.

트레지스는 라웁이 "화장터 하나가 폭파되고 또 다른 화장터가 폭파되었다"고 말하는 세레나의 이모 로즈^{Rose A.}와 세레나를 혼동했을 가능성이 있다고 지적한다.[72] 또한 라웁의 주장과 달리 세레나는 증언에서 캐나다 특공대가 살해된 희생자들의 소지품을 정리한다는 사실을 잘 알고 있었고, 이 소지품들을 자신이 몰래 가져온 것이 아니라 (누군가) 자신을 위해 이 소지품들을 몰래 들여왔다고 언급한다. 또 다른 증인인 세레나의 자매 아이린^{Irene W.}과 로즈가 다른 죄수들을 위해 캐나다 특공대에서 물품들을 몰래 가져온 것을 기억하기 때문에 라웁이 세레나와 이들을 혼동했을 가능성도 있다. 그러나 이 두 여인도 모두 말하는 데 주저하

71　Thomas Trezise, "Between History and Psychoanalysis : A Case Study in the Reception of Holocaust Survivor Testimony", *History and Memory*, Vol. 20, No. 1, 2008, 11쪽.

72　위의 글, 39~40쪽, 미주 5번.

지 않고 라웁이 묘사하는 태도 변화도 보이지 않으며, 세레나와 마찬가지로 캐나다 특공대가 가스실에서 죽은 희생자들의 물품을 정리하는 임무를 맡았다는 사실을 잘 알고 있었다. 종합하면 이런 사실들은 증언에서 "자신이 원하는 것만을 위해서 듣지 않아야 한다"는 라웁 자신이 만든 규칙이 "선택적으로 적용될 수 있다"는 점을 라웁 스스로 드러낸다는 것이다.[73] 트레지스에 따르면 라웁은 자신이 듣는 증언 일부만을 선택해서 강조함으로써 증언을 왜곡한다. 라웁의 인터뷰에서 "증인의 침묵은 이 증언에 대한 라웁 자신의 매우 상상적이고 전유적인 반응으로 대체되어" 결과적으로 "우리가 목격하는 것은 문제의 여인의 증언이 아니라 도리의 증언이 된다."[74] 따라서 트레지스는 여인의 증언이 사실과 부합하지 않는다는 점과 별도로 라웁의 주장 자체가 영상기록의 사실을 왜곡한다고 주장하는 것이다.

이런 사실의 혼동 및 선택적 왜곡에 대한 비판보다 더 중요한 것은 라웁이 주장하는 "역사적 진리"에 대한 비판이다. 트레지스에 따르면 라웁은 이 여인이 나치즘 구도의 파괴를 증언한다고 말할 때 "명백히 그런 진리가 역사적 현실에서의 반란 자체와 이 여인이 그 반란을 목격한 것에 있다"고 주장한다.[75] 여기에서 트레지스는 이 여인의 증언의 가치가 역사적 사건의 '목격'에 있다고 해석한다. 이런 주장은 개인의 증언이 역사적 사건의 목격에 기초했을 때 역사적이 될 수 있다고 가정하는 것을 보여준다. 즉 트레지스는 개인의 증언은 사실에 기초한 역사적 서술 안에서만 가치를 인정받을 수 있다. 그러나 트레지스에 따르면 라웁은 생

73　위의 글, 43쪽, 미주 15번.
74　위의 글, 10~11쪽.
75　위의 글, 25쪽.

존자 증언을 "집단적 박해의 이야기"의 일부로 편입하려는 역사적 서술이 "보편화하는 구도 안에서 쉽게 수용될 수 없는 특수한 목소리들을 침묵시키는" 경향이 있다고 보고 "탈인격적 역사학에 저항하면서" 개인의 목소리를 구하려는 "구원 작전"을 펼친다고 평가한다.[76] 다시 말해서 트레지스의 관점에서 라웁의 "역사적 진리"는 역사적 서술에서 벗어난 진리 즉 역사적 진리가 아닌 개인의 진리다. 이런 비판은 라웁이 이 여인의 체험에 기초한 증언을 "역사적 진리"로 제시해서 인식에 기초한 담론적 진리와 체험에 기초한 실존적 체현된 진리를 결합하려는 시도에 대한 비판으로 볼 수 있다.

트레지스는 개인의 진리를 역사적 진리로 만들려는 라웁의 시도를 비판하면서 라웁이 "경청할 때 개인 생존자의 경험을 그 경험의 집단적 맥락보다 선호하는 경향이 있다"고 지적한다.[77] 그 원인은 라웁이 정신분석가와 인터뷰 진행자를 혼동하기 때문이다. 즉 라웁은 공동체적 증언보다 개인적 고백을 더 중요하게 여긴다. 정신분석에서 듣는 자가 한 명인 반면, 인터뷰에서 듣는 자는 여러 명이고, 정신분석이 사적이라면 증언은 공적이다. 정신분석에서 환자의 "인지 과정은 문자 그대로 환자를 변화시키거나 고치는 서사 과정과 일치한다."[78] 즉 환자는 "이야기하는 생존자로 변모함으로써만 침묵의 희생자로서의 자신을 알게 된다."[79] 라웁이 말하는 사건은 서사에 동반되는 인지 과정에서 자신을 발견하고 지식을 얻는 것이다. "그러나 그런 지식은 본질적으로 주체 **내적인**_intrasu-_

---

76 위의 글, 25쪽.
77 위의 글, 19쪽.
78 위의 글, 23쪽.
79 위의 글, 23쪽.

bjective 것으로 남는다."[80] 반대로 증언은 공적이고 교육적인 목적을 지니며 "서술하는 증인의 상대적으로 훼손되지 않은 객관적 인지 능력을 전제한다."[81] 따라서 트레지스는 정신분석과 달리 증언은 증인의 주관적인 체험을 이야기함으로써 능동적 주체성을 회복하는 수행적performative 언술행위와 객관적 인지를 통해 사건을 진술하는 술정적constative 언술행위의 긴장을 유지해야 한다고 주장한다.

트레지스의 관점에서 증언은 주체 내적인 정신분석치료와 달리 상호주체적이고 공동체적이다. 반대로 라웁의 관점에서 정신분석과 증언은 같다. 트레지스는 라웁이 정신분석과 인터뷰를 혼동한다고 비판하지만 라웁에게 이 과정은 분리될 수 없다. 생존자가 말하는 행위는 분석상황에서나 공적인 증언의 장에서나 같은 과정이다. 라웁에게 "증언 작업은 희생자가 트라우마의 반복에 빠지는 것과 희생의 운명에 예속되는 것에 맞서는 또 다른 투쟁 양식"이고 따라서 "정신분석 진료에서 시행되는 과정과 증언에서 시행되는 과정은 본질적으로 같다."[82] 이런 점에서 생존자의 증언은 주체 내적이자 상호주체적이다. 생존자가 증언을 통해 과거 사건의 예속에서 해방되어 새로운 주체로 태어나는 과정은 공동체에서 증인이 되는 과정과 다르지 않다. 생존자는 분석상황을 벗어나 공적으로 증인이 되는 과정에서도 치유될 수 있다. 라웁의 진술은 개인의 체험을 공적인 영역에서 말하는 증언이 공동체의 지식이 될 수 있다는 것 그리고 개인의 체현된 진리와 역사적인 담론적 진리가 반드시 분리될 필요가 없다는 것을 암시한다.

---

80 위의 글, 23쪽.
81 위의 글, 23쪽.
82 Shoshana Felman and Dori Laub, *Testimony*, 70쪽.

5. 증언의 위기

개인의 체현된 진리는 증언을 통해 공동체의 담론적 진리가 된다. 개인의 말이 사회적 진리를 구성하게 될 때 책임이 발생한다. 생존자의 증언 행위가 개인의 차원을 넘어 공동체적 의미를 지닌다는 사실은 증언이 개인의 치유과정일 뿐 아니라 타자와 공동체에 대한 책임을 지는 행위라는 것을 의미한다. 생존자의 말이 공동체의 지식으로 기록되어 역사적 진리로 인정받을 때 생존자는 책임 있는 증인이 된다. 펠먼이 말하듯이 "증언하는 것은 진리에 책임을 지는 것이다. (…중략…) 여기에서 기억은 근본적으로 타자에게 **말하기** 위해, 청자에게 인상을 주기 위해, 공동체에 **호소하기** 위해 소환된다. (…중략…) 증언하는 것은 따라서 단순히 서술하는 것이 아니라 자신과 서사를 타자에 바치는 것이고 — 말을 통해서 — 역사에 대한, 또는 발생한 것의 진리에 대한, 일반적(비개인적) 타당성과 결과를 갖고 있다는 점에서 정의상 개인적인 것을 넘어서는 것에 대한 **책임을 지는 것이다.**"[83]

그러나 증언의 사회적 성격과 책임은 사건에 관한 사회 역사적 지식 속에 개인의 진리를 편입하는 데서 나오지 않는다. 생존자의 증언은 사학자들이 밝혀낸 역사적 현실에 단순히 사실의 증거를 보태는 것이 아니다. 오히려 증언의 책임은 생존자의 고유한 체험에 기초한 진리를 충실히 전달하는 것이다. 펠먼은 라웁처럼 증언의 책임이 증인의 체험에서만 가능하다고 강조한다. "증언이 증언의 역할에서 다른 사람에 의해 단순히 보고되거나 서술될 수 없다는 것은 무엇을 의미하는가? 이야기

---

83 Shoshana Felman and Dori Laub, *Testimony*, 204쪽.

또는 역사가 어떤 다른 사람에 의해 말해질 수 없다는 것은 무엇을 의미하는가? (…중략…) 증언이 (우리가 보통 인지하듯이) 사건의 관찰, 기록, 기억이 아니라 발생한 것에 대한 완전히 고유하고 대체할 수 없는 지형학적 **입장**이 아니라면 무엇을 의미한단 말인가?"[84] 이런 질문들을 통해 펠먼은 사건을 직접 체험한 증인 이외의 그 누구도 대신 말해줄 수 없는 증언의 대체 불가능한 속성을 표현한다.

펠먼은 란즈만Claude Lanzmann의 다큐멘터리 영화 〈쇼아〉Shoah를 이런 증언의 예로 제시한다. 이 영화는 홀로코스트에 대한 사학자들의 진술을 듣기보다 생존자들을 직접 인터뷰했다는 점에서 그들의 체험에 관한 직접적인 증언의 기록이다. 펠먼에 따르면 란즈만은 증인들을 인터뷰하고 질문하는 역할을 위해 내레이터의 역할을 최소화하고 때로는 침묵한다. 이 영화에서 "내레이터는 타자들 즉 그가 인터뷰하는 다양한 증인들의 살아 있는 목소리에 의해 서사가 진행되게 해서 그들의 이야기가 **스스로 말할 수 있게 한다**."[85] 란즈만이 〈쇼아〉를 제작하면서 발견한 것은 "**증언의 발견**, 대체할 수 없는 역사적 수행의 이야기 — 즉 어떤 진술(어떤 보고

---

84 위의 책, 205~206쪽.
85 위의 책, 218쪽. 물론 란즈만이 인터뷰하는 동안 개입하지 않는다거나 그의 인터뷰가 객관성을 확보하고 있다고 볼 수는 없다. 토도로프는 〈쇼아〉가 "우리에게 과거의 사건들을 **말하는** 데 성공하고 큰 효력을 가지고 그렇게 하지만, 우리가 이 사건들을 너무 단순화된 방식으로 **판단하게** 인도해서 우리가 그 사건들을 **이해하는** 데 항상 도움이 되지 않는다"고 비판한다. Tzvetan Todorov, *Facing the Extreme : Moral Life in the Concentration Camps*, Arthur Denner and Abigail Pollak 공역, New York : An Owl Book, 1996, 273쪽. 토도로프에 따르면 란즈만은 "명백한 편견에 따라 인물들을 선택했을 뿐 아니라 자신의 단순한 그림을 어떤 식으로든 복잡하게 할 수 있는 그들의 발언은 모두 편집해서 삭제한다." 위의 책, 275쪽. 예컨대 토도로프는 란즈만이 카르스키(Jan Karski)를 제외한 모든 폴란드인을 유대인의 고통에 무관심한 반유대주의자들로 제시하고, (이발사 봄바의 인터뷰 장면을 염두에 두고 말하면서) 인터뷰에서 증언을 강요하며, 유대인 희생자들을 제외한 다른 사람들에 대한 적대감을 표출한다고 지적한다.

나 기술)도 대체할 수 없고, 살아 있는 증인의 고유한 상연 자체가 역사적 진리의 실현과정의 일부인 서사적 수행의 이야기 ― 로서 증언이 지니는 독특한 의미와 기능의 발견이다."[86] 라웁이 개인의 체험에 기초한 증언에 역사적 진리의 의미를 부여하듯이 펠먼도 생존자가 대체할 수 없는 고유한 증언을 말하는 서사적 수행이 곧 "역사적 진리"를 구성한다고 주장한다. 이런 주장은 대체할 수 없는 체현된 진리와 인식론적 담론적 진리를 연결하려는 시도로 볼 수 있다. 이는 펠먼이 증언의 고유성을 사실의 목격이라는 인식론적 행위에 기초한 것으로 말하는 데에서 확인할 수 있다. 펠먼에게 증언 행위의 수행성은 사건의 목격에 기초한다. "사실상 증언의 서사적 수행성의 고유성은 증인이 보는 행위의 대체할 수 없는 수행에서, 증인이 '자신의 눈으로' 보는 것의 고유성에서 나온다."[87] 펠먼은 "법정에서 '목격자 증언'이 가장 결정적인 증거의 법을 구성하는 것"처럼 "영화도 (비록 다른 목적을 위해서이지만) 법정처럼 **봄**으로써 **목격**할 것을 요구하는 최고의 예술"이라고 주장한다.[88]

그러나 펠먼이 생존자의 목격에 기초한 증언이 역사적 진리를 구성하는 예로 분석하는 이 영화는 증언의 위기도 예시한다. 많은 증인이 등장하는 이 영화에서 눈으로 보는 행위는 세 가지 입장에서 이루어진다. 〈쇼아〉는 "**희생자**로서 재난을 목격한 자들(생존한 유대인들), **가해자**로서 재난을 목격한 자들(전-나치주의자들) 그리고 **방관자**로 재난을 목격한 자들(폴란드인들)"의 "세 가지 다른 보는 행위의 수행"을 기록하면서 "다른 지형적 인지적 입장의 비교 불가능성incommensurability"을 보여준다.[89] 이런

---

86   Shoshana Felman and Dori Laub, *Testimony*, 255쪽.

87   위의 책, 206쪽.

88   위의 책, 207쪽.

입장들 사이의 "깨질 수 없는 차이"로 인해 이 영화에서 증언은 하나의 사건에 대한 통일된 기록으로 수렴되지 못하고, "파편들의 모음은 10시간의 영화 후에도 가능한 총체성이나 총체화를 허락하지 않는다."[90] 증언의 세 가지 다른 시각 차이가 사실의 정립을 불가능하게 한다면 증언은 위기에 처할 수 있다.

그러나 법정에서도 원고와 피고 그리고 그들이 신청하는 증인들의 증언은 다를 수 있으므로 이런 시각 차이는 불가피한 것일 수 있다. 시각 차이보다 더 중요한 것은 이 세 유형의 증인들이 목격에 실패할 수 있다는 점이다.

> 희생자들, 방관자들, 가해자들은 그들이 실제로 보는 것에 의해서 보다 (…중략…) 그들이 무엇을 어떻게 **보지 못하고**, 무엇을 어떻게 **목격하는**witness 데 **실패하는가**에 의해 구분된다. 유대인들은 보지만 보는 것의 목적과 목적지를 이해하지 못한다. 그들은 상실과 기만에 압도되어 목격하는 것의 의미에 눈이 먼다. (…중략…) 유대인들과 달리 폴란드인들은 **보지만**see 방관자로서 실제로 **보지**look못하고 직접 보는 것을 피하므로 그들의 책임과 자신들이 증인으로 연루되어 있음을 **간과한다**. (…중략…) 반면 나치주의자들은 유대인들과 절멸이 보이지 않게 비가시적으로 남도록 조치한다.[91]

89　위의 책, 207~208쪽.

90　위의 책, 207~208·223쪽.

91　위의 책, 208쪽. 펠먼은 유대인들이 이해하지 못하는 예로 그들을 처형하기 위해 트레블링카(Treblinka) 강제수용소로 수송하던 기차가 정차했을 때 정거장에 있던 한 소년이 손가락으로 목을 자르는 제스처를 하는 것의 의미를 이해하지 못하는 장면을 제시하고, 방관자들이 간과하는 예로 란즈만의 질문에 폴란드인들이 유대인들을 보지 못하고 말을 건넬 수 없었으며 곁눈질로만 살짝 볼 수 있었다고 증언하는 장면을 제시한다. 나치주의자들에 관해서는 트레블링카 강제수용소의 전 경비원이었던 수코멜(Franz

유대인들은 보지만 목격한 것의 의미를 파악하지 못하고, 방관자들은 제대로 보지 않고 회피하며, 가해자들은 피해자들과 방관자들은 물론 세상이 그들의 범죄를 보지 못하게 은폐한다. 나치주의자들은 유대인들을 학살했을 뿐 아니라 학살을 은폐하기 위해 시체를 불태운다. 펠먼은 유대인 생존자 제이디Motke Zaïdi가 자신의 가족을 포함해 살해된 유대인들을 태우라는 명령을 받은 것에 대한 증언을 예로 제시한다.

독일인들은 심지어 우리가 '시체'나 '희생자'라는 말을 사용하는 것도 금지했어요. 죽은 자들은 절대적으로 중요하지 않은 나무막대, 물건shit이었어요. "시체"나 "희생자"라는 말을 하는 사람은 구타당했어요. 독일인들은 그 시신들을 형체Figuren 즉 꼭두각시, 인형 또는 '누더기'를 뜻하는 슈마테스Schmattes라고 부르게 했어요.

처음에 얼마나 많은 형체들이 무덤에 있었는지 말해줬나요?

빌나 게슈타포 대장이 우리에게 "거기에 9만 명이 있고 이들의 흔적이 절대로 남아서는 안된다"고 말했어요.[92]

세 가지 다른 보는 행위는 역설적으로 세 가지 눈먼 상태로 귀결된다. 세 가지 증인은 모두 "목격하지 못하는, 홀로코스트를 근본적으로 목격되지 못한 사건으로 발생하게 하는 증인들"이고 홀로코스트는 "보는 것

Suchomel)이 수용소가 철조망으로 둘러싸여 있어서 아무도 안을 볼 수 없었다는 증언을 제시한다. Claude Lanzmann, *Shoah : The Complete Text of the Acclaimed Holocaust Film by Claude Lanzmann*, New York : De Capo Press, 1995, 28·87·101쪽을 볼 것.

92 Claude Lanzmann, *Shoah*, 9쪽.

과 보는 공동체의 가능성을 불가능하게 하기에 경험적으로가 아니라 인식적 지각적으로 **증인 없는 사건**, (…중략…) 증언witnessing 공동체를 해체하는 사건"이 된다.[93] 홀로코스트를 증인 없는 사건으로 드러내는 〈쇼아〉는 증언의 위기를 증언한다.

증인이 없다면 증언은 불가능해진다. 증인 없는 사건으로 홀로코스트를 제시하고 한계를 경험하게 하는 〈쇼아〉는 증언의 필연성과 불가능성이 역설적으로 불가분 연결되어 있다는 것을 보여준다.

> 그것이 사실상 긍정하는 **증언의 필연성**은 역설적으로 이 영화가 동시에 극화하는 **증언의 불가능성**에서 유래한다. (…중략…) 증언의 불가능성은 사실 이 영화의 가장 심오하고 중요한 주제다. 홀로코스트를 **증인 없는 사건**으로, 증인과 증언을 모두 지우는 역사적으로 파악할 수 없는 **원초적 장면**의 외상적 충격으로 상연함으로써 〈쇼아〉는 증언의 역사적 불가능성과 증인이라는—증인이 되어야 하는—곤경을 **피하는** 것의 역사적 불가능성을 탐구함으로써 증언의 경계 자체를 탐구한다.[94]

라웁 역시 홀로코스트 생존자들이 "말하는 것의 불가능성"이 증언의 위기를 가져온다고 해석한다.[95] 말하지 못하고 침묵하는 생존자들에게 사건의 기억은 왜곡되고, 왜곡된 기억은 생존자의 삶을 침범한다. 라웁은 인터뷰한 한 여성 생존자에 대해 "말하지 않은 사건들은 그녀의 무의식적 기억에서 너무 왜곡된 나머지 목격한 잔혹함에 대한 책임이 가해

---

93   Shoshana Felman and Dori Laub, *Testimony*, 211쪽.
94   위의 책, 224쪽.
95   위의 책, 79쪽.

자가 아니라 그녀 자신에게 있다고 믿게 만들었다. (…중략…) 다시 말해서 그녀의 홀로코스트 경험의 기억과 이 기억으로부터 그녀의 현재 삶이 나오는 왜곡된 방식으로 인해 그녀는 자신에 대한 참된 증인이 되는 데 실패했다. 내 관점에서 이런 증언의 와해가 홀로코스트 경험 한복판에 있는 것이다"라고 말한다.[96] 침묵은 왜곡된 기억을 낳고 왜곡된 기억은 사건의 책임을 자신에게 돌리게 해서 생존자가 희생자로서 자신을 보지 못하고 스스로의 증인이 되지 못하는 현상을 만든다. 증인의 부재와 증인의 침묵은 증언의 위기를 초래한다.

6. 증언의 안과 밖 〈쇼아〉 증언의 영화

따라서 라웁 역시 홀로코스트를 "증인 없는 사건"으로 정의한다. 홀로코스트가 증인 없는 사건이 되는 이유는 "그 사건이 어떤 증인도 만들지 않았기" 때문이다.[97] 홀로코스트를 밖에서 목격하고 증언할 수 있었던 자들, "예컨대 방관자들, 타국의 잠재적 구원자들이나 협력자들 뿐 아니라 옆집 이웃, 친구, 비즈니스 파트너" 등은 증인의 입장을 취하지 못했다.[98] 마찬가지로 내부인은 발생하는 사건을 증언할 수 있는 충분한 거리를 확보할 수 없었다. 그래서 "사건 안에 있다는 상황 자체가 증인 즉 사건 발생을 둘러싼 강압적으로 전체주의적이고 비인간화하는 준거틀 밖으로 나와서 사건을 관찰할 수 있는 독립적인 준거틀을 제공할 수 있

---

96   위의 책, 80쪽.
97   위의 책, 80쪽.
98   위의 책, 81쪽.

었던 누군가가 존재할 수 있다는 개념 자체를 생각할 수 없는 것으로 만들었고" 그 결과 "역사적으로 사건의 밖이나 안에서 홀로코스트의 증인은 없었다."[99]

펠먼도 〈쇼아〉를 해석하면서 불가능한 증언을 수용소 안에서 증언하는 것과 밖에서 증언하는 것으로 나누어 검토한다. 안에서 증언하는 것의 불가능성에는 몇 가지 이유가 있다. 첫째, 두 유대인 지도자 — 바르샤바 유대인 게토의 지도자 체르니아코프Adam Czerniakow와 체코 가정 수용소의 유대인 지도자 허쉬Freddy Hirsch — 의 자살이 증명한다. "자신을 죽이는 것은 사실상 **증인을 죽이는** 것이고 자신의 죽음을 수단으로 **증언의 밖에 남는 것**"이기 때문에 안으로부터의 증언은 불가능해진다.[100] 둘째로는 수감자들이 수용소 안의 일에 대한 철저한 비밀을 요구받기 때문에 안으로부터의 증언은 불가능하다는 점이다. 이 비밀은 목숨을 위태롭게 하는 "**치명적인 비밀**"이다.[101] 미키얼스Louis Micheels가 말하듯 "수용소에서 비밀 소지자나 유지자 — 직접 연루되어 나치의 범죄를 알았던 자 — 는 불치병에 걸린 것 같았다. 그것은 사형선고를 받는 것을 의미했다."[102] 이 비밀은 "너무 구속적이고 강제적이며 끔찍해서 자주 자신에게도 비밀로 유지되는 비밀"이기에 생존자들은 "전쟁 후 수년이 지난 후에도 역사적으로 비밀과 침묵을 유지한다."[103]

셋째로, 유대인 죄수들은 자신들이 독일군을 위해 일하고 생존할 것이라는 나치주의자들의 '근본적 기만radical deception'에 속아서 허위 사실

---

99   위의 책, 81쪽.
100   위의 책, 228쪽.
101   위의 책, 228쪽.
102   Louis J. Micheels, "Bearer of the Secret", *Psychoanalytic Inquiry* Vol.5, No.1, 1985, 22쪽.
103   Shoshana Felman and Dori Laub, *Testimony*, 228~229쪽.

을 믿는 "자기기만" 때문에 역사적 진리를 안에서 증언할 수 없다.[104] 라 움이 말하듯이 수용소에서 침묵의 서약을 하고 비밀 임무를 수행한 유 대인 죄수들은 나치주의자들에 속아 자신들이 범죄에 가담했다고 믿고 이런 믿음은 무의식에 남아 해방 후에도 비밀을 유지한다.[105] 넷째로, 수 용소 죄수들은 서로 다른 언어로 말하므로 안에서 타자의 언어를 증언 할 수 없다. 또한 홀로코스트 생존자 뮐러Philip Müller가 화장터에서 시체를 소각하는 강제노동에 대해 "나는 그걸 하나도 이해할 수 없었습니다. 마 치 기절하듯이 머리를 맞은 것 같았어요. 나는 내가 어디 있는지조차 알 지 못했고 최면에 걸려 명령받은 걸 무엇이든 할 준비가 되어 있듯이 충 격상태였습니다"라고 말하듯이 안에서 일어난 일은 너무 충격적이어서 증언이 불가능했다.[106] 라움이 말하듯 "안에 있는 자들에게조차 안은 생 각할 수 없는 것"이었기에 안에서 증언하는 것은 불가능했다.[107]

안에서 증언할 수 없다면 밖에서 증언하는 것은 더 불가능하지 않을 까? 생존자들이 이해할 수 없는 사건의 충격은 밖에 있는 자들 그리고 궁 극적으로 관객에게도 비현실적인 것으로 다가온다. 펠먼에 따르면 〈쇼 아〉는 "증언하는 것witnessing, 하나의 재난을 증언하는 것에 대한 영화다. 증언되는 것은 압도적인 충격으로 계속해서 증인과 증언의 한계를 시험 에 부치고 동시에 계속해서 현실의 한계 자체를 흔들고 문제시하는 한계 경험이다."[108] 펠먼은 밖에서 증언하는 가능성의 예로 〈쇼아〉에서 유대 인 게토를 방문했던 폴란드 지하조직 메신저courier인 카르스키의 인터뷰

---

104 위의 책, 229쪽.

105 위의 책, 82쪽.

106 Claude Lanzmann, *Shoah*, 49쪽.

107 Shoshana Felman and Dori Laub, *Testimony*, 231쪽.

108 위의 책, 205쪽.

를 다룬다. 카르스키는 유대인 연맹 지도자Bund leader의 안내로 게토 안으로 들어간다. 게토에 들어가기 전 이 지도자는 카르스키에게 "이제 당신은 그들에게 구두 보도를 할 수 있을 겁니다. 당신이 '내가 그걸 직접 보았습니다'라고 말할 수 있다면 당신의 보도가 강해질 거라 믿습니다"라고 말하며 카르스키의 목격이 서방세계에 게토 안 현실의 진실을 전달할 수 있으리라는 희망을 표시한다.[109] 연맹 지도자와 함께 게토 안으로 들어간 카르스키가 목격한 것은 인간성이 박탈된 세상이다. "그게 완전히 이상한 세상처럼 보였나요? 다른 세상처럼요?"라는 란즈만의 질문에 카르스키는 "그건 세상이 아니었어요. 인간성이 없었어요. (…중략…) 그건 어떤 지옥이었어요. (…중략…) 그들은 인간이 아니었습니다"라고 답한다.[110] 카르스키가 목격한 것은 밖의 세상과는 전혀 다른 현실이다.

카르스키가 안과 밖의 경계를 가로질러 게토를 방문하는 사건은 안에서 자행되는 유대인 탄압과 학살을 밖의 세계에 알리려는 시도다. 카르스키와 그를 안내하는 유대인 지도자 사이에는 일종의 유대가 형성된다. 펠먼은 폴란드인 카르스키가 유대인 타자인 연맹 지도자를 "상상적 닮은 꼴double, 동료 또는 형제"로 여기고, 외부인 카르스키가 내부인 연맹 지도자와 함께 게토를 방문하는 경험이 "안과 밖의 경계를 허문다"고 말하며 "카르스키의 증언은 게토 밖에서 온 닮은꼴과의 이 예상치 못한 친밀한 관계의 이야기"라고 평가한다.[111] 게토를 처음 방문했을 때 카르스키가 유대인 지도자와 함께 유대인의 집으로 들어가는 장면은 이런 안과 밖의 경계를 가로질러 유대인과 공감하고 동일시하는 기회를 상연

---

109 Claude Lanzmann, *Shoah*, 158쪽.
110 위의 책, 159~160쪽.
111 Shoshana Felman and Dori Laub, *Testimony*, 235쪽.

한다. 카르스키가 연맹 지도자와 게토 거리를 걷던 중 유대인들이 갑자기 거리에서 뛰기 시작하고 연맹 지도자는 어느 집 문을 두드리며 "괜찮아요. 두려워하지 말아요. 우리는 유대인들예요"라고 말한다.[112] 그들은 문이 열리자 집으로 들어가 건물 반대편 창문으로 독일군 두 명이 지나가는 것을 보고, 조금 뒤 카르스키가 유대인이 아니라는 걸 알아채지 못한 유대인 여인은 그를 포옹한다. 이 장면은 외부인인 카르스키가 내부인이 되어 유대인 게토의 현실을 직접 체험하는 걸 보여준다.

연맹 지도자는 카르스키에게 "당신은 모든 걸 보지 못했어요. 많이 보지 못했어요"라고 말하며 다시 오겠냐고 묻는다.[113] 펠먼에 따르면 카르스키는 이 두 번째 방문에서 "자신의 공포, 관심, 기억, 공감적 고통, 트라우마의 배움, 그의 증인에 대한 **신뢰의 맹세**, 미래의 증언에 대한 굳은 서약의 선물을 그의 동료에게 준다."[114] 그러나 이 두 번째 방문은 카르스키가 증언의 약속을 지키지 못하게 될 것을 암시한다. 그가 증언에 실패하는 이유는 그가 본 것이 이해할 수 없는 비현실적인 것이었기 때문이다. 다음 날 다시 게토 안으로 들어간 카르스키는 거리에 벌거벗은 채 나동그라져 있는 시체들을 본다. 시체를 매장하려면 세금을 내야 하므로 그럴 여력이 없는 자들은 시체를 매장하지 못했다. 펠먼이 축약해서 인용하는 대화를 더 상세히 살펴보면 다음과 같다.

그는 때로 움직이지 않고 서 있는 유대인을 보고 "이 유대인을 보세요"라고 말했습니다. 나는 "그가 죽었나요?"라고 물었죠. 그는 "아뇨, 아뇨. 살아 있어

---

112 Claude Lanzmann, *Shoah*, 160쪽.

113 위의 책, 160쪽.

114 Shoshana Felman and Dori Laub, *Testimony*, 237쪽.

요. 비톨드씨 기억하세요. 그는 죽어가고 있어요. 죽어가고 있습니다. 그를 보세요. 그곳 사람들에게 말하세요. 당신은 보았습니다. 잊지 마세요”라고 말했어요. (…중략…) 내가 “그들이 여기에서 무얼 하고 있죠?”라고 말하자, 그는 “그들은 죽어가고 있어요. 그게 전부입니다. 그들은 죽어가고 있어요”라고 대답하고 항상 “그러나 기억하세요. 기억하세요”라고 말했습니다. 우리는 좀 더 아마 한 시간 정도 더 있다가 게토를 떠났습니다. 솔직히 나는 더 참을 수 없었어요. (…중략…) 하지만 나는 내가 본 것을 보고했습니다. 그건 세상이 아니었어요. 그건 인류의 일부가 아니었습니다. 나는 그 일부가 아니었고 그곳에 속하지도 않았습니다. 나는 그런 걸 결코 본 적이 없습니다. 아무도 이런 현실에 관해 쓴 적이 없어요. (…중략…) 나는 이들이 사람들이라고 들었는데 그들은 사람처럼 보이지 않았어요. 그리고 우리는 떠났습니다. 그는 나를 다시 포옹하며 “행운, 행운을 빌어요”라고 말했어요. 나는 그를 다시 보지 못했습니다.[115]

연맹 지도자는 카르스키에게 게토 안에서 보고 기억하고 “그곳 사람들” 즉 밖의 세상 사람들에게 증언하라고 말한다. 그러나 게토 안으로 여행해서 유대인들의 경험을 밖의 세상에 전달하는 메신저 임무를 담당하는 카르스키는 게토 안에서 일시적으로 공감할 기회를 가졌던 유대인들과의 동질성을 유지하지 못한다. 그는 인간성이 상실된 게토 안에서 자신이 “그 일부가 아니었고 그곳에 속하지도 않았다”고 말한다. 카르스키는 아무도 “본 적이 없고” 누구도 “쓴 적이 없는” 현실 즉 비현실을 목격하고 나온다. 그는 게토의 현실을 자신의 삶으로 경험하는 내부인이

---

115 Claude Lanzmann, *Shoah*, 161쪽.

되지 못하고 게토 안 타자의 세계를 비현실로 경험하며 이를 증언하지 못한다. 카르스키의 증언은 오히려 "밖에서 진리를 말하는 것, 증언하는 것이 정말로 불가능하다"는 것을 보여준다.[116] 역사적으로 보아도 "카르스키의 임무는 요청된 정치적 반응을 끌어내는 데 실패했고 그의 증언은 연합군 정부들에 의해 비밀로 유지되었다."[117] 개인적으로 보아도 카르스키는 미국 대학에서 26년 동안 학생들을 가르쳤지만 "나는 내 학생들에게 유대인 문제를 절대로 언급하지 않습니다"라고 고백한다.[118] 펠먼에 따르면 이 고백은 그가 "또 다른 침묵의 전달자"가 되었다는 것을 보여주고, "나는 그를 다시 보지 못했습니다"라는 그의 최후의 말은 "최종적 상실"과 "증언의 박탈"을 보여준다.[119] 카르스키의 증언은 그가 안에서 목격한 것을 밖에서 증언하는 데 결국 실패했다는 것을 예증한다.

그렇다면 〈쇼아〉는 증인 없는 사건으로서의 홀로코스트를 증언할 수 없는 사건으로 기록하는 영화일까? 증언의 안과 밖은 단절되는 것일까? 펠먼에 따르면 폴란드 헬름노Chelmno에서 나치군에 의해 살해된 40만 명의 유대인 중 기적적으로 생존한 13세 소년 스레브닉Srebnik이 47세에 역사의 현장으로 귀환해서 인터뷰하는 영화의 첫 장면은 "역사적으로 수행적이고 소급적인 증언witnessing이 증인 없는 역사적 원초적 장면으로 귀환하는 것"을 상연한다.[120] 스레브닉의 귀환해서 증언한다고 해서 죽은 자들의 침묵 속에 있던 진리가 모두 드러나는 것은 아니다. 란즈만이 과거에 스레브닉을 알았던 폴란드인들과 교회 앞에서 인터뷰하는 장면에

---

116 Shoshana Felman and Dori Laub, *Testimony*, 232쪽.

117 위의 책, 233쪽.

118 Claude Lanzmann, *Shoah*, 154쪽.

119 Shoshana Felman and Dori Laub, *Testimony*, 238·237쪽.

120 위의 책, 258쪽.

서 교회 오르간 연주자 칸토로프스키Kantorowski는 유대인 랍비가 나치 친위대에게 유대인들이 죄 없는 그리스도를 사형에 처하면서 그리스도의 피가 후손들에게 떨어지게 하라고 말했던 그때가 온 것 같다고 말한 것을 들었다고 증언한다. 란즈만이 "그가 유대인들이 그리스도의 죽음에 속죄했다고 생각한다는 건가요?"라고 묻자 칸토로프스키는 "그가 그렇게 생각한다거나 그리스도가 복수를 추구했다고 생각하지는 않습니다. 랍비가 그렇게 말했어요. 그게 신의 뜻이라고요. 그게 전부입니다"라고 대답한다.[121] 칸토로프스키는 유대인 스스로 홀로코스트를 그리스도의 죽음에 대한 신의 정의가 실현된 것으로 해석한다고 암시함으로써 역사를 왜곡하고 방관자로서 책임을 회피하며 희생의 책임을 희생자 자신의 것으로 돌린다.

칸토로프스키는 "그게 전부입니다. 이제 당신은 알겠죠"라고 증언을 마친다.[122] 따라서 그는 랍비가 했다는 말을 전하면서 자신은 침묵한다. 그러나 칸토로프스키의 침묵과 그의 "공허한 해석은 홀로코스트를 설명하고 증언할 기존 문화 담론의 실패를 대변한다."[123] 칸토로프스키의 침묵보다 더 중요한 것은 교회 앞에서 폴란드인들에게 둘러싸여 웃는 스레브닉의 침묵이다. 이 장면은 죽음에서 돌아온 증인 스레브닉을 "침묵하게 하는 행위를 수행하는 무대" 즉 "역사와 삶으로 돌아온 실제 증인이 어떻게 군중에 의해 다시 **침묵으로 환원되고** 충격을 받아 **죽는지**"를 상연하는 무대다.[124] 폴란드인들에 둘러싸여 말없이 웃고 있는 스레브닉을 보여주는 이 장면은 "다시 한번 증인을 죽이는" 행위를 통해 "홀로코

---

121 Claude Lanzmann, *Shoah*, 89쪽.

122 위의 책, 90쪽.

123 Shoshana Felman and Dori Laub, *Testimony*, 266쪽.

스트를 다시 잊는 것”이고 “두 번째 홀로코스트”이며 “놓친 만남이라는 형태로만 가능한 홀로코스트와의 만남”이다.[125]

펠먼은 “이 영화의 전략이 거짓 증언에 도전하는 것이 아니라 거짓 증언의 안과 밖에서 **침묵이 말하게 하는 것**”이라고 말한다.[126] 스레브닉의 침묵과 다른 “죽은 자들의 돌이킬 수 없는 침묵”은 무엇을 어떻게 말하는 것일까?[127] 펠먼은 이 영화에서 스레브닉이 트라우마의 현장으로 돌아와서 어렸을 적 나치당원들이 부르게 했던 노래를 배를 타고 하얀 집이 있었던 강가를 지나면서 다시 부르는 장면이 “스레브닉 목소리의 침묵이 역전되고, 스레브닉 증언의 상실이 회복될 수 있다”는 것을 보여준다고 해석한다.[128] 죽음에서 돌아온 증인이 부르는 노래는 관객이 수십 년 세월을 가로질러 홀로코스트 역사의 현장으로 돌아가게 하는 가교역할을 한다. 이 노래는 따라서 홀로코스트 안에서 밖으로 나온 스레브닉이 관객을 밖에서 안으로 들어갈 수 있게 한다. 이 노래는 스레브닉 개인이 회상을 통해 과거를 반복하는 행위가 아니라 관객에게 시공간의 차이를 넘어서 증언할 수 없는 홀로코스트 역사의 현장으로 초대하는 초청장이자 이 역사의 증언을 듣고 깨어나라는 각성의 요구다.

영화의 입구threshold에서 이 노래는 실재의 전달자로서 풍경과 하얀 집에서 가로질러 가서 역사의 실제actuality와의 만남(충돌)으로 초대한다. 그것은 예술과 지시물 사이의 거리를 건너라고 감미롭게 우리를 초대한다. (…중략…) 이

---

124 위의 책, 267쪽.
125 위의 책, 267~268쪽.
126 위의 책, 266쪽.
127 위의 책, 266쪽.
128 위의 책, 268쪽.

감미로운 초대는 역사에서 그랬듯 그리고 이제 영화에서 그러하듯 각성의 충격으로 초대한다. (…중략…) 하얀 집 너머에서 우리를 기다리는 것은 단순히 악몽이 아니라 우리가 충분히 깨어있지 않고 아마 깨어있지 못할 역사와 현실로 깨어나야 할 시급함이다. (…중략…) 이 노래 자체가 이 노래의 멜로디로 시작하는 영화 전체의 은유가 된다. (…중략…) 그것은 우리를 부른다. (…중략…) 그것은 우리가 가사의 의미뿐 아니라 그 말들의 귀환의 복잡한 의미 그리고 그것의 멜로디와 문맥의 충돌하는 메아리를 들을 것을 요구한다.[129]

이 노래는 실재의 역사로 관객을 소환하는 영화의 예술적 힘을 대변한다. 그래서 펠먼은 스레브닉을 "일종의 예술가"라 부른다.[130] 〈쇼아〉에는 다른 노래도 등장한다. 생존자 밀러Filip Müller는 가스실에서 유대인들이 갑자기 체코 국가와 이스라엘 국가Hatikvah를 합창했다고 증언한다. 또 란즈만이 인터뷰하는 전 나치주의자 수코멜은 나치군이 트레블링카 수용소의 유대인 죄수들에게 강제로 부르게 했던 노래를 부르고, 란즈만은 다시 더 크게 부르라고 요청한다. 란즈만의 수코멜에게 "다시 노래해 봐요Sing it again'라고 말하는 명령은 은유적으로는 "예술적으로 영화를 창조하고 영화의 구조와 윤리적 인식론적 노력을 통제하는 수행적 명령이다. 이는 진실이 증언으로 발생하게 하고 (…중략…) 역사가 지식으로 동화하거나 통합할 수 없는 사실성literality의 충격으로의 실재를 드러내려는 것이다."[131] 펠먼은 이 영화를 증언 불가능한 홀로코스트 즉 역사의 지식으로 가공되거나 편입될 수 없는 실재의 충격을 전달하는 예술로

---

129 위의 책, 271쪽.
130 위의 책, 278쪽.
131 Shoshana Felman and Dori Laub, *Testimony*, 276쪽.

평가한다. 이 예술적 효과는 "인식론적"이면서 동시에 "윤리적인" 증언의 효과를 지닌다. 이런 평가는 앞서 논한 인식론적 증언과 체현된 증언의 균열을 메우고 홀로코스트의 실재를 역사화할 수 있다는 주장이다.

실재를 역사화하는 것은 역사적 지식으로 환원하거나 가공하는 것을 의미하지 않는다. 펠먼은 란즈만이 인터뷰에서 홀로코스트를 "검은 태양"에 비유한 것을 언급하며 알지 못하는 것 그리고 삭제된 것을 역사에 위치시키는 방법으로 역사에 새롭게 접근할 것을 주장한다. "〈쇼아〉를 이해한다는 것은 홀로코스트를 **아는** 것이 아니라 **알지 못하는 것**이 무엇을 뜻하는지에 대한 새로운 통찰을 얻는 것이고 **삭제**가 우리 **역사** 기능의 일부가 되는 방식을 파악하는 것이다. 이렇게 〈쇼아〉의 여행은 역사를 이해하는 새로운 가능성과 역사의 삭제를 역사화하는 새로운 실용적 **행위**를 향한 길을 닦는다."[132] 그러므로 홀로코스트의 실재를 역사 속에 위치하게 하는 것은 미래로 열린 행위로서의 증언을 끝없이 요구한다. 펠먼의 결론은 스레브닉이 역사의 현장에 다시 나타나서 부르는 노래를 '이기는 노래winning song'로 평가하며 끝난다.[133] 이 노래는 "다시 한번 삶을 이기고 영화처럼 — 그것이 우리를 이기는 바로 그 방식으로 — 우리가 힘을 얻고 또 **듣게** 남겨둔다."[134] 여기에서 이긴다win는 말은 관객의 호응과 공감을 '얻는다'는 함의를 지닌다. 즉 이 영화는 관객을 자기편으로 끌어들여서 영화가 보여주고 들려주는 침묵과 노래를 계속 듣게 함으로써 영화가 증언하는 홀로코스트의 증인이 되게 한다. 그래서 이 영화는 그 자체로 증언하는 "증인으로서의 예술"일 뿐 아니라 관객 역시

---

132 위의 책, 253쪽.
133 위의 책, 280쪽.
134 위의 책, 282쪽.

증인으로 소환하는 예술이다.[135]

7. "실재의 픽션" 란즈만의 〈쇼아〉

스레브닉이 소환하고 증언하는 역사의 실재는 무엇일까? 펠먼이 스레브닉의 노래를 "실재의 전달자"로 부르는 이유는 무엇일까? 이 '실재'는 역사적 현실과 어떻게 같고 다른가? 주지하다시피 〈쇼아〉는 현실의 재현이나 모사를 표방하지 않고 자료화면과 설명을 사용하는 전통적인 다큐멘터리 영화 전통과 결별한다. 브링클리Robert Brinkley와 유라Steven Youra가 지적하듯이 "〈쇼아〉는 설명과 동반 음악을 — 대부분 영상을 만든 나치 당원의 관점에서 찍은 — 예시적 기록영상과 맞추는 더 관례적인 다큐멘터리 접근을 뒤집는다."[136] 란즈만이 영상자료를 사용하지 않았다는 점은 기존의 접근방식과 달리 과거보다 현재에 초점을 맞춘다는 것과 관계된다. 한 비평가는 "〈쇼아〉가 개봉되었을 때 란즈만이 끈질기게 현재에 초점을 맞추는 것에 관객이 놀랐다"고 지적한다.[137] 로빈스 Gill Robbins가 "이 영화에서 과거와 현재의 상호작용이 너무 지속되어 우리

---

135 위의 책, 205쪽.

136 Robert Brinkley and Steven Youra, "Tracing *Shoah*", *PMLA* Vol.111, No.1, 1996, 125쪽. 음악뿐 아니라 보이스오버나 연대기적 서사구조를 사용하지 않는 것도 기존 다큐멘터리 형식과 다르다. Sue Vice, *Shoah*, London : British Film Institute, 2019, 5쪽을 참조할 것. 실제 영상자료가 부족하다는 이유도 있다. "란즈만이 카이에 뒤 시네마와의 인터뷰에서 지적하듯이 사실 강제수용소의 영상자료는 아주 적고 영화의 초점인 절멸의 영상자료는 실제로 없다." Jill Robbins, "The Writing of the Holocaust : Claude Lanzmann's *Shoah*", *Prooftexts* Vol.7, No.3, 1987, 256쪽, 미주 2번.

137 Ruth Franklin, "On Film : *Shoah*, by Claude Lanzmann", *Salmagundi*, No.170/171, 2011, 27쪽.

는 때로 우리가 과거에 있는지 현재에 있는지 분간할 수 없다"고 평할만큼 이 영화가 현재에서 과거를 소환하는 효과는 뛰어나다.[138] 란즈만 스스로 "이 영화는 기억으로 만들어지지 않았다. (…중략…) 이 영화는 과거와 현재를 폐지한다. 나는 현재에서 이 역사를 다시 살았다"고 말한 바 있다.[139] 『쇼아』 텍스트 서문에서 보부아르Simone de Beauvoir는 이 영화를 "걸작"으로 부르면서 "전후戰後에 우리는 게토와 강제수용소에 관한 수많은 이야기를 읽었고 충격에 빠졌다. 그러나 오늘 우리가 클로드 란즈만의 비범한 영화를 볼 때, 우리는 아무것도 이해하지 못했었다는 것을 깨닫는다. 우리가 알았던 모든 것에도 불구하고 그 끔찍한 경험은 먼 것으로 남아있었다. 이제 우리는 처음으로 마음과 심장과 살 속에서 그 경험을 산다. 그것은 우리의 경험이 된다"고 평한 바 있다.[140] 보부아르가 말하듯 〈쇼아〉는 픽션도 다큐멘터리도 아니면서 수단―장소, 목소리, 얼굴―의 놀라운 경제로 과거를 재창조하는 데 성공한다."[141]

란즈만은 〈쇼아〉에 관한 세미나에서 이 영화를 없애버리고 싶었다고 말하면서 이런 충동이 "〈쇼아〉가 다큐멘터리가 아니라는 것을 증명한다"고 말한다.[142] 이는 이 영화가 다큐멘터리가 아닌 이유가 단순히 형식의 문제가 아니라는 점을 암시한다. 픽션도 다큐멘터리도 아닌 이 영화가 과거의 재창조를 통해 관객이 강제수용소를 경험하게 한다는 보부아

---

138 Jill Robbins, "The Writing of the Holocaust : Claude Lanzmann's *Shoah*", 250쪽.

139 Claude Lanzmann, "Le Lieu et la parole", *Au sujet de Shoah : Le Film de Claude Lanzmann*, Michel Deguy 편, Paris, 1990, 301쪽. Dominick LaCapra, "Lanzmann's *Shoah* : 'Here There is No Why'", *Critical Inquiry* Vol. 23, No. 2, 1997, 261쪽에서 재인용.

140 Simone de Beauvoir, "Preface", Claude Lanzmann, *Shoah*, iii쪽.

141 위의 글, iii쪽.

142 Claude Lanzmann, Ruth Larson and David Rodowick, "Seminar With Claude Lanzmann, 11 April 1990", *Yale French Studies* No. 79, 1991, 96쪽.

르의 평가는 란즈만이 〈쇼아〉를 영화라는 매체를 통해 과거 사실의 기록을 넘어선 특별한 예술로 이해하고 있음을 보여준다. 란즈만이 이 영화를 '실재의 픽션*fiction du réel, a fiction of the real*'이라 부른 것은 이를 방증한다.[143] "실재의 픽션"이란 표현은 사실의 재현이 아니라는 의미를 내포한다. 란즈만은 홀로코스트 생존자와 증인들을 인터뷰하면서 사실로 착각할 수 있는 장면들을 연출하기도 했다. 그중 대표적인 것은 이발사 봄바Abraham Bomba가 트레블링카 강제수용소 가스실에서 여성 유대인 죄수들의 머리를 잘라준 경험을 이야기하는 장면이다. 란즈만은 뉴욕에 사는 봄바를 찾아내 이발소를 대여해서 남자들의 머리를 손질하는 장면을 연출하며 이야기하게 한다. 세미나에서 란즈만은 여성의 머리를 손질하는 장면을 연출하게 했다면 봄바가 동의하지 않았을 것이고 견디기 어려웠을 것이라고 말한다. 펠먼은 이에 대해 "이는 당신이 상연에서 하는 일이 재현적이 아니라는 사실을 확인시켜 준다"고 말하고 란즈만은 "이 영화가 결코 재현적이 아니"라고 동의한다.[144]

여성 죄수가 아닌 남자의 머리를 손질하는 장면의 연출은 과거의 재연이 아니므로 이 영화는 재현적이지 않다. 그렇다면 란즈만이 허구적 장면의 연출을 통해서 창조하는 "실재의 픽션"은 무엇을 의미하는 것일까? 란즈만은 이 장면의 연출에 대해서 "나는 — 가스실에서 머리를 자르는 — 이 특수한 순간이 내게 매우 중요하다는 걸 알았습니다. 그래서 이 사람을 특별히 찾은 거지요. 그가 유일한 증인이었습니다. 그래서 이

---

143 Claude Lanzmann, "Le Lieu et la parole", 301쪽. Dominick LaCapra, "Lanzmann's *Shoah* : 'Here There is No Why'", 232쪽에서 재인용.

144 Claude Lanzmann, Ruth Larson and David Rodowick, "Seminar With Claude Lanzmann, 11 April 1990", 97쪽.

발소를 대여했어요. 나는 무언가가 일어날 수 있는 세팅을 만들려고 애썼습니다. (…중략…) 그 장면에서 무슨 일이 일어날지 몰랐죠. 하지만 내가 그에게서 무얼 원했는지, 그가 무얼 말해야 했는지 알았어요"라고 말한다.[145] 이 장면에서 란즈만은 동료 이발사의 아내와 누이가 가스실에 들어온 순간에 이르러 봄바가 말을 잇지 못하자 계속 증언하라고 다그치고 "못해요. 너무 끔찍해요. 제발."이라고 사정할 때조차 "당신은 해야 해요"라고 강요한다.[146] 란즈만이 이렇게 강요하면서까지 들으려고 했던 증언은 무엇일까? 그것은 가스실에서 곧 죽을 벌거벗은 유대인 여성들의 머리를 잘랐다는 참혹한 현장에 대한 증언은 아니다. 란즈만의 관심은 홀로코스트의 끔찍한 현실을 상연하는 것이 아니다. 예컨대 그는 나치 친위대원 렌즈Lenz가 당시 13세 소년이었던 스레브닉에게 유대인 뇌가 얼마나 큰지 보고 싶다며 한 병약한 유대인의 머리 아래 대야를 받치게 하고 총격을 가한 사건에 대한 증언을 〈쇼아〉에 포함하지 않았다고 말한다. 란즈만은 "목적은 소통하고 전달하는 것이었습니다. 나는 정말 감정보다 관객의 지성에 호소하고 싶었습니다. '당신 영화를 보고 완전히 압도되었어요'라고 누군가 말하면 즐겁지 않아요, 왜냐하면 그건 내 목적이 아니었기 때문이죠. 쇼샤나 펠먼은 서술로서의 〈쇼아〉에서 이 지성의 문제를 훌륭히 밝혀주는 글을 썼습니다. (…중략…) 내 목적은 전달transmission이었습니다"라고 말한다.[147]

　란즈만이 전달하려는 것은 충격적인 공포의 장면도 또 "악의 문제에

145　위의 글, 95쪽.

146　Claude Lanzmann, *Shoah*, 107쪽.

147　Claude Lanzmann, Ruth Larson and David Rodowick, "Seminar With Claude Lanzmann, 11 April 1990", 93쪽.

관한 어떤 종류의 일반화"도 아닌 지적인 것이다.[148] 사실의 재현도 충격적 장면의 재연도 아닌 지적인 것의 전달을 목적으로 삼는 영화가 "실재의 픽션"일 수 있을까? 일견 모순으로 보이는 이런 설명은 이 영화의 제목 '쇼아'와 무관하지 않다. '홀로코스트'는 어원상 불에 탄 희생제물이라는 종교적 의미를 지니고 순교와 연결된다. 이와 달리 '쇼아'는 단순히 '재난'을 뜻하는 히브리어다. 바이스^{Sue Vice}는 란즈만이 이런 어원보다 유럽 유대인의 대학살이라는 구체적인 의미로 '쇼아'를 재정의했다고 주장한다.[149] 란즈만은 자서전에서 영화 제작 초기에 가스실에 대해 알게 되었을 때 "이걸 이해하던 날 나는 내 영화의 주제가 죽음 자체, 생존이 아닌 죽음이라는 걸 알게 되었다"고 말한다.[150] 바이스에 따르면 "이 점이 란즈만의 〈쇼아〉 개념 한복판에 있는 '과격한 모순'이다. 『익사한 자와 구조된 자』에서 프리모 레비가 한 발언에 따르자면 사건에 대해 완전한 지식 따라서 상실된 지식을 가진 자는 생존자가 아니라 '익사한 자'다. 〈쇼아〉의 성취는 란즈만이 죽음의 기계에 너무 근접해 살아서 죽은 자들을 위해 말할 수 있는 '유령^{revenants}'의 지위를 갖게 된 자를 영화에 포함시킨다는 점이다."[151] 6장에서 상세히 논하겠지만 레비는 생존한 자가 아니라 강제수용소에서 죽은 무젤만이 완전한 증인이라고 말하고, 아감벤은 생존자가 죽은 완전한 증인인 무젤만의 증언을 완성하는 자에 불과하다고 주장한다. 〈쇼아〉도 생존자가 죽은 자를 위해 말하는 증언의 구조를 취한다. 란즈만은 생존자의 증언을 통해서 바로 '쇼아'라는 대

---

148 위의 글, 91쪽.

149 Sue Vice, *Shoah*, 3쪽.

150 위의 책, 3쪽에서 재인용.

151 위의 책, 3쪽.

학살의 경험을 '전달'하는 매우 어려운 작업을 수행하고자 했고 이런 의미에서 이 영화는 "실재의 픽션"이라고 볼 수 있다.

죽음의 문턱에서 살아 돌아온 유령은 4장에서 논한 "죽음과 접촉했다가 살아남은 자"라는 리프턴의 '생존자' 정의에 부합한다. 유령의 증언은 삶과 죽음의 경계 즉 한계 상황에 관한 것이다. 라카프라는 란즈만의 "실재의 픽션" 개념을 논하면서 〈쇼아〉에 대해 다음과 같이 평한다.

> 〈쇼아〉는 아마도 재현적이거나 자율적인 예술이 아니라, 특히 희생자들의 삶(또는 사건 이후의 삶)에서, 한계 경험의 외상적 효과를 추적하는 혼란스럽게 혼합된 장르적 공연으로 보는 것이 가장 적합하다. 그것은 외상적 과거의 행동화acting out와 그것을 극복하기 위한 작업work through의 힘든 노력 사이에서 팽팽히 매달려 끊임없이 슬퍼하거나 애통해하는 것이다. 적어도 영화의 중요한 양상을 알려주는 란즈만의 영향력 있는 자기 이해에서 과거의 행동화 또는 과거를 다시 사는 것은 그것을 극복하려는 작업을 능가한다. 어느 정도 이 영화가 역사적으로 부족한 점은 이런 자기 이해와 영화에서 이 이해가 하는 역할과 관련될 것이다. 과거에 대한 더 철저한 기억은 과거를 극복하려는 작업을 촉진할 수 있다. 더구나 예술에 대한 가장 위대한 도전은 특히 홀로코스트와 같은 규모의 한계 사건과 관련해서는 역사적으로 타당한 재건과 이해의 시도로 환원될 수는 없으나 이런 시도를 포함할 것이다.[152]

라카프라는 란즈만이 "왜라는 이유는 없다Hier is kein Warum, Here There is no Why"라는 짧은 성명서에서 "왜 그들은 유대인들을 죽였는가?"라는 질문

---

152 Dominick LaCapra, "Lanzmann's *Shoah* : 'Here There is No Why'", *Critical Inquiry* Vol. 23, No. 2, 1997, 234쪽.

을 홀로코스트를 이해하려는 외설스러운 질문으로 규정한 것을 비판한다. 라카프라에 따르면 란즈만은 홀로코스트를 신성화하고 홀로코스트를 역사적으로 이해하려는 시도를 억압한다. 라카프라는 "증언을 제공할 뿐 아니라 과거의 외상적 고통을 비통하게 다시 사는 증인에게 최고의 가장 합법적인 지위 — 영화제작자로서의 란즈만이 동일시하고 싶어하는 지위 — 를 부여하려는 란즈만의 경향"을 비판하며 란즈만이 의미하는 "전달"은 "증언뿐 아니라 육화, 실제로 다시 사는 것 또는 정신분석 용어로 행동화로 불리는 것을 의미한다"고 주장한다.[153] 라카프라의 비판은 란즈만이 영화를 통해 홀로코스트 희생자들이 경험한 끔찍한 현실을 가장 진실되게 전달하려고 시도한 나머지 그들의 고통과 동일시하고 그 고통을 반복적으로 다시 경험하(게 하)는 행동화에 머무른 결과 홀로코스트의 역사를 이해하고 그 트라우마를 극복하는 작업을 충분히 수행하지 못한다는 것이다. 억압된 트라우마를 과거의 사건으로 기억하지 못하고 현재에 무의식적으로 반복하는 프로이트의 '행동화' 개념이 과거와 현재의 경계가 와해되고 심지어 과거의 고통에 매몰된다는 함의를 지닌다면, 억압에 대한 의식의 저항을 극복하고 억압된 무의식적 사건을 과거의 사건으로 대면하는 극복작업은 현재에서 과거의 사건과 거리를 두고 바라볼 수 있게 한다. 1장에서 언급했듯이 라카프라는 행동화와 극복작업을 완전히 구분하는 것이 어렵지만 그럼에도 극복작업을 통해 트라우마를 치유할 수 있는 (외상적 사건의 의미를 역사 서사에서 완결하려는 닫힌 시도가 아니라 끊임없이 대면하는) 열린 애도의 필요성을 제시한다. 이런 관점에서 라카프라는 란즈만의 "실재의 픽션"이 극복작업으로 전환될

---

153 위의 글, 236~237쪽.

필요가 있다고 주장하는 것이다.

행동화를 극복작업으로 전환해야 한다는 라카프라 주장의 타당성에도 불구하고 그의 란즈만 비판이 정당한가는 살펴볼 필요가 있다. 여기에서 '실재'라는 표현은 중요하다. 란즈만과 펠먼이 사용하는 '실재'라는 용어는 사실로 구성된 역사적 현실을 넘어 라캉의 실재 개념을 내포한다. 라카프라가 "펠먼의 에세이에서 〈쇼아〉는 역사적 실재보다 라캉적인 실재의 픽션이다. 그 결과는 트라우마를 절대화하고 재현과 이해의 한계를 절대화하는 것이다"라고 비판하는 것은 우연이 아니다.[154] 란즈만은 트레블링카에서 영화 촬영을 시작했을 때를 논하며 "과거와 현재의 거리는 폐지되었고 모든 것이 내게 실재가 되었다. 실재는 불투명하다. 그것은 불가능한 것의 참된 구성configuration이다. 실재를 촬영한다는 것은 무슨 의미인가? 이미지가 실재에서 시작하게 만드는 것은 현실reality에 구멍을 만드는 것이다"라고 말한다.[155] 현실의 구멍을 만드는 것으로서의 실재는 역사적이고 사실적인 재구성을 통해서 재현될 수 없다. 펠먼이 〈쇼아〉를 "놓친 만남"의 형태로만 홀로코스트를 만날 수 있다고 말할 때 이는 라캉의 실재 개념과 부합한다. 왜냐하면 4장에서 논했듯이 "만남으로서의 실재"를 뜻하는 '투케'는 "본질적으로 놓친 만남"이기 때문이다.

그렇다면 펠먼은 〈쇼아〉가 홀로코스트와의 만남을 반복해서 놓친다고 말하는 것일까? 앞서 논했듯이 펠먼은 이 영화가 안과 밖의 경계를 가로지르고 관객을 과거로 소환하는 데 성공한다고 말하지 않는가? 펠

---

154 위의 글, 246쪽.

155 Claude Lanzmann, "Le Lieu et la parole", 298쪽. Dominick LaCapra, "Lanzmann's *Shoah* : 'Here There is No Why'", 265쪽에서 재인용.

먼이 말하는 "실재의 전달"은 이 영화가 전통적인 재현과 다른 방식으로 홀로코스트를 "전달"한다는 란즈만의 주장을 세공한다. 란즈만의 "전달"이 홀로코스트의 트라우마를 반복하는 행동화에 머문다는 라카프라의 비판에도 불구하고, 펠먼과 란즈만이 실재의 '전달'을 주장하는 것은 〈쇼아〉를 역사적 서사와 다큐멘터리 형식으로 환원할 수 없는 외상적 실재를 소환하고 증언하는 영화로 보기 때문이다. 유대인의 살해 이유를 묻는 것을 외설적인 것으로 거부하는 란즈만이 역사적 진실에 눈을 감고 홀로코스트를 역사적 이해의 지평 너머에 있는 것으로 신성화한다는 라카프라의 비판과 달리 란즈만은 오히려 홀로코스트의 실재를 '전달'하기 위해서 이 질문을 거부한다.

눈멂은 여기에서 순수한 형태로서의 봄, 문자 그대로 눈멀게 하는 현실에서 시선을 돌리지 않으려는 유일한 방식, 명확한 통찰로서의 눈멂이다. 공포를 정면으로 대하기 위해서는 모든 주의산만과 회피, 무엇보다 핵심 질문이라 잘못 여겨지는 왜라는 질문을, 끝없는 학술적 경박과 이 경박함에 계속 수반되는 저급한 속임수와 함께, 거부해야 한다. "여기에 왜는 없다." 프리모 레비는 아우슈비츠에 도착한 순간 나치 친위대원이 아우슈비츠 수용소의 규칙을 그렇게 가르쳐주었다고 말한다. "왜는 없다." 이 법은 그런 전달의 책임을 취하는 자 모두에게 유효하다. 왜냐하면 전달의 행위만이 중요하고, 어떤 이해가능성, 어떤 참된 지식도 전달에 앞서지 않기 때문이다. 전달이 지식 자체다.[156]

란즈만에게 '전달'은 눈멀게 하는 현실 즉 홀로코스트의 실재를 회피

---

156 Claude Lanzmann, "Hier ist kein Warum", Claude Lanzmann 역, *Claude Lanzmann's Shoah : Key Essays*, Stuart Liebman 편, Oxford : Oxford UP, 2007, 51~52쪽.

하거나 시선을 돌리지 않고 정면으로 명확히 응시하고 증언하는 것이다. 란즈만은 이런 전달이 홀로코스트에 대한 어떤 역사적 지식에도 앞선다고 확신한다. 이는 그가 이해와 지식이 전달된 것의 해석이고 이 해석과정에서 "학술적 경박"이 개입할 수 있다고 여기기 때문일 것이다. 란즈만의 주장이 상세한 논증이 아니라 선언의 성격을 지닌다는 점을 고려하더라도 이런 점에서 그가 의미하는 '전달'은 홀로코스트의 트라우마를 무한히 반복하는 행동화라기보다 라카프라가 주장하는 극복작업과 연결될 수 있다. 4장에서 논했듯이 캐루스는 꿈속에서 고통스럽게 호소하는 죽은 아들과의 만남이 아버지가 깨어나 트라우마의 메시지를 전하는 증인이 되게 하는 실재와의 '놓친' 만남으로 해석한다. 이때 어긋나거나 놓쳤다는 것은 반드시 부정적이지 않다. 왜냐하면 만남을 놓침으로써 또 다른 만남이 요구된다는 점에서 반복적이지만 동시에 이 요구로 인해 트라우마에 대한 역사적 해석과 이해의 지평이 닫히지 않고 미래로 열리기 때문이다. 1장에서 언급했듯이 프리드랜더는 극복작업을 "어떤 부분적 결론도 의문시하고, 종결의 필요에 저항하는" 것으로, 그리고 블랑쇼가 말하는 "부재하는 의미를 지켜보는 것"으로 정의한다. 왜 열린 반복이 필요한가? "새로운 역사 서사 형식이나 새로운 재현 양식이 발달하더라도, 문학과 예술이 뜻밖의 관점으로 과거를 탐구하더라도, 어떤 '심층 기억'의 불투명함은 없앨 수 없기" 때문이다.[157] 역사 서사, 문학, 예술의 장으로 소환해도 불투명한 것으로 남는 심층 기억은 무의식과 실재에 속하지 않는가?

이런 점에서 전달은 실재의 상처를 계속 대면하는 열린 만남이다. 이

---

157 Saul Friedlander, "Trauma, Transference, and 'Working Through' in Writing the History of the 'Shoah'", 55쪽.

열림은 미래로 개방되는 것뿐 아니라 타자로 향한다. '전달'은 전달하는 자가 외상적 과거의 고통에 머무는 것이 아니라 실재의 진실을 타자 / 관객에게 증언하고 타자를 깨우는 작업이기 때문이다. 죽은 아들의 호소와 놓친 만남으로 인해 아버지가 현실에서 증인으로 깨어나게 하는 외상꿈과 유사하게 〈쇼아〉는 홀로코스트의 실재를 전달해서 관객이 역사적 트라우마와 대면하고 증인으로 태어나게 하는 증언이다. 스레브닉의 노래가 관객의 공감을 얻는 노래이며 〈쇼아〉를 "증인으로서의 예술"이라고 말할 때 펠먼은 이 영화가 "실재의 전달"로서 관객에게 증언하고 나아가 관객을 증인으로 소환한다고 주장한다. 이런 점에서 〈쇼아〉는 증인을 소환하고 증언의 공동체를 여는 예술이다.

8. 증언의 공동체

펠먼의 〈쇼아〉 해석의 결론은 증언의 조건을 상기시킨다. 〈쇼아〉라는 영화의 예술적 힘은 관객이 실재의 진리를 보고 들을 수 있도록 호소하고 초청하는 데 있다. 즉 증언은 궁극적으로 청자 편에서 완성된다. 앞서 증인의 사회적 책임에 대한 펠먼의 주장을 논하며 인용했듯이 "기억은 본질적으로 타자에게 **말하기 위해**, 청자에게 인상을 주기 위해, 공동체에 **호소하기 위해** 소환된다." 다시 말해서 증언은 자신을 들어줄 청자 즉 다른 증인에 대한 호소다. 듣는 타자 없는 증언은 없다. 여기에서 라웁이 내부에서 증언한다는 것이 무엇을 뜻하는지 설명하는 것에 주목할 필요가 있다. 앞서 논했듯이 라웁이 인터뷰한 여인 중 한 명은 침묵과 기억의 왜곡으로 인해 스스로 사건에 책임이 있다고 생각한 결과 자신에게 증인이 되지 못한다. 라웁은 이 여인이 말할 수 없었던 원인을 "인간 **관계성**에 대한 감각의 상실"로 규정한다.[158] 이 여인이 자신을 증언할 수 없었던 것은 말을 건넬 수 있는 타자의 존재를 갖지 못했기 때문이다.

안으로부터의 증언 개념은 무엇을 의미하는가? 그것을 이해하기 위해서는 홀로코스트의 세계를 타자를 상상하는 것이 더 이상 가능하지 않았던 세계로 생각해야 한다. 자신의 말을 듣고 주체로 인정하고 대답하리라는 희망으로 "당신"이라고 말할 수 있는 타자가 더 이상 없었다. 따라서 홀로코스트의 역사적 현실은 말을 건네는 가능성 자체, 타자에게 호소하고 의지할 가능성을 철학적으로 없앤 현실이 되었다. 그러나 "너"에게 의지할 수 없을 때 심지어 자신에게도 "당신"이라고 말할 수 없다. 홀로코스트는 이런 방식으로 자신에게 증언할 수 없는 세계를 창조했다.[159]

라웁이 인터뷰한 생존자 메나헴Menacham S.은 다섯 살 때 크라쿠프Krakow 인근 수용소에 부모와 함께 수감된다. 그의 부모는 메나헴을 수용소에서 몰래 빼내어 도망시키면서 전쟁이 끝나면 그를 찾아서 집으로 데려갈 거라고 말하고 엄마는 메나헴에게 학생 시절 찍은 여권 사진을 주면서 필요할 때마다 사진을 보라고 한다. 그는 힘들 때 엄마 사진을 꺼내 보면서 약속대로 자신을 데리러 오라고 엄마에게 말한다. 라웁에 따르면 "이 이야기는 실제 삶에서 증언의 결여를 대체할 내적인 증인을 만들고 유지하는 창조적 행위를 통해 생존이 발생하는 과정을 예증"할 뿐 아니라 "이 초기의 내적 증인"이 그가 성장해서 증언할 때 "응집력 있고 통

---

158 Shoshana Felman and Dori Laub, *Testimony*, 79쪽.
159 위의 책, 81~82쪽.

합된 서사를 창조할 능력"을 배양하는 밑거름이 된다.[160]

이 소년은 나중에 기적적으로 부모를 다시 찾는데 이때 부모는 너무 여위고 핼쑥해져서 소년은 사진 속 엄마의 모습을 찾지 못하고 그 결과 그를 생존하게 했던 내적 증인을 상실한다. 그는 밤마다 콘베이어 벨트에 실려 기계에 깔려 죽는 악몽을 꾼다. 이 과정에서 그는 자신과 부모에게 발생한 사건의 끔찍한 진실뿐 아니라 자신이 "버려진 아이 희생자"였다는 진실도 대면하지 못하고 이에 대한 정신적 보상을 얻기 위해 군에 입대해서 목숨을 거는 용맹한 행동을 서슴지 않는 영웅이 되려 한다.[161] 즉 "그가 내적 증인을 상실했고 증인 없이는 끔찍한 일들을 대면할 수 없었기 때문에 그는 함정에 빠진 것이었다."[162]

메나헴의 이야기는 다시 증인을 찾는 것으로 끝난다. 그는 결혼 후에도 아내에게 자신의 과거를 말하지 못하고 침묵하며 계속 악몽을 꾼다. 어느 날 밤 아내의 권유로 그는 밤늦도록 아내에게 말한 뒤에 기적처럼 악몽을 꾸지 않고 오랜 세월 그를 억눌렀던 불안이 사라지고 만족감을 느끼게 된다. 메나헴의 이야기는 그가 아내에게서 증인을 찾아 증언하게 됨으로써 트라우마를 극복하게 된 것을 잘 보여준다. 이 이야기는 젊은 엄마의 사진이라는 내적 증인과 아내라는 외적 증인이 수행하는 청자의 역할이 생존과 증언 그리고 치유에 결정적인 역할을 한다는 사실을 예증한다.

마음속으로 청자와의 관계가 회복되고 더 이상 증인 없이 혼자가 아니게

---

160 위의 책, 87쪽.
161 위의 책, 88쪽.
162 위의 책, 88쪽.

되면서 그는 깨어나지 않고 꿈속에서 죽음의 기계를 멈출 수 있게 된다. (…중략…) 이 아이 생존자의 예가 증명하듯이 증언 행위는 진리 실현으로서의 증언의 약속을 동시에 **만들고 깬다**. 한편으로 증언 과정은 건강하고 정상적인 연결된 세계의 귀환으로서의 진리의 약속을 제시한다. 다른 한편으로 증언은 진리에 충실한 나머지 적어도 이 약속의 부분적 파기, 실패, 포기를 강제한다. (…중략…) 그러나 깨진 약속과의 화해를 허락하고 실패한 약속에도 불구하고 다시 살 수 있게 하는 것은 진정한 청자와의 대화적 맥락에서 진리에 충실하기 때문이다. 증언은 홀로코스트를 없앨 수 없고 부정할 수 없다. 증언은 죽은 자들을 다시 데려오거나 공포를 없애거나 고향 집의 안전, 진정성, 조화를 다시 확립할 수 없다. (…중략…) 그것은 항상 다르고 다른 채로 남아있을 두 세계—잔인하게 파괴된 세계와 현재 존재하는 세계—를 탐구하고 화해시키는 대화적 과정이다. (…중략…) 그것은 상실한 자들이 돌아오지 않는다는 깨달음, 삶은 정확히 말해서 실현되지 않은 희망과 함께 사는 것이라는 깨달음이다. 그러나 이제 그것은 당신이 더 이상 혼자가 아니고 누군가 동반자로 같이 있을 수 있다는 (…중략…) 누군가, "너가 나를 잃는 과정에서 나는 너와 함께 있을거야. 내가 너의 증인이야"라고 말하는 누군가가 있다는 인식이 있는 깨달음이다.[163]

증언의 진리는 파괴된 세계를 복원할 것이라는 약속과 그 약속이 모두 이루어질 수 없다는 약속의 파기로 구성된다. 파괴된 세계의 복원에 관한 희망과 약속이 없다면 증언은 절망적인 과거에 매몰되어 현재와 미래의 삶을 구축하지 못한다. 그러나 동시에 증언은 과거에 발생한 처

---

163 위의 책, 90~92쪽.

절한 사건을 망각하지 않으므로 파괴된 세계의 완벽한 복구가 아니기에 약속의 부분적 파기다. 증언의 진리는 상실의 망각이 아닌 보존과 극복의 메시지다.

상실을 부정하지 않고 포용하는 과정은 홀로코스트 역사가 완전히 복원될 수 없다는 함의를 지닌다. 사학자의 연구 및 생존자의 기억과 증언에도 불구하고 잊혀지고 삭제된 역사의 블랙홀은 여전히 남는다. 그렇기에 기억과 증언과 전달은 부단히 계속되어야 한다. 펠먼은 란즈만이 카르스키와 달리 홀로코스트의 내부를 밖에 전달하는 증언에 일정부분 성공했다고 평가한다. 란즈만은 홀로코스트 현장 안과 밖을 왕복하며 인터뷰하면서 안의 어두운 진실을 밖의 빛으로 비추어 나치주의자들이 철저히 봉쇄하고 어둠 속에 묻어두려 했던 진실을 드러낸다. 란즈만은 홀로코스트를 대면하고 알기 위해 동독과 이스라엘로 여행하며 외부인이 아닌 내부인이 되려 시도한다. "알지 못한 채 계속 여행의 **상실**을 애도하면서 **안을 뒤에 남기고** 여행을 끝내는 카르스키와 달리, 란즈만의 여행은 정확히 **안을 밖으로 가지고 나오고** 그렇게 함으로써 안과 밖을 근본적으로 분리해 안을 둘러싸고 닫는 구도를 부순다."[164] 이는 〈쇼아〉가 홀로코스트의 모든 진실을 다 밝혀낸다는 의미는 물론 아니다. 앞서 논했듯이 펠먼은 란즈만이 홀로코스트를 "검은 태양"에 비유한 것을 언급하며 홀로코스트에 접근하는 것은 볼 수 없고 삭제된 것을 계속 밝히려는 시도라고 강조한다.

부단한 기억과 증언을 통해 역사와 생존자의 삶을 복구하는 작업은 증인의 말하기와 청자의 듣기로 이루어진 대화적 과정에서 가능하다.

---

164 위의 책, 242쪽.

상실을 받아들이면서 상실을 포함한 세계에서 삶을 포기하지 않고 복구하는 증언의 과정에는 생존자의 말을 듣는 청자가 반드시 필요하다. 라움이 강조하듯 진리를 깨닫는 증언 과정은 생존자와 청자의 "대화적 과정"이다. 펠먼도 이 대화적 과정의 중요성을 논한다. 카르스키가 유대인 지도자와 일순간 동지가 되는 것처럼, "란즈만이 안과 타자의 현실로 여행하는 것은 '우리'의 창조로, 다른 차원에서는 어떤 점에서 외부인이기도 한 내부인, 안과 밖의 어려운 타협을 중개하는 동료와 만든 사랑의 대화로 가능해진다."[165] 란즈만의 여행이 홀로코스트의 "안을 밖으로 가지고 나올" 수 있었던 것은 개인적으로 그가 이스라엘을 여행하면서 미래의 아내가 될 이 내부인이자 외부인인 동료를 만나 대화할 수 있었기 때문이다.

생존자가 침묵에 쌓인 기억을 소환해서 말할 수 있으려면 진정한 대화 상대자인 청자가 있어야 한다. 앞서 논했듯이 인터뷰한 여인의 증언을 사실성이 부족하다고 거부하는 사학자들을 비판하면서 라움은 이 여인이 역사적 진리를 말할 수 있는 것은 그녀의 말을 존중하고 듣는 청자가 있기에 가능하다고 주장한다. 침묵은 트라우마로 고통받는 증인의 기억이 망각의 형태로 보존된 형식이기 때문에 인터뷰하는 자는 증인의 침묵을 존중하고 기다려야 한다. 침묵과 제스처를 포함한 증인의 모든 행위에 열린 마음으로 존중하고 대하는 공감적 청자는 증언의 필수 구

---

165 위의 책, 249쪽. 펠먼에 따르면 "영화 전체의 불가능한 입장과 증언 노력은 정확히 안도 밖도 아니며 역설적으로 안이자 밖이고, 즉 전쟁 중에 존재하지 않았고 오늘날에도 **안과 밖** 사이에 존재하지 않는 연결을 창조하는 것, 안과 밖 둘 다 움직여 서로 대화하게 하는 것"이다. 위의 책, 232쪽. 아감벤은 안과 밖의 경계를 연결로 해석하는 펠먼을 비판하는데 이는 그가 증언의 구조를 연결이 아닌 이접으로 해석하기 때문이다. 이점에 관해서는 6장 "트라우마의 재현" 2단원 "주체성과 탈주체성", 3단원 "말할 수 없는 자와 말하는 자"를 볼 것.

성요소다. "진실로 듣거나 경청하지 못한다면 말하는 것 자체가 트라우마의 귀환, **사건 자체의 재경험**을 사는 것이 될 수 있기" 때문이다.[166] 공감적 청자 없는 트라우마의 기억은 극복작업이 아닌 행동화에 머물 수 있다. 라웁은 자신의 말을 들어줄 청자가 없을까 염려하는 레비의 악몽에 주목한다. 레비는 고향으로 돌아가 자신의 경험을 가족에게 말하는 꿈을 꾼다.

여기 내 누이가 어떤 알 수 없는 친구와 다른 많은 사람들과 함께 있다. 그들은 모두 나를 듣고 있고 나는 세 음표의 호각 소리, 딱딱한 침대, 옮기고 싶지만 나보다 힘이 세서 깨우기 겁나는 이웃에 대해 말하고 있다. (…중략…) 집에서 다정한 사람들 사이에 있는 것 그리고 그렇게 할 이야기가 많은 것은 표현할 수 없는 강렬한 신체적 즐거움이지만 나는 내 말을 듣는 자들이 나를 이해하지 못한다는 걸 알아차릴 수밖에 없다. 사실 그들은 완전히 무관심하다. 그들은 마치 내가 없는 것처럼 자기들끼리 다른 것에 대해 혼란스럽게 말한다. 내 누이는 나를 보고 일어나 한 마디도 없어 가버린다. 이제 어릴 적 고통이 간신히 기억난 것처럼 황량한 슬픔이 마음속에서 생긴다. (…중략…) 나는 여기 온 후 이 꿈을 한번이 아니라 여러 번 꾼 것을 기억한다. (…중략…) 나는 알베르토에게 이 꿈을 이야기했고 놀랍게도 그가 자신과 다른 많은 사람, 아마도 모든 사람이 그런 꿈을 꾼다고 말했던 것을 기억한다.[167]

강제수용소 수감자가 누구나 꿈꾸었을 꿈에서 가족과 가까운 지인에게 자신의 경험을 말하는 즐거운 상상의 한복판에는 그들이 자신의 증

---

166 Shoshana Felman and Dori Laub, *Testimony*, 67쪽.
167 Primo Levi, *Survival in Auschwitz*, 60쪽.

언을 경청하지 않을지 모른다는 두려움과 불안이 존재한다. 이런 불안으로 레비가 가족에게 자신의 이야기를 들려주는 것을 상상하는 꿈은 증언이 되지 못하고 독백으로 귀결되는 악몽으로 변한다.

　레비와 그의 동료 죄수들이 자신들의 이야기를 듣지 않을 거라는 불안은 역사의 차원에서 이미 발생했다. 레비는 강제수용소에서 진실을 알리려고 반란에 가담했던 자들의 외침을 세상이 무시한 것을 이미 경험했었다.

> 반란군들에게는 자유세계가 대량 살상의 끔찍한 비밀에 관심을 기울이게 하려는 또 다른 더 구체적인 결과를 이루려는 의도가 있었다. 실제로 기획에 성공한 소수와 많은 소모적 변화를 겪은 후 정보기관을 접할 수 있었던 자들은 말했었다. 그러나 (…중략…) 그들의 말을 거의 듣거나 믿지 않았다. 불편한 진리의 전달은 어렵다.[168]

죽음을 무릅쓰고 감행한 반란의 소식을 듣지도 믿지도 못하는 세상이 드러내는 "불편한 진리의 전달은 어렵다"는 현실을 알기에 레비는 가족마저 자신의 증언을 외면하는 악몽을 꾸는 것이 아닐까. 가족과 지인이라도 생존자의 경험에 공감하는 일은 결코 쉽지 않으므로 홀로코스트 생존자들에게 레비의 악몽은 종종 현실이 된다. 새 가정을 이룬 생존자의 경우에는 더욱 그렇다. 라웁이 인터뷰한 어떤 여인은 "자식들에게서 느끼는 '타자성' 때문에, 그들이 갑자기 파괴된 부모, 형제, 자식의 세계를 대신하기를 그리고 그 세계에 완전히 부합하기를 거부하기에 자식들

168　Primo Levi, *The Drowned and the Saved*, 144쪽.

을 비공감적인 이방인들로 경험한다."[169] 이 여인에게 "(가족 안에도) 자신
의 존재를 없앨 정도로 관대하고 세심하며 몰아적인 청중은 없었다."[170]

레비가 겪는 청자의 부재에 대한 불안과 반대로 청자를 꿈꾸는 희망
도 존재할 수 있다. 미래에 증언할 수 있다고 생각하며 생존하는 증인은
언젠가 자신의 말을 들어줄 사람들이 있을 것이라는 희망의 소유자다.
마르갈리트는 도덕적 증인이 품는 희망이 "다른 장소와 시간에 그들의
증언을 들을 도덕적 공동체가 존재하거나 존재할 것"이라는 희망이라고
규정한다.[171] 이 도덕 공동체는 다른 공간 또는 미래에 자신의 증언을 들
어 줄 타자와의 유대를 요구한다. 그런 희망을 지닌 도덕적 증인은 최소
한 미래의 자기와 그런 유대를 맺을 수 있다. 그래서 "최소의 도덕 공동
체는 자신과 현재의 자신이 도덕적 전망을 지닐 거라고 희망하는 미래
의 자기 사이에 있다. 도덕적 증인이 지니는 최소한의 희망은 미래의 자
기에 대한 믿음이다."[172] 메나헴이 엄마의 사진을 "내적 증인"으로 삼아
생존한 것처럼, 도덕적 증인은 미래의 자신을 내적 증인으로 삼아 생존
한다. 미래의 자신은 도덕적 증인의 증언을 들어줄 증언공동체를 대신
하는 역할을 한다.

캐나다 특공대에 속했던 여인의 증언에 대한 라웁의 해석은 증언이
증인과 공감적 청자의 소통과 교감을 통해 역사적 진리를 드러내는 사
건이라는 점을 지적했다는 점에서 중요하다. 앞서 논했듯이 트레지스는
라웁이 증언의 공동체적 역사적 성격을 간과하고 사적인 정신분석치료

---

169 Shoshana Felman and Dori Laub, *Testimony*, 78쪽.
170 위의 책, 78~79쪽.
171 Avishai Margalit, *The Ethics of Memory*, 155쪽.
172 위의 책, 158~159쪽.

와 공적인 증언을 혼동하며 다른 청자인 사학자들의 목소리를 듣지 않는다고 비판한다. 그럼에도 그는 라웁이 "청자가, 증인에 대한 증인으로서, 증언 서사의 시작과 세공에서 중요한 역할을 한다고 주장함으로써 증언의 관계적 성격에 관심을 모았다는 점을 인정받아야 한다"고 평가한다.[173] 즉 라웁은 "청자가 증인이 (…중략…) 자신의 과거에 거리를 두고 서술하는 행위를 통해 자신의 현재와 미래를 창조하게 한다는 점을 명확히 밝힌다."[174] 지보니도 라웁의 초기 논문에서는 주체가 자신의 경험을 타자와 공유하는 증언의 공동체적 효과가 강조된다면, 『증언Testimony』에서는 "증언들이 활성화하고 전제했던 공동체적 상호성이 생존자와 인터뷰진행자 사이의 더 정신분석학적인 성향과 전문적 요구의 유대에 자리를 내주었"고, 후기 논문에서는 언어로 상징화될 수 없는 트라우마의 효과가 강조된다고 비판한다.[175] 또한 라웁의 증언 개념은 "정치 영역과 단절되고 쉽게 연결될 수 없는 대화적 증언의 모델"을 보여준다.[176] 그러나 지보니도 공감적 청자가 증언에서 수행하는 역할에 대한 라웁의 논의가 증언의 공동체적 성격을 밝히는 데 공헌했다고 인정한다. 지보니에 따르면 "실제로 라웁이 묘사한 인터뷰진행자로서의 치료사의 역할은, 인터뷰진행자-치료사를 공동체 전체의 대리인, 즉 개인 생존자의 고통을 완화하고 공동체 전체를 강화할 수 있는 작업에서 중요한 매개자로 설정한다는 점에서, 그가 초기에 묘사한 전문가적 압박에 대한 완벽한 대안이었다."[177]

---

173 Thomas Trezise, "Between History and Psychoanalysis", 8쪽.

174 위의 글, 8쪽.

175 Michal Givoni, *The Care of the Witness*, 150쪽.

176 위의 책, 156쪽.

177 위의 책, 155쪽.

증언을 인식론적 진리와 지식의 전달로 보는 트레지스와 개인의 체현된 진리가 곧 역사적 진리라고 주장하는 라웁이 시각 차이에도 불구하고 공통으로 강조하는 것은 증인과 청자의 대화와 협력이 증언의 필수 요소라는 점이다. 그린스펀은 증언 장르가 증인의 말에 특수한 문맥과 다양한 판본 및 층위가 있다는 사실을 간과하며 트라우마 이론이 트라우마를 생존자의 삶 전체와 분리해서 다루는 경향이 있다고 비판한다. 그는 증인이 주고 타자가 받는 선언의 함의를 지니는 '증언testimony'이라는 용어가 생존자의 말이 지니는 임의적이고 창조적인 면과 증인과 청자의 능동적인 상호관계를 간과한다고 주장한다. 그래서 그는 '증언' 대신 '이야기account' 그리고 '이야기'의 동명사인 '이야기하기recounting' 또는 '다시 말하기retelling'를 사용한다. 그린스펀에 따르면 "'증언'이 끌어내기만 하면 되는 독백이라면 '다시 말하기'는 생존자의 이야기가 가장 전형적으로 출현하는 복잡한 대화의 여지를 지닌다."[178] 그린스펀의 '이야기' 개념의 핵심은 "하나의 생각이 내가 갖고 있다고 알지 못했던 다른 생각을 촉발하고 또 다른 생각을 촉발했어요. 이게 아주 만족스런 부분이지요. 내가 무얼 가르치고 있다고 상상하든 간에 나는 동시에 배우고 있어요. 우리는 같이 배우고 있어요"라는 홀로코스트 생존자 루빈Agi Rubin의 말에서 찾을 수 있다.[179] 이 말은 증언이 이미 알고 기억하는 것을 전하는 것이 아니라 몰랐던 것을 알게 되고 인터뷰진행자와 함께 배워나가는 과정이라는 점을 잘 표현한다. 그래서 증인과 청자는 "대화의 파트너들"이고 증언은 "생존자**로부터** 알거나" "그들에 **대해** 아는" 것이 아니라

---

178 Henry Greenspan, "From Testimony to Recounting : Reflections from Forty Years of Listening to Holocaust Survivors", 142쪽.

179 위의 글, 142쪽에서 재인용.

"생존자와 **함께** 아는 것"이다.[180]

'증언'을 '이야기'로 대치하지 않아도 상호와 협동의 성격은 증언의 필수요소다. 상호와 협동의 중요성은 최근의 증언 연구에서도 나타난다. 크래머는 증언을 사실의 정보와 지식을 전달하는 것으로 보는 인식론적 증언 연구와 개인 체험의 전달로 보는 윤리적 / 정치적 증언 연구의 차이가 최근에 인식론적 증언 연구 안에서 발생하고 있다고 분석한다. 크래머에 따르면 증언의 지식을 궁극적으로 지식을 접하는 개인이 추론하고 연역하는 독립적인 정신 능력의 판단에 의해서만 정당화되는 것으로 보는 환원주의reductionism 대신 모든 지식은 타자의 정보에서 오므로 증언 지식은 열등한 지식이 아니라 "**고유한 인식론적 원천**"이라고 보는 반환원주의anti-reductionism가 출현했다.[181] 그러나 반환원주의에서도 결국 청자가 증인의 말을 관찰, 평가, 해석한 후에 승인하므로 궁극적으로 환원주의와 마찬가지로 '증거주의evidentialism'를 벗어나지 못하며, "이 두 입장의 특징은 수신자가 증인에 **인식론적으로 의존하는 것**을 제거하려는 것이다."[182] 증언을 증인의 진술 또는 주장assertion으로 간주하는 이런 입장은 "우리의 객관적 지식 구조를 결정하고 지탱하는 삼인칭 시점"을 채택하는 입장이다.[183]

이와 달리 최근의 인식론적 증언 연구는 증언이 수신인에 의존한다는 사실에 주목한다. 쿠쉬Martin Kusch에게 "증언은 공동체적 지식 생산 행위"

180　위의 글, 147쪽.
181　Sybille Krämer, "Epistemic Dependence and Trust : On Witnessing in the Third-, Second-, and First-Person Perspectives", *Testimony/Bearing Witness*, Sybille Krämer and Sigrid Weigel 공편, 249쪽.
182　위의 글, 249쪽.
183　위의 글, 251쪽.

이고 이는 "증언 지식의 사회적 위상이 수신인의 명시적 암묵적 동의에 의존한다"는 것을 의미한다.[184] 모란Richard Moran은 증언의 신뢰성이 증인의 진술 또는 주장에 대한 청자의 판단이 아니라 증인의 확언assurance에 있다고 주장한다. 증인의 확언은 "증인과 청자 사이에 특별한 대인 관계를 창조한다."[185] 확언 이론은 정보에 대한 제3 자적 판단이 아니라 증인의 확언에 대한 청자 즉 제2 자의 신뢰를 강조하고 인식을 삼인칭 시점과 연결하지 않으므로 "증인 지식은 이차적 지식second-hand knowledge으로 남는다."[186] 이런 입장은 증언이 객관적 지식이라는 인식론적 입장과 증언을 증인의 직접적인 호소와 청자의 신뢰에 기초한 상호관계의 관점에서 보는 윤리적인 입장을 통합한다. 즉 여기에서 "윤리적 관계는 인식론적 조건을 체현한다."[187]

크래머는 한 걸음 더 나아가 증인을 "사건의 관찰자가 아니라 사건의 체현된 흔적"으로 보고 증언을 증인의 체현된 표현으로 보는 일인칭 시점의 입장도 가능하다고 주장한다.[188] 증인이 사건의 흔적이므로 "목격자 또는 희생자의 말은 **지시적**indexical 성격을 지닌다. 그것은 단순히 재현이 아니라 개인적이고 사적인 경험의 표현으로 해석될 수 있는 것의 **현시**presentation다."[189] 청자가 증언을 지식과 정보가 아니라 사건을 체현하는 증인의 표현으로 대할 때 증인과 청자의 관계는 더 긴밀해질 수 있다. "증언이 표현 양식으로 이해될 때 청자는 (…중략…) 증인에 대해 인식

---

184 위의 글, 250쪽.
185 위의 글, 251쪽.
186 위의 글, 253쪽.
187 위의 글, 253쪽.
188 위의 글, 254쪽.
189 위의 글, 254쪽.

론적 입장뿐 아니라 **치유적** 입장을 취할 수 있다."[190] 이런 주장은 인식론적 증언 연구와 탈구조주의적 윤리적 증언 연구 사이, 담론적 역사적 진리와 실존적 체현된 진리 사이의 거리를 메우는 시도이며 증언이 치유의 공간인 정신분석상황과 같다고 보는 라웁의 입장과 다르지 않다. 증인과 청자가 상호주체적이고 공감적인 대화의 과정에서 증언공동체를 형성할 때 비로소 생존자는 진정한 의미에서 고백에서 벗어나 증인이 되고 청자도 정보 수신인의 역할을 넘어 공감적 동반자가 되어 증언을 가능하게 하고 완성하는 참여자가 될 수 있다. 증언공동체는 증인이 새로운 관계를 통해 고립과 침묵에서 벗어나 치유되는 공간이자 개인의 증언이 공적인 역사로 기록되고 공유되는 장소이기에 증언이 개인적이고 사회적으로 실현되는 무대다. 이 무대는 홀로코스트 같은 거대한 사건의 체험만이 상연되는 장소가 아니다. 증언공동체는 크건 작건 상처의 체험을 말하고 듣는 과정에서 사건의 이해를 넘어 삶의 보편적 문제를 공유하는 공감을 통해 상처가 치유될 수 있는 공간이다. 트라우마를 말하는 것이 증언의 시작이라면 듣고 공감하는 것은 증언의 완성이고 개인적 사회적 상처의 치유는 이 과정이 낳는 증언의 열매다.

---

190 위의 글, 255쪽.

제6장

트라우마의 재현

1. 침묵과 공백

샬럿 델보의 3부작 『아우슈비츠와 그 이후*Auschwitz and After*』의 마지막 권 『우리 날들의 척도*The Measure of Our Days*』는 강제수용소에서 고향으로 돌아오는 여행에 관한 '귀환*Return*'으로 시작한다. 델보는 자신과 동료들이 귀환하는 여정을 안도와 환희가 아닌 비현실과 공허의 감정으로 가득 찬 것으로 묘사한다.

내가 그들이 시시각각으로 변하는 걸 목격하고, 그들이 사라져 감지할 수 없고 냉혹하게 유령이 되는 걸 보았을 때 그들은 여행 중 너무 완전히 현실을 상실한 나머지 나는 그들이 사라지는 것을 알아차리는 데 실패했다. 이는 아마 나도 그들처럼 투명하고, 비현실적이고, 유동적이었기 때문일지도 모른다. 나는 주위에서 미끄러지듯 지나치는 군중들 사이에서 떠다녔다. 갑자기 나는 혼자였고, 산소도 없는 공허, 숨을 쉬려고 애썼고 숨이 막혔던 공허 속에서 혼자였다.[1]

---

1 Charlotte Delbo, *Auschwitz and After*, 235쪽.

생존자들이 귀환에서 느끼는 상실감 및 수용소 생활과 현실의 괴리는 그들이 여전히 과거의 시간과 장소에 살고 있음을 보여준다. 델보와 같이 프랑스 레지스탕스 일원이었던 아우슈비츠 생존자 마도Mado는 "많은 수용소 생존자를 관찰한 바에 따르면 그곳에서 나온 자와 아직 그곳에 있는 자 두 범주가 있습니다. 나는 아직 그곳에 있습니다"라고 말한다.[2] 랭거는 이를 "홀로코스트의 사후 죽음"이라고 표현한다.[3] 해방 후에도 죽음의 그림자에서 벗어나지 못하고 현실에서 소외되는 비현실감은 심지어 이곳과 그곳의 경계를 무너뜨린다. 델보는 "나는 그곳에 있었다. (…중략…) 어떻게? 나는 모른다. 그러나 내가 정말 그곳에 있었나? 그게 나였나?"라고 묻는다.[4] 이곳과 그곳의 차이가 없는 것처럼 현재와 과거의 차이도 없다. 델보는 "이곳의 시간과 그곳의 시간 차이를 설명할 수 없다. 그곳의 시간은 텅 비었지만 모든 죽은 자들로, 개별적으로 무게가 없으나 수천의 시체가 쌓일 때 당신을 짓누르는 시체들로 무겁다. 적어도 그곳의 시간은 비었지만empty 이곳의 시간은 공허하다hollow"고 느낀다.[5]

생존자가 느끼는 비현실감과 공허감은 생존자를 침묵하게 한다. 델보는 침묵을 깨는 데 오랜 시간이 걸렸다고 말하지만 말을 회복해도 긴 침묵의 시간을 표현할 언어를 찾지 못한다. "말이 없었던 동안에 무엇이 일어나고 있었는지 나중에 말로 설명하는 것은 거의 불가능했다."[6] 델보는 귀환 후 침묵의 기간뿐 아니라 아우슈비츠에서 일어난 일들을 말로

2　　Lawrence Langer, "Introduction to the Second Edition", Charlotte Delbo, *Auschwitz and After*, xxvi쪽에서 재인용.

3　　위의 글, xxvi쪽.

4　　Charlotte Delbo, *Auschwitz and After*, 236쪽.

5　　위의 책, 343~344쪽.

6　　위의 책, 237쪽.

표현할 수 없다고 토로한다. 생존자들에게 던지는 질문에 대해 델보는 "당신이 쓰는 말이 아니라 / 당신이 이해하지 못하는 말로 / 우리는 어떻게 대답해야 할지 모른다"고 말하는데 그 이유는 "그곳의 모든 것이 설명할 수 없기 때문이다."[7]

생존자가 대답할 수 없는 것처럼 질문하는 자들도 어떻게 물어야 할지 모른다. 델보는 그들이 어떻게 물을지 몰라 "배고픔, 공포, 죽음" 같은 "단순한 것들"에 관해서만 묻는다고 말한다.[8] 청자가 물을 수 없고 증인이 대답할 수 없는 것은 이런 단순한 사실들을 넘어서는 어떤 것이다. 델보가 자신의 경험을 말로 설명할 수 없다고 생각하는 것은 그녀가 느끼는 공허감과 관련이 있지 않을까. 과거나 현재나 생존자의 정신 한복판에는 사실들의 나열로 채워질 수 없는 공백이 존재한다. 이 공백은 말로 표현할 길이 없다. 침묵의 저편에 블랙홀과 같은 공백이 존재한다. 프레스코Nadine Fresco는 홀로코스트 생존자의 자녀들과 인터뷰했을 때 대면한 침묵을 이렇게 표현한다.

말할 수 없는 세월의 뻥 뚫린 어지러운 블랙홀. (……) 침묵이 모든 사람을 짓누르는 무거운 관보처럼 형성되었다. 부모들은 아무것도 설명하지 않았고, 아이들은 아무것도 묻지 않았다. 죽음의 금지된 기억은 단지 이해할 수 없는 고통의 공격이라는 형태로만 자신을 드러냈다. (……) 침묵은 자주 말의 스크린 뒤에 숨어 있어서 더 달랠 수 없었다. (…중략…) 그것은 과거, 모든 과거, 죽음과 파괴 이전의 과거를 삼켜버린 침묵이었다.[9]

---

7   위의 책, 275·276쪽.
8   위의 책, 275쪽.
9   Shoshana Felman and Dori Laub, *Testimony*, 64쪽에서 재인용.

블랙홀 같은 침묵은 "이해할 수 없는 고통"에 대한 "금지된 기억"을 표현할 언어의 부재를 지시한다. 증인은 이 침묵을 깨고 말을 해야 하고 정신분석가, 심리학자 또는 인터뷰진행자는 증인이 침묵을 말할 수 있도록 공감하는 청자가 되어야 한다. 그러나 말하려는 증인과 공감적인 청자로 구성된 이상적인 증언공동체가 있어도 증인은 모든 것을 결코 말할 수 없다. 라웁은 포추노프 아카이브 기획에서 홀로코스트 생존자들을 인터뷰하면서 증인의 말하려는 충동은 표현의 한계에 부딪힌다고 지적한다. "말하고 들리려는 이 명령은 그 자체로 모든 걸 소비하는 평생의 과업이 될 수 있다. 그러나 아무리 많이 말해도 이 내적 충동에 충분할 수 없다. **생각, 기억, 말**로 충분히 포착될 수 없는 이야기를 표현하기에 충분하거나 올바른 말도, 충분하거나 올바른 시간도, 충분하거나 올바른 듣기도 없다."[10] 증인이 침묵을 깨고 말하기 시작해도 그가 말하려는 것을 표현할 수 있는 언어는 없다. 그것은 "생각, 기억, 말로 충분히 포착될 수 없는 이야기"이기 때문이다. 그렇다면 침묵이 깨져도 여전히 증언에는 블랙홀이 존재하는 것이 아닐까. 역설적으로 증인이 말을 해도 침묵은 깨지지 않는다. "침묵은 자주 말의 스크린 뒤에 숨어 있기" 때문이다. 이야기의 한복판에 언어로 포착할 수 없는 트라우마의 블랙홀이 존재한다.

아감벤은 증인의 그리스 어원을 논하면서 이 단어에 내포된 의미를 해석한다. 증인의 그리스어는 *martis* 즉 순교자martyr다. 초기 교부들은 박해받고 죽은 기독교인들이 신앙을 증언했다고 주장하기 위해 *martis*에서 *martirium* 즉 순교martyrdom라는 단어를 만들었다. 아감벤은 나치즘에 의한 희생은 결코 순교가 될 수 없지만 증언하기witnessing와 순교는 두 가

---

10 위의 책, 78쪽.

지 점에서 연관된다고 지적한다. 우선 그리스어 *martis*의 동사형이 "기억한다"는 뜻이므로 순교는 생존자가 기억할 소명과 관계된다. 그러나 더 중요한 것은 이단자들이 순교를 "전적으로 무의미한 죽음"*perire sine causa*으로 여겼다는 사실에 있다.[11] 초기 교부들은 이단자들의 이런 해석에 맞섰고, "누구든지 사람들 앞에서 나를 안다고 증언하면, 사람의 아들도 하느님의 천사들 앞에서 그를 안다고 증언할 것이다"라는 그리스도의 말씀은 그들이 "순교를 신성한 명령으로 해석해서 불합리한 것의 이유를 찾는 것을 가능하게 했다."[12]

그래서 증인과 순교의 둘째 연관성은 "절대적으로 무의미한" 홀로코스트에 종교적 의미를 부여하는 것에 있다.[13] 아감벤은 "일부 종교적 극단주의자들이 절멸을 예언자 방식에 따라 우리 죄에 대한 처벌로 해석하려는 시도는 거슬린다. 아니다! 나는 이를 받아들이지 않는다. 끔찍한 것은 그것이 무의미했다는 것이다"라는 프리모 레비의 발언을 토대로 홀로코스트에 종교적 의미를 부여하는 경향의 문제점을 지적한다.[14] 홀로코스트는 원래 "완전히 탄"을 뜻하는 그리스어 *holocaustos*에서 유래한 단어로서 초대 교부들은 유대인들의 희생제물을 비판하기 위해 이 용어를 사용했고, 동시에 기독교 순교자들을 지칭하기 위해 이 용어의 은유적 의미를 확대했으며, 마침내 "십자가 위 그리스도의 희생이 궁극적으로 홀로코스트로 정의된다."[15] 이렇게 홀로코스트는 신을 위한 거룩한

---

11 Giorgio Agamben, *Remnants of Auschwitz*, 27쪽.

12 위의 책, 27쪽. 인용된 성서는 『성경』(한국천주교중앙협의회, 2005), 루가복음 12절 8~9절.

13 Giorgio Agamben, *Remnants of Auschwitz*, 28쪽.

14 Primo Levi, *Conversazioni e interviste*, Turin : Einaudi, 1997, 219쪽. Giorgio Agamben, *Remnants of Auschwitz*, 28쪽에서 재인용.

15 위의 책, 29쪽.

희생의 의미를 획득하게 된다. 따라서 "(보통 대문자 H가 사용되는) 불행한 용어 '홀로코스트'는 원인이 없는*sine causa* 죽음을 정당화하기 위해 즉 이해할 수 없는 것으로 보이는 것에 의미를 되돌려주기 위한 이런 무의식적 요구에서 발생한다."[16]

레비에게 홀로코스트가 끔찍한 이유는 그것이 "무의미한" 것이었기 때문이다. 따라서 어떤 의미도 찾을 수 없는 사건을 신성한 희생의 의미를 지닌 홀로코스트로 부르는 것은 의미가 없는 공백을 의미로 메우려는 시도다. 모든 증언에 이런 공백이 있다. 아감벤은 "모든 증언에는 또 다른 빈틈*lacuna*이 있다"는 레비의 말을 인용하며 레비가 의미하는 증언 속 빈틈의 의미에 주목한다.[17] 이 "빈틈"의 의미는 무엇일까? 레비는 자신의 생존을 증언과 연결하는 종교적인 친구의 시각에 불편함을 느낀다.

내 종교적 친구는 내가 증언할 수 있기 위해 생존했다고 말했었다. (…중략…) 그러나 내가 증언하는 것 자체가 아무런 심각한 문제 없이 내가 생존해서 오랜 세월 사는 특권을 내게 줄 수 있었다는 생각은 나를 괴롭히는데 그 이유는 특권과 결과 사이에 어떤 비율도 찾을 수 없기 때문이다. 반복하지만 우리 생존자들은 참된 증인들이 아니다. (…중략…) 우리 생존자들은 근소할 뿐 아니라 이례적인 소수다. 우리는 변명이나 능력 또는 행운으로 바닥에 닿지 않은 자들이다. 바닥에 닿은 자, 고르곤*Gorgon*을 본 자들은 그것에 대해 말하기 위해 돌아오지 못했거나 말없이 돌아왔지만, 그들은 "무슬림들", 침잠한 자들, 완전한 증인들, 보편적*general* 의미가 있는 성향을 지닌 자들이다. (…중략…)

---

16 위의 책, 28쪽.
17 Primo Levi, *Conversazioni e interviste*, 215쪽. Giorgio Agamben, *Remnants of Auschwitz*, 33쪽에서 재인용.

끝난 파괴, 완수된 작업은 아무도 말하지 않았다. 누구도 자신의 죽음을 묘사하러 돌아오지 않았기 때문이다. 신체가 죽기 전 그들의 죽음이 시작되었으므로 익사한 자들은 종이와 펜이 있었어도 증언할 수 없었다. 절멸되기 수 주, 수개월 전에 그들은 관찰하고 기억하고 비교하고 자신을 표현할 능력을 상실했다. 우리는 대리로 그들 대신 말한다.[18]

레비는 왜 증언의 특권과 증언의 결과 사이에 어떤 비율도 찾을 수 없다고 말하는 것일까? 그 이유는 그가 증언해야 할 것과 실제로 그가 증언한 것 사이에 불가피한 괴리가 있기 때문이다. 레비는 생존자가 궁극적으로 죽은 자들을 증언하는 데 한계가 있다고 인식한다.

그래서 그가 "모든 증언에 또 다른 빈틈이 있다"고 말할 때 그 빈틈은 생존자들의 증언 한복판에 있는 강제수용소에서 죽은 무슬림들의 침묵을 의미한다. 죽어서 증언할 수 없는 무젤만들이 "참된 증인들" 또는 "완전한 증인들"이고, 생존자는 아감벤의 표현을 빌리면 그들을 대신해 '실종된 증언missing testimony'을 증언하는 '허위 증언자pseudo-witness'에 불과하다.[19] 아감벤이 말하듯 "여기에서 증언의 가치는 본질적으로 그것이 결여하고 있는 것에 있다. 그것은 한복판에 증언할 수 없고 생존자에게서 권위를 비우는 어떤 것을 포함한다."[20] 완전한 증인이 없는 상황에서 대신 증언하는 생존자에게 권위는 없다. 그의 증언 한복판에는 완전한 증인의 침묵으로 이루어진 공백이 존재하기 때문이다. 4장에서 논했듯이 레비는 강제수용소에서 겪은 고뇌가 창세기 2장에 묘사된 "신의 정신

---

18   Primo Levi, *The Drowned and the Saved*, 69~71쪽.
19   Giorgio Agamben, *Remnants of Auschwitz*, 34쪽.
20   위의 책, 34쪽.

아래 으스러진, 그러나 인간의 정신은 없는, 버려지고 공허한 우주의 '토후보후tohu-bohu', 즉 아직 태어나지 않았거나 이미 소멸한 것이 모든 사람에게 새겨진 고뇌"라고 말한다.[21] 히브리어 *tohu-bohu*는 창조 이전 무형의 공허를 의미한다. 그렇다면 생존자의 증언 한복판에 있는 공백은 침묵으로 남는 것일까?

2. 주체성과 탈주체성

5장에서 보았듯이 펠먼은 유대인 게토를 방문한 카르스키가 결국 "침묵의 전달자"가 된 예를 제시하며 외부인이 수용소 안의 경험을 증언하는 것이 불가능하다고 말하면서도 귀환한 증인 스레브닉의 노래가 증언의 안과 밖을 연결하는 효과를 지닌다는 결론을 내린다. 아감벤은 이런 결론이 극 결말에 신을 갑자기 등장시켜 모순을 해결하는 데우스 엑스 마키나로 증언의 역설을 해결하고 증언을 미학화하는 것이라고 비판하며 이는 펠먼이 안과 밖의 관계를 "연결"이나 "대화"로 파악함으로써 "증언 구조의 이해"에 도달하지 못하기 때문이라고 지적한다.[22] 그렇다면 증언의 구조를 구성하는 안과 밖의 관계는 무엇일까?

아감벤은 증언의 구조에서 안과 밖의 관계를 '이접離接, disjunction'으로 명명한다. 그가 말하는 "증언 구조의 이해"를 위해서는 주체성에 대한 그의

---

21 Primo Levi, *The Drowned and the Saved*, 71쪽.
22 Giorgio Agamben, *Remnants of Auschwitz*, 36쪽. "증언의 패러독스를 데우스 엑스 마키나(*deus ex machina*)로 설명하는 것은 증언을 미학화하는 것이고 이는 란즈만이 주의 깊게 피하는 것이다." 5장 「상처의 외침」 각주 165번을 참조할 것.

철학적 사유를 살펴보는 것이 필요하다. 아감벤에 따르면 인간 주체성 안에는 필연적으로 탈주체성이 존재한다. 즉 탈주체성은 주체성을 구성하는 필수 불가결한 요소다. 아감벤은 벵베니스트의 화행[언표, enunciation] 이론에서 주체성의 탈주체성 개념을 추출한다. 언어에는 주체가 언어를 사용할 수 있게 하는 기호들이 존재한다. "모든 언어에는 일련의 기호들 ― 예컨대 대명사 '나' '너' '이것[this]'과 부사 '여기[here]' '지금[now]' 등을 포함해서 언어학자들이 '전위사[shifters]'나 화행의 지시자[indicator]라 부르는 것 ― 이 있어서 개인이 언어를 사용하기 위해 언어를 전유하도록 허락한다."[23] 예컨대 개인은 '나'라는 전위사를 사용해서 "나는 ……"이라고 말할 수 있다. 그런데 전위사들은 현실을 지시하지 않으며 "그것들의 의미는 사용되는 담론 사건의 지시를 통해서만 발생한다."[24] 즉 많은 개인이 '나'라고 말할 수 있지만 이 '나'의 의미는 말을 수행한 현실의 개인이 아닌 화행으로 구성되는 담론의 현재에서만 의미를 지닌다. "따라서 화행은 진술된 것의 **텍스트**가 아니라 그것의 **발생**을 지시한다. 개인은 말해진 것이 아닌 말하는 사건 자체와 동일시하는 조건에서만 언어를 사용할 수 있다."[25]

'나'는 말하는 담론 밖의 특수한 개인이 아니라 말하는 행위를 통해 구성되는 담론의 주체[주어]인 "나를 포함하는 담론의 현재 순간을 말하는 사람"을 지시한다.[26] 따라서 말하는 행위로 발생하는 담론에서 주체[주어]로 출현하는 화행의 주체는 그렇게 구성되는 담론 안에 있으므로 말할 수 없게 된다.

23　위의 책, 115쪽.

24　위의 책, 115쪽.

25　위의 책, 116쪽.

26　Emile Benveniste, *Problems in General Linguistics*, Mary Elizabeth Meek 역, Coral Gables, FA : U of Miami P, 1971, 218쪽. Giorgio Agamben, *Remnants of Auschwitz*, 116쪽에서 재인용.

"나" "너" "이것" "이제 ……"라고 말함으로써 그는 모든 지시적 현실을 빼앗기고 오로지 담론 사건과의 순수하고 빈 관계를 통해서만 자신이 정의되게 허락한다. 화행의 주체주어는 담론으로 구성되고 담론에서만 존재한다. 그러나 바로 이런 이유로 일단 주체가 담론 속에 있으면 그는 아무것도 말할 수 없다. 그는 말할 수 없다. "나는 말한다"는 따라서 "나는 시인이다"만큼 모순된 진술이다. 왜냐하면 "나"는 이미 항상 그것나에게 말을 주는 개인에 관해서 타자이기 때문이다. 이 나-타자가 말한다고 말하는 것도 타당하지 않다. 왜냐하면 그것이 모든 의미에서 독립되어 순수한 언어 사건에서만 지탱되는 한 이 나-타자는 말하는 것의 불가능성에 서 있고 아무것도 말할 것이 없기 때문이다. 담론 사건의 절대적 현재에서 주체화와 탈주체화는 매 순간 동시에 발생하고 살과 피로 구성된 개인과 화행의 주체 모두 완벽히 침묵한다. 이는 말하는 자가 개인이 아니라 언어라고 표현할 수도 있겠지만, 이는 말하는 것의 불가능성이 알지 못하는 방식으로 말speech에 도래했다는 것을 의미한다.[27]

개인은 말하는 행위 즉 화행을 통해서 언어적 주체 즉 "나" "너"로 지시되는 화행의 주체가 된다. 그런데 이 주체는 말하는 행위로 구성되는 담론의 현재에서만 존재하며 담론 밖 개인을 지시하지 못한다. 그러므

---

27 Giorgio Agamben, *Remnants of Auschwitz*, 116~117쪽. "나는 말한다"가 "나는 시인이다" 만큼 모순된 진술이라는 말은 아감벤이 언어적 주체와 시인의 공통점을 지적하는 맥락에서 이해할 수 있다. 아감벤은 키츠(John Keats)가 시인이 자아를 상실하는 것에 대해 고백한 편지를 분석하며 이런 연관성을 찾아낸다. 예컨대 키츠는 "시(인)적 성격(나는, 내가 무엇이기라도 한다면, 내가 일원인 그런 종류의 성격)에 대해서 말하자면 그것은 그 자체가 아니고 ― 자신의 자아가 없고 ― 그것은 모든 것이자 아무것도 아니다 ― 그것은 아무런 성격이 없다"고 말한다. John Keats, *The Letters of John Keats*, Maurice Buxton Forman 편, Oxford : Oxford UP, 1935, 226쪽. Giorgio Agamben, *Remnants of Auschwitz*, 112쪽에서 재인용.

로 이렇게 출현한 "나"는 담론 밖 개인에게 이미 "타자"이고 담론 밖 현실의 개인은 "나는 말한다"라고 말할 수 없다. 말하는 행위를 통해 화행의 주체로 출현하는 과정은 곧 현실의 개인이 담론 속 "나" 즉 주체가 아닌 자로 탈주체화되는 과정이다. "다시 말해서 화행의 주체가 되기 위해 개인은 효과적으로 말의 행위자로서의 자신을 제거한다."[28]

개인에게 타자인 화행의 주체 "나"도 말할 수 없다. 왜냐하면 이 주체는 말하는 화행의 "순수한 언어 사건에서만 지탱되기" 때문이다. 따라서 담론 밖 현실의 개인과 담론 속 화행의 주체 "모두 완벽히 침묵한다." 그 결과 말하는 행위는 역설적으로 "말하는 것의 불가능성"을 드러내는 행위다. 밀스Catherine Mills가 말하듯이 "개인은 화행의 주체인 '나'의 문법적 지위를 취함으로써만 말하는 가능성에 들어선다. 그러나 이 '나'는 이미 항상 개인과 구분되므로 말하는 것은 개인이 아니고 개인은 침묵한다. 그러나 동시에 '나'도 단독으로 화행의 주체가 될 수 없다. 왜냐하면 문법적 전위사로서 그것은 화행의 사건 또는 발생을 지시하는 것 밖에서 어떤 실체적 내용도 갖고 있지 못하기 때문이다."[29]

아감벤은 이런 주체성과 탈주체성의 관계를 주체의 능동성과 수동성의 역설과 연관시킨다. 그는 칸트가 『순수이성비판Critique of Pure Reason』에서 직관intuition과 내적 감관 즉 내감inner sense을 설명하며 논하는 주체성의 역설에서 능동과 수동의 관계에 주목한다. 칸트 철학에서 상상력imagination은 감성sensibility이 포착한 다양한 경험대상의 직관을 종합하고, 지성understanding은 이 종합에 범주들categories을 적용해서 판단한다. 그러나 경

---

28   Catherine Mills, "Linguistic Survival and Ethicality : Biopolitics, Subjectification, and Testimony in *Remnants of Auschwitz*", *Politics, Metaphysics, and Death : Essays on Giorgio Agamben's* Homo Sacer, Andrew Norris 편, Durham : Duke UP, 2005, 204쪽.

29   위의 글, 204~205쪽.

험대상이 아닌 주체 내감의 경우에는 상상력과 지성이 자신에게 작용하는 역설이 발생한다.

이제 내감의 형식을 설명할 때 모두에게 명백한 역설을 설명하기에 적절한 지점에 이르렀다. 즉 이 감관은 의식에게 우리 자신을 우리 자체로서가 아니라 우리에게 현상하는 대로만 표상한다. 왜냐하면 우리는 우리가 내적으로 **촉발되는**affected 대로만 우리를 직관하기 때문이다. 그렇다면 우리는 우리 자신에게 (능동적 촉발에 대한) 수동적 관계에 있어야 하므로 이는 모순이다. 심리학 체계에서 우리가 **통각**apperception 능력과 주의 깊게 구분했던 **내감**이 보통 통각과 동일한 것으로 간주되는 것은 이 모순을 피하기 위한 것이다. 내감을 규정하는 것은 지성과 — 다양한 직관을 결합하는, 즉 그 직관을 통각 아래 집어넣는 — 지성 고유의 **능력**이며, 지성의 가능성 자체는 이 능력에 의존한다. 우리 인간의 지성은 그 자체로 직관들의 능력이 아니라서 직관들이 감성에 주어져도 그것들을 **자신의** 다양한 직관을 결합하듯이 **자신으로** 취할 수 없다. (…중략…) 다시 말해서 지성은 감성적 직관의 형식에 따라 그것에게 주어지는 다양에 관해서, 감성을 내적으로 규정할 수 있다. 그래서 지성은 **상상력의 초월적 종합**의 이름으로 이 **능력**을 지닌 **수동적** 주체에게 이 행위를 수행하고, 그렇게 함으로써 내감이 촉발된다고 말하는 것이 정당화된다.[30]

칸트는 "통각과 통각의 종합적 통일"을 "내감"과 구분한다.[31] 통각이

---

30 Immanuel Kant, *Critique of Pure Reason*, Norman Kemp Smith 역, New York : St Martin's, 1965, 165~166쪽. 이 책의 인용은 영문판을 필자가 번역한 것이고 다음의 한글판 번역을 참고했다. 임마누엘 칸트, 『순수이성비판』 1, 백종현 역, 아카넷, 2006. 한역에서 "잡다"로 번역한 "여러 / 많은(많음)"을 뜻하는 manifold는 명사와 형용사를 혼용할 수 있는 "다양(한)"으로 옮겼다.

감성이 포착한 경험대상의 직관에 적용해서 직관들을 결합하고 지성의 개념들인 선험적 범주들을 경험대상에 적용한다면, 내감은 경험대상에 대한 다양한 직관이 없으므로 "직관의 형식만 포함한다."[32] 그런데 우리가 우리 자신을 현상으로 표상하기 위해서는 경험대상의 직관 없이 직관의 형식만 포함한 내감을, 통각이 경험대상의 다양한 직관을 결합하고 (범주들 아래 편입해) 규정하듯이, 규정해야 한다. 따라서 통각과 내감은―통각은 경험대상의 직관을, 내감은 내적인 직관을 다루므로―엄밀히 구분됨에도 불구하고, 직관을 종합하고 결정하는 형식이 같기 때문에 같은 것으로 여기는 경향이 발생한다. 다시 말해서 지성은 경험대상과 무관하게 내적으로 주어지는 "자신의 다양한 직관"을 통각이 경험대상에 대한 다양한 직관을 결합하고 범주들 아래에 편입해 규정하듯이 즉 "감성적 직관의 형식에 따라" 규정할 수 있다. 즉 주체는 경험대상의 직관을 종합하듯 자신의 내감을 종합해야 하는데, 이때 주체의 지성은 종합의 능력을 지닌 자신을 대상으로 이 종합의 능력을 행사한다. 따라서 종합의 능력을 능동적으로 행사하는 지성의 주체는 동시에 "수동적 주체"가 된다.

"능동적 촉발"을 수행하는 주체는 동시에 촉발되고 직관되는 수동적 대상이 된다. 이 과정에서 능동적 / 수동적 촉발은 감관의 차원이고 나를 지각하는 내감은 "의식에게 우리 자신을 우리 자체로서가 아니라 우리에게 현상하는 대로만 표상한다." 감관과 직관의 차원은 사유와 다르다. 나는 나 자신을 의식할 수 있고 내가 존재한다는 의식은 사유의 차원이다. 그러나 나에 대한 지식을 얻기 위해서 즉 나를 알기 위해서는 경험

31　위의 책, 166쪽.
32　위의 책, 166쪽.

대상의 직관이 필요하듯 나의 직관이 필요하다. "나 자신에 대한 지식을 위해서 나는 의식 이외에 즉 나 자신에 대한 사유 이외에 이 사유를 결정하는 수단인 내 안의 다양에 관한 직관이 필요하다."[33] 따라서 나 자신에 대한 지식은 나의 존재에 관한 (사유 차원의) 지식이 아니라 내가 내감을 통해 능동적 나에게 "직관과 내적 지각의 대상"으로 현상하는 수동적 나에 대한 지식이다.[34] 벵베니스트 이론에서 언어적 주체의 탄생이 말의 상실을 가져와 탈주체성이 발생하는 과정인 것처럼 칸트에게 자신에 대한 지식을 얻는 능동적 행위는 곧 자신을 수동적 대상으로 삼는, 능동성과 수동성이 중첩되는 역설의 과정이다.

3. 말할 수 없는 자와 말하는 자 아감벤의 증언 이론

이 역설의 과정은 증언과 어떤 관계가 있을까? 아감벤은 인간이 자신을 직관하는 '자동 촉발auto-affection'에 관한 칸트의 논의에서 발생하는 주체의 능동성과 수동성의 역설적 관계를 무젤만과 증인의 관계에 대입한다.

모든 것이 주체 내부에서 발생하기 때문에 능동성과 수동성은 일치해야 한다. 수동적 주체는 자신의 수동성에 관해서 능동적이어야 한다. (…중략…) 우리가 빛에 의해 찍힌 사진 인쇄나 봉인 이미지가 찍힌 밀랍을 단순히 수용적receptive이라고 정의하면, 자신을 수동적이라고 능동적으로 느끼는 것, 자신의 수용성에 의해 촉발되는 것만 "수동적"이라는 이름을 부여할 것이다. 자기

---

33   위의 책, 169쪽.
34   위의 책, 167쪽.

촉발로서의 수동성은 따라서 2급의 수용성, 자신을 경험하는 즉 자신의 수동성에 의해 움직이는 수용성이다. (…중략…) 주체성의 형태로서의 수동성은 따라서 순전히 수용적인 극(무젤만)과 능동적으로 수동적인 극(증인)으로 구성적으로 분열되나 이 분열이 두 극을 완전히 분리되게 남겨두지 않는 방식으로 그렇게 한다. 반대로 그것은 항상 **친밀성**intimacy의 형식, 수동성에 처하게 되는 형식, 즉 두 용어가 구분되면서도 분리될 수 없게 자신을 수동적으로 만드는 형식을 지닌다.[35]

아감벤은 칸트 이론에 나타나는 주체의 자기 촉발의 역설에서 주체의 능동성과 수동성이 구분되면서도 분리될 수 없는 친밀성을 지닌다는 점을 강조한다. 그런데 아감벤은 왜 주체 내부에서 발생하는 능동성과 수동성의 밀접하게 분리된 역설적 관계를 주체 내부가 아닌 증인과 무젤만의 관계와 병립시키는 것일까? 그 이유는 아감벤이 증인과 무젤만이 인간의 분리될 수 없는 두 속성 즉 인간성과 비인간성 또는 주체성과 탈주체성을 드러낸다고 보기 때문이다.

앞서 언급했듯이 그가 펠먼이 증언 구조의 이해 없이 안과 밖을 연결한다고 비판하는 것도 이와 관련된다. 왜냐하면 아감벤에게 증언은 트라우마 경험의 밖에 있는 자가 안에 있던 자를 증언하는 것이 아니라 안과 밖의 구별이 불가능한 관계, "안과 밖이 구분되지 않는 경계threshold" 즉 인간성 안의 비인간성에 대한 증언이기 때문이다.[36] 그에게 "증언이 말하는 것"은 "인간존재들은 그들이 인간이 아닌 한 인간이다" 또는 "인간존재들은 그들이 비인간을 증언하는 한 인간이다"라는 역설적인 테제

---

35   Giorgio Agamben, *Remnants of Auschwitz*, 109~111쪽.
36   위의 책, 36쪽.

로 정식화될 수 있다.[37] 증언은 인간이 인간의 불가피한 속성을 구성하는 비인간성을 증언하는 것이다. 따라서 비인간성을 드러내는 무젤만을 증언하는 증인은 타자가 아닌 자신 내부의 속성을 증언하는 것이기에 "안과 밖이 구분되지 않는 경계"로서의 증언 구조를 예시한다.[38]

인간(성)과 비인간(성)의 불가분한 역설적 관계가 무젤만과 증인의 관계다. 앞서 보았듯이 레비는 바닥에 닿아본 적이 없는 생존자들이 "참된 증인"이 아니며, 바닥에 닿고 고르곤을 목격했으나 돌아와 증언할 수 없었던 무젤만들이 "완전한 증인"이라고 말한다. 뱀으로 뒤덮인 여자의 머리를 가진 고르곤을 보는 자는 죽음을 면하지 못한다. 아감벤은 프론티시뒤크루François Frontisi-Ducroux의 연구에서 고르곤을 보는 자는 죽으므로 볼 수 없음에도 불구하고 보는 것을 피할 수 없다는 역설을 발견한다. 보는 것이 금지된 고르곤은 얼굴 — 그리스어 프로소폰prosopon — 이 아닌 반얼굴anti-face 또는 무얼굴non-face이지만 옆얼굴profile이 없고 항상 평편한 얼굴로 그려져 보지 않을 수 없다. "죽음을 초래하므로 보일 수 없는 금지된 얼굴은 그리스인들에게 무얼굴이라서 결코 프로소폰이라는 용어로 지시되지 않는다. 그러나 그리스인들에게 이 불가능한 비전은 동시에 절대적으로 불가피하다. (…중략…) 비전의 불가능을 나타내는 고르

---

37 위의 책, 121쪽.

38 캐서린 밀스는 아감벤이 주체의 자기촉발을 강조함으로써 주체와 타자의 관계를 무시한다고 비판한다. "그는 정확히 말해서 '증언하는 것'이 직관적으로 동반하는 문제 — 즉 산 자와 죽은 자의 관계 또는 주체와 언어에서 주체로 나타날 수 없는 자들과의 관계 — 를 회피한다. 왜냐하면 아감벤이 제시하는 그런 의미에서 주체를 구성하기 위해 언어에 들어서는 살아 있는 존재는 없기 때문이다." Catherine Mills, "Linguistic Survival and Ethicality", 210~211쪽. 그러나 아감벤이 주체의 자기촉발의 역설을 증인과 무젤만의 관계에 대입하는 것은 역으로 증인이 무젤만의 비인간성을 타자의 속성으로 여기지 않고 자신의 문제로 인식해서 무젤만 / 타자와 더 밀접한 관계를 형성하게 한다고 볼 수 있다.

고네이온*gorgoneion*은 보이지 **않을** 수 없는 것이다."[39] 아감벤에 따르면 프론티시뒤크루는 옆얼굴을 허락하지 않는 고르곤의 정면성[frontality]과 "작가가 서사 관례를 깨고 등장인물이나 대중에게 직접 향하는 수사적 기법인 돈호법[apostrophe]"을 병치시키는데, 이는 "고르곤이 상징하는 비전의 불가능성이 돈호법, 즉 피할 수 없는 부름과 같은 것을 포함한다는 것을 의미한다"고 말한다.[40] 여기에서 보는 것의 불가능성은 무젤만이 생존자가 볼 수 없는 것을 수용소에서 보았다는 것만을 의미하지 않는다. 무젤만과 고르곤의 관계는 생존자 / 증인과 무젤만의 관계와 같다.

> 인간존재의 "바닥"에는 보는 것의 불가능성밖에 없다 ― 이것이 그것을 보게 되면 인간존재를 비인간으로 변모시키는 고르곤이다. 정확히 말해서, 보는 것의 이 비인간적인 불가능성, 인간을 부르고 인간에게 말하는 것 즉 인간존재들이 외면할 수 없는 돈호법 ― 이것이 다름 아닌 증언이다. 고르곤과 고르곤을 본 자 그리고 무젤만과 그를 증언하는 자는 하나의 응시다. 그들은 하나의 볼 수 없는 불가능성이다.[41]

시각의 영역에서 보는 것이 불가능한 것을 불가피하게 보는 것은 수사법에서 보이지 않는 자에게 말하는 돈호법과 같다. 아감벤은 이 불가능과 불가피성의 관계에서 증언구조를 찾는다. 인간존재의 바닥에서 비인간이 된 무젤만은 생존자 / 증인을 부르고 증인은 이 돈호법적 부름에 응답해서 보는 것이 불가능한 무젤만의 존재를 불가피하게 보고 증언해

---

39   Giorgio Agamben, *Remnants of Auschwitz*, 53쪽.

40   위의 책, 53~54쪽.

41   위의 책, 54쪽.

야 한다. 증언 구조는 이렇게 비인간 / 무젤만과 인간 / 증인 사이의 불가능하고 불가피한 관계다. 아감벤이 무젤만과 증인의 관계를 "돈호법 즉 피할 수 없는 부름"으로 표현하는 것은 매우 중요하다. 그것은 생존한 증인이 죽은 무젤만의 부름에 응답해서 증언해야 하는 윤리적 소명을 함축하기 때문이다.

그렇다면 바닥에 닿아본 적이 없는 자가 바닥에 닿은 자를 증언할 수 있을까? 말하지 못하는 자를 말하는 자가 대신 증언해줄 수 있을까? 더 궁극적으로 누가 증인이란 말인가?

둘 중 누가 증언하는가? 누가 증언의 주체인가? 처음에는 인간인 생존자가 비인간인 무젤만을 증언하는 것처럼 보인다. 그러나 생존자가 무젤만을 위해 —"대신" 또는 "대리로"("우리는 그들 대신, 대리로 말한다")의 기술적 의미로 — 증언한다면, 위임받은 자의 행위가 위임한 자에 귀속된다는 법원리에 따라 어떤 의미에서 증언하는 자는 무젤만이다. 그러나 이는 인간 안에서 참으로 증언하는 자가 비인간이라는 것을 의미한다. 그것은 인간은 비인간의 대리인, 비인간에게 목소리를 빌려주는 자에 불과하다는 것을 의미한다. 또는 차라리 권리상 "증인"이라는 칭호를 주장하는 사람이 없다고 할 수 있다. 따라서 말하는 것, 증언하는 것은 무엇인가가 탈주체화되고 침묵하게 되고 바닥으로 가라앉으며, 스스로 참으로 아무 할 말이 없는 주체화된 무엇이 말하는("나는 내가 실제로 경험하지 않은 것에 대해 말한다") 어지러운 운동에 들어서는 것이다. 말 없는 자가 말하는 자를 말하게 하는 곳, 말하는 자가 자신의 말로 말하는 것의 불가능성을 지니는 곳에서 증언이 발생한다. 그래서 침묵하는 자와 말하는 자, 비인간과 인간은 비구분의 지대에 들어서고, 여기에서는 주체의 입장을 정립하고 "나"의 "상상된 실체"와 참된 증인을 확인하는 것이 불가능하다.[42]

생존자와 무젤만, 인간과 비인간, 말하기와 말하지 못함이 불가분 얽혀있는 증언 구조에서 누가 무엇을 증언하는가는 복잡하다. 생존자는 자신이 경험하지 못한 무젤만의 비인간성의 경험을 말함으로써 무젤만의 침묵에 목소리를 부여한다. 그런데 여기에서 능동성과 수동성의 관계는 간단하지 않다. 왜냐하면 생존자가 말하게 하는 자는 바로 말없이 죽어간 무젤만이기 때문이다.

그렇다면 생존해서 말하는 것은 생존자인가 아니면 죽은 무젤만인가? 여기에서 생존의 의미도 복잡한 양상을 지닌다. 아감벤은 "나는 생존한다"라는 의미의 라틴어 *supervivo*가 문법적으로 (넘어서 생존할) 누구 / 무엇이라는 간접목적을 지칭하는 여격dative뿐 아니라 자신에 대한 재귀 용법도 포함하고 있어서 이 경우 "생존하는 자와 (그를 넘어) 무엇이 생존하는 자는 일치한다"고 말한다.[43] 따라서 생존은 생명을 유지하는 차원 즉 "더 참되고 인간적인 생명에 관해 벌거벗은 생명의 순수하고 단순한 지속"이라는 의미와 "비인간을 겪고 살아남은 자"를 지칭하는 "긍정적 의미"를 동시에 지닌다.[44] 즉 생존에는 인간성을 박탈당하고 생명을 유지했던 비인간적 무젤만과 비인간성을 넘어 생존한 자의 의미가 중첩되어 있다. 아감벤에게 아우슈비츠의 교훈은 바로 이 사실을 깨닫는 것이다.

아우슈비츠의 교훈을 요약하는 테제를 만들어보자. 인간존재는 인간존재를 (넘어) 생존할 수 있는 자다. 첫째 의미로 이 테제는 무젤만(또는 회색지대)

---

42   위의 책, 120쪽.
43   위의 책, 132쪽.
44   위의 책, 133쪽.

을 지시하고 따라서 인간적인 것을 (넘어) 생존하는 비인간적 능력을 의미한다. 둘째 의미로 그것은 생존자를 지시하고, 비인간인 무젤만을 (넘어) 생존할 수 있는 인간존재의 능력을 지칭한다. 하지만 자세히 보면 두 의미는 두 의미가 일시적으로 일치하는 (…중략…) 한 지점으로 수렴한다. 무젤만이 이 지점에 있다. 우리는 무젤만에서 레비가 "그들 무젤만들, 익사한 자들이 완전한 증인이다"라고 쓸 때 선언하는 테제가 지니는 제3의 가장 참되고 모호한 의미 ― 인간존재는 비인간이다. 인간성이 완전히 파괴된 자가 참으로 인간적인 자다 ― 를 발견한다. 여기에서 역설은 만일 인간을 증언하는 유일한 자가 인간성이 완전히 파괴된 자라면 이는 인간과 비인간의 일치가 결코 완전하지 않고, 인간을 파괴하는 것은 정말 가능하지 않으며, 항상 무엇이 남는다는 것을 의미한다는 것이다. 증인이 이 잔재다.[45]

인간을 증언하는 완전한 증인이 인간성이 파괴된 비인간인 무젤만이라는 것은 인간과 비인간의 일치 즉 인간이 곧 비인간이라는 것을 의미하지 않는다. 만약 둘이 일치한다면 인간에게는 어떤 분열도 없을 것이다. 오히려 이는 비인간인 무젤만에서도 인간성이 완전히 파괴될 수 없다는 것 즉 비인간을 완전히 비인간이 아니게 만드는 인간성이 남아있다는 것을 의미한다. 그러나 "인간존재가 인간존재의 파괴 이후에도 남은 것"인 이유는 "어딘가에 파괴되거나 구원될 인간 본질이 있기 때문이 아니라 인간의 장소가 분열되어 있고, 인간존재는 살아있는 존재와 말하는 존재, 비인간과 인간 사이의 파열에 존재하기 때문이다."[46] 비인간성 속에서 파괴되지 않고 남은 것은 불변하는 인간의 본질이 아닌 이

---

45   위의 책, 133~134쪽.
46   위의 책, 134쪽.

파열을 증언하는 증인이다. 이렇게 살아 있는 인간living being, 무젤만, 언어의 장에 들어서기 전 즉 주체화되기 전의 인간과 말하는 인간speaking being, 증인, 언어에서 "나"라는 주체화를 통과한 인간 사이의 "비일치, 그들을 구분하는 미묘한 이랑이 증언의 장소다."[47] 증언은 따라서 말할 수 있음과 말할 수 없음 사이의 역설적 관계인 이접에 위치한다.

4. 아카이브와 증언

아감벤이 (말하거나 말하지 못하는) 주체의 차원에서 증언을 무젤만과 증인의 이접적 관계로 파악한다면, 언어의 차원에서는 증언을 아카이브archive와 구분하는 관점에서 정의한다. 그는 푸코가 『지식의 고고학The Archaeology of Knowledge』에서 초월적 의식으로서의 주체를 부정하고 주체를 "순수한 언어의 발생"인 진술statement 또는 담론의 계기인 주체-기능subject function으로 환원한 후 후기에 이르러서야 그렇게 환원된 주체에게 관심을 기울였다는 사실을 지적한다. 푸코의 관심이 후기에 권력에서 권력관계로 이동했고 그 결과 주체-기능에서 주체로 옮겨갔다는 것은 잘 알려진 사실이다.[48] 이런 관심을 보여주는 푸코의 글은 「오명의 인간들의 삶

---

47 위의 책, 135쪽. 살아 있는 인간 / 무젤만은 사회적 주권을 박탈당한 자연적 생명(natural life) 또는 벌거벗은 생명(bare life)인 조에(*zoē*)에, 말하는 존재 / 증인은 사회적 / 정치적으로 권리를 부여받은 생명(qualified life)인 비오스(*bios*)에 상응한다. 이 구분에 대해서는 Giorgio Agamben, *Homo Sacer : Soverign Power and Bare Life*, Daniel Heller-Roazen 역, Stanford : Stanford UP, 1998, 1~12쪽을 볼 것. 벌거벗은 생명과 나치 강제수용소의 관계에 대해서는 위의 책, 136~180쪽을 참조할 것.

48 이에 관해서는 졸고 「미셸 푸코 이론에서의 주체와 권력―응시의 개념을 중심으로」, 『비평과 이론』 8권 1호, 2003, 31~64쪽을 참조할 것.

The Life of Infamous Men」이다. 이 글은 오직 권력과의 조우를 통해서가 아니라면 역사에 어떤 흔적도 남기지 않았을 인간들의 기록을 다룬다.[49] "여기에서 삶은 오직 그것이 존재했던 오명에서만 지속한다."[50] 즉 이들의 삶은 그들의 오명을 기록한 역사적 언어에서만 생존한다. 이는 "살아 있는 존재와 그것의 빈 장소를 표식하는 말하는 존재의 이접"을 보여준다.[51]

오명의 인간들의 삶이 말하는 존재에 의해 오명의 삶으로 기록되듯이, 무젤만의 벌거벗은 삶은 말하는 존재인 증인의 증언에서 기록된다. 그러나 증언은 아카이브와 다르다. 아감벤은 푸코가 "화행의 평면에 상응하는 긍정적 차원"을 아카이브로 명명했다고 지적한다.[52] 푸코의 고고학은 지질학적 발굴의 의미와 무관하며 "시작의 탐구를 함축하지 않고 분석을 지질학적 발굴과 연관시키지도 않는다."[53] 푸코의 고고학archaeology이 추구하는 아카이브archive는 보존된 기록물의 집합이 아니라 "진술들

---

49 이 글은 푸코가 기획했으나 집필하지 못한 동명의 책의 서문이다. 푸코는 이 책이 "몇 마디 말속에 함께 수집된 몇 줄이나 몇 쪽의 수많은 불행과 모험의 삶들"의 기록, "마치 존재하지 않았던 것 같은 삶, 그들을 전멸시키거나 적어도 없애고자 했던 권력의 충돌에서만 생존하는 삶들, 다양한 우연의 효과를 통해서만 우리에게 돌아오는 삶들"을 수록하려 했다고 말한다. 여기에서 오명(infamy)은 악명뿐 아니라 무명의 의미를 포함한다. 푸코는 17세기 이후 서구가 찬란한 권력과 영웅주의를 기록하기보다 "무명의 삶"이나 "가장 지각하기 어렵고 가장 숨겨져 있고, 보여주거나 말하기 가장 불편한 것, 그리고 마지막으로 가장 금지되고 가장 불미스러운 것" 또는 "영광스럽지 못한 따라서 오명스런 것(*l'infâme*)"을 말하려는 예술 형식이 발달했다고 지적한다. Michel Foucault, "The Life of Infamous Men", *Michel Foucault : Power, Truth, Strategy*, Meaghan Morris and Paul Patton 공편, Sydney : Feral Publications, 1979, 76·81·90쪽.

50 Giorgio Agamben, *Remnants of Auschwitz*, 143쪽.

51 위의 책, 143쪽.

52 위의 책, 143쪽.

53 Michel Foucault, *The Archaeology of Knowledge and the Discourse on Language*, A. M. Sheridan Smith, New York : Pantheon Books, 1972, 131쪽.

의 형성과 변화의 일반체계"를 의미한다.[54] 그것은 말해진 진술들의 통일이 아니라 "말해질 수 있는 것의 법칙, 진술들이 독특한 사건들로 출현하는 것을 관장하는 체계" 즉 진술들이 시공간을 걸쳐 형성되고 변화하는 다중적이고 이질적인 담론들의 체계를 의미한다.[55] 푸코에게 아카이브는 이미 출현한 진술들의 총체라기보다 "진술-사건statement-event의 근원과 체현에서 처음부터 그것의 **화행가능성**enunciability의 체계를 정의하는 것"이다.[56] 그러므로 푸코는 아카이브를 언어와 말해진 진술들의 합 사이에 위치시킨다. 푸코에 따르면 "가능한 문장들을 구성하는 체계를 정의하는 **언어**랑그, *langue*와 말해진 말들을 수동적으로 수집하는 **코퍼스** *corpus* 사이에서 **아카이브**는 특별한 차원, 즉 다중적 진술들이 많은 규칙적 사건들로 출현하게 하는 실행의 차원을 정의한다."[57] 아카이브는 이미 화행으로 이루어진 진술뿐 아니라 앞으로 진술될 수 있는 것을 포함해서 진술-사건이 출현하는 차원을 지시한다. 아감벤은 푸코의 아카이브 개념이 내포하는 진술될 수 있는 차원에 주목한다.

> 아카이브는 가능한 문장들 — 즉 말하는 가능성 — 을 구성하는 체계로서의 **랑그**와 말해진 것의 집합을 통일하는 **코퍼스**, 실제로 말하고 쓰인 것들 사이에 위치한다. (…중략…) 말해진 것만 아는 전통의 강박적 기억과 말해지지 않은 것만 살피는 망각의 과장된 무사유성thoughtlessness 사이에서 아카이브는 화행에 의해 말해진 모든 것에 새겨진 말하지 않은 것unsaid 또는 말할 수 있는 것sayable이다. 그것은 "나"라고 말하는 행위에서 항상 망각되는 기억의 파편이다.[58]

---

54   위의 책, 130쪽.
55   위의 책, 129쪽.
56   위의 책, 129쪽.
57   위의 책, 130쪽.

아카이브는 말해진 모든 것에 새겨진 말하지 않은 것 그러나 말할 수 있는 것을 지칭한다. 즉 아카이브는 모든 말하는 행위에서 항상 잊혀져 말하지 못한 것을 포함하는 기록의 총체다. 망각된 것은 항상 언젠가 말할 수 있는 것으로 즉 기억의 장으로 소환될 수 있다. 이런 점에서 아카이브는 말할 수 있는 차원을 가르킨다. 그러나 아감벤은 아카이브와 구별되는 증언 개념을 수립하기 위해 푸코의 구분을 수정해서 언어와 말하는 행위, 랑그와 파롤parole의 관계를 "언어랑그와 아카이브의 차이에 재위치"시키는데, 이는 "안과 밖을 언어와 실제 담론의 평면에서뿐 아니라 말의 잠재성으로서의 언어의 평면에서도 표현하는" 시도다.[59] 이런 시도에서 안과 밖의 경계는 언어 안에서 말해진 것과 말하지 않은 것(즉 말할 수 있는 것) 사이가 아니라 언어로 말할 수 있는 잠재성이 있는 것과 없는 것 즉 언어의 안과 밖 사이에서 형성된다. 이렇게 새로 형성된 경계에서 증언이 출현한다.

말하지 않은 것과 말해진 것 관계의 체계를 지시하는 아카이브와 반대로, 우리는 랑그의 안과 밖 사이, 모든 언어에서 말할 수 있는 것과 말할 수 없는 것 사이 ─ 즉 말의 잠재성과 말의 존재 사이, 말의 가능성과 불가능성 사이 ─ 의 관계의 체계를 증언testimony이라고 명명한다. (…중략…) 아카이브의 구성은 주체를 괄호로 묶는 것을 전제했고 이로 인해 주체는 단순한 기능이나 빈 입장position으로 환원된다. 그것은 주체가 익명의 진술들로 사라지는 것에 기초했다. 반대로 증언에서는 주체의 빈 장소는 결정적인 문제가 된다. (…중략…) 그것은 말의 가능성과 불가능성 사이의 이접에 주체를 위치시키는

---

58   Giorgio Agamben, *Remnants of Auschwitz*, 143~144쪽.

59   위의 책, 144~145쪽.

문제다. (…중략…) 그것은 주체가 언어를 갖거나 갖지 않을 능력과 관계된다. 주체는 따라서 언어가 존재하지 않을, 발생하지 않을 — 또는 존재하지 않을 가능성, 우연성을 통해서만 발생할 가능성이다. (…중략…) **랑그**와 아카이브의 관계는 말의 가능성 자체에서 말의 불가능성을 증언하는 것으로서의 주체성을 요구한다. 이것이 주체성이 **증인**으로 나타나는 이유, 그것이 말할 수 없는 자들을 위해 말할 수 있는 이유다.[60]

말해진 것과 말하지 않은 것(말할 수 있는 것) 사이에서 말할 수 있는 가능성과 불가능성 사이로 경계를 이동하면 아카이브의 정의는 증언의 정의로 바뀐다. 이런 변화의 핵심은 푸코가 담론의 생산과 변화로 정의한 아카이브에서 추방된 주체가 새로 설정된 경계에서 출현한다는 것이다. 증언은 담론에서 말해지고 말해지지 않은 진술들의 차원이 아니라 말할 수 있는 것과 없는 것 사이에서 말할 수 없는 자들을 위해 말하는 증인을 요구하기 때문이다. 증인은 "말의 가능성 자체에서 말의 불가능성을 증언하는 것으로서의 주체성"을 체현하는 역설적 존재다.

아감벤은 테스티스*testis*와 수페르스테스*superstes*에 증인의 또 다른 라틴어 어원인 아욱토르*auctor*를 더한다. 이 어원에서 유래한 작가*author*의 의미는 비교적 최근에 발생한 것이고, 이 단어의 초기 의미는 재산을 양도하는 매도인*vendor*, 조언하거나 설득하는 조언자*adviser* 그리고 증인*witness*을 포함한다. 매도인은 매수인의 재산권을 인정하고 합법화하며, 조언자는 확신이 없거나 망설이는 자가 의지를 실현하도록 재가*authorize*한다. 즉 두 정의 모두 권한을 부여하는 의미를 지닌다. 마찬가지로 증인의 의

---

60 위의 책, 145~146쪽.

미도 무엇에 권위를 부여하는 자다. "만일 테스티스가 두 주체 사이의 소송에서 제3 자로 개입하는 한 증인을 지시하고, 수페르스테스가 하나의 경험을 완전히 살아서 그 경험을 타자에게 말할 수 있는 자를 지시한다면, 아욱토르는 그의 증언이 항상 자신에 앞서 존재하고 그것의 현실과 힘이 승인되고 증명되어야 하는 어떤 것 — 어떤 사실, 어떤 것 또는 말 — 을 전제하는 한 증인을 의미한다."[61]

그런데 아욱토르가 지니는 증인의 의미는 권위의 일방적 행사가 아니라 미완성된 것을 완성하는 한에서의 제한적인 권위의 행사를 의미한다.

증언은 따라서 한 "작가"의 행위다. 그것은 항상 불충분 또는 불능이 완성되고 유효하게 되는 본질적 이중성을 함축한다. (…중략…) 아욱토르의 행위는 그 자체로 증거가 결핍된 것에 증거력을 부여하고 혼자 살 수 없었던 것에 생명을 부여해서, 능력이 없는 자의 행위를 완성한다. 역으로 불완전한 행위나 무능력이 아욱토르의 행위에 앞서고, 불완전한 행위가 아욱토르-증인의 말을 완성한다고 말할 수 있다. 생존자의 증언이 증언할 수 없는 자에 의해 완성되는 경우에만 진리와 존재 이유를 가지는 것처럼, 그 자체로 타당하다고 주장하는 작가의 행위는 넌센스다.[62]

아욱토르에 포함된 증인의 의미가 지니는 이중구조 — 말하는 불가능성과 가능성, 비인간과 인간, 살아있는 존재와 말하는 존재, 무젤만과 증인 — 는 "이중 생존"을 보여준다.[63] 앞서 논했듯이 생존하는 것은 인간이

---

61   위의 책, 149~150쪽.
62   위의 책, 150쪽.
63   위의 책, 150쪽.

면서 비인간이고 증인이면서 무젤만이다. 아감벤이 증언의 이중구조와 이중 생존을 강조하는 것은 나치즘이 인간(성)과 분리된 비인간(성)을 생산하는 현대 생명 권력을 예시한다고 보기 때문이다. 아감벤은 생명 권력을 푸코가 정의하듯 죽이는 것이 아니라 살게 함으로써make live 생명을 권력에 종속시키는 것을 넘어서 인간성을 박탈한 채 생존하게 하는make survive 것으로 재정의한다. 생명 권력은 "동물적 생명을 유기적 생명에서, 인간을 비인간에서, 증인을 무젤만에서, 의식적 생명을 식물적 생명에서 분리하는 문제"였고 "생명 권력의 최고 야망은 인간 신체에서 살아있는 존재와 말하는 존재, 조에zoē와 비오스bios, 비인간과 인간의 절대적 분리 즉 생존을 생산하는 것"이다.[64] 생명 권력은 사회적 권리를 박탈당한 벌거벗은 생명을 생산함으로써 삶의 의미를 순전히 유기체적인 생명의 유지인 생존으로 축소한다.

인간성에서 철저히 분리된 비인간인 무젤만을 생산하는 것이 생명 권력의 목표다. "무젤만에서 생명 권력은 그 최종 비밀 즉 증언의 모든 가능성에서 분리된 생존을 생산하길 추구했다."[65] 생명 권력은 살아있는 자를 말하는 자에게서 분리함으로써 살아있는 자와 말하는 자의 이접적 이중구조로 구성된 증언을 불가능하게 만든다. 그 결과 증인은 더 이상 무젤만 / 비인간을 증언할 수 없게 되고, 이는 나치즘의 최종 해결final solution의 기획에 부합하며, "무젤만은 생명 권력의 절대적으로 증언할 수 없는 보이지 않는 방주ark"가 된다.[66] 나치즘의 기획은 증언을 불가능하게 만드는 것이다. 아감벤은 "아우슈비츠의 말할 수 없음"을 주장하는 것은 홀로코스트라는 사건의 유일무이한 성격을 의미하기 위해서는 타당할

---

64   위의 책, 155~156쪽.
65   위의 책, 156쪽.

수 있지만, 아우슈비츠의 말할 수 없는 성격을 강조해서 "무젤만에서 증언을 구성하는 말할 수 있는 불가능성과 가능성 사이의 유대를 깬다면" 증언의 불가능성에 대한 나치주의자들의 주장을 무의식적으로 반복하는 결과를 낳는다고 경고한다.[67] 말할 수 없음과 있음, 무젤만과 증인의 이접적 유대로 인해 "증언은 정확히 생존을 생명에서 소외시키기를 거부한다."[68] 증언은 사회적 인간의 권리를 부여받은 생명으로부터 분리된 단순한 생존이 결코 존재하지 않는다는 것을 입증한다.

무젤만에게서 분리된 증인에게 증언의 권위는 허락되지 않는다. 증인의 권위는 "말해진 어떤 것과 사실의 일치 또는 기억과 발생한 것의 일치" 즉 증언과 역사적 사실의 부합 여부에 의존하지 않는다.[69] 오히려 "증인의 권위는 말할 능력이 없음의 이름으로만 말할 수 있는 능력 — 즉 자신이 주체라는 것 — 에 있다."[70] 증인은 역사적 사실을 말해서가 아니라 오로지 말할 능력이 없는, 언어 밖에 있는, 탈주체화된 무젤만을 위해 말하는 주체이기 때문에 권위를 부여받는다. 증인이 가스실이나 아우슈비츠 수용소의 존재 같은 사실을 증언하지 않고 무젤만을 증언해서 "말의 불가능성을 말로 가져오는 데 성공한다면 — 그래서 무젤만이 온전한 증인으로 구성된다면 — 아우슈비츠의 부정은 근본에서부터 부정된다."[71] 말하는 자가 말할 수 없는 자에게서 권위를 위임받아 그를 위해 말하는 증언의 이중구조는 결국 언어 밖에 있는 말할 수 없는 것을 말하는 역설을 보여준다.

---

66   위의 책, 156쪽.
67   위의 책, 157쪽.
68   위의 책, 157쪽.
69   위의 책, 158쪽.
70   위의 책, 158쪽.

아감벤은 레비 사망 후 1년 뒤에 출판된 87명의 아우슈비츠 죄수들의
증언을 수록한 무젤만의 연구논문 일부의 소제목이 "나는 무젤만이었
다"는 점에 주목한다. 이 부분은 "무젤만 상태를 겪고 살아남아 이제 그
것에 대해 말하려는 10인의 증언을 포함한다."[72] 아감벤에 따르면 "'나
는 무젤만이었다'는 표현에서 레비의 역설은 가장 극단적인 공식화에
도달한다. 무젤만은 완전한 증인일 뿐 아니라 이제 일인칭으로 말하고
증언한다.[73]" 무젤만이 직접 말하는 이 문장은 말할 수 없는 완전한 증인
인 무젤만과 말할 수 있는 생존자 증인의 이접적인 역설적 관계를 동일
인이 표현한다. 그래서 이 문장은 "레비의 역설을 단순히 부정하는 것이
아니라 그것을 확인한다."[74] 자신이 무젤만이었다는 증언은 생존자의 회
상이라기보다 생존자를 통해 무젤만이 말하는 또는 무젤만의 권위로 생
존자가 말하는 증언의 이중구조와 이접적 관계를 "극단적인 공식화"로
예시한다. 아감벤에게 "진술될 수 없는 것, 기록보관archive될 수 없는 것
은 작가가 자신이 말할 능력이 없음을 증언하는 데 성공하는 언어다."[75]
말해진 것과 말하지 않았으나 앞으로 말할 수 있는 것의 집합인 아카이
브와 달리 증언은 언어 밖에 있어서 말할 수 없는 것을 말하는 불가능을
입증하는 역설적인 사건이다. 이 불가능을 입증하는 자가 무젤만이다.
아감벤이 "나는 무젤만이었다"는 문장을 예로 제시하며 말할 수 없으나
말하는 무젤만에게 "최종 발언"을 부여하는 것은 이 때문이다.[76]

---

71   위의 책, 164쪽.

72   위의 책, 165쪽.

73   위의 책, 165쪽.

74   위의 책, 165쪽.

75   위의 책, 161~162쪽.

76   위의 책, 165쪽.

5. 증언, 진정성, 재현

말할 수 없는 것을 말하는 증언의 정의는 트라우마 재현의 (불)가능성과 관계된다. 많은 학자가 트라우마 재현 (불)가능성의 문제를 다루어왔다. 여기에서 제기되는 문제 중 하나는 증언의 진정성 즉 재현의 충실성이다. 5장에서 논했듯이 증언 연구는 역사적 사실을 강조하는 인식론적 연구와 생존자의 체험을 강조하는 탈구조주의적 윤리적 연구로 양분되어왔고, 이는 각각 증언의 다른 어원 테스티스와 수페르스테스에 해당한다. 아감벤은 증언의 어원에 아욱토르를 추가함으로써 증언이 지니는 권위가 "완전한 증인"인 무젤만과 같은 죽은 자들에게 귀속된다고 주장한다. 하트먼은 아감벤의 이런 시도를 증인보다 진정성을 과도하게 강조한 결과로 해석한다. 하트먼에 따르면 "무젤만 그리고 더 확대하면 위엄 또는 품위 없이 살도록 강요받은 대지의 저주받은 자들을 배제하지 않으려는 욕망으로 인해 그[아감벤]의 입장은, 특히 홀로코스트에 관해서, 실제로 존재하는 수많은 생존자 증언을 간과한다."[77]

하트먼은 증인과 진정성을 분리하는 것을 문제로 인식한다. 앞서 논했듯이 아감벤은 아욱토르의 의미 중 하나인 "증인"을 설명할 때 증인이 부족한 증거를 부여하고 "능력이 없는 자의 행위를 완성"하는 역할을 한다고 말하면서도, 역으로 "불완전한 행위가 아욱토르-증인의 말을 완성한다"고 말하면서 궁극적으로 증인이 아닌 무젤만에게 증언의 권위를 부여한다. 증인은 "완전한 증인"인 무젤만 없이 독립적으로 증언할 수 있는 능력이나 권위가 없다. 이런 관점에서 생존자의 증언은 진정성을

77　Geoffrey Hartman, "Testimony and Authenticity", *Yale Review* Vol. 90, No. 4, 2002, 8쪽.

갖지 못한다고 볼 수 있다. 그러나 하트먼은 "완전한 증인"인 죽은 자에게 진정성을 부여하는 것이 생존자 증언의 진정성을 과소평가하는 결과를 초래한다고 비판한다.

> 수용소나 유사한 조건에서 도덕적 삶의 진정성에 대해 말하는 것은 문제적이다. (…중략…) 더구나 죽은 자 또는 무감정한 무젤만의 침묵의 토대에 진정한 증언을 세우는 것은 존재하는 증인 이야기들의 진정성에 관한 문제 전체를 회피하는 것이다. 임박한 죽음의 위협이 제거되고 증인이 사건 후에 증언할 때 그런 모든 증언이 그 죽음 경험의 그림자 밑에 남는 것이 진실이다. 레비의 역설은 생존한 자들의 증인 이야기들을 무효화하려는 것이 아니었다. (…중략…) 증언과 진정성의 주제를 진정성 편에서 접근하는 것과 증언 편에서 접근하는 것은 다르다. 아감벤이 가장 설득력 있을 때 이 둘은 일체가 된다. 그러나 보통 그는 진정성의 문제를 우선시한다. 이는 실제 증언을 괄호 안에 넣는 결과를 낳는다.[78]

하트먼의 비판은 증언과 진정성이 배타적이지 않고 통일될 수 있다는 것을 강조한다. 죽은 자들을 "완전한 증인"으로 여기며 산 자의 증언에 진정성이 부족하다고 암시하는 것은 홀로코스트 증언의 가치를 인정하지 않는 결과를 초래한다. 홀로코스트 증인들은 무젤만과 달리 생존했지만 그들의 증언이 진정성을 갖는 이유는 임박한 죽음을 경험했기 때문이다. 무젤만과 마찬가지로 생존자의 증언은 "죽음 경험의 그림자 밑에 남는다."

---

78 위의 글, 8~10쪽.

하트먼은 홀로코스트 생존자들의 인터뷰를 담은 영상기록에서 중요한 것은 증언의 현장을 직접 생생히 포착하는 영상기술 자체가 아니며 "본질적인 것은 (…중략…) 생존자들이 트라우마 또는 상실과 싸우는 결정적인 투쟁"이라고 말한다.[79] 증언의 진정성은 직접 또는 간접으로 경험한 죽음, 트라우마, 상실과 싸우는 투쟁에 있다. 하트먼은 사학자들의 인식론적 증언 연구가 주장하는 트라우마 현장의 직접적 현존, 정확성, 신뢰성보다 이런 투쟁을 증언의 진정성과 가치로 여긴다. 5장에서 논했듯이 증인의 이런 투쟁이 하트먼이 말하는 "진리의 질감"을 구성한다. 하트먼은 아감벤이 주장하는 증언의 이중구조를 비판하기보다 생존자 증언에도 진정성이 있다는 점을 강조한다. 아감벤이 생존자 증언을 죽은 자와의 이접적 관계의 증언 구조에서 파악한다면, 하트먼은 생존자의 경험 자체에 포함된 죽음과 상실과의 투쟁에서 진정성을 확보한다.

증인이 트라우마, 죽음, 상실과 벌이는 투쟁에 증언의 진정성이 있다면 이를 보여주는 증언은 홀로코스트와 같은 외상적 사건을 충실히 재현하는 것일까? 홀로코스트 증언의 진정성을 주장하는 하트먼은 홀로코스트라는 사건이 충실히 재현된다고 믿는 것일까? 하트먼은 장르마다 재현의 한계를 제시하는 문학적 격식decorum이 있었던 과거와 달리 현대 문학과 예술에는 재현의 한계가 사라졌고 심지어 홀로코스트 재현에도 한계의 격식이 없다고 말한다. 오히려 현대에는 "극단적 사건을 묘사하는 기술적 능력이 준비되어 있어도 그것은 개념적으로 생각하거나 그런 재현들에 대한 격식의 관점에서 생각하는 가능성을 능가했다."[80] 그

---

79   위의 글, 12쪽.

80   Geoffrey Hartman, "The Book of the Destruction", *Probing the Limits of Representation : Nazism and the "Final Solution"*, Saul Friedlander 편, Cambridge : Harvard UP,

러나 홀로코스트에 대한 생생한 재현이 여과되지 않고 전달되는 미디어 시대에 기술적으로 진보한 재현은 진정성을 보장하지 않는다. 하트먼은 이미지들이 무비판적으로 전파되는 현상에 관해 "시뮬라크라simulacra와 미디어에 의한 점증적 포화, 새롭고 거대한 정보와 오정보의 시대에 항상 위험에 처한 비평 능력은 극단적이고 피상적이거나 조작적 이미지들의 암흑가에서 필사적으로 표류한다고 느낀다"고 묘사한다.[81]

하트먼은 이런 "재현과 개념화 사이의 균열이 커지는 것이 쇼아와 특히 관련이 있다"고 주장한다.[82] 왜냐하면 홀로코스트의 재현이 생생하게 이루어져도 "왜?"라는 질문에 대한 답은 제시되지 않기 때문이다. 즉 "우리는 발생한 것을 묘사하지만 설명할 수 없고", 홀로코스트를 다룬 많은 작가와 영화감독의 "예술은 현시될 수 없는 무엇이 있다고 느끼게 한다."[83] 그래서 홀로코스트 문제는 사실 / 사건의 재현이 가능하다는 믿음에 기초한 리얼리즘에 대한 회의를 유발한다. 증언의 진정성 문제는 결국 사건의 충실한 재현이라는 예술적 리얼리즘의 문제와 연결된다. 벤야민Walter Benjamin이 말하는 기술복제 시대의 예술은 트라우마의 현실을 재현할 수 있을까? 홀로코스트 희생자들의 증언을 담은 영상기록이라는 기술적 복제에서 진정성을 찾는 하트먼이 동시에 미디어의 발달에서 진정성이 아닌 피상적인 시뮬라크라를 발견하며 과학과 기술에 대한 우려를 표시하는 것은 리얼리즘 예술에 대한 회의를 노출한다.

1996, 320쪽.

81 Geoffrey Hartman, "Testimony and Authenticity", 14쪽.

82 Geoffrey Hartman, "The Book of the Destruction", 320쪽.

83 위의 글, 321쪽.

6. 재난과 악 볼테르와 아도르노

홀로코스트 같은 끔찍한 사건의 현실을 예술이 재현하지 못하는 것은 재현 수단의 한계의 문제일까? 예술의 미적 차원은 어떤 식으로든 끔찍한 현실을 여과 없이 있는 그대로 표현하는 것을 방해하는 것은 아닐까? 아니면 재현할 수 없는 것은 사건이 아니라 사건의 궁극적 원인과 의미일까? 그러나 하트먼에 따르면 "홀로코스트 재현의 문제적 성격은 일차적으로 그 현실을 미학화하려는 유혹에서 나오지 않는다. (…중략…) 그것은 오히려 현대 삶의 훼손된 — 그것의 전달할 수 있는 핵심에 영향을 미칠 정도로 심각하게 훼손된 — 조건에서 온다. 이 문제에 대해 아도르노는 탁견이 있었다. 그는 『미니마 모랄리아*Minima Moralia*』에서 현대 경험이 점점 덜 전달할 수 있게 아마도 심지어 생각할 수 없게 되어간다고 진단했다."[84] 이 진단에 결정적인 사건이 홀로코스트다. "아우슈비츠 이후에 시를 쓰는 것은 야만적이다"라는 아도르노의 유명한 말은 아우슈비츠만큼 아우슈비츠를 만든 현대 문화의 야만성 또는 "문명과 야만의 변증법"을 향한 비판의 목소리다.[85] 아도르노에게 "아우슈비츠는 문화가 실패했다는 것을 반박할 수 없게 증명했다. (…중략…) 모든 아우슈비츠 이후 문화는 그것의 절박한 비판을 포함해서 쓰레기다."[86] 하트먼이 말하듯 아우슈비츠는 전달할 수 없고 심지어 생각할 수 없을 정도로 훼손

---

84   Geoffrey Hartman, "Shoah and Intellectual Witness", *Partisan Review* Vol.65, No.1, 1998, 41쪽.

85   Theodore W. Adorno, *Prisms*, Samuel and Shierry Weber 공역, Cambridge, MA : MIT P, 1988, 34쪽.

86   Theodore W. Adorno, *Negative Dialectics*, E. B. Ashton 역, New York : Continuum, 1995, 366~367쪽.

된 현대 문화를 드러내는 사건이다.

아도르노는 아우슈비츠가 인간의 삶에서 어떤 신성하거나 초월적인 의미도 찾을 수 없게 감정을 마비시켰다고 선언하며 이와 유사한 사건을 18세기 리스본 대지진에서 찾는다.

> 아우슈비츠 이후에, 우리 감정들은 (…중략…) 희생자들의 운명에서 아무리 표백된 것이더라도 어떤 종류의 의미를 짜내는 것을 거부한다. 긍정적으로 상정된 초월로 빛나는 의미를 지닌 내재성의 구성을 조소하는 사건들 이후에 이 감정들은 객관적인 면을 갖는다. 그런 구성은 절대적 부정성을 확인affirm할 것이고 그 부정성의 이데올로기적 생존을 도울 것이다. (…중략…) 리스본 지진은 볼테르가 라이프니츠의 신정론으로부터 치유되게 하는데 충분했고, 이 첫째 성격의 가시적 재난은 둘째 사회적 재난과 비교하면 아주 사소한데, 이 둘째 재난은 인간 악에서 실제 지옥을 증류하기 때문에 인간 상상력을 거역한다. 우리의 형이상학적 능력은 실제 사건들이 사변적 형이상학적 사유가 경험과 화해할 수 있는 토대를 파괴했기 때문에 마비되었다.[87]

아도르노는 홀로코스트가 초래한 감정 마비와 (초월적) 의미의 부재에서 "절대적 부정성"을 확인한다. 아도르노가 제시하는 예는 1755년 리스본에서 발생한 지진으로 인한 재난에 대해 볼테르Voltaire가 쓴 「리스본 재난에 관한 시*Poème sur la désastre de Lisbonne*, Poem on the Lisbon Disaster」다. 이 시에서 볼테르는 리스본에서 발생한 지진이 초래한 대규모 참사에서 인간의 나약함과 신의 섭리에 대한 의문을 토로한다.

---

87 위의 책, 361~362쪽.

불행한 인간들이여! 어둡고 애도하는 대지여!

공포에 떠는 인류의 모임이여!

무용한 고통의 영원한 머무름이여!

"모든 것이 좋다"고 외치는 그대 철학자들이여

와서 이 세상의 폐허를 사색하라.

당신 종족의 이 파편과 잿더미를

같은 잔해에 쌓인 이 아이와 엄마를

대리석 수갱에 깔린 이 흩어진 사지들을 보라 ―

대지가 삼켜버린 수많은 자들이

찢기고 피투성이지만 아직도 헐떡이며

그들의 쾌적한 지붕 아래 묻혀

고문하는 고통 속에서 그들의 시달리는 삶을 마감한다.

그 숨을 거두는 고통의 속삭임에

그 끔찍한 비통의 중얼거림에

그대는 "당신은 신의 의지를 묶고 있는

철칙을 예증할 뿐이오"라고 대답할 것인가?[88]

볼테르는 리스본 지진이 초래한 수많은 죽음과 처참한 재앙을 묘사하면서 이런 재난을 신의 섭리로 설명할 수 있는지 묻는다. "그대는 '모든 게 좋다. 모든 게 필요하다'고 말한다. / 그대는 포르투갈의 이 지옥같은 심연이 없으면 / 이 우주가 더 나빴다고 생각하는가? 그대는 모든 걸 알고 스스로를 위해 창조하는 / 위대하고 영원한 원인이 / 우리 발밑에 끓

---

88 Voltaire, *Toleration and Other Essays*, Joseph McCabe 역, New York : Knickerbocker Press, 1912, 255쪽.

어오르는 화산 없이 / 이 황량한 지역에 우리가 있게 할 수 없었다고 확신하는가?"[89] 이런 의문은 "모두가 고통과 공동의 죽음을 위해 태어났다"는 피조물의 사멸성과 고통에 대한 처절한 인식과 "사랑하는 아들들에게 은총을 내리지만 큰 손으로 악을 흩뿌리는 최고선인 신을 생각할 수 있는가?"라는 신의 섭리에 대한 극도의 회의로 이어진다.[90]

이런 회의를 토대로 볼테르는 신이 가능한 가장 좋은 세상을 창조했다고 주장하여 악의 문제와 신의 존재를 화해하려 했던 라이프니츠Leibnitz를 반박한다. "라이프니츠에게서 우리는 / 상상할 수 있는 제일 좋은 세상에서 / 어떤 보이지 않는 유대로 인해 / 끝없는 무질서와 고통의 혼돈이 / 우리의 작은 쾌락을 고통과 혼합하는지 배우지 못한다."[91] 볼테르의 시의 부제는 "'모든 게 좋다'는 격언의 탐구An examination of the axiom 'All is Well'"다. "이 격언은 어떤 대가를 치르더라도 신성한 선의와 인간에게 발생한 악을 화해시키려는 라이프니츠와 포프Pope 이론의 핵심 주제leitmotif였다."[92] 어떤 의미나 섭리도 찾을 수 없는 대지진의 참상을 감정의 언어로 그리며 신의 섭리를 주장하는 철학자들에게 절규하듯 외치는 볼테르의 시는 이 격언의 허구성을 증명하는 과정이다.

알라시아Diego Alarcia에 따르면 "리스본 지진은 인류사에서 전환점으로 인식할 수 있다. 그것은 그런 물리적 사건을 초자연적인 신호로 여기는 것에서 사건들의 원인에 대한 더 중립적이거나 심지어 세속적이고 원과

---

89   위의 책, 256쪽.
90   위의 책, 259쪽.
91   위의 책, 260쪽.
92   Diego Téllez Alarcia, "Spanish Interpretation of the Lisbon Earthquake between 1755 and the War of 1762", *The Lisbon Earthquake of 1755 : Representations and Reactions*, Theodore E. D. Braun and John B Radner 공편, Oxford : Voltaire Foundation, 2005, 52쪽.

학적proto-scientific인 관점으로 이행되는 것을 표시했다."[93] 그러나 볼테르에게 이 사건은 과학적 지식에 대한 신뢰도 무너뜨리는 결과를 낳았다. 볼테르는 1838년 저서 『뉴턴 철학의 요소들*Éléments de la philosophie de Newton, Elements of Newton's Philosophy*』을 여러 번 수정했고 최종판은 지진이 발생한 이듬해인 1756년에 발행된다. 비슨David Beeson과 크롱크Nicholas Cronk는 리스본 지진이 "볼테르의 낙관주의 그리고 과학지식이 인간이 환경을 통제할 수 있게 도울 능력이 있다는 그의 자신감을 흔들었고, 이것이 그가 자연과학에 대한 관심을 상실한 이유 중 하나다"라고 주장한다.[94] 이들에 따르면 이 최종판은 "예컨대 달과 행성들의 운동에 관한 어떤 과학적 통찰도 없는 무질서한 텍스트"이며 "인류가 어떤 실제적인 통제도 하지 못하는 무질서한 세계의 그림"을 제시한다.[95] 이런 점에서 리스본 지진은 볼테르에게 신의 섭리뿐 아니라 인간의 지식과 능력에 대한 믿음도 빼앗아간 사건이라고 볼 수 있다.

리스본 지진은 볼테르가 "악의 문제에 응답하는 방식의 전환점"이었고 앞서 인용한 시에서 보았듯이 신이 창조한 세상은 가능한 가장 훌륭한 세상이기에 악도 더 큰 신의 섭리의 일부라는 라이프니츠의 사상에 대한 회의와 비판을 초래한다.[96] 아우슈비츠에 대한 아도르노의 반응은 리스본 지진에 대한 볼테르의 반응과 유사하다. 자연재해에 의한 인류의 파멸에서 기독교적 섭리를 찾지 못하고 악의 문제에 당면하는 볼테르는 "아우슈비츠 이후에 고차원의 의미를 지닌 어떤 단어 심지어 신학

---

93 위의 글, 52쪽.
94 David Beeson and Nicholas Cronk, "Voltaire Philosopher or Philosophe?" *The Cambridge Companion to Voltaire*, Nicholas Cronk 편, Cambridge : Cambridge UP, 2009, 55쪽.
95 위의 글, 55쪽.
96 위의 글, 55쪽.

적 단어도 변화를 거치지 않고는 어떤 권리도 지니지 못한다"고 선언하는 아도르노와 상통하기 때문이다.[97]

이런 점에서 리스본 지진과 아우슈비츠에 대한 볼테르와 아도르노의 사색이 만나는 지점에는 재난뿐 아니라 재난의 원인으로서의 더 근본적인 악의 문제가 존재한다. 여기에서 상상력을 위반하는 것이 정확히 무엇인가의 문제가 제기된다. 아도르노에 따르면 홀로코스트와 같은 사건은 자연재해보다 더 큰 재난이며 "인간 악에서 실제 지옥을 증류하기 때문에 인간 상상력을 거역한다." 대지진과 인종학살이라는 사건들이 상상력을 위반하는 것은 그 사건들이 악에서 증류된 지옥을 보여주기 때문이다. 그렇다면 상상력을 위반하는 것은 악인가 아니면 사건인가? 아니면 사건이 단순히 쌓인 시체와 폐허 같은 사실들의 나열로 나타낼 수 없는 악을 드러내기 때문인가?

악을 증류한 지옥이 상상력을 거역한다는 점에서 이 사건들은 숭고의 미학과 연결된다.[98] 아도르노는 실제로 발생한 사건들이 사유와 경험이 화해할 수 있는 토대를 와해시켜서 인간의 "형이상학적 능력이 (…중략…) 마비되었다"고 말한다. 아우슈비츠 같은 사건의 경험은 인간의 사유 능력을 마비시킬 정도로 처참하기에 이런 사건을 형이상학의 관점으로 통합하는 것은 불가능해진다. 아도르노가 말하는 사유와 경험의 불일치는 앞서 인용한 "재현과 개념화 사이의 균열이 커지는 것이 쇼아와

---

97 Theodore W. Adorno, *Negative Dialectics*, 367쪽.

98 칸트는 당시에 숭고의 미학을 논하지 않았지만 1756년에 쓴 「1755년 말에 지구의 큰 부분을 흔든 주목할 지진 사건들의 역사와 자연 묘사(History and Natural Description of the Noteworthy Events of the Earthquake that at the end of 1755 shook a large part of the Earth)」는 리스본 지진을 염두에 둔 것이 분명하다. Luanne Frank, "No Way Out : Heinrich von Kleist's *Erdbeben in Chile*", *The Lisbon Earthquake of 1755*, Theodore E. D. Braun and John B Radner 공편, 266쪽.

특히 관련이 있다"는 하트먼의 발언과 어떻게 연결되는 것일까? 사유와 경험의 괴리, 그리고 재현과 개념화의 균열은 가시적인 것과 추상적인 것의 불일치를 보여준다는 점에서 칸트의 숭고 미학과 관계된다.

7. 칸트의 숭고 미학

미디어 시대의 홀로코스트 재현을 시뮬라크라로 비판하며 기술적 진보에 의한 사실주의적 재현의 진정성에 의문을 던지는 하트먼이 아도르노뿐 아니라 리얼리즘을 강하게 비판한 포스트모더니즘 철학자 리오타르를 참고하는 것은 놀라운 일이 아니다. 리오타르는 현실의 문제를 탐구하거나 의문시하지 않고 현실의 확실성에 안주하는 리얼리즘과 달리 과학지식과 자본주의의 동력은 탈현실적 성향에 있다고 진단한다. "자본주의는 소위 사실적인 재현들이 향수나 조소로서가 아니면 현실을 환기하지 못할 정도로 친근한 대상들, 사회적 역할들 그리고 제도들을 탈현실화derealize하는 힘을 본래 소유한다."[99] 기술과 산업은 상업적 리얼리즘에 봉사하기도 하지만 과학지식과 자본주의를 가능하게 하는 것은 현실을 당연한 것으로 가정하지 않고 "일정한 지식과 참여에 관한 파트너들의 합의에 의해 증명되지 않는다면 현실은 없다는 규칙"이며, 이 규칙은 "정신이 소유했다고 믿었던 형이상학적, 종교적 그리고 정치적 확실성으로부터 현실의 탈주flight"를 의미한다.[100] 이는 리얼리즘과 결별하는

---

99 Jean-François Lyotard, *The Postmodern Condition : A Report on Knowledge*, Geoff Bennington and Brian Massumi 공역, Minneapolis : U of Minnesota P, 1989, 74쪽.
100 위의 책, 77쪽.

모더니티의 정신이다. 리오타르에 따르면 "모더니티는 어느 시대에 나타나더라도 신념의 파괴와 현실의 '현실 결여'의 발견 그리고 다른 현실들의 발명 없이 존재할 수 없다."[101] 리오타르는 현실의 확실성에서 탈주해 현실의 '현실 결여'를 발견한 모더니티의 기원을 '칸트적 숭고의 주제'에서 찾는다.[102]

칸트의 숭고the sublime 미학은 『판단력 비판Critique of Judgement』에서 미the beautiful의 미학과 대조되어 등장한다. 칸트는 『순수이성 비판』에서 감성에 의해 현상하는 자연 대상의 직관들이 상상력에 의해 종합되고 이를 지성이 개념들 즉 범주들 아래 놓아 파악하는 인식 과정을 논한다. 이와 달리 『판단력 비판』은 대상의 인식에 관한 것이 아니라 대상의 형식form에 대한 주관적 판단에 관한 이론이다. 그러나 칸트 이론의 특징은 자연 대상의 형식에 대한 주관적이고 우연적인 판단에도 보편성이 있다고 주장하는 데 있다. 칸트에 따르면 자연의 형식은 너무 다양해서 "자연 일반의 가능성에만 관계하는 순수 지성에 의해 선험적으로a priori 주어지는 법칙들에 의해 규정되지 않지만" 이 다양한 형식에 대한 경험 법칙들도 존재하고 이 법칙들에게도 통일성을 상정해야 한다.[103] 자연의 특수한 경험 법칙들의 통일성 또는 보편성을 수립하는 것이 판단력의 역할이다.[104]

---

101 위의 책, 77쪽.

102 위의 책, 77쪽.

103 Immanuel Kant, *Critique of Judgement*, J. H. Bernard 역, New York : Hafner Press, 1951, 16쪽. 그렇지 않을 경우 "경험 전체에서 경험적 인식들의 철저한 연관성이 없을 것"이기 때문이다. 위의 책, 20쪽.

104 "판단력 일반은 특수를 보편 아래 포함된 것으로 생각하는 능력이다. 만일 보편(규칙, 원칙, 법칙)이 주어지면 특수를 보편 아래 (…중략…) 포함시키는 판단은 **규정적**(determinant)이다. 그러나 특수만 주어져 있고 그것을 위한 보편을 찾아야 한다면, 그 판단은 **반성적**이다." 위의 책, 15쪽. 따라서 보편이 주어지지 않은 자연의 특수한 경험 법칙들에게서 역으로 보편을 찾는 것은 반성적 판단이다.

보편성을 제공하는 것은 지성이다.[105] 따라서 자연 대상(의 형식)에 대한 판단은 인식이 아니므로 지성의 개념에 의존하지 않으나 보편성을 획득하기 위해서는 지성과의 관계가 필요하다. 칸트는 '(합)목적성purposiveness' 개념으로 이를 설명한다. 대상의 개념이 목적이라면 대상의 형식이 그 목적에 따른 구성과 일치하는 것이 합목적성이다. 칸트는 합목적성 개념으로 다양한 자연 대상의 형식들이 지성 개념에 따른 인식과 무관하면서도 지성의 법칙에 부합하는 보편성을 지닌다고 주장할 수 있게 된다. 즉 대상 개념의 목적과 무관하게 대상 형식에 관한 판단은 지성의 법칙과 부합하는 "무목적의 (합)목적성"을 보여준다.[106] 이렇게 특수한 자연 대상의 표상재현과 관계하는 상상력과 보편성을 요구하는 지성 사이의 상호작용으로 발생하는 자연의 합목적성은 쾌감pleasure을 가져오고 이것이 미에 대한 미감적aesthetic 취미판단이다.[107] 이 판단은 "어떤 규정적definite 개념"이나 "인식의 규정적 규칙"에 제한되지 않고 상상력과 지성이라는 "표상 능력들"이 자유롭게 조화를 이루는 즉 "상상력과 지성의 자유로운 유희"의 산물이다.[108]

---

105 "보편성의 조건들을 제공하는 것"은 "지성의 임무"다. 위의 책, 54쪽.

106 즉 그것은 "법 없는 법과의 일치이고, 상상력과 지성의 주관적 일치는 — 표상이 대상의 규정적 개념으로 회부될 때와 같은 객관적 일치 없이 — 지성의 법에 대한 자유로운 일치(이는 무목적의 합목적성이라 부를 수도 있다) 및 취미판단의 특징과 함께 존속할 수 있다." 위의 책, 78쪽.

107 "(그것의 표상이나 감각의 질료가 아니라) 그것의 형식에 대한 반성만으로 (그것에 대해 획득하는 어떤 개념에 대한 참조 없이) 그런 대상의 표상에서 쾌감의 근거로 판단될 경우, 이 쾌감은 필연적으로 따라서 결과적으로 이 형태를 파악하는 주체뿐 아니라 모든 판단하는 존재 일반에게도 그 표상과 관계된다고 판단된다. 그럴 때 그 대상은 아름답다고 불리고 그런 쾌감을 수단으로 (따라서 결과적으로 보편적 타당성을 수단으로) 판단하는 능력이 취미(taste)라 불린다." 위의 책, 27쪽.

108 위의 책, 52쪽.

미가 자연 대상의 형식에 관계한다면 숭고는 형식이 없는 대상과 관
계한다.

자연 속 미는 (규정적) 한정이 있는 대상의 형식과 연관된다. 반면 숭고는,
그 안에 또는 그것으로 인해 **무한정**boundlessness이 재현되나 그것의 총체성이
사유에 제시되는 한, 몰형식적formless 대상에서 발견된다. 따라서 미는 무규정
적 지성개념의 현시로 간주되고 숭고는 무규정적 이성개념의 현시로 간주된
다. (…중략…) 숭고의 만족은 미의 만족과 종류가 다르다. 이것(미)은 생을 촉
진하는 감정feeling을 직접 유발해서 매력 및 상상력의 유희와 양립하지만 다른
것(숭고의 감정)은 간접적으로만 발생하는 쾌감이기 때문이다. (…중략…) 마
음은 대상에 의해 매료될attracted 뿐 아니라 교대로 반발되기도repelled 하므로,
숭고에서의 만족은 긍정적 쾌감이라기보다 감탄과 존경을 포함하며, 이는 부
정적negative 쾌감으로 불릴만 한다.[109]

미가 "무규정적 지성개념의 현시"라는 표현은 "상상력의 유희와 양립
한다"는 표현과 더불어 자연 대상의 형식에 대한 판단에서 작용하는 상
상력과 지성의 자유로운 유희로 이해할 수 있다. 이 능력들의 유희로 자
연 대상의 아름다움에 대한 쾌감을 느낄 수 있다. 반면 숭고의 감정을 불
러일으키는 몰형식적이고 무한정한 자연 대상은 매료와 반발을 동시에
유발하므로 "부정적 쾌감"을 준다. 그런데 자연적 미와 달리 "우리 안에
서 숭고의 감정을 자극하는 것은 그 형식에 있어서 판단력에 관한 목적

---

109 위의 책, 82~83쪽. (원문 번역은 영역본을 필자가 번역했고 김상현, 『칸트 「판단력 비
    판」』, 『철학사상』 별책 제5권 제6호, 서울대 철학사상연구소, 2005, 125쪽의 번역을
    참고했다)

을 위반하고, 우리 현시 능력에 부적합하며, 상상력을 위반하지만, 더 숭고하다고 판단된다.”[110] 숭고의 미학에서는 몰형식적이고 무한정한 자연 대상이 “상상력의 진지한 행사”를 유발하지만 결국 상상력을 위반하고 그럴수록 더 숭고한 감정을 불러일으킨다는 역설이 존재한다.[111] 그 이유는 이런 대상의 “총체성이 사유에 제시”되고, “무규정적 이성개념의 현시”를 유발하기 때문이다. 몰형식적이고 무한정한 대상은 감성적 표상과 관계된 상상력의 능력을 압도하고 위반하지만 동시에 무한정과 몰형식을 포괄하는 총체성의 능력을 지닌 이성(의 이념)을 불러일으킨다. 여기에서 중요한 것은 칸트에게 숭고가 이 이성^{개념}에 있지 자연^{대상}에 있지 않다는 점이다.

> 우리가 많은 자연 대상이 아름답다고 일컫는 것은 옳을 수 있지만 어떤 자연 대상이 숭고하다고 일컫는다면 잘못된 표현이다. (…중략…) 우리가 말할 수 있는 것은 그 대상이 마음속에서 찾을 수 있는 숭고의 현시에 적합하다는 것뿐이다. 왜냐하면 어떤 감성적 형식도 숭고라 불릴 수 있는 것을 포함할 수 없기 때문이다. 이 숭고는, 어떤 적절한 현시도 가능하지 않으나 감성적 현시의 부적합으로 인해 마음속에서 불러일으켜져 소환될 수 있는, 이성의 이념과만 관계가 있다. 그래서 폭풍으로 격동하는 넓은 바다는 숭고하다고 불릴 수 없다. 그 모습은 무섭고, 만일 마음이 그런 직관에 의해 스스로 숭고하다는 감정을 가지려면, 이미 다양한 이념들로 가득 차서 감성을 포기하고 더 고차원

110　위의 책, 83쪽.
111　위의 책, 83쪽. 칸트는 크기와 관계된 수학적 숭고와 힘과 관계된 역동적 숭고의 예로 아찔한 절벽, 천둥과 번개를 동반하고 움직이는 하늘의 구름, 화산, 허리케인, 거대한 폭포 등의 자연뿐 아니라 피라미드, 성베드로 성당 등의 거대한 건물도 제시한다. 위의 책, 100, 90~91쪽을 참조할 것.

적인 합목적성을 포함하는 이념들로 분주하도록 자극되어야 한다.[112]

미의 미감적 판단이 자연의 합목적성을 경험한다면, 숭고의 미감적 판단에서 경험하는 것은 "더 고차원적인 합목적성" 즉 "자연에서 아주 독립된 합목적성"이다.[113] 이성은 감성을 초월하는 초감성적 능력으로서 총체성을 요구한다. "이성의 목소리"는 "모든 주어진 크기에 관해서 총체성을 요구하고" 심지어 시공간의 무한에 이르기까지 총체성을 하나의 개념 — 즉 모든 대상의 합으로서의 "세계" 같은 이념 — 으로 생각할 수 있는 초감성적 능력이다.[114] 따라서 거대한 자연 대상을 대면할 때 "우리 상상력에는 무한한 전진progress을 향한 노력이 있고, 우리 이성에는 실제 이념으로 간주된, 절대적 총체성에 대한 요구가 있으므로, 감각의 사물의 크기를 측정하기 위한 우리 능력(즉 상상력)에서 그 이념에 대한 부적합성이 우리 안에서 초감성적 능력의 감정을 자극한다."[115]

요컨대 무한정하고 몰형식적 자연 대상은 상상력이 그 크기를 측정하기 위해 최대한의 능력을 발휘하게 하나 상상력은 그 크기를 감당하지 못해 실패하고 그 대신 이 대상의 크기보다 더 큰 총체성을 생각할 수 있는 능력인 이성을 소환한다. 인간은 무한정하고 몰형식적인 자연대상이 아니라 이렇게 소환된, 그것에 대한 어떤 감각적 현시도 가능하지 않은, 이념을 생각할 수 있는 이성의 초감성적 능력이 자신 내부에 있다는 사실에서 숭고를 경험한다. 칸트는 "참된 숭고성은 판단의 자연 대상에

---

112 위의 책, 83~84쪽.
113 위의 책, 84쪽.
114 위의 책, 93쪽.
115 위의 책, 88쪽.

서가 아니라 판단하는 자(주체)의 마음에서만 찾아야 한다"고 거듭 강조한다.[116] 숭고를 느낄 수 있는 마음의 능력은 상상력이 아닌 이성이다.

미와 숭고의 차이는 미에서 지성이, 숭고에서 이성이 개입한다는 데에만 있는 것이 아니다. "왜냐하면 미의 판단에서 상상력과 **지성**이 조화를 통해서 정신 능력들이 주관적 합목적성을 만드는 것처럼, (이 경우에는) 상상력과 **이성**이 갈등을 통해서 그렇게 하기 때문이다."[117] 미의 판단이 쾌감만을 가져온다면, 숭고의 판단은 이 갈등으로 인해 고통도 동반한다. "숭고의 감정은 따라서 크기에 대한 상상력의 미감적 평가와 이성의 평가가 일치하지 않는 데에서 발생하는 고통의 감정이다. 동시에 우리의 가장 위대한 감각 능력의 부적합에 대한 판단이 합리적 이념과 상응하는 데에서 발생하는 쾌감이 자극된다."[118] 상상력과 이성이 일치하지 않는 데에서 고통이 발생한다면, 감각 능력인 상상력이 현시하는 데 부적합한 (그리고 자연 대상의 크기를 능가하는 총체성을 사유할 수 있는) 이성의 이념들을 환기한다는 사실은 쾌감을 낳는다. 숭고의 경험이 주는 쾌감은 궁극적으로 이성 능력에 대한 인식에서 오는 쾌감이다.

이와 관련해서 칸트의 숭고 이론에서 주목할 점은 상상력의 역할과 위상이다. 숭고의 미학에서 상상력은 그 자체로 중요하지 않고 이성을 소환하는 역할을 하기 때문에 "이성의 도구"로 기능한다.[119] 이는 미의 경험에서 상상력과 지성이 협력할 때 "지성이 상상력에 봉사하는 것이지 그 반대가 아니다"라는 칸트의 주장과 대조된다.[120] 즉 미의 미감적

---

116 위의 책, 95쪽.
117 위의 책, 97쪽.
118 위의 책, 96쪽.
119 위의 책, 109쪽.
120 위의 책, 79쪽.

판단에서 상상력이 지성보다 중요하다면, 숭고의 미감적 판단에서는 상상력이 아닌 이성이 더 중요하다.

8. 포스트모던 숭고

앞서 언급했듯이 리오타르는 모더니티가 발견하는 현실의 "현실 결여"의 철학적 뿌리를 칸트의 숭고 이론에서 찾는다. 리오타르는 칸트의 숭고 이론에서 "어떤 현시도 가능하지 않은 이념들"은 "재현할 수 없다고 말해진다"고 설명하며 "나는 재현할 수 없는 것이 존재한다는 사실을 현시하는 데 (…중략…) '작은 기술적 전문지식'을 바치는 예술을 모던하다고 부른다. 생각할 수 있으나 보이지도 보여질 수도 없는 것이 있다는 것을 보여주는 것, 이것이 현대 회화의 관건이다"라고 말한다.[121] 리오타르는 칸트 자신이 보여질 수 없는 것을 보여주는 방식으로 "몰형식, 형식의 부재"를 제시했고, 십계명 중 "너는 어떤 본뜬 신상도 만들어서는 안된다"는 제2 계명이 "절대의 모든 현시를 금지하므로 성서에서 가장 숭고한 문구로 인용한다"고 지적한다.[122]

포스트모던은 "모던의 일부"이지만 모더니트와 다르다. "모던 미학"은 "재현할 수 없는 것을 부재하는 내용으로만 제시하는 것을 허용하지만" 여전히 그 "형식이 (…중략…) 독자나 관객viewer에게 위안과 쾌감을 위한 질료를 계속 제공한다"는 점에서 "인간 주체가 느끼는 현존presence에 대한 향수"를 지닌 숭고의 미학이다.[123] 다시 말해서 재현할 수 없는 절대

---

121 Jean-François Lyotard, *The Postmodern Condition*, 78쪽.

의 재현에 대한 향수를 여전히 지니면서 재현의 실패를 강조하는 것이 모던 미학이고, 이는 "쾌감과 고통의 본질적인 조합 — 이성이 모든 현시를 초월한다는 쾌감과 상상력 또는 감성이 그 개념에 대등할 수 없다는 고통 — 에 있는 참된 숭고의 정서"를 반영하지 못한다.[124] 이와 달리 "포스트모던은, 모던 안에서, 현시 자체에서 재현할 수 없는 것을 제시하는 것, 좋은 형식의 위안과 얻을 수 없는 것에 대한 향수를 집단적으로 공유할 수 있는 취미의 합의를 거부하는 것, 즐기기 위해서가 아니라 재현할 수 없는 것의 의미를 더 강하게 전달하기 위해 새로운 현시를 찾는 것이다."[125] 포스트모던 예술은 이 새로운 현시를 위해 기존 규칙을 파괴하고 미래의 규칙을 만들려고 하므로 이 시도는 "사건"의 성격을 지닌다.[126] 요컨대 모던 예술 / 미학이 여전히 형식과 현존에 대한 향수를 지닌다면 포스트모던 예술 / 미학은 진정한 숭고 즉 몰형식과 부재를 통해 재현할 수 없는 것을 현시하는 새로운 방식을 추구하는 예술이다. 리오타르의 포스터모던 이론은 결국 칸트의 숭고론을 통해서 재현할 수 없(다)는 것을 현시하는 새로운 예술의 추구를 지향한다.

재현할 수 없는 것의 현시를 지향하는 (포스트)모더니즘의 숭고 예술과 홀로코스트는 구체적으로 어떻게 연결되는 것일까? 후에 상술하겠지만, 홀로코스트와 같은 외상적 사건에 적합한 재현양식이 있다면 그

---

122 위의 책, 78쪽. "아마도 유대인 법에서 '너는 하늘에 있는 것이든, 땅 위에 있는 것이든, 땅 아래에 있는 것이든 그 모습을 본뜬 어떤 신상도 만들어서는 안 된다'는 계명보다 더 숭고한 문구는 없다." Immanuel Kant, *Critique of Judgement*, 115쪽. 이 계명의 번역은 2005년 발행된 한국천주교회 공용 번역본 『성경』을 참조했다.

123 Jean-François Lyotard, *The Postmodern Condition*, 79·81쪽.

124 위의 책, 81쪽.

125 위의 책, 81쪽.

126 위의 책, 81쪽.

것은 개연성과 일관성을 지닌 연대기적 서사와는 다르다. 화이트^{Hayden} ^{White}는 "홀로코스트의 재현 논의에서 당면하는 곤경은 자체로 성격상 '모더니스트'한 홀로코스트와 같은 사건들의 재현에 부적합한 리얼리즘에 빚지고 있는 담론 개념의 결과"라고 주장한다.[127] 포스트모더니즘이 모더니즘보다 재현 불가능성을 더 강조한다는 점에서 외상적 사건이 성격상 모더니스트하다는 화이트의 주장은 포스트모던 숭고의 개념으로 확장될 수 있다. "리오타르가 재현할 수 없는 현실을 강조하는 것을 홀로코스트의 특수한 문맥에서 읽으려는" 하트먼은 리오타르의 시도를 "홀로코스트-이후^{post-Holocaust} 미학"으로 명명하고 이 미학에서 재현될 수 없는 것은 테러의 절대화라고 주장한다.[128]

여기에서 미학은 숭고의 미학으로 구원된다. 칸트적 숭고의 특징인 정신적 차단^{blockage}은 이제 자연의 위대함에 대한 감각이나 절대적 크기의 이념이 아니라 솔 프리드랜더가 "(홀로코스트의) 핵심에 있는 지배와 테러의 양식"이라고 불렀던 것에서 나온다. 이 양식들이 마음을 당황하게 하는 것은 역사적 현실로서가 아니다. 왜냐하면 끔찍하긴 해도 최종 해결은 **정도의 측면**에서 다른 대규모 학살과 비교될 수 있기 때문이다. 우리가 발생한 것을 설명하는 가능한 시나리오를 우리 안에서 찾을 수 없는 것은 지배와 테러가 절대가 될 때 즉 그것들이 이데올로기화되고 총체화될 때다. (…중략…) 따라서 우리는 사실로

---

127 Hayden White, "Historical Emplotment and the Problem of Truth", *Probing the Limits of Representation*, 50쪽.

128 Geoffrey Hartman, "The Book of the Destruction", 321~322쪽. "홀로코스트-이후 미학"은 리오타르가 아도르노가 『부정 변증법』의 3부 3장 「형이상학에 대한 사색」의 첫 단원 "홀로코스트 이후"를 논하면서 사용한 "'홀로코스트 이후' 미학("after-Auschwitz" aesthetics)"에서 유래한 것으로 보인다. Jean-François Lyotard, *Heidegger and "the jews"*, Andreas Michel and Mark Roberts 공역, Minneapolis : U of Minnesota P, 1990, 44쪽.

서의 쇼아에 대해 일말의 의심이 있기 때문이 아니라 살고 겪은 것 또는 우리가 배우게 된 것이 우리의 일부가 될 수 없기 때문에 비현실감sense of improbability을 계속 지니는 것이다. 마음이 그것을 거부하고 추방하거나 아니면 그것이 마음을 추방한다. 우리는 인간 행동에서 무엇인가가 우리에게 낯설다고 인정하도록 강요된다.[129]

하트먼은 칸트의 숭고 이론에서 상상력이 압도적인 자연이나 크기에 의해 차단되는 것과 달리 홀로코스트에서 상상력은 단순히 대량 학살의 규모가 아니라 지배와 테러가 "절대"가 되는 것에 의해 차단되거나 압도된다고 설명한다. 하트먼은 홀로코스트의 인종학살이 캄보디아나 다른 지역에서 발생한 학살과 다른 점이 규모가 아니라 지배와 테러의 절대화라고 암시한다. 5장에서 언급했듯이 이런 주장은 홀로코스트를 특권화한다는 지적을 받을 위험이 있다.[130] 그러나 여기에서 중요한 것은 하트먼이 홀로코스트를 숭고로 인식하기 위해서 상상력의 차단을 가져오는 "절대"의 개념을 동원한다는 점이다. 이는 아도르노가 재난이 초래한 죽음과 고통의 사실이 아니라 이 사실의 원인인 (절대) 악에서 상상력의 위반을 찾는 것과 상통한다.

리오타르의 숭고 미학에 관한 하트먼의 평가는 이중적이다. 한편으로 그는 상상력의 한계 / 차단과 더불어 이성의 고양을 주장하는 칸트의 숭고 개념에 기초한 리오타르의 숭고 미학이 이런 고양을 허락하지 않는 홀로코스트에 적합하지 않다고 평가한다. 하트먼에 따르면 "칸트적 숭고에는 차단된 이성이 반등하고 심지어 고양된다고 느끼는 둘째 운동이

129　Geoffrey Hartman, "The Book of the Destruction", 322쪽.
130　5장 「상처의 외침」 각주 18번을 참조할 것.

있다. 여기에서는 이런 것이 불가능한 것처럼 보인다. 이 트라우마는 간접적으로 경험해도 침묵, 애도, 회복의 긴 과정을 요구한다."[131] 하트먼은 리오타르가 숭고 개념이 내포하는 고양과 관련해서 "필요한 **지적 응답**"을 제시한다고도 평가하지만 다른 한편으로 홀로코스트 재현에서 숭고와 고양의 개념을 경계한다. 그는 "쇼아의 테러가 영웅적이라고 묘사할 수밖에 없는 반응을 요구했고" 이는 "가해자들의 합법적 주인 서사의 거부"로 볼 수 있는 "저항 행위들"로 이루어진 "기념비적 서사"를 낳을 수밖에 없었다고 진단한다.[132] 그러나 그는 이런 서사를 "모호한 숭고성으로 사라지는 것을 막는 것이 의무"라고 여기고 그런 서사가 '반대-고양counter-elation'으로 훼손될 것을 우려한다.[133] 나치즘에 저항하는 행위들을 또 다른 숭고로 고양하는 서사를 경계하는 하트먼이 홀로코스트의 재현의 모델로 삼는 것은 생존자 증언 장르다. 그는 "여기에서 역사와 기억 사이에 놓인, 테러에 대한 일상적 응답을 지속적인 주제로 삼고 숭고하면서도 일상적인 이야기의 윤곽을 제공하는, 탈정전적extracanonical 재현이 출현한다. (…중략…) 나는 생존자 증언의 장르 또는 집단 아카이브를 지시한다"고 말한다.[134]

홀로코스트 생존자 증언에서 재현의 한계는 "그들의 과거와 현재의 삶에 영향을 미치는 비현실감sense of unreality"이다.[135] 이 장 시작에서 논한 델보의 증언은 하트먼이 말하는 비현실감의 충분한 예가 될 것이다. 그러나 하트먼은 재현할 수 없는 것을 재현하는 대표적인 예로 란즈만의

---

131 Geoffrey Hartman, "The Book of the Destruction", 322쪽.

132 위의 글, 324쪽.

133 위의 글, 324쪽.

134 위의 글, 324쪽.

135 위의 글, 326쪽.

〈쇼아〉를 제시한다. 란즈만이 가해자와 피해자 모두에게 프라이버시를 무시하며 강요한 증언은 현실을 보여주는 것이 아니라 오히려 비현실적인 환상이 현실이 된 것을 보여준다. 〈쇼아〉의 "주제는 지옥 그 자체 즉 쇼아 이전에는 환상할 수만 있었던 것이 (…중략…) 쇼아를 통해서 전적으로 현실이 된 피해의 상태다. 예술의 목적은 (…중략…) 현실이 (…중략…) 환상을 대신했다는 것이다. (…중략…) 재현할 수 없는 것이 현시되었다. 아우슈비츠 이전에 우리는 악의 상상에서 아이들이었으나 아우슈비츠 이후에 우리는 더 이상 아이들이 아니다."[136] 하트먼에게 란즈만의 영화는 지옥의 환상이 현실이 된 비현실적이고 재현 불가능한 것을 재현한 예술이다.

9. 쟁론과 아우슈비츠 리오타르와 홀로코스트

하트먼이 '홀로코스트-이후 미학'을 펼쳤다고 해석하는 리오타르에게 홀로코스트는 어떤 사건인가? 하트먼은 리오타르가 "만장일치 또는 이견 제거를 통해 성취하는 조화에 항상 도전하는 **쟁론**" 개념을 통해 칸트의 숭고 미학을 정치이론으로 확대했다고 평가한다.[137] 리오타르는 쟁론을 여러 가지 방식으로 정의한다. 그는 '분쟁의 문장들Phrases in Dispute' 이라는 부제가 달린 『쟁론The Differend』의 서론에서 쟁론을 "두 주장에 적용될 수 있는 판단 규칙의 결여 때문에 공정하게 해결될 수 없는 (적어도) 두 당사자 사이의 갈등 사례"라고 정의하고, 이 책 제목이 "이질적 장르

---

136 위의 글, 333쪽.
137 위의 글, 323쪽.

들 사이에 보편적 판단 규칙이 일반적으로 결여되어 있다"는 것을 암시한다고 주장한다.[138] 쟁론은 리오타르가 '문장 체제들phrase regimens'이라고 부르는 이질적 담론들의 체계 사이의 근원적 차이 즉 "문장 체제들의 이질성과 그들을 하나의 법에 종속시킬 수 없는 불가능성이라는 의미에서의 비교불가능성incommensurability"에서 나온다.[139] 보편 규칙의 부재로 인한 쟁론의 발생은 철학적이지만 그로 인한 갈등은 사회정치적이다.

리오타르는 『쟁론』을 홀로코스트를 부정하는 수정주의자 포리송Robert Faurrison에 대한 논의로 시작한다. 포리송의 논리에 따르면 가스실에서 유대인 학살이 이루어졌다는 것을 법정에서 증명하기 위해서는 가스실을 직접 목격한 자의 증언이 필요한데 가스실에서 죽은 자만이 증언할 수 있으므로 가스실의 존재는 입증될 수 없다. 여기에서 리오타르는 희생자에게 가해진 "잘못"과 "손해"를 구분한다. "손해를 입증할 수단의 상실이 동반되는 손해dommage, damage, 이것이 잘못tort, wrong이다. 희생자가 생명이나 자신의 자유 또는 생각이나 의견을 공표할 자유나 단순히 손해를 증언할 권리를 박탈당할 때, 심지어 더 단순하게는 증언의 문장 자체가 권위를 박탈당할 때가 이런 경우다."[140] 쟁론은 이렇게 "잘못"을 표현할 언어가 없는 상황을 지시한다.

원고는 법원에서 자신의 불만을 제기하고, 피고는 고소가 무의미하다는 것

---

138 Jean-François Lyotard, *The Differend : Phrases in Dispute*, Georges Van Den Abbeele 역, Minneapolis : U of Minnesota P, 1988, xi쪽. 이 책의 번역은 영역본을 필자가 번역했으며 '*differend*'의 번역어 "쟁론"은 국역본을 따랐다. 장 프랑수아 리오타르, 『쟁론』, 진태원 역, 경성대 출판부, 2015.

139 위의 책, 128쪽.

140 위의 책, 5쪽.

을 보여주는 방식으로 주장한다. 소송이 발생한다. 나는 원고가 논쟁의 수단을 박탈당해서 희생자가 되는 경우를 **쟁론**이라 부르고자 한다. (⋯중략⋯) 두 당사자 사이 쟁론의 경우는 그들을 대립하게 만드는 갈등의 "규제"가 한 당사자의 숙어idiom로 이루어지고 다른 당사자가 입은 잘못이 그 숙어에 나타나지 않을 때 발생한다. (⋯중략⋯) 쟁론은 문장phrase으로 옮겨질 수 있어야 하는 것이 아직 그렇게 될 수 없는 언어의 불안한 상태와 계기다. 이 상태는 부정적 문장인 침묵을 포함하나 또한 원칙적으로 가능한 문장들을 요구한다. 이 상태는 일반적으로 "말을 찾을 수 없다"는 느낌이라고 부르는 것으로 표시된다. (⋯중략⋯) 쟁론에서 무엇인가가 문장화되기를 "요청"하지만 즉시 문장화될 수 없는 잘못에서 고통을 겪는다. 이는 소통의 수단으로 언어를 사용할 수 있다고 생각한 인간들이 (⋯⋯) 아직 문장화되어야 하는 것이 그들이 현재 문장화할 수 있는 것을 초과한다는 사실과 그들이 아직 존재하지 않는 숙어를 도입하도록 허용되어야 한다는 것을 인식하도록 언어에 의해 소환된다는 사실을, 침묵을 동반하는 고통(과 새로운 숙어의 발명에 동반되는 쾌감)을 통해서, 배우게 될 때이다.[141]

쟁론은 "원고가 논쟁의 수단을 박탈당해서 희생자가 되는 경우"이므로 "손해"에 관한 법정 다툼인 소송이 아니라 "잘못"과 관계한다. 법정에서 쟁론을 표현할 언어는 허락되지 않는다. 쟁론은 희생자가 자신이 겪은 "잘못"이 현재 허용되는 언어를 초과해서 "말을 찾을 수 없다"는 느낌으로 침묵하고 이를 표현할 "새로운 숙어"를 찾을 때까지 침묵해야 하는 고통을 동반한다.

---

141 위의 책, 9~13쪽.

리오타르에 따르면 아우슈비츠가 바로 이런 쟁론에 해당한다. 아우슈비츠에서 자행된 인종학살의 범죄를 입증할 많은 수단 — 건물, 자료 등 — 이 제거되었고 이 범죄를 제도적으로 확정할 뉘른베르크 법원의 구성도 연합군의 승리를 요구했을 뿐 아니라 국제 관계로 인해 합법성에 대한 합의를 찾지 못했다. 따라서 "나치 이름들과 **히틀러, 아우슈비츠, 아이흐만**에 연관된 쟁론은 소송으로 변모되어 평결로 규제될 수 없었다. 생명뿐 아니라 최종 해결로 그들에게 가해진 잘못의 표현도 거부된 자들의 그림자는 계속 비결정 속에서 방황한다."[142] 이스라엘 건국을 통해 "생존자들은 잘못을 손해로 바꾸고, 쟁론을 소송으로 바꾸었지만", 사법적 심판은 결코 아우슈비츠의 잘못을 해결하지 못했다.[143] "아우슈비츠에서 겪은 잘못의 현실"은 아직 확립되어야 하지만 "합의에 의해 확립될 수 없는 것이 잘못의 성격"이므로 그것은 확립될 수 없다.[144] 잘못과 쟁론은 근본적으로 통일된 담론이 아니라 담론들의 이질성에서 발생하기 때문이다.

리오타르는 사법적 재판으로 확립될 수 없는 잘못이 표현될 수 없도록 가해진 침묵이 "망각의 침묵"이 아니라 "느낌"이라고 주장한다.[145] 예컨대 지진으로 수많은 인명이 희생되고 지진의 강도를 측정할 도구마저 파괴되었다 해도 이 측정 불가능성은 "생존자들의 마음에 큰 지진력의 생각을 금지하지 않고 오히려 고무한다."[146] 측정할 수 없는 큰 사건에 대한 느낌은 기존의 문장으로 표현될 수 없기에 이 느낌은 "비결정적인

---

142 위의 책, 56쪽.
143 위의 책, 56쪽.
144 위의 책, 56쪽.
145 위의 책, 56쪽.
146 위의 책, 56쪽.

것의 부정적 현시가 불러일으키는 복잡한 느낌"이고 "해결되지 않은 문제, 수수께끼, 신비 또는 역설"과 같다.[147] 아우슈비츠에 대한 증언 후에도 표현되지 않고 남은 것은 기존의 지식 담론으로 재현될 수 없는 것에 대한 느낌이다.

아우슈비츠는 절멸 수용소였다라는 문장을 둘러싼 침묵은 마음의 상태가 아니라 문장화되지 않은 무엇, 결정되지 않은 무엇이 문장화되기 위해 남아있다는 기호다. 이 기호는 문장들의 연결을 촉진한다. (…중략…) 한마디로 말해서 아직 알려지지 않은 문장들이 아우슈비츠의 이름과 연결되게 요청하는 것은 마음의 상태가 아니라 이것 즉 희생자들이 침묵하도록 그들에게 가해진 잘못이다. (…중략…) 손해뿐 아니라 잘못도, 현실뿐 아니라 현실의 파괴인 초현실도, 증언뿐 아니라 증언이 (딜레마에 의해) 파괴되었을 때 증언에서 남은 것 즉 느낌도, 소송뿐 아니라 쟁론도 고려하는 것이 사학자의 의무인가? 물론 그렇다. 쟁론 없이 역사도 없고, 쟁론이 잘못에서 태어나고 침묵이 쟁론을 암시하며, 침묵이 문장들이 사건이 되기를 멈춘 것을 지시하고, 느낌이 이 중단의 고통이라는 것이 진실이라면 말이다. 그렇다면 사학자는 인지적 문장 체제 regime에 부여된 역사에 대한 독점과 단절하고 지식의 규칙에서 현시될 수 없는 것에 귀를 기울임으로써 나서야 한다. 모든 현실은 가능한 알려지지 않은 의미를 동반하는 한 이런 비상사태를 동반한다. 이런 점에서 아우슈비츠는 현실 중 가장 현실적이다. [148]

쟁론은 인지적 문장 체제가 독점하는 역사 담론에 의해 표현되지 못

147 위의 책, 56~57쪽.
148 위의 책, 57~58쪽.

하고 남은 것이고 문장화되는 사건의 발생이 침묵 속에서 중단된 고통의 느낌이다. 법정에서 원고와 피고가 각자의 언어로 항변할 수 있는 소송과 달리 쟁론은 표현의 권한을 갖고 주장할 수 있는 손해가 되지 못한 잘못에서 유래한다. 사학자는 역사 담론에서 침묵이 지시하는 이런 잘못과 쟁론에 귀를 기울여야 한다.

모든 현실에 기존 언어로 표현되지 못해서 아직 알려지지 않은 의미가 남아있게 마련이다. 모든 현실에 알려지지 않은 의미가 있지만 알려지지 않은 의미가 문장화될 시급성이 현저한 아우슈비츠는 이런 현실 중에서도 가장 현실적이다. 따라서 아우슈비츠는 말해지지 않고 문장화되어야 할 긴급사태가 가장 크지만 어떤 문장화도 잘못을 모두 손해로 바꿀 수 없기에 말해지지 않고 남은 것이 문장화되기를 기다리는 고통의 느낌이 가장 큰 사건이고 이런 점에서 "현시될 수 없는 것"의 표본이다. 그러나 리오타르는 문장화가 중단된 고통의 느낌과 더불어 문장화될 것에 대한 기대의 느낌도 있다고 주장한다. "무엇인가 문장화되기를 요청한다"라는 말은 "모든 것이 말해져야 한다거나 말해지길 원한다는 것을 함축하지 않는다. 이것은 모든 것이 말해지지 않았다는 것, 발생과 징후portentousness를 기대하는 기다림을 함축한다."[149] 그래서 그는 "말할 수 없는 것은 침묵으로 지나쳐야 한다"는 비트겐슈타인의 발언이 명령하는 침묵을 부정한다. "그것이 일반 숙어로 문장화될 수 없는 한 그것은 이미 느낌으로 문장화된 것이다. 공언이 이루어졌다. 발생에 대한 불침번, 알려지지 않은 숙어에 대한 불안과 즐거움이 시작된 것이다."[150]

사학자의 임무는 기존의 역사 지식뿐 아니라 아직 알려지지 않은 의

---

149 위의 책, 80쪽.
150 위의 책, 80쪽.

미에 귀를 기울여야 한다. 그러나 역사 담론이 귀를 기울여 이를 표현해도 여전히 문장화되지 않고 남는 것이 있다. 새로운 언어와 문장으로 알려지지 않은 의미를 드러내는 과정은 끝이 없고, 쟁론은 이렇게 말해진 것과 말해지지 않은 것의 근본적 괴리를 지시한다. 따라서 이 과정은 변증법적 지양으로 해소될 수 없다. 리오타르는 아도르노의 부정 변증법을 참고하며 "'아우슈비츠'는 부정 변증법이라 해도 변증법을 예시하지 않는다"고 말하며 "'아우슈비츠'에 의해 서구사상에 도입된 벽개劈開, cleaving"는 사변철학에서 벗어나거나 사변철학의 한 계기나 효과가 아니라 "사변 논리 자체를 깬다"고 주장한다.[151] 아우슈비츠는 "사변적 '이름'이 없고 개념으로 지양될 수 없는 이름"이다.[152] 아우슈비츠는 헤겔 변증법으로 지양될 수 없고 항상 문장화되는 발생을 기다리는 사건이다.

10. 망각의 정치학과 무감각의 미학

이런 점에서 아우슈비츠는 궁극적으로 재현될 수 없고 여러 담론의 장르가 메울 수 없는 공백과 무를 의미하는 쟁론의 표본이다. 문장과 문장 사이에는 어떤 담론의 장르도 메울 수 없는 무와 공백이 존재한다. "담론 장르들은 무를 망각하는 또는 발생을 망각하는 양식이고 문장들 사이의 공백을 메운다."[153] 담론의 장르가 메울 수 없는 문장들 사이의 공백은 어떤 재현도 가능하지 않다. 리오타르는 역사에서 이 무의 위치

---

151 위의 책, 88~90쪽.
152 위의 책, 88쪽.
153 위의 책, 138쪽.

에 놓여 끊임없이 잊혀지는 존재를 "유대인들the jews"이라 명명한다. 대문자로 표기되는 유대인the Jew과 달리 소문자 복수로 인용부호 안에 표기되는 "유대인들"은 특정 민족이 아니라 역사에서 끊임없이 배제되고 망각되며 유배되는 '제거의 대상object of dismissal'을 지칭한다.[154] 리오타르는 역사적 실제 유대인들이 "유대인들"을 체현한다고 보지만 이 둘의 구분은 모호하다.[155] 예컨대 다음과 같은 발언은 이 모호한 관계를 적절히 보여준다. "'유대인들'에게 가해진 증오는 (…중략…) 유럽에서 그들을 개종, 추방, 절멸함으로써 달래져 왔던 것처럼 보인다. 그것은 도가 지나쳤는데 정확히 말해서 잊기에 도가 지나쳤다. 대규모로 살해된 유대인들은 부재하고 존재하는 것보다 더 존재한다. 그들은 '유대인들'로 남는다."[156] 따라서 "유대인들"은 잊혀질 수 없으나 "잊혀진 것"을 나타내며 "잊혀진 것은 그것이 무엇이었고 현재 무엇인지를 위해서가 아니라 아무것도 아니었고 무nothing이지만 잊혀지기를 멈추지 않는 어떤 것으로 기억되어야 하기 때문에 기억되어야 한다."[157] 리오타르에 따르면 많은

---

154 Jean-François Lyotard, *Heidegger and "the jews"*, 3쪽.

155 캐롤(David Caroll)이 지적하듯이 리오타르에게 "유대인들"은 민족이 아니라 개념이지만 유대민족이 서구사상과 정치에서 "극단적 형태의 불의의 희생자"였고 "유대인들과 일정한 유대교 전통과 윤리 없이 '유대인들' 개념이 있을 수 없으므로" 이 둘을 명확히 구분하는 것은 어렵다. David Caroll, "Forword : The Memory of Devastation and the Responsibilities of Thought : 'And let's not talk about that,'" Jean-François Lyotard, *Heidegger and "the jews"*, xxvi쪽, 미주 5번. 라카프라는 리오타르가 "유대인들"을 추상적 개념으로 제시하는 것의 효용성과 탈역사성을 비판한다. "리오타르가 '유대인들'을 포스트모던 모티프의 박탈되고 추상적인 표시로 연극적으로 알레고리화해 전유하는 것은 복잡한 역사적 민족으로서의 유대인들의 특수성과 그들이 다른 민족들 및 전통들과 맺는 실제적이고 형식적인 관계를 지운다." Dominick LaCapra, *Representing the Holocaust*, 98쪽.

156 Jean-François Lyotard, *Heidegger and "the jews"*, 39쪽.

157 위의 책, 3쪽.

작가가 "문학의 진짜 대상이 (…중략…) 항상 모든 재현이 놓치는 것, 거기에서 잊혀진 것을 드러내고 말로 재현하려는 것"임을 보여주었다.[158]

역사의 담론에서 문장화되지 못해 잊혀진 것은 항상 회귀해서 기억의 소환을 요구하나 망각의 운명을 벗어나지 못해 역사의 빚으로 남는다. 리오타르는 "망각의 정치학"을 논하며 모든 사회정치적 "기념비의 기억은 매우 선택적"이고 "필연적으로 지양이며, 복종시키고 제거하는 고양elevation"이기에 망각의 정치학은 "이질적인 것을 망각한다"고 지적한다.[159] 선택과 배제로 구성된 기억의 담론은 동질적인 것을 추구하고 이질적인 것을 제거하는 망각의 정치학이다. 이런 망각의 정치학과 싸우는 것은 궁극적으로 기억의 작업이 망각을 동반한다는 사실을 잊지 않는 것이다. "망각과 싸우는 것은 믿고 결론을 내리고 확신하는 순간 망각한다는 것을 기억하기 위해 싸우는 것"이고 "확립된 것, 재확립된 과거의 불안정성precariousness을 잊는 것과 싸우는 것"이다.[160]

나치즘이 유대인들을 학살하고 그 자취마저 완전히 제거하려 했던 최종 해결은 "유대인의 문제"에 대한 해결책이었고 "절대적 망각의 '정치학'"이었다.[161] 나치주의자들은 무엇을 왜 망각하려 했던 것일까? 리오타르는 반유대주의가 인종학살과 다르다고 말한다. 나치즘이 최종 해결을 통해 제거하고 망각하려 했던 것이 유대인들의 생명이 아니라면 무엇이란 말인가? 나치즘이 유대인들을 끝까지 철저하게 말살하려 했다는 사실은 "이미 우리가 다른 어떤 것, (대)타자the Other를 다루고 있음을 지시

---

158 위의 책, 5쪽.

159 위의 책, 7~8쪽.

160 위의 책, 10쪽.

161 위의 책, 25쪽.

한다."[162] 이 타자는 서구사상이 억압해왔으나 끊임없이 회귀해 출몰하는 것이고, 서구사상이 제거하고 재현함으로써 통제하고 추방하려 했으나 결코 재현할 수 없는 것이다.

리오타르는 트라우마의 충격이 재현되지 않는다는 점을 설명하기 위해서 프로이트가 실제로 무의식에 등록되지 않는다고 설명하는 "무의식적 정동" 개념을 논한다.[163]

하나의 '자극' 즉 정신기구가 구성하는 힘들 체계의 교란은 (…중략…) 자극이 들어올 때나, 들어와서나, 나갈 때 그 체계가 그것을 다룰 수 없으면 그 체계에 영향을 미친다. 평범한 시간성의 보호막도 그것을 다룰 수 없다. 그것은 "도입되지" 않은 자극이다. 그것은 영향을 미치지만 들어오지 않는다. 그것은 **도입되지** 않았고 재현되지 않은 채로 남는다. 따라서 그것은 체계에 "영향을 미치므로" 충격이지만 충격받은 것이 알지 못하고 기구(정신)가 내부 물리학 안에서 그 물리학에 따라 등록할 수 없는 충격, 그것이 영향을 받지 않는 충격이다.[164]

리오타르가 프로이트가 『과학적 심리학 초고』에서 설명하는 에마 사례를 언급하며 논하듯이 재현 / 등록되지 않은 충격의 무의식적 정동은

---

162 위의 책, 25쪽.

163 프로이트에 따르면 본능(instinct) 또는 더 정확한 용어로 욕동(drive)을 대표하는 표상(idea)과 정동의 양(quota of affect) 중에서 표상만이 무의식에 억압되어 의식에 나타나지 않는다. 이때 정동은 억압된 표상이 아닌 다른 표상과 잘못 연결되고, "만일 우리가 올바른 연결을 회복하면 우리는 원래의 정동적 충동을 '무의식적'인 것이라 부른다. 그러나 그 정동은 결코 무의식이지 않았다. 그것의 표상이 억압되는 것이 발생했을 뿐이다." Sigmund Freud, "The Unconscious", 178쪽. 1장 「정신분석과 트라우마」 각주 24번을 참조할 것.

164 Jean-François Lyotard, *Heidegger and "the jews"*, 12쪽.

프로이트가 '지연된 행동' 개념으로 설명하듯 나중에 영향을 미친다. "무엇인가가 '후에' 자신이 이해되게 **만들** 것이다. 도입되지 않은 것이 결국 '실행되고' '행동화되고' '상연되고' 발생하고 그래서 재-현될re-presented 것이다."[165] 리오타르는 이 '무엇'이 프로이트의 '성차sexual difference', 근친상간 터부, 부친살해 등 다양하지만 근본적으로 재현할 수 없는 초과라는 점을 강조한다. 그것은 "재현할 수 없고 (…중략…) 모든 사상적, 개념적, 합리적 종합을 초과하는 것"이고 "(정신)기구를 몰수, 삭제, 초과하고, 말을 박탈하는 것"이다.[166]

리오타르는 프로이트의 『모세와 일신론』에 나타나는 유대인과 신대타자의 관계를 논하며 이 무엇을 서구사상에서 존재해 왔던 원초적 공포로 다시 정의한다. 이 공포는 유대민족이 모든 재현과 명명을 금지한 절대적 타자인 신의 목소리에 의해 인질로 잡힌 것을 의미한다. 환청 환자가 알 수 없는 목소리에 사로잡혀 "비결정적인 정동을 듣는 것"처럼 알 수 없는 (대)타자 / 신의 목소리의 볼모가 되는 소문자 복수 "유대인들"은 "서구의 용서와 사면의 운동에서 용서할 수 없는 것"이고, 서구 역사에서 "지배의 집착, 소유지 통제의 강박, 제국을 위한 열정에서 길들여질 수 없는 것"이며, "통합되고 개종되거나 추방될 수 없다."[167] 이는 "사유, 심지어 서구사상의 비밀"이고 서구사상에 항상 드리워져 있는 '이면

---

165 위의 책, 13쪽. 프로이트는 에마가 8세 때 상점 주인의 성추행을 경험하지만 당시에 이해하지 못하고 억압되어 있던 트라우마의 충격이 성적으로 성숙한 사춘기 12세 때 상점 점원이 자신에게 웃는 것을 보고 뒤늦게 발생하는 것을 설명한다. Sigmud Freud, *Project for a Scientific Psychology*, *SE*, Vol. I, 353~356쪽. 이에 대한 논의는 졸저 『에로스의 두 얼굴-프로이트와 라캉의 성과 사랑 이론』, 서강대 출판부, 2019, 42~45쪽을 참조할 것.

166 Jean-François Lyotard, *Heidegger and "the jews"*, 19~20쪽.

167 위의 책, 22쪽.

other side'이다.[168] 반유대주의는 서구 문화가 이런 "시원적 공포originary terror 를 가능한 많이 구속하고 재현하며 — 방어하고 — 적극적으로 망각하려는" 수단 중 하나다.[169] 최종 해결은 이런 방어와 망각의 극단적 시도였다.

리오타르가 무의식적 정동 또는 "무의식적 불안"으로도 부르는 이 시원적 공포를 체현하는 아우슈비츠를 처리하는 정치적 방법 중 제거는 이 범죄와 관련된 모든 증거를 인멸하는 것이다. 재현은 또 다른 방법이다. 그러나 "그것은 이미지와 단어를 거부하기 때문에 놓치지 않고는 재현될 수 없고 새로 망각된다. '아우슈비츠'를 이미지와 단어로 재현하는 것은 우리가 이것을 잊게 하는 방법"이고 많은 영화와 TV 시리즈가 아우슈비츠를 재현했지만 "그들은, 그 자체로 잊혀진 것으로 잊히지 않기 위해서, 재현될 수 없는 것으로 남는 것을 재현한다."[170] 리오타르는 란즈만의 〈쇼아〉를 예외로 지적하는데, 그 이유는 "그것이 이미지와 음악으로 재현하는 것을 거부할 뿐 아니라 홀로코스트의 재현 불가능성을 나타내지 않는 증언을 제시하지 않기 때문이다."[171] 다시 말해서 〈쇼아〉는 재현할 수 없다는 사실을 재현하기 때문에 재현을 통해서 망각하려는 시도가 아닐 수 있다. 캐롤이 단적으로 요약하듯이 "리오타르는 재현할 수 없는 것을 모든 재현이 재현하려고 노력해야 하나 재현할 수 없다는 것도 알아야 하는 것으로 만든다."[172] 〈쇼아〉는 재현 불가능에 대한

---

168 위의 책, 27쪽.
169 위의 책, 23쪽.
170 위의 책, 26쪽.
171 위의 책, 26쪽.
172 David Caroll, "Forword : The Memory of Devastation and the Responsibilities of Thought", xiii쪽.

이런 이중적인 인식을 드러내는 영화다.

그럼에도 리오타르는 그가 무의식적 정동, 무의식적 불안, "유대인들", 시원적 공포 등으로 부르는 재현할 수 없는 "무엇"을 표현하는 예술의 필요성을 주장한다. 앞서 논했듯이 칸트에게 숭고는 궁극적으로 상상력을 초과하는 절대를 생각할 수 있는 이성의 능력에 있다. 그러나 리오타르에게 칸트의 숭고는 이성의 능력보다 상상력의 재현 한계에 더 가깝다. 숭고는 상상력의 한계를 초과해서 고통과 감각의 마비를 가져온다. "칸트가 『판단력 비판』에서 분석하는 숭고는 (…중략…) 프로이트적 사고에서 무의식적 정동 및 지연된 행동의 특성과 유사한 특성을 지닌다. 그것은 (…중략…) 충격의 미학, 무감각학anesthetics을 도입한다. (…중략…) 상상력은 절대를 재-현할 무엇을 감성적으로 제시하라는 요구를 받지만 이 임무에 실패하고 '심연'으로 떨어진다."173 따라서 리오타르는 상상력과 감성을 넘어서는 대상을 다루는 예술을 무감각의 미학이라 부른다. 그가 아도르노를 따라 "'아우슈비츠-이후' 미학"이라 부르는 예술은 감각을 초과하는 "무엇"을 다루기에 무감각의 미학이다. "왜 미학인가? 하고 혹자는 물을 것이다. (…중략…) 그것은 재난의 문제가 무감각한 것의 문제, 내가 무감각anesthesia이라 부른 것의 문제이기 때문이다. (…중략…) 만일 예술이 지속한다면 (…중략…) 그것은 (…중략…) 감성에 빚지지 않고 비감성적 비밀에 전적으로 빚진 이 감정affection을 구원하고 해방하는데 헌신한다."174 비감성적인 것을 표현하는 미학은 재현할 수 없는 것을 침묵으로 환원하는 모든 망각의 시도에 저항하며 "기억 상실과 싸우는 무감각"의 미학이다.175 리오타르에게 무감각의 미학은 궁

173　Jean-François Lyotard, *Heidegger and "the jews"*, 31쪽.
174　위의 책, 44쪽.

극적으로 침묵을 들을 수 있게 하는 예술의 임무를 수행한다. 즉 "예술과 글writing은 소음과 소음을 수단으로 이 침묵을 들리게 할 수 있고 (…중략…) 이 다른 침묵, 들릴 수 없는inaudible 침묵을 증언할 수 있다."[176] 소여Dylan Sawyer가 지적하듯이 "리오타르는 침묵들의 재현과 당면할 때 발생하는 불가피한 손해를 확고히 수용하지만 그럼에도 우리는 그 침묵들이 들리게 해야 한다는 걸 안다."[177] 이런 예술은 침묵의 목소리를 들려주는 증언이다.

11. 재현 불가능의 미학과 그 불만

들리지 않는 것을 증언하는 리오타르의 미학은 5장에서 논한 증언 연구의 갈래에서 사실의 전달과 확립을 중요시하는 인식론적 증언 연구가 아니라 개인의 실존적 체험을 체현하는 진리의 전달을 중요시하는 탈구조주의적 윤리적 증언 연구에 가깝다. 개인 고유의 주관적 체험의 진리는 객관적 언어로 완전히 재현할 수 없고 사건을 진술하는 술정적 언술행위가 아닌 수행적 언술행위로 이루어진 증언이다. 이런 관점에서 지보니는 "재현할 수 없는 것을 재현하는 예술의 독특한 역할"을 강조하는

---

175 위의 책, 48쪽.

176 위의 책, 48쪽.

177 Dylan Sawyer, *Lyotard, Literature and the Trauma of the differend*, London : Palgrave Macmillan, 2014, 168쪽. 소여는 예술 / 문학이 재현할 수 없는 것을 알면서도 재현을 시도해야 한다는 리오타르의 주장에 동의하면서도 모든 재현 / 서사가 쟁론을 중립화하는 시도라는 리오타르의 주장에는 비판적이다. "그런 외상적인 청취불능성(inaudibility)은 문학이 쟁론에 가하는 '중립 효과'라고 그(리오타르)가 믿는 것을 통해서만 들릴 수 있다는 것이 나의 주장이다." 위의 책, 192쪽.

"리오타르의 접근방식은 사실적 담론으로 전달될 수 없는 것을 증언하는 임무에 특히 적합한 실천으로서의 예술 개념과 일차적으로 정보 전달보다 수행적인 발언으로서의 비예술적 형식의 증언 개념을 지지한다"고 평가한다.[178]

그러나 리오타르가 칸트의 숭고 미학을 참고해서 펼치는 무감각의 미학은 증인의 실존적 경험을 체현하는 증언보다 더 보편적이고 추상적이며 철학적인 재현 불가능성의 이론이다. 리오타르 이론이 홀로코스트라는 특수한 사건에 집중하면서도 이런 철학적 보편성을 탐구하는 것은 다른 개인적 사회적 재난이 초래한 트라우마의 이해에도 적용될 수 있다는 장점을 지닌다. 그러나 동시에 이런 보편적 논리는 트라우마의 개인적, 사회적, 역사적, 정치적 특수성을 고려하지 못하는 한계를 지닐 수도 있다. 또한 재현 불가능성을 강조하는 것은 증언의 사회적 의미와 트라우마 치유의 관점에서 부정적인 함의를 지닐 수 있다.

이런 점에서 리오타르의 재현 불가능의 미학은 몇 가지 중요한 비판에 부딪힌다. 우선 리오타르의 미학은 정치적 문맥을 삭제한다는 비판을 받는다. 예컨대 지보니에 따르면 "리오타르는 증언하기witnessing를 담론을 넘어선 곳에 (…중략…) 위치시킴으로써 증언하기와 증언testimony이 포함되는 정치적 배경 그리고 이 배경이 희생자들의 대의를 옹호하기 위한 항변 도구들로 공고화되는 것을 효과적으로 삭제한다."[179] 이런 비판에 취약한 지점은 리오타르가 정의와 복수를 논할 때 드러난다. 앞서 보았듯이 리오타르는 법정에서 원고가 제3자인 재판관에게 항변할 수 있는 손해와 달리 법정에서 말할 권리를 박탈당한 잘못의 희생자는

178　Michal Givoni, *The Care of the Witness*, 62쪽.
179　위의 책, 68쪽.

"보상을 받을 수 없으므로 복수를 외친다."[180] "복수자avenger는 정의를 만드는 자"이지만 그가 항변하는 잘못은 사회적 법적으로 "인식될 수 없으므로 분배적으로 측정될 수 없다."[181] 따라서 잘못의 희생자는 사법적 판단을 거부한다. "복수는 사법적 권위가 없고, 법원의 권위를 흔든다."[182] 사회적 법적으로 측정할 수 없는 쟁론, 잘못, 트라우마는 담론으로 표현되거나 재현될 수 없다. 이 잘못 개념은 따라서 구체적인 역사의 사법적 정치적 맥락에서 이해될 수 없다. 또한 말할 권리가 없는 희생자가 정의를 구현하는 방식이 사법적 권위 자체를 거부하는 것이라면 이런 투쟁의 사회정치적 효력은 제한된다.

리오타르에 대한 둘째 비판은 그가 트라우마를 충분히 고려하지 못한다는 지적이다. 그의 숭고 미학이 탈구조주의적 실존적 증언 연구에 가깝지만 그의 관심은 궁극적으로 개인과 집단의 상처보다 이 상처의 철학적 개념화에 있다. 그는 홀로코스트에서 역사적인 실제 유대인이 받은 상처와 고통보다 서구사상이 억압하고 퇴출하려는 "유대인들", 시원적 공포, 들을 수 없는 것 등의 개념으로 홀로코스트의 궁극적 원인을 추적하는 데 더 치중한다. 리오타르의 숭고 미학을 크게 참고해서 '외상적 숭고the traumatic sublime' 개념을 세공하는 소여는 "『쟁론』이 잘못의 상처로 고통받는 자들의 곤경보다 타자들의 응답을 향해 있고 그 결과 그것이 궁극적으로 없애기를 희망하는 손해를 유지(또는 적어도 간과)하는 위험을 감수한다"고 지적한다.[183] 예컨대 리오타르는 해방 후 법정에서 항변

180　Jean-François Lyotard, *The Differend*, 30쪽.

181　위의 책, 30쪽.

182　위의 책, 30쪽.

183　Dylan Sawyer, *Lyotard, Literature and the Trauma of the differend*, 177쪽.

할 권리를 갖게 된 유대인들이 항변의 권리가 없어서 침묵을 강요당하는 잘못의 희생자였다가 법적 진술권이 주어진 손해의 원고가 되었다는 의미에서 "그들은 희생자이기를 멈췄다", "더 이상 희생자는 없다"고 말한다.[184] 그러나 그는 "유대인들이 더 이상 희생자가 아니라고 말하는 것과 희생자가 없다고 말하는 것은 다르다. 특수에서 보편의 결론을 끌어낼 수 없다"고 덧붙이는데 이는 그가 특수한 희생자의 고통보다 희생자 보편의 문제에 더 관심이 있음을 보여준다.[185] 그가 역사적으로 특수한 유대인들이 "유대인들"이라는 보편을 체현한다고 보는 것도 같은 맥락이다.

이런 점에서 소여가 "리오타르는 쟁론을 비교할 수 없는 갈등의 경우로 보지 그것의 공명resonance으로 보지 않는데, 나는 이것이 잘못을 잘못의 증언과 분리하기 때문에 실수로 여긴다"고 비판하는 것은 중요하다.[186] 왜냐하면 트라우마의 희생자는 법정에서 진술할 수 있는 권리를 행사해도 즉 잘못이 손해가 된다고 해도 여전히 고통을 받기 때문이다. 트라우마는 한번 발생하는 데 그치지 않고 희생자의 정신 속에서 지속적인 영향을 행사한다. 잘못의 희생자가 아무리 잘못을 표현해도 "그 사건의 발생 전부를 말할 수 없다면" 영원히 희생자의 신분으로 남을 수밖에 없다.[187] 따라서 소여는 재현할 수 없는 것의 재현이라는 리오타르의 철학적 논리를 트라우마를 완전히 증언할 수 없는 트라우마 희생자의 관점에서 다시 제시한다. 외상적 사건의 "지속적인 정동을 인식함으

---

184 Jean-François Lyotard, *The Differend*, 27쪽.

185 위의 책, 27쪽.

186 Dylan Sawyer, *Lyotard, Literature and the Trauma of the differend*, 177쪽.

187 위의 책, 178쪽.

로써 (…중략…) 그것의 잘못이 적어도 인정하고 말할 수 있는 손해로
변모"할 수 있더라도 이 변모는 끝없는 과정이 될 수 있기에 트라우마의
영향은 지속될 수 있다.[188]

셋째 비판은 리오타르가 아우슈비츠를 재현할 수 없는 사건으로 강조
함으로써 궁극적으로 역사적 맥락에서 분리하는 결과를 낳는다는 것이
다. 맨들[Naomi Mandel]이 지적하듯이 "아우슈비츠"는 강제수용소만을 의미
하는 것이 아니라 나치 이데올로기와 인종주의, 반유대주의, 관료주의
등을 포함한 거대한 의미의 네트워크를 지칭하는 것이고, "아우슈비츠
이후"에 산다고 말할 때 "우리는 우리 자신이 역사 특히 고통스런 과거
와 맺는 관계에 대해 진술하는 것"이다.[189] 아도르노는 아우슈비츠를 초
래한 현대 문화의 야만성을 비판한다. 맨들에 따르면 "아도르노가 '아우
슈비츠 이후' 현대 문화를 상정했을 때 그는 그 문화에 홀로코스트의 참
상[horrors]과 연루된 특성을 부여한 것이었다. '아우슈비츠'가 말할 수 없는
것이 될 때 그 연루는 삭제된다. 아우슈비츠가 쟁론으로 해석될 때 아도
르노가 '아우슈비츠 이후' 문화 상황으로 인식한 연루는 침묵에 처하게
된다."[190] 말할 수 없고 재현할 수 없는 아우슈비츠는 사회적, 정치적, 역
사적 맥락에서 추출되는 결과를 초래한다.

넷째 비판은 리오타르의 논리가 이렇게 침묵으로 귀결된다는 점이
다. 침묵하게 되는 것은 아우슈비츠와 현대 문화의 연루만이 아니다. 리
오타르가 정의한 잘못이 말할 수 없는 것이라면 그리고 말할 수 있게 될

---

188 위의 책, 187쪽.

189 Naomi Mandel, *Against the Unspeakable : Complicity, the Holocaust and Slavery in America*, Charlottesville : U of Virginia P, 2006, 31쪽.

190 위의 책, 68~69쪽.

때 잘못이 아닌 손해가 된다면 잘못은 궁극적으로 말할 수 없는 것 즉 침묵이 된다. 앞서 언급했듯이 리오타르는 아우슈비츠가 "이미지와 단어를 거부하기 때문에 놓치지 않고는 재현될 수 없다"고 말한다. 라캉의 용어로 언어나 이미지로 재현할 수 없는 것은 상징계나 상상계에서 배제된 또는 상징화할 수 없는 실재(계)다. 수믹-리하Jelica Sumic-Riha는 리오타르가 궁극적으로 말할 수 없는 것을 침묵으로 인지한다고 비판하고 라캉은 분석상황에서 피분석가의 침묵을 말하게 하는 방법을 제시한다고 주장한다. "리오타르 논지의 경제에서 아우슈비츠는 (…중략…) 사유를 경악하게 하고 침묵으로 환원해서 그 자리에 말 없고 이름 없는 증인인 정동을 설치하려는 것 이외에 다른 역할을 하지 않는다. (…중략…) 라캉은 재현할 수 없는 것의 이론가들이 실패를 인정해야 하는 그 지점 즉 침묵을 쓰는 것에 성공했다."[191] 수믹리하는 분석가가 피분석가로 하여금 무의식을 말하게 한다는 점에서 라캉의 이론이 무의식적 정동을 말할 수 없는 침묵으로 규정하는 리오타르와 다르다고 보는 것이다. 그러나 앞서 보았듯이 리오타르가 재현할 수 없는 것을 강조하면서 동시에 이를 재현하는 가능성을 모색하고 재현의 당위성을 주장한다는 점에서 리오타르의 이론이 침묵으로 귀결된다고 단정할 수는 없다.

다섯째, 이 비판은 궁극적으로 리오타르의 재현할 수 없는 숭고 미학에 대한 비판으로 이어진다. 홀로코스트를 재현할 수 없는 숭고로 보는

---

191 Jelica Sumic-Riha, "Testimony and the Real : Testimony between the Impossibility and the Obligation", *parallax* Vol.10, No.1, 2004, 24~27쪽. 수믹-리하는 "유사물(semblance), 쓰레기로 환원되고 소문자 'a'로 지시되는 침묵은 분석상황에서 행위자의 위치에 놓인다"고 설명하는데 이는 분석상황에서 분석가가 대상 *a*의 위치에서 피분석가의 욕망을 불러일으켜 무의식을 말하게 하는 분석가 담론에 관한 설명이다. 라캉의 분석가 담론에 대해서는 졸저『욕망의 윤리─라캉 정신분석과 예술, 정치, 철학』, 한길사, 2018, 225~230쪽을 참조할 것.

것은 그것을 신성화해서 궁극적으로 홀로코스트에 대한 논의를 차단하고 침묵을 부과하는 결과를 초래할 수 있다. 이런 비판을 대표하는 라카프라는 『하이데거와 "유대인들"』에 대해서 "리오타르는 홀로코스트의 휴지caesura를 재현할 수 없고 모든 사람(희생자, 증인, 가해자, 수정주의자, 이후 출생자)을 궁극적으로 동질적이고 숭고한 침묵으로 환원하는 전적인 트라우마로 해석함으로써" 역사성과 특수성에서 벗어나며 "숭고의 역할을 극단적으로 높이 평가하고 그것의 다양한 양태와 가능성을 더 미묘하게 검토하거나 평가하지 않는다"고 비판한다.[192] 프리드랜더는 나치주의자들이 수많은 유대인을 학살하면서 일종의 도취rausch 또는 고양eleation을 느꼈다고 지적하며 이를 더 많은 유대인을 학살할수록 "총통과의 유대"Führer-Bond가 더 강해지는 것으로 설명한다.[193] 여기에서 "고양"이 숭고와 연결된다면 이는 부정적 숭고의 의미를 지닌다. 프리드랜더는 이를 "더 분석하기 위해서는 칸트의 숭고 범주에 상응하나 표현할 수 없는 공포를 특별히 포착하기 위한 새로운 범주가 필요하다"고 언급한다.[194]

라카프라는 프리드랜더가 여기에서 주의 깊게 숭고 개념을 언급하는 반면 아감벤과 리오타르를 비롯한 학자들이 숭고 개념을 분별없이 사용한다고 지적하며 "(때로 폭력을 포함한) 트라우마를 신성하거나 숭고한 것으로 변모시키려는 경향"을 비판한다.[195] 그는 "탈숭고postsublime는 숭고를

---

192 Dominick LaCapra, *Representing the Holocaust*, 97쪽.

193 Saul Friedlander, *Memory, History, and the Extermination of the Jews of Europe*, Bloom-ington : Indiana UP, 1993, 110~111쪽. 프리드랜더는 특히 하인리히 힘러(Heinrich Himmler)가 1943년 10월 4일에 포젠(Posen)에서 행한 연설에서 100, 500, 1000명의 유대인 시체들을 보고도 조국을 위해 매우 자랑스런 일을 성취했고 독일인들의 영혼이나 자아에 어떤 해도 끼치지 않았다고 말한 것을 예로 제시한다. 위의 책, 105쪽.

194 위의 책, 115쪽, 미주 13번.

195 Dominick LaCapra, *History and Its Limits : Human, Animal, Violence*, Ithaca : Cornell

불안정화하고 의문시하지만" 그럼에도 어떤 형태의 숭고 개념을 불러일으키는 것에도 반대한다.[196] 특히 그는 숭고 개념이 포함하는 "이해의 초과 또는 압도, 이 초과와 관련된 어떤 종류의 차단, 그리고 고양 또는 흥분의 감정" 중에서 특히 "고양 또는 흥분의 감정"을 "폭력과 희생화"와 연결시키는 어떤 시도에도 저항해야 한다고 주장한다.[197] 그러나 리오타르는 숭고 감정을 고양이나 흥분으로 여기기보다 "마음이 다룰 수 있는 것을 넘어선 '초과'가 마음에 '닿았다'는 것을 증언"한다는 것 즉 상상력을 압도하는 것을 재현하려는 것을 강조한다.[198] 또한 리오타르가 선택적인 "지양"과 "고양"을 수행하는 "기념비의 기억"이 궁극적으로 이질적인 것을 망각하는 망각의 정치학이기에 이에 저항해야 할 필요성을 강조하므로 그의 이론은 홀로코스트를 "고양"과 연결하는 숭고의 논리와는 거리가 있다. 더구나 그가 재현할 수 없다고 말하는 "시원적 공포"는 프리드랜더가 말하는 "표현할 수 없는 공포"와도 상통한다. 이런 점에서 라카프라의 리오타르 비판을 전적으로 수용하기는 어렵다.

UP, 2009, 67쪽.

196 위의 책, 68쪽, 각주 17번.

197 위의 책, 68쪽.

198 Jean-François Lyotard, *Heidegger and "the jews"*, 32쪽.

제3부

트라우마의 감정과 서사

제7장

역사와 허구
랑시에르와 리쾨르의 재현과 서사이론

1. 예술의 재현적 한계

6장 마지막에서 살펴보았듯이 리오타르의 숭고 개념에 기초한 트라우마의 재현 불가능성 이론은 여러 가지 비판에 직면한다. 이 비판은 홀로코스트를 재현 불가능한 것으로 간주하는 리오타르의 숭고 미학이 홀로코스트를 역사적이고 정치적인 영역에서 철학과 미학의 영역으로 치환한 결과 궁극적으로 침묵하게 한다는 것으로 요약할 수 있다. 여기에서 리오타르의 해석이 홀로코스트라는 사건의 역사적 정치적 문맥을 삭제한다는 비판과 재현 불가능성이라는 철학적 인식론적 문제에 기초한다는 비판은 미묘하게 얽혀있다. 재현 불가능이라는 철학적 인식론적 이론은 궁극적으로 역사적 사건의 진리에 대한 접근 불가능성과 긴밀히 연결되기 때문이다. 재현 불가능 이론의 (비)정치적 차원을 논하며 리오타르를 비판한 대표적인 철학자는 랑시에르다. 랑시에르는 트라우마의 재현이 (포스트)모던 예술을 요구한다는 리오타르의 주장을 정면으로 반박하고 오히려 리얼리즘의 언어로 홀로코스트를 재현할 수 있다고 주장한다. 홀로코스트에 대한 랑시에르의 주장은 재현의 정의定義와 역사에 대한 그의 미학적 정치적 사색의 결과이며 재현의 문제를 넘어 역사와 허구의 관계에 대한 논의로 이어지고 궁극적으로 트라우마 서사에 대한 중요한 관점을 제시한다. 그가 재현의 문제를 미학의 역사의 관점에서 세공하면서 홀로코스트의 재현에서 리얼리즘을 다시 소환한다는 점에서 그의 미학 이론은 리쾨르의 서사 이론과도 상통한다. 왜냐하면 리쾨르 역시 역사와 허구의 관계를 서사 이론의 관점에서 조명하며 (포스트)모던 미학을 비판하고 리얼리즘을 주장하기 때문이다. 랑시에르와 리쾨르의 이론은 앞서 살펴본 리오타르의 포스트모던 숭고 미학에 대한 세부 비판과 더불어 더 근본적으로 트라우마 재현의 역사성과 사실성의 문제에 접근한다.

랑시에르는 「어떤 것들은 재현할 수 없는가?^{Are Some Things Unrepresentable?}」라는 글에서 "어떤 조건에서 일정한 사건들이 재현될 수 없다고 말할 수 있는가?"에 대한 자신의 탐구가 "재현 불가능 개념 및 이와 관련된 일군의 개념들 — 현시할 수 없음, 생각할 수 없음, 다룰 수 없음, 구제할 수 없음 — 의 과장된 사용에 대한 일정한 비관용"에 의해 촉발되었다고 밝힌다.[1] 그는 사건과 예술적 재현 사이의 대립 그리고 이 둘 사이에 존재하는 거리를 극복하려는 시도가 "증인의 말에 주어진 특권을 지배한다"고 보며 증언을 특권화하는 이런 시도에 두 가지 형태가 있다고 진단한다.[2] 그중 하나는 플라톤이 시뮬라크럼^{simulacrum}과 대립시킨 "직접적인 straightforward 이야기, (…중략…) 말하는 자의 정체성에 대한 의문에서 자유로운, 속임수 없는 이야기"로서의 증언 즉 "개인의 경험"을 직접 전달하는 이야기다.[3] 이는 다름 아닌 리얼리즘에 대한 믿음이다. 다른 하나

---

1   Jacques Rancière, *The Future of the Image*, Gregory Elliott 역, London : Verso, 2007, 109쪽.
2   위의 책, 109쪽.
3   위의 책, 109쪽.

는 "증인의 서사를 새로운 예술 양식으로 간주한다. 이는 사건을 말하는 것이라기보다 사유를 초과하는 (그것)이 있었다에 대한 증언을 포함한다."[4] 재현 불가능에 대한 이 둘째 반응에서 "생각할 수 있는 것을 초과하는 사건들의 존재는 생각할 수 없는 것 일반을 증언하는 예술을 요구하고" 리오타르에게 이 특수한 예술 양식은 숭고 예술이다.[5] 충격적이고 압도적인 개별 사건을 재현할 수 있는 예술에 대한 탐구는 생각할 수 없는 것 일반을 재현하는 예술 양식에 대한 보다 철학적인 탐구를 낳았다는 것이다. 이런 탐구에는 발생한 것을 직접적으로 전달하는 리얼리즘에 대한 요구보다 더 복잡한 인식론적 철학적 논리가 개입한다.

랑시에르는 "예술의 특수한 양식으로서의 재현"의 의미를 이해하기 위해서는 예술의 재현에 동반되는 "재현적 제한"의 세 가지 차원을 이해해야 한다고 주장한다.[6] 첫째 제한은 보이는 것이 말에 의존한다는 것이다. 즉 "말의 본질은 보이게 하는 것"인데 이는 "(시공간에서 제거된 것을 '우리 눈앞에 놓는) 치환작용과 (본질적으로 시야에서 숨겨진 것, 인물들과 사건들을 추동하는 내적 동기들을 보이게 하는) 전시작용"으로 이루어진다.[7] 그러나 "이 보이게 하기는 사실상 자체의 실패, 자체의 제한을 통해 작동한다."[8] 랑시에르는 이 제한의 예를 버크Edmund Burke가 언어와 시각예술 즉 시와 회화가 숭고한 감정을 불러일으키는 차이를 설명하는 것에서 찾는다. 버크는 숭고한 감정 중 공포와 테러는 대상이 불분명하게 제시될 때 발생한다고 말한다. 예컨대 밀턴이 『잃어버린 낙원Paradise Lost』에서 사탄을 안

---

4   위의 책, 111쪽.
5   위의 책, 111쪽.
6   위의 책, 113쪽.
7   위의 책, 113쪽.
8   위의 책, 113쪽.

개 사이로 비치는 햇빛을 받아 희미하게 거대한 탑처럼 서 있는 타락한 대천사의 모습으로 묘사할 때 "크고 혼란스러운 이미지들의 집단" 때문에 공포를 불러일으키고, 구약의 욥기에서도 신의 목소리가 밤의 어둠 속에서 들릴 때 "자체의 이해할 수 없는 어둠의 그림자"에 싸여 나타나기 때문에 테러의 감정을 유발한다.[9] 버크는 이와 반대로 "화가들이 이 환상적이고 두려운 이념들을 명확히 재현하려 시도할 때 거의 항상 실패했다고 생각한다. 몇몇 화가들은 상상력이 제시하는 가장 흉측한^{horrid} 유령들을 모으려는 목적으로 이런 종류의 주제를 다루었다. 그러나 내가 접한 성 안토니오의 유혹을 그린 그림은 모두 진지한 열정을 유발하는 것이 아니라 이상하고 격한 그로테스크의 일종이었다"고 말한다.[10] 랑시에르에 따르면 버크의 주장은 보이지 않는 것을 보이게 하는 언어적 재현이 지니는 제한을 예시한다. 즉 "말은 '보이게 하지만' 과소결정_{under-determination} 체제에 따라서만, '정말로' 보이게 하지는 않음으로써만, 그렇게 한다."[11]

둘째 재현적 제한은 아리스토텔레스가 『시학^{Poetics}』에서 분석한 것으로서 "이해되거나 예기되는 것과 놀라운 것으로 다가오는 것 사이의 조절된 관계"다.[12] 아리스토텔레스는 소포클레스^{Sophocles}의 비극 『오이디푸스 왕^{Oedipus the King}』에서 오이디푸스가 자신이 라이오스의 살인자일 수 있다는 불안을 없애려고 소환하는 자가 오히려 그의 범죄를 확인시켜주는 장면을 예로 들며 비극에서 무지가 앎으로 바뀌는 인식^{아나그노리시스,}

---

9 Edmund Burke, *A Philosophical Enquiry into the Origin of Our Ideas of the Sublime and Beautiful*, Oxford : Oxford UP, 1998, 57~58쪽.

10 위의 책, 58~59쪽.

11 Jacques Rancière, *The Future of the Image*, 113쪽.

12 위의 책, 114쪽.

*anagnorisis*과 극의 방향이 이전과 반대로 바뀌는 반전페리페테이아, *peripeteia*를 설명한다.[13] 아리스토텔레스의 재현체계에서 극의 전개는 인식과 반전의 과정 전에 인물들이 너무 많이 말하거나 알아서는 안되는 비극적 형식의 원칙에 따라 서서히 진행되어야 한다. 너무 성급히 많이 알고자 하는 오이디푸스의 지식에 대한 욕망과 너무 많은 것을 이미 알고 있는 예언자 테이레시아스의 과도한 지식은 비극의 재현체계를 넘어선다.

지식의 **파토스***pathos* 전체가 비극의 윤리적 세계의 특징이다. 이것이 소포클레스의 세계이고 또한 플라톤의 세계다. (…중략…) 아리스토텔레스는 이 우주로부터 비극을 추출하고자 했다. 그리고 이 안에서 재현 질서의 구축이 있었다. 이는 지식의 윤리적 **파토스**를 **포이에시스***poiesis*와 **아이스테시스***aesthesis* 사이의, 행위들의 자율적 정렬과 재현상황에 특수한 정동들의 작동 사이의 안정된 관계로 이동시키는 것이었다.[14]

랑시에르에 따르면 코르네유Pierre Corneille는 아리스토텔레스의 이런 시도가 성공하지 못하고 "오이디푸스의 지식의 파토스가 아리스토텔레스의 지식의 플롯을 초과한다"고 생각했다.[15] 질서정연한 지식의 전개를 파괴하는 지식의 초과가 있고, 관객들이 느끼는 정동의 작동을 파괴하는 파토스의 초과가 있다. 코르네유는 이런 지식과 파토스의 초과 즉 "재현할 수 없는 것"을 재현체계 안에 담기 위해 즉 "이야기와 인물을 재

---

13   Aristotle, *Aristotle's Poetics*, George Whalley 역, Montreal & KIngston : McGill-Queen's UP, 1997, 87쪽.

14   Jacques Rancière, *The Future of the Image*, 114~115쪽.

15   위의 책, 115쪽.

현될 수 있게 만들기 위해” 오이디푸스가 자신의 눈을 찌르는 장면을 무대 밖에서 일어나게 하고 테이레시아스의 과도한 지식을 축소하는 등의 변화를 가한다.[16]

재현적 제한의 셋째 양상은 허구적인 대상을 재현하더라도 이 대상의 재현을 경험하는 관객이 감정을 공유할 수 있다는 사실과 관계된다. 즉 “재현의 개체는 어떤 존재 판단에서도 면제되어 있어서 존재론적 일관성과 윤리적 전형성exemplariness에 관한 플라톤적 의문에서 해방된 허구적 개체”이지만, 이 재현 대상은 여전히 실제 존재와 닮은 “**유사성의 존재들**, 그 감정과 행위를 공유하고 감상해야 하는 존재들”이다.[17] 재현 대상은 허구이지만 여전히 관객들이 공감할 수 있는 행위와 감정을 지닌다. 관객이 무대를 보며 인식하는 의미와 공유하는 정동은 작가가 창조하는 (허구적인) 비극적 행위의 제한을 받는다. 그러나 재현 체제의 자율성에 따른 “‘행위의 창조’는 가능하면서 믿을 수 없는 사건들과 (…중략…) 인식할 수 있고 공유할 수 있는 느낌들 사이의 경계이자 통로다.”[18] 여기에서 랑시에르가 말하는 재현은 이미 허구적이고 (실제 존재의 영역에서 자유로운) 자율적 재현체계에서 창조된 (아리스토텔레스가 말한) 행위의 모방이다. 랑시에르는 재현될 수 있고 없는 것의 범주 자체를 설정하는 것이 이런 “재현 체제”에서만 가능하다고 본다. 오이디푸스는 아리스토텔레스의 논리에서는 운명의 반전을 경험하는 인물의 기준에 부합하지만, 코르네유에게는 “재현 질서 자체를 정의하는 관계의 체계를 왜곡하기 때문에 ‘재현할 수 없다.’”[19] 그래서 코르네유는 오이디푸스를 재현할

---

16 위의 책, 115쪽.

17 위의 책, 116쪽.

18 위의 책, 116쪽.

수 있는 인물로 수정하는 것이다.

2. 미학적 예술 체제와 현실의 재현

주지하다시피 랑시에르가 재현 불가능의 범주를 재현 체제에 속한 것으로 보는 것은 감성의 분할the distribution of the sensible에 대한 논의에 기초한다. 그는 "공통된 어떤 것의 존재와 그것 안에서 각각의 부분과 입장들po-sitions을 정의하는 경계설정delimitation을 동시에 드러내는 감성 지각의 자명한 사실들의 체계를 감성의 분할이라 부른다. 감성의 분할은 따라서 공유된 공통된 것과 배타적인 부분들을 동시에 설정한다."[20] 즉 감성의 분할은 지각 일반에 관한 인식론적 지평을 의미하는 것이 아니라 어느 시공간에서 볼 수 있는 것과 없는 것, 공통된 것과 특권화된 것을 구분하는 정치적인 미학이다. 랑시에르에게 미학은 "공간과 시간, 보이는 것과 보이지 않는 것, 말과 소음의 경계 설정으로서 이는 장소와 경험 형식으로서의 정치의 지분stakes을 동시에 결정한다. 정치는 보이는 것과 그것에 대해 말할 수 있는 것을 중심으로, 볼 능력과 말할 재능을 지닌 자를

---

19   위의 책, 117쪽.

20   Jacques Rancière, *The Politics of Aesthetics*, Gabriel Rockhill 역, New York : contiuum, 2006, 12쪽. "감성의 분할"은 이 책의 불어 원본(*Le Partage du sensible : Esthétique et politique*)의 국역본 제목 『감성의 분할―미학과 정치』(오윤성 역, 도서출판 b, 2008)을 따랐다. "분배"나 "분할"로 보통 번역되는 *'le partage'* 즉 "나눔"에 분리와 공유, "따로" 와 "함께"의 의미가 공존하며 나누는 행위로 인해 공통의 영역이 생성된다는 점을 논한 글로는 정혜욱, 「랑시에르의 미학적 공동체와 '따로·함께의 역설」, 『비평과 이론』 18권 1호, 2013, 193~194쪽을 볼 것. 정혜욱은 이 책을 『감각적인 것의 나눔―미학의 정치』로 옮긴다.

중심으로, 공간의 속성과 시간의 가능성을 중심으로 회전한다."[21] 따라서 감성 분할의 관점에서 미학은 처음부터 속하는 자와 배제된 자를 가르는 정치적인 개념이다.

랑시에르는 역사적으로 감성의 분할에 따라 세 가지 미학 체제를 분류한다. 첫째는 플라톤의 철학을 지배했던 "윤리적인 이미지 체제"로서 이 체제에서 "'예술'은 그 자체의 정체성을 갖지 않고 이미지들의 문제에 포함된다. 이미지들은 특수한 유형의 개체로서 그들의 기원(따라서 그들의 진리 내용)의 문제와 그들의 목표나 목적, 그들이 쓰이는 용도와 발생하는 효과의 문제라는 이중 문제의 대상이다."[22] 이 체제에서 회화, 시, 무대는 모두 시뮬라크라이므로 이들 사이의 구분은 중요하지 않다. 플라톤에게는 "참된 예술들 즉 정확한 목적으로 모델의 모방에 기초한 지식의 형식들과 단순한 외양을 모방하는 예술적 시뮬라크라"의 구분이 있을 뿐이다.[23] 이 윤리적 체제에서 예술은 존재하지 않고 단지 "행하고 만드는 방식으로서의 예술들"만 존재한다.[24] 예술은 그 자체로서가 아니라 그것이 제공하는 이미지가 시민을 교육하는 목적에 봉사하기에 중요할 뿐이다. 이 윤리적 이미지 체제에서 "그것은 어떤 방식으로 이미지의 존재 양식이 개인과 공동체의 존재 양식인 **에토스**_ethos_에 영향을 미치는가를 아는 것의 문제다. 이 문제는 '예술'이 그 자체로 개별화하는 것을 막는다."[25]

재현적 또는 시적 예술 체제는 이미지들의 윤리 체제에서 벗어나 예

---

21 Jacques Rancière, _The Politics of Aesthetics_, 13쪽.
22 위의 책, 20쪽.
23 위의 책, 21쪽.
24 위의 책, 21쪽.
25 위의 책, 21쪽.

술을 모델의 모방이라는 굴레에서 해방시킨다. 이 체제는 "예술 — 또는 예술들의 — **실체**를 포이에시스/미메시스*mimesis*의 쌍으로 정의한다. 모방적 원칙의 핵심은 예술이 모델을 닮은 복사본을 만들어야 한다는 규범적 원칙이 아니다. 그것은 무엇보다도 예술들(행하고 만드는 방식들)의 일반 영역 안에서 모조품*imitations*이라 불리는 특수한 개체들을 생산하는 일정한 특수 예술형식을 분리하는 실용적 원칙이다."[26] 이 모조품들은 일상적 세계에서의 용도나 진리의 영역에서 추출되어 아리스토텔레스가 시학에서 설명한 예술의 미메시스 원칙을 따른다. 즉 예술의 자율적 영역에 속하는 미메시스의 원칙에서 "시의 **실체**"는 "가장 중요한 문제인, 인간의 행위를 재현하는 행동을 정렬하는 플롯의 구성"이고 "모델과 대조 검사된 복제본인 이미지의 **본질**"과는 무관하다.[27] 재현적 예술 체제에서 예술은 더 이상 현실을 (잘못) 모방하고 진리를 왜곡하는 거짓이 아니다. 이 체제에서 예술은 "테크네"*techné*이며 이는 "모방의 예술이 기술이고 거짓이 아니라는 두 가지를 의미한다. 그것은 시뮬라크럼이 되기를 그친다."[28] 이런 재현적 예술 체제의 영역에서 재현 가능성과 불가능성의 구분이 발생한다.

　모조품의 정립된 영역의 외적 경계설정을 규제하는 원칙은 따라서 동시에 포함의 규범적 원칙이다. 이 원칙은 조건을 정의하는 규범성의 형태로 발전하며 이 조건에 따라 모조품들은 하나의 예술에 배타적으로 속하는 것으로 인식되고, 이 틀 안에서 좋거나 나쁘다고, 적절하거나 부적절하다고 평가되며,

---

26　위의 책, 21쪽.
27　위의 책, 21쪽.
28　위의 책, 43쪽.

재현할 수 있는 것과 재현할 수 없는 것의 구분이 생기고, 장르와 재현되는 주
제에 표현형식을 맞추는 원칙이 생기며, 개연성, 적합성, 상응성의 원칙에 따
라 유사물을 분배하고, 예술들을 구분하고 비교하는 기준들이 생긴다.[29]

포이에시스 즉 시는 어원상 만든다는 창조행위의 의미를 지닌다. 랑
시에르가 둘째 재현적 체제를 시적 체제라 부르는 것도 이런 포이에시
스의 어원적 의미와 관련된다. 랑시에르는 이 체제가 행하고 만드는 방
식으로서의 예술들을 분류하기 때문에 (시는 근본적으로 창조행위이므로)
'시적' 체제라 부르고, "행하고, 만들고, 보고, 판단하는 방식들을 조직하
는 재현 또는 미메시스의 개념" 때문에 이 체제를 재현적 체제라 부른
다.[30] 미메시스는 역설적으로 현실의 모방이 아닌 예술의 자율적인 창조
행위에 가깝다. 그러나 재현적 체제는 예술의 자율적 질서를 수립하면
서도 근본적으로 사회적 위계질서의 구분에 기초한 질서에 따라 가시성
을 분할하는 체제다. 이 "가시성의 체제는 예술을 자율적으로 만드는 것
임과 동시에 이 자율성을 직업과 행하고 만드는 방식의 일반 질서에 연
결하는 것이다."[31] 예컨대 이 재현 체제에서 "행위를 인물보다, 서술을
묘사보다 우선시하고 말하는 예술을 우선시하는 것은 (…중략…) 공동
체의 전적으로 위계질서적인 비전과의 유비관계에 있다."[32]

이와 달리 셋째 예술 체제인 미학적 체제에서 예술의 정체성은 재현
적 체제에서처럼 "행하고 만드는 방식들 안에서의 구분division"에 따라서

---

29 위의 책, 21~22쪽.
30 위의 책, 22쪽.
31 위의 책, 22쪽.
32 위의 책, 22쪽.

가 아니라 "예술적 생산품에 특수한 감성적 존재 양식의 구분"에 따라 확립된다.[33] 따라서 여기에서 '미학적'은 "아마추어 예술가를 위한 감수성, 취향, 쾌감 이론"이 아니라 "예술의 영역에 있는 것의 특수한 존재 양식, 예술 대상의 존재 양식"을 지칭한다.[34]

예술의 미학적 체제는 예술을 엄격히 독특한 것으로 식별하고 예술을 어떤 특수한 규칙으로부터, 예술, 주제, 장르의 위계질서로부터 해방하는 체제다. 그러나 이는 예술과 연관된 행하고 만드는 방식들을 이와 다른 행하고 만드는 방식과 구분하는 모방적 장벽, 예술의 규칙을 사회적 직업의 질서로부터 분리하는 장벽을 파괴함으로써 이루어진다. 미학적 체제는 예술의 절대적 독특성을 주장하지만 동시에 이런 독특성을 분리하기 위한 어떤 실용적 기준도 파괴한다. 이 체제는 예술의 자율성을 수립하는 동시에 예술형식과 삶 형성을 위한 형식의 동일성도 수립한다.[35]

미학적 체제와 재현적 체제의 자율성은 근본적으로 다르다. 재현적 체제가 미메시스의 미학적 원칙을 실제 삶에서 분리하는 것과 달리 미학적 체제에서 예술의 자율성은 역설적으로 삶의 형성 원칙에서 분리되지 않는다.

미학적 예술 체제가 삶의 형성 원칙에서 분리되지 않는 이유는 재현적 체제가 구축했던 주제와 장르의 위계질서와 적절성의 경계를 파괴했기 때문이다. "미학적 예술 체제는 주제와 재현양식 사이의 상관관계를

---

33 위의 책, 22쪽.
34 위의 책, 22~23쪽.
35 위의 책, 23쪽.

해체했다."[36] 예컨대 미학적 예술 체제는 비극은 귀족, 희극은 평민을 다루는 예술이라는 아리스토텔레스가 설정한 분류와 경계를 와해시킨다. 따라서 삶의 모든 것이 재현의 대상이 된다. "이 새로운 체제에서 예술에 적합한 주제들은 더 이상 없다. (…중략…) 더 이상 특수한 주제와 특수한 형식 사이의 적합성의 규칙은 없고 어떤 예술형식을 위해서도 모든 주제가 일반적으로 가능하다."[37] 랑시에르는 벤야민이 논한 기술 복제 시대 예술의 생산이라는 현상이 이전에 발생한 이런 미학적 예술 체제에 의해 가능해졌다고 본다. 이제 위대한 인물이나 웅변적 수사는 철폐되고 "민중, 사물, 문명의 신체에 있는 기호의 해석"이 출현하며, 이 체제에서 "일상적인 것은 진리의 흔적으로서 아름다운 것이 된다."[38] 그러므로 랑시에르에게 미학적 예술 체제의 도래는 민주적인 정치적 해방을 함축한 새로운 감성의 분할을 의미한다. 이 체제의 예술은 궁극적으로 "기존의 감성의 분할에 도전하는 정치적 주체의 형성"에 기여한다.[39]

랑시에르에게 "재현적 체제가 거부한 모든 것을 집약하는 오이디푸스라는 신화적 인물은 새로운 예술 체제 — 미학적 체제 — 가 예술 현상에 부여하는 모든 속성의 상징"이다.[40] 왜냐하면 오이디푸스는 "알기도 알지 못하기도 하고, 절대적으로 행동하고 또 절대적으로 고통받는 자"로서 "재현적 예술 체제에 특수한 지식효과와 파토스 효과의 균형 있는 배분을 파괴"하는 인물이고, "예술적 혁명은 예술의 정의 자체를 지식과 무지, 행동과 고통의 동일성으로 확립하기" 때문이다.[41] 미학적 예술 체

---

36 위의 책, 32쪽.

37 Jacques Rancière, *The Future of the Image*, 118쪽.

38 Jacques Rancière, *The Politics of Aesthetics*, 34쪽.

39 위의 책, 41쪽.

40 Jacques Rancière, *The Future of the Image*, 118쪽.

제의 특징은 이렇게 "이질적 힘, 스스로에게 낯설게 된 사유형식의 힘" 예컨대 "비지식으로 바뀐 지식, 파토스와 동일한 **로고스**, 비의도적인 의도"다.[42]

재현적 예술 체제와 단절하는 미학적 예술 체제의 특징이 로고스와 파토스, 지식과 무지가 혼합된 이질적 형식이라면, 이 예술은 "반-재현적인" 것일까? 재현적 예술 체제에서 재현은 예술의 자율적 질서의 원칙에 부합해야 가능하다. 즉 보일 수 / 재현할 수 있는 것이 말할 수 있는 것에 종속된다. "재현적 예술 체제에는 보일 수 있는 것을 말할 수 있는 것에 적절히 종속시킬 것을 허용하기 위해 재현의 주체가 소유해야 하는 속성들을 정의하는 규정된 조건들의 집합"이 존재한다.[43] 앞서 언급했듯이 이 체제에서 오이디푸스의 지식의 파토스가 포이에시스 / 의미화sig-nification와 아이스테시스 / 전시exhibition의 적절한 관계를 파괴하기 때문에 코르네유는 오이디푸스의 파토스를 재현할 수 있는 것으로 만들기 위해 수정을 가한다. 보일 수 있는 것의 전시 즉 재현은 말할 수 있는 의미화 규칙에 부합할 때 가능하다. 그러나 미학적 예술 체제에서 전시와 의미화 사이의 부조화는 오히려 "더 적지 않고 더 많은 재현을, 동등성을 구축하기 위한, 없는 것을 있게 제시하기 위한 더 많은 가능성을 향한다."[44] 그래서 재현적 예술 체제에 반대되는 미학적 예술 체제는 역설적으로 더 많은 재현의 시도를 보여준다. 즉 재현적 예술 체제에서 해방된 미학적 예술 체제는 현실 모사에서 벗어난 "반-재현적인" 예술이 아니다.

---

41   위의 책, 118~119쪽.
42   Jacques Rancière, *The Politics of Aesthetics*, 23쪽.
43   위의 책, 136쪽.
44   위의 책, 137쪽.

랑시에르는 재현적 예술 체제가 현실과 닮은 모사품을 만들어 내는 것이 아니었기 때문에 재현적 예술 체제와 단절하는 새로운 미학적 예술은 현실과의 "유사성으로부터의 해방"이 아니라 오히려 "유사성의 재현으로부터의 해방" 즉 유사성이 재현적 체제의 구속에서 벗어나는 "소설적 리얼리즘"이고 "재현적 비율과 적절성의 상실"을 가져온다고 주장한다.[45] 이 상실로 인해 "이제 크고 작은 것, 중요한 사건과 사소한 에피소드, 인간 존재와 사물 등 모든 것이 동일한 차원에 있다. 모든 것이 동등하고, 동등하게 재현할 수 있다."[46] 미학적 예술 체제가 재현적 예술 체제에서 해방되는 것은 역설적으로 현실 모사에서 해방된 자율적 예술이 아닌 현실과 예술의 경계를 와해하는 리얼리즘이다. 따라서 소설적 리얼리즘이 대표하는 이 체제는 "사유의 절대적 결정과 절대적 사실성 사이의 즉각적 동일성의 체제"다.[47] 이 체제는 한편으로는 "어떤 외적인 규칙으로부터도 독립된 예술의 급진적 자율성"을 가정하지만 동시에 "허구fictions의 원리를 사실들의 원리에서, 재현의 영역을 존재의 다른 영역에서 분리하는 모방적 폐쇄도 철폐한다."[48] 앞서 언급했듯이 이 체제에서 예술형식과 삶의 형성 형식 사이에 구분은 없다. 예술과 현실, 허구와 사실은 분리되지 않는다. 따라서 이 체제에서 "재현할 수 없는 것"의 범주는 원칙적으로 성립할 수 없다.

---

45   Jacques Rancière, *The Future of the Image*, 120쪽.
46   위의 책, 120쪽.
47   위의 책, 122쪽.
48   위의 책, 123쪽.

3. 리얼리즘과 증언의 언어

랑시에르는 재현할 수 없는 것의 범주가 사라진 미학적 예술 체제에서 홀로코스트와 같은 사건을 재현하는 것은 불가능하지 않을 뿐 아니라 이 사건을 재현하는 특별한 언어가 존재하지 않는다고 주장한다. 오히려 홀로코스트 증언의 언어는 19세기 프랑스 사실주의 소설가들의 언어와 다를 바 없다. 랑시에르는 앙텔므가 나치 강제수용소 경험을 기록한『인류』의 시작 부분을 예로 제시한다.

> 나는 소변을 보러 밖에 나갔다. 아직 해가 뜨지 않았다. 내 옆에는 다른 사람들도 소변을 보고 있었고 아무도 말하지 않았다. 우리가 소변을 보던 장소 뒤에는 대변을 보는 참호가 있었고, 다른 사람들이 그 위의 작은 담에서 바지를 내리고 앉아있었다. (…중략…) 부헨발트Buchenwald의 밤은 고요했다. 수용소의 거대한 기계는 잠들려 하고 있었다. 때때로 서치라이트가 감시탑에서 나타났다. 나치 친위대의 눈이 열리고 닫히곤 했다. 수용소를 둘러싼 숲에서 순찰대가 순찰하고 있었다. 순찰대의 개들은 짖지 않았다. 보초들에게 시간은 조용히 지나갔다.[49]

랑시에르에 따르면 앙텔므는 "강제수용소가 삶을 헐벗은 존재로 환원하는 것을 인류에 근본적으로 속한다는 사실이라는 긍정으로 변화"시키는 "특수한 저항의 형식"을 드러내려고 하지만, 그의 언어는 카뮈Albert Camus의『이방인L'Étranger』이나 플로베르Gustave Flaubert가『보바리 부인Madame

---

49 위의 책, 124쪽에서 재인용.

Bovary』에서 여주인공 에마가 샤를과 농장에서 만나면서 바느질하는 동안 밖에서 닭이 우는 소리가 들리는 것을 묘사하는 언어와 다르지 않다.[50] 앙텔므가 비인간화를 묘사하는 언어와 플로베르가 인간과 동물을 교차 묘사하면서 인간과 동물의 경계를 무너뜨리는 언어는 근본적으로 같다. "이 비인간적인 것의 극단적 경험은 재현의 불가능성을 대면하지 않고 그것에 특수한 언어도 없다. 증언에 적합한 언어는 없다. 증언이 비인간적인 경험을 표현해야 할 때 당연히 이미 구성된 비인간화되는 언어, 인간 감정과 비인간적 동작의 동일성의 언어를 발견한다. 그것이 바로 **미학적** 픽션fiction이 **재현적** 픽션에 반대되는 언어다."[51]

란즈만의 〈쇼아〉 역시 홀로코스트의 재현 불가능을 입증하지 않는다. 이 다큐멘터리 영화는 "절멸의 사실이 예술적 현시, 예술적 등가물의 생산에서 제거되었다"고 주장하지 않고 단지 "그런 등가물이 사형집행인과 희생자의 소설적 체현에 의해 제공될 수 있다는 것을 부인할 뿐이다."[52] 오히려 이 영화는 "유대인들의 제거elimination와 그들의 제거 흔적

---

50   위의 책, 124쪽. 5장에서도 잠시 논했듯이 증언의 언어가 사실주의적인 이유 중 하나는 물론 생존자들이 경험한 것을 있는 그대로 전달하려는 현실적인 요구 때문이다. 라이터(Andrea Reiter)는 "언어적 무능으로 고통받는 자들은 (따라서) 진술을 포기하고 언어적 효능의 유령을 역겨운 듯 밀쳐낸다. 단어들은, 그것들과 세계의 관계가 어떻게 제기되든, 현실의 치명적 명예를 위해서 억압되어야 한다"는 아메리(Jean Amery)의 발언을 강제수용소 생존자들의 침묵하려는 경향과 시적 언어에 대한 불신의 예로 삼으며 다음과 같이 말한다. "따라서 많은 생존자는 침묵하기를 선호했다. 그들이 말할 때는 전통적인 형식과 언어의 지배를 받았다. (…중략…) 대부분 그들은 있는 그대로 썼다. 사건 발생 오랜 후에 쓴 몇몇 보고서들만 주의 깊게 문학적 기교를 보여주며 이때조차 더 일반적인 자서전의 일부일 경우 특히 새로운 기법은 제한된다. (…중략…) 생존자들은 19세기의 사실주의 양식이 그들이 전달하려는 것에 가장 적합하다고 믿기 때문에 이 양식의 입장을 취한다." Andrea Reiter, *Narrating the Holocaust*, Patrick Camiller 역, London : continuum, 2005, 193쪽.

51   Jacques Rancière, *The Future of the Image*, 126쪽.

의 제거"를 이중으로 재현한다.[53] 란즈만은 유대인 학살이 자행된 장소인 헬름노의 넓은 평야에 생존자 스레브닉이 작게 등장하게 만드는데, 여기에서 "장소가 증인의 말과 신체와 적절하게 상응할 수 없는 것은 재현될 제거의 핵심에 다가간다."[54] "내가 여기 있다는 것을 믿지 못하겠어요"라는 스레브닉의 말은 이 사건의 믿을 수 없는 성격, 사건과 재현 사이의 불일치를 부각하지만, 이는 실제로 크지 않은 헬름노 평야를 확대해 보여주는 카메라의 작업에 의한 것이다.[55] 그래서 "사건의 속성으로서 재현될 수 없는 것은 없고" 이 영화는 "단지 비교적 재현 가능성, 재현의 수단과 목적 사이의 적응 문제를 제기할 뿐이다."[56]

5장에서 보았듯이 란즈만은 여러 생존자와 가해자, 방관자를 인터뷰하는 방식으로 〈쇼아〉를 구성한다. 랑시에르에 따르면 란즈만이 〈쇼아〉에서 사건의 원인에 대한 설명을 유보하면서 역사적 사건에 접근하고 재현하는 방식이 미학적 체제의 예술의 특징이다.

그런 유보를 존중하는 것은 결코 란즈만이 사용할 수 있는 예술적 수단에 반대되지 않는다. 그것은 예술에서 미학적 체제의 논리에 결코 반대되지 않는다. 사라진 것, 흔적이 지워진 사건을 조사하는 것, 증인들을 찾아서 사건의 수수께끼를 취소하지 않으면서 사건의 물질성에 대해 말하게 하는 것은 (…중략…) 분명 개연성의 재현적 논리에 동화될 수 없는 조사 형식이다. 반면, 그것은 사건의 진리와 예술의 미학적 체제에 특수한 허구적 창제fictional invention

---

52   위의 책, 127쪽.
53   위의 책, 127쪽.
54   위의 책, 128쪽.
55   위의 책, 128쪽.
56   위의 책, 129쪽.

사이의 관계와 완전히 양립한다. (…중략…) 미학적 체제에 특수한 논리에 따르면 이 형식 / 조사는 허구적 사실들의 연결과 실제 사건들의 연결 사이의 경계를 철폐한다. (…중략…) 사건의 원인을 유보하면서 사건의 물질성을 재구성하는 조사 형식은 홀로코스트에 특수하지는 않지만 홀로코스트의 비상한 extraordinary 성격에 적합한 것으로 증명된다. 여기에서도 적절한 형식은 또한 부적절한 형식이다. 사건은 그 자체로는 어떤 예술적 수단을 지시하지도 금지하지도 않는다. 그리고 어떤 특수한 방식으로 재현하거나 재현하지 않을 것을 예술의 의무로 부과하지도 않는다.[57]

홀로코스트를 증언하는 앙텔므의 회고록과 마찬가지로 홀로코스트를 다큐멘터리 영화 형식으로 기록하는 란즈만의 증언 방식은 특수한 언어나 형식을 요구하지도 않고, 홀로코스트가 이렇게 기록된다는 사실은 재현 불가능하지 않다는 것을 입증한다. 랑시에르의 설명에서 주목할 것은 란즈만의 증언 구성 방식이 "허구적 사실들의 연결과 실제 사건들의 연결 사이의 경계를 철폐한다"는 점이다. 앞서 논했듯이 이는 미학적 예술 체제에서 예술형식과 삶의 형식, 허구와 사실 사이의 경계가 없고 리얼리즘이 역사의 트라우마를 증언하는 장르가 될 수 있다는 것을 보여준다.

이는 역사와 허구픽션의 관계 또는 차이에 대한 논의를 낳는다. 랑시에르는 이 문제 역시 재현적 예술 체제와 미학적 예술 체제의 차이를 통해 접근한다. "예술의 재현적 체제의 특수성은 허구 개념과 거짓 개념의 분리로 특징지어진다."[58] 앞서 논했듯이 아리스토텔레스가 정의하는 미메

---

57 위의 책, 129~130쪽.
58 Jacques Rancière, *The Politics of Aesthetics*, 35쪽.

시스는 현실의 모사가 아니라 예술의 자율적 영역에서 행위들의 정렬을 의미한다. "『시학』은 시의 행위들의 정렬이 시뮬라크럼의 위조fabrication와 동등하지 않다고 선언한다."[59] 시는 사실의 모사가 아니므로 진위의 논쟁에서 자유롭고 거짓일 이유가 없다. 이런 논리의 결과는 "경험적 무질서에 따라 사건들을 제시해야 하는 역사에 비해 사건들의 정렬에 인과적 논리를 제공하는 시가 지니는 우월성"이다.[60] 아리스토텔레스는 실제로 발생한 사건들을 기록하는 역사보다 발생할 수 있는 개연적 사건들을 이야기하는 시의 우월성을 주장하므로 이런 재현 체제에서 역사와 픽션은 근본적으로 분리된다.

랑시에르에게 "미학적 혁명"은 "사실들의 논리와 허구들의 논리 사이의 경계 흐리기 **그리고** 역사과학을 특징짓는 새로운 합리성의 양식"을 가져온다.[61] 그 결과 역사와 허구의 경계선은 사라진다.

소설에서의 묘사적이고 서사적인 정렬의 논리는 사회 역사적 세계의 현상들을 묘사하고 해석하는데 사용되는 정렬과 근본적으로 구분되지 않는다. (…중략…) 증언과 허구는 동일한 의미 체제에 놓인다. 한편으로 '경험적인 것'은 흔적과 각인의 형태로 진리의 표식을 지니게 된다. 따라서 '발생한 것'은 진리의 체제, 발생한 것 배후에 있는 필연성을 증명하는 체제하에 직접 놓이게 된다. 다른 한편으로 '발생할 수 있었던 것'은 더 이상 행위들의 정렬이

---

⁵⁹ 위의 책, 36쪽.

⁶⁰ 위의 책, 36쪽. 아리스토텔레스는 『시학』에서 다음과 같이 시와 역사의 차이를 피력한다. "시인의 일은 발생한 것이 아니라 발생할 것 같은 (발생하기로 기대되는) 것, 즉 개연성과 필연성에 따라 발생할 **수 있는** 것을 말하는 것이다. (…중략…) 따라서 시는 역사보다 더 사색적이고 진지한 일이다. 왜냐하면 시는 보편적인 것을 역사는 특수한 것을 다루기 때문이다." Aristotle, *Aristotle's Poetics*, 81쪽.

⁶¹ Jacques Rancière, *The Politics of Aesthetics*, 36쪽.

지니는 자율적이고 선형적인 형식을 갖지 않는다. 따라서 시적 '이야기'와 '역사'는 현실에 직접적으로 새겨진 시적 흔적들을 보여주는 리얼리즘과 복잡한 이해의 장치들machines을 조립하는 인위성artificialism을 연결한다. (…중략…) 실재는 생각하기 위해 허구화해야 한다. 이 명제는 긍정적이건 부정적이건 모든 것이 '서사'라고 여기는 어떤 담론과도 구별되어야 한다. (…중략…) '서사' 개념은 실재와 인위artifice의 대립으로 우리를 가두고, 여기에서 실증주의자와 해체론자는 모두 길을 잃는다. 이는 모든 것이 허구라고 주장하는 문제가 아니다. (…중략…) 역사를 쓰는 것과 이야기를 쓰는 것은 동일한 진리 체제하에 놓인다.[62]

미학적 예술 체제에서 이야기와 역사의 차이는 없어지고 사실을 기록하는 역사와 개연성에 기초한 소설은 모두 진리의 흔적과 각인을 지니게 된다. 그래서 "증언과 허구는 동일한 의미 체제에 놓인다."

4. 역사와 서사 미메시스와 뮈토스

앞서 언급했듯이 랑시에르에게 미학은 정치적이다. 랑시에르는 미학적 체제에서 "사실 논리와 이야기 논리의 상호침투는 누구든 모두 역사를 '만드는' 임무에 참여한다고 여겨지는 시대에 특수하다"고 말한다.[63] 이런 점에서 미학적 예술 체제는 랑시레르가 예기하는 미래의 정치적 주체의 도래와 관계된다. 랑시에르의 리오타르 비판은 숭고 개념에 대

---

62 위의 책, 37~38쪽.
63 위의 책, 39쪽.

한 해석의 차이에 있다. 그는 칸트가 신의 형상을 만들지 말라는 계명을 논할 때, 리오타르처럼 "이념과 물질적 현시 사이의 간극을 증언하는 숭고 예술의 개념을 끌어내지 않는다"고 주장한다.[64] 그러나 랑시에르의 비판은 이런 철학적 문제에 그치지 않는다. 챈터^{Tina Chanter}가 지적하듯이 랑시에르는 리오타르가 재현할 수 없는 트라우마를 논하면서 미래보다 과거에 집착한다고 비판한다. "랑시에르에게 리오타르는 칸트의 숭고 개념을 취하지만 그렇게 함으로써 랑시에르가 칸트 미학에 내재한다고 여기는 정치적 약속을 제거한다. (…중략…) 리오타르는 예술에서 유토피아적 미래와 도래할 혁명을 기대하는 자유를 읽기보다 아방가르드의 임무가 나치즘의 유대인 절멸 기획과 동의어로 이해하는 과거의 재난을 증언하는 것이라고 본다. 따라서 재현할 수 없는 것의 예술은 과거의 고통을 끝없이 증언하는 형태의 무한한 애도의 예술이 된다."[65] 그러나 랑시에르가 홀로코스트에 특수한 예술이 필요하지 않다고 주장하고 과거가 아닌 미래로 시선을 돌린다고 해서 그가 트라우마 서사의 역사성과 진실성을 부정하는 것은 아니다.

그렇다면 '서사' 개념을 비판하는 랑시에르는 트라우마 서사에 대해 무엇을 말해줄 수 있을까? 앞서 보았듯이 역사와 허구의 경계를 허물면서 랑시에르는 '서사' 개념을 비판한다. 랑시에르에게 서사는 역사와 허구의 대립을 만들고 역사를 허구의 차원으로 환원하는 함의를 지닌다. 이런 비판은 "텍스트 밖에는 아무 것도 없다"는 탈구조주의적 주장처럼

---

64 Jacques Rancière, *The Future of the Image*, 132쪽.

65 Tina Chanter, "The Artful Politics of Trauma : Rancière's Critique of Lyotard", *Trauma and Transcendence : Suffering and the Limits of Theory*, Eric Byonton and Peter Capretto 공편, New York : Fordham UP, 2018, 137쪽.

모든 것을 서사로 봄으로써 역사와 재현을 분리할 위험성이 있다고 여기기 때문일 것이다. 트라우마 서사의 맥락에서 이는 트라우마의 역사적 진실에서 유리된 서사를 비판하는 것이다. 랑시에르는 미학적 예술 체제에서 트라우마 서사를 비판하는 것이 아니라 트라우마에 특수한 장르나 예술이 없다고 주장하는 것이다. 랑시에르에게 트라우마는 역사의 진실이 새겨진 흔적이고 이를 기록하는 서사는 역사에서 유리된 담론이 아니다. 역사와 재현 / 허구^{픽션}는 결코 분리될 수 없다. 트라우마의 기록에서 역사와 허구는 교차한다.

랑시에르의 미학적 예술 체제에서처럼 사실과 이야기, 삶과 예술, 역사와 이야기의 경계가 없다면 이 둘 사이의 긴밀한 관계는 어떻게 성립하는 것일까? 역사와 허구의 공통점은 무엇일까? 랑시에르가 '서사' 개념을 비판하는 것과 달리 오히려 삶과 예술, 역사와 이야기의 접점이 서사가 아닐까? 리쾨르의 서사 이론은 바로 이런 접점을 모색한다. 랑시에르가 아리스토텔레스를 예술을 현실의 모사에서 분리한 재현적 예술 체제의 대표적 인물로 제시하는 것과 달리 리쾨르는 오히려 아리스토텔레스가 말하는 개연성이 실제 역사와 무관하지 않다고 해석한다. 발생할 법한 개연성과 발생한 역사가 어떤 관계가 있다는 것일까? 리쾨르의 관심은 역사와 허구가 별개의 것이 아니라 불가피하게 얽혀져 있다는 데 있다.

역사와 허구의 관계에 대한 리쾨르의 탐구는 아리스토텔레스가 『시학』에서 제시한 플롯 개념에 정초한다. 아리스토텔레스의 플롯에 대한 리쾨르의 해석은 랑시에르의 아리스토텔레스 해석과 유사하면서도 다르다. 랑시에르에게 아리스토텔레스의 미메시스 개념은 현실의 모사에서 해방된 예술의 자율적 영역에서의 행위의 모방이다. 물론 리쾨르도 이런 행위의 모방으로서의 미메시스를 "서사의 모방적 기능"으로 인정한다.[66] 리쾨르는 미메시스를 "행위의 질서에 대해 우리가 갖는 친숙한 선이해의 재참조reference back", "시적 구성poetic composition의 영역으로의 진입", "선이해된 행위 질서의 시적 재구성refiguring을 통한 새로운 정렬configuration"이라는 세 의미로 구분하고 "플롯의 모방적 기능이 은유적 지시metaphorical reference와 합류하는 것은 이 마지막 의미를 통해서"라고 말한다.[67] 여기에서 '은유적 지시'는 그가 『은유의 규칙The Rule of Metaphor』에서 시적 언어가 언어의 영역에 갇혀있지 않고 현실 지시의 기능을 지닌다고 주장하면서 "직접적 묘사로 접근할 수 없는 현실을 재묘사하는 은유적 발언의 힘"이라고 일컬은 용어다.[68]

행동의 재구성을 통한 미메시스의 은유적 지시는 플롯이 단순히 예술의 자율적 영역에만 속하지 않고 현실과 관계를 맺고 있다는 것을 의미한다. 리쾨르가 미메시스를 모방imitation이나 재현representation으로 번역할 때 부여하는 의미는 랑시에르의 주장처럼 예술의 자율적 영역을 뜻한다. 미메시스를 모방으로 번역할 때 이는 "어떤 선존하는 현실의 복사와 완전히 반대되는 것으로 이해하고 그 대신 창조적 모방을 이야기해야 한다."[69] 모방은 현실의 복제가 아닌 예술의 창조적 행위에 가깝다. 그리고 미메시스를 재현으로 번역한다면 "플라톤적인 미메시스를 번역할 때처럼 존재의 어떤 복제가 아니라 픽션을 위한 공간을 여는 단절로 이해해야 한다. 말로 작업하는 장인은 사물이 아닌 유사 사물quasi-things, 마치 그런 것the as-if을 생산한다."[70] 모방이든 재현이든 미메시스는 현실로부터

66　Paul Ricoeur, *Time and Narrative Volume 1*, Kathleen McLaughlin and David Pellauer 공역, Chicago : U of Chicago P, 1984, xi쪽.

67　위의 책, xi쪽. 이에 대한 더 상세한 논의는 위의 책, 52~87쪽을 볼 것.

68　위의 책, xi쪽.

69　위의 책, 45쪽.

단절된 창조적 픽션의 세계에 속한다.

그러나 리쾨르는 아리스토텔레스의 용어 미메시스 프락세오스*mimēsis praxeōs* 즉 행위의 모방imitation of action을 해석하면서 예술이 현실과 단절된 자율적 영역이라는 해석을 수정한다. 이 용어는 대상에 대한 소유격의 의미를 지닌, 예술의 영역에서의 사건들의 조직organization of events을 뜻하는 것으로 볼 수 있다. 그러나 다른 한편으로 "프락시스praxis가 윤리학이 다루는 현실의 영역real domain과 시학이 다루는 상상적 영역에 동시에 속한다는 사실은 미메시스가 단절뿐 아니라 연결, 뮈토스muthos에 의한 실용 분야practical field의 '은유적' 전위transposition의 위상을 수립하는 연결도 의미한다는 것을 암시한다."[71] 즉 행위의 모방은 예술의 자율적 영역 안에서 행위의 모방을 뜻하지만 동시에 현실영역을 예술의 영역으로 치환한다는 점에서 현실을 가리키는 은유적 지시의 의미도 지닌다. 그래서 "의심의 여지 없이 뮈토스라는 용어가 불연속을 지시한다면, 프락시스라는 말은 (…중략…) 행동의 두 영역인 윤리학과 시학 사이의 연속성을 보장한다."[72] 예컨대 아리스토텔레스가 『시학』에서 "때로 그가 실제 사건들타 게노메나, *ta genomena*을 시의 주제로 다룬다 해도 그는 여전히 시인이다"라고 말할 때 이는 시인이 현실에서 단절된 예술의 영역에서 작업한다는 것을 뜻한다.[73] 하지만 리쾨르는 "전승된 신화들 없이 시적으로 변화시킬 것은 없다. (…중략…) 다른 곳에서는 시적 행위의 자율성에 관

---

70   위의 책, 191쪽.

71   위의 책, 46쪽.

72   위의 책, 47쪽.

73   위의 책, 47쪽. 아리스토텔레스는 그가 여전히 시인인 이유를 "실제로 발생한 것들을 일어날 법하고 일어날 수 있는 종류의 것이 되지 못하게 막을 것은 없고 이에 따라서 그는 그것들의 시인이기 때문"이라고 덧붙인다. 위의 책, 42쪽에서 재인용.

심이 많은 아리스토텔레스가 시인들에게 이 (신화들의) 금고에 있는 가장 두렵고 측은한 재료를 계속 사용하라고 충고하는 것은 우연이 아니다" 라고 말한다.[74] 예술은 자율적 영역이지만 동시에 이미 발생한 사건들을 전승하는 신화에 등장하는, 따라서, 현실에서 유래하는 공포와 연민의 소재를 사용한다.[75]

여기에서 미메시스의 세 가지 의미 중 "선이해된 행위의 질서의 시적 재구성을 통한 새로운 정렬"이라는 의미가 "은유적 지시" 즉 간접적으로 현실을 지시하는 기능을 지닌다는 리쾨르의 발언을 더 자세히 살펴볼 필요가 있다. 리쾨르는 미메시스를 정태적인 의미가 아닌 능동적인 구성의 행위로 이해한다. "우리가 '모방'이나 '재현'이라고 말할 때 (…중략…) 이해해야 할 것은 무엇을 모방하거나 재현하는 능동적 과정이다. 모방이나 재현은 따라서 재현하는 즉 재현적 작품으로 치환하는 역동

---

74 위의 책, 47쪽.

75 리쾨르는 예술과 현실의 관계를 비극이 관객에 미치는 효과에서도 찾는다. 공포와 연민의 효과는 먼저 작품 안에서 구성되지만 공연을 통해 작품 밖의 관객이 경험하기 때문이다. 공포와 연민을 불러일으켜 감정을 정화하는 카타르시스는 "모방행위에 의해 작품 안에서 구성된다. (…중략…) 이런 의미에서 안과 밖의 변증법은 카타르시스에서 최고점에 이른다. 그것은 관객에 의해 경험되고 작품 안에서 구성된다." 위의 책, 50쪽. 리쾨르는『시간과 서사』3권에서도 아리스토텔레스의 개연성이 과거의 사실과 연관된다는 점을 지적한다. 아리스토텔레스는 역사가 실제로 발생한 즉 특수한 것을 다루고 시는 발생 가능한 즉 보편적인 것을 다룬다는 점에서 다르며, 시인은 따라서 개연성과 필연성의 법칙에 따라 인물이 행동하거나 말할 수 있는(즉 보편적인) 것을 먼저 생각하고 구체적인(즉 특수한) 것을 나중에 부여한다고 주장하면서도 비극 작가들은 때때로 실존했던 역사적 이름들을 사용하는 데 이는 "발생하지 않은 것이 가능하다고 확신할 수 없지만 분명히 발생한 것은 가능하다고 확신할 수 있고" 따라서 "가능한 것은 (확실히) 그럴듯한 것이기 때문"이라고 말한다. Aristotle, *Aristotle's Poetics*, 83쪽. 리쾨르는 이 발언에 대해 "아리스토텔레스는 여기에서 우리가 믿게 되기 위해서는 있을 법한 것은 있었던 것과 개연성의 관계를 지녀야 한다고 암시한다"고 해석한다. Paul Ricoeur, *Time and Narrative Volume 3*, Katheleen Blamey and David Pellauer 공역, Chicago : U of Chicago P, 1985, 191쪽.

적 의미로 이해해야 한다."[76] 이 역동적 의미에서 뮈토스와 미메시스는
동일한 것으로 여겨진다. 행위의 모방은 구성을 통해 이루어지기 때문
이다. 『시학』은 "우리에게 행위의 모방 또는 재현과 사건들의 조직을 서
로 참조해서 생각하고 정의할 의무를 부과한다. 이런 동등시는 우선 아
리스토텔레스의 미메시스를 모사 또는 똑같은 복제품의 관점에서 해석
하는 것을 배제한다. 모방하거나 재현하는 것은 무엇을 생산하는 한 즉
구성emplotment에 의해 사건들을 조직하는 한 모방적 행위다."[77] 리쾨르는
"미메시스를 뮈토스로 정의하는 지침"을 『시학』을 이해하기 위한 지침
으로 삼고 이에 따라 "행위를 사건들의 (체계로의) 조직에 의해 지배되는
모방행위의 상관물로 이해하는 데 주저하지 않는다."[78] 미메시스는 사
건들의 조직 또는 구성인 뮈토스다. 아리스토텔레스가 행위 모방의 제
1 원칙으로 인물 등 기타 요소들에 앞서 플롯을 제시하는 것은 우연이
아니다.[79] "아리스토텔레스가 우리에게 제시하는 유일한 지시는 뮈토스
즉 사건들의 조직을 미메시스의 '무엇'으로 구성하라는 것이다."[80] 뮈토
스 / 이야기가 곧 미메시스 / 모방이다. "구성하라"는 아리스토텔레스의
명령이 미메시스의 모토가 된다.

---

76 Paul Ricoeur, *Time and Narrative Volume 1*, 33쪽.

77 위의 책, 34쪽.

78 위의 책, 34쪽.

79 "사건들의 (진행) — 플롯 — 이 비극의 목적이다. (…중략…) 행위(프락시스) 없는 비극은
    없지만 (명확히 정의된) 인물 없는 비극은 있을 수 있다." Aristotle, *Aristotle's Poetics*, 73쪽.

80 Paul Ricoeur, *Time and Narrative Volume 1*, 35쪽.

5. 일치와 불일치 아리스토텔레스의 비극적 플롯

이 구성은 구체적으로 어떻게 이루어지는 것일까? 리쾨르가『시학』에
서 해석하는 뮈토스의 원리는 일치concordance와 불일치discordance의 결합이
다. "사건들의 조직으로서의 뮈토스의 정의는 우선 일치를 강조한다. 그
리고 이 일치는 세 가지 특성인 완전성, 총체성, 적절한 크기로 특징지어
진다."[81] 이는 아리스토텔레스가 "비극은 목적이 있고 총체적이며 일정
한 크기를 지닌 행위의 모방이다"라고 말한 것을 의미한다.[82] "'총체'는
시작, 중간, 끝이 있는 것"이므로 비극의 플롯은 시작, 중간, 끝으로 구성
된 것이고, 비극에 적절한 크기는 "사물들이 개연성 또는 필연성에 따라
질서 있게 발생할 때, 불운에서 행운으로 또는 행운에서 불운으로 변화
가 일어날 수 있는" 크기를 뜻한다.[83] 완전성은 행위의 통일성을 의미한
다. "다른 모방 (예술)에서 통일된 미메시스가 한 사물의 (미메시스)인 것
처럼 (비극적) 플롯도 행위의 미메시스이므로 그 자체로 통일되고 총체
적인 행동의 (미메시스)이어야 하며 구성하는 사건들은 빈틈없이 이어져
하나가 다른 곳으로 이동하거나 제거되면 전체가 느슨해지고 어긋나도
록 해야 한다."[84] 이런 점에서 사건들은 인과적 관계로 이어져야 한다.

아리스토텔레스는 플롯을 논할 때 에피소드들이 아무 연관 없이 나열
되는 것을 비판하고 사건들이 인과적 관계를 맺어야 한다고 말한다. 즉
사건들의 전개는 개연성 또는 필연성을 따라야 한다. 아리스토텔레스는

---

81   위의 책, 38쪽.

82   Aristotle, *Aristotle's Poetics*, 77쪽.

83   위의 책, 79쪽.

84   위의 책, 81쪽.

에피소드적 플롯을 "에피소드들이 개연성이나 필연성과 무관하게 서로를 따르는 플롯"으로 정의하고, 복합적 행위에 의한 사건의 전개를 "사물들이 플롯 자체의 구조에서 발생해서 이것들이 전에 발생한 것에서 필연적으로나 개연적으로 발생하게 되는" 방식으로 설명한다.[85] 리쾨르가 지적하듯 아리스토텔레스가 말하는 사건들의 연결 즉 "플롯의 내적 연결은 연대기적이 아니라 논리적"이며 "아리스토텔레스는 플롯의 구성에 시간이 함축될 수 있는 시간의 구성에 아무런 관심도 보이지 않는다."[86]

그러나 리쾨르가 아리스토텔레스에게서 추출하려는 플롯의 논리는 일치가 아닌 불일치적 일치discordant concordance다. "비극적 모델은 순전히 일치의 모델이 아니라 불일치적 일치의 모델이다."[87] 리쾨르는 『시학』에서 플롯의 일관성을 위협하는 불일치의 예로 "공포와 연민을 불러일으키는 사건들"과 우연히 갑작스럽게 발생하는 놀라운 일들을 지적한 뒤 가장 핵심적인 비극적 행위로 역전reversal을 논한다. 비극에서 역전은 세 가지로 구성된다. "잘 알려져 있듯이 복합 플롯을 특징짓는 역전은 반전(페리페테이아)와 인식(아나그노리시스) 그리고 여기에 고통(파토스)이 추가된다."[88] 아리스토텔레스가 플롯의 구성요소로 반전과 인식에 추가하는 파토스는 일치를 추구하는 구성이 불가피하게 포함하는 불일치적 요소다. "파토스는 — 실제(로 여겨지는) — 살해, 잔혹한 고통과 상처 및 온갖 그런 종류의 것들 같이 살인적이고 잔인한 일이다."[89] 플롯의 일관성을 위협하는 이런 요소들은 비극적 플롯을 제한하면서도 동시에 강화한다.

---

85   위의 책, 85~87쪽.

86   Paul Ricoeur, *Time and Narrative Volume 1*, 40쪽.

87   위의 책, 42쪽.

88   위의 책, 43쪽.

89   Aristotle, *Aristotle's Poetics*, 91쪽.

그러나 반전, 인식, 고통은 — 이들이 소포클레스의 『오이디푸스 왕』에서처럼 하나의 작품 안에서 결합될 때 —"역설적인" 연속과 "인과적인" 연속, 놀라움과 필연의 결합에 최고의 긴장을 가져오는 한 이 모델은 더 강해진다. 모든 서사 이론이 비극적 모델과 다른 수단으로 보존하려는 것은 이 모델의 힘이다. (…중략…) 만일 반전이 무의미가 의미를 위협하는 모든 이야기나 역사에 본질적이라면, 반전과 인식의 결합conjunction은 비극의 경우를 넘어서는 보편성을 보존하지 않는가? (…중략…) 반전과 함께 행복과 불행에 대한 지시도 보존해야 하지 않는가? 모든 서술된 이야기는 최종적으로 더 좋게든 나쁘게든 운명의 반전과 관계있지 않은가? 반전의 양식을 검토할 때 고통(파토스)을 가난한 사촌쯤으로 여길 필요는 없다. (…중략…) 고통은 비극적 플롯에 내재하는 두렵고 가련한 사건들, 즉 불일치의 주요 인자와 연결된다. (…중략…) 가련하고 두려운 것은 불행으로 향하는 운명의 가장 예기치 못한 변화와 밀접히 연관된다. 플롯이 필연적이고 개연적으로 만들려는 것인 이런 불일치적 사건들이다. 그렇게 함으로써 플롯은 그것들을 순화 또는 더 좋은 표현으로 정화한다. (…중략…) 일치 속에 불일치를 포함함으로써 플롯은 이해할 수 있는 것the intelligible 안에 정동적인 것the affecting을 포함한다. 아리스토텔레스는 따라서 파토스가 프락시스의 모방 또는 재현의 한 요소라고 말하게 된다. 시는 윤리가 대립시키는 이 두 용어를 결합한다.[90]

리쾨르가 주목하는 비극적 플롯의 특징은 반전과 고통이라는 불일치의 요소들을 포함하는 구성이다. 앞서 논했듯이 랑시에르는 아리스토텔레스가 파토스로 점철된 비극의 윤리적 세계 즉 소포클레스와 플라톤의

---

90   Paul Ricoeur, *Time and Narrative Volume 1*, 43~44쪽.

세계에서 비극을 추출하려 했다고 본다. 파토스는 아리스토텔레스의 재현적 예술 체제를 위협하기 때문이다. 코르네유는 아리스토텔레스의 이런 시도가 실패했다고 생각했기에 파토스의 요소를 비극에서 더 철저히 배제했다. 리쾨르 역시 아리스토텔레스의 비극적 플롯은 이런 불일치의 사건들을 개연성 또는 필연성의 구조적 장치로 정화하는 것이라고 보지만, 플라톤의 윤리적 세계와 아리스토텔레스의 시적 세계를 대립적으로 보는 랑시에르와 달리 아리스토텔레스가 파토스를 플롯의 주요 구성요소로 삼음으로써 시와 윤리를 결합한다고 해석한다.

리쾨르의 최종 관심은 아리스토텔레스의 『시학』을 모델로 삼아 서사의 근본 원칙을 탐구하는 것이다. 그래서 그는 반전과 고통의 불일치적 요소를 포함하는 비극적 플롯이 "모든 이야기와 역사"의 서사에도 적용되는 원칙이 아닌가 묻는 것이다. 리쾨르는 아리스토텔레스가 서사시와 비극을 서사와 극이라는 양식의 차이로 구분하면서도 근본적으로 구성의 관점에서는 같다고 본다는 것을 강조한다.[91] 리쾨르는 불일치적 요소를 포함하는 아리스토텔레스의 비극적 플롯 개념이 비극과 서사시는 물론 모든 서사의 원칙이 될 수 있다고 생각한다. 그래서 그는 "비극의 특징인 질서의 패러다임이 모든 서사 영역에 적용될 수 있는 지점까지 확대되고 변형될 수 있는가"를 탐구하는 것이다.[92]

---

91 "극 / 서사의 쌍에서 전자는 후자의 모델로 기능할 정도로 후자에 수평적으로 자격을 부여한다. 따라서 아리스토텔레스는 다양한 방식으로 서사적(diegetic) 모방 (또는 재현)과 극적 모방 (또는 재현) 사이의 '양식적' 대립을 희석시킨다. 이 대립은 어쨌든 모방의 목적인 구성(emplotment)에 영향을 미치지 않는 대립이다." 위의 책, 37쪽.
92 위의 책, 38쪽.

6. 역사적 현실과 서사 비판적 리얼리즘

뮈토스가 곧 미메시스이고 미메시스는 현실의 복제가 아니지만 결코 현실 지시의 기능이 없지 않다. 따라서 서사의 핵심인 구성은 현실과 단절되지 않고 불가피하게 연결된다. 플롯은 예술의 자율적 영역에서의 미메시스 즉 모방의 기능과 은유적인 현실 지시의 기능을 지닌다. 이런 의미에서 플롯은 예술과 현실의 매개체이고 플롯에서 미메시스와 현실 지시는 교차한다. 리쾨르는 이 문제를 역사와 서사의 관계를 논하면서 더 깊이 탐구한다. 역사와 재현과 서사는 어떤 관계가 있는가? 리쾨르의 말을 빌리면 "역사적 지식의 건축학에서 서사성의 위치"는 정확히 무엇인가?[93] 서사는 역사를 지시하고 새기는 과정을 통해서 역사적 지식을 구축하는 역할을 하는 것일까? "서사로서의 재현은 단순히 순수하게 발생한 것들을 향하지 않는다. 서사 형식 자체는 역사적 서사의 지시적 충동이라고 내가 부르고 싶은 것에 복잡성과 불투명성을 덧붙인다. 서사구조는 스스로 원을 형성하고 서사의 지시적 계기를 불법적이고 언어 외적인 전제로, 텍스트 밖의 것으로, 배제한다."[94] 다시 말해서 서사는 서사의 안과 밖의 경계를 세우고 역사를 텍스트 밖으로 추방하려는 경향을 지닌다. 그러나 앞서 보았듯이 리쾨르는 예술 / 픽션의 현실지시적 기능이 있다고 강조한다.

이런 관점에서 리쾨르는 "서사성이 설명 / 이해에 대한 대안적 해결을 구성하지 않는다"고 인정하지만 "그럼에도 구성emplotment은 설명 / 이해

---

93   Paul Ricoeur, *Memory, History, Forgetting*, Kathleen Blamey and David Pellauer 공역(Chicago : U of Chicago P, 2004), 238쪽.

94   위의 책, 237쪽.

와는 다른 차원에서, 즉 인과적이거나 심지어 목적론적 의미에서 ‘~때문에’의 사용과 경쟁하지 않는 곳에서, 역사기록학적 작업의 참된 구성요소를 이룬다”고 주장한다.[95] 서사는 역사적으로 발생한 사건의 원인을 제공하지 않는다는 점에서 설명 / 이해에 대안을 제공하지 않는다. 그러나 서사는 역사적 지식을 구성하는 중요한 요소다. “서사적 측면에서 재현은 (…중략…) 밖에서 오는 어떤 것도 다큐멘터리적이고 설명적인 단계에 보태지 않으나 이 단계를 동반하고 지지한다.”[96] 이는 “역사적 지식에서 서사성의 정확한 위치”가 역사적 설명을 대신하는 것이 아니라 지탱하는 것임을 보여준다. 더 정확히 말해서 “그것은 설명 / 이해에서의 어떤 틈을 메운다.”[97]

그래서 서사가 하는 작업은 일관성을 만드는 일이다. 리쾨르에 따르면 “그것_{서사적 일관성(narrative coherence)}은 하나의 의미 있는 통일안에 다중의 사건들 사이 또는 원인들, 의도들 그리고 사고들 사이의 조화_{coordination}를 말하기 위해 내가 이질적인 것들의 종합이라고 부른 것을 가져온다. 플롯은 이런 조화의 문학적 형식이다. 그것은 서사학의 틀 안에서 적절한 공식화를 만드는 규칙이 지배하는 변화들을 수단으로 복합적 행위를 초기 상황에서 마지막 상황으로 인도하는 것이다.”[98] 역사적 사건의 설명에 대한 틈을 메워 서사적 일관성을 이루는 작업은 구성을 통해 가능하다. 리쾨르는 서사가 역사적 사건의 원인을 설명하고 이해하는 것이 아니라 그 틈을 메운다고 밝힘으로써 서사의 기능과 역할의 범위를 분

---

95 위의 책, 238쪽.
96 위의 책, 238쪽.
97 위의 책, 238쪽.
98 위의 책, 243쪽.

명히 제시한다. 따라서 서사가 구성을 통해 이질적인 것들을 종합하는 것은 사건에 직접 작용하는 것이 아니다. 그러나 리쾨르는 서사가 사건에서 벗어난 문학의 자율적 구조에 속한 것도 아니라는 점도 분명히 밝힌다. 특히 문학 서사와 달리 역사 서사에서 서사가 사건을 지시하는 기능을 수행하는 것은 필수적이다. 서사와 역사 사이에 존재하는 간극을 메우는 방식에 대해 리쾨르는 다음과 같이 말한다.

> 만일 사건이 서사의 파편이라면 그것은 서사의 결과에 의존하고, 서사화를 피할 기저의 기본적인 사건은 없다. 그러나 우리가 말하자면 같은 주제를 다루는 두 서사를 비교할 수 있다면 "똑같은 사건"이라는 개념이 없을 수 없다. 그러나 모든 서사적 연결이 제거된 사건은 무엇이란 말인가? 우리는 그것을 그 용어가 지니는 물리적 의미인 발생과 동일시해야 하는가? 그렇다면 쓰인 역사와 실제로 발생한 역사를 분리하는 심연에 비견할만한 새로운 심연이 사건과 서사 사이에 새로 열린다. 밍크가 역사는 진리 주장으로 인해 픽션과 구분된다는 상식적 믿음을 보존하려 했다면, 이는 그가 역사적 지식이라는 개념을 포기하지 않았기 때문으로 보인다.[99]

리쾨르는 사건을 서사의 일부로만 파악하고 역사에서 분리한다면 사건의 역사적 속성을 상실한다고 주장한다. 하나의 사건에 대한 복수의 서사가 있다는 사실은 서사화되기 이전의 사건이 존재한다는 것을 의미한다. 그렇다고 사건을 서사에서 분리한다면 그것은 순전히 물리적인 현상으로서의 "발생"이 될 것이기에 사건을 역사와 서사에서 분리하지 않

---

99 위의 책, 242쪽.

으면서 다룰 방법이 필요하다. 리쾨르는 밍크Louis Mink가 픽션과 구분되는 역사적 지식을 유지하려 했으나 이 구분을 정확히 논하지 못했다고 지적하면서 역사적 사건을 서사로 환원하지 않으면서 서사에서 분리하지도 않을 방법을 아리스토텔레스의 『시학』에서 추출한 플롯에서 찾는다. 플롯은 사건역사과 구조서사를 통합하는 모델이다. 리쾨르는 "만일 우리가 이질적인 수용적embracing 의도들, 원인들, 사건들의 종합으로서의 플롯 개념을 충분히 확장한다면, 인식론이 분리하는 세 계기 — 구조, 접합conjuncture, 사건 — 의 서사적 통합을 가져오는 것은 서사의 몫이 아닌가?"라고 묻는다.[100] 이 수사학적 질문에 대답은 "의미 있는 통일로서 플롯은 하나의 동일한 구성 안에 구조와 사건을 결합할 수 있다"는 것이다.[101]

　이 결합은 결코 사건에서 역사를 추방하는 것이 아니다. 리쾨르는 "텍스트의 내적 구조와 텍스트 밖 현실 사이의 괴리"를 주장하는 문학이론을 경계한다.[102] 그는 언어를 지시대상에서 분리하고 기호를 기표와 기의의 결합으로 주장하는 소쉬르Ferdinand de Saussure의 구조주의 언어학의 영향을 받은 문학이론이 주장하는 이런 괴리가 픽션 서사에도 문제적이지만 역사 서사에는 치명적인 결과를 낳았다고 본다. 예컨대 그는 바르트Roland Barthes에 대해 "언어학적 영역에서 지시대상을 제거하는 입장을 취하면서, 그는 역사 서사가 역사기록학historiography 한복판에 지시적 착각을 심는다고 역사 서사에 반대했다"고 비판한다.[103] 바르트는 「현실 효과The Reality Effect」라는 글에서 근대 리얼리즘의 발생이 "실제로 발생한 것"

100　위의 책, 246쪽.
101　위의 책, 246쪽.
102　위의 책, 247쪽.
103　위의 책, 249쪽.

을 기록하는 객관적 역사 서사와 동시대에 발생했다는 점을 지적하며 리얼리즘 / 역사 서사에서 "구체적 현실"은 서사구조와 무관하게 그 자체로 "말의 충분 원칙"이 된다고 주장한다.[104] 언어가 언어 밖 현실을 직접 지시한다고 가정하는 리얼리즘은 기의와 기표로 구성된 기호에서 기의를 삭제하고 기표가 현실의 지시대상과 직접 관계를 맺는다고 주장한다는 것이다. 즉 리얼리즘은 기표, 기의, 지시대상의 세 요소로 구성된 의미화 구조에서 기의를 삭제하고 그 자리를 지시대상 / 구체적 현실로 메움으로써 '현실 효과'를 낳지만 이는 '지시적 착각referential illusion'에 불과하다.[105] 그러나 리쾨르가 보기에 바르트의 주장은 "역사 담론에 부적합한 언어학적 모델"에 기초한 것이며, 역사 담론은 대안적 모델을 요구하고 이 모델에서 "지시대상은 누가 누구에게 무엇에 대해 말하는 담론의 환원불가능한 차원을 구성한다."[106] 리쾨르에 따르면 "역사기록학 영역에서 지시성의 특수성"을 설명해야 하고 "이는 역사 담론이 취하는 기능의 차원에서만 파악할 수는 없고 다큐멘터리 증언, 인과적 목적론적 설명, 그리고 문학적 구성을 통해야 한다. 이 3중 틀이 역사적 지식의 비밀로 남는다."[107]

리쾨르가 화이트Hayden White를 비판하는 것도 같은 맥락에서다. 화이트는 역사적 재현을 비유의 수사학 관점에서 탐구한 대표적 학자다. 리쾨르에 따르면 화이트는 "사건, 역사, 플롯이 비유의 평면에서 모두 동조한

104 Roland Barthes, *The Rustle of Language*, Richard Howard 역, Berkeley : U of California P, 1989, 147쪽.
105 위의 책, 148쪽.
106 Paul Ricoeur, *Memory, History, Forgetting*, 250쪽.
107 위의 책, 250쪽.

다"고 생각한다.[108] 이런 관점에서 사건과 역사는 문학의 비유적 형식에 포함된다. 그러나 리쾨르의 관점에서 화이트는 역사 담론을 비유trope라는 문학 형식에 의해 매개되는 것으로 설명하면서 "역사를 픽션과 구분하는 지시적 계기"를 설명하지 못한다.[109]

요구되는 것은 설명 / 이해의 양식의 관점에서 재현양식을 참을성 있게 표현하고, 이를 통해 기록물 계기와 그것의 전제된 진리의 생산적 매트릭스를, 즉 사물들이 발생한 곳에 있었다고 선언하는 자들의 증언 양식들을 표현하는 것이다. 우리는 서사 형식 자체 안에서는 결코 이 지시성의 추구에 대한 이유를 찾을 수 없을 것이다. 이런 작업 단계들의 복잡성의 관점에서 역사 담론을 재구성하는 작업은 해이든 화이트가 몰입하는 일에 전적으로 부재한다.[110]

화이트는 전통적인 역사 담론이 사실에 대한 해석과 사실에 관한 이야기를 구분하면서 "서사적 역사에서 말해진 이야기들이 사건들 자체나(따라서 '실제 이야기'의 개념이 생기고) 사건들에 대한 증거의 비판적 연구에서 유래한 사실들(이는 '참된' 이야기 개념을 낳는다)에 내재한다고 가정한다"고 주장한다.[111] 실제의 또는 참된 이야기는 역사적 사건을 일반적인 언어로 있는 그대로 재현할 수 있다는 믿음에 기초한다는 것이다. 화이트는 홀로코스트의 사실적 재현을 요구하는 대표적 사례로 랭Berel Lang의 연구를 꼽는다. 랭에 따르면 홀로코스트의 역사적 재현에 문학적 비

---

108 위의 책, 257쪽.
109 위의 책, 253쪽.
110 위의 책, 254쪽.
111 Hayden White, "Historical Emplotment and the Problem of Truth", 39쪽.

유적 언어가 사용되더라도 홀로코스트의 상상적 재현과 역사적 재현은 다르다. 홀로코스트의 상상적 재현은 비유적 언어를 통해 "작가와 글 사이 그리고 글과 글의 대상 사이의 문학적 영역 또는 공간"을 만들고, 이 공간을 어떤 특정한 비유를 사용하는 '문학적 특수성literary particularity'으로 메운다.[112] 이 비유적 공간은 다루는 주제를 "뽑아내고 그 독특성을 괄호에 넣어 문맥으로부터 떨어지게 함으로써" 역사적 문맥에서 도려내어 일반화한다.[113]

　　비유적 담론은 재현의 주제를 "소외시킨다." 그리고 이 분리로 인해 아리스토텔레스가 역사에서 시를 분리할 때 시에 부여하는 보편화로 향한 운동을 형식상 닮은 일반화 과정이 시작된다. (…중략…) 비유적 글의 이 세 가지 "조건"[114]은 비유적 담론과 역사적 담론의 구분을 공식화할 때 자주 인정되어왔다. (…중략…) 만일 종족학살 행위가 개인으로서 그런 행위를 유발하는 동기를 제공하지 않는 개인들에게 가해진다면, 그리고 종족학살이 대표하는 악이 원칙적으로 — 집단을 개념화하고 그것의 말살을 결정할 때 — 악을 위한 고의적 의도를 반영한다면, 종족학살의 재현에 대한 비유적 담론의 본질적 한계가 드러난다. 이런 설명에서 상상적 재현은 비개성적이고 집단적인 사건들조차 개인화하고, 특수하게 우연히 발생하는 사건들을 탈역사화하고 일반화한다.[115]

112　Berel Lang, *Act and Idea in the Nazi Genocide*, Syracuse : Syracuse UP, 2003, 142~143쪽.
113　위의 책, 143~144쪽.
114　세 가지 조건은 앞서 언급한 "문학적 공간(literary space)", "문학적 특수성(literary particularity)", 그리고 구체적 역사적 문맥에서 사건을 빼내어 일반화하는 "문학적 추상화(literary abstraction)"를 의미한다. 위의 책, 142~144쪽을 볼 것.
115　위의 책, 144쪽.

랭은 홀로코스트 같은 역사적으로 특수하고 독특한 사건을 비유적 언어로 재현하는 상상적 재현이 결국 그 사건을 문학의 영역으로 끌어들여 탈역사화한다고 비판한다. 화이트에 따르면 랭은 "나치 종족학살의 사건들"이 재현할 수 없는 것이 아니라 "오로지 사실적이고 직사주의적 literalist 방식으로만 말해질 수 있다"고 주장한다.[116] 화이트에게 이런 주장은 리얼리즘에 경도된 나머지 홀로코스트 같은 사건의 모더니즘적 성격을 간과한다. "홀로코스트 논의에서 만나는 이런 종류의 이례, 수수께끼, 막다른 길은 그 자체로 '모더니스트' 성격을 지닌 홀로코스트 같은 사건들의 재현에 부적합한 리얼리즘에 너무 많이 의존하는 담론 개념의 결과다."[117] 이런 사건은 사실과 허구, 직사주의적 언어와 비유적 언어를 구분하는 리얼리즘적 대립을 넘어선 모더니즘적 언어로 재현될 수 있다. 현대사회가 드러내는 "새로운 형태의 역사적 현실, 상상하고 생각하고 말할 수 없다는 측면에서 히틀러주의, 최종 해결, 총력전, 핵 오염, 대량 기근, 생태학적 자살을 포함한 현실"은 기존 리얼리즘의 언어가 아닌 모더니즘적 글쓰기 양식을 요구한다.[118]

역사 서사에서 재현된 사건이 역사적 현실과 분리될 수 없다고 주장하는 리쾨르의 관점에서 화이트의 주장은 현실과 재현의 문제를 해결하지 못하고 모더니스트 담론으로 도피하는 것에 불과하다. 그는 "그의 에세이 끝에서 화이트는 ─ 그가 모더니스트라 계속 부르는 ─ 포스트모더니즘을 사용하는 일정한 글의 양식이 사건의 불투명성과 어떤 친연성을 가질 수 있다고 암시함으로써 일종의 영웅적인 도피를 시도한다"고

---

116 Hayden White, "Historical Emplotment and the Problem of Truth", 46쪽.
117 위의 글, 50쪽.
118 위의 글, 51~52쪽.

평가한다.[119] 리쾨르는 물론 화이트가 비판한 리얼리즘 양식을 고수해야 한다고 주장하지 않는다. "그렇다면 우리는 이런 형식들, 무엇보다 19세기 소설과 역사 텍스트의 자연주의적 사실주의적 전통에서 물려받은 형식들의 소진이라는 결론을 내려야 하는가?"라는 물음에 대해 리쾨르는 "그렇다"고 답한다.[120] 그러나 그는 "이런 선언이 대안적 표현 양식의 탐구를 막기보다 자극해야 한다"고 주장하며 리얼리즘뿐 아니라 화이트가 주장하는 모더니즘 양식에 대한 착각에 빠지지 않고 "담론의 재현적 능력과 사건이 요구하는 것 사이의 틈을 메우는 방법에 대한 지속적인 추구"를 주장한다.[121]

그렇다면 리쾨르는 리얼리즘을 포기하는 것일까? 서사가 현실 지시성을 포기해서는 안된다고 시종일관 주장하는 리쾨르에게 리얼리즘은 단순히 여러 문학적 재현양식 중 하나의 위치를 넘어서는 가치를 지닌다. 19세기 리얼리즘 소설의 문학 양식이 홀로코스트 같은 사건을 재현하는 데 한계가 있다는 점을 인정하더라도, 리쾨르에게 리얼리즘은 이런 협의적 리얼리즘의 정의를 넘어서는 중요한 의미를 지닌다. 리쾨르가 이런 의미의 리얼리즘을 위해 사용하는 용어는 '대신하기standing for'다. 이 용어는 "과거 사건들의 진행을 재건하는 구성에 대한 역사적 지식에 첨부된 기대를 지시한다."[122] 어떤 기대인가? 이 기대는 "역사 텍스트의 작가와 독자가 그 텍스트가 한때 즉 그것들에 대한 서사가 만들어지기 전에 실제로 존재했던 상황, 사건, 연관, 인물을 다룰 것이라는 데 동의

---

119 Paul Ricoeur, *Memory, History, Forgetting*, 257쪽.
120 위의 책, 260쪽.
121 위의 책, 260쪽.
122 위의 책, 274쪽.

한다"는 계약, 기대, 약속을 의미한다.[123] 이 기대나 약속에 대한 의심은 사건이 서사화되는 여러 단계—즉 기록, 설명, 서사화—에 존재한다. 무엇보다 서사 형식 자체는 현실과 단절할 수 있는 위험을 지닌다. "서사 형식은 플롯에 내재한 종결을 서사에 부여함으로써 서술자가 독자의 기대를 오도해서 일종의 비종결non-ending을 겨냥한 전략을 통해 독자들을 속이려고 할 때조차 종결의 의미를 생산하는 경향이 있다. 이런 방식으로 이야기하는 행위 자체는 괄호 안에 넣어진 '실재real'로부터 분리될 수 있다."[124] 이런 의심에 대해 사건들을 있는 그대로 말하라고 하는 것은 순진한 요구일 수 있다.

그렇다면 있었던 그대로 말하라는 단순한 주장을 피하면서 역사적 현실을 서사 형식 안에 담을 방법은 무엇인가? 이에 대한 리쾨르의 대답은 비판적 리얼리즘이다.

여기에서 공언된 비판적 리얼리즘은 사실 제시를 한발 넘어서 기록의 증언적 차원을 불러일으키는 것이다. 실제로 기록물 증거의 한복판에 자신을 제시하는 것은 증언의 힘이다. 나는 증인의 3중 선언—① 나는 그곳에 있었다, ② 나를 믿으라, ③ 나를 믿지 못하겠으면 다른 사람에게 물어보라—을 넘어설 수 있다고 생각하지 않는다. 증언의 순진한 리얼리즘을 조롱해야 하는가? 그럴 수 있다. 그러나 이는 비평의 씨앗이 실제 증언에 심겨있다는 것을 잊는 것이 될 것이다. (…중략…) 우리 기억의 현실에 대해 스스로 확신하기 위해 기억보다 더 좋은 것은 없다. 역사가의 과거 재현을 승인하기 위해 증언과 증언 비평보다 더 좋은 것은 없다. (…중략…) 역사가의 재현은 부재하는 것의

---

123 위의 책, 275쪽,
124 위의 책, 276쪽.

현재 이미지이지만 부재하는 것 자체는 과거로 사라짐과 과거 속 존재로 분열된다. 과거의 것들은 폐기되지만 누구도 그것들이 없어야 했던 것이 되게 할 수 없다. (…중략…) 역사가의 재현이 과거를 대신하는 것으로서 지니는 선언적 강렬함은 다름 아닌 "더 이상 없다"는 부정성을 가로질러 의도된 "있었다"의 긍정성에 의해 승인된다.[125]

서사 형식이 역사적 사건의 현실을 제거하거나 담론의 차원으로 환원할 수 있다는 의심을 극복할 유일한 방법은 사건이 서사적 차원에서 재구성되기 이전 증언의 단계로 다시 돌아가는 것이고, 역사적 재현의 진실성을 확보하기 위해 취할 수 있는 방법은 증언을 통해 현재 부재의 상태인 과거의 사건의 현실을 회복하는 것이다. 과거의 사건은 한편으로는 사라지지만 다른 한편으로는 "있었다"는 형태의 "과거 속 존재"로 존속한다. 이런 과정을 통해 역사 서사는 부재하는 과거의 사건을 현재 대신할 수 있게 된다. 역사적 재현은 과거를 대신하는 비판적 리얼리즘을 수행한다.

7. 역사와 상상, 사건과 구조

리쾨르는 『시간과 서사』 3권에서 서사가 역사적 과거를 대신할 수 있다는 것을 역사와 픽션의 엮임으로 설명한다. 역사 서사가 필연적으로 허구화fictionalize되는 것처럼 허구적 서사도 필연적으로 역사화된다. 허구

---

125 위의 책, 278~280쪽.

적 서사가 역사화되는 것은 "무엇을 이야기하는 것이 마치 과거였던 것처럼 이야기한다고 말할 수 있기" 때문이다.[126] 즉 이야기는 과거시제로 서술된다. "허구적 서사는 그것이 말하는 비현실적 사건들이 독자에게 말하는 서술자 목소리에게는 과거의 사실들인 까닭에 준-역사적quasi-historical이다."[127] 허구적 서사가 "과거인 것처럼"이라는 준-역사적 속성을 지니는 또 다른 이유는 아리스토텔레스가 말하는 개연성 때문이다. 리쾨르는 개연성이 "준-과거"의 특성을 지닌다고 주장한다. 앞서 언급했듯이 리쾨르는 비극 작가가 허구적인 인물을 창조하지만 때로 실존 인물을 사용하기도 하며 실제로 발생한 것은 분명히 가능한 일이므로 개연적이라는 아리스토텔레스의 발언에 주목한다.[128] 이런 점에서 가능한 것을 의미하는 개연성은 실제로 발생한 것과 다르지 않고 "준-과거"의 특성을 지닌다.

그러나 허구적 서사의 준-역사적 속성에 대한 설명보다 더 중요한 것은 역사적 서사의 준-허구성에 대한 리쾨르의 설명이다. 왜냐하면 역사의 허구화에 대한 설명은 역사적 사건을 재현할 때 발생하는 현실과의 단절 또는 거리의 문제와 직결되기 때문이다. 앞서 보았듯이 리쾨르는 역사의 서사화가 현실과의 단절을 전제하지 않는다고 주장하며 바르트가 "현실 효과"라고 비판한 리얼리즘의 진실성을 옹호한다. 리쾨르의 과제는 역사 서사에 필연적으로 개입하는 허구적 요소가 반드시 역사 서사를 현실과 유리된 허구적인 것으로 만들지 않는다는 것을 증명하는 것이다. 역사 서사에 개입하는 허구적 요소의 문제는 "과거를 실제 있었

---

126 *Time and Narrative Volume 3*, 189쪽.
127 위의 책, 190쪽.
128 각주 73번을 참조할 것.

던 것으로 의도할 때 상상적인 것의 역할의 문제"다.[129] 그는 자신의 목적이 "어떤 독특한 방식으로 상상적인 것이 이 의도의 '사실주의적' 면을 약화하지 않으면서 의도된 있었음having-been으로 통합될 수 있는가를 보여주는 것"이라고 말한다.[130] 즉 그는 문학적 서사의 특성인 상상적 요소가 역사의 현실적 사건을 기술할 때 어떻게 사실성을 훼손하지 않으면서 과거 사건을 드러내는 데 공헌할 수 있는가를 탐구한다.

역사 서사의 모든 단계에서 문학 / 픽션의 상상적 요소가 작용한다. "상상the imaginary은 있었던 것에 대한 비유를 제공하는 작업operation과 다시 대면하게 만들면서 대신하기의 필수적 하인으로 자신을 부과한다."[131] 역사적 사건에 대한 문학적 비유를 통해 사건을 대신하는 작업에서 상상력은 필수적으로 개입한다. 타자가 경험한 역사적 사건을 우리 자신의 것으로 경험할 수 있게 만드는 것도 이런 상상의 작용을 통해서 가능하다. "재연은 역사적 상상력의 목적이고, 의도하는 바이며, 최고의 업적이다."[132] 역사적 상상력을 통해서 이미 존재하지 않는 과거의 사건을 재연하는 것이 가능하고 타자가 과거에 경험한 것을 현재 공감하고 경험할 수 있다. "내게 낯선 타자the Other가 가까이 다가올 수 있는 것은 항상 공감과 상상력에서 동일성the same으로부터 타자로 이동하는 것을 통해서이다."[133] 리쾨르에 따르면 역사는 문학에서 구성 / 플롯을 빌려올 뿐 아니라 역사적 상상력의 재현 기능 즉 과거를 눈앞에 생생하게 묘사하는 기능도 빌려온다. 이런 역사와 상상의 결합은 "역사에 속하는 대신

---

129 *Time and Narrative Volume 3*, 181쪽.
130 위의 책, 181쪽.
131 위의 책, 181쪽.
132 위의 책, 181쪽.
133 위의 책, 181쪽.

하기의 기획을 약화하는 대신 실현하도록 돕는다."[134] 픽션의 상상적 측면은 역사적 사건의 대신하기를 가능하게 하는 순기능을 행사한다.

리쾨르는 역사적으로 획기적인 사건들의 재현에 상상이 어떻게 작용하는지를 논한다. 이런 사건들은 "열렬한 기념이든 증오, 분노, 후회나 동정의 표현이든 아니면 심지어 용서의 요구이든 간에 상당한 윤리적 강도의 감정"을 불러일으킨다.[135] 역사가들은 이 사건들을 대할 때 사적인 감정의 개입을 피하는 것이 좋지만, "아우슈비츠처럼 우리와 가까운 사건들의 문제일 때 더 잘 이해하고 설명하기 위해 거리를 두어야 할 과거 역사의 경우에 맞을지도 모르는 윤리적 중립화는 더 이상 가능하지도 바람직하지도 않고" 오히려 이 경우에는 "역사기록학에 대한 요구와 반드시 같지 않은 (…중략…) '기억하라!'"와 같은 구호를 소환해야 한다.[136]

망각하지 말아야 할 사건들에는 공포의 경험이 존재한다. 리쾨르는 시대의 획을 긋는 사건 중 경외를 표하는 기념적인 사건들이 정복자들의 역사와 관계를 갖는다는 의구심을 불러일으키는 것과 반대로 두려움을 불러일으키는 사건들은 희생자들의 역사를 드러낸다고 지적한다. 이런 공포를 불러일으키는 사건들을 기억할 때 작동하는 픽션 즉 상상은 그 사건을 역사의 다른 사건들과 연결하는 설명에서 분리해 개별적인 독특성을 부여하는 데 기여한다.

공포는, 경외처럼 우리 역사의식 안에서 개별화individuation의 특수한 기능을 행사한다. (…중략…) 다른 모든 개별화 형식은 사물들을 연결하는 설명작업

---

134 위의 책, 186쪽.
135 위의 책, 187쪽.
136 위의 책, 181쪽.

의 대응물이다. 그러나 공포는 사건들을 비교할 수 없고, 비교할 수 없게 특유하고, 특유하게 특유한 것으로 만듦으로써 사건들을 분리한다. (…중략…) 공포는 역전된 경배다. 홀로코스트가 부정적 계시 (…중략…) 로 간주되는 것은 이런 의미에서다. (…중략…) 여기에서 표현된 신념은 진정한 역사적 설명의 독특성singularity에, 즉 역사적 설명과 공포를 통한 사건들의 개별화가, 경외나 경배를 통해서처럼, 상호 반대될 수 없다는 사실에 의존한다. (…중략…) 여기에서 우리는 다시 한번 픽션이 존재의 착각, 그러나 비판적 거리로 통제된 착각을 자극하는 능력과 마주친다. 여기에서 다시 상상적 행위에 속하는 "~을 대신하기" 기능의 일부는 "보이게 함"으로써 "묘사"하는 것이다. 여기에서 새로운 요소는 통제된 착각이 즐겁게 하거나 관심을 돌리려고 의도되지 않는다는 것이다. (…중략…) 픽션은 두려워하는 서술자에 눈을, 보고 울 눈을 준다. 홀로코스트 문학의 현상태는 이에 대한 충분한 증거를 제공한다.[137]

아우슈비츠와 같은 끔찍한 "공포"의 사건들을 묘사하는 픽션의 상상적 능력은 이런 사건을 역사적 사건들의 연쇄에 삽입해 설명하는 역사적 설명과 달리 그 특이한 독특성을 드러내는데 기여한다. 그러나 이런 개별화와 분리는 역사적 설명과 충돌하기보다 오히려 이런 사건에 대한 역사적 이해와 설명을 더 요구하게 만드는 순기능을 발휘한다. 리쾨르는 역사적 서사에 필연적으로 개입하는 상상과 픽션의 요소가 사건을 눈앞에 보이는 것처럼 생생하게 묘사함으로써 그 독특성을 돋보이게 하지만 그럼에도 불구하고 역사적인 설명과 이해와 배치되지 않게 한다고 주장함으로써 역사 서사에 존재하는 역사의 허구화가 결국 사건과 구조

---

137 위의 책, 187~188쪽.

를 통합한다고 제시한다.

이런 주장은 불일치적 요소들을 일치로 통합하는 플롯의 기능에 대한 설명과 다르지 않다. 어떻게 홀로코스트와 같은 사건의 독특성을 보존하면서 그것에 대한 역사적 이해와 설명을 포기하지 않을 수 있는가? 문학적 상상력과 서사 형식 및 비유를 수단으로 역사적 사건을 서술하는 역사적 서사가 어떻게 사건을 문학 담론으로 환원하지 않고 역사적 현실을 기록할 수 있을까? 언어학적 전회와 (포스트)모더니즘의 반-재현적 미학을 경계하면서 역사적 사건의 진실된 재현의 가능성을 모색하는 리쾨르의 시도는 이렇게 픽션(문학, 상상력)과 역사(현실)의 대립과 분리가 아닌 조응을 추구한다. 이런 시도의 결과 서사는 트라우마의 흔적을 보존할 수 있는 유일한 방법으로 출현한다. 리쾨르는 "잊어서는 안되는 범죄들이 있고, 그들의 고통이 복수보다 서술을 요구하는 희생자들이 있다"고 말한다.[138] 희생자들은 고통을 말하는 서술을 요구한다. 리쾨르의 관점에서 이들의 서사는 현실과 단절된 반-재현적 (포스트)모더니즘의 서사가 아니라 역사적 사건과 상처의 흔적을 지닌 비판적 리얼리즘의 서사다. 트라우마는 사실과 진실을 표현할 수 있는 리얼리즘의 언어를 요구한다. 이 지점에서 리쾨르의 서사 이론은 랑시에르의 미학 이론과 교차한다.

---

138 위의 책, 189쪽.

8. 시간과 서사 아우구스티누스와 아리스토텔레스

서사가 사건들을 서사 구조의 일부로 통합함으로써 서사적 일관성을
유지하면서도 사건의 독특성을 훼손하지 않는다는 것은 불일치적 일치
라는 서사의 구성 개념에 부합한다. 아리스토텔레스의 불일치적 일치의
구성 개념에 기초한 서사의 탐구에서 리쾨르가 추가하는 것은 시간이
다. 앞서 언급했듯이 리쾨르는 아리스토텔레스의 플롯이 논리적 인과성
을 통한 연결을 의미하고 시간적 구성의 개념은 아니라고 지적하며 아
리스토텔레스의 플롯에 시간성을 추가한다. 그가 아우구스티누스의 시
간에 대한 의문과 아리스토텔레스의 플롯 개념을 대조하는 것은 이를
여실히 보여준다. 행위의 모방으로서의 플롯, 미메시스와 뮈토스가 다
를 바 없는 플롯은 시간적 전개를 요구한다.

플롯의 모방적 기능은 우선 행동과 행동의 시간적 가치들의 영역에서 발생
한다. (…중략…) 나는 우리가 발명하는 플롯에서 우리의 혼란스럽고 미형성
된 그리고 극단적으로는 말할 수 없는mute 시간적 경험을 재구성re-configure하는
특권화된 수단을 본다. 아우구스티누스는 "그러면 시간은 무엇인가?"라고 묻
는다. "아무도 묻지 않는다면 나는 그것이 무엇인지 충분히 안다. 그러나 그것
이 무엇이냐고 묻고 설명하라고 한다면 나는 당황한다." (…중략…) 철학적
사색의 아포리아에 종속된 시간적 경험을 재구성re-figure하는 이런 시적 구성
composition의 능력에 플롯의 지시적 기능이 있다. 이 두 기능 사이의 경계는 불
안정하다. 우선 현실적practical 영역을 구성하고 변모시키는 플롯은 행위acting뿐
아니라 고통suffering도 포함하며 따라서 행위자로서의 인물과 희생자로서의 인
물도 포함한다.[139]

인간의 시간적 경험을 재구성하는 플롯이 모방적 기능과 지시적 기능을 갖는다는 것은 플롯이 예술의 자율적 영역에 머물지 않고 인간이 시간을 경험하는 삶을 지시한다는 것을 의미한다. 이 시간적 경험은 무엇인가? 그것은 다름 아닌 행위와 고통이다. 행위와 고통은 아리스토텔레스가 『시학』에서 플롯을 정의할 때 제시하는 복합적 행위의 요소에서 유래한다고 볼 수 있다. 앞서 살펴보았듯이 리쾨르는 비극의 복합적 플롯을 구성하는 반전, 인식 및 고통 즉 파토스를 서사가 포함하는 불일치적 요소로 설명한다. 이런 플롯의 역할은 아우구스티누스가 답할 수 없었던 시간의 수수께끼에 대한 대답으로 기능한다.

플롯이 미메시스와 현실 지시의 두 가지 기능을 갖고 인간의 행위와 고통을 (재)구성하는 것이라면 플롯이 펼쳐지는 서사는 근본적으로 인간의 시간적 경험을 다루는 방식이다. 리쾨르가 밝히듯이 "서사 기능의 구조적 정체성에서 그리고 모든 서사적 작업work의 진리 주장에서 궁극적으로 관건은 인간 경험의 시간적 성격이다. 모든 서사적 작업에 의해 전개되는 세계는 항상 시간적 세계다. (…중략…) 시간은 서사의 방식으로 조직되는 한 인간적 시간이 되고, 마찬가지로 서사는 시간적 경험의 특성들을 묘사하는 한에서 의미가 있다."[140] 서사는 인간의 행위와 고통의 시간적 경험을 플롯을 통해 전개하는 모방적이고 현실 지시적인 기능을 수행한다.

서사에서 플롯은 인간의 시간적 경험을 모방하고 지시하는 기능을 구

---

139 Paul Ricoeur, *Time and Narrative Volume 1*, xi쪽. 아우구스티누스의 질문은 Augustine, *Confessions*, Vernon J. Bourke 역, Washington, D. C. : The Catholic University of America Press, 1953, 343쪽을 볼 것.

140 Paul Ricoeur, *Time and Narrative Volume 1*, 3쪽.

체적으로 어떻게 수행하는 것일까? 리쾨르에 따르면 플롯이 수행하는 가장 큰 역할은 종합이다. "플롯을 통해서 목표들, 원인들, 그리고 우연이 총제적이고 완전한 행위의 시간적 통일 안에서 모아진다. 서사를 은유와 가깝게 만드는 것은 이런 이질적인 것들의 종합이다. 두 경우 모두 새로운 것 — 아직 말해지지 않고 아직 쓰이지 않은 것 — 이 언어에서 생겨난다."[141] 이런 플롯 개념은 아리스토텔레스에서 유래한다. 앞서 리쾨르가 인용했듯이 아우구스티누스는 "시간이 무엇인가?"라는 문제를 불가사의한 난제라고 고백한다. 그의 『고백록』 11권 12~31장은 시간의 문제를 이해하고 해결하려는 그의 치열한 사색과 탐구 그리고 신에 대한 호소로 점철된다. 12장에서 "하늘과 땅을 만들기 전에 신은 무엇을 했는가?"라는 질문에 대해 "나는 모른다"고 고백하는 것으로 시작하는 그의 탐구는 30장에서 이런 질문을 하는 자들이 "시간은 창조 없이 존재할 수 없다는 것"과 "당신은 모든 시간의 기간에 앞서고 모든 시간의 영원한 창조주이며 어떤 시간의 기간도, 어떤 피조물도, 심지어 시간 위에 있는 피조물조차 당신과 공영원co-eternal하지 않다는 것"을 깨닫게 해달라고 기도하는 것으로 끝난다.[142]

이 사이에 아우구스티누스는 시간이 존재하는 문제와 시간을 길거나 짧다고 측정하는 문제를 다루면서 시간이 "정신의 연장"*distentio animi*이라는 견해를 제시한다. 예컨대 그는 시의 길이를 단어나 음절 또는 운보의 길이로 측정하는 것은 공간적인 측정일 뿐이고 시간 자체는 측정할 수 없다고 고백하면서 "시간의 확실한 측정은 이런 식으로 파악할 수 없다. 왜냐하면 짧은 시를 천천히 읊으면 긴 시를 급히 말하는 것보다 긴

---

141 위의 책, ix 쪽.
142 Augustine, *Confessions*, 341, 364~365쪽.

시간에 걸쳐 들을 수 있기 때문이다. (…중략…) 따라서 내게 시간은 연장일 뿐이라고 보였지만 나는 그것이 무엇인지 모른다. 그것이 정신mind 자체의 연장이 아니라면 놀라운 일이다"라고 말한다.[143] 여기에서 "연장"distentionem은 "펼쳐지는 조건 따라서 연장extension이며 공간에 한정된 것은 아니다."[144] 아우구스티누스에 따르면 앞으로 발생할 미래와 지나간 과거는 존재하지 않고 오로지 현재만 존재하며 현재라는 시간도 순간적으로만 존재하고 그것이 지속하는 시간도 무한히 분해될 수 있다. 과거, 현재, 미래의 구분과 존재는 오로지 인간의 영혼 / 정신에서만 가능하다. 그래서 그는 미래나 과거 현재의 것들이 있는 것이 아니라 이것들이 기억, 기대, 현재의 비전이라는 형태로 현재의 마음속에 있다고 말하는 것이 정확하다고 말한다.[145] 이런 점에서 "정신의 연장"은 "시간을 측정하는 것은 바로 정신 안에서라는 것"을 의미한다고 볼 수 있다.[146]

---

143 위의 책, 358쪽.

144 위의 책, 358쪽 역주 96번.

145 "미래나 과거의 것들이 존재하지 않다는 것은 자명하고 과거, 현재, 미래의 세 시기가 있다고 말하는 것도 옳지 않다. 아마도 지나간 것들의 현재, 현재 있는 것들의 현재, 미래의 것들의 현재라는 세 시기가 있다고 말하는 것이 적절할 것이다. 왜냐하면 이 세 가지는 영혼 속에 있고 나는 다른 곳에서 이들을 볼 수 없기 때문이다. 지나간 것들의 현재는 기억이고, 현재 있는 것들의 현재는 즉각적 비전이며, 미래의 것들의 현재는 기대다." 위의 책, 350쪽.

146 이자벨 보쉐, 문명숙, 「"정신의 연장"으로서의 시간─성 아우구스티누스의 개념과 그에 대한 한스 우르스 폰 발타사르와 폴 리쾨르의 해석」, 『가톨릭신학과사상』 88호, 2023, 61쪽. 우병훈에 따르면 "아우구스티누스가 시간은 정신의 간격이라고 말한 것은 물질의 움직임이 없어도 정신이 움직인다면 시간 개념을 생각할 수 있기 때문"이고 "정신의 간격이 곧 시간이라고 단정지어서는 안된다. 시간은 피조물이다. 처음과 중간과 끝이 있다. 시간은 영원하지 않다. 하지만 영혼 그리고 정신은 영원하다. 아울러 'distention animi'를 '영혼의 분산'으로 번역해서는 안된다. '영혼의 간격' 즉 영혼 안에서 인지되는 간격으로 이해해야 한다." 우병훈, 「아우구스티누스의 창세기 해석의 유연성─"참된 의미는 생육하고 번성한다"」, 『개혁논총』 66권, 2023, 63~64쪽 각주 34번.

아우구스티누스는 과거를 기억하고 미래를 예기하며 현재에 관심을 기울이는 마음의 기능이 작동하는 것을 설명하면서, "이런 작업을 하는 정신에서 세 가지 기능이 발생하지 않는다면 아직 존재하지 않는 미래가 어떻게 축소하거나 흡수되고, 어떻게 더 이상 존재하지 않는 과거가 증가하는가?"라고 묻는다.[147] 그러나 그는 곧이어 노래를 부르는 과정에서 어떻게 미래가 현재와 과거로 흘러가는가를 논하면서 노래 전체에서 발생하는 이 과정이 시를 구성하는 부분들에도 발생하며 나아가 개별 인간과 인류의 삶에도 발생한다고 논의를 확장한다. "노래 전체에서 진행되는 것은 노래의 각 부분과 개별 음절 각각에도 발생하고, 이 노래가 일부를 구성하는 더 긴 행동, 인간 행동의 부분들로 구성된 인간의 삶 전체, 그리고 모든 인간의 삶으로 구성된 '인간의 아들들'의 모든 시대도 마찬가지다."[148] 그리고 그는 신을 향해 "'당신의 자비는 생명보다 더 좋기'에 내 생명은 단지 분산distraction에 불과합니다"라고 고백하고 "나는 시간의 기간들로 분해되었고 이 시간의 질서에 대해 무지합니다. 내 영혼 속 핵심인 내 생각들은 다중적 혼란에 의해 산산이 찢겼습니다. 당신 사랑의 불에 의해 정화되고 맑은 액체의 형태로 녹아내려 당신에게로 함께 흘러들 그 시간까지는 말입니다"라고 절규한다.[149] 아우구스티누스가 "'당신의 자비는 생명보다 더 좋기'에 내 생명은 단지 분산에 불과합니다"라고 고백할 때 "분산"으로 번역된 *distentio*는 펼쳐진다는 연장의 의미가 아니라 "연장의 결과 축소되는 것을 암시한다."[150] 이자벨 보

---

147 Augustine, *Confessions*, 362쪽.
148 위의 책, 362~363쪽.
149 위의 책, 363~364쪽.
150 위의 책, 363쪽 각주 108번.

쉐와 문명숙에 따르면 "연장"은 "철학적인 의미로서의 '확장'과 실존적이며 영적인 의미로서의 '분산dispersion'"이라는 이중 의미를 지니고 "정신은 자기 자신이 연장되면서 만이 시간을 파악할 수 있다. 다시 말하면 그는 (…중략…) 자신을 연장하는 시간에 굴종하는 존재임을 동시에 체험한다. 말하자면 자신은 일치를 열망함에도 불구하고 자신을 분산시키고 조각나게 한다. 첫 번째 경우에서 정신의 연장은 시간의 척도(기억, 주의, 기대)를 동반하는 심리적인 행위들을 특징짓는다. 두 번째 경우의 정신의 연장은 죄로 낙인 된 인간이 다수 속으로 자신을 분산하는 인간 영혼의 찢어짐을 묘사한다."[151]

아우구스티누스는 시간에 대한 사색의 결론에서 신에게서 타락한 시간의 질서에서 벗어나 중재자인 그리스도를 통해 "영원한 아버지"인 신과 일치하려는 열망을 피력한다.[152] 따라서 시간에 대한 아우구스티누스의 탐구는 신의 영원에 대한 갈망과 분리되어 생각할 수 없다. 그러나 리쾨르는 아우구스티누스의 시간에 대한 탐구를 신/영원과의 일치에 대한 열망에서 의도적으로 분리시킨다. 그가 "시간 분석을 이런 명상에서 분리하는 것"이 『고백록』이라는 "텍스트에 폭력을 가하는 것"임을 알면서도 그렇게 하는 이유는 아우구스티누스의 시간 명상에 드러나는 아포리아적 성격을 강조하기 위해서다.[153] 즉 "영원에 대한 명상에서 분리되면 (…중략…) 아우구스티누스의 시간 분석은 고도의 질문형식으로 이

---

151 이자벨 보쉐, 문명숙 「"정신의 연장"으로서의 시간」, 68쪽. 이들은 발타사르(H. U. von Balthasar)가 아우구스티누스의 시간 분석에서 시간 속으로 들어와 육화된 그리스도의 사랑을 지향함으로써(intentio) 신의 영원과 분리된 시간의 한계를 극복하려는 열망을 찾는다고 해석하는 반면, 리쾨르는 아우구스티누스의 시간 탐구에서 영원에 대한 지향의 차원을 간과하고 아포리아를 강조한다고 평가한다.

152 Augustine, *Confessions*, 363쪽.

153 Paul Ricoeur, *Time and Narrative Volume 1*, 5쪽.

루어진 심지어 아포리아적인 성격을 드러낸다. (⋯중략⋯) 각 아포리아의 해결은 그의 탐구를 계속 자극하는 새로운 어려움을 낳는다."[154] 물론 리쾨르는 아우구스티누스의 "영원"에 대한 명상의 논의를 배제하는 것이 아니라 잠시 연기한 것뿐이다. 그는 아우구스티누스가 신의 영원과 "정신의 연장"으로서의 인간의 시간을 대조하는 것의 세 가지 효과를 부정성, 애통, 그리고 구원과 귀환으로 설명한다. 우선, 영원과 비교해서 인간의 시간은 끊임없이 부정적인 것으로 묘사된다. 이 부정성은 영원이 항상 제자리에 있는 것과 달리 시간은 항상 변한다는 데에서 절정에 이른다. 둘째 효과는 신의 영원과 비교해서 "영혼의 연장은 존재론적 차원에서 존재의 결여 또는 결함의 부정적인 표식을 받는다"는 것과 그 결과 이런 인식이 인간적 존재와 시간을 한탄하는 "애통의 차원으로 고양된다"는 점이다.[155] 마지막 비교의 결과는 신과의 차이가 아니라 신에게 다가가려는 구원과 귀환 또는 복원을 지향하는 것이다. 앞서 언급했듯이 아우구스티누스가 신에게서 분리된 자신을 애통해할 때 연장*distentio*이 "분산"의 의미를 지니듯이 지향*intentio*은 이런 분산에서 다시 신의 영원으로 복귀하려는 의지와 희망을 드러낸다. "연장이 다중*many*으로의 분산과 아담의 방황과 동의어가 된다면, 지향은 내적 인간의 (신과의) 합일과 동일시된다."[156]

　리쾨르는 아우구스티누스의 이런 지향이 미래에 이루어질 어떤 것으로 묘사되며 영원 / 시간, 지향 / 연장에 대한 아우구스티누스의 사색은 여전히 건널 수 없는 차이로 향한다고 지적한다. 그러나 리쾨르가 아우

154　위의 책, 5쪽.
155　위의 책, 26쪽.
156　위의 책, 27쪽.

구스티누스의 시간관을 세밀히 검토하는 이유는 아우구스티누스에게 영원과 비교해서 결여와 타락의 함의를 지니는 시간(성)을 구제하기 위해서다. 그는 아우구스티누스의 시간을 탐구한 결과 "시간을 무nothingness로 내려치는 영원의 제한하는 관념에 의해 시간이 폐기되는 것으로 생각된다는 사실"이 강화되지 않고 오히려 "시간의 경험"이 "시간을 폐기하는 것이 아니라 심화하는" 자원이 될 수 있다고 생각하게 되며, 서사를 '탈연대기화dechronologize'하려는 현대 서사이론은 오히려 "시간성temporality을 심화한다"고 주장한다.[157] 리쾨르에게 이 시간성에 대한 해답은 신과의 일치를 지향하는 수직적 움직임이 아니라 시간적 전개라는 수평적인 서사의 움직임을 나타내는 아리스토텔레스의 구성 개념에 있다. 그가 처음부터 아우구스티누스 시간 탐구의 아포리아적 성격을 강조하는 것은 아리스토텔레스의 구성 개념이 이 아포리아에 대한 답이 될 수 있다고 여기기 때문이다. 리쾨르에 따르면 "구성emplotment은 틀림없이 아포리아를 해결하지는 않지만 분명하게 하는(이것이 아리스토텔레스의 카타르시스의 일차적 의미다) 능력을 갖추도록 어떤 것을 시적으로 만듦으로써 사변적 아포리아에 응답한다."[158] "시적으로 만드는" 것은 다름 아닌 서사의 구성을 뜻한다. 리쾨르는 아우구스티누스와 아리스토텔레스를 대조하면서 다음과 같이 말한다.

먼저 나는 그의 구성emplotment, *muthos* 개념에서 아우구스티누스의 정신의 연장*distentio animi*에 반대되는 대답을 발견했다. 아우구스티누스는 불일치의 실존적 무게 밑에서 신음했다. 아리스토텔레스는 최상의 시적 행위인 비극시의 작

---

157 위의 책, 30쪽.
158 위의 책, 6쪽.

성에서 불일치에 대한 일치의 승리를 발견한다. 불일치가 일치를 파열하는 산 경험과 일치가 불일치를 수선하는 언어적 경험 사이의 이런 관계를 수립하는 것은 말할 것도 없이 아우구스티누스와 아리스토텔레스의 독자인 나다.[159]

아우구스티누스는 삶의 시간적 경험에서 부딪치는 불일치를 이야기하고 아리스토텔레스는 이런 불일치를 수습할 수 있는 시적인 플롯을 이야기한다. 리쾨르는 이 둘 사이의 관계를 통해 서사 이론을 만든다.

리쾨르는 이 서사 이론의 핵심인 아리스토텔레스적 구성을 "이질적 요소들의 종합"으로 정의한다.[160] 여기에서 종합에는 두 가지 의미가 있다. 첫째는 "다중적 사건 또는 사고와 통일되고 완전한 이야기 사이의 종합"으로서 이런 관점에서 플롯은 "많은 사건을 **하나의 이야기로** 바꾼다."[161] 여기에서 사건은 플롯을 구성하는 하나의 요소로서 "서사의 시작과 끝뿐 아니라 서사의 진행에 기여하는 것"이다.[162] 그러나 리쾨르는 아리스토텔레스에게서 추출한 종합의 둘째 의미를 강조한다. "플롯은 둘째 관점에서의 종합이기도 하다. 그것은 의도하지 않은 상황, 발견, 행동하고 고통받는 자들, 우연적인 또는 계획된 만남, 갈등에서 협력에 이르기까지 다양한 행위자들의 상호작용, 목적에 잘 맞거나 맞지 않는 수단들, 그리고 의도하지 않은 결과들처럼 이질적인 구성요소들을 조직한다. 이 요인들을 하나의 이야기로 모으는 것은 플롯을 일치이자 불일치라고 말할 수 있는 총체로 만든다."[163] 종합은 단순히 사건들을 통일시키는 것이

---

159 위의 책, 31쪽.

160 Paul Ricoeur, "Life in Quest of Narrative", *On Paul Ricoeur : Narrative and Interpretation*, David Wood 편(London : Routledge, 1991), 21쪽.

161 위의 글, 21쪽.

162 위의 글, 21쪽.

아니라 이질적인 요소들을 하나로 묶는 것이다. 리쾨르는 불일치와 일치를 논하면서 서사가 불일치를 일치로 포괄하는 기능을 한다고 암시한다. 구성의 종합하는 행위에서 "우리는 이야기의 예기치 못한 양상들에 매료되기보다 이야기가 결론으로 이끄는 방식에 더 관심을 갖는다."[164]

리쾨르는 여기에 구성의 셋째 의미를 더한다. "구성은 심지어 더 심오한 의미에서의 이질적인 것들의 종합 즉 우리가 모든 서사적 창작compo-sition에 특수한 시간성의 특징으로 사용할 종합이다."[165] 이 특수한 시간성은 두 가지를 포함된다. 하나는 "개방되고 이론적으로 무한한 별개의 연속 즉 사건들의 연속"이고, 다른 한편으로 "이야기는 이야기가 특수한 구성을 받게 하는 통합, 절정, 종결의 특징을 지닌 또 다른 시간적 양상을 제시한다. 이런 의미에서 이야기를 구성하는 것은 시간적 관점에서 볼 때 연속에서 구성을 이끌어내는 것이다."[166] 이 두 가지 시간성은 연속과 지속duration으로 정리할 수 있다. "시간은 지나가고 흘러가는 것이자 다른 한편으로 지속하고 남는 것"이므로 "이야기의 시간적 정체성"은 "지나가고 흘러가는 것을 가로질러 지속하고 남는 어떤 것"으로 정의될 수 있다.[167] 리쾨르는 구성의 세 가지 요소 즉 사건들의 통일, 불일치에 대한 일치의 우위, 연속과 구성으로서의 시간성을 논하면서 "칸트에서 도식이 범주들의 창조적 중심을 지시하는 것과 같은 방식으로 구성이 서사의 창조적 중심"이라는 점을 강조한다.[168] 우드David Wood의 표현을

---

163 위의 글, 21쪽.

164 위의 글, 22쪽.

165 위의 글, 22쪽.

166 위의 글, 22쪽.

167 위의 글, 22쪽.

168 위의 글, 24쪽. 칸트의 『순수이성비판』에서 도식(schematism)은 감성이 받은 다양한 현상들을 종합하는 상상력과 이 현상들을 지성(understanding)의 범주들 즉 개념들 속

빌리면 "서사는 아포리아를 치유한다."[169]

9. 서사적 정체성

그렇다면 이런 서사 이론의 관점에서 트라우마와 서사의 관계를 어떻게 볼 수 있을까? 전술했듯이 리쾨르는 구성이 예술의 자율적 영역에 속하면서 동시에 현실을 지시하는 기능을 지닌다는 점을 강조한다. 리쾨르는 서사의 구성이 삶과 문학의 틈을 메울 수 있다고 주장한다. "건널 수 없는 간극이 픽션과 삶을 분리하는 것처럼 보인다. (…중략…) 창작composition, 구성configuration의 과정은 텍스트가 아닌 독자에게서 완성되고, 이런 조건에서 서사로 삶의 재구성을 가능하게 한다."[170] 서사와 삶은 여러 가지 면에서 불가피하게 연결되어 있다. 첫째, 서사가 삶에 기초한 것으로 이해할 수 있는 근거는 아리스토텔레스가 말한 "인간 행동과 고통의 구조 자체"에 있고, 둘째, 인간 행위는 "이미 기호, 규칙, 규범으로 표현되므로" 문학적 서사로 쉽게 전치될 수 있으며, 셋째, "인간 경험의 전-서사적 특징"으로 인해 삶은 "서사를 추구하는 행위이자 열정"이다.[171] 삶은 "아직 말하지 않은 이야기들, 말해지길 요구하는 이야기들"이고 "서술하는 것은 우리의 '이야기에 얽힌 존재'에 이식된 이차적 과정"일 뿐이기에 "이야기하고, 따라가고 이해하는 것은 단순히 이 말하지

에 넣는 매개의 역할을 한다.

169　David Wood, "Introduction : Interpreting Narrative", *On Paul Ricoeur*, David Wood 편, 4쪽.

170　Paul Ricoeur, "Life in Quest of Narrative", 26쪽.

171　위의 글, 29쪽.

않은 이야기들의 연속이다."[172] 아리스토텔레스의 비극적 플롯이 삶에
도 유효한 것은 삶 자체가 일치와 불일치를 포함하는 시간적 경험이기
때문이다. 비극에서 발생하는 고통, 연민, 공포의 경험은 삶에도 존재한
다. 서사의 플롯은 삶과 문학, 역사와 픽션을 이어주는 매개체다.

삶은 사는 것이고 이야기는 말하는 것이라는 점은 맞다. 건널 수 없는 차이
가 존재하지만 이 차이는 우리가 우리 문화에서 받은 플롯들을 우리 자신에
게 적용하고 우리에게 소중한 인물들이 취한 상이한 역할들을 시도함으로써
부분적으로 없앨 수 있다. 따라서 우리 자아의 상상적 변형을 통해서 우리는
순전한 변화와 절대적 정체성 사이의 명백한 선택을 피할 수 있는 유일한 이
해인 우리 자신에 대한 서사적 이해를 얻으려 시도한다. 이 둘 사이에 서사적
정체성이 있다.[173]

리쾨르의 발언은 삶과 이야기 사이의 서사의 매개적 역할이 수행하
는 자아의 변화 가능성을 보여준다. 더 정확히 말해서 리쾨르는 삶을 이
야기하는 서사 행위를 통해서 주체가 서사적 정체성을 얻을 수 있다고
주장한다. 리쾨르는 "서사적 정체성"을 "인간존재가 서사 기능의 매개를
통해서 획득하는 종류의 정체성"으로 정의한다.[174] 삶과 이야기가 공유
하는 플롯을 통해 우리는 문화적으로 유통되고 경험하는 서사를 매개로
"우리 자신에 대한 서사적 이해"를 얻을 수 있다.

---

172 위의 글, 30쪽.
173 위의 글, 32~33쪽.
174 Paul Ricoeur, "Narrative Identity", David Wood 역, *On Paul Ricoeur*, David Wood 편,
     188쪽.

그러나 이런 서사적 정체성은 독자에게 한정되지 않는다. 오히려 서사적 정체성은 이야기하는 저자에게 더 큰 의미를 지닌다. "인간의 삶들은 사람들이 그 삶들에 대해 말하는 이야기들의 관점에서 해석될 때 더 쉽게 이해되지 않는가? (…중략…) 자서전의 인식론적 위상status은 이런 직관을 확인하는 것처럼 보인다. (…중략…) 자기 지식self-knowledge은 해석이다. 또한 자기 해석은 다른 기호들과 상징들 중 서사에서 특권적 매개를 발견한다."[175] 리쾨르는 정체성의 두 의미 즉 동일성라틴어 *idem*, sameness과 자기성라틴어 *ipse*, selfhood을 구분한다.[176] 동일성은 다르지 않고 같은 것을 의미하고 따라서 시간의 경과 속의 연속성을 지시한다. 이와 반대되는 것은 다름과 불연속의 개념이다. 연속과 불연속의 의미에서 고려해야 할 요소는 "시간을 통한 변화"이고 이런 관점에서 "시간 속의 영속성" 개념이 있다.[177] 여기에서 자기는 변하는가 아니면 영속적인가의 문제가 출현한다. 자기성과 동일성은 영속성의 문제에서 중첩된다. "정확히 한 지점 즉 시간 속의 영구성에서 자기와 동일성이 교차한다."[178] 무엇이 변하고 변하지 않는가? 리쾨르는 자기와 동일성의 관계에서 정체성 개념을 '무엇what'이 아닌 '누구who'의 문제로 접근한다.

리쾨르는 자기가 시간 속에서 지속하는 문제를 다루면서 귀속성ascription과 귀책성imputation을 구분한다. 어떤 행위에 행위자를 부여하는 것이 귀속성이라는 중립적인 개념과 달리 비난, 칭찬 등 행위자의 도덕적 성격을 부여하는 것은 귀책성이다.[179] 따라서 그는 "어떤 종류의 영구성

---

175 위의 글, 188쪽.
176 위의 글, 189쪽.
177 위의 글, 190쪽.
178 위의 글, 192쪽.
179 위의 글, 191쪽.

이 자기에 적절한가의 문제 즉 귀속성에 따라 성향들의 일정한 항상성 constancy으로 정의된 성격character으로 간주할 것인지 아니면 귀책성에 따라 자기의 약속을 지키는 형식으로 표현된 자기에 대한 충실성으로 볼 것인지의 문제"를 제기한다.[180] 리쾨르는 인간의 정체성을 다룰 때 이 두 종류의 영속성 개념이 혼재해 있으며 "서사적 정체성 개념이 개인 정체성의 아포리아에 대한 해결책을 제시한다"고 주장한다.[181] 그는 "시간을 통한 개인 정체성의 사실은 개인 정체성을 전제하지 않고 묘사될 수 있는 일정한 특수 사실들을 설명하는 것으로 이루어진다"고 주장하는 파핏Derek Parfit이 궁극적으로 개인 정체성을 "비개성적인 사건들"로 환원한다고 비판하며 "자기는 (…중략…) 단순히 사건들과 사실들의 범주에 속하지 않는다"고 주장한다.[182] 이 지점에서 자기와 동일성의 차이가 중요하다. 인간이 두뇌와 별개로 존재하지 않는다고 생각하는 파핏에게 인간은 "보충적 사실"에 불과하지만, 리쾨르에게 개인 정체성은 동일하게 지속하는 사실들과 구분되는 실존하는 자기 또는 하이데거의 현존재다. "오로지 현존재Dasein가 **나의 것**이고 보다 일반적으로 자기다. 모든 주어진 조종할 수 있는 사물들은 동일성-정체성의 의미에서 동일하다고 말할 수 있다."[183]

동일성과 구분되는 현존재로서의 자기는 시간을 통해 삶을 경험하므로 삶의 서사적 구성을 매개로 출현하는 자기다.

---

180 위의 글, 192쪽.

181 위의 글, 192쪽.

182 위의 글, 193쪽. 파핏의 원문은 Derek Parfit, *Reasons and Persons*, Oxford, Clarendon Press, 1984, 210쪽. 위의 글 192쪽에서 재인용.

183 위의 글, 192쪽.

　　서사는 인물character의 정체성을 창조하는 플롯에서 발견되는 역동적 정체성을 구축함으로써 인물의 지속적 속성들 즉 서사적 정체성이라 부를 수 있는 것을 구축한다. 그래서 영속과 변화 사이의 매개를, 이 매개를 인물로 옮기기 전에, 찾을 수 있는 것은 무엇보다도 플롯 안에서다. 이렇게 플롯을 통해 우회하는 것의 장점은 인물의 서사적 정체성을 구축할 수 있는 토대인 불일치의 일치라는 모델을 제공한다는 것이다. 인물의 서사적 정체성은 이야기 자체의 불일치적 일치에만 상응한다.[184]

　　인물의 정체성이 서사의 플롯과 상응하므로 "인물의 위기는 플롯의 정체성에서의 위기와 상관된다."[185] 예컨대 무질Robert Musil의 소설에서 "인물 정체성의 상실에 상응하는 서사 형식의 와해는 서사의 경계를 초과해서 이 문학작품을 에세이에 가깝게 만든다."[186] 인물과 플롯의 상관관계에 대한 논의에서 리쾨르가 주목하는 것은 자기와 동일성의 차이다. 무질과 다른 많은 현대 자서전에서 발견되는 인물 정체성의 상실은 엄격히 말해서 자기의 상실이 아닌 동일성으로서의 정체성의 상실이다. "오히려 주인공의 동일성-정체성 상실의 극단적인 경우에서도 우리는 자기성selfhood의 문제를 피할 수 없다. 비-주체는 주체의 범주와 관련해서 무nothing가 아니다. (…중략…) 나는 누구인가? 무 또는 거의 전적인 무가 답이다. 그러나 이는 단순히 적나라한 문제 자체로 환원된 **누구**라는 문제에 대한 대답이다."[187] 동일성으로서의 정체성이 소멸되어 무

184　위의 글, 195쪽.
185　위의 글, 195~196쪽.
186　위의 글, 196쪽.
187　위의 글, 196쪽.

가 되더라도 이 무 자체는 단순한 문제로 환원된 "누구"라는 질문에 대한 대답일 뿐 이 질문에 내포된 자기 또는 주체성의 소멸을 뜻하지 않는다. 따라서 '자기'*ipse*에 대한 질문은 '동일성'*idem*에 관한 대답으로 답할 수 없다. 즉 "나는 무다"라는 답은 **누구**라는 질문에 **무엇**이라는 대답이다."[188] 무라는 무엇은 '누구'라는 자기에 관한 질문에 답이 될 수 없다. '동일성'에 관한 답인 '무'라고 대답해도 소멸되지 않는 '자기' 즉 "정확히 동일성-정체성의 도움을 박탈당한 자기"가 남는다.[189]

리쾨르는 서사를 통한 자기 지식과 자기 해석을 경유해서 자신의 정체성을 재형성하는 과정이 아리스토텔레스의 정화 즉 카타르시스에 상응한다고 해석한다.

> 여기에서 나는 아리스토텔레스의 카타르시스라는 의미에서의 정화적 미덕이라 부른 것, 문학이 제공하는 사유의 실험들, 더 정확하게는 동일성-정체성의 소멸dissolution이라는 극단적 경우를 찾는다. (…중략…) '나는 무다'라는 문장은 역설적 형식을 유지하도록 허락되어야 한다. '무'는 '나'에게 귀책되지 않고서는 아무것도 의미하지 않는다. 내가 무라고 말할 때 '나'는 동일성의 도움이 박탈된 자기라는 것 이외에 무엇이란 말인가? 이런 영속성-정체성이 무가 되는 시련을 겪는 필연성이 우리 정체성과 관련해서 ― 두렵지는 않더라도 ― 극적인 많은 경험의 의미가 아닌가. (…중략…) 이 극단적인 노출의 순간에 텅 빈 응답은 그 질문을 공허한 것으로 선언하기는 커녕 그 질문으로 돌아가 그것을 질문으로 보존한다. 지울 수 없는 것은 나는 누가인가?라는 질문 자체다.[190]

---

188 위의 글, 198쪽.
189 위의 글, 198쪽.

서사의 불일치적 일치의 플롯에서 발생하는 가장 불일치적 경험은 자신이 소멸하는 무의 경험이다. 여기에서 서사적 정체성은 무로 환원된 자기동일적 정체성이 아니라 무의 경험을 통해서도 무로 환원될 수 없는 "나"라는 질문을 던지는 정체성이다. 리쾨르는 이 정체성이 카타르시스적인 정화의 효과를 지닌다고 암시한다. 정확히 어떤 점에서 그런가? 자신이 경험한 모든 불일치적 경험을 비웠다는 점에서 정화인가? 아니면 앞서 논한 것처럼 서사가 자기의 다양한 이질적이고 불일치적 요소들을 일치로 통합하도록 자신을 새롭게 해석할 힘을 지닌다는 것일까? 서사는 개인과 사회의 역사에서 가장 불일치적 요소인 트라우마를 (일치로) 통합할 수 있게 하는가? 리쾨르의 서사 이론은 이런 문제들에 대한 명쾌한 대답을 제공하기보다 이 문제들을 서사의 관점에서 다시 생각하게 하는 계기를 제공한다. 이런 점에서 서사는 트라우마라는 불일치적 요인으로 인해 극단적인 자기 소멸을 경험하는 생존자에게 허락된 자기 탈환과 재형성의 도구가 될 수 있지 않을까.

---

190 위의 글, 199쪽.

제8장

트라우마와 정동

1. 스피노자의 정동 이론

1장에서 논했듯이 프로이트는 외상적 신경증의 원인을 "사소한 신체적 상처가 아니라 경악의 정동"이라고 말하며 정동을 기억 / 표상과 더불어 트라우마의 핵심 요소로 설명한다.[1] 그는 전쟁신경증을 설명하면서도 트라우마의 메커니즘을 외부의 위협에 대한 방어보다 전쟁에서 경험한 경악과 불안 등의 감정적 요소라고 설명한다. 그가 "말하는 치료"를 설명하며 **"정동을 말로 옮겼을 때 개별 히스테리 증상이 즉각적이고 영구적으로 사라졌다"**고 말하듯이 트라우마의 치료에도 정동의 경험은 중요하다.[2] 그렇다면 정동의 속성은 무엇이고 트라우마 생존자들이 경험하는 정동의 특성과 종류는 무엇일까? 제1부에서 논한 정신분석과 신경과학뿐 아니라 정동 이론에서 정동은 어떻게 정의되는가? 이런 질문들을 검토하는 것은 트라우마 생존자의 감정적 고통의 문제를 논하는 출발점이 될 것이다. 이 장은 신경과학적 전회neuroscientific turn와 정동적 전회affective turn가 인간 감정에 대해 어떤 관점의 변화를 가져왔고, 이 변

---

1   Sigmund Freud, *Studies on Hysteria*, 5~6쪽.
2   위의 책, 6쪽.

화가 트라우마의 정동에 대한 논의에서 어떻게 나타나며, 정동 이론이 트라우마 희생자들이 경험하는 죄책감과 수치심의 논의에 어떤 영향을 미치는지를 살펴본다.

신경과학에서 트라우마의 기억은 감정과 밀접히 연관된다. 3장에서 보았듯이 신경과학자 르두는 "암묵적 공포가 조건형성된 기억"을 "감정적 기억"이라 부르며 "공포체계"를 "위험을 간파하고 가장 유익한 방식으로 위험한 상황에서 생존하는 가능성을 최대화하는 반응을 생산하는 체계"로 정의한다.[3] 공포체계는 위험에서 벗어나려는 생존체계라는 점에서 프로이트가 말하는 위험에 대한 방어체계와 상통한다. 그러나 프로이트가 트라우마의 무의식적 정신 메커니즘을 방출된 경악의 정동과 이 정동을 막으려는 과정으로 설명하는 반면, 신경과학은 공포체계를 비의식적인 신체적 차원으로 설명한다는 점에서 다르다. 신경과학은 인지가 작용하는 이차 감정과 달리 트라우마와 관계된 공포와 같은 생존과 관계된 일차 감정을 비의식적이고 신체적인 감정적 기억에 저장되는 것으로 보기 때문에 의식과 언어가 아닌 신체에 작용하는 치료를 연구한다.

정동 이론도 감정의 비신체적 비의식적 차원을 강조한다. 정동affect은 감정emotion, 느낌feeling, 분위기mood, 열정passion, 정서sentiment 등을 포함한다. 알티에리Charles Altieri는 정동을 느낌, 분위기, 감정, 열정을 아우르는 '포괄적 용어umbrella term'로 사용하면서 "한편으로 순수한 감각이 다른 한편으로 우리 신체에 어떤 시각적이거나 촉각적 영향을 주지 않는 사유들이 경계를 이루는 상태의 전 범위를 지시하는 수단을 제공한다"고 말한다.[4] 리티보이Andreea Ritivoi가 지적하듯이 이론가들에 따라 정동의 의미

---

3 Joseph LeDoux, *The Emotional Brain*, 182·128쪽.

4 Charles Altieri, *The Particulars of Rapture : An Aesthetics of the Affects*, Ithaca : Cornell UP,

는 변화하지만 폭넓은 의미에서 정동 이론은 주체 / 객체, 합리 / 비합리 등의 이분법을 지양하고, "인지 너머, 담론을 통해 도달하는 관념의 문지방 아래, 그리고 의미 밑을" 탐구하며, 탈구조주의의 특징인 언어적 전회 linguistic turn에 맞서 "경험의 틀을 짜는 데 있어서 신체의 역할을 이해하는 방향으로의 이동"을 보여주고, 문화를 "체현된 경험을 재현하는 장소로, 독자들의 신체적 삶에 깊은 영향을 주는 것"으로 이해한다.[5] 이렇듯 인지와 개념보다 신체적인 차원을 강조한다는 점에서 정동 이론은 신경과학의 발달과 밀접히 연관된다.

들뢰즈의 영향을 받은 정동 이론에서 정동의 정의는 스피노자의 철학에서 유래한다. 스피노자는 정동을 "신체의 행위능력을 증가시키거나 감소시키고, 촉진하거나 저해하는 신체의 변용affections과 이런 변용의 관념 idea"으로 정의하고 "우리가 이 변용 중 어떤 것들에 대한 타당한 원인일 때 정동을 행동action으로 이해하고, 그렇지 않을 때 정념passion으로 이해한다"고 말한다.[6] 신과 자연을 동일시하고 하나의 실체를 가정하는 스피노자의 일원론에서 신의 두 속성인 사유thought와 연장extension은 인간에게 정신과 신체로 표현된다. 따라서 정동은 순수히 신체적인 것뿐만 아니라 신체의 관념과도 관계된다. 무한하고 불변하며 완전한 신과 달리 신의 유한한 양태인 인간은 더 완전하거나 불완전한 상태로 바뀔 수 있다. 신체와 정신은 불가분의 관계에 있으므로 신체가 더 완전하거나 불완전하게 바뀐다면 정신 역시 더 완전하거나 불완전해진다. 따라서 "우리 신체

2003, 2쪽.

5   Andreea Deciu Ritivoi, "Affect", *The Routledge Companion to Literature and Trauma*, Colin Davis and Hanna Meretoja 공편, 142쪽.

6   Benedict de Spinoza, *Ethics*, Edwin Curley 역, London : Penguin, 1996, 70쪽.

의 행동 능력을 증가시키거나 감소시키고 촉진하거나 저해하는 어떤 것의 관념은 우리 정신의 사유 능력을 증가시키거나 감소시키고 촉진하거나 저해한다."[7] 그 결과 "정신은 타당하지 않은 관념을 많이 가질수록 정념에 종속되고, 타당한 관념을 많이 가질수록 더 능동적이 된다."[8]

이런 점에서 행동과 대조적인 개념인 정념은 수동성의 의미를 내포한다. 행동은 원인이 자신 내부에 있는 것이고 수동은 원인이 부분적으로만 자신 내부에 있어서 외재적 원인이 자신에게 작용하는 것이다. "우리가 타당한 원인인 어떤 것이 우리 안이나 밖에서 발생할 때 즉 명확하고 분명하게 우리 본성을 통해서만 이해될 수 있는, 우리 안이나 밖에 있는 어떤 것이 우리 본성에서 나올 때 나는 우리가 행동한다고 말한다. 반면 우리가 부분적인 원인에 불과한 어떤 것이 우리 안에서 발생하거나 우리 본성에서 나올 때 나는 우리가 작용을 받는다고 말한다."[9] 인간은 타당한 관념을 가지면 더 완전하고 능동적인 상태로, 타당하지 않은 관념을 가지면 더 불완전하고 수동적인 상태가 된다. 들뢰즈가 지적하듯이 정동은 신체와 정신에 똑같이 해당하고 어떤 상태라기보다 상태의 변화를 지시한다.

일반적으로 변용_{아펙티오, affectio}은 직접적으로 신체에 대해 말하는 것이고 정동_{아펙투스, affectus}은 정신을 지시한다고 말해진다. 그러나 진짜 차이는 여기에 있

---

7   위의 책, 76쪽.

8   위의 책, 71쪽.

9   위의 책, 70쪽. 내들러(Steven Nadler)가 말하듯 "수동적 정동 또는 정념은 그것의 타당한 원인이 개인 자신에게 있지 않고 부분적으로 외적인 사물들에 있는 개인 능력의 변화다. 정념은 개인이 겪거나 시달리는 힘의 변화다. 반면 능동적 정동은 그것의 타당한 원인이 전적으로 개인 자신에게 있는 개인 능력의 변화다." Steven Nadler, *Spinoza's Ethics : An Introduction*, Cambridge : Cambridge UP, 2006, 201~202쪽.

지 않다. 그것은 신체와 정신에게 똑같이 (외적 신체의 본성을 포함하는) 신체의 변용 및 관념과 (행동 능력의 증가와 감소를 포함하는) 정동 사이에 있다. 아펙티오는 변용된 신체의 상태를 지시하고 변용을 가하는 신체의 존재를 함축하며, 아펙투스는 한 상태에서 다른 상태로의 이동을 지시하고, 변용을 가하는 신체들이 이와 관련해서 겪는 변화도 설명한다.[10]

정동은 타당하거나 타당하지 않은 관념에 따라 더 능동적이거나 수동적으로 바뀌고 이 변화는 정신의 영역에서 발생하는 것이 아니라 관련된 신체의 변화를 반영한다. 스피노자는 더 완전하고 더 불완전해지는 정동을 각각 기쁨과 슬픔으로 정의한다. "정신은 더 큰 변화를 겪을 수 있고 때로는 더 큰 완전으로 때로는 더 작은 완전으로 이동한다. 실제로 이 정념들은 기쁨과 슬픔의 정동을 우리에게 설명해준다. 나는 정신이 더 큰 완전으로 이동하는 정념을 기쁨joy으로 이해하고, 더 작은 완전으로 이동하는 정념을 슬픔sadness으로 이해한다. 나는 정신과 신체에 동시에 관련된 기쁨의 정동을 즐거움pleasure 또는 유쾌함cheerfulness이라 부르고, 슬픔의 정동을 고통pain 또는 멜랑콜리melancholy라 부른다."[11]

스피노자는 여러 가지 감정을 기쁨과 슬픔 두 기본 정동의 변형으로 설명한다. 예컨대 "사랑은 외적 원인의 관념이 동반된 기쁨일 뿐이고, 증오는 외적 요인의 관념이 동반된 슬픔이다."[12] 희망hope, 공포fear, 자신감confidence, 절망despair, 반가움gladness, 회한remorse도 기쁨과 슬픔과 관련된 이차적 감정이다. 스피노자는 욕망, 기쁨, 슬픔을 가장 기본적인 정동으로

10　Gilles Deleuze, *Spinoza : Practical Philosophy*, Robert Hurley 역, San Francisco : City Lights Books, 1988, 49쪽.
11　Benedict de Spinoza, *Ethics*, 76~77쪽.
12　위의 책, 78쪽.

제시하고 "이 셋 이외에 다른 원초적 정동은 인정하지 않는다"고 선언한다.[13] 이처럼 스피노자에게 모든 감정은 욕망, 기쁨, 슬픔의 원초적 정동에서 파생된 것이고, 기쁨과 슬픔이 원초적 정동인 이유는 인간이 더 완전한 상태로 되는가 아니면 더 불완전한 상태로 되는가의 척도가 되기 때문이다. 이런 관점에서 트라우마의 감정은 더 불완전한 상태가 되는 슬픔과 슬픔의 파생적 정동에 해당할 것이고, 반대로 트라우마를 치유하는 과정은 더 완전한 상태가 되는 기쁨과 기쁨의 파생적 정동을 요구할 것이다. 이런 변화는 어떻게 가능한 것일까? 스피노자는 "정동은 억제될 정동과 반대되는 더 강한 정동에 의해서가 아니면 억제되거나 제거될 수 없다"고 말한다.[14] 이 발언은 트라우마의 감정을 더 강한 긍정적 감정으로 통제하거나 제거하는 감정 치료의 철학적 토대가 될 수 있다.

스피노자는 『에티카』 5부 「인간의 자유에 관하여」에서 인간이 어떻게 정념과 정동의 지배에서 해방될 수 있는가를 논한다. 이 논의에서 우리는 트라우마 감정을 해소하는 방식에 대한 암시를 얻을 수 있다. "정념인 정동은 우리가 그것에 대해 명석 판명한 관념을 갖자마자 정념이기를 그친다. 정념인 정동은 혼돈된 관념이다. 따라서 우리가 그 정동 자체에 대한 명석 판명한 관념을 가지면 이 관념은 정신에만 관계되는 한 이성에 의해 정동 자체로부터 구분될 것이다."[15] 내들러가 지적하듯이 스피노자는 여기에서 "정동에 대한 관념을 어떤 외적 원인에서도 완전히 분리할 것을 권고하는 것처럼 보일 수 있다. (…중략…) 그러나 스피노

13　위의 책, 77쪽. 이외에도 기쁨과 슬픔의 이차적 감정은 연민, 분노, 시기심, 자만심 등 다양하며, 여기에 욕망이 더해져 복합적으로 발생하는 정동은 더 다양하다. 정동의 종류와 성격에 대한 스피노자의 설명에 관해서는 위의 책, 78~113쪽을 볼 것.

14　위의 책, 120쪽.

15　위의 책, 163쪽.

자는 정동을 어느 하나의 외적 원인에 관한 관념에서 분리해서 사물들의 더 큰 인과관계의 계획안에서 그것을 보아야 한다고 말하는 것으로 보인다."[16] 따라서 정동에 대해 명확한 인식을 형성할 수 있을 때 정동의 지배에서 벗어날 수 있다는 인식은 궁극적으로 사물과 사건의 총체적인 인과관계에 대한 명확한 인식에서 나온다. 5부 정리 6에서 스피노자는 "정신이 모든 사물을 필연적이라고 이해하는 한 정동들에 더 큰 힘을 갖고 그것들의 영향을 적게 받는다"고 말한다.[17] 즉 모든 사물이 "필연적이고 무한한 인과관계에 의해 존재하고 결과를 낳는다"는 사실을 이해하면 "이 사물들에서 발생하는 정동들의 영향을 더 적게 받는다."[18]

신이 아닌 한 사물 또는 사건의 인과관계를 완벽히 파악할 수도 없으므로 정동의 지배에서 완전히 벗어날 수는 없다. 그러나 정동에 대한 수동적 예속에서 벗어나기 위해서는 사물의 인과관계에 대한 인식을 넓히는 것이 필요하다. 이는 트라우마의 감정을 초래한 사건에 대한 객관적인 인과관계에 대한 더 타당한 관념뿐 아니라 자신의 삶에서 이 사건이 어떻게 발생하고 어떤 상처를 남기며 어떤 영향을 미치는가에 대한 보다 명확한 인식을 가질 때 이 감정을 치유할 수 있음을 암시한다. 외상적 사건과 이 사건이 초래한 트라우마의 감정을 자신 삶의 서사의 맥락에서 파악할 때 트라우마의 감정은 치유될 가능성이 있다.

그러나 정동의 지배에서 벗어나는 것은 단지 타당한 관념을 갖는 정신적인 문제만은 아니다. 스피노자에게 정신과 신체가 불가분 연결되어 있고 정동은 신체와 정신에 공통으로 작용하므로 정동의 변화는 신체에 대

---

16   Steven Nadler, *Spinoza's Ethics*, 250~251쪽.

17   Benedict de Spinoza, *Ethics*, 165쪽.

18   위의 책, 165쪽.

한 정신적인 관념의 변화를 통해서뿐 아니라 신체의 변화를 통해서도 가능하다. 따라서 정동의 변화는 정신에 의한 하향식 치료로도 신체에 의한 상향적 치료로도 가능하다. 3장에서 보았듯이 신경과학적 치료는 정신이 아닌 신체에 작용해서 트라우마의 감정을 다스리고 치료하는 다양한 방법을 탐구한다. 다마지오는 "정동은 억제될 정동과 반대되는 더 강한 정동에 의해서가 아니면 억제되거나 제거될 수 없다"는 스피노자의 명제에 주목하면서 "스피노자는 우리가 이성과 지적 노력으로 가능해진 더 강하고 긍정적인 감정으로 부정적인 감정과 싸울 것을 권했다. 이 생각의 핵심은 정념의 억제가 순수 이성이 아니라 이성이 유도한 감정에 의해 성취될 것이라는 개념이다"라고 주장한다.[19] 이런 점에서 스피노자의 정동 이론은 신경과학적인 트라우마 감정 치료의 토대를 제공한다.

2. 신경과학과 감정 다마지오와 스피노자, 감정과 느낌

이렇듯 정신과 신체의 유기적 관계를 설명하려는 신경과학자 다마지오는 일원론자인 스피노자를 자신의 과학적 이론의 철학적 근거로 제시한다. 그는 스피노자가 급진적 종교 사상가, 정치사상가 및 과학적 사실과 개념을 사용한 철학자였을 뿐 아니라 감정의 신체적 메커니즘에 대한 신경과학 이론을 이미 예견하는 '원생생물학자protobiologist'였다고 평가한다.[20] 그는 코나투스 개념을 스피노자의 신경과학적 통찰력을 보여주는 대표적인 개념으로 논한다. 스피노자에 따르면 모든 사물은 자신

---

19 Antonia Damasio, *Looking for Spinoza*, 12쪽.
20 위의 책, 14쪽.

의 존재를 보존하려는 선천적 경향이 있다.

> 단일 사물들은 신의 속성들이 일정하게 결정된 방식으로 표현되는 양태다. 즉 그 사물들은 신이 존재하고 활동하는 힘을 일정하게 결정된 방식으로 표현한다. 어떤 사물도 자신을 파괴하거나 자신의 존재를 제거하는 것을 자체 내에 지니지 않는다. 반대로 그 사물은 자신의 존재를 제거할 수 있는 모든 것에 대항한다. 그러므로 그 사물은 할 수 있는 한 그리고 그 자체로 존재하는 한 자신의 존재 안에서 존속하려 한다. 각 사물이 자신의 존재 안에서 존속하려 애쓰는 코나투스는 그 사물의 실제적 본질 외에 아무것도 아니다.[21]

유기체가 자기를 보존하려는 선천적인 경향인 코나투스는 다마지오가 자신의 신경과학 이론에서 가장 중요하게 적용하는 개념이다. 이 개념은 정동의 논의와 어떻게 연결되는 것일까? 그는 코나투스를 신경과학적으로 "내적 또는 환경적 조건과 결부되면 생존과 복지를 추구하는 두뇌 회로 속에 장착된 성향들의 종합"으로 정의한다.[22] 다마지오에게 코나투스는 유기체가 생존을 위해 선천적으로 작동하는 신체적 항상성homeostasis 메커니즘의 일부다. 이 점은 다마지오가 프로이트의 자기보존욕동 이론이 스피노자의 코나투스 개념에 빚지고 있다는 것을 설명하는 데서 분명히 드러난다. "프로이트의 체계는 스피노자가 코나투스에

21　Benedict de Spinoza, *Ethics*, 75쪽. 코나투스는 힘, 노력, 경향 등으로 다양하게 번역된다. 필자가 인용하는 영역본에서는 "striving"으로 영역되어 있다. 이 용어의 번역은 "*conatus*"로 표기한 셜리(Samuel Shirley)의 번역을 따른다. Baruch Spinoza, *Ethics, Treatise on the Emendation of the Intellect and Selected Letters*, Samuel Shirley 역, Indianapolis : Hackett Publishing Company, 1992, 108쪽.

22　Antonia Damasio, *Looking for Spinoza*, 36쪽.

서 제시한 자기보존 기구를 요구하고, 자기보존 행동들이 비의식적으로 행사된다는 생각을 많이 사용한다."[23] 프로이트의 초기 이론에서 인간은 자기보존 욕동self-preservative drive 또는 자아 욕동(ego drive)과 성적 욕동sexual drive을 선천적으로 지닌다.[24] 성적 욕동이 사랑과 관계된다면 자기보존 욕동은 배고픔 즉 생명 유지와 관련된다. 다마지오는 프로이트와 스피노자를 연결하면서 생존을 위한 자기보존 행위 즉 코나투스가 "비의식적으로 행사된다"고 말하며 이 능력의 신체적 속성을 강조한다.

　다마지오에게 감정 역시 근본적으로 신체적인 것이다. 3장에서 보았듯이 신경과학에서 감정과 느낌은 생존을 위한 유기체의 선천적 욕동과 본능이 작동하는 신경회로의 일부다. 신경과학자인 다마지오는 정신과 신체의 유기적인 상호작용을 논하면서도 정신이 아닌 신체를 인간 사유와 행동의 궁극적 원인으로 본다. "정신은 신체를 위해 존재하고 신체의 다양한 사건들의 이야기를 하는 데 종사하며, 유기체의 생명을 최적화하기 위해 그 이야기를 사용한다. 나는 (…중략…) 내 견해의 요약으로 한 문장을 제시하고자 한다. 뇌의 신체가 제공한, 신체적 성격을 지닌 정신은 신체 전부의 하인이다."[25] 다마지오는 이런 주장이 정신과 신체의 관계에 대한 자신의 이론에 오해를 불러일으킬 수 있는 여지가 있다고 전제하면서도 궁극적으로 정신이 신체의 하인이라고 선언한다.

23　위의 책, 260쪽.

24　프로이트는 「나르시시즘 서론」에서 리비도가 대상을 향하기 전 원래 자아를 향하므로 성적 욕동의 속성으로 이해했던 리비도가 자아 욕동에도 적용될 수 있다는 것을 발견한다. 또한 그는 『쾌락원칙을 넘어서』에서 죽음 욕동을 발견하면서 자기보존 욕동과 성적 욕동을 생명 욕동(life drive)으로 통합하고 삶의 과정을 생명 욕동인 에로스와 죽음 욕동인 타나토스의 갈등으로 설명한다. 욕동 이론의 변화에 대한 프로이트의 요약적 설명은 Sigmund Freud, *Beyond the Pleasure Principle*, 60~61쪽, 각주 1번을 참조할 것.

25　Antonia Damasio, *Looking for Spinoza*, 206쪽.

이런 주장은 감정이 어떻게 인간의 의사결정에 참여하는가를 보여주는 신체표지자 가설에서도 나타난다. 이 가설은 인간의 행위가 정신에 의해 지배된다는 전통적 개념을 탈피해 신체에서 비롯된 감정이 인간의 판단에 결정적인 역할을 담당한다는 점을 보여준다. 다마지오에 따르면 어떤 상황에서 인간이 행동을 결정하는 과정에는 미래의 결과에 대한 예측과 여러 행동의 선택을 고려하는 이성적인 판단을 거치는 경로뿐 아니라 이성적 판단을 우회해 과거의 감정적 경험에 기초해서 직접 결정하는 경로도 있다.[26] 예컨대 "그만둬Do not"라는 직감으로 어떤 행동을 멈추는 것은 신체 회로body-loop를 거쳐 내려지는 감정적 결정이다. 다마지오에 따르면 감정적 신호는 "결정하는 공간을 좁히고 행동이 과거 경험에 부합할 확률을 늘리는 긍정적이거나 부정적인 신호를 가진 선택과 결과를 표지한다. 이 신호가 어떻게든 신체와 관련되기 때문에 나는 이런 생각들을 '신체표지자 가설'로 부르기 시작했다."[27] 이렇게 감정은 정신적 판단을 도울 뿐 아니라 단독으로 인간의 행위를 결정하는 근원이 될 수 있다.

다마지오의 신체 우선적 시각은 감정과 느낌을 구분하는 데서도 나타난다. 그는 셰익스피어의 『리처드 2세Richard II』 4막 1장에서 권력을 잃고 투옥이 임박한 왕이 거울에 비친 자신의 얼굴에 드러난 "비탄의 겉모습"이 "보이지 않는 슬픔의 그림자"에 지나지 않는다고 말한 것을 분석하며 감정과 느낌의 관계를 논한다.[28] 다마지오는 리처드 왕의 몇 마디 대사

---

26 위의 책, 149쪽의 도표를 참조할 것.

27 위의 책, 148쪽.

28 위의 책, 27쪽. 셰익스피어 원문에서 이 발언은 슬픔의 그림자가 리처드 얼굴의 그림자를 파괴했다는 볼링브로크(Bolingbroke)의 말에 대한 응답으로 제시된다. "Say that again. / The Shadow of my sorrow? Ha, let's see. / 'Tis very true. My grief lies all within; / And these external manners of laments / are merely shadows to the unseen grief / That swells with silence in the tortured soul. / There lies the substance. (*Richard II*,

에 우리가 감정과 느낌이라 부르는 "정동의 독특한 과정"이 드러난다고 말한다.[29] 여기에서 얼굴 표면에 겉으로 드러난 비탄은 감정이고 그 표면 밑에 숨겨진 슬픔은 느낌이다. "감정은 신체의 무대에서 발생한다. 느낌은 정신의 무대에서 발생한다."[30] 그런데 리처드 왕의 발언은 "느낌들이 먼저 발생하고 이후에 감정에서 표현된다는 견해"를 보여주기 때문에 정동의 과정에 대한 오해를 불러일으킬 수 있다.[31] 사실 이 관계는 역전되어 있고 "대부분 감정의 겉모습의 그림자인 것은 느낌들"이다.[32] 감정이 느낌에 선행하는 이유는 진화 과정에서 감정이 먼저 생기고 느낌이 후에 발생했기 때문이다. "감정들은 유기체의 생존을 쉽게 촉진하는 단순한 반응들로부터 만들어져서 진화에서 쉽게 지배할 수 있었다."[33] 생명체의 생명 유지를 위해 자동으로 작동하는 항상성체계에서도 느낌은 감정 위에 존재한다.[34]

다마지오는 감정을 배경 감정, 원초적(기본) 감정, 사회적 감정으로 구분하고 "공포, 분노, 혐오, 놀람, 슬픔, 행복"을 원초적 감정으로 제시한다.[35] 그는 감정의 발생이 자동적이고 신체적이고 비의식적이며 궁극적

4:1, 305~310). 다시 말해보게나 / 내 슬픔의 그림자? 아 한 번 보지 / 맞네. 내 슬픔은 안에 있네. 이 비탄의 겉모습은 / 고문당하는 영혼 속에서 침묵으로 부어오른 / 보이지 않는 슬픔의 그림자일 뿐이네. / 거기에 실체가 있네. (필자 번역)

29 위의 책, 27쪽.

30 위의 책, 28쪽.

31 위의 책, 29쪽.

32 위의 책, 29쪽.

33 위의 책, 30쪽.

34 "자동적 항상성 조절"은 밑으로부터 "면역반응, 반사작용, 신진대사"에서 시작해서 "고통과 쾌락 행동", "욕동과 동기"를 거쳐 "본래 감정(emotions-proper)"과 최종적으로 항상성 조절의 정신적 표현으로서 느낌이 존재한다. 위의 책 32·37쪽의 도표들을 볼 것.

35 사회적 감정은 생명 조절 과정과 원초적 감정에서 유래한 일종의 파생 감정이다. 사회적 감정으로는 "동정심(sympathy), 당혹감(embarrassment), 수치심, 죄책감, 질투심

으로 생존과 복지를 위한 것임을 입증하기 위해서 자극에 대한 화학적 신경적 반응으로 원초적 감정이 발생하는 과정을 설명한다. 예컨대 파킨슨병을 앓고 있는 환자의 뇌 일정 부위에 전극을 삽입해서 전류를 통하게 하는 실험은 전기자극이 환자가 슬픔을 느끼고 울게 만들며 전류를 차단하자 슬픔의 반응이 사라지는 것을 보여준다. 더구나 이 환자는 실험 전에 어떤 슬픈 생각도 하지 않았기에 이 실험은 슬픈 생각이라는 정신적 요소와 무관하게 감정이 발생한다는 것을 입증한다. 웃음 유발에 관한 다른 실험은 슬픔 이외에 다른 감정도 정신과 독립적으로 발생한다는 것을 보여준다.

다마지오가 흔히 유사한 것으로 여기는 감정과 느낌을 구분하는 이유는 느낌이 신체에서 발생하는 감정을 정신적으로 표상하는 기능을 담당하는 것으로 보기 때문이다. "느낌의 본질적 내용은 특수한 신체 상태의 지도 제작이다. 느낌의 기질은 신체 상태의 지도를 그리는 신경 패턴 세트이고 여기에서 신체 상태의 정신적 이미지가 출현한다. 느낌은 본질적으로 관념 — 신체의 관념 특히 일정한 상황에서의 신체의 일정한 양상, 신체 내부의 관념이다."[36] 느낌의 존재 이유는 가변적인 신체 상태의 정신적 지도를 만드는 것이다. 감정이 선행하고 느낌은 뒤에 발생하지만 "느낌은 감정과 감정 밑에 있는 것의 정신적 차원의 표현이기 때문에 필요하다."[37] 다마지오에게 감정과 느낌은 궁극적으로 선천적으로 타고나거나 후천적으로 체득된 생존 메커니즘의 일부다. 그는 감정이 신체의

(jealousy), 선망(envy), 고마움(gratitude), 감탄(admiration), 분개(indignation), 경멸(contempt)"이 있다. 위의 책, 44~45쪽.

36 위의 책, 88쪽.

37 위의 책, 178쪽.

무대에서, 느낌이 정신의 무대에서 발생한다고 구분하지만 결국 느낌은 신체의 신경 지도를 그리는 역할을 담당하는 생명 유지 기능의 일부다.

다마지오는 몇 가지 실험을 증거로 감정과 느낌을 관련된 두뇌 부위의 활성화로 설명할 수 있다고 주장한다. 그는 행복, 슬픔, 공포, 분노를 느낄 때 두뇌의 활성화 패턴을 연구하기 위해 실험대상자들에게 각자 삶에서 이 네 가지 감정을 동반하는 에피소드를 회상하고 이 감정들을 재경험하도록 모든 이미저리를 동원하라고 요구한다. 이 실험은 피험자들이 이 감정들을 느끼면 손을 움직여 신호를 보내게 하고 이 신호를 받으면 두뇌 활동을 측정한다. 실험 결과 측정되는 두뇌 부위 — 대상회 피질, 뇌섬엽과 SII의 체성감각 피질, 뇌간 피개의 핵 — 가 모두 활성화되거나 비활성화되는 것이 관찰된다. 예컨대 슬픈 느낌은 "전전두엽 피질의 비활성화"를, 이와 반대로 행복의 느낌은 같은 부위의 활성화를 보여준다.[38] 이는 "느끼는 과정에서 신체 상태의 지도 제작이 크게 수정되었다는 것"을 보여준다.[39] 이 실험은 또한 "**피부 전도도의 변화가 느낌이 느껴졌다는 신호에 항상 앞섰다**"는 사실도 보여준다. "다시 말해서 전기 모니터는 명백히 피험자가 경험이 시작되었다는 것을 지시하려고 손을 움직이기 **전**에 감정의 중요한 활동을 기록했다."[40] 따라서 다마지오는 이 실험에서 "감정 상태가 먼저 오고 느낌은 나중에 온다"는 결론을 도출한다.[41] 후에 논하겠지만 마수미Brian Massumi 역시 피부 전도가 인간의 인지보다 앞선다는 실험에 기초해서 다마지오처럼 감정의 신체적 성격을 주

---

38   위의 책, 101쪽.
39   위의 책, 100쪽.
40   위의 책, 101쪽.
41   위의 책, 101쪽.

장한다. 다마지오는 이런 실험을 통해 감정이 느낌에 선행하며 더 신체적이라고 주장하면서도 둘 다 신체에서 비롯된다는 사실을 강조한다. 감정과 느낌은 궁극적으로 신체적이고 "생물학적 설명"이 가능하다.[42]

3. 정동 이론과 신체 톰킨스와 마수미

세지윅Eve Kosofsky Sedgwick 등의 정동 이론가들에게 큰 영향을 미친 톰킨스에게도 정동은 생득적인 신경체계와 후천적으로 발달한 신경체계로 정의된다. 톰킨스 이론의 특징은 프로이트의 욕동이론을 비판하고 욕동과 정동을 혼동하는 문제점을 지적하며 정동의 가변성과 다양성을 강조한다는 점이다. 그가 "정동체계는 인간존재의 원초적 동기를 제공한다"고 말하듯이 인간을 행동하게 하는 근본적 추동력은 욕동이 아니라 정동이다.[43] 톰킨스에게 인간존재는 자신이 원하는 것을 찾아 만족시키려는 목적과 동기를 지닌 동기체계와 이 동기를 갖고 외부 환경에 반응하는 피드백체계를 갖춘 신경체계다. 이 신경체계와 메시지를 의식적인 리포트로 바꾸는 변환 메커니즘transmuting mechanism의 합을 중앙 장치cental assembly라 부른다.[44] 인간은 또한 선천적인 신경 프로그램 이외에 위험

42　위의 책, 95쪽.

43　Silvan Tomkins, *Shame and Its Sisters : A Silvan Tomkins Reader*, Eve Kosofsky and Adam Frank 공편, Durham : Duke UP, 1995, 36쪽.

44　이처럼 톰킨스에게 인간존재는 순수히 감각적인 신경체계가 아니라 의식을 포함한다. "중앙 장치라는 용어는 의식을 포함하는 메커니즘을 지시한다. 신경체계의 메시지들은 의식적이 될 수도 있고 아닐 수도 있다. 만일 의식적이 되면 우리는 그것들을 리포트들(reports)이라 부르고, 메시지를 리포트로 변환하는 다시 말해서 의식적 형식으로 바꾸는 메커니즘을 변환 메커니즘으로 부른다." 또한 톰킨스에게 인간은 이성,

감수, 실수, 성취에 기초한 더 복잡한 프로그램을 획득할 수 있다.[45] 중앙 장치는 어떤 목적과 목적을 이루려는 시도 그리고 목적이 현실에 얼마나 근접한가에 대한 리포트가 있을 때 피드백 시스템에 작용한다. 아이가 고통과 배고픔을 멈추기 위해 어떤 행동(예컨대 울음)이 필요한가에 대한 인식과 정동적 반응의 통제(울거나 울음을 멈추는 등)를 획득하기 전에는 인간의 정동체계는 피드백체계로부터 독립해 있다. 인간은 자신의 정동을 쉽게 통제하지 못한다.

톰킨스에게 정동과 욕동의 가장 큰 차이는 정동의 자유와 다양성이다. "정동체계의 구조에 내재한 기본 자유는 중앙 장치의 다양한 구성요소와 결합할 수 있는 자유의 결과다. (…중략…) 개인이 태양 아래 어떤 것에 대해서도 강하게 또는 약하게, 잠시 또는 일생 느낄 수 있고 그런 동기로 자신을 통제할 수 있는 능력이 그의 본질적 자유를 구성한다."[46] 성적 욕구와 배고픔 등 선택과 자유의 여지가 없는 욕동과 달리 정동은 대상을 바꿀 수 있고, 대상에 투자하는 정도와 시간을 바꿀 수 있으며 투자를 청산하고 대체 투자를 찾을 수도 있다. 정동은 대상에서 자유롭다. "대상에 대한 정동체계의 기본적 자유"가 존재하고 "욕동에 의해 활성화된 정동들은 대상의 범위가 제한되지만, 생각을 통한 정동과 대상의 연결은 긍정적 부정적 느낌의 대상의 범위를 크게 확장한다."[47] 정동과 대상의 관계가 유동적이기 때문에 같은 대상에 대해 즐거움과 흥분의 정동을 투자할 수도 반대로 공포와 수치심의 정동을 투자할 수도 있고, 고

정동, 열정의 복합체다. 위의 책, 37쪽.

45 톰킨스는 개인이 성취하려는 목적이 완성된 어떤 청사진을 이미지(Image)라 부르고 이 이미지는 "다양한 감각적, 정동적 그리고 기억 이미져리와 이것들의 조합 또는 변화로 구성된다"고 말한다. 위의 책, 44쪽.

46 위의 책, 45~46쪽.

통에 긍정적 정동을 투자하고 즐거움에 부정적 정동을 투자할 수도 있다. 그래서 인간은 "죽음을 사랑하고 삶을 증오할 수 있다."[48]

톰킨스는 프로이트가 유기체의 생물학적 동기를 욕동과 동일시한 결과 정동의 차원을 간과했다고 비판하면서도 이드[id] 개념에는 정동적 요소가 존재하기 때문에 프로이트의 이드 이론이 흥미롭다고 지적한다. 예컨대 프로이트는 "동기를 개념화하면서 욕동의 절박성, 생득성, 시간 주장의 속성들을 이드에 부여했고 동시에 이드에 정동체계의 더 자유롭고 유연한 속성들"을 일부 부여한 결과 이드는 자기주장과 요구가 강하지만 때로는 리비도 "투자를 청산하고 (…중략…) 심지어 더 유익한 기회가 생길 때까지 투자를 연기하는" 정동적 유연성을 갖고 있다.[49] 프로이트의 욕동이론에 혼재되어있는 "정동체계의 더 자유롭고 유연한 속성들"은 인간이 타고난 생득적 불변성을 넘어서 외부 대상과의 관계에서 다양한 방식으로 발달할 수 있는 감정체계를 지니고 있다는 것을 드러낸다.[50] 항상성 메커니즘으로 작용하는 신체 내부에 관계하는 욕동체계가 변화가 작은 반면 외적 환경과의 관계에서 발생하는 정동체계는 더 가변적이고 다양하다.

톰킨스는 원초적 욕동의 성격에 대해서는 일반적인 의견이 일치가 있으나 원초적 정동에 대해서는 그렇지 않다고 말하면서 여덟 개의 원초적 정동을 제시한다. 톰킨스의 원초적 정동은 ① 관심-흥분[Interest-Excite-]

---

47   위의 책, 54쪽.

48   위의 책, 54쪽.

49   위의 책, 49쪽.

50   이런 점에서 프로이트의 승화 개념은 정동적 성격이 가장 크다. 음식, 공기, 음료를 통해서만 만족될 수 있는 다른 욕동들과 달리 성적인 목적을 비성적인 목적으로 바꾸어 다른 대상에 리비도를 투자할 수 있는 (예컨대 성적 에너지를 예술 창작의 에너지로 승화하는) 성적 욕동은 "정동적 요소가 가장 큰 역할을 하는 욕동"이다. 위의 책, 60쪽.

ment, ② 즐거움-기쁨Enjoyment-Joy, ③ 놀람-소스라침surprise-startle, ④ 디스트레스-비통Distress-Anguish, ⑤ 공포-테러Fear-Terror, ⑥ 수치심-굴욕감Shame-Humiliation, ⑦ 경멸-혐오Contempt- Disgust, ⑧ 분노-격노Anger-Rage이다. 정동의 다양성과 가변성 및 후천적 발달 가능성을 강조하면서도 생득적인 원초적 정동의 존재를 주장한다는 점에서 톰킨스는 원초적 감정의 존재를 가정하는 다마지오와 유사하다. 이런 점에서 톰킨스의 정동 이론은 본질주의라는 비판을 받을 수 있다.

그러나 톰킨스를 옹호하는 관점에서 이런 비판은 오히려 정동의 다양성을 부정하고 하나의 정동 범주로 환원하는 경향으로 비판받을 수 있다. 예컨대 세지윅과 프랭크Adam Frank에 따르면 "(…중략…) 반본질주의와 반본성주의antinaturalism 중심으로 구성된 '이론'은 다른 정동들 사이의 질적 차이의 희생을 엄중히 요구할 것이다. 현재 반본질주의의 위생학은 디지털식으로 켜고 끄는 재현의 (기계와 잘못 동일시된) 모델에 철저히 집착하는데 의존하는 것으로 보인다. 그것들이 '이론화되는' 한, 정동들은 정동이 **되어야** 한다. (…중략…) 본질은 이 무한히 다양한 질적 차이들의 아날로그식 가능성에서 원초적 물질이나 에너지의 분화되지 않은 흐름이 (무한히) **켜지거나 꺼지는** 어떤 원초적 장소로 전치된다."[51] 오히려 하나의 물질적 에너지로서의 정동을 가정하는 것 자체가 본질주의와 본성주의라는 비판을 받을 여지가 있다. 여덟 개의 원초적 정동을 가정하면서도 이 정동들이 다른 정동, 대상, 조건에 따라 변할 수 있다는 톰킨스의 주장은 정동의 숫자가 무한하다는 주장과도 배치된다. 예컨대 감정이 생각하는 인간의 능동적 인지 능력에 의해 결정된다는 구성주의

---

51   Eve Kosofsky Sedgwick and Adam Frank, "Shame in the Cybernetic Fold : Reading Silvan Tomkins", Silvan Tomkins, *Shame and Its Sisters*, 17~18쪽.

적 주장은 우리 감정의 "각성의 원재료가 충분히 문화화된 인지 능력에 의해 무한히 가단성 있다malleable"고 전제한다.[52] 세지윅과 프랭그의 관점에서 톰킨스의 정동 이론은 생물학주의 / 본성주의와 구성주의의 혐의를 모두 벗어난다.

스피노자와 들뢰즈의 영향을 받은 마수미는 TV 프로그램 사이에 방영된 짧은 장면에 대한 신체 반응 실험을 통해 정동의 성격을 논한다. 이 실험은 한 남자가 만든 눈사람이 녹자 산으로 옮긴 후 작별하고 떠나는 장면의 세 판본을 피부에 전기장치를 한 9세 아이들에게 보여준 후 반응을 관찰한다. 첫째는 보이스오버가 없는 장면이고, 둘째는 장면에 등장하는 행동을 단계적으로 이야기하는 목소리를 첨가한 것이며, 마지막 셋째 판본은 여기에 또 중요한 장면의 감정을 표현하는 단어를 추가한다. 이 실험에서 목소리가 삽입된 둘째 판본이 가장 큰 자극(심장박동과 깊은 호흡)을 유발하면서도 가장 적은 인상을 남기고, 셋째 판본은 아이들이 가장 잘 기억하지만, 가장 큰 피부 반응을 일으키는 것은 목소리가 삽입되지 않고 이미지만 방영된 첫째 판본이다. 마수미에 따르면 전류 피부 반응은 '자율적 반응autonomic reaction'이므로 이 실험은 '이미지 수용에서 정동적인 것의 우위'를 입증한다.[53]

이 실험에서 특이한 점은 아이들의 감정적 반응을 측정하는 데 사용한 '행복-슬픔'과 '쾌감-불쾌'의 두 척도에서 더 슬플수록 더 쾌감이 높은 것으로 나타났다는 점 즉 슬픈 내용과 쾌감의 강도가 일치하지 않았다는 점이다. 그 이유는 정동이 질quality과 무관한 순전히 양적인 강도intensity이기 때문이다. 아이들이 노출된 이미지의 효과와 내용 사이에

---

52   위의 글, 19쪽.

53   Brian Massumi, "The Autonomy of Affect", *Cultural Critique*, No.31, 1995, 84쪽.

는 간극이 존재한다. 이미지의 내용은 이미지의 질을 나타내지만 "이미지 효과의 세기 또는 지속은 그 이미지의 강도"를 지시한다.[54] 이 강도는 "의미론적이나 기호학적으로 질서화되어 있지 않다."[55] 즉 그것은 순전히 양적인 것이므로 의미 / 질과 무관하다. 강도는 신체 표면인 피부에 가장 직접적으로 나타나는 순전히 자동적인 반응에서 드러나고, 신체 심부의 반응은 자동적이긴 하지만 내용 / 질의 차원을 포함한다. 마수미가 "정동을 강도와 동일시"하므로 정동은 순전히 강도이고 위 실험에서 아이들의 피부 반응은 정동의 강도를 가장 잘 보여주는 지표다.[56] 정동과 달리 감정은 의미의 차원을 지닌다. 정동과 감정의 차이는 양과 질의 차이로 설명할 수 있다.

감정과 정동은 — 정동이 강도라면 — 다른 논리를 따르고 다른 질서에 속한다. 감정은 주관적 내용이고 경험의 질을 사회언어학적으로 고정한 것이며, 이렇게 고정된 이후 개인적인 것으로 정의된다. 감정은 질이 부여된qualified 강도이고, 강도가 의미론적, 기호학적으로 형성된 진행 속에, 서사화할 수 있는 행동-반응 회로 속에, 기능과 의미 속에 삽입되는 관례적이고 합의된 지점이다. 그것은 소유되고 인식된 강도다. 정동과 감정의 차이를 이론화하는 것은 중요하다. 정동이 약해졌다는 인상을 받는다면 그것은 정동에 질이 없기 때문이다.

---

54 위의 글, 84~85쪽.

55 위의 글, 85쪽.

56 위의 글, 88쪽. 레이스는 마수미가 첫째 "사실적" 판본에 대한 반응으로 심박수가 빨라지고 호흡이 깊어지는 것과 피부 저항성이 낮아지는 것을 모순으로 파악하지만, "감소된 피부저항성 — 즉 증가된 피부전도도 — 와 증가된 심장과 폐 반응은 보통 감정-인지 활성화의 증가와 연결"되므로 이 둘은 모순되지 않는다는 스텀(Hertha Sturm)과 그루패치(Marianne Grewe-Patsch)의 연구를 바탕으로 마수미의 해석에 이의를 제기한다. Ruth Leys, "The Turn to Affect : A Critique", *Critical Inquiry* Vol.37, No.3, 2011, 448쪽.

그 자체로 정동은 소유하거나 인식할 수 없고 따라서 비판에 저항적이다.[57]

마수미는 스피노자를 "정동과 감정의 본성 차이"와 "환원할 수 없게 신체적이고 자동적인 정동의 본성"을 밝혀준 철학적 선구자로 언급한다.[58] 마수미도 다마지오처럼 스피노자의 철학이 정신이 아닌 신체를 우선시했다는 점을 강조한다. 예컨대 그는 스피노자의 정동의 정의 ─ "신체의 변용(다시 말해서 신체에 대한 침범)과 동시에 그 변용의 관념" ─ 에서 "문제의 관념은 의식적이 아닐 뿐 아니라 애초에 '정신'mind 안에 있지 않

---

57 Brian Massumi, "The Autonomy of Affect", 88쪽. 감정을 질로, 정동을 양으로 볼 수 없다. 마수미는 「정동의 자율성」이 수록된 책 『가상계(*Parables for the Virtual*)』 발간 20주년 기념판 새 서문에서 강도를 주장하는 과정적 사유(process thinking)가 속도, 생산, 소비 중심의 신자유주의와 공모하고 있다는 비판에 대해 "강도는 양의 문제가 아니다. 그것은 더 많은 것 또는 더 빠른 전치에 관한 것이 아니다. 그것은 질적인 문제다"라고 말한다. Brian Massumi *Parables for the Virtual : Movement, Affect, Sensation*, Durham : Duke UP, 2021, 2021, xix쪽. 그는 이 문제가 "표현을 기다리며 결정되기 위해 결정되는 삶의 경향성에 관계하는 문제"라고 말하는데 이는 정동 / 강도가 일정한 구체적인 질을 지닌 즉 한정된 형식(감정)으로 출현 / 결정 / 표현되기 이전의 잠재력을 지닌 (추상적) 상태이고 이런 형식적 출현 / 표현 이후에도 계속해서 다른 형식으로 결정되고 표현될 수 있는 잠재력을 지닌다는 것을 의미한다(위의 책, 88쪽). 마수미는 자신이 "질"이라는 용어의 의미를 명확히 사용하지 않았다고 시인하며 다음과 같이 말한다. "감정은 '질이 부여된' 정동이라고 말한다. '질'이라는 개념은 여기에서 출현의 영역에 속하는 '질적-관계적'인 것보다 좁은 다른 의미에서 사용되었다. 『가상계』에서 '질'이라는 단어는 때로 사물의 속성처럼 '속성'의 동의어로 (고백하건대 혼동스럽게) 사용된다. 이는 정동이 경험적으로 **구성되어**(constituted) 나타나는 차원을 지시한다. 감정은 형성된 정동이다. 그것은 적어도 서사적 대상과 의미의 지시대상이 되는 정도에서는 사물화된(thingified) 정동이다. 감정은 형성된 내용으로 변형된 정동의 과정이다. 정동의 자율성은 이 봉쇄(containment)를 벗어나려는 ─ 그다음 결정적 표현을 위해 준비하면서 출현 영역이 다시 잠재력을 갖도록 피드백할 수 있는 잠재력의 초과를 남기려는 ─ 과정적 경향성이다." 위의 책, xxx~xxxi쪽. 이 책의 제목 "가상계"는 국역본(브라이언 마수미, 『가상계 ─ 운동, 정동, 감각의 아쌍블라주』, 조성훈 역, 갈무리, 2011)의 제목을 따랐다.

58 Brian Massumi, "The Autonomy of Affect", 88~89쪽.

다"고 해석한다.[59]

샤우즈Eric Shouse는 다마지오와 마수미를 포함한 이론가들의 입장을 참
조하여 "느낌은 **개인적**personal이고 **전기적**이며, 감정은 **사회적**이고, 정동
은 **전개인적** prepersonal"이라고 구분한다.[60] 좀 더 구체적으로 말하면 "느낌
은 이전 경험과 대조해서 명명된 감각이다. 그것은 각 개인이 자신의 느
낌을 해석하고 명명할 때 참조할 분명한 이전 감각의 합을 지니고 있기
때문에 개인적이고 전기적이다. (…중략…) 감정은 느낌의 투사 / 전시
다. 느낌과 달리 감정은 진솔하거나 꾸민 것일 수 있다. (…중략…) 정동
은 강도의 비의식적 경험이다. 그것은 미형성되고 비구조화된 잠재성의
순간이다. 세 용어 중 (…중략…) 정동은 언어에서 충분히 실현될 수 없
고 항상 의식 이전이나 의식 밖에 있기 때문에 세 용어 중 정동이 가장
추상적이다."[61] 이렇듯 신경과학자 다마지오, 심리학자 톰킨스, 철학자
마수미가 사용하는 정동, 감정, 느낌의 정의는 조금씩 다르지만 비의식
적이고 신체적인 감정 / 정동을 강조한다는 점에서는 공통된다. 레이스
에 따르면 선천적 감정의 존재에 대한 톰킨스나 다마지오의 견해는 "정

---

59 위의 글, 92쪽.

60 Eric Shouse, "Feeling, Emotion, Affect", *M/C Journal*, Vol. 8, No. 6, 2005, https://journal.
media-culture.org.au/mcjournal/article/view/2443

61 위의 글. 세이그워스(Gregory Seigworth)와 그렉(Melissa Gregg)은 정동 이론의 다양
한 갈래를 논하면서도 스피노자와 들뢰즈 및 마수미의 철학적 전통이 정의하는 힘과
강도로서의 정동 개념을 제시한다. "가장 인간화되었을 때 정동은 우리를 운동으로
추동하고, 사유와 연장으로 추동하는데 봉사할 수 있고, 또 마찬가지로 거의 기록하기
어려운 힘-관계의 증가를 가로질러 (마치 중립적으로) 우리를 중단시키고, 또는 심지
어 통제하기 어려운 세계가 우리를 압도하게 할 수 있는 그 힘들 — 의식적 지식 밑, 옆
그리고 일반적으로 의식적 지식과 **다른** — 감정을 넘어 지속하는 활력에 우리가 부여
하는 이름이다." Gregory J. Seigworth and Melissa Gregg, "An Inventory of Shimmers",
The Affect Theory Reader, Melissa Gregg and Gregory J. Seigworth 공편, Durham : Duke
UP, 2010, 1쪽.

동에 관한 스피노자와 들뢰즈 관념을 옹호하는 마수미와 같은 작가들의 견해와 양립하지 않는다"고 암시하는 듯하지만 사실은 "들뢰즈의 영감을 받은 비언어적 신체적 '강도'로서의 정동의 정의가 톰킨스-에크만 패러다임과 양립하는 것으로 드러난다"고 지적한다.[62] 따라서 정동적 전회는 인식과 의미에서 비의식적 신체로의 전회를 뜻한다.

4. (트라우마) 정동의 물질성과 사회성

비의식적이고 신체적인 정동 / 감정의 논의와 트라우마는 어떤 관계가 있을까? 이 시점에서 트라우마 희생자가 경험하는 감정적 고통이 비의식적이고 신체적인 것인지, 신경과학과 정동 이론이 주장하는 정동의 신체적 특성이 트라우마의 감정적 경험을 밝히는데 어떻게 공헌하는지 물을 필요가 있다. 트라우마의 기억이 비언어적인 감정적 기억으로 저장된다는 신경과학의 발견은 트라우마 환자의 감정적 고통이 의식을 벗어난 신체적 경험이라는 인식을 가져온다. 2장에서 자네가 제시한 이사벨라의 사례에서 환자는 원인을 모른 채 "끔찍하게 갉아먹는 회한같은 짐이 마음을 누르고 있다"고 호소한다. 자네는 회한의 원인을 환자의 죽은 어머니가 생시에 질책하던 사건이 잠재의식 속에 고착된 표상에서 찾아내면서 "문제는 더 이상 어떤 행위가 아닌 느낌, 그녀가 회한이라고 해석하는 어떤 일반적 감정적 상태다. 그녀는 이 감정을 결정하는 고착된 표상을 이해하고 표현할 능력이 없다"고 말한다. 이 회한은 트라우마

---

62   Ruth Leys, "The Turn to Affect : A Critique", 442쪽.

감정의 비의식적 속성을 드러낸다. 신경과학적 용어로 말하면 트라우마의 기억이 감정적 기억으로 비의식적으로 새겨져 환자는 원인을 인지하지 못하는 감정적 고통을 겪는다.

자네가 잠재의식으로 명명한 트라우마 기억고착된 표상의 장소는 신경과학적 정동 이론에서는 비의식적인 신체다. 1장에서 논했듯이 루이스가 설명하는 모방적 트라우마 이론은 자아가 대상에 홀린 듯 몰입되어 자아의 해체와 파괴를 유발하는 모방적 동일시를 트라우마의 원인으로 본다. 클러프Patricia Clough는 루이스의 설명을 정동 이론의 관점에서 다시 해석한다.

> 트라우마는 기억에 대한 효과, 주체가 과거를 불러오거나 그것의 진리를 말할 수 없는 무능력의 관점에서 논의되어왔다. 트라우마의 효과에 관한 다양한 논쟁에 대해 말하며 루스 레이스는 트라우마가 기억이 없는 망각이어서 외상적 효과는 그 자체로 경험하지 않은 것을 대신하는 증상이라고 주장했다. 경험된 것의 억압이 있다고 말할 수 없다. 억압이 없으므로 타자에 투사하거나 전치할 가능성도 없다. 대신 트라우마는 자아로 후퇴한다. 자아는 자아를 고착시키는 대상이나 사건에 의해 점령된다. 자아는 홀린 상태, 레이스가 자아가 "대상에 홀려 몰입되는 것", 대상이나 사건에 "매료된 관심"이라고 말한 상태에 빠진다. 자아는 매혹의 대상이나 사건과 합병되어 있으므로 자아, 대상과 구분될 수 있는 자아는 분명히 없다고 말할 수 있다. 트라우마는 자아가 기억에 함몰되는 것이다. 그러나 기억은 무의식적 기억이 아니라 의식이 없는 기억 따라서 체화된 기억, 신체 기억 또는 세포 기억으로 더 잘 이해될 수 있다. 기억하거나 기억의 진실에 대해 확신하는 어려움의 표면화로서 신체는 기억하는, 유령화된 신체적ghosted-bodily 물질이 된다.[63]

트라우마 환자의 기억상실은 망각이고, 이는 자아가 대상 또는 사건에 완전히 몰입된 상태를 뜻한다. 클러프에 따르면 이 상태는 외상적 사건이 무의식에 억압되어 의식이 기억하지 못하는 것이 아니라 자아가 사건이 온전히 기록된 신체 기억에 매몰되어 의식적으로 사건의 기억을 소환할 수 없는 상태다. 이 신체는 "기억하는, 유령화된 신체적 물질"이므로 의식이 모르게 출몰해서 환자를 괴롭히는 반복이 지속된다.

그러나 클러프는 반복강박이라는 프로이트의 정신분석적 해석과 트라우마 이론이 가정하는 유기체로서의 신체 개념을 넘어서는 새로운 신체에 대한 해석의 필요성을 제기한다. 유기체로서의 신체는 근본적으로 환경과 분리되어 항상성을 유지하려는 자율적 개체다. 이와 반대로 클러프는 들뢰즈의 기계적 배치^{machinic assemblage}로서의 탈개인적 또는 전개인적 신체 개념에 기초해서 "트라우마 주체를 신체 기억과 전개인적인 정동적 능력의 배치와 같은 것"으로 다시 고려할 것을 주장한다.[64] 이런 신체 개념은 자연과 기술의 경계를 와해한다. 클러프는 피어슨^{Keith Ansell Pearson}의 들뢰즈 해석을 논하며 "들뢰즈의 생물 철학은 유기체를 정보에 개방적인 것으로 재고해야 한다고 암시하며 여기에서 정보는 준안정성의 탈평형적 조건 아래에 있는 개방적 체계의 복잡성에서 나오는 사건이나 우연 발생으로 이해된다"고 말한다.[65] 이런 시각은 "유기체와 비유기체의 대립뿐 아니라 유기체와 환경의 대립"도 파괴한다.[66]

이런 관점에서 트라우마는 프로이트가 개별 유기체의 관점에서 정의

---

63   Patricia Ticineto Clough, "Introduction", *The Affective Turn : Theorizing the Social*, Paricia Ticineto Clough and Jean Halley 공편, Durham : Duke UP, 2007, 6~7쪽.

64   위의 글, 9쪽.

65   위의 글, 12쪽.

66   위의 글, 12쪽.

한 과도한 자극이 보호막을 파괴한 상처라는 의미를 넘는 사회적 차원을 지니게 된다. 특히 클러프는 20세기 후반 자본주의 사회가 훈육사회에서 통제사회로 변모함에 따라 자본주의가 "전개인적 신체 능력 또는 정동성"에 미치는 파괴력의 관점에서 트라우마를 해석한다.[67] 통제사회를 만드는 "이런 정치적 경제적 문화적 변화는 자본주의 축적에서 정동 또는 전개인적 신체 능력의 영역 즉 삶 자체로의 이동을 압박한다. (…중략…) 전개인적 신체 능력이 이익 실현을 위한 자본투자의 장소가 된다."[68] 통제사회는 푸코의 생명정치를 연장하고 확대한다. "통제는 푸코가 생명정치라고 부른 것의 연장이고 여기에서 초점은 개인의 신체보다 종적species 신체와 인구정치를 도입하는 개별 신체들의 종합적 효과의 규칙성이다. 통제는 신체의 분자적 차원에서 물질의 정보적 기질에서 작용하는 생명권력이다."[69] 파괴되는 것은 개인의 신체라기보다 전개인적 신체적 능력이고 정동이다. 골드버그Greg Goldberg와 윌스Craig Willse는 이런 관점에서 참전용사의 트라우마를 분석한다. 참전용사들의 파편적 이야기들을 연결하는 과정은 "어떻게 트라우마가 개인을 초과하는 생물학적 물질을 조직하는지"에 대해 관심을 기울이고 부상병들을 "능력들의 배치"로 여기게 한다.[70] 따라서 이들은 "군인의 신체를 온전했다가 파괴되고 다시 복구되는 것"으로 여기지 않고 "그 신체가 삽입된 기술과학과 자본의 네크워크를 전도하는conduct 물질 / 에너지 흐름의 일시적 구성"으로 여기는 "대안적 트라우마 이론"을 제시한다.[71]

---

67 위의 글, 18쪽.

68 위의 글, 20~21쪽.

69 위의 글, 19쪽.

70 Greg Goldberg and Craig Willse, "Losses and Returns : The Soldier in Trauma", *The Affective Turn*, Paricia Ticineto Clough and Jean Halley 공편, 266쪽.

프로이트의 트라우마 이론에서 외상적 사건의 과도한 외적 에너지(또는 자극)는 유기체의 보호막을 파괴해 항상성을 교란하고, 유기체가 구속하지 못한 과도한 자극은 무의식에 저장되었다가 외상적 신경증의 증상으로 나타난다. 골드버그와 윌스는 이런 관점이 "신체를 증기 기관처럼 조절되고 압도되며 전적으로 기능이 중단될 수 있는 능력과 에너지의 체계적 조직"으로 보는 "열역학적 모델"에 기초한다고 해석한다.[72] 자본주의 발달과 더불어 발달한 훈육 메커니즘은 이런 열역학적 신체 개념과 조응한다. 그러나 푸코가 분석하는 훈육 메커니즘은 총체로서의 신체뿐 아니라 여러 동작과 신체 부분에 작용한다. 따라서 푸코는 군대의 훈육 방식이 "신체-무기, 신체-도구, 신체-기계 복합체"를 만들어낸다고 말하며, 이런 점에서 골드버그와 윌스는 군인이라는 용어 대신 "군사적 기술과학적 개입의 일시적이고 기술적인 구성물"이라는 의미에서 '군인-신체soldier-body'라는 용어를 제시한다.[73] 이 군인-신체는 부상을 당하기 전 "온전하지도 않고 전적으로 그의 것도" 아니며 "부상에 앞서고 실제로 유기체 자체에 앞서는 완성 과정에 부단히 참여하고" 고유의 속성을 지닌 것이 아니라 "에너지와 자본의 네트워크"의 일부다.[74] 이 생명권력은 미시적으로 신체의 부분과 동작을 훈육하는 '훈육의 해부-정치anatomo-politics'뿐 아니라 통계와 보험 등 인구 전체를 통제하는 거시적 차원에서도 작동한다.[75]

생명정치의 관점에서 트라우마는 더 이상 상실과 파괴의 계기가 아니

---

71   위의 글, 266쪽.
72   위의 글, 270쪽.
73   위의 글, 272쪽.
74   위의 글, 274~275쪽.
75   위의 글, 276쪽.

다. 오히려 생명정치는 "신체를 구속하고 파편화하는 트라우마의 모델에서 벗어나 기술 발전 가능성의 조건으로서의 트라우마의 이해를 향한다."[76] 이런 주장은 서구 역사에서 권력이 성을 억압했다는 억압 가설을 비판하고 오히려 권력은 성에 관한 담론을 계속 만들어내게 했다는 생산 가설을 주장한 푸코의 정신을 계승하는 듯 보인다. 물론 골드버그와 윌스는 트라우마의 생산성을 무비판적으로 주장하지 않는다. 이들은 "트라우마의 신체가 자신을 제약되고 분열된 것으로 경험한다"는 사실을 인정하고 "외상적인 전쟁 경험의 자기-서사"를 간과할 의도도 없다.[77] 그러나 이들의 관심은 트라우마를 경험하는 주체와 신체를 넘어선 생명정치의 사회적 네트워크로 향한다. 이들은 "생명정치적 트라우마 밑에서 우리는 더 이상 온전히 회복될 수 있는 유기적 신체를 볼 수 없고 대신 트라우마에 대한 노출과 트라우마로부터의 안전의 불균등한 분배 및 이 분배 밑에 있는 폭력의 방향과 강도를 탐구할 것"을 제안한다.[78] 이들에게 트라우마의 진원지는 개인의 신체에 우연히 가해진 외적인 충격이 아니라 전개인적 신체 능력을 정밀하게 통제하고 훈육하는 생명권력의 네트워크다.

감정이 개인에 속하지 않고 사회적이라는 관점은 스피노자와 들뢰즈의 철학 그리고 톰킨스의 심리학에 영향을 받은 정동이론 밖에서도 찾아볼 수 있다. 예컨대 아메드Sarah Ahmed는 "감정의 사회성"을 주장하면서 "느낌들이 주체나 대상에 있지 않고 순환의 효과로 생산되는 정동적 경제의 분석"을 제시한다.[79] 아메드는 주체가 감정을 소유하는 것이 아니

---

76   위의 글, 281쪽.
77   위의 글, 282쪽.
78   위의 글, 282쪽.

라고 주장하며 오히려 감정이 사회적 관계에서 주체에게 행하는 능동성과 사회성을 강조한다. "그래서 감정들은 단순히 '나' 또는 '우리'가 갖는 것이 아니다. 오히려 감정을 통해서 또는 우리가 어떻게 대상과 타자에 반응하는가를 통해서 표면과 경계가 만들어진다. '나'와 '우리'는 타자와의 접촉에 의해 형성되고 심지어 이 접촉의 형태를 지닌다."[80] 프로이트, 마르크스 그리고 특히 "어떻게 감정이 종속의 조건 자체에 우리를 유착하게 만들 수 있는지에 관심을 기울인 페미니스트와 퀴어 학자들"을 참조하는 아메드는 "감정의 심리화와 사유화에 대한 비판뿐 아니라 감정적 강도를 무시하는 사회구조 모델의 비판"을 제시하고자 한다.[81] 감정을 개인이 아닌 사회와 정치의 차원에서 분석하고 비판한다는 점에서 아메드의 연구는 클러프와 골드버그 / 윌스의 연구와 상통한다.

5. 트라우마 정동(감정)의 일상성

감정의 사회성과 정치성에 대한 관심은 재난적 사건에 초점을 맞추는 트라우마 연구에 대한 비판을 가져왔다. 1장에서 언급했듯이 허먼은 프로이트가 유혹이론과 외상이론을 환상이론으로 대체하면서 성폭력과 가정폭력의 현실과 폭력의 희생자들이 겪는 정신적 상처를 간과했다고 비판하고, 러셀은 가정에서 근친상간 희생자의 상처를 "비밀의 트라우마"라 부르며 아이의 성적 욕망을 강조하는 프로이트의 오이디푸스

---

79   Sara Ahmed, *The Cultural Politics of Emotion*, Edinburgh : Edinburgh UP, 2014, 8쪽.

80   위의 책, 10쪽.

81   위의 책, 12쪽.

콤플렉스 이론이 어른 성범죄의 성적 충동을 아이들에게 투사하게 만든다고 비판했다. 브라운Laura Brown은『정신질환의 진단 및 통계편람』이 외상 후 스트레스 장애 환자를 "인간 경험 범위 밖의 사건을 경험한" 사람으로 규정하고 성폭력을 포함해서 일상생활에서 빈번히 발생하는 폭력의 희생자를 트라우마의 영역에서 배제해온 역사를 비판적으로 검토하며 트라우마를 개인이 아닌 사회구조의 차원에서 연구할 필요성을 제기한다.[82] 기존 트라우마 연구에서 비밀의 트라우마 또는 잠행성insidious 트라우마는 재난적인 사건의 충격으로 발생한 소위 "실제"real 트라우마와 대조되어 배격된다. 브라운이 은밀한 잠행성 트라우마에 주목하는 것은 남성중심적 지배 이데올로기와 이 이데올로기의 사회구조적 토대에 대한 페미니즘의 비판에서 비롯된다. "'실제' 트라우마는 흔히 지배집단이 트라우마의 가해자나 병인病因, etiology으로서가 아니라 희생자로 참여할 수 있는 형태의 트라우마뿐이다. 페미니스트 분석가가 관심을 기울이는 사적이고, 비밀의, 잠행성 트라우마는 지배 문화 및 그 형식과 제도가 표현되고 영속화되는 사건들이다."[83] 이런 관점에서 일상생활의 표면 밑에서 은밀히 지속적으로 가해지는 상처에 관심을 갖는 것은 곧 은밀하게 그런 상처를 가하는 사회구조에 대한 비판적 안목을 요구한다.

이런 관심은 재난적 사건에 의한 트라우마를 무시하는 것이 아니라 상대적으로 도외시되어왔던 소규모의 일상적 상처를 트라우마 연구에 포함하려는 시도다. 스베트코비치Ann Cvetkovich도 페미니즘과 퀴어이론의 관점에서 트라우마와 정동의 관계를 연구하면서 트라우마(의 치료)를 진

---

82 Laura S. Brown, "Not Outside the Range : One Feminist Perspective on Psychic Trauma", *Trauma : Explorations in Memory*, Cathy Caruth 편, 100쪽.
83 위의 글, 102쪽.

료실이나 상담실의 사적인 공간을 넘어선 공적인 영역으로 이동시키고자 한다. 그녀에 따르면 "트라우마 문화는 치료작업을 실제로 수행"하고 그녀의 책은 "사유화된 정동적 반응이 집단적이거나 정치적인 반응을 대치하는 모델이라기보다 이런 구분의 와해를 제안해서 정동적 삶이 공적인 삶에 스며드는 것을 보일 수 있게 한다."[84] 트라우마 문화가 치료작업을 수행한다는 스베트코비치의 주장은 정동의 생산성에 관한 골드버그와 윌스의 주장과 상통하는 면이 없지 않다. 스베트코비치는 트라우마 문화의 창조성을 강조하며 "어떻게 트라우마가 저항적 공영역counterpublic spheres을 비우기보다 창조하는 근원이 될 수 있는가" 특히 "어떻게 제도화된 또는 안정된 정체성과 정치의 형식 밖에 있는 정동적 경험이 공적 문화의 토대를 형성할 수 있는가"를 탐구한다.[85]

트라우마를 사회 문화적 담론의 차원에서 1차 세계대전, 홀로코스트, 베트남 전쟁 및 성폭력과 이민, 퀴어 행동주의를 포함한 구체적인 역사적 사건들의 정신적 결과로 다루는 스베트코비치는 트라우마에 대한 임상적 의학적 접근을 경계한다. 그녀는 "자본주의 삶을 묘사하는 정동적 언어의 일부"로서 트라우마에 접근하기 때문에 개인적 사건과 반응보다 "집단적 반응을 생산하는 집단적 경험으로서의 트라우마"에 관심을 기울인다.[86] 이런 점에서 로라 브라운과 마찬가지로 그녀의 관심은 재난적 사건보다 자본주의의 구조가 초래하는 일상적 고통으로 향한다. 그러나 그녀는 극단적이고 재난적인 트라우마를 배제하기보다 "트라우마가 일

---

84   Ann Cvetkovich, *An Archive of Feelings : Trauma, Sexuality, and Lesbian Public Cultures*, Durham : Duke UP, 2003, 10쪽.
85   위의 책, 15・17쪽.
86   위의 책, 19쪽.

상의 차원을 파고드는 방식에 그리고 대규모 사건과 경험의 지속적인 물질적 세부 사항 사이의 비교불가능성"에 관심을 기울인다.[87]

예컨대 그녀는 크론Lisa Kron의 연극 『2.5분 타기2.5 Minute Ride 』가 아우슈비츠 수용소에서 부모를 잃은 아버지와 함께 아우슈비츠 수용소를 방문하는 이야기와 롤러코스터를 타기 좋아하는 아버지가 오하이오 놀이공원을 방문하는 이야기를 병치함으로써 트라우마의 일상성, 홀로코스트의 문화적 순환으로 인한 감상주의적 변질의 위험성, 홀로코스트와 일상의 비교불가능성 등을 환기한다고 분석한다. 이렇게 "극단적 트라우마의 순간들을 종종 트라우마의 효과가 여전히 느껴지는 유일한 기호인 일상적 감정적 고통의 순간과 나란히 놓고자 하는" 스베트코비치의 시도는 자본주의를 이론과 구조가 아닌 '감정 경험felt experience'으로 접근하는 '감각적sensational' 마르크스주의에 대한 관심으로 이어진다.[88] 여기에서 트라우마는 자본주의 체제와 개인의 경험, 일상과 극단적 사건을 매개한다. 트라우마는 자본주의 체제의 폭력이 감각적인 경험의 차원에서 드러나는 매개체다. 트라우마의 감정적 경험이 없다면 자본주의 체제의 폭력은 추상적인 권력의 형태로만 인지될 수 있다.

감각의 역사에 대한 마르크스주의적 접근 안에서 트라우마는 더 넓은 체계적 문제의 기호나 증상으로, 추상적인 사회체계가 실제로 느껴지거나 감지되는 순간으로 이해될 수 있다. 그러나 외상적 경험과 그 여파는 과도한 감정이나 과다각성뿐 아니라 느낌의 부재 또는 무감각으로 특징지어질 수도 있다. 더구나 자본주의에서 삶의 느낌은 지각변동적이거나 정확한 사건에서만큼

---

87   위의 책, 20쪽.
88   위의 책, 3·43쪽.

일상생활의 따분한 드라마에서도 나타날 수 있다. 트라우마는 사회체계의 정동적 삶의 이해를 위한 진입점 역할을 할 때 강렬한 감각과 무감각, 일상과 극단적 상황 모두에 기거한다. (…중략…) 에버리 고든Avery Gordon의 출몰haunting 개념처럼 트라우마는 매개의 형식이다. (…중략…) 체계적 폭력을 일상적으로 경험하는 것의 정동적 성격은 때로는 트라우마로만 나타날 수 있다. 더구나 외상적 사건은 맥락화 없이는 불문명한 의미를 지닌 증상으로 기능할 수 있다. 따라서 트라우마와 사회적 폭력체계의 매개화된 관계는 트라우마를 액면 그대로 취급하지 않는 분석양식을 요구한다.[89]

스베트코비치가 트라우마에 대한 문화적 접근을 시도하면서 일상적 고통과 사회적 재난을 동격으로 대하는 이유는 정동이 사적 공간과 공적 공간의 경계를 허물기 때문이다. 사건에서 구조로 관심을 이동하면 트라우마는 평범한 삶에서 경험하는 폭력의 일상성을 포괄하게 되고 개인의 정신적 고통의 차원을 넘어서는 사회구조적 문제로 트라우마의 인식을 확장하게 한다.

벌랜트Lauren Berlant도 재난적 사건에서 일상적인 감정적 고통의 경험으로 트라우마 연구의 초점을 이동시킨다. 따라서 벌랜트의 관심은 재난적 충격이 아니라 보통 사람들이 일상생활에서 겪는 '난관impasse'이고 "지속적 위기와 상실"이다.[90] 벌랜트는 "사람들이 살아가는 양식을 가지려고 새롭게 확산하는 압력에 적응하기 위한 기술을 발달시키는 위기에 의해 형성되는 난관으로서의 일상" 즉 자본주의에 의해 "와해되는 압도적 일상"에 주목하며 '위기의 일상crisis ordinary'을 탐구한다.[91] 이런 시각은 재난

---

89 위의 책, 43~44쪽.

90 Lauren Berlant, *Cruel Optimism*, Durham : Duke UP, 2011, 4~5쪽.

적이고 예외적인 사건을 일상을 파괴하는 것으로 보는 전통적 관점에서 벗어나 재난과 일상적 위기 사이의 연속적인 스펙트럼을 설정한다.

비평이론과 대중 사회 일반에서 "트라우마"는 지난 80년 동안 (…중략…) 어떤 지속적이고 특별하지 않은 일상생활을 파괴한 예외적 장면으로 역사적 현재를 기술하는 주요 장르가 되었다. 이 책은 사람들이 상상하는 좋은 삶에 대한 위협에 직면해서 지속되는 삶의 비일관성을 살아내는 곳인 많은 역사가 수렴하는 지대로서의 일상에 관해 생각한다. 재난적 힘은 이 지대에서 형성되고 우리가 사는 역사 속에서 사건들이 된다. 그러나 트라우마 이론은 관례적으로 예외적 충격, 기억의 데이터 상실 및 재난의 경험에 초점을 맞춘다. (…중략…) 외상적 사건은 단순히 트라우마를 초래하는 능력을 지닌 사건이다. 내 주장은 사람들이 전개되는 변화에 적응하도록 강요하는 그런 사건들 대부분이 체계의 위기 개념이나 "위기의 일상" 개념으로 더 잘 묘사될 수 있고 정동적 영향이 어떻게 형성되고 매개되는지를 보기 위한 목적을 가지고 추적할 수 있다는 것이다. 위기는 역사나 의식에 예외적인 것이 아니라 압도적인 것을 항해하는 것에 관한 이야기들에서 펼쳐지는 일상에 포함된 과정이다.[92]

벌랜트에게는 예외적 사건 또는 충격과 일상적 위기 사이에 어떤 단절도 없다. 오히려 예외적 사건은 일상에 스며들어 부지불식간에 폭력을 가하고 주체가 난관에 봉착하게 만드는 "체계의 위기"를 일상적 위기보다 더 확대해 보여줄 뿐이다. 따라서 그녀는 예외적 충격에 관심을 기울인 트라우마 이론의 방향을 체계의 위기가 초래하는 "현재의 지속적

---

91   위의 책, 8~9쪽.
92   위의 책, 9~10쪽.

인 불안정"으로 이동시켜 어떻게 주체가 일상적 위기에서 트라우마에 노출되는가를 추적한다.[93]

　그러나 벌랜트는 일상적 위기를 순전히 개인 주체의 경험으로 환원하지 않는다. 그녀는 정동을 개인 주체가 아닌 사회와 세계의 신경체계로 분석하는 들뢰즈와 마수미를 비롯한 정동이론가들에게 공감한다. 그녀에게 "정동적 분위기는 공유되는 것이고 고독하지 않으며", 정동은 "사람들과 세계들을 가로질러 움직이는 삶의 조건들을 기록하고", 정동의 "활동은 공유된 분위기를 감지할 수 있는 것으로 만드는 신체적이고 은밀하며 정치적인 적응의 실행에 스며든다."[94] 벌랜트에게 정동은 순전히 개인적인 느낌이나 감각이 아니라 사회적이고 정치적이며 집단적인 기능을 수행한다. 이런 점에서 정동은 이데올로기와 밀접한 관계를 지닌다. 벌랜트는 알튀세르Louis Althusser 이후에 이데올로기 이론이 "어떻게 사람들의 욕망이 그들이 적어도 처음에 동의한 것을 거의 기억하지 못하는 삶의 양식에 대한 애착을 통해서 매개 되는가"를 설명하는 이론적 장이 되었다고 지적한다.[95] 즉 이데올로기는 인식(또는 알튀세르가 라캉의 거울단계 이론에서 차용한 오인, *méconnaissance*, misrecognition)의 영역일 뿐 아니라 정동이 작용하는 메커니즘이다. 알튀세르가 이데올로기를 개인이 실재와 맺는 상상적 관계라고 정의했다면 벌랜트는 인간이 세계와 맺는 관계를 인식론적일뿐 아니라 정동적인 관계로 해석한다.

　일상적인 것은 결국 많은 비일관성과 모순을 흡수하는 투과성 지대이고,

93　위의 책, 10쪽.
94　위의 책, 15~16쪽.
95　위의 책, 52쪽.

사람들은 어정쩡 넘어지기도하고, 의식도 불분명한 채로, 또 상식에 자신감을 갖기도 하면서 그것을 통해 길을 헤쳐 나간다. 법, 규범, 사건들은 상상계를 형성하지만, 사람들은 삶을 재생산하는 과정에서 존재양식과 세상에 대한 반응 양식을 만들고, 이 양식들이 함께 "직감적 반응"visceral response이라 불리는 것과 직관적 지성을 구성한다. 따라서 나는 정동 이론이 이데올로기 이론의 역사에서 또 다른 국면이라고 주장한다. 정동적 전회의 순간은 감각된 것이 알려진 것 그리고 새롭고 인식할 수 있는 방식으로 영향을 미치는 것과 만나는 곳으로 우리가 되돌아가게 한다. 주권 의식과는 다른 곳에 있으나 주체성의 영역에서 역사적 중요성을 지니는 감각적 물질에 대해 생각하는 것은 감각의 물질이 독특한 것 — 주체의 환원할 수 없는 특수성 — 에서 시작해 집단적 삶의 상황에서 보편적general이 되는 과정을 따를 것을 요구한다. 직관의 훈련은 개인적 집단적 전기의 이야기다. [96]

벌랜트는 인간이 사회구조와 관계를 맺고 살아가는 방식이 의식적인 인식의 차원뿐 아니라 신체적인 감각을 통해 느끼는 직감적이고 직관적인 정동의 차원을 포괄하는 과정이라는 관점에서 이데올로기 이론을 다시 정의한다. 의식과 더불어 주체성을 구성하는 "감각적 물질"은 개인의 특수성뿐 아니라 집단적 삶의 보편성을 형성한다. 개인과 집단이 세계와 관계를 맺는 방식인 이데올로기에는 인식(또는 오인)뿐 아니라 감각적 물질 차원의 정동이 불가피하게 개입한다. 정동은 개인의 느낌을 넘어서 개인적이고 집단적인 "정치적 주체성과 주체화"를 이해하는 데 필수적인 요소다.[97]

---

96   위의 책, 53쪽.
97   위의 책, 53쪽.

일상생활에서 구조 / 체계의 압력을 견디고 반응하며 살아가는 사람들의 "직감적"이고 구체적인 체험을 표현하는 정동은 체계가 가하는 트라우마의 일상적 현상을 이데올로기의 인식적 차원보다 더 잘 체현한다. 트라우마의 일상성에 주목하는 벌랜트는 '사건event'보다 우연한 일의 발생을 뜻하는 '해프닝happening'이라는 표현을 선호한다. 일상적 해프닝보다 예외적이고 충격적인 사건을 중심으로 발전한 트라우마 이론은 정동 / 감정보다 인식 / 지식의 문제에 초점을 맞췄다. 정동이 간과된 이유는 트라우마의 "증상이 완전한 주관적 경험을 차단하는 것" 즉 트라우마의 경험을 알 수 없는 것으로 규정한 캐루스의 영향과 "트라우마는 주체를 역사적 현재로부터 분리해서 과거가 주체 안에 비역사적으로 일상에서 벗어나는 어떤 것을 끔찍하게 번지게 만들어 그것에 종속시킨다는 합의" 때문이다.[98] 캐루스에게 트라우마의 경험이 불가능하고 지연된다면, 벌랜트에게 "트라우마는 결국 역사적 현재의 경험을 불가능한 것이 아니라 가능하게 만든다."[99] 주체가 일상적 위기의 발생을 감지하고 대처하는 경험에 주목하는 벌랜트의 트라우마 이론은 과거의 트라우마 사건에 지배되는 트라우마 주체가 아니라 역사적 현재의 위기와 난관에 즉흥적으로 대응하는 주체의 정동적 경험과 반응에 관심을 기울인다.

이런 관심은 전통적으로 규정된 트라우마 증상을 넘어선 다양한 감정적 반응의 분석을 낳는다. "나는 과잉감각에 빠지거나 무감각할 수도 있고, 압도되고, 눈물을 글썽이거나, 분노하고, 무심하고, 유능하고, 졸리거나 어떤 상태라도 될 수 있다. 왜냐하면 우리가 외상적 사건이라 부르는 것은 항상 외상적 반응을 초래하지는 않기 때문이다."[100] 이렇게 다양한

---

98 위의 책, 80쪽.
99 위의 책, 81쪽.

일상적 감정적 경험을 트라우마 현상으로 분석하는 것은 트라우마의 극복 또는 치유에 관한 생각에도 변화를 가져온다. 일상의 위기에 대한 정동적 반응과 대처 자체가 위기의 삶에 적응하는 새로운 방법이 될 수 있기 때문이다. "외상적 사건에 의해 자극된 것으로 '위기의 일상'을 생각하는 것의 유용성은 일상과 일상의 생존 상황을 통해서 상징화와 다른 비표현적이지만 삶을 확장하는 행동들의 확산에 초점을 맞추는 것이다."[101] 일상적 트라우마의 경험은 고통스럽고 다양한 부정적 감정을 동반하지만 위기에 대한 반응을 통해 새롭게 생존하는 가능성도 보여준다.

벌랜트는 화이트헤드Colson Whitehead의 『직관주의자*The Intuitionist*』와 깁슨William Gibson의 『패턴 인식*Pattern Recognition*』을 분석하면서 일상적 위기의 경험이 정체성의 위기와 환멸을 초래하면서도 또 다른 역사적 현재를 사는 방식과 가능성을 연다고 주장한다. 이런 점에서 일상적 트라우마의 경험은 곧 위기이자 치유의 길을 여는 경험이다. 이 소설들은 "치유"의 느낌 즉 "어떤 사람, 어떤 세계가 풀려나고, 체계적으로 덜 폭력적이고, 덜 예측대로 실망스럽고 소외시키는 것이 되었다는 느낌"을 전달한다.[102] 트라우마는 지속적으로 가해지는 폭력의 일상성을 대면하는 고통스런 경험을 강요하지만 이 위기에 대처하는 새로운 삶의 양식을 개발하도록 자극하는 계기도 된다.

비명을 지르고 쓰러지는 사람들이 항상 있다. 우리는 그들을 많이 목격하지 못하며 그들은 보이지 않는 곳에서 산다. 그러나 주인공들은 바로 그들 즉 불

---

100 위의 책, 81쪽.
101 위의 책, 81쪽.
102 위의 책, 92쪽.

안정하고 파괴된 일상에서 살아가며 더 이상 배제에 기초하지 않고 자신의 불안정에서 배우는 낙관주의로 자신 주위에 새로운 신경체계를 구축하는 사람들이다. 사람들은 그들이 살아가는 역사적 순간의 미완의 업무를 인식하여 새로운 직관, 일상의 습관, 그리고 정동 관리의 장르를 위한 세계를 개발한다. (…중략…) 트라우마는 그 주체들을 단순히 꼼짝달싹하지 못하는 상태에 빠지게 하는 것이 아니라 위기의 양식에 빠지게 강제하며, 이 위기에서 그들은 (…중략…) 현재에 우리가 사는 방식에 관한 넓고 지속력 있는 직관을 개발한다.[103]

이렇듯 탈주체적이고 탈인지적인 정동 이론은 트라우마 경험을 신체적이고 일상적이며 사회적인 정동의 경험으로 이해한다. 이런 경향은 트라우마 주체가 겪는 정신적 고통을 개인 고유의 내면적 갈등과 상처가 아니라 사회구조적인 체계의 위기와 모순이 드러나는 현상으로 이해한다. 트라우마는 폭력적 사회체계와 개인의 정동적 경험 사이를 중개하는 매개체다.[104]

---

103 위의 책, 93쪽.

104 이런 관점에서 트라우마와 정동을 연구한 국내 연구로는 김정하의 「트라우마와 정동」을 볼 것. 김정하는 스베트코비치와 벌랜트의 정동이론에 기초해서 해그돈(Jessica Hagedorn)의 『개를 먹는 사람들(Dogeaters)』의 주인공 조이(Joey)의 각성을 캐루스의 '각성'과 다른 정동적 열림으로 분석한다. "해그돈이 『개를 먹는 사람들』의 조이를 통해 보여주는 트라우마적 '각성'은 세계를 향한 신체적·감각적 열림, 타자와의 육체적 뒤엉킴(entanglement)과 관련된다. 다시 말해, 캐루스가 트라우마의 인식／인지 불가능한 구조에 초점을 맞춘다면, 해그돈은 사회적·역사적 변화나 구조의 작동이 일상의 삶-경험(lived experience)안에서 나타나는 방식, 특히 도시화와 근대화가 수반하는 트라우마가 주변적 주체의 몸을 통해 경험되는 방식을 보여준다고 할 수 있다." 김정하, 「트라우마와 정동」, 『비평과 이론』 19권 2호, 2014, 59쪽.

6. 정동 이론적 트라우마 연구의 비판

스피노자, 들뢰즈 / 마수미, 톰킨스 및 신경과학의 영향을 받은 정동 이론은 트라우마를 탈주체적이고 사회적이며 일상적인 정동적 경험으로 다시 해석한다. 벌랜트에 따르면 "트라우마는 주변에 **무엇인가**를 생산하는데 그것은 언캐니^{uncanny}의 느낌 — 방안의 자유부동성 불안 free-floating anxiety, 길가의 부정성, 해프닝이 특수할 때조차 분명한 테두리 없이 일상에서 전개되는 듯 보이는 시나리오 — 보다 더 구체적일 필요가 없다."[105] 이런 관점은 보호막을 파괴하고 침범하는 상처라는 프로이트의 트라우마 정의와 트라우마의 정동이 "경악"이라는 시각과 상당히 멀다. 이는 정동 이론이 개인이 경험하는 감정 및 느낌과 탈주체적인 정동을 구분하고, 예외적인 충격적 사건에서 일상적 "발생"으로 트라우마의 영역을 확대하고 이동시켰기 때문이다.

이런 변화에는 정동을 인지에서 분리하는 정동 이론의 경향도 포함된다. 벌랜트는 이데올로기의 영역을 인식에서 정동으로 확장했다고 주장하지만, 그녀의 분석은 인식을 정동으로 대체했다는 비판을 받을 수 있다. 레이스는 정동적 전회가 트라우마 이론에 미친 (악)영향을 비판적으로 분석한 대표적 비평가다. 레이스의 비판은 정동 이론가들 뿐 아니라 벌랜트가 트라우마의 정동적 경험의 일상성을 강조하면서 비판한 캐루스를 포함할 정도로 광범위하다. 많은 정동 이론가에게 "정동은 우리의 사고와 판단에 영향을 주지만 그들에게서 분리된 '비인간적'이고 '전–주체적'이며 '직감적인' 힘과 강도들이고" 따라서 "정동과 인지는 두 분리

---

105 Lauren Berlant, *Cruel Optimism*, 80쪽.

된 체계다.”[106] 레이스는 정동 이론가들의 논의를 종합하면서 첫째, 세지 윅 같은 인문 사회과학 학자들이 정동으로 관심을 돌리면서 “감정을 생 래적으로 의도에서 독립적인 것으로 다루는 신경과학 연구”에 의존하 고, 둘째, 스피노자와 베르그손 및 들뢰즈 / 가타리의 철학에 영향을 받 은 마수미 같은 학자도 신경과학과 맺는 관계가 더 복잡한 듯 보이지만 사실은 세지윅 같은 “비–들뢰즈파 정동 학자들”이 과학에 대해 갖는 태 도를 공유한다고 비판하며, 셋째 “정동에 대한 대안적 설명” 즉 “정동을 인지와 의미에서 분리하는 실수를 범하지 않는 설명”이 가능한지를 모 색해야 한다고 주장한다.[107]

　루이스는 신경과학적 전회와 정동적 전회가 트라우마 연구에서도 인 지와 의미를 배제하는 결과를 낳았다고 비판한다. 캐루스는 트라우마의 이해 / 인지 불가능성 이론을 위해 자네는 물론 반 데어 콜크를 비롯한 신경과학자들의 연구를 긍정적으로 도입한다. 그녀는 트라우마 환자가 기억상실을 겪으면서도 동시에 플래시백을 통해 사건을 생생히 경험하 는 역설을 설명하며 “플래시백에서 귀환하는 것은 단순히 압도적인 경 험일 뿐 아니라 (…중략…) 그 자체로 부분적으로 의식으로 편입되지 못 한 결과 구성되는 사건이다”라고 말한다.[108] 기억상실과 생생한 경험의 역설은 신경과학적으로는 두 다른 기억체계 때문에 발생한다. 3장에서 보았듯이 트라우마 환자가 과거의 사건을 회상하지 못하면서 역설적으 로 플래시백 등을 통해 과거의 사건을 생생히 (재)경험하는 것은 트라우

106　Ruth Leys, “The Turn to Affect : A Critique”, 437쪽.

107　위의 글, 468~469쪽.

108　Cathy Caruth, “Recapturing the Past : Introduction”, *Trauma : Explorations in Memory*, Cathy Caruth 편, 152쪽.

마의 기억이 언어를 담당하는 좌뇌가 아니라 이미지를 담당하는 우뇌에 저장되기 때문이다.

따라서 언어로 번역된 (의식적으로 재구성된) 트라우마의 기억은 사건의 진리와 다를 수 있다. 캐루스에 따르면 "플래시백 또는 외상적 재연은 **사건의 진리와 그것의 이해불가능성의 진리를** 모두 전달한다. (⋯중략⋯) 그러므로 트라우마는 증언과 치유를 위해 통합을 요구한다. 그러나 다른 한편으로 이야기가 언어화되고 소통될 수 있게, 과거에 대한 자신과 타자의 지식으로 통합될 수 있게, 트라우마를 서사 기억으로 바꾸는 것은 외상적 회상의 특징인 정확성과 힘을 상실할 수 있다."[109] 즉 치유를 위해 트라우마의 기억을 언어화하면 (플래시백이 이미지 형태로 보존하고 전달하는) 트라우마의 진실을 왜곡하고 배반할 수 있다. 루이스는 캐루스의 이런 주장이 "사람들이 자신들의 트라우마에 대해 말하는 이야기는 다른 어떤 것에 관한 사람들의 이야기만큼 왜곡에 취약하다"는 반 데어 콜크의 발언과 상통한다고 지적한다.[110] 캐루스의 설명은 트라우마의 기억이 언어 / 의식을 우회해서 신체적 기억에 저장된다는 신경과학의 주장을 반복한다는 것이다.

루이스는 트라우마를 경험하지 못하고 인지하거나 이해할 수 없는 것으로 규정하는 캐루스의 이론이 신체를 강조하며 인지를 배격한다는 점에서 신경과학뿐 아니라 정동 이론과도 유사하다고 지적한다.

새로운 정동 이론가들과 신경과학자들이 공유하는 것은 주체의 정동과 정동적 상황이나 대상에 대한 주체의 인지 또는 평가 사이에 간극이 있다는 생

---

109 위의 글, 153쪽.
110 Ruth Leys, *Trauma : A Genealogy*, 252쪽.

각에 충실하다는 것이다. (…중략…) 그 결과 행위와 행동은 정신의 통제나 참여에서 독립된 물질-신체적인 정동적 성향에 의해 결정된다고 여겨진다. 이를 비롯한 여러 가지 점에서 오늘날의 정동 이론가들은 캐루스와 많은 것을 공유한다. 그들은 트라우마와 정동 모두 의도와 의미가 부재하는 특징을 지닌다는 반-의도주의와 유물론에 똑같이 충실해서 트라우마와 정동이 문자 그대로 신체에 있게 되거나 신체화되는 결과를 낳는다.[111]

정동과 신체로의 전회는 의미, 인지, 이데올로기를 배제하는 결과를 낳는다. "이념을 신체로, 이성을 정동으로 대체하면서 새로운 정동 이론가들은 당신의 믿음과 의도가 아니라 그것들을 생산하는 정동적 과정이 중요하다고 주장하고, 그 결과 정치적 변화는 타자에게 당신 이념의 진리를 설득하는 문제가 아니라 새로운 신체, 새로운 '생성becomings', 그리고 새로운 삶을 생산하는 문제가 된다."[112] 정동과 신체가 이념과 의미를 대체한 결과 정치적 변화에서도 이데올로기적 투쟁이 아닌 정동적 제스쳐가 중요해지고 "새로운 존재 양식을 창조하는 정동의 존재론적 잠재력이 강조된다."[113] 앞서 논했듯이 일상적 위기에 대처하는 정동적 반응이 새로운 삶의 양식을 위한 자극이 될 수 있다는 벌랜트의 주장은 한 예가 될 수 있다.

---

111 Ruth Leys, "Trauma and the Turn to Affect", *Trauma, Memory, and Narrative in the Contemporary South African Novel*, Ewald Mengel and Michela Borzaga 공편, New York : Rodopi, 2012, 11~12쪽.
112 위의 글, 23쪽.
113 위의 글, 19쪽.

7. 죄책감과 수치심, 행동과 존재

정동을 개인의 감정과 느낌과 구분하여 초개인적이고 신체적인 것으로 정의한 결과 트라우마 연구는 개인에서 사회구조로, 예외적 충격에서 일상적 위기로 관심을 이동시켰다. 이념과 인지를 신체와 정동으로 대체하는 변화는 트라우마의 감정 연구에 구체적으로 어떤 변화를 초래하는 것일까? 루이스는 이런 변화가 아우슈비츠 희생자들의 트라우마 연구에서 관심이 죄책감에서 수치심으로 이동하는 것으로 나타난다고 주장한다. 이런 변화에 대한 루이스의 해석은 그녀가 여러 곳에서 제시한 모방이론과 반모방이론의 차이에 기초한다. 모방이론은 "트라우마 또는 외상화된 주체의 경험이 원래 외상을 초래한 사람, 장면 또는 사건과의 최면적 모방이나 퇴행적 동일시를 포함한 결과 주체가 그것을 행동화하거나 다른 방식으로 모방하게 된다"는 주장이다.[114] 이 동일시는 무의식적이라서 주체는 트라우마 사건에 대한 인식 없이 강박적으로 모방행위를 하게 된다. 이 이론의 주요 특징 중 하나는 "모방이론이 공격자와 공포에 떨며 동일시하는 순간을 상정하기 때문에 죄수들은 자신들에 대한 적대감을 흡수하고 공유한다고 상상된다"는 점이다.[115] 트라우마 희생자는 가해자와 무의식적으로 동일시해서 가해자의 적대감을 자신에게 가할 수 있다. 반대로 반모방이론은 "트라우마 희생자가 충격의 장면에 완전히 사로잡히거나 맹목적으로 몰입한다는 모방 개념"을 거부하고 오히려 "주체는 그 장면의 관객이라는 의미에서 외상적 경험에서 떨어져 그 장면을 보고 자신에게 재현할 수 있다"는 주장이다.[116] 이 이론은 따라서

---

114 Ruth Leys, *From Guilt to Shame : Auschwitz and After*, Princeton : Princeton UP, 2007, 8쪽.
115 위의 책, 9쪽.

"자율적 주체와 외적 사건 사이의 엄격한 이분법"을 설정하고 "폭력을 순전히 외부의 공격으로 묘사한다."[117] 그 결과 반모방이론은 희생자가 가해자와 동일시하고 공격성을 공유한다는 혐의에서 벗어나게 한다.

레이스는 트라우마 희생자의 감정으로 죄책감을 강조하던 경향에서 수치심을 강조하는 경향으로 바뀐 역사적 변천이 모방이론에서 반모방이론으로 이동하는 과정에 상응하며 이 변화는 신경과학과 정동이론이 이론적 헤게모니를 갖게 되는 과정을 반영한다고 해석한다.

> 생존자의 죄책감과 수치심의 개념에 내재한 모방과 반모방 사이의 긴장은, 모방적 용어로 주체와 타자의 무의식적 동일시로 이해된 생존자 죄책감 개념이, 열정적 동일시를 정체성으로 바꾸는 과정에서 자율적 주체와 외적 타자 사이의 엄격한 이분법과 거울반영적 거리를 상정하는, 수치심 개념으로 이동하는 형태로 서서히 나타난다. (…중략…) 죄책감은 당신의 행동 즉 당신이 무엇을 하는가와 관련된다. (…중략…) 그러나 수치심은 당신의 행동이 아니라 당신이 누구인가 즉 타자의 수치스러운 응시에 노출될 때 당신 인격의 결핍과 부족함과 관련되는 것으로 여겨져서, 초점이 행동에서 자아로 이동함에 따라 개인 정체성의 문제가 가장 중요하게 된다. (…중략…) 일반적으로 그 결과 행위력, 의도, 의미의 문제를 사소하게 보고 대신 개인 정체성과 차이의 문제를 특권화하는 수치심 설명이 생겨난다.[118]

이런 변화의 결과 가해자와 동일시하는 희생자의 죄책감에 대한 논의

---

116 위의 책, 9쪽.
117 위의 책, 9쪽.
118 위의 책, 11~12쪽.

는 축소되고 생존자들이 타자의 응시에 비친 자신의 굴욕적 모습에 대해 갖는 수치심을 강조하게 된다. 레이스의 주장은 이런 변화가 앞서 논한 정동 이론가들의 이론이 대두되는 것에 크게 빚지고 있다는 것이다. 이 이론적 채무에서 중요한 내용 중 하나는 죄책감과 수치심을 구분하면서 죄책감을 행동과 수치심을 존재와 연결시킨다는 점이다.

죄책감과 수치심의 구분 그리고 수치심에 관한 관심의 증가가 정동 이론에만 국한된 것은 아니다. 칼슨Gunnar Karlsson과 쇼베리Lennart Gustav Sjöberg는 치료과정에서 수치심의 중요성 때문에 정신분석에서도 수치심이 최근 큰 관심을 받게 되었다고 지적하면서 "일반적으로 죄책감이 한계를 위반하고(거나) 규칙을 깬다는 의미에서 사람의 행동과 관계가 있다면 수치심은 자신의 자아에 대한 부정적 평가와 관계가 있다"고 말한다.[119] 이들은 죄책감과 수치심을 경험하는 사람들이 표현하는 "그들의 경험에 관한 구체적 묘사의 의미 구조"의 차이를 통해 이런 일반적인 구분의 내용을 조명한다.[120] 그들이 실험대상자를 인터뷰한 내용을 분석한 결과에 따르면 "죄책감은 행동 또는 행동의 누락과 관계하고 이런 점에서 죄는 **행동**doing 양식에 포함된다. 반면 수치심은 자신의 자아 즉 자신의 **존재**being 양식과 관계가 있다. 수치심이 행동에 의한 것으로 나타나더라도 수치심은 행동 자체에 관한 것이 아니라 드러난 자아에 관한 것이다. 또한 드러난 자아는 영구적인 것을 지시하는 것으로 경험된다."[121] 수치심은 자신의 바람직하지 않은 모습이 공적으로 타자의 시각에 드러나 공동체에서 거부되는 감정적 경험이다.[121] 어원적으로 영어 guilt

---

119 Gunnar Karlsson and Lennart Gustav Sjöberg, "The Experiences of Guilt and Shame : A Phenomenological-Psychological Study", *Human Studies* Vol. 32, No. 3, 2009, 336쪽.

120 위의 글, 337쪽.

는 독일어 *Geld*money와 관계되고 이는 "죄가 '보수하려는' 또는 누군가에게 무엇에 대해 보상하려는 노력의 표현으로 이해될 수 있다는 사실"과 관계되며, 수치심의 영어 shame의 어원은 "인도-유럽 어족의 뿌리인 kam / kem으로 거슬러 올라가고 '숨기기'hiding, '감추기'concealing, '가리기'covering up'를 지시한다."[122] 죄책감이 "저지른 행동을 보수하거나 보상하려는 시도"를 동반한다면 수치심에서는 "보상하려는 시도가 없고 대신 그 상황을 숨기거나 없애고 싶어한다."[123] 죄책감이 죄를 짓기 전, 죄의 행동, 이 행동의 재구성에 따른 죄책감과 보상의 시도라는 일정한 과정으로 진행되는 반면, "수치심은 과정의 성격이 없고 지금에 집중된 순간이며 유아기의 수치 경험으로 퇴행하는 움직임과 연관된 '동결된 지금'이다."[124] 또한 죄책감의 주체가 "행동의 주체"이고 타자가 주체의 폭력적 행동의 대상이라면, 수치심에서 "자신의 자아는 대상화되고 그런 의미에서 수동적으로 경험된다."[125]

린지하츠Janice Lindsay-Hartz도 수치심과 죄책감을 경험한 사람들이 묘사하는 수치심과 죄책감의 내용을 연구한 결과 수치심은 정체성과 죄책감은 행동과 연관된다는 것을 발견한다. 예컨대 여자 친구를 신체적으로 흔들어 울게 한 행동에 대해 수치심을 경험한 32세 남자는 다음과 같이

---

121 위의 글, 352쪽. 킨스턴(Warren Kinston)은 shame의 어원 "*s(k)em*"이 "자신을 가리다(to cover oneself)"에서 유래하며 "자신을 가리다"의 의미는 수치의 반대어가 "수치스럽지 않다(unashamed)"일 경우 겸손, 순결, 수줍음 등의 개인적 경험을 강조하고, 반대어가 "수치스러운 줄 모른다(shameless)"일 경우 불명예, 스캔들, 범죄 등의 사회적 관습과 기준을 강조한다고 지적한다. Warren Kinston, "A Theoretical Context for Shame", *International Journal of Psycho-Analysis*, Vol.64, 1983, 213쪽.

122 Karlsson and Sjöberg, "The Experiences of Guilt and Shame", 336쪽.

123 위의 글, 352쪽.

124 위의 글, 353쪽.

125 위의 글, 353쪽.

고백한다.

> 나는 수치스러웠어요. (……) 그녀가 울기 시작했을 때 잘못한 것은 그녀가 아니라고 깨닫는 관점의 변화가 생겼어요. (…중략…) 내가 한 일을 깨달은 지점에서 그 깨달음과 함께 수치심이 생기기 시작했어요. 내가 통제력을 잃은 것 같았고 (……) 내가 이런 일을 했다고 또는 내가 바로 **이랬다고**! *was this*, 내 안에 무엇인가 잘못된 것이 있다고, 내 본성이나 성격의 일부가 있다고 깨달았어요. (…중략…) 그것은 우울한 깨달음이었어요. (……) 이게 나고 나는 그걸 너무 증오합니다. (……) 그건 단순한 행동 같은 것이 아니라 이게 나야, 이게 내 성격이고, 존재고 본질이야 같은 겁니다.[126]

이 사례는 수치심이 행동이 아닌 자신의 부정적인 정체성과 존재의 문제로 경험된다는 것을 보여준다. 수치심은 존재의 문제이기 때문에 고치거나 보상할 수 없고 바꿀 수 없다는 느낌을 동반한다. "우리는 우리의 행동을 바꿀 수 있지만 우리의 존재를 즉각적으로 바꿀 수 없다."[127]

이와 반대로 죄책감은 자신의 행동이 잘못된 것을 깨닫지만 그렇다고 자신이 본질적으로 나쁜 사람이라는 인식을 동반하지 않는다. 그래서 "우리가 수치스러울 때 우리가^{are} 왜소하고 쓸모없다고 느낀다면 죄책감을 느낄 때는 **마치** 우리가 나쁜 사람인 **것처럼** 느낀다. 즉 수치심과 달리 죄책감은 우리 자신의 이미지의 완전한 변화를 수반하지 않는다. 우리는 나쁜 일을 했다는 생각을 받아들인다. 그러나 우리는 나쁜 사람이라

---

126 Janice Lindsay-Hartz, "Contrasting Experiences of Shame and Guilt", *American Behavioral Scientist* Vol. 27, No. 6, 1984, 697쪽.
127 위의 글, 697쪽.

는 생각을 완전히 포용하지 않는다.”[128] 예를 들자면 죄책감을 느끼는 사람은 “나는 괴물 같고 악해 그러나 나는 내가 악하지 않다는 걸 알아. (…중략…) 내가 괴물 같다고 느낀다면 그 순간 내가 느낀다고 생각하고 어떤 것이라고 느껴. 그러나 나는 내가 그렇지 않다는 걸 알아”라고 생각한다.[129] 이로 인해 죄책감을 경험하는 사람은 잘못을 바로잡을 수 있다고 느끼고 이런 보상을 지탱하는 도덕 질서에 대한 믿음을 유지한다. 따라서 역설적으로 “우리가 도덕 질서를 지지하면서도 이 질서의 위반에 대한 책임을 느끼는 것이 죄책감의 독특한 성격이다.”[130] 이런 차이는 죄책감보다 수치심이 더 자기비하적이고 더 큰 정신적 고통을 동반한다는 것을 암시한다. 누스바움은 수치심의 기원을 완벽에 대한 원시적 욕망과 나르시시즘에서 찾고 죄책감을 “자신이 잘못이나 해를 가했다는 인식에 반응하는 자기처벌적 분노의 유형”으로 구분하면서, “수치심이 결함이나 불완전 따라서 그것을 느끼는 사람의 존재의 어떤 측면에 초점을 맞춘다면, 죄책감은 행동 (또는 행하려는 소망)에 초점을 맞추므로 행위자 전체로 확대되어 행위자를 전적으로 부적절하게 여길 필요가 없다”고 지적한다.[131]

죄책감과 수치심을 구분하는 이런 경향은 트라우마 연구에서 죄책감과 수치심을 다룰 때 나타난다. 예컨대 스톤Andrew M. Stone은 톰킨스를 비롯한 정동이론가들의 관점에서 외상 후 스트레스 장애를 “동일시, 조절, 정동 표현이 손상되는 정동체계의 교란”으로 정의하고, 수치심을 시선 회피, 내리깐 눈, 홍조 등의 신체적 반응으로 나타나는 정동으로 설명하

---

128 위의 글, 695쪽.
129 위의 글, 695쪽.
130 위의 글, 699쪽.
131 Martha C. Nussbaum, *Hiding from Humanity*, 207쪽.

면서 죄책감과 수치심을 구분한다.[132] 스톤에 따르면 "죄책감은 수치심과 공포 특히 잘못된 행위의 처벌에 대한 공포의 조합으로 이해할 수 있다. 공포의 핼쑥함blanching이 수치심의 홍조를 상쇄한다. 그렇다면 죄책감은 행위, 당신이 행한 것에 관한 것이고 수치심은 존재, 당신이 무엇인가에 관한 것이다. (…중략…) 자격이 없다는, 세상에서 자신의 위치나 존재의 권리를 의문시하는 전반적인 경험은 수치심과 더 밀접히 연관되며 이는 행위라기보다 존재의 문제다."[133] 레스켈라Jennie Leskela와 공동연구자들도 죄책감과 수치심을 구분해야 한다고 말하면서 여러 트라우마 학자들의 연구에서 "죄책감이 자신이 '잘못된' 또는 '나쁜' 무엇인가를 행했다는 믿음을 포함한다"면 "수치심은 단지 행동이 아니라 자아 전체가 부정적으로 평가되는 더 파괴적이고 고통스런 감정으로 여겨진다"고 지적한다.[134]

루이스는 정동이론 문화비평가인 세지윅의 글에서도 이와 같은 구분이 나타난다는 점을 비판적으로 검토한다. 세지윅에 따르면 "수치심을 죄책감에서 구분하는 관례적 방법은 수치심이 자신이 무엇인가what one is라는 의미에 붙어있고 이 의미를 선명하게 한다면 죄책감은 자신이 하는 것what one does에 붙어있다는 것이다. (…중략…) 톰킨스는 인류학자, 도덕주의자 및 대중적 심리학자들보다 이 둘을 구분하는 데 관심이 적지만 그 어떤 것이 무엇인지에 대한 확고한 가설을 갖거나 갖지 않더라도 수치심을 경험할 때 사람은 **어떤 것이다**is something라는 함의가 여전히

---

132 Andrew M. Stone, "The Role of Shame in Post-Traumatic Stress Disorder", *American Journal of Orthopsychiatry*, Vol.62, No.1, 1992, 132쪽.

133 위의 글, 133쪽.

134 Jennie Leskela, Michael Dieperink, and Paul Thuras, "Shame and Posttraumatic Stress Disorder", *Journal of Traumatic Stress*, Vol.15, No.3, 2002, 223~224쪽.

존재한다. (…중략…) 그것은 정체성의 **문제**가 가장 본래적이고 가장 관계적으로 발생하는 장소다."[135] 그래서 실번 톰킨스의 정동 이론에 비추어 볼 때 수치심은 행동이 아닌 자신의 존재와 정체성과 관계되는 존재론적 개념이다. 루이스는 "죄책감을 수치심으로 대체하려는 현재의 경향에서 중요한 관건은 우리가 **행하는** 것에 대한 도덕적 책임에 관한 문제들을 우리의 개인적 속성들에 관해 윤리적으로 중립적이거나 다른 문제들로 대체하려는 충동이다"라고 비판한다.[136] 다시 말해서 이런 경향은 행위의 도덕적 책임에 관한 윤리를 윤리적으로 중립적인 문제로 치환하는 결과를 낳는다.

앞서 논한 탈주체적인 정동 이론을 배경으로 볼 때 레이스는 죄책감과 수치심을 개인이 느끼는 트라우마의 감정으로 다룬다는 점에서 트라우마의 감정에 대한 논의를 사회와 신체에서 개인의 경험으로, 정동에서 감정 / 느낌으로 다시 이동시킨다고 볼 수 있다. 레이스는 또한 죄책감과 수치심을 가장 중요한 트라우마 감정으로 다룬다는 점에서 이 두 감정을 대표적인 트라우마 감정으로 논할 수 있게 한다. 트라우마 희생자들의 정신적 고통은 비의식적이고 신체적인 기억과 관계된 경악과 공포뿐 아니라 죄책감과 수치심을 포함하며 인문학과 사회과학적 트라우마 연구에서 가장 큰 논의의 대상도 경악과 분노가 아닌 죄책감과 수치심이라는 점은 레이스의 주장과 상통한다. 마지막으로 레이스의 논의는 트라우마를 사회적 윤리의 관점에서 접근하는 데 있어서 인식과 의미의 중요성을 되새겨 볼 필요성을 제시한다.

---

135 Eve Kosofsky Sedgwick, *Touching Feeling : Affect, Pedagogy, Performativity*, Durham : Duke UP, 2003, 37쪽.

136 Ruth Leys, *From Guilt to Shame*, 131쪽.

제9장

트라우마의 감정

1. 무감정

정동 이론은 트라우마의 감정적 경험을 신체적이고 비주체적인 정동의 차원으로 연구하려는 경향을 낳는다. 그러나 트라우마 연구에서 생존자가 경험하는 감정적 고통을 비주체적인 차원으로 논하는 데는 한계가 있다. 일차적으로 트라우마의 감정은 트라우마 희생자가 주관적으로 경험하는 감정이기 때문이다. 감정의 비주체적이고 사회적인 차원을 고려하더라도 트라우마 환자의 감정적 고통은 그 자체로 분석의 대상이고 오랜 시간 많은 트라우마 연구가 이 주제를 다루어왔다. 이 장에서는 트라우마 희생자가 겪는 다양한 감정을 살펴본 후 트라우마 연구에서 죄책감과 수치심이 어떻게 다르며 이 두 감정에 대한 논쟁이 무엇인가를 주요 비평가들의 논의를 중심으로 검토하여 트라우마 감정의 메커니즘과 의미를 살펴보고자 한다.

트라우마 환자는 다양한 감정적 고통을 경험하고 호소하지만 감정을 상실하는 감정 마비도 트라우마의 대표적 증상이다. 감정 마비는 트라우마 사건에 대한 표상을 거부하고 회피하기 위한 방어의 일환이다. 호로비츠Mardi Jon Horowitz는 가상 환자 해리Harry의 사례를 통해 이 현상을 예시한다. 운수 회사원이었던 해리는 트럭을 배달하는 임무를 수행하다가 규정을 어기고 길가에서 히치하이크하는 여인을 태워 운전하던 중 사고를 당해 조수석에 앉아 있던 여인이 사망한다. 해리는 퇴원 후 큰 증상 없이 업무에 복귀하지만 사건 발생 4주 후에는 사고로 훼손된 여인의 시신에 대한 악몽과 불안에 시달린다. 호로비츠에 따르면 이런 현상은 외상 장면의 이미지와 생각이 의식을 침투하는 것과 이 사건을 회피하고 부정하는 것을 각각 예시한다. "끔찍한 사건 후에 개인은 평시보다 더 큰 강렬한 감정의 고통과 더 큰 감정적 마비를 가질 수 있다. 심각한 사건이 끝난 후 정신은 평시보다 더 침투적인 기억을 갖고 질주하며 동시에 트라우마와 관계된 아주 중요한 정보의 재현을 피할 수 있다. 침투적 반복과 회피 또는 부정이 스트레스가 많은 삶에 대한 두 극단적 반응을 위한 용어다."[1] 해리는 사건 발생 직후 퇴원해서 아무 일 없었던 듯 업무에 복귀하고 사건에 대해 생각할 때 자신의 무감정에 놀란다. 그리고 사건 발생 4주 후에야 죽은 여인의 시신에 대한 악몽과 침투적 이미지 그리고 불안 발작을 경험한다. "스트레스 관련 내용의 불수의적 반복은 그것과 명백히 반대되는 것 즉 사건에 대한 대규모 표상적 부정과 일반적인 감정 마비와 현저히 대조된다. 이 현상은 (…중략…) 과잉억제hypersuppression로 묘사된다. 스트레스 사건과 그 사건의 함의에 관한 생각을 피하는 것은 다양한 단계의 관계에서 침투적 반복과 교대로 나타날 수 있다."[2]

홀로코스트 생존자도 이와 유사한 감정 마비를 기록한다. 프리모 레비는 수용소에서 "나는 내가 내일과 그 후에 무엇을 생각할지 모른다. 오늘 나는 뚜렷한 감정이 없다"고 말한다.[3] 이런 감정 상실은 반복적이고 빈번

---

1 Mardi Jon Horowitz, *Stress Response Syndromes*, London : Jason Aronson, 2011, 3쪽.
2 위의 책, 11쪽.

하다. 성홍열로 양호실에서 나흘을 지내고 닷새째 이발사가 와서 면도해 줄 때 다음 날 수용소는 철수하고 친구들이 모두 떠난다고 말하면서 그의 반응을 살피지만 레비는 이런 소식에 무감하다. "이 소식은 내게 어떤 직접적 감정도 자극하지 않았다. 이미 수개월 동안 나는 어떤 고통, 기쁨 또는 두려움도 더 이상 느끼지 않았다. 다음과 같은 조건문으로 묘사할 수 있는 수용소의 특징인 무심하고 거리를 두는 방식을 빼고는 말이다 : 내가 이전의 감성을 여전히 지니고 있다면 이는 극단적으로 감동적인 순간일 것이다."⁴ 브리슨Susan Brison이 레비의 발언에 대해 말하듯이 "트라우마는 단지 조건법적이고 명제적인 감정의 지식만 남긴 채 이전의 감정적 레퍼토리를 없앤다."⁵ 이런 감정적 박탈은 과거에 레비가 지녔던 감정의 말살에 그치지 않는다. 수용소 생활은 미래에 대한 어떤 희망도 불가능하게 하고 극단적 고통은 감정 자체를 말살한다. 레비는 수용소에서 생각하는 행위가 감성을 자극하기 때문에 무용하다고 말한다. "수용소에서 사건들은 대부분 예측할 수 없는 방식으로 일어나기 때문에 생각하는 것은 쓸모없다. 그것은 고통의 원천인 감성, 고통이 일정한 한계를 넘을 때 어떤 섭리에 의한 자연법칙이 무디게 하는 감성을 살아 있게 하기 때문에 해롭다. 기쁨, 공포, 고통 자체처럼 심지어 기대도 피곤하다."⁶

샬럿 델보 역시 수용소에서 무감정의 경험을 기록한다. 사형선고를 받은 여성들이 가스실로 향하는 트럭에 실리고 비명을 지르는 장면을

---

3   Primo Levi, *Survival in Auschwitz*, 128쪽.

4   위의 책, 152~153쪽.

5   Susan J. Brison, "Trauma Narratives and the Remaking of the Self", *Acts of Memory: Cultural Recall in the Present*, Mieke Bal, Jonathan Crewe, and Leo Spitzer 공편(Hanover: UP of New England, 1999), 44쪽.

6   Primo Levi, *Survival in Auschwitz*, 171쪽.

목격한 날 대오를 지어 수용소 밖을 행진하던 여성 죄수들은 수용소로 돌아가라는 명령이 내려졌다는 동료의 말에 아무도 응답하지 않는다. "그러나 우리 안에서 아무것도 응답하지 않는다. 우리는 의식과 느낌을 상실했다. 우리는 우리 자신에게 죽었다. (…중략…) 우리는 쓰러지지 않으려고 서로에게 의지했다. (…중략…) 우리 신체가 우리 옆에서 걸었다. 사로잡힌 채 박탈당한 채. 추상적이었다. 우리는 느끼지 못했다. (…중략…) 죽은 여자들이 눈 위에 물웅덩이에 흩어져있었다. 우리는 때때로 그 시체들을 밟고 넘어가야 했다. 우리에 관한 한 그 시체들은 일상적인 장애물에 불과했다. 우리가 무엇을 느끼는 것은 더 이상 가능하지 않았다."[7] 델보는 죽은 자들이 언젠가 해방되어 고향으로 귀환할 수 있는 자들에게 일어난 일에 대해 말해달라고 요구한다면 그럴 수 없을 것이라고 말하며 "나는 아무것도 생각하지 않았다. 아무것도 느끼지 않았다"라고 고백한다.[8]

이런 무감각은 델보 혼자의 경험이 아니다. 해방되어 수용소 문이 열리고 나가려고 대기하던 여성 죄수들에 대해 델보는 "아마도 이들 존재에게 어떤 감정도 없었을 것이다. 왜냐하면 항상 자기통제를 행사하며 버텨야 했던 탓에 그들은 더 이상 아무것도 느낄 수 없었기 때문이다"라고 말한다.[9] 4장에서 인용한 소프스키의 무젤만 묘사 —"주의력은 마비되고 감각은 둔화되었다. (…중략…) 그들은 이제 과거와 미래를 상실했듯이 현재도 상실했다. 느낌은 얼어붙어 둔감해졌다. 그들의 정신과 마음은 공허해져 내적인 황무지로 경화되었다"— 는 이런 탈감정의 극치

---

7   Charlotte Delbo, *Auschwitz and After*, 35쪽.

8   위의 책, 64쪽.

9   위의 책, 220쪽.

를 예증한다. 이런 무감각은 해방 후에도 지속된다. 델보는 귀환길에 오른 자신의 여정 중 벤치에 앉아서 수용소 생활의 비현실성을 의아해하며 "사실 나는 아무것도 느끼지 못했고 나 자신이 존재하는 것을 느끼지 못했으며 존재하지 않았다"고 회고한다.[10] 레비와 델보가 겪는 무감정은 사실 무감정이 아니라 무감정에 대한 감정, 자신이 느끼지 못하는 것에 대한 느낌으로 볼 수 있다. 호로비츠가 말하듯 "증상으로서의 마비는 단순히 감정의 부재가 아니다. 그것은 '마비되었다'는 감각이다."[11]

반 데어 콜크는 외상후 스트레스 장애 환자의 증상에서 가장 나쁜 증상으로 무감정을 꼽는다. 그가 재향군인병원에서 근무하기 시작할 때 처음 만났던 베트남 참전용사 톰Tom은 이런 감정 마비 증상을 겪는다. 톰은 해병대원으로 베트남전에 참전했고 전역 후 변호사로 유복하게 살고 있었지만 베트남전 전우였던 이탈리안 친구 알렉스Alex가 월맹군의 매복으로 죽자 이에 대한 보복으로 베트남 아이들을 살해하고 베트남 여성에게 성폭력을 가한다. 전역 후 겉으로 평온하게 사는 듯 보이는 톰의 내면에는 베트남전에서 겪은 희생자와 가해자로서의 트라우마가 억압되어 있다가 플래시백과 악몽 그리고 감정 마비 증상으로 나타난다.

아마도 톰의 증상 중 최악의 증상은 감정 마비를 느끼는 것이었다. 그는 필사적으로 가족을 사랑하고 싶었지만 가족에 대한 어떤 깊은 느낌도 떠올릴 수 없었다. 그는 마치 심장이 얼어붙고 유리벽 뒤에 사는 것처럼 모든 사람에게 감정적으로 멀다고 느꼈다. 이 마비는 자신에게도 확장되었다. 그는 순간적인 분노와 수치심 이외에 실제로 아무것도 느낄 수 없었다. (…중략…) 자

10　위의 책, 236쪽.

11　Mardi Jon Horowitz, *Stress Response Syndromes*, 14쪽.

신이 매우 유능한 변호사라는 사실에도 불구하고 그는 항상 어떤 목적이나 방향감 없이 공중에 떠있다고 느꼈다.[12]

2. 공포와 분노

공포는 트라우마의 대표적 감정으로 꼽힌다. 프로이트는 트라우마의 감정을 "경악"으로 규정했고 많은 트라우마 환자는 실제로 외상적 사건에서 겪은 공포에서 벗어나지 못한다. 공포와 연관되어 트라우마 환자를 괴롭히는 또 다른 감정은 분노다. 톰은 감정 마비 중에도 때때로 "순간적인 분노"를 경험한다. 공포와 분노(그리고 불안)는 밀접히 연관된다. 1장에서 논한 카디너에 따르면 트라우마에 항존하는 특징은 "① 공포와 불안 그리고 ② 격노의 정동을 동반하거나 하지 않는 조직된 공격성의 동원"이고, "공포와 불안은 위협적 상황의 판단에서 나오는 정동들에 속하며, 격노는 위험 상황을 피하고 유기체가 자신의 존재를 지속하게 하는 조직된 통제 기술의 동원과 관계된다."[13] 유기체의 환경 적응력은 공포와 불안이라는 지각적 측면과 분노와 공격성이라는 실행적 차원을 지닌다. 트라우마는 극도의 위험 상황에서 이 두 기능 중 하나가 실패할 때 발생한다. 따라서 적응 즉 생존의 관점에서 볼 때 공포와 분노는 밀접히 연관된다. 여성 폭력 희생자들의 분노에 관한 한 연구에 따르면 "트라우마는 공포 구조처럼 쉽게 활성화되는 분노 구조를 생산한다. 분노와 공

---

12 Bessel A. van der Kolk, *The Body Keeps the Score*, 14쪽.

13 Abram Kardiner and Herbert Spiegel, *War Stress and Neurotic Illness*, 182쪽.

포의 밀접한 연관은 이 두 구조에 포함된 자극 요소가 많이 중복된다는 것을 암시한다. 자극과 관계된 의미 요소(예컨대 위험성)와 일부 반응(예컨대 생리학적 각성)도 유사할 수 있다. 따라서 희생자에게 공포를 일으키는 자극은 분노 또한 유발할 수 있다."[14]

분노의 감정은 특히 전투를 경험한 재향군인에게서 두드러지게 나타난다. 반 데어 콜크가 치료한 톰도 베트남전에서 트라우마를 겪은 환자다. 톰의 아버지는 2차대전 참전용사였고 톰은 어린 시절 평소에 독실한 기독교 신자였던 아버지가 때로 과격하게 분노하는 것을 의아해했으며 마찬가지로 일본군에게 포로로 잡혔던 삼촌의 분노가 폭발하는 것도 목격한다. 톰은 아버지처럼 될까 두려워하고 불안해하지만 때때로 분출하는 분노의 감정을 통제하지 못한다. 호로비츠에 따르면 스트레스를 초래하는 사건들을 극복하는 과정에서 발생하는 공통된 문제들이 있는데 이 중 둘이 분노와 관계된다. 그중 가장 중요한 것은 "근원에 대한 격노"rage at the source 즉 문제의 근원이 되는, 사건에 "책임이 있다고 여겨지는 상징적 인물에 대한 격노"다.[15] 분노가 사건의 원인이 되는 자에게 향하는 것은 자연적인 현상이다. "격노는 트라우마의 좌절에 대한 자연적인 반응이다. (…중략…) 스트레스 사건 후 왜 그것이 발생했나, '왜 나지?'라고 묻는 것은 항상 누구 탓이고 누가 처벌되어야 하는지 찾을 필요와 연관된다."[16] 따라서 동료를 죽인 월맹군에 대한 톰의 분노는 베트

---

14   David S. Riggs, Constance V. Dancu, Beth S. Gershuny, Deborah Greeberg, and Edna B. Foa, "Anger and Post-Traumatic Stress Disroder in Female Crime Victims", *Journal of Traumatic Stress*, Vol.5, No.4, 1992, 622쪽.

15   Mardi Jon Horowitz, *Stress Response Syndromes*, 22~23쪽. 다른 격노의 유형은 면제된 즉 불행을 당하지 않은 자들에 대한 격노다. 죽은 자들에 대한 격노는 무의식적으로 수동적 죽음을 당한 자가 아니라 "생존자를 고의로 버린 능동적 행위자"로 여겨지므로 근원에 대한 격노에 속한다.

남 어린이들과 여성에게로 전치되어 분출되었다고 볼 수 있다. 트라우마 희생자는 호로비츠가 말하는 사건의 책임이 있는 "상징적 인물"을 구체적인 가해자가 아니라 사건의 궁극적인 원인으로서의 신이라고 생각할 수도 있다. 위젤은 "내 신이여 당신은 누구십니까? 나는 분노하며 생각했다. (…중략…) 왜 당신은 이 불쌍한 사람들의 상처난 마음과 아픈 육체를 계속 괴롭히십니까?"라고 회고한다.[17]

톰이 전역 후 느끼는 분노도 여전히 월맹군에 대한 분노일까? 일상 복귀 후 톰의 분노는 전시에 대면한 생존의 위협과 관계가 있다고 볼 수 있다. 한 연구에 따르면 참전용사 중에서도 전투 요원이 비전투요원보다 더 높은 분노의 증상을 보이고 트라우마 환자의 분노는 생존체계 및 위협의 인지적 처리와 관계된다. 이는 1, 2차 세계대전 참전용사를 치료한 카디너의 연구와 상통한다. 트라우마 환자가 전투에 임할 때 가동된 생존체계는 평시에도 더 쉽게 작동해서 분노와 공격성의 성향을 낳고 삶에 적응하는 것을 방해한다. "전투에서 분노는 일반적으로 생존의 가치를 지니지만 전투 밖에서는 특히 사회환경적 조건과 임무 요구에 따른 분노의 강도와 표현 조절에 실패할 때 쉽게 부적응하게 한다. 위협 도식의 활성화는 분노를 강화하며 공격성의 억제적 통제는 함께 활성화된 적대적 평가와 고양된 각성에 의해 중단되어 가해적 행동 가능성을 높인다."[18] 위험 상황에서 위협을 인지할 때 작동하는 생존체계가 평상시 환경에서 과거의 위험 상황을 떠올리게 하면 분노가 발생할 수 있다. 예

---

16 위의 책, 22~23쪽.

17 Elie Wiesel, *Night*, 66쪽.

18 Raymond W. Novaco and Claude M. Chemtob, "Anger and Combat-Related Posttraumatic Stress Disorder", *Journal of Traumatic Stress*, Vol. 15, No. 2, 2002, 125쪽.

컨대 톰의 경우 "그의 아이들의 소음이 그를 너무 자극해서 그는 그들을 해치지 않기 위해 집을 박차고 나오곤 했다."[19] 퇴역 후 트라우마 환자로서 톰이 느끼는 분노는 월맹군을 대신한 어린이들과 여성이 아니라 자신에게 향한 것일 수 있다.

자신에 대한 분노는 물론 가해자가 아니라 피해자에게 더 두드러진다. 반 데어 콜크는 집에서 학대당한 아이들이 가정에 대한 충성 때문에 분노를 억압하는 사례를 논하며 "갈 곳이 없는 격노는 우울증, 자기 증오, 자기파괴적 행동에서 자신에게로 다시 향할 수 있다"고 지적한다.[20] 특히 희생자들에게 일차적 분노의 대상은 가해자이지만 두 번째 대상은 자신이다. 범죄 희생자의 분노 연구는 "외상 후 분노가 주로 가해자와 자신을 향한 분노로 이루어진다"는 사실과 "이 대상들에 대한 분노가 외상후 스트레스 장애 증상과 강하게 연결된다"는 결과를 보여준다.[21] 자신에게 분노하게 되는 이유 중 하나는 가해자에 대한 분노가 현실적으로 실현될 수 없기 때문이다. 베틀하임은 나치 강제수용소의 외상적 상황이 죄수들의 인성을 변화시키는 것을 목격하면서 그들의 분노가 자신들에게 향하는 것을 생존 전략으로 파악한다. 그는 "죄수들의 공격성은 어떻게든 다루어져야 했고 가장 안전한 방법 중 하나는 자아로 향하게 하는 것이었다. 이는 피학적이고 수동적-의존적이며 유아적인 태도를 더 크게 만들었는데 이 태도는 죄수가 나치 친위대와의 갈등을 피하게 해주었기 때문에 '안전한' 것이었다"고 회상한다.[22]

---

19   Bessel A. van der Kolk, *The Body Keeps the Score*, 8쪽.

20   위의 책, 136쪽.

21   Ulrich Orth and Andreas Maercker, "Posttraumatic Anger in Crime Victims : Directed at the Perpetrator and at the Self", *Journal of Traumatic Stress*, Vol. 22, No. 2, 2009, 159쪽.

22   Bruno Bettelheim, *The Informed Heart*, 131쪽.

유아로서 가족을 상실한 홀로코스트 희생자들의 트라우마 감정에 "재난적 슬픔, 생존자 죄책감, 해소되지 않은 분노"가 얽혀있음을 밝힌 연구에 따르면 "분노가 현실에서 행동으로 번역될 수 없었을 때 자신에게로 향해서 복수하지 못하고 사랑했던 사람들(과 자신)에 가해진 잘못을 바로잡지 못한 것에 대한 생존자 죄책감을 더욱 복잡하게 할 수 있다는 것은 명백했다."[23] 후에 논하겠지만 희생자와 가해자의 관계는 복잡하다. 톰처럼 트라우마 환자가 가해자인 동시에 희생자인 경우도 있다. 톰은 베트남 아이들과 여성에게 가해자이지만 동시에 죽은 전우 알렉스와의 동일시를 통해서 그리고 더 크게는 자신의 의지와 무관하게 참전하게 되었다는 점에서 전쟁의 희생자이다.

앞서 논한 호로비츠의 가상 환자 해리의 경우도 마찬가지다. 해리는 "때로 자신을 탑승자가 다치게 한 해로운 공격자로 때로는 직장에서 과도하게 비판적으로 비난하는 상관들의 희생자로 보기도 했다."[24] 그러나 해리는 사건과 관련해서도 자신을 희생자로 볼 수 있다. 해리가 가해자로 느끼는 트라우마 감정은 주로 죄책감이다. 이 죄책감은 "여자의 죽음의 원인에 대한 죄책감, 사건 전 품었던 환상에서 그녀에 대해 가졌던 성적인 생각에 대한 죄책감, 그녀가 죽었을 때 자신은 살았다고 느낀 것에 대한 죄책감"을 포함한다.[25] 호로비츠는 이 죄책감들을 해리가 자신을 가해자로 여길 때 느끼는 감정으로 분류한다. 이와 달리 해리가 희생자로 느끼는 감정은 공포와 분노 그리고 수치심이다. 해리는 여자가 당

---

23   Tracey Farber, Cora Smith, and Gillian Eagle, "The Trauma Trilogy of Catastrophic Grief, Survivor Guilt and Anger in Aging Child Holocaust Survivors", *Journal of Loss and Trauma*, Vol. 27, No. 2, 2022, 101·115쪽.

24   Mardi Jon Horowitz, *Stress Response Syndromes*, 7쪽.

25   위의 책, 11쪽.

한 죽음이 자신에게도 가능했다는 것에 대한 공포와 업무 수행 중 탑승객을 허용하면 안된다는 규칙을 위반한 책임과 관련해서 비난받을 공포와 수치심, 그리고 탑승객이 히치하이크해서 사건 발생의 원인이 되었으므로 자신은 죄가 없고 사고의 원인은 밖에 있다고 느끼는 분노를 느낄 수 있다.[26]

해리의 사례가 예증하듯이 트라우마의 전형적인 감정에는 공포와 분노뿐 아니라 죄책감과 수치심이 있다. 반 데어 콜크가 지적하듯이 "타자가 가한 고통을 대면하는 것은 충분히 어렵지만 많은 외상화된 사람은 마음속 깊은 곳에서 그 상황에서 자신들이 하거나 하지 않은 것에 대해 느끼는 수치심으로 더 시달린다."[27] 톰은 무감정과 분노뿐 아니라 자신이 베트남 아이들을 공격했다는 죄책감과 수치심을 느낄 수 있다. 반 데어 콜크는 죄책감을 논하지 않지만 톰은 가해자와 피해자로 느끼는 트라우마의 죄책감과 수치심의 전형적인 사례가 될 수 있다. 톰처럼 베트남 민간인에게 폭력을 행사하지 않고 양심에 따라 비폭력의 원칙을 고수한 예외적인 월남전 참전용사도 죄책감을 느낄 수 있다. 리프턴은 미군이 베트남 주민을 대량 살상했던 미라이My Lai 학살에 참여했으나 "이건 잘못이야?"라고 혼자 중얼거리며 발포하지 않은 한 참전용사의 이야기를 소개한다. 미라이 학살 발발 전날 지뢰로 동료 중대원들이 사망한 사건에 분노한 병사들이 적에게 복수한다는 착각으로 민간인들을 학살할 때 그는 동참하지 않는다. 그는 전역 후 미라이 사건의 진실을 미국민들에게 알리는 일을 수행하기도 한다. 그럼에도 그는 "미라이의 학살을 멈추기 위해 무엇인가를 하지 않은 것과 다른 동료들이 한 것처럼 민

---

26 위의 책, 11쪽. 도표 1.1을 볼 것.
27 Bessel A. van der Kolk, *The Body Keeps the Score*, 13쪽.

간인들에게 발포하려는 충동에 저항하는 데 성공하긴 했으나 이 충동을 당시에 공유했다는 사실에 대해 자신을 비난했다."[28] 프로이트가 지적했듯이 행동하려는 충동과 의도만으로도 죄책감은 발생한다.

학자에 따라 조금씩 다르지만, 죄책감과 수치심은 대체로 트라우마의 주요 감정으로 분류된다. 예컨대 호로비츠가 기존의 연구를 정리해서 제시한 스트레스 반응에는 사건의 원인이 되는 인물에 대한 격노, 사건에서 면제된 자들에 대한 격노 이외에 트라우마 사건의 "반복에 대한 공포", "상실에 대한 슬픔", "취약성에 대한 수치심과 격노", "공격적 충동 통제 상실에 대한 공포", "생존에 대한 죄책감 또는 수치심"이 있다.[29] 3장에서 언급한 로페즈는 외상후 스트레스 장애에 관한 언어 정신치료의 한계를 지적하고 생물체계 트라우마 치료를 주장하며 이 치료에서 가장 중요한 네 번째 단계로 환자들이 신체적으로 감정들을 다시 경험하게 하는 방법을 소개한다. 그리고 이 단계에서 환자가 표현하도록 유도할 네 가지 트라우마 감정을 "(사건이 초래한 상실과 심각한 변화에 대한) **고통**, (사건에 책임이 있는 자들에 대한) **분노**, (고통과 자신이 살았다는 무력감의 조건에 대한) **수치심**, 그리고 (불가피한 것을 회피하는 데 성공하지 못했다는 것에 대한) **죄책감**"의 네 가지로 정리한다.[30] 『정신질환의 진단 및 통계 편람』 최근호(DSM-5)는 외상후 스트레스 장애의 진단 기준 중 넷째 기준으로 "외상적 사건(들)과 연관된 인지와 기분의 부정적 변화"를 제시하는데, 이 중 감정과 관계된 항목은 "지속적인 부정적 감정 상태"이고 그 예로 "공

28　Robert Jay Lifton, *The Broken Connection*, 141쪽.

29　Mardi Jon Horowitz, *Stress Response Syndromes*, 22~25쪽.

30　Giovanni Lopez, "Why Verbal Psychotherapy is Not Enough to Treat Post Traumatic Stress Disorder : a Biosystemic Approach to Stress Debriefing", 139쪽.

포, 두려움horror, 분노, 죄책감 또는 수치심"을 포함시킨다.[31] 앞서 언급했듯이 루스 레이스는 트라우마의 죄책감과 수치심에 대한 논의의 변화를 지적했다. 이제 트라우마 희생자의 대표적 감정인 죄책감과 수치심에 관한 고전적인 연구인 리프턴과 랭거 및 아감벤의 논의를 중심으로 이 두 감정의 심층을 살펴보자.

3. 죄책감과 양심

프로이트에게 죄책감은 초자아의 형성으로 발생한다. 엄마에 대한 오이디푸스적 욕망을 극복하기에는 너무 약한 자아를 가진 남아는 동일시한 아버지를 자신의 내부로 들여와 그 권위와 힘으로 근친상간적 욕망을 극복함으로써 오이디푸스 콤플렉스를 해소한다. 동일시와 내입으로 자아 내부에 형성된 것이 자아이상 또는 초자아이며 이는 양심의 형태로 자아를 비판하고 검열한다. 이 과정에서 자아가 초자아의 이상에 미치지 못한다는 자기비판이 죄책감을 낳는다. "양심의 요구와 자아의 실제 행위 사이의 긴장은 죄책감으로 경험된다."[32] 따라서 죄책감은 근본적으로 도덕적 양심의 목소리의 준엄한 정언명령에 따른 것이다.[33] 프로

---

31 American Psychiatric Association, *Diagnostic and Statistical Manual of Mental Disorders : DSM-5*, Washington, DC : American Psychiatric Publishing, 2013, 271~272쪽.

32 Sigmund Freud, *The Ego and the Id*, *SE*, Vol. XIX, 37쪽.

33 프로이트는 오이디푸스 콤플렉스의 극복과정에서 발생한 초자아가 아이가 동일시한 부모의 처벌적 권위의 특성을 보존하고 있어서 가혹한 성격을 지닌다고 말하며 이를 칸트의 정언명령(Categorical Imperative)에 비유한다. "초자아는 내화된 사람들의 본질적 특성 — 그들의 힘, 엄격함, 그들의 감독하고 처벌하려는 경향 — 을 보존했다. (…중략…) 초자아 — 자아 안에서 활동하고 있는 양심 — 은 그것이 담당하고 있는 자

이트가 햄릿이 아버지를 죽인 삼촌 클로디어스의 복수를 연기하는 원인
으로 지목하는 (부친살해 충동을 지닌 자신이 클로디어스와 다를 바 없다는) 무의
식적 자책self-reproach은 결국 오이디푸스적 욕망에 대한 양심과 죄책감을
의미한다. 그는 입센Henrik Ibsen의 희곡 『로스메르스홀름Rosmersholm』의 여
주인공 레베카 감비크Rebecca Gamvik의 죄책감도 여성의 오이디푸스 콤플
렉스에 관한 것으로 해석한다.[34] 죄책감은 반드시 의식적인 범죄행위에
기초하지 않는다. 오이디푸스는 부모인지 알지 못하는 상태에서 부친살
해와 근친상간을 범하고, 레베카는 양부가 친부인줄 모르면서 성관계를
가진 것에 죄책감을 느끼며, 햄릿은 삼촌 클로디어스와의 동일시를 통

아에 대해 가혹하고 잔인하고 냉혹해질 것이다. 그래서 칸트의 정언명령은 오이디푸
스 콤플렉스의 직접적 계승자다." Sigmund Freud, "The Economic Problem of Masoch-
ism", *SE*, Vol. XIX, 167쪽.

34 이 희곡의 주인공 레베카는 웨스트(West) 박사의 입양녀로서 양부가 죽은 후 전직 목사
요하네스 로스메르(Johanes Rosmer)의 저택 로스메르스홀름에 살게 된다. 그녀는 자식
이 없고 병약한 로스메르의 부인 베아타(Beata)에게 결혼의 목적이 후손이라는 내용을
담은 의학서적을 읽게 하고 자신과 로스메르가 연인관계임을 암시하며 집을 떠나겠다
고 말하여 베아타가 자살하게 만든다. 이후 로스메르는 레베카에게 청혼하지만 목적
달성을 눈앞에 둔 레베카는 갑자기 양심과 죄책감에 시달리고 청혼을 받아들이지 않는
다. 프로이트의 해석은 이 양심의 근원을 밝히는 데 집중한다. 로스메르스홀름을 방문
한 로스메르의 처남(베아타의 오빠) 크롤(Kroll)은 레베카에게 양부 웨스트 박사가 사
실은 레베카의 친부였다고 밝히고 양부와 성관계를 가진 레베카는 근친상간에 관한 충
격을 받는다. 그녀는 이 사실을 알기 전에 이미 베아타의 죽음에 대한 죄책감이 있었지
만, 프로이트는 레베카에게 로스메르는 아버지를, 베아타는 어머니를 대체하는 인물이
라고 해석하며 레베카의 양심과 죄책감의 무의식적 근원이 아버지에 대한 오이디푸스
적 사랑과 어머니에 대한 증오라고 주장한다. Sigmund Freud, "Some Character-Types
Met With in Psycho-Analytic Work", 324~331쪽을 볼 것. "로스메르스홀름에서 그녀에
게 일어난 모든 것, 로스메르와 사랑에 빠지고 그의 부인에 대해 적대감을 갖는 것은 처
음부터 오이디푸스 콤플렉스의 결과 즉 그녀의 어머니와 웨스트 박사와의 관계의 필연
적인 복제였다. (…중략…) 정상의 경우처럼 좌절의 결과로서가 아니라 성공의 결과 질
병을 유발하는 양심의 힘은 ─ 아마도 우리의 죄의식 일반도 그렇듯이 ─ 오이디푸스
콤플렉스, 즉 아버지와 어머니와의 관계와 밀접히 연관된다." 위의 글, 330~331쪽.

해서 부친살해에 대한 죄책감을 간접적으로 경험한다. 이렇듯 죄책감은 범죄행위가 없어도 발생한다. 프로이트는 『토템과 터부*Totem and Taboo*』에서 원초적 아버지를 살해한 아들들이 부친살해에 대한 죄의식과 "지연된 복종"으로 아버지를 대신하는 토템 동물의 사냥을 금지하고 아버지가 독점했던 여자들에 대한 권리를 자발적으로 포기하는 터부를 만들었다는 가설을 제시한다.[35] 프로이트는 『문명과 그 불만*Civilization and its Discontents*』에서 개체발생적인 오이디푸스 콤플렉스와 계통발생적인 원초적 아버지 살해의 관계를 설명하면서 죄책감이 행위와 무관하게 발생한다는 점을 지적한다.[36] 원초적 아버지를 살해한 공격행위가 실행되지 않아도 아이들이 오이디푸스 콤플렉스에서 느끼는 공격성만으로도 죄책감은 발생한다. 후에 논하겠지만 이 점은 트라우마 생존자가 죽은 자에 대해 느끼는 죄책감의 메커니즘을 잘 설명해준다.

물론 죄와 죄책감은 다르다. 실존주의 철학자 부버*Martin Buber*는 심리학자들이 죄책감*guilt feelings*만 다루고 죄의 논의는 신학자의 몫이 되었다고 지적하면서 정신치료사는 참된 "영혼의 의사"가 되기 위해서는 환자의 "죄의 존재적 성격"을 대면해야 한다고 말한다.[37] 부버에 따르면 "존재

---

35 Sigmund Freud, *Totem and Taboo*, *SE*, Vol. XIII, 143쪽을 참조할 것.

36 "우리는 인간의 죄의식이 오이디푸스 콤플렉스에서 발생하고 함께 뭉친 형제들에 의한 아버지의 살해에서 획득되었다는 가정에서 벗어날 수 없다. 이 경우 공격행위는 억압되지 않고 실행되었다. 그러나 그것은 아이에게서 억압됨으로써 죄의식의 근원이 된 것과 같은 공격행위였다." Sigmund Freud, *Civilization and Its Discontents*, *SE*, Vol. XXI, 131쪽. 여기에서 프로이트가 예상하는 독자들의 반응 —"그래서 아버지를 죽이든 아니든 아무런 차이가 없고 어떤 경우에도 죄책감을 갖게 되네요!" — 은 그의 주장을 명확히 드러낸다.

37 Martin Buber, "Guilt and Guilt Feeling", *CrossCurrents* Vol.8, No.3, 1958, 194쪽. 부버의 엄밀한 구분에도 불구하고 guilt는 죄책감의 의미를 내포하므로 대부분 "죄책감"으로 번역한다.

적 죄는 자신이 그 토대를 알고 있고 자신의 존재와 모든 공통된 인간존재의 토대로 인식하는 인간세계의 질서를 누군가가 훼손할 때 발생한다. 환자의 살아있는 기억에서 그런 죄를 대면하는 의사는 그 상황으로 들어가야 하고 그 질서의 상처에 손을 대서 이것이 당신과 관계있다는 것을 배워야 한다."[38] 그 결과 정신치료사는 환자가 자신의 "본질을 발견하거나 더 고차원적 차원에서 재발견"해서 "세계와의 진정한 관계를 맺도록" 도와주어야 한다.[39] 부버는 프로이트의 양심 개념을 실존주의 철학의 관점에서 다시 정의한다. 부버에 따르면 죄에 대해 화해할 수 있는 세 영역이 있는데 첫째는 사회법의 영역이고, 셋째는 인간과 신의 관계를 다루는 신앙의 영역이며, 치료사가 활동하는 영역은 양심을 다루는 둘째 영역이다. 여기에서 양심은 프로이트의 정의와 다르다. "양심의 내용은 물론 많은 점에서 양심을 지닌 자가 속하는 사회의 명령과 금지 또는 그가 구속된 신앙의 전통의 명령과 금지에 의해 결정된다. 그러나 양심 자체는 개체발생적으로나 계통발생적으로 이런저런 권위의 내화로 이해될 수 없다. 사람이 그 밑에서 성장하고 사는 할지어다와 하지 말지어다의 목록은 양심의 영역에서 지배적인 개념들만 결정하며 양심의 존재 자체를 결정하지는 않는다."[40] 부버에게 죄는 인간존재의 근본에서 찾을 수 있는 양심에 기인한다.

4장에서 살펴본 아우슈비츠 생존자가 느끼는 도덕적 책임감에 비추어볼 때 프로이트의 정신분석적 양심과 부버의 실존주의적 양심 개념은 트라우마 환자가 경험하는 죄책감과 직접적으로 무관한 듯 보이지만

---

38 위의 글, 197쪽.
39 위의 글, 199쪽.
40 위의 글, 202쪽.

죄(책감)에 대한 근본적인 성찰을 보여준다. 죄책감은 (신을 포함한) 권위적 존재이든 자신보다 열등한 인물이든 타자와의 인간적 관계에서 발생하고 근본적으로 사회질서와 인류애의 문제와 무관하지 않기 때문이다. 그래서 트라우마의 감정 중에서도 죄책감은 도덕성과 가장 밀접히 관계된다. 앞서 살펴본 톰킨스는 인간의 선천적인 감정의 목록에 죄책감을 독립적으로 제시하지 않고 수치심-굴욕감의 일부로 설명하면서도 죄책감과 (비)도덕성의 관계를 지적한다. "우리 견해에서 수줍음, 수치심, 죄책감은 정동의 차원에서 서로 구분되지 않는다. 그들은 하나의 같은 정동이다. 그렇다고 이방인 앞에서의 수줍음, 도전에 대한 성공적 대처 실패에 대한 수치심, 비도덕성에 대한 죄책감이 똑같은 경험이라는 말은 아니다."[41] 프로이트와 부버 그리고 톰킨스에게 죄책감은 양심 또는 도덕성과 분리할 수 없다.

4. 생존자 죄책감

많은 트라우마 학자들이 죄책감과 도덕성의 관계를 지적해왔다. 예컨대 나치 강제수용소를 경험한 정신분석학자 베틀하임은 "죄의 문제는

---

41 Silvan Tomkins, *Shame and Its Sisters*, 133쪽. 톰킨스에게 수치심-굴욕감은 죄책감보다 더 넓은 의미를 지닌다. "우리는 수치심이 죄책감이라는 단어보다 우리가 전달하려는 더 넓은 의미에 더 가깝기 때문에 기저의 정동을 지시하기 위해 죄책감보다 수치심-굴욕감이라는 용어를 사용한다. 우리는 흔히 도덕적 위반에 대해 수치스럽다고 말하지만 우리의 열등감에 대해 죄책감을 느낀다고는 보통 말하지 않는다." 위의 책, 143쪽. 톰킨스는 수치심과 죄책감보다 수치심과 경멸을 구분하며 "우리는 죄책감이라고 불리는 것 중 다수를 내재화된(internalized) 경멸이라고 부를 것이다"라고 말한다. 위의 책, 144쪽.

도덕성의 문제와 밀접히 연관된다"고 말한다.[42] 트라우마와 관련해서 죄책감을 논할 때 가장 중요한 것은 생존자 죄책감이다. 수많은 인명을 앗아간 재난을 겪고 생존한 자에게 "왜 나만 생존했나?"라는 물음은 자신이 재난에 대한 책임이 없어도 죄책감을 유발한다. 베틀하임이 분류하듯이 트라우마를 강제수용소 생활에서 겪은 원초적 트라우마와 해방 후 후유증으로 일생에 걸쳐 겪는 이차적 트라우마로 구분할 수 있다면 죄책감은 이차적 트라우마에 속한다. 베틀하임은 여러 사람의 도움으로 살아남은 홀로코스트 생존자 한 명이 "나는 '왜 내가 구원됐지?' (…중략…) '왜 내가 이 모든 도움을 받았지?'라고 반복해서 자문했다"고 말한 편지를 인용한다.[43] 이 생존자는 유대인을 도운 독일인 여자와의 대화를 통해 "우리 생존자들이 책임이 있는가?"라는 질문도 제기하게 된다.[44]

수많은 희생자와 달리 자신이 생존했다는 죄책감은 죄와 책임에 대한 객관적이고 합리적 이유 없이 발생한다. 예컨대 생존자는 생존이 인간의 생득권임에도 불구하고 자신이 살아남았다는 사실을 "자격이 없고 설명할 수 없는 요행"으로 경험하며 왜 자신이 구원됐는가라는 질문에 "그건 순전히 운이었고 단순한 우연이었어"라고 대답한다.[45] 그러나 그는 다른 한편으로는 "맞아 그렇지만 네가 생존할 기회를 가진 이유는 어떤 다른 죄수가 너 대신 죽었다는 거지" 또는 "어떤 이들은 네가 더 편한 작업소에서 그들을 밀어냈기 때문에 죽었고 다른 이들은 없어도 지낼 수 있었을 음식 같은 도움을 네가 주지 않아서 죽었어" 또는 더 나아

---

42   Bruno Bettelheim, *Surviving and Other Essays*, New York : Vintage Books, 1980, 296쪽.
43   위의 책, 25쪽.
44   위의 책, 26쪽.
45   위의 책, 27쪽.

가 "네가 아니라 다른 사람이 죽어서 너는 좋아했어"라는 죄책감에 사로 잡힌다.[46] 베틀하임이 지적하듯이 "왜 내가 구원됐지?"라는 물음은 "왜 내가 태어났지?"만큼 대답할 수 없는 질문이다.[47] 생존자가 자문하는 질문은 생존을 가능하게 한 여러 원인을 추적해서 밝힐 수 있는 문제가 아니라 비논리적이고 심지어 실존적인 질문이다. 문제는 베틀하임이 말하듯 "이런 죄책감과 특별한 의무감은 비합리적이지만 삶을 지배하는 힘은 감소하지 않고 여러 면에서 이 비합리성을 대처하기 어렵게 만든다"는 사실이다.[48]

물론 강제수용소처럼 생명을 위협할만한 재난적 사고를 겪지 않고도 일상생활에서 타인보다 성공한 자도 생존자 죄책감을 느낄 수 있다. 최근의 연구는 생존자 죄책감을 대인 관계의 관점에서 폭넓게 파악한다. 사회심리학, 발달심리학, 진화심리학 연구는 자신이 직접적으로 책임이 없는 타자의 불행에 대해서도 죄책감을 느끼는 이유를 타자와의 유대를 유지하려는 궁극적으로 생존을 위한 것으로 파악한다. 이런 관점에서 생존자 죄책감은 "공통 경험을 공유하고 서로의 복지를 돌보는 개인들 사이의 거래에서 발생하는 본질적으로 대인적인 현상이다."[49] 따라서 자신이 타자에게 직접 해로운 행위를 하지 않았더라도 공평하게 분배되어야 할 자원이 불공평하게 분배되었고 자신의 성공이 남들이 가질 권리를 빼앗은 결과를 초래했다는 인식이나 믿음만으로도 생존자 죄책감

---

46 위의 책, 27쪽.

47 위의 책, 35쪽.

48 위의 책, 27쪽.

49 Ramona Fimiani, Francesco Gazzillo, Nino Dazzi, and Marshall Bush, "Survivor Guilt : Theoretical, Empirical, and Clinical Features", *International Forum of Pschoanalysis*, Vol. 31, No. 3, 2022, 177쪽.

은 발생할 수 있다.[50] 이런 연구들은 "깊은 생존자 죄책감을 느끼기 위해서 극단적인 트라우마를 경험할 필요가 없다"는 것을 보여준다.[51]

이런 관점에서 생존자 책임감은 트라우마를 초래하는 재난적 사건이 아닌 타자와의 관계에서 정의된다. 예컨대 매켄지Jordan MacKenzie와 자오 Michael Zhao는 "생존자 죄책감"을 "타자들이 겪고 생존하지 못한 어떤 것을 겪고 **생존하는 것뿐** 아니라 더 **일반적으로** 타자보다 잘하는 데에서 사람들이 종종 느끼는 자기를 향한 부정적 감정"으로 정의한다.[52] 이들은 죄책감이 어떤 사건이나 행위에 대한 책임이 있다고 느낄 때 발생한다는 전통적인 이론이 아무런 책임이 없을 때도 죄책감을 느낀다는 사실을 설명하지 못한다고 지적하며 "죄책감의 관계적 설명"을 대안으로 제시한다.[53] 죄책감의 기준은 "자신이 수행하는 행동이 아니라 **자신이 타자와 맺는 비대칭적 관계**"다.[54] 비난받을 행동을 하지 않았더라도 피해나 상처를 입거나 자신보다 잘 되지 못한 타자와 도덕적 불균형이 있다고 인식할 때 죄책감은 발생한다. 생존자 죄책감도 이런 관계적 설명으로 이해할 수 있다. "생존자가 자신보다 잘 되지 못한 자들을 보상하거나 심지어 그들이 박탈당한 것을 자신에게서도 박탈하려는 동기를 느낄 수 있다는 것은 자신과 타자들 사이의 도덕적 불균형을 회복하려는 욕망으로 설명될 수 있다."[55] 즉 죄책감에 동반되는 도덕성은 자신의 행위뿐 아니

50　위의 글, 183~184쪽을 참조할 것.

51　위의 글, 181쪽.

52　Jordan MacKenzie and Michael Zhao, "Survivor Guilt", *Philosophical Studies*, Vol.180, No.9, 2023, 2708쪽, 각주 1번.

53　위의 글, 2708쪽.

54　위의 글, 2712쪽.

55　위의 글, 2713쪽. 이들은 생존자 죄책감을 자신이 남보다 운이 좋았다고 느끼는 "행운 죄책감(luck guilt)"과 같은 집단에 속한 자들과 운명을 공유한다고 느끼는 데서 발생

라 타자와의 불균등한 관계를 포함한다.

그러나 생존자 죄책감은 트라우마를 유발하는 재난적 사건에서 가장 확실히 경험된다. 전술했듯이 『정신질환의 진단 및 통계편람』은 죄책감을 외상후 스트레스 장애 진단의 항목으로 제시한다. 머레이[Hannah Murray]는 외상 후 스트레스 장애와 생존자 죄책감의 밀접한 관계를 연구하면서 "타자들이 죽은 외상적 사건에서 생존한" 집단을 대상으로 한 실험에서 이 집단의 "대부분[90%]이 생존자 죄책감을 보고했고, 자주 이 경험을 극단적으로 강렬하고 고통스러운 것으로 평가했다"는 결론과 함께 "치명적 사건의 생존자들에게서 생존자 죄책감과 PTSD 점수 사이에 긍정적 연관성이 발견되었지만 우울증과 자살은 발견되지 않았다"고 지적한다.[56] 이는 죽음의 고비를 경험하고 타인의 죽음을 목격한 트라우마 희생자에게 가장 고통스런 감정이 생존의 죄책감임을 보여준다. 호로비츠가 스트레스 반응의 대표적 감정의 하나로 "생존에 대한 죄책감 또는 수치심"을 제시하는 것은 우연이 아니다.

"생존자 죄책감"이란 용어는 서독에서 보상법이 통과된 후 나치 강제수용소 생존자들에 대한 보상을 결정하는 전문가들이 생존자들의 증상을 수용소 경험이 아닌 체질적이거나 다른 원인에서 찾는 것을 비판하며 박해 생존자들의 증상을 연구한 니더랜드에 의해 최초로 사용되었다. 니더랜드는 불안, 인성 변화, 다양한 신체 증상 및 망상, 편집증 등 정신병적 장애와 더불어 박해 피해자들의 증상 중 하나로 "심각하고 지속적인 죄책감 콤플렉스"를 제시한다.[57] 그는 "생존자 죄책감"에 대한 다양

하는 "연대감 죄책감(solidarity guilt)"으로 구분한다. 위의 글, 2716~2717쪽 참조.

56 Hannah L. Murray, "Survivor Guilt in a Posttraumatic Stress Disorder Clinic Sample", *Journal of Loss and Trauma*, Vol. 23, No. 7, 2018, 604쪽.

한 반응을 검토하면서 생존자들이 해방 후 상대적으로 증상이 없는 기간을 보내는데 가족 중 유일하게 또는 거의 유일하게 생존한 자들은 "이중 죄책감의 짐"을 지는 것을 관찰한다.[58] 이는 "첫째, 재난 및 사랑하는 사람들이 절멸된 영향으로 경험한 실제 상실, 테러, 그리고 슬픔, 둘째, 사랑하는 사람들이 굴복한 그 재난을 겪고 생존한 것에 대한, 의식적 무의식적 처벌의 두려움을 동반한, 항존하는 죄책감"이다.[59] 자살은 처벌이 부족하다는 인식에서 나온다는 레비의 사색은 죄책감과 처벌의 상관관계를 보여준다. "대부분의 경우 자살은 처벌이 줄어들지 않았다는 죄책감에서 태어난다. 투옥의 가혹함은 처벌로 인식되어 (처벌이 있으면 죄가 있어야 한다는) 죄책감은 배경으로 밀려나고 해방 후에 다시 출현한다. 다시 말해서 (사실이든 추정된 것이든) 죄 때문에 자살로 자신을 처벌할 필요는 없었다. 일상의 고통으로 자신은 이미 속죄한 것이었다. 어떤 죄인가? 모든 것이 끝난 후에 우리는 우리를 흡수한 체계에 맞서 아무것도 또는 충분히 하지 않았다는 인식이 출현했다."[60] 자신이 저항하지 않았다는 인식은 처벌의 당위성을 동반하는 죄책감을 유발한다.

생존자 죄책감에 (무)의식적 처벌의 두려움이 동반된다는 사실은 죄책감이 초자아와 관계가 있음을 보여준다. 앞서 논했듯이 프로이트는 초자아를 죄책감의 원인으로 설명한다. 극단적 상황에서 생존한 자들이 자신과 달리 죽은 자들에 대한 죄책감에 시달리는 원인은 초자아의 명

<hr>

57　William G. Niederland, "The Problem of the Survivor Part Ⅰ : Some Remarks on the Psychiatric Evaluation of Emotional Disorders in Survivors of Nazi Persecution", *Journal of the Hillside Hospital*, Vol.10, 1961, 237쪽.

58　위의 글, 238·241쪽.

59　위의 글, 238쪽.

60　Primo Levi, *The Drowned and the Saved*, 63쪽.

령을 위반했기 때문이다. 니더랜드는 나치 강제수용소가 생존자들에게 미친 영향 중 하나로 "초자아에 대한 공격"을 제시한다.[61] 생존이 지상 목표가 되는 강제수용소의 상황은 정상적 상황에서 초자아가 명령하는 양심과 이타적 행동 및 도덕적 윤리적 원칙을 배신하게 만든다. "수용소의 불문율은 그대 자신의 음식을 먹어라. 할 수 있다면 이웃의 음식도 훔쳐 먹으라고 지시한다. (…중략…) 한 가지 사실은 확실하다. 살아남고 싶으면 비도덕적이고 모멸적인 명령에 따라야 했다. 자기보존을 위한 노력 자체는 자주 타자들의 희생을 대가로 실현되기 때문에 내재한 초자아 갈등을 포함했다."[62] 이런 상황은 4장에서 논한 비인간화뿐 아니라 생존에 대한 죄책감을 초래한다. 니더랜드는 "생존과 관련해서 아마도 가장 큰 발병 요인은 죄책감이다"라고 단언한다.[63]

니더랜드는 전후 강제수용소 생존자들의 보상을 결정하는 서독 연방 공화국의 보상 입법부가 수용소 생활이 미친 장기적이고 심각한 정신 질환의 증상을 충분히 고려하지 못했다고 비판하면서 생존자들의 정신적 신체적 증상의 원인을 강제수용소의 외상적 경험에서 찾는다. 죄책감은 만성적인 우울증과 박해감을 낳는데 박해를 받는 느낌은 "괴로운 죄책감이 투사되어 외부의 응징을 기대하게 된다."[64] 외부로 투사된 죄책감은 피해망상과 보복의 두려움을 낳는다. 죄책감은 정신질환뿐 아니라 신체 증상도 유발한다. 강제수용소 생존자들의 두통, 어지러움, 피로, 불면 등의 신체 증상을 히스테리나 강박증 같은 신경증의 증상으로 진

---

61 William G. Niederland, "Psychiatric Disorders Among Persecution Victims", 467쪽.
62 위의 글, 467~468쪽.
63 위의 글, 470쪽.
64 위의 글, 470쪽.

단하면 "해소되지 못한 죄책감이 박해 기간에서 현재로 이어져 죄책감에 시달리는 생존(나는 살고 **그들은 죽었다** 즉 **그들은** 무의식적으로 **나**에 의해 희생되었다)이 회유적, 속죄적, 강박적 그리고 피학적인 증상과 행동 유형들을 만든다"는 사실을 간과하게 된다.[65]

프로이트에게 초자아가 "무의식적 죄책감"을 유발하는 것처럼,[66] 니더랜드도 "생존자 죄책감은 거의 참을 수 없는 부담을 나타내므로 보통 의식으로의 진입이 허용되지 않고 대부분 억압되었다가 임상적으로 환자의 우울증적, 피해적, 심신적 그리고 자율신경적 증상에서 그리고 매우 드물게는 완전한 부인否認, denial으로 드러나는 경향이 있다"고 말한다.[67] 죄책감은 외상 사건의 기억을 억압하고 사건의 발생 자체를 부인하려는 경향을 초래한다. 트라우마 생존자의 시간 개념이 훼손되는 것도 죄책감과 부인에 기인한다. 니더랜드는 나치 강제수용소에서 생존한 환자들의 기억이 보존되어도 "박해 중 겪은 대규모 외상적 상해 기간에 관해서는 시간 지각 또는 시간 인식의 감각이 훼손된다"고 지적하며 1942년에서 1945년 동안 수용소 생활을 했던 생존자들이 수용 기간을 해방후인 1952년에서 1955년이라고 대답한 예를 제시한다.[68] 그리고 그는 이런 착오가 "(1942~1945년의 '존재를 없애는') 부인의 시도와 미국의 안전에 도착했다는 지속적인 생존자 죄책감을 지시한다"고 해석한다.[69]

니더랜드는 "생존자 증후군"survivor syndrome이란 용어도 최초로 사용한

65　위의 글, 471쪽.

66　Sigmund Freud, *The Ego and the Id*, 35쪽. 자아와 초자아가 대부분 무의식적이라는 프로이트의 발언은 Sigmund Freud, *New Introductory Lectures on Psycho-Analysis*, 69~70쪽을 볼 것.

67　William G. Niederland, "Psychiatric Disorders Among Persecution Victims", 471쪽.

68　위의 글, 472쪽.

69　위의 글, 472쪽.

다. 그는 "유입되는 압도적 자극의 과부하에 의한 자아의 보호 장벽의 파괴와 관계되는" 외상신경증 개념은 자아가 방어기제로 트라우마를 다룰 수 있다고 함축하는데, 이는 그가 관찰한 트라우마의 증상들 —"불안, 동요, 우울증, 다중 신체장애 증상의 빈번하고 동시적인 존재뿐 아니라 환자들의 자아와 초자아 구조의 심각한 변형(정체성과 정동 감각 등에서의 변형)의 지속"— 을 충분히 설명하지 못한다고 말하며 이 새로운 임상적 상태를 "생존자 증후군"으로 명명한다.[70] 그는 생존자 증후군의 여러 특징을 논하면서 생존자 죄책감이 "임상적으로 해소되지 못한unresolved 슬픔과 애도의 형태로 출현한다"고 지적하고 이 환자들의 "자책 뒤에는 환자들을 박해에서 보호하지 못한 상실한 부모에 대한 억압된 분노와 원한이 발견되었다"고 말한다.[71] 생존자가 상실한 사랑의 대상 즉 부모에 대해 갖는 죄책감은 우선 이들에 대한 "(부모가 희생자를 박해에서 보호하는 데 명백히 실패한 것에 의해 강화된) 현저한 양가성을 증명한다."[72] 생존자는 부모에 대한 사랑과 상실 그리고 그들에 대한 원망과 죄책감으로 괴로워하는 것이다. 강제수용소에서의 박탈 경험은 또한 유아의 구강적 가학적 단계에 경험한 "충족되지 않은 구강적 욕구에 기인하는 분노와 좌절" 즉 만족을 주지 못한 부모에 대한 분노와 좌절에 대한 죄책감을 소환하고, 해방 후에도 생존자가 경험하는 좌절은 "수용소에서 앞서 경험한 좌절과 이에 수반되는 죄책감을 다시 상기시킨다."[73]

---

70 William G. Niederland, "Clinical Observations on the 'Survivor Syndrome'", *International al Journal of Psychoanalysis*, Vol.49, 1968, 314쪽.

71 위의 글, 314쪽.

72 위의 글, 314쪽.

73 위의 글, 315쪽. 니더랜드는 유아가 입을 통해 대상을 자아로 통합하려는 "구강적-가학적 통합의 파괴적 측면"에 대한 이론으로 프로이트, 페니켈(Otto Fenichel), 아브라함(Karl Abraham) 등을 거론하지만, 그가 논하는 유아의 공격성에 동반되는 죄책감

5. 죄책감과 동일시

생존자 죄책감을 논할 때 중요하게 등장하는 것은 동일시 개념이다. 니더랜드는 생존자가 상실한 부모에 대한 사랑과 원망의 양가감정을 느낀다고 지적하고 생존자 죄책감의 뿌리를 유아적 박탈에 관해 부모에게 느꼈던 분노와 좌절을 지적하면서도 생존자 죄책감을 부모가 죽기를 바라는 소망으로 보지는 않는다. 오히려 홀로코스트 생존자들이 가족을 구하지 못했거나 버렸다는 죄책감은 그들과 동일시하는 데서 유래한다.

> 온 가족이 나치에 의해 절멸되고 유일하게 살아남았다는 사실은 그들 모두를 무겁게 짓누른다. 그것은 평생의 고통, 수치심, 죄책감의 짐을 나타낸다. 정신분석학적으로 말해서 해소되지 못한 슬픔의 상황에서 죄책감과 죄에 대한 불안은 보통 홀로코스트에서 전멸한 가족에 관한 어릴 적 적대감과 죽음 소망에 기초한 것으로 간주된다. (⋯중략⋯) 나는 이 설명을 받아들일 수 없다. 이들 중 많은 사람에게서 피학증적 경향이 작동하는 것은 맞지만 대부분 내적 갈등의 핵심은 생존 자체다. 홀로코스트 생존자는 자신이 죽음에서 합류해야 한다고 느끼는 사랑하는 망자들과 너무 동일시한 나머지 그들의 과묵한 행동, 창백한 안색, 발을 끄는 걸음걸이 등과 관련해서 다수의 내 환자의 현상적 태도는 흔히 걸어 다니는 시체의 태도다. 오랜 연구에 기초해서 나는 생존이 죽

은 클라인(Melanie Klein) 이론에서 더 잘 설명된다. 클라인은 유아가 박탈을 경험할 때 부모에 대해 공격성을 느끼고 이 공격성에 대한 처벌로 부모가 자신을 공격할 것에 대한 두려움과 죄책감을 경험하며, 처벌에 대한 두려움과 죄책감을 유발하는 초자아는 프로이트가 상정하는 오이디푸스 시기보다 더 빨리 발달한다고 주장한다. 이에 관해서는 Melanie Klein, *The Selected Melanie Klein*, Juliet Mitchell 편, New York : The Free Press, 1986, 58~94쪽을 참조할 것.

은 부모와 형제에 대한 배반이라고 무의식적으로 느껴지고 살아 있다는 것이 끊임없는 죄책감과 불안의 원천이자 지속적인 갈등을 구성한다고 믿는다.[74]

니더랜드의 생존자 죄책감 (그리고 생존자 증후군) 연구는 생존자가 죽은 이들과의 관계에서 갖는 복잡한 (때로 모순되거나 양가적인) 감정, 동일시, 초자아의 처벌에 대한 두려움 및 상실의 부인 등 다양한 요인을 보여준다. 4장에서 다룬 리프턴의 연구는 니더랜드의 연구와 더불어 죽음과 죄책감의 관계를 통해 생존자 죄책감을 조명한 고전적인 연구다. 리프턴에게도 죽음의 위협을 겪고 살아남은 생존자가 느끼는 죽음 죄책감은 죽음에 대한 불안과 더불어 생존자를 괴롭히는 대표적인 감정이다. 타인의 죽음 이미지가 불러일으키는 죽음 불안이 궁극적으로 생존자 자신의 죽음에 관한 것이라 하더라도, 타인의 죽음은 생존자의 생존에 대한 죄책감을 유발한다. 왜 나는 살고 그들은 죽었는가라는 질문은 생존자와 죽은 자의 비교 가치를 생각하게 만든다. 리프턴은 생존자가 느끼는 "타자의 생존을 대가로 자신의 생존을 샀다"는 무의식적 죄책감을 생존자 심리의 둘째 특징으로 지적한다.[75] 이런 죄책감은 논리적 비약으로 발전한다. 그래서 "'내가 그의 죽음에 책임이 있다'는 무의식적 자기 비난은 쉽게 '내가 그를 죽였다'가 된다."[76] 예컨대 나치 강제수용소에서 생존원칙은 '나' 아니면 '그'라는 생존경쟁이므로 "죽음의 이미지는 누가 무엇이 생존할 것인가의 내적인 질문과 밀접히 관계되고, 생존의 이미

74　William G. Neiderland, "The Survivor Syndrome : Further Observations and Dimensions", *Journal of the American Psychoanalytic Association*, Vol. 29, No. 2, 1981, 420~421쪽.

75　Robert Jay Lifton, *Death in Life*, 489쪽.

76　위의 책, 490쪽.

지는 누가 (그리고 무엇이) 자기 대신 죽었는가에 관한 내적인 질문과 밀접히 관계된다."[77]

　죽음 불안을 유아가 겪는 (부모로부터의) 분리와 무력감의 재활성화로 설명하는 리프턴은, 니더랜드와 약간 다르게, 죄책감이 유아가 과거에 죽은 자(부모)에게 품었던 양가감정에 기인한다는 프로이트의 설명을 수정한다.[78] 리프턴에 따르면 죽은 자에 대해 갖는 양가감정은 더 정확히 말해서 "죽음의 타이밍과 관련된 모순된 소망"이다.[79] 즉 아이는 사랑하는 부모가 영원히 살기를 바라지만 동시에 자신이 부모보다 더 오래 살기를 원하기 때문에 이 양가감정은 결국 "직간접적으로 죽음 및 생존과 관계되는 모순적 느낌에서 비롯된다."[80] 여기에서 중요한 것은 "나치 수용소와 히로시마 생존자들이 '지옥을 산다'living hell고 말할 때 지시하는 것이 외적 사건이라기보다 정확히 말해서 이런 종류의 죽음의 죄책감"이라는 사실이다.[81] 다시 말해서 생존자는 자신이 겪은 죽음의 대면보다 남들은 죽고 자신은 생존했다는 사실에 더 괴로워한다. 리프턴에 따르

77　위의 책, 491쪽.

78　프로이트는 『토템과 타부』에서 아들들이 원초적 아버지에 대해 갖는 존경과 증오의 양가감정을, 『자아와 이드』에서 오이디푸스 콤플렉스를 설명하면서 아들이 아버지에 대해 갖는 양가감정을 논하고, 『여성의 성(Female Sexuality)』에서는 여아가 사랑의 대상을 엄마에서 아빠로 바꾸는 이유 중 하나를 여아가 엄마에게 갖는 원초적인 양가감정으로 설명한 바 있다. 각각 *Totem and Taboo*, 26~74쪽; *The Ego and the Id*, 32~33쪽; "Female Sexuality", *SE*, Vol. XXI, 235쪽을 참조할 것.

79　Robert Jay Lifton, *Death in Life*, 490쪽.

80　위의 책, 490쪽. 죽은 자에 대한 양가감정은 죽음 / 죽은 자에 의해 오염될 수도 있다는 감정과도 관계된다. "생존자는 처음부터 근본적인 양가감정으로 분열된다. 그는 죽은 자들을 포용하고 그들에게 경의를 표하며 그들과의 관계를 영속화하기 위해 다양한 의례에 동참하면서도 그들을 밀어내고 그들이 오염되고 불결하며 위험하고 위협적이라고 여기기도 한다." 위의 책, 493쪽.

81　위의 책, 491쪽.

면 생존자가 겪는 시련은 속죄했다는 안도감을 주지 않고 오히려 생존자의 "죄책감을 완화하기보다 활성화"한다.[82]

생존자의 시련이 속죄를 낳지 않는 이유는 궁극적으로 생존자가 죽은 자의 죽음과 비교했을 때 자신의 시련이 작다고 느끼기 때문일 것이다. 리프턴은 이를 설명하면서 니더랜드가 논한 죽은 자와의 동일시를 더 상세히 분석한다. 그는 "죽은 자들의 이미지를 자신 안에 내포해서 그들이 했거나 했을 것과 똑같이 생각하고 느끼고 행동하려는 생존자의 경향" 즉 죽은 자와의 동일시에서 느끼는 '동일시 죄책감identification guilt'에서 자신의 시련과 죽은 자들의 시련을 비교하는 생존자 심리를 파악한다.[83] 즉 생존자는 "최고의 고난을 겪은 사람이나 사람들의 입장에 스스로 처하거나 그런 동일시에 미치지 못한다고 자신을 책망하는 강박감을 느낀다."[84]

이런 동일시 죄책감은 생존자가 동일시한 "타자의 눈으로 자신을 판단하는 경향에 기초한다."[85] 동일시 죄책감의 메커니즘은 프로이트가 설명하는 우울증 메커니즘과 대조된다. 프로이트에 따르면 우울증은 자신이 사랑했던 대상의 상실을 받아들이지 못하는 주체가 상실한 대상과 동일시하고 그 대상을 자신에게로 내입해서 가혹하게 공격하는 메커니즘이다. 이와 반대로 동일시 죄책감은 생존자가 상실한 타자와 동일시

---

82   위의 책, 494쪽.

83   위의 책, 496쪽.

84   위의 책, 496쪽.

85   위의 책, 496쪽. 리프턴에 따르면 "죽은 자의 응시를 받는 것은 잘못에 대해 비난받는다는 의미에서는 죄책감을 의미하고, 자신이 생존하려고 '이기적인' 노력을 하는 가운데 타자 앞에서 '노출된다'는 의미에서는 수치심을 의미한다"는 점에서 다르지만, 둘 다 생존자가 죽은 자들과의 동일시와 내화를 통해 "그들에게서 '생명을 훔친' 자로 '자신을 보는' 결과를 가져온다."

해서 그 타자의 눈으로 자신을 판단하는 과정에서 느끼는 감정이다. 두 경우 모두 자아를 가혹하게 심판하긴 하지만 우울증에서 자신의 일부가 된 타자가 심판받는다면 동일시 죄책감에서는 자아가 동일시한 타자의 심판의 대상이 된다. 극단적 경우 이런 동일시는 죄책감과 분노가 합해 져서 자신을 향하게 된다.

죄책감은 흔히 분노를 안으로 향하게 하는 것으로 묘사된다. 생존자에게 이 과정은 죽음을 만나는 환경과 동일시하는 정도와 심지어는 그가 그런 환경을 촉발한 원인으로 지각하는 사람들이나 세력과 동일시하는 정도에 의존 한다. 즉 생존자는 정확히 자신이 희생된 세계를, 어느 정도는 가해자 — 이 가 해자가 나치즘의 관료이건 미군 (또는 트루먼 대통령)[86]이건, 신이나 운명이건 간에 — 의 동기와 행동을 포함해서, 받아들이고 내화할 수밖에 없기 때문에 자신의 분노를 안으로 향하게 한다. 희생자가 적응과 통제를 추구하는 것은 제한적이기는 하나 그럼에도 (그에게) 혐오스런 "공격자와의 동일시"에 연루 되게 하고, 이는 다시 그의 죄책감과 혼란에 기여한다.[87]

생존자는 죽은 자의 시선과 동일시해서 자신을 비난한 나머지 자신과 죽은 자를 희생자로 만든 환경을 조성한 가해자와 동일시하는 경로를 밟는다. 이런 과정은 생존자의 죄책감이 객관적 관점에서 반드시 자신의 잘못에 기인하지 않는다는 것을 보여준다. 레지스탕스 일원으로 체포되 어 아우슈비츠 수용소에 감금되었던 델보는 수용소 동료 무네트^{Mounette}

---

86 여기에서 트루먼 대통령과 미군은 히로시마 원폭을 명령하고 수행한 당사자로 언급 된다.

87 위의 책, 497~498쪽.

의 죽음과 자신의 생존을 비교하며 귀환 후에도 자신이 계속 죽음의 삶을 살아가면서 무력감과 죄책감을 느낀다고 토로한다.

우리가 "내가 귀환한다면 (…중략…)"이라고 말하곤 했을 때 되찾길 원했던 삶은 크고 위풍당당하고 풍미가 있는 것이었다. 우리가 돌아와 되찾은 삶이 무미건조하고 추레하고 사소하며 도둑 같아서 우리의 희망이 훼손되고 우리의 최고 의도가 배신당하는 것이 우리의 잘못이 아닌가? 나는 잘못이 없다는 걸 알면서도 죄책감을 느낀다. 나는 우리의 죽은 자들을 속였고 나 자신과 내 야망, 내 열정을 배신했다. 이를 참고 견딘 것이 수치스럽다. 만일 무네트가 귀환했다면, 그리고 그녀가 귀환하는데 무엇이 필요했을까? 그녀는 나보다 강했었다. 왜 그녀이고 내가 아닌가?[88]

전술했듯이 강제수용소에서 삶의 원칙은 생존경쟁이고 살아남기 위해서 죄수는 자신의 생존을 최우선의 가치로 삼는다. "생존의 의지가 너무 커서 아무도 다른 사람들을 위해 자신을 희생하지 않았다"는 홀로코스트 생존자 마이라 L의 구두 증언은 이런 상황을 단적으로 표현한다.[89] 델보의 증언은 수용소에서 죽은 동료들과 공유했던 귀환 후의 활기 있는 삶에 대한 약속과 다짐에도 불구하고 여전히 죽음의 정신적 짐을 지고 무기력하게 살아가는 자신의 처지를 죽은 동료 무네트에 대한 죄책감으로 우회적으로 표현한다. 이와 달리 마이라의 증언은 더 냉정한 수용소의 생존원칙을 표현한다.

마이라는 형제의 죽음에 대한 죄책감에 시달리는 게토 생존자의 이

---

88   Charlotte Delbo, *Auschwitz and After*, 263쪽.
89   Lawrence Langer, *Holocaust Testimonies*, 126쪽에서 재인용.

야기를 들려준다. 게토에서 허기에 지친 한 남자에게 형수가 찾아와 형이 죽어가고 있으니 빵 한 조각을 나누어달라고 사정한다. 마이라는 그가 거절하며 마이라에게 "나도 먹을 것이 없는데 어떻게 내 마지막 빵조각을 그에게 줄 수 있습니까?"라고 말한 것을 눈물로 증언한다.[90] 다음 날 형은 죽고 동생은 생존해 미국에 살면서 마이라와 소식을 주고 받지만 빵을 달라는 형의 호소에 응답하지 못한 기억에 시달린다. 동생이 빵조각을 양보했더라도 형이 생존했을 가능성은 희박하므로 이 경우에도 동생이 형의 죽음에 책임이 있다는 객관적 증거는 없다. 형이 죽은 궁극적 원인은 나치주의자들의 행위가 분명하다. 그럼에도 이 이야기는 델보의 경우와 달리 자신의 생존을 위해 형의 죽음을 방관한 동생의 명백한 죄책감을 예증한다. 동생이 느끼는 참담한 기억은 삶과 죽음의 기로에 선 형에게 양식을 양보하지 않았다는 도덕적 책임감에 기인한다. 죽음의 죄책감은 결국 자신의 생존이 타자의 죽음과 무관하지 않다는 인식에서 비롯된다. 생존자에게 나의 생존과 너의 죽음은 분리될 수 없다.

리프턴의 죄책감 논의에서 주목할 점은 "공격자와의 동일시" 즉 생존자가 가해자와도 동일시할 수 있다고 주장한다는 점이다. 앞서 보았듯이 니더랜드는 생존자 증후군의 일부로 "초자아에 대한 공격"을 지적하고 죽은 자들이 자신에 의해 희생되었다는 무의식적 죄책감을 지적한다. 초자아의 중단과 죄책감은 일견 모순된 것으로 보인다. 그러나 극한 상황에서 초자아의 작동이 멈추고 생존에 대한 욕망이 양심을 압도해 이기적으로 행동하게 되면 후에 이런 행위에 대한 초자아 / 양심의 명령에 의해 죄책감을 느낄 수 있다. 니더랜드에 따르면 "초자아 기능의 중

---

90 위의 책, 124쪽.

단은 또한 가해자들을 무의식적으로 모방하는 것이다."[91] 즉 강제수용소에서 초자아 기능이 중단되어 죄수들이 양심에 따라 행동하지 못하는 것은 가해자들과 동일시하기 때문이다. 레이스는 이 발언이 "공격자와의 동일시" 개념을 보여준다고 해석하고 죽은 자들이 자신에 의해 희생되었다는 심리는 부모 또는 부모를 대신하는 위협적 타자와 동일시한 생존자가 그들에게 느낀 공격성이 자신에게 돌아온 것으로 설명한다.[92] 즉 "생존자 죄책감은 모방적으로 흡수된 위협적 타자의 인물이 자기 비판적이고 우울증적인 양심의 형태로 희생자를 괴롭히는 공격성 장애였다."[93] 가해자가 유아가 공격적이고 권위적으로 느끼는 부모를 대신하는 인물이라는 점에서 가해자와의 동일시는 유아가 양가감정을 갖는 부모와의 동일시에서 유래한다.

6. 죄책감과 책임

이런 주장은 희생자를 비난하는 논리로 해석될 여지가 있다. 데 프레는 이런 관점에서 생존자 죄책감을 비판한 대표적 인물이다. 그에 따르면 "생존은 집단적 행위이고 증언도 그렇다. 이 둘은 동정심과 염려에 뿌리를 두고 있고 분리의 착각을 폭로한다. 생존자의 정체성이 죽은자들을 포함한다고 말하는 것은 과장도 단순히 은유도 아니다."[94] 생존자

---

91   William Niederland, "Studies of Concentration-Camp Survivors", *Massive Psychic Trauma*, Henry Krystal 편, New York : International Universities Press, 1968, 31쪽.

92   Ruth Leys. *From Guilt to Shame*, 33쪽.

93   위의 책, 40쪽.

94   Terence Des Pres, *The Survivor*, 38쪽.

들의 정체성이 죽은 자들을 포함할 만큼 산 자와 죽은 자의 유대는 강하고 생존은 개별적인 것이 아니라 집단적인 사건이며 생존자의 증언은 죽은 자들과의 유대를 입증한다는 것이다. 그러나 생존자 죄책감은 "거의 전적으로 부정적인 강조"를 함축하는 용어로서 생존자들의 증언 의지에 모순된다.[95] 데 프레는 리프턴이 히로시마 원폭 생존자들을 다루면서 증언의 중요성을 간과했다고 비판한다. 증언의 의지가 죄책감에 선행한다. 데 프레에 따르면 "증언의 의지는 일찍 즉 죄책감이 생길 시간이 있은 후가 아니라 극단에 적응할 **초기** 단계에 일찍 발생한다."[96] 그는 한 생존자가 편지에서 말한 "나는 생존자라는 사실에 죄책감을 느끼지 않지만 이행할 의무가 있다고 느낍니다. 우리는 그것을 생존자 임무라고 부를 수 있습니다"라는 발언이 "'임무'의 관념이 죄책감의 개념에 선행한다"는 것을 예증한다고 말한다.[97] 생존자에게 죄가 있다면 그것은 증언하지 않는 것이다. "최후의 죄는 증언하지 않는 것이다. 생존자의 가장 큰 고통은 말할 수 없다는 것이다."[98]

데 프레의 연구는 인간이 극단적 상황에서도 생존해서 증언하려는 강한 인간적 의지와 사명감을 지닌다는 믿음에 기초한다. 그는 스탈린 치하의 삶을 그린 비망록 『가망 없는 희망Hope Against Hope』의 저자 만델스탐 Nadezhda Mandelstam에게서 "나중에 처음부터 자신을 구하려는 것뿐 아니라 증인으로 생존하려는 목적을 가졌던 사람들이 있는 것으로 판명되었다. (…중략…) 과거에 대한 뚜렷한 기억을 간직한 증인들은 물론 그 수가 적었지만 그들의 생존 자체는 악이 아니라 선이 결국 지배한다는 것

---

95   위의 책, 39쪽.
96   위의 책, 39쪽.
97   위의 책, 39~40쪽.
98   위의 책, 43쪽.

에 대한 최고의 증언이다"라는 발언을 인용하며 "공포 한가운데에서(어떤 다른 곳에서 나올 수 있단 말인가?) 진리가 출현할 것이다"라는 확신을 피력한다.[99] 생존자들의 증언은 끔찍한 극한상황의 공포를 보여주면서도 동시에 "공포에 대한 반응이 얼마나 활기차고 결단력이 있는지"도 보여준다.[100] 인간은 극한상황에 압도되지 않고 거리를 두고 반응할 수 있다. 예컨대 데 프레는 "나는 '관찰자'의 역할을 취함으로써 적어도 몇 분간 아우슈비츠에서 일어나고 있었던 일에서 나를 분리할 수 있었고 따라서 정상성을 더 잘 유지할 수 있었다"는 홀로코스트 생존자 칸토어Alfred Kantor의 말을 인용한다.[101] 전술했듯이 레이스의 구분에서 죄책감 이론은 희생자생존자가 외상 사건에 거리를 두지 못하고 몰입하며 타자가해자와 동일시한다는 모방이론에 가깝고, 타자의 응시에 노출된 생존자의 굴욕을 강조하는 수치심 이론은 생존자가 거리를 두고 관찰할 수 있는 자율성을 지닌다는 반모방이론에 가깝다. 이런 기준에서 극한의 공포상황에서도 악에 저항하고 인간성을 발휘할 수 있다고 주장하는 데 프레의 이론은 생존자가 외상 경험에 거리를 둘 수 있다는 반모방이론이다.

데 프레는 이런 반응이 책임을 뜻하는 영어 responsibility를 response-ability로 분절했을 때 생기는 '응답 능력'을 의미하며 이는 내적 권위의 목소리라는 정신분석학적 양심과는 다른 "사회적 형태의 양심"이라고 설명한다.[102] 증언은 죄를 드러내지 않고 악과 악에 맞서는 인간의 도덕성을 증명한다. "생존자들은 그들의 죄든 우리의 죄든 죄를 증언하는 것이 아니라 악의 객관적 상태를 증언한다. 생존의 문학에서 우리

---

99 위의 책, 34~35쪽.
100 위의 책, 46쪽.
101 위의 책, 46쪽.
102 위의 책, 46쪽.

는 참혹하고 가슴 아프며 완전히 참을 수 없기에 생존자의 비명이 불가피하게 우리의 비명이 되기 시작하는 것들의 이미지를 발견한다. (…중략…) 이 문서들은 쓰였다는 사실로 인해 도덕적 자아가 거쳐야 하는 비인간적 심연에서 부활할 수 있다는 것을 증명한다."[103] 데 프레에게 죄책감 개념은 생존자 문학이 보여주는 이런 인간성을 간과한다.

니더랜드와 리프턴이 가해자와의 동일시를 주장하긴 했지만 죄책감을 이런 관점에서만 파악한 것은 아니다. 앞서 살펴보았듯이 니더랜드는 부모에 대한 증오와 피학증보다 상실한 사랑하는 부모와의 동일시를 더 강조한다. 레이스는 리프턴도 죽음의 주제에 집중하면서 죄책감을 공격자와의 동일시와의 관계에서 파악했던 초기 경향에서 점차 벗어났다고 지적한다.[104] 리프턴을 비판한 데 프레도 리프턴이 죄 개념을 유지하면서도 죄책감을 책임의 관점에서 더 긍정적으로 인식하는 변화를 보여준다고 지적한다.[105] 실제로 리프턴은 "정신의학적 질환 및 잘못된 행동"과 연관된 죄책감이라는 용어의 사용에 대한 반대와 "가해자들의 실제 죄와 반대되는 희생자들의 추정적 죄에 초점을 맞추는 윤리적 정치적 위험"에 대한 비판도 고려해야 한다고 인정한다.[106] 그는 프로이트가 비정상적이고 병리적인 '신경증적 죄neurotic guilt'를 주로 다루었고 이런 죄는 자기파괴적이거나 죄책감을 피하기 위한 마비를 가져온다고 지적하면서 이런 유형의 죄를 '정태적 죄static guilt'라 부른다.[107] 그는 이와 달

---

103 위의 책, 49~50쪽.
104 "그가 수정한 결과 이제까지 생존자 죄책감 개념을 공격자와의 동일시라는 정신분석적 개념에 연결했던 고리가 느슨해졌고 그 대신 죽음에 집중한 정신의학이 들어섰다." Ruth Leys, *From Guilt to Shame*, 48쪽.
105 Terence Des Pres, *The Survivor*, 40쪽을 참조할 것.
106 Robert Jay Lifton, *The Broken Connection*, 144쪽.
107 위의 책, 139쪽.

리 "활기를 북돋고 변화를 가져오는 죄의 측면"을 '활기성 죄animiating guilt'
라 부르며 이런 죄책감은 책임 있는 행동을 유발한다고 주장한다.[108]

이런 죄의 개념은 책임 있는 행동을 유발하는 능동적 의미의 불안을
뜻한다. 리프턴에 따르면 "자기비난의 이미저리에서 재생과 변화로 향
하는 에너지를 끌어낼 수 있을 때 죄와 맺는 활기성 관계가 존재한다. 이
렇게 원기를 북돋는 능력은 (…중략…) 부동화immobilization(정태적 죄의 유
형) 없이 감수성을 위해 과거의 경험을 사용해야 한다. 이런 종류의 죄는
계속 자기 비난을 잘못에 맞서 대안을 향해 행동해야 하고 할 수 있다는
느낌으로 바꾸는 특성을 지니기 때문에 책임의 불안이다."[109] 리프턴은
어원상 죄가 "빚"과 "책임"과 연관되며 죽은 자들에 대한 빚이 생존자의
의무와 책임을 함축한다고 주장한다. 이렇게 긍정적으로 재정의된 죄
의 개념은 "상호 의존의 패턴과 직접적으로 관계된 균형의 원칙"의 기능
즉 빚진 것을 갚는 책임 있는 윤리적 행동의 원칙으로 작용할 수 있다.[110]
따라서 그는 "죄라는 용어를 이 과정에서 제거하거나 다른 용어로 대치
하지 말고 우리가 타자들의 신체적 심리적 삶에 책임 있게 만드는 진화
적 기능에서 죄의 환원 불가능한 중요성을 인식하는 것이 좋다"고 제안
한다.[111] 이런 의미에서 죄책감은 트라우마의 깊은 감정적 상처를 나타
내는 표현이자 동시에 타자와의 관계를 통해서 트라우마를 치유하는 길
이 될 수 있다는 역설적 경험이 될 수 있다.

---

108 위의 책, 139쪽.
109 위의 책, 139쪽.
110 위의 책, 144쪽.
111 위의 책, 145쪽.

7. 죄책감과 수치심

톰킨스가 죄책감을 수치심-굴욕감 안에 포함하듯이 이 둘은 구분하기 어려울 정도로 밀접하다. 칼슨과 쇼베리는 "수치심은 항상 죄책감에서 역할을 한다. 죄책감이 있는 곳에 항상 수치심이 있다. 그러나 그 역은 성립하지 않는다"고 말하며 죄책감이 없는 수치심을 "순수 수치심"이라고 부른다.[112] 많은 트라우마 생존자가 죄책감과 수치심을 같거나 유사한 것으로 표현한다. 앞서 보았듯이 델보는 귀환 후 삶에 대해 "내가 잘못이 없다는 것을 알면서도 나는 죄책감을 느낀다. 나는 죽은 자들을 속였고 내 자신의 자아, 내 야망, 내 열광을 배신했다. 내가 이걸 견딘 것이 수치스럽다"고 말하며 죄책감과 수치심을 동시에 피력한다.[113] 레비는 『익사한 자와 구조된 자』의 3장 「수치심」에서 "(나를 포함한) 많은 사람이 투옥 중과 후에 '수치심' 즉 '죄책감'을 경험했다는 것은 많은 증언이 확인한 사실이다"라고 말한다.[114] 이렇게 레비는 종종 "수치심 또는 죄책감"을 거의 동격으로 사용한다.[115] 그럼에도 죄책감과 수치심은 차이가 있다. 전술했듯이 정동 이론에서 죄책감이 주체의 행동과 관련이 있다면 수치심은 주체의 존재 자체와 관련된다.

정신분석 관점에서도 죄책감과 수치심은 구별된다. 루이스^{Helen Lewis}는 신경증에서 죄책감과 수치심의 차이를 초자아 기능의 차이로 구분한다. 죄책감과 수치심 둘 다 초자아의 기능이고, 일부만 의식일 뿐 나머지

---

112 Gunnar Karlsson and Lennart Gustav Sjöberg, "The Experiences of Guilt and Shame : A Phenomenological-Psychological Study", 339쪽.

113 Charlotte Delbo, *Auschwitz and After*, 263쪽.

114 Primo Levi, *The Drowned and the Saved*, 60쪽.

115 위의 책, 61쪽.

는 무의식적이며, 방어기제라는 공통점을 지니고, 모두 동일시와 관계
된다. 그러나 이 둘은 동일시의 방식에서 다르다. 죄책감은 거세 위협을
가하는 부모의 처벌적이고 위협적인 모습과 동일시하고 그렇게 내화된
부모의 가치체계로 자신의 잘못을 판단하는 과정에서 발생한다. 반대로
수치심은 자아이상ego ideal 즉 "아이의 활동에 긍정적인 모델로 작용하는
존경받는 이마고"와 동일시해서 "내화된 존경받는 이마고"의 시선으로
자신을 바라보는 과정에서 발생한다.[116] 요컨대 죄책감은 부모의 처벌적
권위적 모습인 초자아와 수치심은 이상적인 부모의 모습인 자아이상과
의 동일시에서 발생한다.[117]

　루이스는 또한 죄책감과 달리 수치심은 타자가 경멸의 시선으로 보
는 자아의 모습에 대한 자의식이 강하다고 지적한다. 수치심은 타자의
경멸적 말보다 타자의 눈에 비친 자신의 모습 즉 이미지와 관계가 깊다.
"때로 죄책감의 관념화와 같은 관념화를 제외하면 수치심은 상대적으로
말이 없는 상태다. 수치심의 경험은 자주 보고 보이는 이미저리의 형태
로 발생한다."[118] 따라서 수치심에서 초점은 타자가 아닌 자아다. "수치
심의 이런 내적인 극장은 '타자' 앞에서의 수치심 또는 굴욕감에서 전개
될 수도 또는 관념화에서 전개될 수도 있다. 후자의 경우 당사자는 수치

---

116 Helen Lewis, "Shame and Guilt in Neurosis", *Psychoanalytic Review*, Vol.58, No.3, 1971,
　　423~424쪽.
117 프로이트는 『자아와 이드』에서 초자아와 자아 이상을 동의어로 사용하고 이후의 프로
　　이트 글에서 자아 이상은 잘 사용하지 않는다. Sigmund Freud, *The Ego and the Id*, 28쪽.
　　라캉은 "초자아는 구속하고 자아이상은 칭찬한다"고 구분하며 초자아의 "순수 명령과
　　단순한 폭압의 무의미하고 맹목적인 성격"을 강조한다. Jacques Lacan, *Freud's Paper on
　　Technique : The Seminar of Jacques Lacan Book I*, John Forrester 역, New York : Norton,
　　1991, 102쪽.
118 Helen Lewis, "Shame and Guilt in Neurosis", 428쪽.

정동의 전부를 경험하지 않고 '타자'가 자아에 대해 생각하는 것에 관해 생각할 수 있다. (…중략…) 수치심은 자아와 '타자'에 초점을 맞추며 여기에는 '타자'가 자아를 거부하는 이미저리가 동반된다. 따라서 수치심은 자아를 경험의 초점으로 만듦으로써 분리된 정체성의 감각을 유지하는 데 도움을 준다. (…중략…) 예컨대 수치심은 죄책감보다 더 많은 자의식과 자기-이미지를 포함한다."[119] 다시 말해서 수치심은 타자의 눈에 비친 자신의 부끄러운 모습에 초점을 맞추는 과정에서 자의식을 경험하고 타자와 자아의 경계를 확인한다. 그러나 이는 역설적으로 자아와 타자의 경계가 불안하기 때문에 발생한다. "수치심은 죄책감보다 자아 경계가 더 투과적이다. 예컨대 우리는 우리와 가까운 다른 사람에 대해 수치스러울 수 있다. 또는 우리는 '타자' 앞에서 수치심을 느낄 수 있다. 자아는 마치 '타자'와 자아가 하나인 것처럼 '타자'의 증오 또는 경멸을 느낄 수 있다. 이와 대조적으로 죄책감은 자족적이다."[120]

루이스의 수치심 해석에서 자아와 타자의 역설적인 관계가 드러난다. 수치심은 타자의 눈에 비친 자신의 경멸적이고 굴욕적인 모습에 대한 감정이면서 동시에 타자와의 경계가 분명하지 않아 타자의 분노와 경멸을 자신의 것인 양 경험할 수 있다. 톰킨스도 수치심을 자아와 타자의 양가적 관계로 설명한다. 톰킨스에 따르면 인간의 선천적인 정동 중에서 수치심이 가장 파괴적이고 고통스러운 상처를 준다. "디스트레스distress가 고통의 정동이라면, 수치심은 수모indignity, 패배defeat, 위반 그리고 소외의 정동이다. 테러가 삶과 죽음에 대해 말하고 디스트레스가 세상을 눈물의 골짜기로 만든다면 수치심은 인간 마음 가장 깊숙한 곳을 타격

119　위의 글, 424쪽.
120　위의 글, 425쪽.

한다. 테러와 디스트레스가 상처를 줄 때 그것은 외부에서 가해져 자아의 매끄러운 표면에 침투하는 상처이지만, 수치심은 내적인 고통이고 영혼의 질병이다."[121]

루이스처럼 톰킨스도 수치심을 타인과의 시각적 관계에서 정의한다. 수치 반응에서 "개인은 눈과 눈꺼풀, 머리, 때로는 상반신 전체를 떨굼으로써 다른 사람 특히 다른 사람의 얼굴을 보기를 멈추고 다른 사람이 그를 특히 그의 얼굴을 보는 것을 멈춘다."[122] 고개를 숙여 타자의 응시를 피하는 수치 반응은 특히 얼굴을 감추는 행위다. 이런 점에서 "수치 반응 자체가 얼굴에 극적으로 관심을 끌기 때문에 자의식과 수치심은 밀접히 연결된다."[123] 그러나 수치심에서 자아와 타자의 시각적 관계는 단순히 시선을 피하는 것이 아니다. 수치심은 타자의 응시를 피하면서도 타자에 대한 관심을 유지하는 역설적 행위다.

> 수치 반응은 문자 그대로 대상에서 얼굴과 자아를 향해 눈을 양가적으로 돌리는 것이다. 그것은 흥분과 즐거움이 단지 불완전하게 감소하는 얼굴 소통 감소의 행위다. 따라서 그것은 매우 양가적인 행위다. 이 양가성은 이방인 앞에서 얼굴을 가리지만 보이지 않으면서 볼 수 있게 손가락 사이로 훔쳐보는 아이에게서 가장 분명히 나타난다. 수치심에서 나는 계속 보고 보이길 원하면서 동시에 그러길 원하지 않는다. (…중략…) 이방인이건 외적 내적 검열관이건 패배에 관한 수치 반응이건 간에 자아는 그 사람이나 행위나 상황 또는 소통 장애를 만든 자아의 일부에 어느 정도 긍정적인 정동의 투자를 지속한다.[124]

---

121 Silvan Tomkins, *Shame and Its Sisters*, 133쪽.
122 위의 책, 134쪽.
123 위의 책, 137쪽.

톰킨스의 관점에서 수치심은 흥분과 즐거움이라는 정동이 불완전하게 감소할 때 발생하므로 흥분과 즐거움의 종류만큼 수치심의 종류도 다양할 수 있다. 트라우마와 관련해서 톰킨스의 수치론에서 주목할 점은 수치심이 대인관계에서 발생하는 양상이다. 예컨대 사랑하는 대상의 상실이나 죽음은 수치심을 유발한다. 톰킨스에 따르면 "대인관계에서 또 다른 중요한 수치심의 원천은 이별이나 죽음을 통한 사랑의 대상을 상실하는 것이다. 디스트레스가 생산될 뿐 아니라 수치심으로 인해 고개도 숙인다. 수치심은 수치심과 동시에 발생하는 이미저리와 해석에 따라 다른 방식으로 경험될 수 있다. 그것은 소외, 거절, 패배, 참을 수 없는 외로움, 자아와 타자의 일시적 거리두기, 통렬하고 쓰고도 달콤한 동경으로 느껴질 수 있다."[125] 톰킨스의 해석은 가족을 상실한 트라우마 환자의 경험이 고통과 더불어 수치심을 동반하는 근거를 제공한다.

부모와 자식 사이에 발생하는 수치심에 대한 톰킨스의 설명에서 트라우마와 관련해 주목할만한 또 다른 점은 동일시하고 싶은 부모의 수치심과 관련된 것이다. "정상 아이에게 사랑받는 부모와 똑같이 되고 싶은 소망보다 더 중요한 소망은 없기 때문에" 부모와의 동일시가 방해를 받았을 때 아이는 수치심을 느낄 수 있다.[126] 톰킨스는 부모가 무관심이나 적대감 등으로 아이의 동일시를 방해했을 경우를 설명하지만 홀로코스트 생존자들처럼 부모가 강제수용소에서 수치심을 경험하는 경우도 부모와의 동일시를 방해할 수 있다. 이런 상황은 톰킨스가 예시하는 대리적 경험에 의한 수치심으로도 설명할 수 있다. 톰킨스에 따르면 "인간존

---

124 위의 책, 137~138쪽.

125 Silvan Tomkins, *Shame and Its Sisters* 153쪽.

126 위의 책, 153쪽.

재는 공감과 동일시를 통해 타자를 통해 살고 따라서 타자에게 일어나는 일에 의해 수치스럽게 될 수 있다."[127] 이 대리 수치에서 타자는 사람뿐 아니라 국가나 제도가 될 수도 있다. 내가 속한 단체나 국가가 수치에 처할 때 나도 수치심을 경험한다. 홀로코스트 생존자가 강제수용소에서 자신의 부모가 수치를 겪는 모습을 목격했을 때 그는 부모와의 동일시를 통해서 또는 대리로 수치심을 경험할 수 있다. 이런 상황은 강제수용소에서 빈번히 발생했다고 볼 수 있다. 또한 가해자와 피해자의 자손이 겪는 트라우마에서도 (조)부모와의 동일시와 대리 경험을 통해 수치심을 경험할 수 있다. 독일계 미국인 학자 슈와브Gabriel Schwab는 후손이 트라우마를 경험하는 초세대적 트라우마를 논하면서 가해국인 독일의 후예라는 사실로 인해 죄책감과 수치심을 경험할 수 있다고 말한다. 그녀는 "나는 아이였을 때 어떻게 내가 덜 독일인이 될 수 있는가 또는 더 좋게는 아예 독일인이 아닐 수 있는가를 알고 싶었다. 내가 10대 초반에 홀로코스트에 대해 배우자마자 나는 (…중략…) 독일인이라는 것을 증오했다. 나는 내 조국을 증오했고 참담한 죄책감과 수치심에서 벗어나고 싶었다"라고 자전적인 감정을 고백한다.[128] 그녀가 "전후 독일은 최고의 죄책감과 수치심의 문화가 되었다"고 말하듯이 이런 감정은 슈와브 개인에 한정된 것이 아니다.[129]

127 위의 책, 159쪽.

128 Gabriele Schwab, *Haunting Legacies : Violent Histories and Transgenerational Trauma,* New York : Columbia UP, 2010, 99쪽.

129 위의 책, 100쪽.

8. 수치심의 존재론 아감벤과 레비나스

슈와브와 마찬가지로 레비도 죄책감과 수치심을 크게 구별하지 않고 트라우마 감정의 범주로 함께 다룬다. 레비는 「수치심」에서 강제수용소 해방 이후의 경험을 서술한 자신의 저서 『다시 깨어남*Reawakening*』의 시작 부분을 인용한다. 이 부분은 1945년 1월 27일 독일군이 철수하고 러시 아군 네 명이 말을 타고 등장하는 모습을 레비가 동료 찰스*Charles*와 처음 목격한 장면을 묘사한다.

> 그들은 우리를 반기지도 웃지도 않았다. 그들은 동정뿐 아니라 입술을 봉 인하고 눈을 장례식 장면에 고정하게 만든 혼란스러운 절제에 의해 압박을 받는 듯 보였다. 그것은 우리가 너무 잘 아는 수치심, 선별 후에 그리고 우리 가 매번 어떤 격분을 지켜보거나 격분에 굴복했을 때 우리를 가라앉게 했던 수치심, 독일인들은 알지 못했던, 정의로운 자가 다른 사람의 범죄와 만났을 때 경험하는 수치심이었고, 그런 범죄가 존재하고 그런 범죄가 존재하는 사물 의 세계에 변경할 수 없게 도입되었으며 선을 위한 그의 의지가 너무 약하거 나 무효한 것으로 입증되었고 방어에 효과가 없었다는 죄책감이었다.[130]

아감벤은 이 부분을 인용하면서 "이제 수치심이 생존자들의 지배적인 정서가 되고 레비는 왜 그런지 설명하려 한다"고 지적하면서도 『익사한 자와 구조된 자』의 3장 「수치심」에서 죄책감으로 논의의 초점을 바꾼다

---

130 Primo Levi, *The Reawakening*, Stuart Woolf 역, New York : Simon & Schuster, 1995, 16쪽.
   "선별(selection)"은 강제수용소에서 독일군이 처형당할 자와 아닌 자를 구별하는 작업
   을 뜻한다.

고 비판한다. "수치심에 관한 장에서 레비는 그의 주제를 다시 죄의식으로 급히 되돌린다 : '(나를 포함한) 많은 사람이 '수치심' 즉 '죄책감'을 경험했다.' 이후 즉시 조금 전 절대적으로 탐구되지 않은 윤리의 영토로 두려움 없이 모험했던 바로 그 저자는 이제 이 죄책감의 뿌리를 찾으려고 너무 유치한 양심의 시험에 자신을 맡겨서 독자들을 불안하게 한다."[131] 아감벤은 「수치심」에서 다음을 인용하며 레비가 수치심에 관한 질문에 대해 제시하는 대답이 매우 의심스럽다고 말한다.

당신은 다른 사람 대신, 특히 당신보다 더 관대하고 감성적이며 더 유용하고 현명하며 더 살 자격이 있는 사람 대신 살아 있기 때문에 수치스러운가? 당신은 그런 느낌을 차단할 수 없다. 당신은 스스로를 조사하고 기억을 모두 찾아 어느 것도 가려지거나 위장되지 못하게 하려는 희망으로 기억을 검토한다. 아니다. 당신은 어떤 명백한 위반도 발견하지 못하고 누구의 자리도 찬탈하지 않았으며 누구도 때리지 않았고(그럴 힘이라도 가지려 했겠는가?), 지위를 받아들이지 않았다 (당신에게 제시되지도 않았다.) 누구의 빵도 훔치지 않았다. 그럼에도 당신은 그것을 배제하지 않는다. 각자가 형제의 카인이라는 것, 우리 각자가 (…중략…) 이웃의 자리를 찬탈하고 그 대신 살았다는 것은 가정에 불과하고, 실제로 의심의 그림자에 불과하다. 그것은 가정이지만 우리를 갉아먹는다. 그것은 나무좀처럼 안쪽 깊숙이 자리잡았고 밖에서는 보이지 않지만 갉아먹고 긁어댄다.[132]

아감벤이 레비의 대답을 비판하는 이유는 "수치스러운가?"에 대한 대

---

131 Giorgio Agamben, *Remnants of Auschwitz*, 88쪽.
132 Primo Levi, *The Drowned and the Saved*, 68쪽.

답이 수치심이 아닌 죄책감에 관한 것이라 보기 때문이다. 사실 레비가 논하는 생존자의 감정 즉 남을 해치지 않았음에도 생존자의 내면을 갉아먹고 괴롭히는 "이웃의 자리를 찬탈하고 그 대신 살았다는" 느낌은 앞서 논한 생존자 죄책감이다. 레비는 이런 사실을 알고 있기 때문에 "수치심 또는 죄책감"이라는 표현을 사용한다고 볼 수 있다.[133] 또한 레비와 아감벤이 인용하는 『다시 깨어남』의 일부는 번역에 따라 용어의 차이가 있다. 레비가 『익사한 자와 구조된 자』에서 이 부분을 인용할 때 "죄책감"으로 영역된 이탈리아어 *rimorde*는 '회한remorse'으로 영역되어 있다. 그러나 아감벤이 사용하는 영역본에는 '회한' 대신 '죄책감feeling of guilt'이 사용됨에도 불구하고 그는 번역에서 이 용어를 아예 삭제한다.[134] 따라서 레비가 『다시 깨어남』과 『익사한 자와 구조된 자』의 3장 「수치심」에서 수치심에 대해 말하겠다고 하다가 죄책감으로 논의의 초점을 바꿨다는 아감벤의 주장은 옳지 않다. 레비는 『다시 깨어남』에서 수치심을 이

---

133 허친슨(Phil Hutchinson)은 다음과 같이 지적한다. "그(레비)가 죄를 법적 의미가 아니라 '생존자 죄책감'의 의미로 사용하고 있는 것은 명백해보인다. 다시 말해서 '생존자 죄책감'은 자신이 **실제로** 죄가 없을 때 가질 수 있는 죄의 **느낌**이다. (…중략…) 아감벤은 '죄'의 의미로 사용된 죄와 '생존자 죄책감'으로 사용된 죄를 구분하는 데 실패한다. 그 결과 그는 레비의 수치심 설명이 수치심을 (법적) 죄와 혼동한다고 (여기며) 불평한다." Phil Hutchinson, *Shame and Philosophy : An Investigation in the Philosophy of Emotions and Ethics*, London : Palgrave Macmillan, 2008, 58쪽.

134 아감벤이 사용하는 영역본은 스튜어트 울프(Stuart Woolf)의 번역이고 위에서 필자가 인용한 판본도 울프의 것이다. 단지 아감벤은 필자가 인용하는 『다시 깨어남』 영역본 단행본이 아니라 이 책과 『아우슈비츠에서의 생존』의 통합본을 사용한다. Primo Levi, *Survival in Auschwitz and The Reawakening : Two Memoirs*, Stuart Woolf 역, New York : Summit Books, 1986, 182쪽을 참조할 것. 허친슨은 이 용어의 이탈리아어 *rimorde*의 영문 번역어 중에서 『익사한 자와 구조된 자』를 영역한 로젠탈(Raymond Rosenthal)이 사용한 "remorse"가 가장 만족스럽고 울프가 사용한 "죄책감"은 정확하진 않으나 "레비의 의미를 포착하고" 있다고 지적하며 아감벤이 이 부분 번역을 삭제한 것을 "문제적"이라고 평가한다. Phil Hutchinson, *Shame and Philosophy*, 71쪽.

야기할 때 이미 죄책감을 말하고 있었기 때문이다. 허친슨은 레비가 "회한"이나 "죄책감"으로 번역되는 *rimorde*에 대해 말할 때 자신이 실제로 (동료 죄수들의 죽음에 대한) 죄가 없음에도 불가피하게 느끼는 것이 수치심과 죄책감을 명확히 구분할 수 없는 감정이며, 레비가 이 둘을 혼동했다는 아감벤의 지적은 수치심을 윤리적 개념으로 죄책감을 사법적 개념으로 구분하고 죄(책감)를 윤리적 정치적 개념으로 사용하는 것이 생명권력에 종사한다고 보기 때문이라고 비판한다.[135]

아감벤은 레비의 책 번역을 수정할만큼 생존자 죄책감 개념을 비판한다. 예컨대 그는 베틀하임과 데 프레가 죄책감에 대해 이견을 보이지만 사실 인간의 생존과 위엄을 찬양한다는 점에서 크게 다르지 않다고 지적한다.[136] 아감벤의 관점에서 생존자의 감정은 비극적 주인공이 지는 책임감과도 거리가 멀다. 헤겔의 비극론에서 "비극적인 것은 명백히 결백한 주체가 무조건적으로 객관적인 죄를 취하는 것이다."[137] 비극적 주인공은 주관적으로 결백하다고 느껴도 객관적인 죄에 대한 책임을 진다. 오이디푸스가 신탁이 예언한 부친살해와 근친상간의 죄를 알지 못한 채 저질러도 죄가 없다고 주장하지 않는다는 것이다. 아우슈비츠의 생존자들은 이런 책임을 떠맡을 수 없다. "왜냐하면 수용소 죄수들은 주관적 결백과 객관적 죄 사이, 그가 한 것과 그가 책임이 있다고 느끼는 것 사이의 심연이 너무 넓어서 자신의 행동에 대한 책임을 떠맡을 수 없

---

135 위의 책, 72쪽.

136 아감벤에 따르면 "생존의 찬양이 계속 위엄(dignity)에 관한 지시를 요구한다"는 데 프레의 주장과 "위엄의 주장과 죄책감은 생존과 '생명원칙'이외에 다른 의미가 없다"는 베틀하임의 주장은 "비밀스런 연대감"을 드러낸다. Giorgio Agamben, *Remnants of Auschwitz*, 94쪽.

137 위의 책, 96쪽.

기 때문이다."[138]

아감벤에게 아우슈비츠 생존자의 감정은 죄책감도 아니지만 분노도
아니다. 그는 유대교-기독교의 죄 개념으로부터의 해방과 원망의 극복
으로서의 영원회귀를 주장한 니체의 철학을 비판한다. 니체가 제시한
영원회귀의 실험을 아우슈비츠에 적용해서 악마가 생존자에게 "그대는
아우슈비츠가 수없이 계속 회귀하길, 매 순간 수용소의 모든 세부 사항
이 일어났던 것과 똑같은 순서로 영원히 회귀하길 바라는가?"라고 묻는
것이 어불성설이므로 영원회귀는 답이 될 수 없다.[139] 반대로 아메리가
주장하는 원망의 도덕성도 아우슈비츠에 대한 적절한 해결이 되지 못한
다. 예컨대 아메리는 "원망하는 자는 진지하지도, 순진하지도 정직하지
도 않다"는 니체의 말을 거부하고, 미래를 위해 나치즘의 역사를 청산하
고 죄를 용서하려는 경향을 비판하면서 시간을 되돌려 과거로 돌아가
잘못을 바로잡을 것을 고집스럽게 주장하는 원망의 감정이 도덕적이라
고 주장한다.[140]

아감벤은 죄책감, 영원회귀, 원망의 도덕성을 모두 비판하면서 레비
에게서 이와 다른 감정을 찾는다. 레비에게는 아우슈비츠의 반복이 필
요하지 않다. "우리는 아우슈비츠가 영원히 회귀하길 바라지 않는다. 왜
냐하면 그것은 일어나길 멈추지 않았고 이미 항상 반복하고 있기 때문
이다."[141] 레비가 아우슈비츠에서 들었던 "일어나"라는 독일군의 명령이

---

138 위의 책, 97쪽.

139 위의 책, 99쪽.

140 Jean Amery, *At the Mind's Limits*, 67쪽. 아메리에 따르면 "도덕적 인간은 — 지금 문제
　　가 되는 특수한 경우에는 범죄자를 그의 행동에 못 박는 — 시간의 폐지를 요구한다.
　　그렇게 도덕적으로 시간을 되돌림으로써 범죄자는 동료 인간으로서 자신의 희생자와
　　합류할 수 있다." 위의 책, 72쪽.

141 Giorgio Agamben, *Remnants of Auschwitz*, 101쪽.

꿈에서 반복되는 것은 이를 예증한다. 아감벤은 이를 수치심의 경험으로 정의한다. 그것은 "영원히 회귀하지만 바로 그렇기 때문에 절대 영원히 취할 수 없는unassumable 사건이다. 선악 너머에 생성becoming의 순수가 있는 것이 아니라 죄뿐 아니라 시간도 없는 수치심이 있다."[142] 아감벤은 수치심을 영원히 회귀하나 영원히 취할 수 없는 것으로 정의한다. 이를 증명하기 위해 그는 레지스탕스 일원이었던 앙텔므가 부헨발트 강제수용소 경험을 기록한 『인류』의 한 장면을 제시한다. 이 장면은 연합군이 진격해오자 독일군이 죄수들을 부헨발트에게 다하우Dachau로 강제로 행진시키면서 낙오자들을 사살하는 과정에서 한 이탈리아 청년이 나치 친위대원에게 호명되는 장면이다.

친위 대원은 계속한다. "너 이리 와!" 또 다른 볼로냐 출신 이탈리아인이 대열에서 나온다. 나는 그를 안다. 그의 얼굴은 분홍빛으로 변했다. 나는 그를 자세히 본다. 여전히 내 눈앞에 그 분홍빛이 있다. 그는 거기 길가에 서 있다. 그는 손으로 무엇을 해야 할지 알지 못한다. (그는 당혹한 것처럼 보인다. 우리는 그 앞을 지나쳐 간다. (…중략…) 우리는 친위대원에서 떨어진 쪽인 대열 오른쪽에서 가능한 잘 숨으려 한다. 우리는 눈을 내리깔고 뒤에 숨을 키 큰 사람을 이용해 빨리 걷는다. 무엇보다 우리 눈이 친위대원의 눈과 마주쳐서는 안된다. 감정을 표시하고 판단 능력을 암시하는 눈이 바로 그들이 죽이고 싶게 만드는 것이다. (…중략…) 그 친위대원은 이탈리아인들 쪽으로 되돌아갔다. 또 다른 자. 그 역시 대열을 떠나 길가에 서 있는다. 몇 분이 지난다. 한 차례 총발사. (…중략…) 여전히 조용하지만 같은 속도로 움직이는 대열에서 테러가 커

---

142 위의 책, 103쪽.

진다. (…중략…) 우리는 죽음이 그 이탈리아인에게 미친 영향을 보았다.) 그
는 친위대원이 "너 이리 와!"라고 말한 뒤 분홍빛으로 변했다. 그는 얼굴을 붉
히기 전 주위를 돌아보았지만 자신이 선택된 것이 맞았고 이를 의심하지 않게
되었을 때 분홍빛으로 변했다. 죽일 사람을 찾고 있었던 친위대원은 그를 발
견했고 발견한 후 더 이상 찾지 않았다. 그는 다른 사람 대신 왜 그인가?라고
자문하지 않았다. 그리고 그 이탈리아인도 그게 정말 자신이라는 것을 이해하
고 이 우연의 선택을 받아들였다. 그는 왜 다른 사람이 아니고 나지?라고 의아
해하지 않았다. (그 옆에 있는 자는 자신의 몸 절반이 벗겨진다고 느꼈을 것이
다. 우리는 말하지 않는다. 우리 각자는 준비하려 한다. 각자 자신을 위해 두려
워한다. 그러나 우리는 아마도 그렇게 서로와 연대감을 느낀 적이 없고 그렇게
누구를 절대적으로 대신할 수 있다고 느낀 적이 없다. (…중략…) 나는 우리가
죽을 준비가 되어 있다고, 무작위로 죽을 운명으로 선택될 준비가 되어있다고
생각한다. 아니다. 만일 그 손가락이 나를 지시한다면 그것은 놀라움으로 다가
올 것이고 내 얼굴은 그 이탈리아인처럼 분홍빛이 될 것이다.)[143]

톰킨스의 영향을 받은 정동 이론가 네이선슨[Donald Nathanson]에 따르면
"수치심의 저술가들은 당혹감의 경험이 보통 인지 기능의 일정한 변화
와 연관된다고 논평한다."[144] 다윈[Charles Darwin]은 얼굴 붉힘을 타인의 관
심이 신체 일부 또는 자신의 행위나 성격에 집중될 때 특히 얼굴의 모
세 혈관이 확장되는 현상으로 설명한다.[145] 즉 타인의 관심에 대한 자의

---

143 Robert Antelme, *The Human Race*, Jeffrey Haight and Annie Mahler 공역, Marlboro,
Vermont : The Marboro Press, 1992, 231~232쪽.

144 Donald L. Nathanson, "A Timetable for Shame", *The Many Faces of Shame*, Donald L.
Nathanson 편, New York : The Guilford Press, 1987, 25쪽.

145 다윈은 다음과 같이 설명한다. "타자가 우리의 개인적 외모를 평가절하하거나 심지어

식이 얼굴 붉힘을 유발한다. 이런 맥락에서 네이선슨은 다윈과 톰킨스의 이론에서 자의식과 수치심의 관계를 논하며 "수치심이 얼굴 붉힘과 동의어는 아니더라도 얼굴 붉힘의 원인은 수치심이다"라고 지적한다.[146] 이런 관점에서 이탈리아 학생의 얼굴 붉힘은 나치 친위대원이 갑자기 그를 호명해서 그에게 관심이 집중된 것에 대한 자의식이 유발한 정동적 반응이다. 그러나 아감벤은 그의 얼굴 붉힘을 이제까지 드러나지 않은 자신 내부의 인간성의 한계에 대한 인식의 표현으로 해석한다. 이 장면에서 이탈리아인이 얼굴을 붉힌 것은 남들 대신 생존한 것 때문이 아니라 오히려 남들 대신 자신이 우연히 죽을 자로 선택되었기 때문이다. 즉 그는 우연히 죽게 되는 것을 수치스럽게 여긴다. "아우슈비츠는 인간이 죽어가면서 자신의 죽음에서 이 홍조, 이 수치심 이외에 다른 어떤 의미도 찾을 수 없다는 것을 의미한다."[147] 이탈리아 학생은 무작위로 선택되어 죽는 무의미한 운명을 수치스럽게 여긴다. 그 이유는 무엇일까?

그 학생은 생존한 것에 대해 수치스러워하지 않았다. 반대로 생존하는 것은 수치심이다. (…중략…) 볼로냐 출신 학생은 왜 얼굴을 붉히는가? 그것은, 마치 새로운 윤리적 물질같은 어떤 것이 살아 있는 존재에 닿은 것처럼, 도달

쳐다본다고 믿을 때마다 우리의 관심은 우리 신체 외부의 보이는 부분에 생생히 집중된다. (…중략…) 그런 부분 중에서 우리는 우리 얼굴에 대해 가장 민감하다. 따라서 잠시 모세 혈관이 세심한 주의에 의해 영향을 받을 수 있다고 가정한다면 얼굴의 모세 혈관은 매우 민감해질 것이다." 위의 글, 26쪽에서 재인용.

146 위의 글, 26쪽. 물론 네이선슨은 자의식이라는 인지 기능과 얼굴 붉힘의 관계를 말하면서도 "그럼에도 불구하고 수치심이 주변부의 동맥을 확장시킬 수 있다면 동맥 확장이 수치 정동의 메커니즘에 내재적이라고 가정하는 것은 합당하다"고 덧붙인다. 즉 네이선슨은 수치심을 인지 기능뿐 아니라 선천적인 신체 기능 일부로 파악한다.

147 Giorgio Agamben, *Remnants of Auschwitz*, 104쪽.

한 한계를 그의 뺨의 홍조가 순간적으로 드러낸 것 같았다. 그것은 당연히 그가 말을 통해 표현할 수도 있었던 사실이거나 다른 방식으로 증언할 수 있었던 사실의 문제가 아니다. 그러나 어쨌든 그 홍조는 그를 증언하기 위해 시간을 통과해 우리에게 도달하는 무언의 돈호법apostrophe과 같다.[148]

아감벤은 이탈리아인의 홍조가 드러내는 수치심은 한계의 증언이고 이는 언어로 전달될 수 없기에 "새로운 윤리적 물질같은 어떤 것이 살아 있는 존재에 닿은 것" 같다고 설명한다.[149] 여기에서 "살아 있는 인간"은 그가 "말하는 인간"과 구분하는 인간, 비오스와 구분한 조에 즉 법적 사회적 주권을 완전히 상실하고 생존의 차원으로 전락한 존재다. 따라서 우연히 죽을 운명을 맞이한 이탈리아 학생의 홍조는 '벌거벗은 생명'이라는 인간의 한계로 추락하는 수치심의 경험에 대한 증언이다. 그리고 이 수치심이 시간을 가로질러 앙텔므의 책을 읽는 독자에게 전달되는 것 즉 책 속에 존재하지 않는 독자들에게 호소하는 돈호법을 이용해 이탈리아 학생의 수치심을 증언하는 것은 그의 뺨에 나타난 홍조다. 5장에서 살펴본 무젤만에 대한 아감벤의 논의에 비추어 볼 때 이탈리아 학생의 홍조 / 수치심은 일시적으로 무젤만의 운명으로 추락한 벌거벗은 생

---

148 위의 책, 104쪽.

149 앞서 살펴보았듯이 레이스는 희생자가 가해자와의 동일시에 기초한 죄책감을 강조하는 모방이론과 달리 희생자가 가해자 및 트라우마 상황에서 거리를 둘 수 있다고 가정하는 반모방이론이 수치심을 강조하고 의미와 의도를 배제하는 정동이론에 가깝다고 주장한다. 이런 점에서 루이스는 "아감벤이 의도성과 의미의 부재에 전념하는 것은 (…중략…) 유물론에 대한 전념이다. 왜냐하면 그에게 언어와의 조우는 의미와 분리된 언어의 물질 자체와의 조우이기 때문이다"라고 주장한다." Ruth Leys, *From Guilt to Shame*, 169쪽. 루이스는 "모든 의미에서 독립된 순수한 언어의 사건" 그리고 "새로운 윤리적 물질"이라는 아감벤의 표현을 근거로 제시한다. 루이스의 논리에 따르면 아감벤에게 이탈리아 학생의 수치심을 나타내는 얼굴의 홍조는 의미가 배제된 신체적이고 물질적인 것이다.

명으로서의 자신에 대한 무언의 증언이다.

아감벤은 이탈리아 학생의 뺨에 홍조로 나타난 수치심을 설명하기 위해 레비나스의 수치론을 논한다. 레비나스에게 수치심은 도덕적 규범에서 벗어나는 것과 무관하다. 오히려 수치심은 인간존재 총체에 관한 것이고 자신이 거리를 둘 수 없는 자신의 헐벗은 모습이다. 아감벤은 다음과 같이 레비나스를 인용한다.

수치심에서 나타나는 것은 따라서 정확히 자신에게 묶여 있다는 사실, 자신을 숨기기 위해 자신에게서 도망칠 수 없다는 과격한 불가능성, 자신에 관한 자신의 참을 수 없는 현존이다. 벌거벗음은 그것이 우리 존재Being의 자명함, 우리 존재의 최종적인 친밀성의 자명함일 때 수치스럽다. 그리고 우리 신체의 벌거벗음은 정신과 반대되는 물질적인 것의 벌거벗음이 아니라 우리 존재 전체의 벌거벗음이다. (…중략…) 수치스러운 것은 우리의 친밀성 즉 우리 자신에 관한 우리의 현존이다. 그것은 우리의 무nothingness가 아니라 우리 실존existence의 총체를 드러낸다. (……) 수치심이 발견하는discover 것은 스스로를 발견하는 discover 존재Being다.150

아감벤은 레비나스의 수치심 이론을 심화하면서 "수치스러운 것은 취할 수 없는 어떤 것에 처하게 되는 것이다"라고 말한다.151 인용된 레비나스의 첫 문장은 수동성을 강조한다. 이 문장에 대한 롤랑Jacques Rolland의 주석에 따르면 "자신에게서 자신을 숨기고 자신에게서 도주하려는 시도에 내재한 재귀성reflexivity은 이런 운동의 불가피한 실패에서 수동적으

150　Giorgio Agamben, *Remnants of Auschwitz*, 105쪽에서 재인용.
151　위의 책, 105쪽.

로 고정되는 것의 발견으로 변모된다. 이는 우리가 이미 '어떤 수동성보다도 더 수동적'이라고 부른 것이다. 왜냐하면 그것을 표식하고 구분하는 것은 겪는 것을 다시 받아들이고 취하는 계기나 순간이 그 안에 없기 때문이다."[152] 다시 말해서 이 내밀한 자신의 벌거벗은 모습은 능동적으로 취할 수 있는 계기가 전혀 없는 수동적 실존을 보여준다. 취할 수 없는 것은 자신 밖의 것이 아닌 자신과 친밀한 것, 자신에게서 떼어놓을 수 없는 자신이다. "따라서 수치심에서 주체는 자신의 탈주체화 이외에 어떤 내용도 갖지 않는다. 그것은 자기 자신의 무질서, 주체로서의 자신의 망각에 대한 증언이다. 주체화이자 탈주체화인 이 이중 운동이 수치심이다."[153] 이는 5장에서 논한 아감벤의 주체화와 탈주체화의 이접적 관계와 같다. 주체에게서 떨어질 수 없게 밀착되어 있으나 자신이 취할 수 없는 자신의 내적인 이접이 주체와 타자의 관계로 나타난 것이 증인과 무젤만의 관계다. 아감벤이 취할 수 없는 것에 처하게 되는 것으로 심화시킨 수치심의 해석은 사실 레비나스 수치론의 일부다. "그것은 우리가 고통스럽게 동일시하는 감소된diminished 존재로서의 우리의 재현이다. 그러나 수치심의 강도 전체, 수치심 안에서 우리를 찌르는 것 모두는 정확히 말해서 이미 우리에게 낯설고 더 이상 그 행동의 동기를 이해할 수 없는 이 존재와 동일시 할 수 없는 것에 있다."[154] 자신이 결코 동일시할

---

152 Jacques Rolland, "Annotations", Emmanuel Levinas, *On Escape : De l'évaison*, Bettina Bergo 역, Stanford : Stanford UP, 2003, 82쪽. 이 영역본에서 "고정된다(being riveted)"로 영역된 부분은 위 인용문에서 "묶여 있다(being chained)"로 영역되어 있다. 위 인용문 마지막 문장에서 발견하다(discover)로 두 번 영역된 단어의 프랑스어는 *découvre*와 *se découvre*로 다르고 영역본에서는 각각 discover와 uncover로 영역된다. 즉 uncover로 영역된 재귀용법 *se découvre*는 수동성을 강조한다.

153 Giorgio Agamben, *Remnants of Auschwitz*, 106쪽.

154 Emmanuel Levinas, *On Escape*, 63쪽.

수 없는 자신의 내밀하고도 낯선 모습의 드러남이 수치심이다.

9. 수치심과 가시성

여기에서 수치심은 주체가 자신과 맺는 가시적 관계에서 발생하는 것임을 알 수 있다. 죄책감과 수치심 모두 대인관계에서 발생하지만 수치심은 특히 타자의 시선에 노출되는 자신의 모습과 더 밀접히 관계된다. 죄책감과 수치심의 경험을 인터뷰해서 그 차이를 연구한 린지하츠는 "수치심에서 우리는 다른 사람의 눈을 통해 우리를 보고, 우리가 자신이 되고 싶지 않은 자이며 지금 이와 다를 수 없다는 것을 깨닫는다. (…중략…) 다른 사람의 관점은 우리 자신에 관한 매우 부정적이나 우리가 옳다고 즉각 인식하는 견해를 우리에게 드러내는 수단의 역할을 한다"고 지적한다.[155] 린지하츠가 인터뷰한 30세 여성은 자신의 절도 행위에 대한 수치심을 이렇게 묘사한다. "그 수치의 순간, 당신은 대면하는데 나는 그것이 당신 자신과의 대면이기도 하다고 짐작합니다. 비록 이때 당신 자신은 당신 앞에서 당신이 수치스러워하는 그 다른 사람 안에 있지만 말입니다. (…중략…) 그것은 마치 그녀의 존재로 인해 내가 내 자신과 실제로 대면하게 된 것과 같습니다. (…중략…) 당신 안에 있는 것을 수치스러운 것으로 드러나게 하기 위해서는 누군가가 있어야 합니다."[156] 타자의 눈에 비친 자신의 부끄러운 모습을 경험하는 수치심은 타자의 눈을 통해서 자신과 대면한다. 죄책감이 자신의 잘못된 행동을 바

---

155 Janice Lindsay-Hartz, "Contrasting Experiences of Shame and Guilt", 696쪽.
156 위의 글, 696쪽.

로잡으려는 충동을 수반한다면 수치심은 "숨고 대인 영역에서 벗어나려는 충동"을 느끼는 것이다.[157] 잘못된 행동과 관련된 죄책감을 느끼는 사람이 잘못을 바로잡으려는 것과 달리 타인의 눈에 비친 자신의 부정적인 모습을 부끄러워하는 사람은 그 부정적 모습을 자신의 존재로 여기기 때문에 바로잡으려 하지 않고 타자의 시선에서 숨고 도망치려 한다. 즉 "우리는 우리 존재를 바꿀 수 없지만 사회적 영역에서 숨고 벗어나려고 시도할 수는 있다."[158] 수치심의 경험은 대인관계의 공간인 사회적 현실에서 벗어나려는 시도를 낳는다. 그러나 수치심은 타자의 눈을 통해 자기 자신을 대면하는 것이기에 도피의 시도는 성공하지 못한다.

레비나스의 수치론은 이런 도피의 불가능성을 보여준다. 그에 따르면 수치심은 사회적인 것이지만 동시에 개인적인 것이다. 즉 수치심은 주체가 타자에게 나타나는 것이면서 동시에 자신에게 나타나는 것과 관계한다. "수치스러운 벌거벗음은 무엇이란 말인가? 그것은 우리가 타자뿐 아니라 자신에게서도 숨기려 하는 것이다. 수치심의 이런 측면은 자주 무시된다. 우리는 수치심에서 그것의 사회적 측면을 보고 그것의 가장 깊은 표시가 매우 개인적인 문제라는 걸 잊는다. 수치심이 있다면 그것은 우리가 숨기고 싶어하는 것을 숨길 수 없다는 것을 의미한다. (…중략…) 벌거벗음은 우리 존재의, 존재의 궁극적 친밀성의 순전한 가시성visibility일 때 수치스럽다."[159] 이런 점에서 수치심은 자신이 취할 수 없고 동일시할 수 없으나 자신에게서 분리할 수 없는 내밀한 모습이 자신에게 보이는 것이다. 레비나스에게 벌거벗은 신체는 항상 수치심을 동

---

157 위의 글, 694쪽.
158 위의 글, 698쪽.
159 Emmanuel Levinas, *On Escape*, 64쪽.

반하지 않는다. 중요한 것은 벌거벗음과 주체의 친밀성이다. "신체가 이 친밀성의 성격, 자아 존재의 성격을 잃을 때, 수치스러움을 멈춘다."[160] 벌거벗은 권투선수나 춤추는 댄서의 신체는 부끄러운 것이 아니다. 왜냐하면 "그녀의 신체는 그녀에게 일종의 덮개로 기능하는 자아의 외면으로 그녀에게 나타나기 때문이다."[161] 춤추는 댄서에게 자신의 벌거벗은 신체는 벗고 입을 수 있는 옷과 같고 "벌거벗음은 옷을 입는 문제가 아니다."[162]

아감벤도 수치심과 가시성의 관계를 조명한다. 그는 신화연구자 케레니Karl Kerényi가 수치심의 그리스어 *aidos*에 대해 한 발언 ─"*aidos* 현상은 (…중략…) 능동적 시각과 수동적 시각, 보고 보이는 자, 보이는 세계와 보는 세계를 통합한다. 그리스인은 단지 '보려고 태어나고', '보라는 부름을 받는 것'이 아니다. 그의 존재 형식은 보이는 것이다"─ 을 인용하며 "이 능동적이고 수동적인 시각의 상호성에서 *aidos*는 자신이 보이고, 자신이 보는 것에 의해 증인으로 여겨지는 경험과 닮았다. (…중략…) 수치심을 경험하는 자는 누구나 자신이 시각에 종속된다는 것에 압도된다"고 말한다.[163] 이런 관점에서 수치심은 "종속된다be subjected와 주권적

---

160 위의 책, 65쪽.

161 위의 책, 65쪽.

162 위의 책, 65쪽. 레이스는 "레비나스는 벌거벗은 음악 홀 댄서가 댄서로서의 자신의 연기가 수치 경험의 가능성의 조건인 친밀성의 성격을 반드시 상실하기 때문에 수치심을 느끼지 않는다는 것을 의미한다"고 해석하며, 따라서 레비나스에게 수치심은 아감벤이 해석하듯이 "우리의 탈주체화나 결여가 아니라 (…중략…) 우리의 충만함 ─ 우리의 총체적 존재의 피할 수 없는 '풍부함과 견고함'"이라고 주장하고 아감벤은 "증언의 불가능성으로 정의되고 따라서 결여나 공백으로 구조화된 그의 증언 구조에 수치심이 부합하길 원하기 때문에 이 지점에서 수치심에 관한 레비나스 텍스트의 의미를 왜곡한다"고 비판한다. Ruth Leys, *From Guilt to Shame*, 173~174쪽.

163 Giorgio Agamben, *Remnants of Auschwitz*, 107쪽.

sovereign이라는 명백히 상반되는 두 의미를 지닌 **주체**subject가 되는 근본적 정서sentiment다. 수치심은 주체화와 탈주체화, 자아 상실과 자아 소유, 종속servitude과 주권의 절대적 병존에서 생산되는 것이다."[164] 능동성과 수동성이 교차하는 수치심은 인간 주체성의 근본적 형식이다. 6장에서 살펴본 칸트의 자기촉발에 관해 아감벤은 "**자아**는 자기촉발의 — 능동적이고 수동적인 — 이중 운동의 잔재로 생산된다. 이것이 주체성이 주체화와 탈주체화의 형식을 구성적으로 지니게 되는 이유이고, 주체성이 실지로는 수치심인 이유다. 홍조는 모든 주체화에서 탈주체화를 드러내고 모든 탈주체화에서 주체를 증언하는 잔재다."[165] 이탈리아 학생의 홍조는 그의 근본적으로 이접적인 주체성의 표현이다.

따라서 아감벤의 수치심은 주체화와 탈주체화, 말하는 존재와 살아 있는 존재, 비오스와 조에가 분리될 수 없게 인접해있으나 결코 통합될 수 없는 이접의 형태로 병존하는 주체성의 또 다른 이름이다. 6장에서 상세히 살펴본 것처럼 아감벤에게 주체는 언어 / 담론에서 화행의 주체로 태어나는 동시에 담론 밖의 개인이 소멸되는 탈주체화에 불가피하게 종속된다. 이를 주체성의 트라우마로 부를 수 있다. "이것이 주체화, 담론의 사건에서 의식의 생산이 인간존재가 쉽게 치유될 수 없는 트라우마인 이유다. 이것이 의식의 연약한 텍스트가 그것이 기초한 이접 즉 모든 주체화에 있는 구성적 탈주체화를 드러내면서 끊임없이 붕괴하고 자신을 삭제하는 이유다."[166] 주체의 트라우마는 수치심이 인간 주체성의 근본 구조임을 보여준다. "수치심은 진실로 모든 주체성과 의식의 숨겨진 구조와 같은 것이다. 의식이 화행의 사건에만 존재하는 한, 의식은 취

---

164 위의 책, 107쪽.
165 위의 책, 112쪽.

할 수 없는 어떤 것에 처하게 되는 형식을 구성적으로 지니게 된다."[167]
아감벤의 수치심에 관한 논의는 결국 인간성과 비인간성의 분리 불가능
한 이접적 구조로서의 주체성에 대한 철학적 사색의 결과다.

10. 수치심과 연대감

수치심이 주체성에 내재하는 보편적인 이접적 구조의 산물이고 존재
의 트라우마를 드러내는 것이라면 홀로코스트와 같은 참사를 겪은 생존
자의 특수한 트라우마의 감정적 경험으로 볼 수 있을까? 이 시점에서 아
감벤의 수치심 해석에 대한 비판을 고려할 필요가 있다. 8장에서 보았듯
이 레이스는 트라우마 감정의 논의가 죄책감에서 수치심으로 바뀌는 경
향을 정동 이론의 영향으로 파악하면서 죄책감을 행동과 수치심을 존재
와 연결한다고 지적한다. 레이스에 따르면 아감벤은 죄책감을 수치심으
로 대체하고 "아우슈비츠의 윤리-정치적 유산을 분석함에 있어서 존재
론적 수치심 개념을 제시한다."[168] 앞서 살펴본 아감벤의 수치심 논의는
주체의 행동보다 주체성 자체와 관계된다는 점에서 레이스의 지적은 일
면 타당성이 있다. 이와 더불어 비평가들은 아감벤이 앙텔므와 레비나
스를 오해하고 있다고 비판한다. 웰즈Claudia Welz는 앙텔므가 나치 친위대
원에 의해 호명된 이탈리아 청년이 얼굴을 붉히는 장면을 아감벤이 수
치심의 예증으로 삼은 것을 비판한다. 아감벤은 앞선 인용문610~611쪽에서

---

166 위의 책, 123쪽.
167 위의 책, 128쪽.
168 Ruth Leys, *From Guilt to Shame*, 157쪽.

굵은 괄호 안에 있는 부분을 인용에서 생략한다. 웰즈는 특히 "그가 당혹한 것처럼 보인다"는 문장을 생략한 것을 문제로 여기며 당혹감을 수치심으로 해석한다고 비판한다. 웰즈에 따르면 이 문장의 프랑스어 원문 "Il a l'air confus"에서 'confus'는 '혼란스러웠다confused', '어리벙벙했다muddled', '풀이 죽었다crestfallen' 또는 '쑥스러웠다abashed' 등의 용어로 영역될 수 있지만 '당혹했다embarrassed'의 의미를 확실히 보장하는 것은 아니라고 지적한다.[169] 이 단어를 당혹감으로 번역하더라도 당혹감은 사회적 상황과 관련된 짧게 지속되는 감정이고 수치심은 더 심층적인 감정이므로 이탈리아 청년은 이 장면에서 수치심을 경험하지 않는다는 것이다. 오히려 앙텔므가 이어서 "만일 그 손가락이 나를 지시한다면 그것은 놀라움으로 다가올 것이고 내 얼굴은 그 이탈리아인처럼 분홍빛이 될 것이다"라고 말하므로 얼굴이 빨개진 이탈리아 청년의 감정은 '놀라움'의 표현이라고 주장한다. 허친슨은 아감벤처럼 "Il a l'air confus"이라는 문장을 생략하더라도 이 문맥에서 앙텔므는 당혹감을 묘사할 수 있다고 제시한다. 그러나 허친슨에게도 이 감정은 분명히 수치심은 아니다. 왜냐하면 "그는 무엇을 해야 할지 알지 못한다"는 문장이 존재가 아닌 행동을 지시하며 "만일 그가 수치심을 느꼈다면 그는 행동doing이 아닌 존재being에 관심을 가졌을 것"이기 때문이다.[170]

웰즈는 이 장면에서 더 중요한 것은 이탈리아 청년의 얼굴 붉힘이 "인간존재들의 관계성을 지시하는 것처럼 보인다"는 사실이라고 지적한다.[171] 웰즈는 앙텔므가 이 장면에 이어서 죄수들이 독일 마을 속으로 행

---

169 Claudia Welz, "Shame and the Hiding Self", *Passions in Context : International Journal for the History and Theory of Emotions*, Vol.82, No.2, 2011, 75쪽.

170 Phil Hutchinson, *Shame and Philosophy*, 74쪽.

진하는 것을 묘사하는 장면을 아감벤이 간과한다고 지적한다. 레이스는 아감벤이 6장에서 논한 회색지대 — 강제수용소에서 죄수와 간수, 희생자와 가해자의 구분이 모호해지는 지대 — 에 대한 레비의 묘사를 오독하고 왜곡해서 레비가 이 둘을 구분하지 않는다고 주장한다고 비판한다. 그러나 웰즈와 마찬가지로 레이스가 가장 비판하는 아감벤의 오독은 이탈리아 학생의 얼굴 붉힘을 이 장면의 전후 맥락을 삭제한 채 수치심으로 해석한다는 점이다. 레이스와 웰즈가 주목하는 이 맥락은 앙텔므가 그 사건 다음 날 죄수들이 행진하다 베르니제로드^{Wernigerode}라는 작은 마을에 도달했을 때 독일 마을 사람들의 일상을 보고 전날도 마을 사람들이 이와 같은 모습으로 죄수들의 행진을 보았을 것이라 상상하며 서술하는 부분이다.

사람들이 죽임을 당했던 어제 아침, 이 사람들은 이 보도를 지금처럼 거닐고 있었다. 정육점 주인은 고기 배급량을 재고 있었다. 아마도 아이가 아파서 침대에 있었을 것이고 그의 얼굴이 분홍빛이었으며 염려하는 엄마가 지켜보고 있었을 것이다. 길가에서는 그 이탈리아인의 얼굴도 분홍빛이 되었다. 죽음이 서서히 그의 얼굴에 들어왔지만 그는 어떻게 행동해야 할지 어떻게 자연스럽게 보일지 알지 못했다. 그 엄마는 우리 죄수들이 지나가는 것을 볼지도 모른다. 5분 전에 그들은 우리에 대해 아무것도 몰랐을 것이다. 그들은 우리가 두려워하고 있었던 오늘 아침에도 우리에 대해 아무것도 몰랐을 것이다. (…중략…) 그들은 전쟁에서 지고 있고 그들의 남자들이 죽어가며 여자들은 그들을 위해 기도한다. 누가 그들이 포격으로 산산조각 나는 것을 보고, 어

---

171 Claudia Welz, "Shame and the Hiding Self", 76쪽.

제 하르즈의 나무 밑에서 기관총에 맞은 자들을 보았단 말인가? 누가 침대에 누운 분홍빛 얼굴의 아이를 보고 어제 길가에서 분홍빛 얼굴의 이탈리아인을 보았는가? 누가 이 두 엄마, 아이의 엄마와 볼로냐에 있는 이탈리아인의 엄마를 보며, 누가 이 모든 것에 통일성을 회복할 수 있고 이 엄청난 거리와 동질성을 설명할 수 있단 말인가? 그러나 누구나 눈이 있지 않은가? 당신이 살아 있는 한 당신은 이 모든 것에서 자리를 차지하고 그 안에서 역할을 한다. (…중략…) 누구나 우리와 관계된 무엇인가를 하고 있다. (…중략…) 그들은 그들이 무엇을 하는지 알고, 우리에게 무슨 일이 가해지는지 안다. 그들은 마치 그들이 우리인 것처럼 잘 안다. 그리고 그들이 있다. 당신은 우리다. (…중략…) 우리가 베르니제로드를 통과할 때 우리가 그렇게 열심히 찾는 것은 길가에 있는 사람들이다. 우리는 그들에게 아무것도 요구하지 않는다. 그들은 단지 우리를 보아야 할 뿐이고 그들은 우리를 놓칠 수 없다. 우리는 우리 자신을 눈에 띄게 한다.[172]

레이스에 따르면 "여러 면에서 이 책의 절정인 이 구절의 핵심 주제는 인간관계의 절대성이다. (…중략…) 이 구절은 수치심과 무관하다. 관계가 있다면 그것은 인간적 책임 및 죄와 먼 관계가 있다. 함의가 있다면 그것은 보고도 보는 것을 인식하기를 거부하는 자들의 죄와 그들이 보는 것의 인간 관계성에 대한 것이다. (…중략…) 아감벤의 앙텔므 텍스트 해석은 『인류』의 핵심에 있는 양심과 의미의 문제들을 거부하는 수치심 개념에 충실하기 위해 앙텔므 텍스트의 의미를 왜곡한다."[173] 앙텔므는 이 장면에서 수치심이 아니라 인간관계의 절대성에 기초한 도덕적

172　Robert Antelme, *The Human Race*, 235~236쪽. 레이스는 중략된 부분도 인용한다.
173　Ruth Leys, *From Guilt to Shame*, 177~178쪽.

책임을 강조하고 있다는 것이다. "당신은 우리다"는 이런 인간관계의 불가피한 속성을 집약적으로 표현한다. 행진하는 강제수용소 죄수들과 그들을 길가에서 바라보는 독일 마을 사람들은 불가피하게 연결되어 있다. 이 연결을 보여주는 것은 이탈리아 학생의 얼굴과 아픈 독일 아이의 얼굴에 나타나는 분홍빛이다. "분홍, *rose*, 은 앙텔므가 인간존재의 절대적 유사성과 닮음을 위해 제시하는 가장 생생한 비유로 출현한다. 그것은 어떤 특수한 감정과 연결되어 있지 않다. (…중략…) 분홍은 위협받은 생기aliveness 또는 생명력vitality의 표현으로 나타난다."[174] 얼굴의 홍조는 수치심이 아니라 죽을 위기에 처한 이탈리아 청년과 병든 독일인 아이의 위태로운 생명력을 의미하므로 죄수와 독일인의 공통적인 인간의 운명을 지시한다. 분홍빛이 이탈리아 학생의 얼굴뿐 아니라 병든 독일 아이의 얼굴에도 나타나는 맥락은 이 색깔이 아감벤의 인용에서 삭제된 인간관계의 의미를 복구시킨다.

웰즈도 이탈리아 학생의 얼굴 붉힘이 수치심의 표현이 아니라고 지적하며 "앙텔므가 곧 죽게 될 이탈리아인의 분홍빛 얼굴과 아마도 병든 독일 아이의 분홍빛 얼굴을 연결한다는 사실은 분홍빛을 어떤 특수한 감정과 연결하려는 자들에 대한 비난"이라고 주장한다.[175] 웰즈는 아감벤이 "인간성과 책임을 강제 추방자deportee가 수용소에 들어갈 때 포기해야 했던 것"이라고 말하며 수용소를 "무책임의 지대"로 해석하는 것과 달리 앙텔므는 죄수들이 도덕적으로 타락하게 만드는 나치즘의 의도에 저항해서 오히려 양심을 지켰다고 주장한다.[176] 앙텔므가 『인류』에서 나

---

174 위의 책, 178쪽. *rose*는 분홍의 프랑스어.
175 Claudia Welz, "Shame and the Hiding Self", 77쪽.
176 위의 글, 78쪽.

치주의자들에게 직접 "너희들은 인간의 통일성을 회복시켰다. 너희들은 양심을 더 감소할 수 없게 만들었다"고 말하는 것은 강제수용소가 죄수들이 양심을 버리고 타락하게 만든 장소가 아님을 반증한다는 것이다.[177] 웰즈에게도 아감벤의 오류는 "양심의 문제를 거부하는 수치심 개념"에 있다.[178] 수치심과 죄책감은 인간이 타자와 맺는 관계에서 발생하는 양심에서 벗어날 수 없다. "양심의 부름은 자신의 타자지향적 책임을 상기시키고 그럼으로써 자신 안에서 자기와 타자를 분리하여 유지하는 것이다. (…중략…) 양심의 맥락에서 볼 때 수치심과 죄책감은 더 이상 윤리적으로 중립적인 공간에서 볼 수 없다. 그것들은 자아의 관계적 대인적 성격을 강조하며 따라서 단지 자의식적 감정이 아니라 자타의식적 감정으로 불려야 마땅하다."[179]

이런 관점에서 수치심은 자신 내부에서 자신과 타자의 불가피한 관계를 드러낸다. 웰즈는 타자의 응시에 노출되어 숨고 도망치게 하는 수동적 가시성을 부정적인 것으로만 해석하지 않고 자아와 타자의 관계성을 드러내는 것으로 파악한다. 그래서 "양심을 통해 경험되는 수치심은 자신보다^{자신이 아닌 than} 타자의 발견, 자신 속^{within} 타자의 발견이다. 수치심은 타자의 시선의 내재화와 그 시선이 자기관찰 기능으로 바뀌는 것을 함축한다. (…중략…) 수치심은 자신과 일치하지 않는 상황에서 경험되는데, 이 상황은 자신이 타자성과의 관계에서 자신의 자기관계를 깨닫게 한다."[180] 따라서 수치심은 건설적인 역할도 수행한다. 예컨대 "수치심이

---

177 위의 글, 78쪽에서 재인용.
178 위의 글, 78쪽.
179 위의 글, 79~80쪽.
180 위의 글, 86쪽.

사랑의 맥락에서 발생하면 (…중략…) 그것은 나와 타자, 나의 것과 너의 것 사이의 경계를 조절하고 보호하는 데 있어서 '온화한 도덕성'의 일부일 수 있다. 수치심은 우리의 관계성의 표지이자 우리들간 거리의 표지다."[181] 즉 수치심은 타자와의 적절한 거리를 유지하는 관계의 지표로 기능하며 건설적인 대인관계를 나타낼 수 있다.

그렇다면 아감벤이 수치심을 주체성의 구조로 파악하는 것은 옳은 것일까? 웰즈는 이 질문에 대해 부정적으로 답하며 그 증거로 부끄러운 줄 모르는 즉 수치심 없는 가해자의 존재를 제시한다. "수용소에서 독일군 가해자들의 수치스러운 수치심의 결여"는 그들의 비인간성을 증명한다.[182] 수치심을 인간 주체성의 보편적인 구조로 여기는 아감벤의 논리는 수치shame와 수치를 모르는shameless 상태의 경계를 허무는 것이다. 수치심은 아감벤이 정의하듯 "모든 인간존재가 공유하는 존재론적 구조"가 아니라 홀로코스트와 같은 특수한 한계 상황에서 드러나는 감정이다.[183] "따라서 아감벤이 트라우마의 극단적 상황과 살아 있는 죽은 자인 무젤만을 일상적인 인간존재의 평범한 상황을 묘사하는 전형적 사례로 여기는 것은 부적절해 보인다."[184] 웰즈에게 수치심은 일상에서 편재하는 감정이 아니라 "하나의 감정의 구체적 예들"로 한정된 것이고, "희생자들이 생존하기 위해 자신들의 감정을 마비시켜야 하는 외상적 상황에서의 상태"이며 "억압된 감정으로서 (…중략…) 그것을 경험하는 자들에게조차도 숨겨진 채로 남을 수 있음에도 불구하고 그들의 행동을 결정

181　위의 글, 83쪽.
182　위의 글, 87쪽.
183　위의 글, 89쪽.
184　위의 글, 88쪽.

할 수 있는 것이다."[185]

문제의 장면이 인간의 관계성을 드러낸다는 주장은 루이스와 웰즈에 한정되지 않는다. 팬터Lisa Guenther 역시 이탈리아 청년이 얼굴을 붉히는 장면이 존재론적 수치심이 아닌 집단적이고 상호주체적인 책임과 인간 연대감을 드러낸다고 주장한다. "이 분홍빛은 살해되기 위해 선택된 것에 대한 학생의 정동적 반응의 기호일뿐 아니라 그 자신과 볼 수 있는 모든 사람, 죄수이건 민간인이건 젊건 늙었건 남자건 여자건 증언할 능력과 책임을 지닌 모든 사람의 관계의 **기호**이기도 하다. 분홍빛 홍조는 모든 주체 심지어 체계적으로 탈주체화된 자들의 환원 불가능한 관계성을, 개인적으로 죄가 있건 아니건 간에 책임을 요구하는 방식으로, 증언한다."[186] 앙텔므는 연합군의 포격을 받는 가운데 번갈아 마차를 끌며 고통스럽게 행진하는 과정에서 대열에서 낙오되거나 독일군에게 언제든지 처형될 수 있다는 죄수들의 불안과 공포를 묘사한다. 앞선 인용문에서 아감벤이 생략하는 괄호 속 부분에서 행진하던 죄수들이 친위대원의 눈과 마주치지 않으려 하고 무작위로 선택된 죄수들이 총살되는 소리를 듣고 "테러"를 느끼는 것에 대한 묘사는 이를 잘 보여준다. 따라서 이 장면에서 수치심보다는 오히려 독일군의 눈에 띄지 않기 위해 옆에서 걷는 독일군과 멀리 떨어진 위치에서 그들의 눈을 회피하려는 죄수들의 공포가 더 부각된다.

팬터는 아감벤이 죄수들의 공포를 간과할 뿐 아니라 수치심과 굴욕감을 구분하지 못한 결과 이 장면에서 인간의 상호관계성을 파악하지 못

---

185 위의 글, 89쪽.

186 Lisa Guenther, "Resisting Agamben : The Biopolitics of Shame and Humiliation", *Philosophy and Social Criticism*, Vol. 38, No. 1, 2012, 71쪽.

한다고 지적한다. 수치심과 굴욕감의 차이는 관계성이기 때문이다. 웰즈와 유사하게 팬터도 수치심을 주체에 내재한 타자와의 관계를 확인하는 감정으로 해석한다. "굴욕감은 비인간화한다. 그것은 사람 또는 집단과 더 큰 공동체 사이의 관계를 끊는다. 그러나 수치심은 굴욕감과 같지 않다. 수치심은 주체를 개인화하지만individuate 다른 방식으로 즉 부정이나 배제를 위해 선발하지 않고 타자와의 불가분한 관계의 모호성을 강화함으로써 그렇게 한다. (…중략…) 파괴하기 위해 선발하는 공허한 개인화를 통해 주체화하고 동시에 탈주체화하는 굴욕감과 달리, 수치심은 **상호주체화한다**intersubjectifies. 그것은 자신의 자기관계 가운데 있는 타자와의 환원 불가능한 관계를 증명한다."[187]

팬터에 따르면 아감벤이 생략하는 (이탈리안 청년이 호명되는 걸 보고 각자 두려워하지만 서로 연대감을 느꼈다고 회상하는) 부분은 수치심의 관계성을 보여준다. 이 장면에서 "이 제스처에 대한 그의 정동적 반응은 즉각적으로 다른 동료 죄수들을 감동시킴으로써 이미 굴욕감의 구조를 초과하고 이 구조에 도전한다. (…중략…) 이런 선택의 무작위성이 죄수들 사이에 이상한 연대감, 전적으로 대체될 수 있다는 느낌, 살해가 잠재적으로 자신의 것이라는 느낌을 낳는다. (…중략…) 이 연대감에서 출현하는 것은 **그것이 마치 자신의 것인 것처럼** 타자의 죽음과 맺는 관계다."[188] 무작위로 죽을 운명에 대한 두려움은 이런 운명과 두려움을 공유하는 동료 죄수들의 연대감을 낳는다. 타자의 운명이 자신의 운명이 될 수 있다는 연대감은 죄수와 독일인 사이로도 확대될 수 있다. 앙텔므는 전쟁에서 죽어가는 독일 남자들을 위해 기도하는 독일 여자들도 묘사한다.

187　위의 글, 61쪽.
188　Lisa Guenther, "Resisting Agamben : The Biopolitics of Shame and Humiliation", 68쪽.

연합군에 의해 패망할 독일의 운명을 눈앞에 두고 행진하는 강제수용소 죄수들의 운명은 곧 독일인의 운명이 될 수 있다. 따라서 "당신은 우리다"라는 문장은 "파괴할 수 없는 것으로 남는 것이 타자와의 이 관계, 모든 인간존재의 독특성과 대체가능성을 **보는** 또는 증언하는 책임"이라는 것을 의미한다.[189]

요컨대 아감벤이 이탈리아 학생의 얼굴 붉힘을 수치심으로 해석하는 것에 대한 비판은 앙텔므가 묘사하는 장면의 문맥을 생략한 결과 앙텔므가 전달하는 인류의 연대감에 대한 호소를 간과한다는 것이다. 이런 비판은 앙텔므의 메시지에 대한 오독에 한정될 때 유효한 것으로 볼 수 있다. 왜냐하면 이들이 주장하듯이 앙텔므는 인류의 보편적인 연대 가능성을 신뢰하기 때문이다. 앙텔므뿐 아니라 레비도 「수치심」의 결론에서 수치심을 인간의 보편적 연대감과의 관계에서 논한다. "또 다른 더 큰 수치심, 세계에 대한 수치심이 있다. 존 던은 '어느 누구도 섬이 아니다' 그리고 모든 조종은 모두를 위해 울린다고 기억에 남도록 말했고 이는 적절히든 아니든 수없이 인용돼왔다. 그러나 타자의 그리고 자신의 범죄와 당면해서 그것을 보지 않고 닿지 않으려는 자들이 있다."[190] 레비에 따르면 히틀러가 통치한 12년 동안 독일인들은 "보지 않는 것이 알지 못하는 방식이라고 스스로를 속이며" 나치의 범죄를 방관하고 묵인했다.[191]

레비는 범죄에 등과 눈을 돌리는 이런 독일인의 방관이 "또 다른 더 큰 수치심"이라고 암시한다. 그것은 존 던이 말하고 헤밍웨이가 『누구를 위하여 종은 울리나?』에서 인용했던 "어느 누구도 섬이 아니다"라는 문장

---

189 위의 글, 72쪽.

190 Primo Levi, *The Drowned and the Saved*, 71~72쪽.

191 위의 책, 72쪽.

에 담긴 인류 공동체의 책임감과 연대감을 배신하는 행위다. 웰즈가 말하듯이 그들은 수치를 모르고 행동했다. 이와 반대로 레비는 캄보디아 대학살과 핵전쟁의 위기 등 아우슈비츠 같은 참혹한 재난이 세계 곳곳에서 빈번히 발생하는 현실을 지적하며 "우리는 보지 않을 수 없었다. 과거와 현재의 고통의 바다가 우리를 에워싸고 있었고 그 수위는 매년 높아져 우리를 거의 잠기게 했다. (…중략…) 우리는 섬이 되기를 바라지도 않았고 가능하지도 않았다. 우리 중 정의로운 자들은 (…중략…) 그들이 아닌 다른 사람들이 범한 악행에 대해 회한, 수치심, 고통을 느꼈다"고 말한다.[192] 모든 인간이 섬이 아니라 인류 공동체의 대륙에 속한다는 사실은 타인의 죄에서 부끄러움을 느끼는 수치심을 낳는다.

토도로프는 레비를 논하면서 강제수용소 생존자들이 경험하는 수치심을 세 종류로 분류한다. 첫째는 자신의 의지를 박탈당하고 무력감을 경험한 것에 대한 '기억의 수치심'이고, 둘째는 '생존자의 죄책감'이며, 셋째는 '인간존재라는 수치심shame of being a human being'이다.[193] 이 셋째 수치심은 "우리 자신이 속하는 종의 일원들이 잔혹을 범했고 우리는 그들을 광인이나 괴물이라고 부름으로써 그 사실의 함의에서 우리 자신을 보호할 수 없다는 것을 이해한다"는 인식에서 나온다.[194] 그래서 인간존재라는 사실에서 발생하는 수치심은 "먼저 생존자가 이 악이 발생하는 것을 막지 못했기 때문이고, 그리고는 생존자가 그 악을 저지른 가해자와 같은 종에 속하기 때문에, 어느 누구도 섬이 아니기 때문에" 느끼는 수치심이다.[195] 따라서 정의로운 자는 자신이 범죄를 저지른 자와 같은

---

192 위의 책, 72쪽.
193 Tzvetan Todorov, *Facing the Extreme*, 263~265쪽.
194 위의 책, 265쪽.

인류에 속한다는 인식으로 수치심을 느낀다. 타자의 죄에 수치심을 느끼게 만드는 것은 나와 그가 인류 공동체에 속한다는 피할 수 없는 연대감이 낳는 감정이다. 그렇다면 레비의 수치심은 결국 앙텔므가 "당신은 우리다"라는 문장에서 표현하는 인간의 연대감과 동질적인 것은 아닐까? 이런 점에서 아감벤은 수치심과 연대감에 대한 앙텔므와 레비의 메시지를 놓치는 것이 아닐까?

그러나 이런 비판이 아감벤의 수치심 해석의 오류를 증명하는지, 그가 수치론을 통해 주장하는 윤리성을 훼손하는지는 보다 신중한 검토가 필요하다. 무젤만에 관한 논의에서 아감벤이 무젤만을 증언하는 증인의 관계를 인간성과 비인간성의 분리 불가능한 이접으로 해석하는 증언 구조는 수치심의 해석에서는 증인과 무젤만의 외적 관계가 아니라 이탈리아 학생 내부에서 발생하는 인간성과 비인간성의 이접적 관계로 나타난다. 즉 이탈리아 학생은 인간성과 비인간성, 말하는 주권적 주체인 비오스와 주권을 박탈당한 벌거벗은 조에의 이접적 관계를 자신의 내부에서 경험할 때 얼굴 붉힘이라는 수치심을 경험한다. 이때 수치심은 앙텔므가 의도하는, 인종과 민족의 경계를 넘어서는 인간의 연대감과 차이가 있지만 모든 인간이 이런 이접적 관계를 내부에서 경험할 수 있다는 점에서 인간의 보편성에 대한 인식의 기초가 될 수 있다.

크누센Nicolai Krejberg Knudsen은 아감벤이 이탈리아 학생의 얼굴 붉힘을 수치심으로 해석하면서 상호주체성을 간과한다는 웰즈와 팬터의 비판을 반박하고 이들이 조에와 비오스가 불가피하게 연결되어있는 이접의 구조로 이해하는 아감벤의 수치론을 오해하고 있다고 비판한다. 아감벤은

---

195 위의 책, 265쪽.

벌거벗은 생명을 배제하는 형태로 정치적 영역에 포함시켜 통제하는 생명권력이 지배하는 현대 사회에서 어떻게 조에와 비오스, 벌거벗은 동물적 생명과 주권을 가진 사회적이고 개인적인 생명의 구분이 불가능해졌는가를 입증한다. 아감벤에 따르면 "현대 정치의 특징은 폴리스[polis]에 조에를 포함시키는 것도 (…중략…) 단순히 생명 자체가 국가 권력의 투사나 계산의 주요 대상이 된다는 사실도 아니다. 확실한 사실은, 모든 곳에서 예외가 규칙이 되는 과정과 더불어, — 원래 정치 질서의 변두리에 있었던 — 벌거벗은 생명의 영역이 점차 정치적 영역과 일치하기 시작하고 배제와 내포, 밖과 안, 비오스와 조에, 권리와 사실이 환원할 수 없는 비구분의 지대로 들어선다는 것이다."[196] 주권적 주체와 벌거벗은 생명은 분리될 수 없이 얽혀있고 수치심은 이 두 영역이 불가분하게 연결되는 이접의 지점에 위치한다.

크누센에 따르면 아감벤 비평가들이 주장하는 연대감은 비오스 즉 말하는 정치적 주체로 구성된 공동체 구성원들의 연대감이다. 웰즈의 설명은 "전적으로 비오스의 영역에서 작동하며" 따라서 오히려 그녀가 비판하는 (조에를 구조적으로 배제하는) "생명정치적 구조를 반향한다."[197] 아감벤은 단순히 조에를 정치적 영역에 포함시키는 것이 아니고, 그가 의미하는 "벌거벗은 생명은 조에의 정치화"이며, 이는 "벌거벗은 생명이 자연적 생명인 조에와 단순히 같지 않다는 것을 의미한다."[198] 즉 벌거벗은 생명은 정치의 영역에 내포적 배제의 형태로 정치화된 생명이고 이런 점에서 조에와 비오스는 불가분하게 분리된 형태로 서로 닿아 있는

---

196 Giorgio Agamben, *Homo Sacer*, 9쪽.

197 Nicolai Krejberg Knudsen, "Shame, Belonging, and Biopolitics : Agamben Among the Phenomenologists", *Human Studies* Vol. 41, No. 3, 2018, 446쪽.

이접의 관계를 지닌다. 이런 관점에서 연대감은 아감벤이 파악하는 이이접의 구조를 설명하지 못한다. "연대감만으로는 생명정치적 억압의 메커니즘에 저항할 수 없다. 왜냐하면 연대감은 벌거벗은 생명으로 환원되지 않은 자들 사이에서만 가능하기 때문이다. 그것은 무젤만을 배제한다."[199]

이 이접의 구조가 주체의 수치심뿐 아니라 (5장에서 논했듯이) 증언에서도 똑같이 존재한다는 사실은 (상호)주체성의 논의에서 매우 중요하다. 이 구조의 탐구에서 아감벤이 간과한다고 비판받는 상호주체성의 또 다른 의미를 세공할 수 있기 때문이다.

우리가 우리 자신 안에서 인식하는 것은 벌거벗은 생명이 되는 우리 자신의 능력이다. 이는 수치심 속의 긴장이 나이면서(또는 내 안에 있으면서) 내가 취할 수 없는 벌거벗은 생명과 주체로서의 나 사이에 있다는 것을 의미한다. 이 수치심은 예컨대 내가 볼로냐 출신의 학생처럼 내 살인자와 대면할 때 또는 레비처럼 익사한 자들과 대면할 때 경험되며, 나의 주체화와 탈주체화에서 드러나는 것은 **단순**히 나의 생리현상이 아니라 인간과 비인간 사이의 한계limit다. 이런 식으로 수치심 구조는 (무젤만과 증인사이의 긴장에서처럼) 상호주체적이기도 하고 (볼로냐 출신 학생의 경우처럼) 주체적일 수도 있는 양극성으로 이루어진다.[200]

아감벤이 증인과 수치심이 똑같은 구조를 지닌다고 말하는 것은 중요

---

198 위의 글, 443쪽.
199 위의 글, 449쪽.
200 위의 글, 446쪽.

하다. 주체화와 탈주체화는 볼로냐 출신 학생의 주체 내부에서 발생할 수도 있고 증인과 무젤만의 관계에서도 발생할 수 있다. 크누센의 지적처럼 아감벤의 수치심 개념은 주체성뿐 아니라 상호주체성도 보여준다.

더 중요한 것은 아감벤의 증언 / 수치심 구조가 단순히 인간관계를 넘어서는 더 근본적 차원의 상호주체성의 토대를 제시한다는 점이다. 이런 점은 그가 이탈리아 학생의 얼굴 붉힘을 해석하면서 그의 홍조를 통해 나타나는 수치심이 돈호법을 통해 시간을 뛰어넘어 앙텔므의 책을 읽는 독자들에게 전달될 수 있다고 주장하는 데에서 명백히 드러난다. 팬터는 "그 홍조가 증언하는 '취할 수 없는' 잔재가 인간 속의 비인간인가 아니면 **다른 인간에 대한 책임인가**"라는 문제를 제기하고 아감벤은 그 홍조를 "인간성 속의 비인간성으로서, 그 학생의 주체성을 증언하는 '무언의 돈호법'이라고 부르지만" 사실상 그 학생의 홍조를 증언하는 더 중요한 "또 다른 증인"은 앙텔므라고 주장한다.[201] 팬터에 따르면 "앙텔므의 증언이 없으면 볼로냐 출신의 학생은 혼자 죽고 그의 얼굴의 홍조는 사라진다. 아무것도, 심지어 그의 수치심도 또 다른 주체의 증언 없이 살아남을 수 없다. 그러나 죽임을 당하기 위해 선발된 것에 대한 그의 정동적 반응은 로베르 앙텔므에게 표식을 남겼고 그의 글은 책을 대하는 독자에게 표식을 남긴다. (…중략…) 앙텔므는 그의 증언으로 그 학생의 얼굴 붉힘을 망각에서 구원할 뿐 아니라 그 학생과 자신, 자신과 독자, 독자와 그 학생, 심지어 그 학생과 친위대원의 다중 관계를 증언한다."[202] 팬터에게 이 장면의 핵심은 인간의 상호주체성을 증언하는 앙텔므의 증언이지 인간의 비인간성을 드러내는 얼굴 붉힘이나 수치심이 아니다.

201　Lisa Guenther, "Resisting Agamben : The Biopolitics of Shame and Humiliation", 66~67쪽.
202　위의 글, 67쪽.

　물론 앙텔므의 증언이 없다면 볼로냐 출신 학생의 얼굴 붉힘과 수치심도 독자에게 전해질 수 없다. 그러나 "무언의 돈호법"은 단순히 독자에게 그 청년을 기억하게 하거나 인류의 연대감을 상기시키는 것을 의미하지 않는다. 언어적 호소를 넘어서 청년의 얼굴 붉힘에 체현되는 수치심을 전달하는 "무언의 돈호법"이 독자에게 상호주체성을 소환할 수 있는 것은 그의 홍조에 나타난 (비)인간적 "한계"에 대한 독자 자신의 "무언의" 경험과 공감을 가능하게 하기 때문이다. 아감벤이 제시하는 것은 상호주체성의 부정이 아니라 진정한 상호주체성을 가능하게 하는 인간 주체성의 구조다. 아감벤이 이탈리아 청년의 홍조가 나타내는 수치심이 앙텔므의 책을 읽는 독자에게 전달될 수 있다고 말할 때 이는 시대를 초월해서 모든 인간이 이런 인간성과 비인간성의 이접을 스스로 느끼고 경험할 수 있다는 것을 암시한다.

　이탈리아 학생의 사례가 예증하듯이 이런 이접적 관계를 내부에서 경험할 수 있는 것은 무엇보다도 인간이 자신의 벌거벗은 비인간성에 노출되는 트라우마의 경험에서 가능하다. 그러나 트라우마의 증언을 읽고 듣는 독자와 청자가 상처를 공감할 수 있는 것은 말하는 자와 똑같은 인간성과 비인간성, 주체화와 탈주체화의 이접적 구조로서의 주체성을 공유하기 때문이다. 비인간적 한계상황에 처한 자와의 상호주체적 연대감의 진정성은 나의 잠재적 비인간성 / 탈주체화에 대한 인식에서 가능하지 않을까. 이런 점에서 아감벤이 증언과 수치심의 구조로 정의하는 주체화와 탈주체화의 이접적 관계는 근본적 차원에서 상호주체성의 토대가 된다. 아감벤의 수치론은 외상 후 스트레스 장애 및 트라우마의 증상으로 논의되는 수치심이라는 감정이 인간이 한계상황에서 자신의 비인간성에 노출되는 경험이며 이는 누구에게나 공유될 수 있다는 철학적 통찰을 보여준다.

11. 수치심과 서사

이제 다음 장에서 트라우마 서사와 치유의 문제를 논하기 위해 트라우마 감정이 7장에서 논한 트라우마 서사와 어떻게 연관되는지 잠시 살펴보는 것으로 이 장을 마무리하고자 한다. 트라우마의 사건은 서사의 일치와 진행을 방해하는 불일치적 요소이며 서사구조에 위기를 초래한다. 트라우마의 감정은 이 위기의 핵심적인 구성요소다. 전술했듯이 아리스토텔레스는 복합 플롯을 구성하는 역전에 반전과 인식 이외에 고통^{파토스}을 추가하며 파토스를 "실제(로 여겨지는) — 살해, 잔혹한 고통과 상처 및 온갖 그런 종류의 것들 같이 살인적이고 잔인한 일"로 정의한다.[203] 파토스는 플롯의 일관성을 저해하고 플롯이 궁극적으로 정화해야 할 불일치적 요소이지만 그럼에도 플롯을 구성하는 필수적인 구성요소다. 리쾨르가 말하듯 "일치 속에 불일치를 포함함으로써 플롯은 이해할 수 있는 것 the intelligible 안에 정동적인 것the affecting을 포함한다."[204] 파토스는 비극의 플롯에 필수불가결한 요소다. 삶을 서사로 이해할 때 서사를 위협하고 저해하는 트라우마는 비극에서의 파토스 즉 감정적 고통에 해당한다.

트라우마의 감정은 트라우마 서사의 위기를 가져오고 서사적 진행의 중단을 초래한다. 다음 장에서 상세히 살펴볼 프랭크가 질병 서사의 하나인 혼돈 서사chaos narrative를 다루면서 "감정적 구타emotional bettering는 혼돈에 근본적"이라고 말하듯 서사의 위기를 가장 잘 드러내는 혼돈 서사의 특징은 감정적 고통이다.[205] 혼돈 서사는 어떤 목적이나 회복을 지향

---

203 Aristotle, *Aristotle's Poetics*, 91쪽.

204 Paul Ricoeur, *Time and Narrative Volume 1*, 44쪽.

205 Arthur Frank, *The Wounded Storyteller*, 101쪽.

하지 못하고 언어로 표현할 수 없는 상처를 공백처럼 맴돌며 시간적인 서사의 흐름에 역행하는 반-서사anti-narrative다. 프랭크는 혼돈 서사를 다루며 로렌스 랭거의 홀로코스트 생존자의 구두 증언 연구를 예로 제시한다. 랭거가 다루는 기억의 양태 중에서 "굴욕 기억humiliated memory"은 이런 감정적 구타를 가장 잘 보여준다. "굴욕 기억은 통일되고 흠결 없는 자아의 이미지를 포함하도록 설계된 모든 틀을 파괴하는 완전한 디스트레스를 소환한다."[206] 톰킨스의 정동 이론에서 굴욕감이 수치심과 한 쌍을 이루듯이 굴욕감은 수치심의 일부로 볼 수 있다. 강제수용소 생존자들이 "수용소에서 견딘 굴욕감이 종종 죽음보다 더 나빴다"고 주장하듯이 굴욕감은 가장 고통스런 감정이다.[207] 앞서 인용했듯이 톰킨스에 따르면 "수치심은 인간 마음 가장 깊숙한 곳을 타격한다."

홀로코스트 생존자들이 수치심의 경험에 대해 말하기를 거부하는 이유도 이 감정이 가장 고통스럽기 때문일 것이다. 홀로코스트 생존자 레오Leo P.는 인터뷰에서 게슈타포와 마주쳤을 때의 경험에 대해 "나는 수치스러웠어요. 그리고 내가 수치스러울 때 나는 그것에 대해 말하고 싶지 않아요"라고 말한다.[208] 이런 점에서 수치심은 죄책감과 구분된다. 린지하츠는 "인터뷰 대상자가 죄책감의 경험에 대해 상대적으로 말하려는 의지를 가지는 것은 수치심의 경험에 대해서 침묵하려는 것과 확연히 대조된다"고 지적한다.[209] 이런 차이에 비추어 볼 때 굴욕 기억은 서사의 진행을 멈추는 침묵의 공백을 초래한다. "역사의 목표 중 하나는

---

206 Lawrence Langer, *Holocaust Testimonies*, 77쪽.

207 위의 책, 77쪽.

208 위의 책, 88쪽.

209 Janice Lindsay-Hartz, "Contrasting Experiences of Shame and Guilt", 693쪽.

경험의 자료를 모으고 청중이 그 자료에 접근할 수 있게 한다는 두 가지 의미에서 **포함**inclusion이다. (…중략…) 굴욕 기억에서 절망의 주요 원천은 청중의 의식뿐 아니라 증인의 현재 의식에서도 그것이 드러내는 것의 거의 전적인 **배제**excluding 효과다. 따라서 이는 우리가 일상적으로 이해하는 역사가 아니다."[210] 굴욕 기억은 트라우마의 사건에 대해 침묵하게 만듦으로써 생존자의 서사에서뿐 아니라 생존자의 증언을 듣는 청중이 속한 사회의 역사에도 공백을 낳는다. "굴욕 기억은 (…중략…) 보상받지 못하고 보상할 수 없는 상실의 곤경에서 자신을 구제하려는 스스로의 노력에 의해 패배한다. 의식은 구원할 수 없는 잔혹성의 개인적 이야기들을 생존의 승리 서사로 변모시키며 이 곤경에서 출구를 찾도록 초대한다. (…중략…) 그러나 굴욕 기억은 분명히 주저하면서 그런 시도의 무용함을 드러낸다. 그 담론은 청중 그리고 그 기억의 다른 자아의 희망과 기대에 역행한다."[211] 트라우마 희생자의 심부를 타격하는 가장 고통스러운 감정인 수치심의 경험은 과거에서 현재와 미래로 진행하는 삶의 이야기를 방해하고 치욕적인 과거의 사건으로 끊임없이 회귀하게 만드는 반-서사를 초래한다.

210　Lawrence Langer, *Holocaust Testimonies*, 109쪽.
211　위의 책, 109~110쪽.

제10장

서사와 치유

1. 서사와 반-서사

7장에서 논한 리쾨르의 서사 이론에서처럼 서사가 플롯을 통해 이질적 요소들을 통합하는 과정이며 서술의 주체가 이야기를 통해 서사적 정체성을 찾는 과정이라면, 트라우마의 서사가 통합하기 어려운 외상적 사건을 통합하는 것이 가능한가? 서사를 통해서 트라우마를 경험한 주체가 새로운 서사적 정체성을 찾을 수 있는가? 이런 정체성 추구가 근본적으로 트라우마의 치유 및 사회 윤리적 정의 그리고 더 근본적으로 삶의 의미와 어떻게 관계되는가? 이제 트라우마 서사의 특징과 함께 지금까지 살펴본 트라우마의 메커니즘, 증언, 재현 및 서사 이론을 배경으로 이런 문제들을 검토해보자.

트라우마와 서사의 관계를 논할 때 제기되는 근본적인 질문은 인간의 삶과 서사의 관계다. 아리스토텔레스의 덕^{virtue} 개념을 비판적으로 계승한 매킨타이어^{Alasdair MacIntyre}는 인간 행동을 단편적이고 고립된 것으로 파악하는 현대철학 — 예컨대 사르트르의 실존주의 — 을 비판하며, 인간 행위를 근본적으로 연속적인 이야기를 구성하는 것으로 이해하고 이 이야기가 사회, 문화, 역사적 전통에 불가피하게 속한다는 점을 강조한다. 매킨타이어에 따르면 인간의 행동은 단편적이지 않고 "개별적 행동들과 에피소드들의 연속"이라는 총체의 구성요소이고, 인간의 삶도 "통합적 삶 즉 총체로 생각하고 평가될 수 있는 삶"으로 이해해야 하며, 인간 자아의 통일성도 "서사가 시작과 중간과 끝을 연결하듯이 출생과 삶과 죽음을 연결하는 서사의 통일성에 있다."[1] 이런 관점에서 인간의 삶은 근본적으로 이야기이고 우리가 사는 삶은 서사를 사는 것이다. "행동 자체는 기본적으로 역사적 성격을 지닌다. 서사 형식이 타자의 행동을 이해하는데 적합한 것은 우리가 모두 삶에서 서사를 살고 우리의 삶을 우리가 사는 서사의 관점에서 이해하기 때문이다."[2] 매킨타이어는 그의 핵심 논지를 다음과 같이 피력한다.

인간은 그의 픽션뿐 아니라 행동과 실천에서도 본질적으로 이야기를 하는 동물이다. 그는 본질적으로 진리를 염원하는 이야기를 하는 사람은 아니지만 그의 역사를 통해 그런 사람이 된다. 그러나 인간에게 핵심 질문은 자신의 작가성에 관한 것이 아니다. 나는 "어떤 이야기나 이야기들에서 내 역할을 찾는가?"라는 질문에 먼저 답할 수 있을 때만 "나는 무엇을 해야 하는가?"의 질문에 답할 수 있다. 다시 말해서 우리는 하나 또는 그 이상의 귀속된 인물들 ― 우리가 담당하도록 차출되는 역할들 ― 과 함께 사회에 들어서고 다른 사람들이 우리에게 어떻게 응답하고 그들에 대한 우리의 응답이 어떻게 해석될지 이해할 수 있기 위해 그 역할들이 무엇인지 배워야 한다. (…중략…) 아이들에게서 이야기들을 뺏으면 그들은 대본이 없어unscripted 말에서처럼 행동

---

1   Alasdair MacIntyre, *After Virtue : A Study in Moral Theory*, Notre Dame : U of Notre Dame P, 2007, 204~205쪽.
2   위의 책, 212쪽.

에서도 불안한 말더듬이가 된다. 따라서 사회의 최초의 극적 자원을 구성하는 이야기를 통해서가 아니면 우리 사회를 포함한 어느 사회도 이해할 방법이 없다.[3]

매킨타이어는 인간을 근본적으로 이야기하는 존재로 파악할 뿐 아니라 자신의 이야기를 스스로 창조하는 작가라기보다 문화적으로 존재하는 이야기들의 등장인물에서 자신의 역할을 찾으면서 자신의 이야기를 구성하는 존재로 본다. 개인의 삶은 궁극적으로 그가 사는 사회의 전통에 포함되므로 개인의 이야기는 그 전통의 역사에 포함된다. "우리 각자의 삶의 역사는 일반적으로 특징적으로 더 크고 긴 많은 전통의 역사에 포함되고 이 역사의 관점에서 이해할 수 있다."[4] 개인의 특수성은 그가 속한 사회에서 출발한다. 인간을 서사적으로 이해하는 것은 인간의 이야기를 더 큰 사회의 이야기 즉 역사의 관점에서 이해하는 것이다. 따라서 개인을 서사적으로 이해하는 것은 자아를 "사회 역사적 역할과 위상에서 분리할 수 있다"고 보는 현대 개인주의와 상반된다.[5] 개인주의적 자아와 "자아에 대한 서사적 관점과의 대조는 분명하다. 왜냐하면 내 삶의 이야기는 항상 내가 내 정체성을 취하는 공동체들의 이야기에 포함되어 있기 때문이다."[6]

앞서 보았듯이 리쾨르는 아리스토텔레스의 플롯 개념을 토대로 서사가 불일치적 요소를 일치로 통합하려는 속성을 지니지만 동시에 서사 형식 또는 구조로 흡수되지 않는 사건의 독특성을 보존하기도 한다고

3   위의 책, 216쪽.
4   위의 책, 223쪽.
5   위의 책, 221쪽.
6   위의 책, 221쪽.

주장하며 삶과 서사의 불가피한 관계를 논한다. 매킨타이어의 철학에서도 이런 상반된 요소들의 긴장을 볼 수 있다. 그에 따르면 "예측불가능성unpredictability과 목적론teleology이 우리 삶의 일부로 공존한다. 허구적 서사의 인물들처럼 우리도 다음에 무엇이 일어날지 알지 못하지만 그럼에도 우리의 삶은 우리 미래로 투사하는 일정한 형식을 지닌다. 따라서 우리가 사는 서사는 예측 불가능하고 또 부분적으로 목적론적 성격을 지닌다."[7] 개인의 삶은 예측 불가능한 사건들, 예컨대 실패나 좌절을 거쳐서 어떤 목적을 추구하는 과정이다. 그래서 "인간 삶의 통일성은 서사적 추구의 통일성이다."[8] 매킨타이어에 따르면 이 목적은 선the good이고 선을 향한 삶의 여정에는 반드시 역경이 존재한다. "추구의 과정에서 그리고 추구에 에피소드와 사건들을 제공하는 다양하고 특수한 위해, 위험, 유혹, 방해를 만나고 대처하는 것을 통해서만 추구의 목표를 마침내 이해할 수 있다."[9] 덕은 이렇게 역경을 극복하고 "더 큰 자기 지식과 더 큰 선의 지식"을 얻게 하는 '성향dispositions'을 일컫는다.[10] 삶을 역경을 극복하는 과정으로, 예측 불가능성을 포함한 목적론적 과정인 추구의 이야기로 해석하는 매킨타이어의 설명은 불일치를 일치로 통합하는 아리스토텔레스와 리쾨르의 서사이론과 상통한다.

이글스톤Robert Eaglestone은 트라우마와 서사의 관계를 논하면서 매킨타이어의 이론이 삶 이야기를 궁극적으로 완성의 관점에서 파악한다고 주장한다. 이는 일치와 불일치, 구조와 사건에 관한 아리스토텔레스와 리쾨르의 논의의 연장선에서 이해할 수 있다. 이글스톤에 따르면 매킨타

---

7   위의 책, 216쪽.
8   위의 책, 219쪽.
9   위의 책, 219쪽.
10   위의 책, 219쪽.

이어에게 아이들이 읽는 많은 이야기는 공동체적 정체성을 형성하게 할 뿐 아니라 삶을 완성의 과정으로 이해하게 한다. "다시 말해서 이 이야기들은 우리의 삶이 이야기에 의해 형성된다고 말할 뿐 아니라 그런 형성이 '어떻게' 즉 완성에서 발생하는가에 대해서도 말한다."[11] 이야기와 삶의 공통분모는 완성에 있다. 이는 삶의 목적을 완성에서 찾는 아리스토텔레스 윤리학과 상응할 뿐 아니라 서사를 일치를 향한 플롯으로 이해하는 아리스토텔레스의 시학과도 상통한다.

이글스톤은 비트겐슈타인에서 이와 반대되는 논리를 찾는다. 비트겐슈타인은 『문화와 가치*Culture and Value*』에서 죽은 자들의 삶을 원만했던 것으로 보는 경향과 달리 실제로 죽은 자에게 "삶은 원만하지 않고 들쑥날쑥하며 미완성이다. 그에게 회유는 없었고 그의 삶은 헐벗고 비참하다"고 말한다.[12] 따라서 "비트겐슈타인은 아리스토텔레스와 매킨타이어가 제시하는 '적절히 질서정연한' 서사의 의미sense와 삶의 형식에 대해 무질서하고 울퉁불퉁한 삶의 형식을 제시한다."[13] 트라우마는 울퉁불퉁하고 무질서한 삶의 단면의 절정을 구성하기 때문에 트라우마 서사가 질서정연한 삶의 이야기에서 벗어나는 것은 당연한 듯이 보인다. 이글스톤이 말하듯 독자의 삶이 이야기에서 동일시와 투사를 통해 형성되더라도 독자가 이런 삶의 굴곡을 기록하는 트라우마 서사와 동일시하기는 어렵다. 그럼에도 이런 이야기에 관심을 기울여야 하는 이유는 "이런 종류의 텍스트들이 삶의 불안정성, 애도, 상처에 대해서, '울퉁불퉁함'과

---

11 Robert Eaglestone, "Forms of Ordering : Trauma, Narrative and Ethics", *Storytelling and Ethics : Literature, Visual Arts and the Power of Narrative*, Hanna Meretoja and Colin Davis 공편, New York : Routledge, 2018, 61쪽.

12 위의 글, 61쪽에서 재인용.

13 위의 글, 61~62쪽.

'취약성'에 대해 생각하게 만들기" 때문이다.[14] 그렇다면 독자가 트라우마 서사를 통해서 삶의 근본적인 취약성이라는 의미에 다가갈 수 있는 것처럼 트라우마를 경험한 당사자도 서사를 통해 이런 의미에 도달할 수 있지 않을까? 그러나 서사 행위가 불일치를 일치에 종속시키는 과정이고 단정할 수는 없다.

분명한 것은 트라우마 서사는 아리스토텔레스의 불일치와 비트겐슈타인의 울퉁불퉁하고 헐벗은 삶의 모습이 질서정연한 이야기의 플롯과 불가피하고 격렬하게 충돌하는 이야기라는 점이다. 럭허스트Roger Luck-hurst가 지적하듯이 "파괴적 방해로서의 트라우마와 이후에 이 방해를 번역 또는 동화하려는 시도 사이의 관계는 단절과 흐름, 저지와 운동 사이의 근본적인 긴장이다. 트라우마는 사실 서사적 지식의 능력에 도전장을 낸다. 그 충격의 영향으로 트라우마는 반-서사이지만 트라우마를 설명하려는 회고적 서사들의 광적인 생산을 낳는다."[15] 서사와 반-서사의 투쟁은 아리스토텔레스가 말한 불일치적 일치의 또 다른 표현이고 모든 트라우마 희생자의 증언과 글쓰기의 특징이다. 서사와 반-서사의 투쟁은 7장에서 논한 리쾨르의 서사 이론에서 사건과 서사 형식(또는 구조) 사이의 아포리아에 상응한다.

외상적 사건은 서사의 시간적 진행을 방해한다. 트라우마의 반-서사성을 이해하기 위해 이전 장들에서 논한 트라우마 특징들을 서사의 관

14　위의 글, 65쪽. 후에 더 상세히 논하겠지만 이글스톤이 트라우마와 문학의 관계에 대해 지적하듯이 트라우마에 대한 논의는 단순히 언어의 문제가 아니다. "트라우마 및 그 여파와 맺는 우리의 인간적인 관계는 언어 기능의 검토일뿐 아니라 세계와 타자와의 더 힘든 윤리적 관여의 일부다." Robert Eaglestone, "Trauma and Fiction", *The Routledge Companion to Literature and Trauma*, Colin Davis and Hanna Meretoja 공편, 288쪽.

15　Roger Luckhurst, *The Trauma Question*, 79쪽.

점에서 간단히 되짚어볼 필요가 있다. 트라우마 서사에서 사건의 기억이 플래시백처럼 과거로 회귀하다 다시 현재로 돌아오는 왕복운동을 하는 것, 트라우마 환자들이 과거의 사건을 현재의 시점에서 반복하는 것, 시간이 멈추거나 지연되는 것, 서사의 종결이 없는 것은 서사에 통합하기 어려운 트라우마의 속성을 보여준다.[16] 3장에서 살펴보았듯이 트라우마가 외현적 서술적 기억이 아닌 암묵적 비서술적 기억으로 저장된다는 사실은 트라우마의 반-서사성이 신체적 원인에 기인한다는 점을 보여준다. 외현적 서술적 기억이 언어를 관장하는 좌뇌의 활동으로 이루어진다면 트라우마와 관계된 암묵적 비서술적 기억은 공간과 이미지를 담당하는 우뇌에 의해 비언어적으로 이미지로 기록된다. 따라서 의식적 서술기억이 언어적 형태인 것과 반대로 무의식적 암묵적 비서술기억은 언어적 의식에 통합되지 못하고 이미지와 감정의 형태로 저장된다. 3장에서 인용했듯이 "트라우마의 기억은 적어도 처음에는 사건의 감각적 성분의 파편들로 즉 시각 이미지, 후각, 청각, 근육운동 감각 또는 강렬한 느낌의 파도"로 이루어진다.[17] 트라우마 환자가 경험하는 플래시백은 의식에서 해리되어 이미지로 저장되었던 트라우마의 기억이 다시 의식을 침범하는 것이다.[18]

---

16 이글스톤이 제시하는 트라우마 서사의 여러 특징에서 시간성과 관계된 것으로는 "이야기가 서사적 시간에서 앞뒤로 움직이는 것", "텍스트의 중단", "종결의 거부"가 있다. Robert Eaglestone, "Trauma and Fiction", 288쪽. 이글스톤은 증언 텍스트에 대해서도 독자가 텍스트(내레이터)와 동일시하는 것을 방해하는 요소로서 서사의 중단 및 종결의 결여 등을 논한다. Robert Eaglestone, *The Holocaust and the Postmodern*, Oxford : Oxford UP, 2004, 42~71쪽을 참조할 것.

17 Bessel A. van der Kolk and Rita Fisler, "Dissociation and the Fragmentary Nature of Traumatic Memories : Overview and Exploratory Study", 513쪽.

18 "외상 후 스트레스 장애의 특징 중 하나는 악몽, 플래시백 또는 신체적 반응에서 트라우마의 요소를 침투적으로 재경험하는 것이다." Bessel A. van der Kolk and Onno van der

이런 증상은 트라우마의 반복성과 무시간성을 보여준다. 정상 기억이 과거의 사건을 현재 시점에서 과거로 기억하는 것과 달리 트라우마의 기억은 현재로 경험된다. 반 데어 콜크와 반 데어 하트는 외상 기억의 무시간적 반복에 관해 "어떤 기억들은 마음속에 고정되어 시간의 경과 또는 이후 경험의 개입에 의해 변하지 않는다. 외상 후 악몽에 관한 우리 연구에서 외상 장면들은 바뀌지 않고 밤에 반복해서 재경험되었다"[19]고 지적한다. 트라우마 환자들은 외상적 사건을 시간적 전개 속에서 파악하지 못하고 그들의 서사는 일관성을 상실한다.

심지어 수년 후에도 외상환자들은 자신들에게 일어난 일을 다른 사람들에게 말하는 데 종종 큰 어려움을 겪는다. 그들의 신체는 싸우거나 도주하려는 충동뿐 아니라 테러, 격노, 무력감을 재경험하지만 이런 느낌을 표현하는 것은 거의 불가능하다. 트라우마는 본성상 공통 경험이나 상상할 수 있는 과거에 기초한 언어에서 우리를 차단해 이해의 한계로 몰아간다. 사람들이 자신들에게 닥친 비극에 대해 말할 수 없다는 뜻이 아니다. 조만간 생존자 대부분은 (…중략…) 대중 소비를 위해 그들의 증상과 행동에 대한 설명을 제공하는 "커버스토리"라 부르는 것을 만든다. 그러나 이 이야기들은 경험의 내적 진리를 거의 포착하지 못한다. 자신의 외상 경험을 일관성 있는 설명 — 시작, 중간, 끝이 있는 서사 — 으로 조직하는 것은 매우 어렵다. 심지어 에드 머로우^{Ed Murrow} 같이 유명한 CBS 기자처럼 노련한 기자도 나치 강제수용소 부헨발트가 1945년에 해방되었을 때 본 잔혹성을 전달하는 데 힘겨워하며 "내가 말한 것을 여러분이 믿기를 기도합니다. 나는 보고 들은 것의 일부만을 보도했을 뿐입니다. 왜냐하

Hart, "The Intrusive Past : The Flexibility of Memory and the Engraving of Trauma", 173쪽.
19   위의 글, 172쪽.

면 대부분에 대해서는 말할 수 없기 때문입니다"라고 말했다. 말이 실패할 때 출몰하는 이미지들이 경험을 포획해서 악몽이나 플래시백으로 귀환한다.[20]

비의식적 비서술적 기억에 이미지로 저장된 트라우마의 기억은 언어화되지 못해서 서사 속에 과거의 사건으로 남지 못하며 악몽과 플래시백의 형태로 현재의 의식을 침범한다. 따라서 트라우마 환자들의 서사에는 시작, 중간, 끝이 있는 아리스토텔레스적 플롯이 없다.

반 데어 콜크는 외상환자들이 정상적인 사건과 외상적 사건을 기억할 때의 차이를 서사성의 결여와 혼돈에서 찾는다. "결혼, 출생, 졸업은 과거의 사건 즉 시작, 중간, 끝이 있는 이야기로 기억된다. (…중략…) 반대로 외상기억은 체계적이지 못하다. 우리 환자들은 어떤 세부 사항(강간범의 냄새, 죽은 아이 이마에 있는 자상)은 아주 또렷이 기억하지만, 사건들의 순서나 다른 중요한 세부 사항(최초로 도와주러 온 사람, 병원에 데려간 것이 구급차인지 경찰차인지)을 기억하지 못했다."[21] 트라우마 기억의 특징인 서사성의 결여와 혼돈은 2장에서 살펴본 자네의 이론과도 부합한다. 자네는 기억이 사건을 떠올리는 것뿐 아니라 "이야기를 하는 행동"이고 "발생하는 사건에 대한 우리의 태도에서 아주 독립된 언어적 작용"이라고 정의한다.[22] 따라서 외상기억은 서사 행위에 손상을 가한다. 외상적 상황에 적응하지 못하는 트라우마 환자는 외상적 사건을 현재의 시점에서 자신 삶의 이야기 속에 통합하지 못한다. 자네의 용어로 이들은 "현재화"와 "동화"의 능력이 없다. 라웁은 증언 서사에 관해 "트라우마 생존자들은

---

20   Bessel A. van der Kolk, *The Body Keeps the Score*, 43~44쪽.
21   위의 책, 195쪽.
22   Pierre Janet, *Psychological Healing Vol. I*, 661쪽.

과거의 기억과 함께 살지 않고, 완결로 진행할 수도 없고 하지도 않으며 끝이 없고 종점에 도달하지 못하는, 따라서, 생존자와 관련되는 한 현재로 지속되어 모든 면에서 지금 일어나는 사건과 함께 산다"고 말한다.[23] 과거로 기억되지 못하고 현재에 반복되는 트라우마는 삶의 서사에 속하지 않는다. 트라우마의 충격으로 사건이 언어화 또는 의미화될 수 없다가 후에 외상적 사건의 억압된 무의식적 기억을 자극하는 다른 사건에 의해 표출되는 과정을 일컫는 프로이트의 '지연된 행동' 개념 역시 트라우마의 반-서사적 무시간적 속성을 보여준다.

2. 트라우마의 무시간성

4장에서 논한 탄크레드와 클로린다의 이야기 — 주인공 탄크레드가 적군 기사로 변장한 클로린다를 알아차리지 못해 죽이고 후에 다시 클로린다가 갇혀 있는 나무를 알지 못한 채 찔러 그녀를 두 번 죽이는 이야기 — 는 트라우마의 반복적이고 무시간적 속성을 잘 예증한다. 캐루스가 말하듯 "탄크레드가 두 번째 상처를 입히기 전까지 클로린다의 목소리를 들을 수 없듯이, 트라우마는 개인의 과거에서 단순히 폭력적이거나 기원적인 사건에서가 아니라 그것의 동화될 수 없는 성격 — 그것이 최초의 순간에 정확히 알려지지 않는 방식 — 이 나중에 생존자에게 회귀해 출몰하는 방식에서 찾을 수 있다."[24] 트라우마는 생존자의 의식에 알려질 수 없고 동화될 수 없어서 해소되지 못하고 억압되어 있다가 회귀

23   Shoshana Felman and Dori Laub, *Testimony*, 69쪽.
24   Cathy Caruth, *Unclaimed Experience*, 4쪽.

한다. 이렇게 억압된 트라우마의 기억은 프로이트가 말하듯 이물질처럼 생존자에게 지속적인 영향을 행사한다. 과거에서 현재와 미래로 회귀하는 트라우마의 기억은 삶의 역사를 거부하는 무시간적 속성을 지닌다.

캐루스는 〈히로시마 내 사랑*Hiroshima mon amour*〉을 분석하며 트라우마의 알 수 없고 무시간적인 속성의 논의를 세공한다. 캐루스는 원폭으로 폐허가 된 히로시마에 영화 촬영을 위해 방문한 프랑스 여배우와 원폭으로 가족을 잃었으나 본인은 전쟁에 참여해 원폭을 경험하지 못한 일본 남성의 만남을 다룬 이 영화를 분석하며 둘 다 트라우마를 직접 대면하지 못하고 놓친다는 점에 주목한다. "아버지 제가 타는 것을 보지 못하세요?"라고 호소하는 죽은 아들의 꿈을 꾸는 아버지가 아들의 죽는 순간을 놓치는 것처럼, 이 영화에서 프랑스 여인은 전쟁 중 만난 독일 병사와 도망치기로 한 날 병사가 죽임을 당하는 순간을 놓친다. 그녀가 연인의 죽음을 놓치는 것은 그 외상적 사건을 보지 못하는 것으로 나타난다. 영화는 처음부터 시각적 한계의 주제를 강조한다. 프랑스 여인은 히로시마에서 모든 걸 보았다고 말하지만 일본 남성은 그녀가 아무것도 보지 못했다고 말한다. 프랑스 여인은 히로시마의 병원과 박물관 등을 방문해서 환자들과 시체들(의 모형)을 목격했으므로 히로시마 원폭의 현실을 보았다고 생각하지만 일본 남성은 이런 것들을 본 것이 오히려 현실을 보지 못하게 방해한다고 말한다. 그녀가 보지 못했다는 "남자의 부정은, 신체적 지시물을 설정하는 바로 그 행위에서, 보는 행위가 공허한 문법처럼 사건의 현실을 지운다는 것을 암시한다."[25]

프랑스 여인이 보지 못하는 것은 히로시마 원폭의 현실만이 아니다.

---

25 위의 책, 29쪽.

그녀가 사랑했던 독일 병사의 죽음은 프랑스가 해방되는 날 발생한다. 여인이 국가를 배신하고 독일인을 사랑했다는 죄목으로 마을 사람들에 의해 어두운 지하실에 갇혀 보지 못하는 것은 죽은 연인에 대한 신의를 나타낸다. 반면 그녀가 시력을 되찾는 것은 죽은 연인에 대한 배신을 의미한다. 여인은 말한다. "나는 보기 시작해요. 나는 전에 우리가 사랑했을 때, 우리가 행복했을 때 보았던 것을 기억해요. 나는 기억해요. 나는 잉크를 봐요. 나는 햇빛을 봐요. 나는 내 삶을 봐요. 그대의 죽음. (⋯중략⋯) 오! 끔찍해요. 나는 당신을 덜 뚜렷이 보기 시작해요. 나는 당신을 잊기 시작해요. 그렇게 많은 사랑을 잊었다는 생각에 떨려요."[26] 이 대사는 "그녀의 삶의 지속적 역사에 죽음의 사건을 포함시키고" 그녀가 사랑했던 연인을 망각하는 것을 의미한다.[27] 마을 사람들은 이제 그녀가 정신을 차렸다고 말하며 지하실에서 나오게 허락한다. 따라서 "광기로부터의 자유는 그녀가 정상적으로 보고 아는 것을 시작하는 망각과 그리고 근본적으로 과거의 배신인 자유와 동일시된다."[28] 여기에서 보는 것은 망각과 배신과 동일시된다. 프랑스 여인이 생존하기 위해서는 사랑했던 독일인 병사의 죽음을 과거의 일로 기억해야 하고 이는 역설적으로 그의 죽음을 망각하는 것과 같다. "나는 내 삶을 봐요. 그대의 죽음." 그녀가 계속해서 사는 것은 연인의 죽음을 뒤로 남기고 떠나서 망각해야 가능하다. 프랑스 여인은 일본인 남성에게 망각의 경험을 고백한다. "내 말을 들어봐요. 당신처럼 나는 잊는 것이 어떤 건지 알아요. (⋯⋯) 당신처럼, 나도 온 힘을 다해 잊지 않으려 애썼어요. 당신처럼 나는 잊었어

---

26   위의 책, 31~32쪽에서 재인용.
27   위의 책, 32쪽.
28   위의 책, 33쪽.

요. 당신처럼, 나는 위로할 수 없는 기억, 그림자와 돌의 기억을 갖길 원했어요. 나로서는 매일 온 힘을 다해 기억해야 할 이유를 더 이상 이해하지 못하는 공포와 맞서 싸웠어요. 당신처럼, 나는 잊었어요. 왜 명백한 기억의 필연성을 부정하지요?"[29] 프랑스 여인은 망각과 투쟁하면서 왜 기억해야 하는지 더 이상 이해하지 못한다는 두려움에 저항하다 결국 망각하고 생존한다. 생존은 망각과 배신의 토대 위에 성립한다.

기억과 망각, 삶과 죽음의 경계에 보는 것과 보지 못하는 것, 아는 것과 알지 못하는 것의 경계가 있다. 그녀는 죽어가는 독일인 연인 옆에 머무는 동안 그가 죽는 순간을 모르고 지나간다. 그녀는 총에 맞아 죽어가는 독일 병사 곁에서 하루 밤낮을 머무른다.

나는 그날 내내 그리고 다음 날 밤 내내 그의 몸 옆에 머물렀어요. 다음 날 아침 그들이 와서 그를 집어 트럭에 실었어요. 그건 느베르가 해방되던 밤이었죠. 성 에티엔 성당의 종이 울렸어요. (……) 그는 내 밑에서 점점 차가워졌어요. 오! 그가 죽는데 얼마나 오래 걸렸는지! 언제냐구요? 확실하지 않아요. 나는 그 사람 위에 누워있었어요 (……) 그래요. (……) 그가 죽는 순간은 실제로 나를 피해갔어요. 왜냐하면 (……) 왜냐하면 바로 그 순간 심지어 이후에도 그래요 이후에도 그의 죽은 몸과 내 몸 사이에 조금의 차이도 느낄 수 없었다고 말할 수 있기 때문이에요. 이 몸과 내 몸 사이에서 내가 발견할 수 있었던 것은 명백히 닮았다는 것이었죠. 이해하나요? 그는 내 첫사랑이었어요.[30]

죽어가는 연인 곁에 누워서 자신의 몸과 그의 몸의 차이를 거의 느

---

29   위의 책, 34쪽에서 재인용.
30   위의 책, 38쪽에서 재인용.

낄 수 없었던 여인은 그의 몸이 온기를 잃어 차가워지는 것을 알았지만 정확히 언제 생명이 끊어졌는지, 그의 죽음의 순간이 정확히 언제인지 알지 못한다. "그가 죽는 것을 보는 '때'와 그가 실제 죽는 '때' 사이에는 메울 수 없는 심연, 시각의 즉각성 안에서 타자의 죽음의 순간을 아는 본질적인 간극이 있다. (…중략…) 그녀의 신체적 삶은 연인의 죽음을 증언하는 영원한 시도가 된다. 이런 영원성에서 나온 그녀의 마지막 말 ― '이해하나요?' ― 은 상실의 역사를 진실로 아는 것이 아니라 아는 것을 넘어서 정확히 그녀 자신의 역사를 갖는 것의 불가능성을 말한다."[31] 그녀는 사랑하는 연인의 죽음이라는 트라우마의 순간을 결코 알지 못한다. 연인이 죽는 트라우마는 알 수 없는 것으로 남고 그녀의 삶의 역사에서 과거의 상실로 기록되지 않는다. 그렇기 때문에 생존한 그녀의 삶은 그의 죽음을 끊임없이 증언하려는 반복적 시도가 된다.

캐루스가 말하듯 프랑스 여인의 삶 / 역사가 새로 시작하려면 이 트라우마의 반복과 무시간성을 넘어서야 한다. 영화 속에서 이런 새 출발을 알리는 신호는 "이 몸과 내 몸 사이에서 내가 발견할 수 있었던 것은 명백히 닮았다는 것이었죠. 이해하나요? 그는 내 첫사랑이었어요"라는 여인의 말을 듣고 일본 남성이 그녀의 뺨을 때리는 장면이다. 이 행위는 "삶과 죽음을 구분하라는 명령" 즉 (그녀의) 삶과 (연인의) 죽음의 차이를 인식하라는 명령이지만 더 중요한 것은 이 행위가 "역사의 시작" 즉 그녀의 삶의 새로운 시작을 알리는 신호라는 점이다.[32] 이 행위는 "역사 없는 서사에 갇힌" 프랑스 여인과 일본 남성을 삶과 역사의 서사로 깨우는 행위이고 "'그는 내 첫사랑이었어요'라는 외침 속에 있는 '처음'의 파토

---

31   위의 책, 39쪽.
32   위의 책, 42쪽.

스와 비역사적ahistorical 의미를 중단하고 처음의 서사들의 고립된 자기봉
쇄self-enclosure를 중단시킨다."[32] 즉 이 행위는 망각했으나 이해할 수 없었
던 독일군 병사의 죽음이라는 트라우마의 비역사성과 무시간성에 갇혀
삶의 역사적 서사를 쓸 수 없었던 여인을 다시 역사의 시간으로 소환하
는 각성을 나타낸다.

트라우마의 무시간성은 재난에 관한 블랑쇼의 철학적 사색에도 나타
난다. 블랑쇼는 『재난의 글쓰기』The Writing of the Disaster』에서 무시간성과 탈
역사성을 재난의 특성으로 설명한다. "'이미' 또는 '항상 이미'가 재난을
표시하고, 그것은 역사 밖에 있지만 역사적으로 그렇다."[34] 재난은 발생
하는 또는 발생한 것 따라서 역사적인 것이지만 이미 항상 지난 것으로
경험되기에 무시간적이고 탈역사적이다. "재난은 우리가 ~의 위협 아래
있을 때조차 이미 위험을 지난 것이다. 재난의 표시는 그것의 위협 아래
있을 때를 제외하고는 결코 그 표시에 없다. 그래서 위험을 지났다는 것
이다."[35] 그것의 위협은 있으나 그 위험은 이미 지난 것으로 정의되는 재
난은 따라서 미래에 속하지 않는다. "우리는 재난을 미래에 위치시킬 수
없이 재난의 가장자리에 있다. 그것은 오히려 이미 항상 지난 것이지만
우리는 그 위협의 가장자리 또는 밑에 있다. (…중략…) 재난이 우리에게
닥칠 때 그것은 오지 않는다. 재난은 그것이 임박했다는 것이지만 사는
시간의 순서에서 생각할 때 미래는 재난에 속하지 않으므로 재난은 이
미 항상 후퇴하거나 만류된다. 재난의 성취에 대한 시간이나 공간이 없
듯이 재난을 위한 미래는 없다."[35] 재난은 항상 임박한 것이기에 우리는

---

33   위의 책, 42쪽.
34   Maurice Blanchot, *The Writing of the Disaster*, Ann Smock 역, Lincoln : U of Nebraska P,
       1995, 40쪽.
35   위의 책, 4쪽.

그 위협에 노출되지만 그것은 이미 항상 지난 것이어서 실제로 경험할 수 없다는 것이 재난적 시간의 역설이다. 블랑쇼에 따르면 "재난은 항상 발생한 후에 발생하므로 그것의 경험은 있을 수 없다."[37] 따라서 재난은 근본적으로 경험할 수 없다. 이렇게 임박했음에도 불구하고 미래에 속하지 않고 항상 지나간 것으로 경험되는 재난은 캐루스의 논의에서 항상 놓치는 것으로 묘사되는 트라우마의 실재와 유사하다. 블랑쇼는 재난의 글쓰기를 "불가능한 실재the impossible real의 노예가 되어 안전하고 무탈한 모든 현실이 가라앉는 재난의 몫을 쓰는 것"이라고 표현한다.[38]

블랑쇼가 재난의 특성으로 제시하는 무시간성은 수동성과 밀접히 관련된다. 자살이 일종의 능동적인 죽음의 선택이라면 우리는 재난에 절대적으로 수동적이다. "재난은 (…중략…) 우리를 어떤 수동성의 개념에 노출한다. 우리는 재난과 관련해서 수동적이지만 재난은 아마도 수동성이어서 지난 것 심지어 과거에도 항상 지난 것이고 시대에 뒤진 것일지 모른다."[39] 재난이 죽음과 관계된다면 그것은 죽음을 선택할 수 있는 것이 아니라 수동적으로 감내하는 것으로 경험하기 때문이다. 그래서 "재난과 관련해서 우리가 너무 늦게 죽는다는 것은 옳다. 그러나 이는 우리가 죽는 것을 만류하지 않는다. 그것은 — 그것이 이미 너무 늦은 시간을 피해서 — 귀환으로서의 재난을 제외한 어떤 것과도 무관하게 부적절한 시기의 죽음을 감내하도록 초대한다."[40] 가까운 미래에 임박하지만 이미

36 　위의 책, 1~2쪽.

37 　위의 책, 28쪽.

38 　위의 책, 38쪽. 여기에서 실재로 번역한 "real"은 라캉의 정신분석학적 용어는 아니지만 모든 현실이 붕괴되는 재난에 대한 묘사로서 단순히 "현실"의 의미보다 라캉의 상징계적 현실과 대립되는 "실재" 개념과 상통한다고 볼 수 있다.

39 　위의 책, 3쪽.

40 　위의 책, 4쪽.

지나간 것이 귀환하는 것으로 수동적으로 경험하는 재난은 트라우마의 속성을 잘 드러낸다. 이런 점에서 블랑쇼가 "애절하지도mournful 향수적이지도 않은 비종교적 반복, 바라지 않은 귀환. 그렇다면 재난은 극단의 독특성의 반복 — 긍정 — 이 아닌가?"라고 물으며 재난을 귀환과 반복으로 설명하는 것은 우연이 아니다.[41]

블랑쇼가 의미하는 극단의 예는 홀로코스트다. 그는 홀로코스트를 "고요, 홀로코스트의 불타오름, 정오의 절멸 — 재난의 고요"라고 묘사하면서 "재난은 돌아온다. 그것은 항상 재난에 이어지는 재난 — 그것으로 자신을 위장하는 침묵의 무해한 귀환이다"라고 말한다.[42] 침묵과 고요의 형태로 귀환하는 홀로코스트는 언어의 한계를 넘어선다는 것을 암시한다. 블랑쇼의 사색은 재난의 글쓰기가 글쓰기의 한계를 넘어선다는 논리에 다다른다. "재난, 경험하지 못한 것. 그것은 경험의 가능성 자체를 피하는 것이다. 그것은 글쓰기의 한계다. (…중략…) 재난은 탈-글쓰기de-scribes다. 이는 글쓰기의 힘으로서의 재난이 글쓰기에서 제외되고 글쓰기의 울타리 너머에 있다거나 탈텍스트적이라는 의미는 아니다."[43] 블랑쇼는 "우리는 한계 — 위험한 경계perilous threshold —, 되돌려 보내질 가능성에 접근한다"고 말하며 글쓰기가 한계의 경험인 재난을 쓰지 못할 수 있음을 암시한다.[44] 그럼에도 재난의 글쓰기는 탈-글쓰기이지만 글쓰기의 울타리를 넘어서지 않고 탈텍스트적이 아니라는 역설을 지닌다. 재난의 글쓰기는 여전히 글쓰기이지만 글쓰기의 한계를 드러내는 글쓰기

---

41   위의 책, 5~6쪽.
42   위의 책, 6쪽.
43   위의 책, 7쪽.
44   위의 책, 8쪽.

이며, 재난은 쓸 수 없으면서 쓰이는 한계의 경험이다.

3. "상처받은 시간"과 파편적 글쓰기 랭거와 블랑쇼

블랑쇼가 재난의 글쓰기의 특징으로 꼽는 무시간성은 파편적 글쓰기와 연결된다. 시간의 중단과 반복은 글쓰기의 시간적 흐름을 방해하고 글을 파편으로 만든다. "끊임없는 것의 단절 : 이것이 파편적 글쓰기의 두드러진 특징이다."[45] 단편적인 글 조각으로 구성된 블랑쇼의 『재난의 글쓰기』의 형식 자체가 이런 파편적 글쓰기를 체현한다. 랭거가 지적하듯이 "블랑쇼의 문체는 난해하게cryptic 보일지 모르지만 사실은 언어가 단순화할 수 없을 정도로 다루기 힘든 소재를 담으려는 노력의 좌절을 닮아 있다."[46] 홀로코스트 구두 증언이 근본적으로 서사적 흐름의 전개를 따를 수 없다는 랭거의 주장은 재난의 글쓰기의 특징을 파편화로 규정한 블랑쇼의 주장과 상통한다.

내가 연구에서 발견한 것이 있다면 그것은 홀로코스트 구두 증언들이 어떤 차원에서는 테크놀로지의 가변성vicissitude 때문만이 아니라 그들이 기록하는 경험의 본질에 의해서 방해된 서사disrupted narratives로 남을 운명이라는 점이다. 그 증언들은 증인들 자서전의 장들을 진척하게 하는 대신 말하는 가운데 소진된다. 그 증언들은 기록하는 상실이 재생의 기대나 화해의 희망을 거의 제기하지 못하기 때문에 다른 서사들처럼 시간 속에서 기능하지 못한다. (…중

---

45   위의 책, 21쪽.
46   Lawrence Langer, *Holocaust Testimonies*, 39~40쪽.

략…) 이 인터뷰들의 증언이 진행됨에 따라 경험에서 배우고 고통을 통해 성장하는 도덕적 공식은 수사적 위안의 무의미한 파편으로 빠르게 해체된다.[47]

랭거는 물론 자신이 인터뷰한 증인의 구두증언과 서사로 쓰인 글의 차이를 지적하고 말과 글, 구두증언과 서사화된 문서증언의 차이를 반복해서 강조한다. 예컨대 그는 서사화된 글이 시작, 중간, 끝이라는 목적론적 또는 연대기적 시간을 가정하는 것과 달리 구두증언은 이런 형식에서 벗어난다고 지적한다. "쓰인 서사는 시작, 중간, 끝이 이미 책의 표지 사이에 정해져 있어서 우리가 읽기 시작할 때 끝나있다. (독서 경험이 심란한 도전으로 입증되더라도) 이런 형식의 **외양**appearance은 안심시킨다. 구두증언은 안전한 항구가 놓여있는 곳을 또는 그런 항구가 있는지조차 확신하지 못한 채 노도 사이를 항해하는 배처럼 이보다 확실하지 않은 경로를 움직인다."[48] 그래서 "복잡한 종류의 '역전할 수 있는 연속성' 즉 대부분 쓰인 회고록을 지배하는 직선적 연대기에 낯선 연속성이 이런 많은 증언에 정립되어 있는 것으로 보인다."[49] 그는 또한 글의 연속적 흐름과 달리 구두증언은 중단적이며 때로 시각적이라고 지적한다. "대부분의 쓰인 텍스트는 우리가 정신적으로 떠 있기를 바란다면 구불구불한 방향 전환을 따르게 하면서 연속적으로 흐른다. 구두 증언은 다양한 방식으로 멈춘다. 그 중 하나는 앞서 언급한 **구아슈화**gouache portrait처럼 침묵을 구축하는 우리의 능력에 도전하는 시각적 아이콘의 전시다."[50] 인터뷰 진행자의 질문에 즉각적으로 답하면서 증언하는 구두증언의 특성상 서사 형식의 시간적

---

47   위의 책, xi쪽.

48   위의 책, 17쪽.

49   위의 책, 20쪽.

구성을 미리 생각하고 말할 수 없다는 사실을 고려하면 구두증언과 문서 증언의 차이에 대한 랭거의 주장은 충분한 설득력을 지닌다.

그러나 랭거는 주체의 죽음과 부재로 인해 시간의 질서가 해체되는 것에 대한 블랑쇼의 논의를 언급하며 말과 글의 이분법을 사실상 해체한다.

모리스 블랑쇼는 "주체가 부재가 될 때, 주체의 부재 또는 주체로서의 죽어감은 존재의 모든 순서를 전복하고 시간이 질서를 떠나게 한다"고 쓴다. 그는 자신의 텍스트를 『재난의 글쓰기』라 부르지만 그의 언어는 우리가 검토해왔던 것 즉 "재난의 말하기"에 똑같이 정확하게 적용된다. 이 증언들의 명백한 주체성 뒤에 타자들의 실종이라는 "부재하는" 주제, 우리가 이미 언급했던 "비–이야기ᵘⁿ⁻ˢᵗᵒʳʸ, ⁿᵒⁿ⁻ʳᵉᶜⁱᵗ"가 숨어있다. 블랑쇼는 그것을 "사망의 글쓰기 demise writing, *"défaillance par l'écriture"*"라고 명명한다. 구두 증언에서 증인들은 "사망의 말하기" 형식에 참여한다. 그들은 파멸된 언어로 그의 — 반갑게 알려진 것 welcome known과 먼 친척으로 추정되는 — "반갑지 않게 알려지지 않은 것ⁱˡˡ⁻ᶜᵒᵐᵉ unknown, *l'inconnu mal venu*"을 소생시키는 "상처받은 공간"에 들어선다. (…중략…) 증인들에게 홀로코스트는 동시에 산 사건이면서 "죽은" 사건이다 : 어떻게 죽은 사건을 견디고 생존하는가의 역설은 그들의 증언의 (눈에 띄지는 않지만) 가

50　위의 책, 160쪽. 랭거는 아우슈비츠 생존자 필립 뮐러가 쓴 『목격자의 아우슈비츠 (*Eyewitness Auschwitz*)』에서 무덤에서 시체를 쌓는 일을 하던 일을 회상하며 "나는 수세기 동안 죽음에 처한 모범적인 남녀를 기억하려고 애썼다. 나는 우리가 모두 죽어야 한다는 것을 기억했다. 나는 죽음이 결국 우리 삶의 일부이고 우리는 조만간 그것을 대면해야 할 것이라고 스스로에게 말했다"고 말한 것을 인용한다. 위의 책, 57~58쪽. 원문은 Filip Müller, *Eyewitness Auschwitz : Three Years in the Gas Chambers*, Susan Flatauer 역, Chicago : Ivan R. Dee, 1979, 24쪽. 그리고 그는 이런 표현은 뮐러가 영화 〈쇼아〉에서 란즈만과 인터뷰할 때 더듬거리며 말한 것과 매우 다르며 란즈만은 사실 더듬거리는 뮐러의 말을 기술적으로 편집했다고 지적한다. Lawrence Langer, *Holocaust Testimonies*, 210쪽, 미주 19번.

장 절박한 주제 중 하나다.[51]

  랭거는 홀로코스트 구두증언의 특징이 블랑쇼의 "재난의 글쓰기"가 말의 차원에서 행해진 "재난의 말하기"이며, 블랑쇼가 말하는 "사망의 글쓰기"는 홀로코스트 증인들의 "사망의 말하기"와 다르지 않다고 주장한다. 재난과 트라우마에 관해서 글쓰기와 말하기의 경계를 허무는 랭거의 시도는 역으로도 성립한다. 즉 랭거가 지적하는 파편적이고 불연속적인 구두 증언의 특징은 정도의 차이는 있겠지만 모든 재난적 글쓰기, 트라우마의 서사에도 적용될 수 있다.

  랭거가 인용한 블랑쇼의 말 전문에서 의미하는 주체는 재난의 글쓰기를 수행하는 일인칭 주체다. "일인칭 주체의 포기는 자발적 포기도 따라서 비자발적 기권도 아니다. 주체가 부재가 될 때, 주체의 부재 또는 주체로서의 죽어감은 존재의 모든 순서를 전복하고 시간이 질서를 떠나게 하고, 삶을 알려지지 않은 것, 이방인, 결코 선언되지 않은 우정에 삶을 노출하면서 삶을 삶의 수동성에 개방한다."[52] 블랑쇼에 따르면 "존재의 모든 순서를 전복하고 시간이 질서를 떠나게" 하는 것은 "주체의 부재 또는 주체로서의 죽어감"이고, 이 주체는 말하거나 쓰는 일인칭 주체 즉 재난과 트라우마를 고백하고 증언하는 주체로 볼 수 있다. 이 주체가 수동성에 개방되는 것은 "알려지지 않은 것"에 삶을 노출하는 순간이고 주체가 죽어가는 순간이다. 이 순간은 쓰거나 말할 수 없는 "비-이야기"이기에 삶의 서사에 통합되기를 거부한다.

  랭거는 홀로코스트 희생자의 기억을 여러 가지로 분류하면서 삶의 서

51　위의 책, 69쪽.
52　Maurice Blanchot, *The Writing of the Disaster*, 29쪽.

사에 통합되기를 거부하는 이 "비–이야기"를 "비통한 기억"anguished mem-ory의 산물로 분석한다. 앞서 살펴보았듯이 블랑쇼에게 재난의 글쓰기는 한계, "위험한 경계"에 접근했다가 되돌아오는 반복적인 시도이고 이미 지나갔기에 근본적으로 경험이 불가능한 사건을 기록하려는 실패한 글쓰기다. 랭거는 경험할 수 없는 사건에 대한 블랑쇼의 발언을 인용하며 "그렇게 원래의 사건에서 배제된 채 우리는 침묵으로 물러서거나 경계를, 그리고 경계를 건너는데 도와주는 기억의 역할을 재정의하는 것 사이에서 선택을 하게 된다"고 말한다.[53] 기억은 트라우마의 증인이 블랑쇼가 "위험한 경계"로 표현한 재난의 글쓰기 또는 말하기의 한계를 넘어서도록 도와줄 수 있을까? 랭거가 정의하는 "비통한 기억"은 이 가능성에 대한 회의를 드러낸다. 왜냐하면 "비통한 기억은 (…중략…) 해방시켜야 할 의식을 감금하기" 때문이다.[54] "증언하는 증인들은 경험의 역사성을 찾거나 사건들의 역동적 흐름을 포착하려 하지 않는다. 그들은 과거보다 현재에서 과거의 의미에 관여한다."[55] 비통한 기억에 사로잡힌 증인들이 과거가 아닌 현재 시점에서 과거가 지니는 의미에 관여하는 것은 과거 사건의 의미를 현재로 통합하는 것을 의미하지 않는다. 왜냐하면 비통한 기억은 해방하기보다 감금하기 때문이다. 오히려 과거의 비통한 기억은 현재의 의식을 과거에 종속시킨다.

재난의 글쓰기와 상처 말하기는 과거에서 현재로 또 미래로 진행되는 시간의 질서를 파괴한다. 블랑쇼에 따르면 재난의 글쓰기에서 현재는 자신의 현재성을 망각한다.

---

53 Lawrence Langer, *Holocaust Testimonies*, 40쪽.
54 위의 책, 40쪽.
55 위의 책, 40쪽.

(나타나고 사라지는) 연속적 순간들로 고양되었을 때 현재는 자신이 스스로와 동시에 존재할 수 없다는 것을 망각한다. (…중략…) 흐트러지고deranged 탈선된 시간은 여전히 ─ 틈의 경험을 통해서만이지만 ─ 스스로를 통일하고 보편화하는 일관성으로 이끌려 들어가게 한다. 그러나 재난의 경험 ─ 누구도 가질 수 없는 경험(…중략…) ─ 은, 귀환이 자신의 가역성을 확신하지 못한 채, 우리가 비가역적 시간에서 분리되게 한다.[56]

경험할 수 없기에 역설적인 재난의 경험은 시간의 질서에서 탈선된 사건으로서 과거에서 미래로 향하는 현재의 시간에 없다. 따라서 재난의 글쓰기에서 현재는 현재의 시간이 아니고 현재와 비동시적이다. 재난의 경험은 뒤로 돌아갈 수 없는 비가역적 시간에서 분리된다. 재난의 글쓰기에서 과거는 현재의 현재성을 방해하며 현재는 비가역적 시간의 흐름에서 탈선해 과거로 회귀한다.

프리모 레비는 수용소의 삶에 대해 "살아 있는 자들에게 시간의 단위는 항상 가치를 지니고, 이 가치는 그 단위를 통해 사는 사람의 내적 자원의 힘에 비례해서 증가한다. 그러나 우리에게 시간, 날, 달은 천천히 미래에서 과거로 넘쳐흘렀다. (…중략…) 미래는 무적의 장벽처럼 회색빛으로 불분명하게 우리 앞에 서 있었다. 우리에게 역사는 멈추었다"고 회상한다.[57] 미래에 대한 어떤 희망도 존재하지 않는 수용소의 삶에서 시간의 흐름과 역사의 진행은 멈추고 시간은 과거로 회귀한다. 레비가 시간이 멈춘 수용소의 죄수들을 "살아 있는 자"와 대비하듯이, 델보는 과거로 회귀하는 희생자가 현재와 삶에서 분리된다고 고백한다. "과

56　Maurice Blanchot, *The Writing of the Disaster*, 78쪽.
57　Primo Levi, *Survival in Auschwitz*, 117쪽.

거에 사는 것은 사는 것이 아니다. 그것은 살아 있는 자에게서 자신을 단절하는 것이다. (…중략…) 우리는 현재를 이해할 방법이 없다."[58] 현재가 현재일 수 없는 이유는 트라우마의 기억이 현재의 의식을 과거에서 벗어나지 못하게 하기 때문이다.

랭거는 증인이 비통한 기억으로 인해 끊임없이 과거로 회귀해서 시간의 파열이 발생하는 현상을 블랑쇼의 "상처받은 공간"과 유사한 "상처받은 시간" 개념으로 정의한다. 랭거에 따르면 "기억이 홀로코스트 경험의 세부 사항을 구출하기 위해 과거로 뛰어들 때 연속성보다 중단이 더 중요한 역할을 한다는 것을 발견한다. (…중략…) 우리가 이 증언들 속 목소리들을 괴롭히는 상처받은 시간의 의미를 통달하려면 그것의 불연속적 흐름의 가변적 기류에 몰입하는 것밖에 다른 대안이 없다."[59] 희생자를 끊임없이 과거로 돌아가게 하는 트라우마의 비통한 기억은 시간이 중단된 파편화된 서사를 낳는다. 트라우마의 증상을 "생존자 증후군"으로 설명한 니더랜드는 홀로코스트 생존자 R. F.가 가장 괴로운 증상을 "현재와 과거의 혼합"이라고 증언한 것을 예로 제시한다. R. F.는 아우슈비츠에서 유대인 속죄일Day of Atonement 전야제 콜니드레Kol Nidre에 동료 죄수가 수용소에서 도주하다 잡혀 교수형을 당하는 것을 목격한다. 해방 후 미국에 거주하는 그는 이날이 다가오면 생존자 죄책감에 시달리며 "그것이 지금 현재 뉴욕에서도 발생하는 것이 아닌지 확신하지 못한다."[59] 그는 또한 겨울에 눈 내린 뉴욕시를 걸을 때 아우슈비츠 수용소에서 겨울에 죄수로 행진했던 기억이 소환되어 "그의 내적 '의심'— 뉴욕인가 아우슈비츠인가? — 이 망상 또는 준망상의 절정에 달할 때, 그는

---

58   Charlotte Delbo, *Auschwitz and After*, 264쪽.

59   Lawrence Langer, *Holocaust Testimonies*, 75~76쪽.

감히 집을 떠나지 못하고 수일 수주 간 일하지 못한다"고 보고한다.[60] 홀
로코스트 증언은 과거의 그림자가 드리워진 현재, 비동시성의 현재, 상
처받은 시간에서 과거의 경험이 극복하고 생존한 산 사건이 아닌 죽은
사건의 기억으로 소환된다.

4. 자아와 사건의 분열

트라우마는 주체의 분열을 초래한다. 다하우와 부헨발트 강제수용소
에 수감되었던 정신분석학자 베틀하임은 자신을 포함한 죄수들이 어
떻게 변해가는가를 관찰하면서 수용소 생활이 정신적 분열을 초래하
는 것을 발견한다. 그는 다하우에 처음 수용되었을 때를 회상하며 "나
는 내가 단지 행동했다는 것을 알게 되었을 뿐 아니라 더 중요하게 과거
의 나와 다르다고 자주 느꼈다. 처음에 나는 이 변화가 표면적일 뿐이고
내 인성을 건드리지 않았다고 믿으려 했다. 그러나 나는 곧 내게 일어난
일 — 예컨대 내 안에서 관찰하는 자와 일이 발생한 자의 분열 — 이 전
형적인 정신분열 현상임을 깨닫게 되었다"고 말한다.[62]
　이런 분열 현상은 트라우마 서사의 특징으로 나타난다. 파편화는 포스
트모던 문학의 특징으로도 자주 거론된다. 비크로이Laurie Vickroy는 포스트

60　William G. Niederland, "Psychiatric Disorders Among Persecution Victims", 460쪽. 니
　　더랜드는 이 글에서 예로 제시하는 생존자의 이름을 밝히지 않지만 1981년에 발표한
　　글에서는 R. F.로 특정한다. William G. Niederland, "The Survivor Syndrome : Further
　　Observations and Dimensions", 418쪽.
61　William G. Niederland, "The Survivor Syndrome : Further Observations and Dimen-
　　sions," 418쪽.

모던 소설과 트라우마 소설 모두 "사회적 개인적 파편화를 증언"하지만 "트라우마 소설은 가장 고통스럽고 소외시키는 원인과 결과를 보여준다"고 지적한다.[63] 따라서 "트라우마 서사에서 파편화는 심리적으로 약화시키고, 고통스럽고 굴욕적인 경험과 대처하려는 시도는 과거와 중요한 타자 그리고 강한 자아감으로부터 개인을 분리시킨다. 외상적 파편화는 다른 포스트모던적 성격의 파편화 유형과는 다른 방식으로 처벌적이다."[64]

랭거의 논의는 이런 처벌적 파편화의 결과를 보여준다. 희생자의 증언은 산 사건과 죽은 사건이 투쟁하는 파편화된 서사다. 비통한 기억에서는 죽은 사건이 산 사건을 지배한다. 랭거가 제시하는 홀로코스트 희생자 루나Luna K의 증언은 비통한 기억에서 죽음의 경험이 생존을 지배하는 것을 예시한다. 강제수용소의 공장에서 일하던 헤시딕파Hesidic 유대인들이 유대교 속죄일욤 키푸르, Yom Kippur에 유대교법을 따라 일하기를 거부하자 독일군은 이들을 총살하고 다른 유대인들도 구타하고 처형한다. 생존을 위해 침묵할 줄 알았던 루나는 일을 멈추지 않고 작업대에서 계속 일하던 중 찰칵 소리를 듣는다. 그것이 독일군이 담뱃갑에서 담배를 꺼내 불을 피우는 소리라고 생각하는 순간 그녀는 엄마와 눈과 마주치며 엄마의 안색이 잿빛이 된 것을 발견한다. 루나가 들은 찰칵 소리는 독일군이 그녀의 머리에 대고 발사한 총에 장전이 되지 않아 난 소리였다. 그녀는 "만일 내 엄마가 한마디라도 했다면 나는 오늘 여기 없을거에요"라고 말한다.[65] 루나 K는 이 사건을 '산 사건lived event'으로 기억하지만, 랭거

---

62   Bruno Bettelheim, *The Informed Heart*, 114쪽.

63   Laurie Vickroy, *Reading Trauma Narratives : The Contemporary Novel and the Psychology of Oppression*, Charlottesville : U of Virginia P, 2015, 4쪽.

64   위의 책, 5쪽.

65   Lawrence Langer, *Holocaust Testimonies*, 71쪽.

에게 이는 "사는 것에서 죽은 것으로 증언이 이동하는 것"을 예시한다.[65]

랭거에 따르면 루나는 자신의 머리에 총을 발사하려는 순간 아무도 관심을 보이지 않아 독일군이 총살할 가치가 없는 것으로 판단했고, 증언 중에 엄마의 '보살핌caring'과 부모로서의 '도리loyalties' 등의 용어를 언급하는 것은 엄마가 침묵을 지켜 자신을 구원한 것으로 여기면서 이 사건에서 "수용소에서의 공동체적 협조"의 의미를 찾는 것이다.[67] 그러나 랭거는 이 사건에 대한 루나의 요약—"이런 게 삶의 복잡함이지요. 이게 현실의 복잡함이예요. 당신은 ~할 수 없어요. (……) 규칙이라는 게 없어요."—이 이 사건에 대한 더 심오한 통찰을 보여준다고 해석한다.[68] 이 사건은 "산 사건"으로 해석할 때 인류애와 부모의 애정 나아가 구원과 생존 등의 의미를 지닐 수 있다. 그러나 루나의 결론에서는 이런 의미를 찾을 수 없다. 이 결론은 이 사건이 예측과 통제가 불가능한 삶의 복잡함과 무규칙성을 드러낼 뿐이다. 이 결론에서 이 사건은 "죽은 사건"으로 소환된다. 랭거는 "죽은 사건의 분위기는 언어의 재능에서 언어의 가장 소중한 속성인 의미를 빼앗는다"고 말한다.[69] 이 사건은 산 사건으로 해석될 때 의미를 지니고 죽은 사건으로 해석될 때 삶의 무의미를 드러낸다. 따라서 랭거의 논리를 따르자면 죽음은 물리적 소멸을 넘어 삶의 무의미를 지시한다. 루나의 경험을 죽은 사건으로 볼 때 "침묵을 통해 표현된 어머니의 보살핌과 도리가 궁극적으로 딸의 생명을 구한 무관심을 나치 친위대에게 전달했다고 암시하는 것은 『이상한 나라의 앨리스Alice in Wonderland』의 사전에서 정의를 가져오는 것이다. 그것은 우리

---

66   위의 책, 71쪽.
67   위의 책, 71~72쪽.
68   위의 책, 71쪽.
69   위의 책, 72쪽.

가 묘사한 것과 같은 잔혹함의 표명에 적용될 때 해체되는 필사적인 논리를 말에 부여하는 것이다."[70] 죽은 사건에 부재하는 의미를 부여하는 것은 산 사건으로 볼 때만 가능하다. 이렇게 하나의 사건에서 삶과 죽음, 의미와 무의미는 혼재한다.

랭거에게 "이 서사들에서 죽은 사건에 대한 구두 진술은 블랑쇼의 사망의 글쓰기 개념에 상응한다."[71] 랭거의 "죽은 사건" 개념은 블랑쇼가 재난을 "산 사건"이 아니라고 정의한 데서 유래한다고 볼 수 있다. 블랑쇼에 따르면 "산 사건이 아닌 경험, 존재의 현재와 관계하지 않는 경험은 이미 (부정한다고 이미 지나간 것의 위험이 없어지진 않지만) 무경험이다. 그것은 단지 경험의 초과이며, 이 초과에서는 긍정적이라 하더라도 어떤 경험도 발생하지 않는다. (…중략…) 우리는 재난을 궁극적 경험으로 이해하더라도 재난의 경험이 있을 수 없다고 느낀다. 그것의 특징 중 하나는 모든 경험을 궁핍하게 하고, 경험에서 모든 진실성을 없애는 것이다."[72] 재난을 경험할 수 없는 무경험이라고 부정적으로 정의해도 그것의 위험이 사라지지 않지만, 재난은 경험의 한계치를 넘어선 초과와 궁극의 경험이기에 우리는 재난을 경험할 수 없다고 느낀다. 재난은 경험할 수 없으므로 경험의 궁핍을 초래하고 그것이 진짜라는 느낌 즉 진실성이 증발하는 역설적인 경험이다. 랭거는 재난을 무경험으로 정의한 블랑쇼의 논의에 기초해 비통한 기억으로 소환된 홀로코스트의 경험을 무의미하고 붕괴된 서사로 그리고 우주적 질서의 의미에서 벗어난 파편화로 설명한다.

---

70 위의 책, 72쪽.

71 위의 책, 69쪽.

72 Maurice Blanchot, *The Writing of the Disaster*, 50~51쪽.

비통한 기억은 죽은 사건의 재구성된 현실에서 휴식을 제거하고, 이 사건은 정상적인 서사에 접근할 수 없는 공간에서 떠돈다. 그것은 자신만의 장소가 없다. 블랑쇼는 그것을 "무경험"nonexperience이라 부른다. (…중략…) 블랑쇼의 유희적 언어 사용을 자주 침범하는 명백한 **무**–의미넌센스, *non-sense*는 구두 증언의 많은 부분에 함축된 예언을 실현한다. 우리는 우리가 듣는 것을 정상적인 귀로 들을 수 없다. (…중략…) 아이린 W의 삶처럼 단어들도 분리되고, 정신분열적이다. (…중략…) 인류의 타락이나 트로이의 함락같은 원초적 에피소드와 달리 홀로코스트는 진화적 "그 후"의 기회를 제공하지 않는다. 증언들이 끊임없이 보여주듯이 이 증언들의 진보적 서사는 우리가 방금 목격한 것처럼 죽은 사건들의 무게로 무너진다. 그 서사를 들으면서 우리는 그것의 논리에 우리의 진실성의 의미를 맞추려 시도한다. 블랑쇼가 묘사하듯 그렇게 노력할 때 "타자와의 관계는 끊임없이 무너진다. 그것은 모든 모델과 약호를 파괴한다. 그것은 우리가 면제받지 못한 무관계non-relation, *non rapport*다." 무관계의 경험은 아무리 미약해도 그 자체로 관계의 한 형태다. 그것에 동반되는 위협받은 정체성의 느낌은 재난의 지속적 유산인 자아, 가정, 공동체, 그리고 우주와의 조화의 파편화를 (복제하지는 않지만) 소규모로 재연한다.[73]

랭거가 홀로코스트 구두 증언에서 발견하는 서사의 분열과 파편화 및 시간의 단절은 증인 정체성의 파편화 그리고 더 근본적인 파편화인 우주적 조화라는 질서의 파괴를 뜻한다. 증인의 "위협받은 정체성" 또는 분열된 정체성의 위기는 타자와의 "무관계"의 관계와 연결된다. 랭거가 제시하는 마그다Magda F의 증언은 이를 잘 예시한다. 마그다는 홀로코스

73　Lawrence Langer, *Holocaust Testimonies*, 72~73쪽. 랭거가 인용하는 블랑쇼의 원문은 Maurice Blanchot, *The Writing of the Disaster*, 79쪽을 볼 것.

트 희생자와 결혼해서 아들 타미^{Tommy}와 딸 엘런^{Ellen}을 낳고 살고 있는 데, 남편이 타미와 엘런을 가스실에서 죽은 전처의 자식 프레드^{Fred}와 이바^{Eva}로 자주 불렀고 "그의 마음은 여전히 똑같은 이야기로 되돌아가 있었으며 (…중략…) 항상 타미에게서 프레드를, 엘런에게서 이바를 보았다"고 증언한다.[74] 마그다의 증언이 예시하듯이 "생존한 홀로코스트 희생자의 증언에서 비통한 기억은 생존하지 못한 희생자들과 불가분 동일시되어 상실에서 회복할 필요와 그렇게 못하는 무능이라는 상충하는 요구에서 자아를 갈라놓는다."[75] 마그다의 남편에게 가스실에서 죽어간 전처와 아이들과 함께 살았던 과거와 지금의 아내와 자녀들과 같이 사는 현재는 구분되지 않는다. 과거와 현재가 혼재하는 상처받은 시간에 사는 마그다 남편의 정체성은 과거와 현재 사이에서, 삶과 죽음 사이에서 분열된다.

델보도 과거와 현재, 삶과 죽음 사이의 분열에서 오는 혼란을 고백한다. "내가 죽은 자와 산 자를 혼동한다면, 나는 누구에게 속하는가? (…중략…) 나는 그들을 상실했고 이 순간부터 혼자가 될 것이라는 걸 인정해야 했다. (…중략…) 나는 그곳에 있었다. (…중략…) 어떻게? 나는 모른다. 그러나 내가 정말 그곳에 있었던가? 그게 나였나?"[76] 델보가 느끼는 극심한 혼란은 또 다른 자신의 존재에 대한 의구심을 낳는다. 수용소에서 도망치던 자신을 회상하며 델보는 "나는 웃는다고 느꼈다. 아니 나는 웃고 싶었던 내 닮은꼴^{double}을 보았다"고 말한다.[77] 웃을 수 없는

---

74   Lawrence Langer, *Holocaust Testimonies*, 74쪽.

75   위의 책, 75쪽.

76   Charlotte Delbo, *Auschwitz and After*, 236쪽.

77   위의 책, 38쪽.

아우슈비츠의 현실에서 웃고 싶었던 또 다른 자아를 경험한 델보는 해방 후에는 아우슈비츠에 살았던 과거의 자신을 또 다른 자아로 경험한다. 델보는 해방 후 과거의 자신에게서 벗어나는 과정을 뱀이 껍질을 벗는 과정에 비유하며 "아우슈비츠에서 나는 구타당해 닳은 내 피부 — 나쁜 냄새가 나는 그 피부 — 와 작별하고 다른 아름답고 깨끗한 피부에서 나 자신을 발견했다"고 말한다.[78] 그러나 이 탈피과정은 뱀처럼 빠르지 않을뿐더러 껍질을 벗겨내도 아우슈비츠에 속했던 과거의 자신은 사라지지 않는다. 델보가 "어떻게 안쪽 깊숙이 묻힌 것 즉 기억과 기억의 피부를 없앨 수 있단 말인가. 그것은 아직 내게 붙어있다. 기억의 피부는 더 딱딱해져서 그것이 담고 있는 것에서 아무것도 나오지 못하게 한다. 나는 그것을 통제하지 못한다"고 말하듯이 아우슈비츠의 경험은 기억의 두꺼운 외피에 싸여 마음 깊숙이 묻혀 있기에 제거하지도 통제하지도 못한다.[79]

아우슈비츠 경험의 기억은 일반적인 기억과 달리 마음속 깊은 곳에 저장된다. 델보는 이 심층 기억을 일상적 기억과 구분하며 두 기억 사이에서 분열된 자신을 묘사한다.

아우슈비츠는 내 기억에 너무 깊이 새겨져 있어서 그것의 한순간도 잊을 수 없다. — 그러면 당신은 아우슈비츠와 같이 살고 있는가? — 아니, 나는 그 옆에 살고 있다. 아우슈비츠는 그곳에 변할 수 없고 정확하게 있지만 기억의 피부, 나의 현재 자아에서 그것을 분리하는 불침투성의 피부에 싸여 있다. (⋯

---

78   Charlotte Delbo, *Days and Memory*, Rosette Lamont 역, Northwestern : Marlboro P, 1990, 1쪽.

79   위의 책, 1쪽.

중략…) 이 밑에 놓인 기억에서 감각은 온전하게 남는다. 의심의 여지 없이 내가 아우슈비츠에 있던 자아에서 나를 인식하지 않는 것은 큰 다행이다. (…중략…) 나는 수용소에 있었던 자가 내가 아니라고, 여기에서 당신을 대면하는 자가 아니라고 느낀다. 아니 그건 너무 믿을 수 없다. 그 다른, 아우슈비츠의 자아에게 일어났던 모든 것은 지금 나와 무관하고 내 관심사가 아니며, 이 심층에 놓인 기억과 일상 기억은 서로 너무 분리되어 있다. 나는 이중 존재 안에 산다. 아우슈비츠의 닮은 꼴은 나를 번거롭게 하지 않고 내 삶에 간섭하지 않는다. 이 분열이 없으면 나는 재생할 수 없었을 것이다.[80]

일상 기억과 달리 심층에 놓인 아우슈비츠의 기억은 두꺼운 외피에 감싸여져 있어 델보는 두 기억 사이에서 분열된다. 아우슈비츠의 기억이 비투과성의 두꺼운 외피에 싸여 있어 일상 기억을 침범하지 못하는 것은 주체를 "이중 존재"로 분열시키지만, 델보가 아우슈비츠의 기억에서 생존하게 한다. 물론 이 심층 기억은 꿈에서 악몽으로 회귀한다. 심층 기억을 싸고 있는 피부가 강해도 "의식적 의지는 꿈에 대한 힘이 없어서" 그 피부는 "담고 있는 것을 드러내며 때때로 무너지기" 때문이다.[81] 아우슈비츠의 기억은 악몽으로 회귀해 잠든 델보를 깨어나게 한다. 델보는 일상적 의식으로 감당할 수 없는 아우슈비츠의 경험을 악몽으로만 대면할 수 있을 뿐이다.

그래서 그녀가 아우슈비츠의 경험에 대해 말하는 것은 심층 기억을 소환한 결과가 아니다. 델보는 "내가 당신에게 아우슈비츠에 대해 말할 때, 내 단어들은 심층 기억에서 나오지 않는다. 그것들은 외적인 기억,

---

80 위의 책, 2~3쪽.
81 위의 책, 3쪽.

또 이렇게 표현할 수 있다면, 지적인 기억, 사고 과정과 연관된 기억에서 나온다. 심층 기억은 감각, 신체적 각인을 보존한다. 그것은 감각의 기억이다. 왜냐하면 흥분으로 부푼 것은 단어들이 아니기 때문이다"라고 말한다.[82] 아우슈비츠의 경험을 담은 심층 기억에 대한 델보의 묘사는 3장에서 논한 (의식적 외현적 기억과 구분되는) 비의식적이고 신체적인 감정적 기억과 일치한다. 꿈에서 악몽으로 경험하는 심층 기억이 아니라 꿈에서 깨어나 일상적 자아로 돌아와 외적이고 지적인 기억으로 아우슈비츠의 경험을 "어떤 불안이나 감정을 보이거나 기록하지 않고" 말한다는 델보의 발언도 기억의 분리에 대한 신경과학적 설명과 닮아있다.[83] 그러나 델보의 묘사는 과학적 설명이 아니라 하나의 의식이나 기억으로 통합할 수 없는 분열된 자아를 생생히 기록하는 고통스런 증언이다. 단단한 외피로 싸인 기억 속에 있어도 아우슈비츠의 경험은 그녀의 현재 자아를 항상 위협한다. 델보가 말하듯 그녀는 "아우슈비츠와 같이" 살고 있지는 않지만 "그 옆에" 살고 있다.

따라서 분열을 경험하는 델보는 자신의 정체성 문제에 당면한다. 악몽에서 아우슈비츠를 경험하는 델보와 악몽에서 깨어나 아우슈비츠에 대해 말하는 델보 중 누가 진짜 델보인가? 델보가 "내가 이런 진술을 할 때 나는 내 이성을 사용한다. 이런 이성적 자아는 나의 진짜 자아real self와 구분되며 이질적이다. (…중략…) 나는 이 모든 걸 알지만 그것은 내 심층 자아를 건드리지 않는다"고 말할 때 그녀는 심층 기억에 묻힌 과거의 자아를 참된 자신으로 여기는 듯하다.[83] 그러나 델보가 과거의 자아를 낯선 유령으로 묘사할 때 이런 해석은 설득력을 잃는다. 심층 기억은 악몽으

82　위의 책, 3쪽.
83　위의 책, 3쪽.

로만 나타나지 않고 깨어있을 때도 일상을 위협한다. 해방 후 귀향한 델보는 결혼해서 딸 소피를 낳고 살지만 어느 날 "극심한 비통^{insurmountable} anguish"을 경험하고 목이 졸려 죽을 것 같이 느끼며 비명을 지른다.

> 나는 내가 두 사람이라고 느꼈다. (…중략…) 의사들은 내가 자살을 시도했다고 생각했다. 나는 그들이 틀렸다고 설득하는 데 성공하지 못했다. 내가 원한 것은 도망치려는 것뿐이었다. 어쨌든 그것은 설명하기 어려웠다. 나는 둘이었고 나의 두 부분을 하나로 혼합할 수 없었다. 내 안에는 그것의 닮은 꼴에 붙길 원하지만 그렇게 할 수 없는 유령이 있었다. 나는 그것이 나라고 인식하는 어떤 부드러운 모습처럼 다가오는 것을 보았지만 그것은 내 옆에 오자마자 내가 건드리기만 하면 조각으로 부서졌다. (…중략…) 내가 가장 예상하지 못할 때 나를 공격하는 이 불안한 느낌, 나에게서 떨어져나와 그것의 위치를 취하려는 이 유령 (…중략…) 나는 이해하지 못한다.[85]

델보는 현재의 자아에 불현듯 낯설게 출몰하는 심층 기억에 유폐된 아우슈비츠의 유령 즉 또 다른 자아로부터 도피하고자 몸부림치고 이 유령을 이해하지 못한다.[86] 현실의 자아는 유령으로 회귀하는 과거의 자아를 이해할 수 없고 분열된 자아는 하나의 정체성으로 혼합되지 않는

---

84 Charlotte Delbo, *Auschwitz and After*, 260쪽.

85 위의 책, 299~300쪽.

86 자아의 분열은 둘로 그치지 않는다. 델보는 내면의 분열에 더해서 공적으로 사용하는 마스크를 추가한다. "나도 여러 얼굴을 가졌는가? 우리는 모두 — 지치고 닳고 얼어붙은 — 하나의 얼굴과 그 망가진 얼굴 밑에 — 우리 기억 속에 있는, 빛으로 가득 차고 유동적인 — 또 다른 얼굴, 그리고 우리가 외출해서 삶을 통해 움직이고 사람들에 접근할 때 쓰는 현관 열쇠 마스크, 여점원이 유니폼을 입을 때 쓰는 것과 같은 공손한 마스크가 이 두 얼굴을 감싸고 있다." 위의 책, 338쪽.

다. 델보의 내면에서 현실의 자아라는 "닮은꼴"에 들러붙어 하나가 되려
는 과거의 자아는 현실의 자아와 통합되지 못하고 둘이 접촉하는 순간
조각으로 분해된다. 두 자아가 통합될 수 없는 것은 꿈이 현실과 다른 것
과 같다. 델보는 "이제, 꿈에서 현실로 갈까? 현실, 그건 뭐지?"라고 묻는
다.[87] 델보가 기록하는 또 다른 홀로코스트 생존자 프랑수와즈Françoise의
증언 "나는 아무것도 깨울 수 없는 몽유병자"라는 말은 꿈과 현실, 과거
와 현재, 심층 기억과 표층 기억 사이에서 분열된 희생자의 혼돈을 생생
히 표현한다.[88]

5. 이야기와 플롯 그리고 서사적 변형

앞서 루나 K의 사례에서 보았듯이 하나의 사건은 생존과 인류애를 확
인하는 산 사건으로도 그런 의미를 박탈당한, 비통한 기억이 소환하는,
죽은 사건으로도 해석할 수 있다. 델보는 희생자의 증언이 심층 기억과
표층 기억, 꿈과 현실, 과거와 현재가 갈등하며 통합될 수 없는 분열된 자
아의 파편적 서사임을 예시한다. 랭거가 말하듯이 희생자들의 서사는
"파편과 형식, 재난과 온전함, 새소리와 대혼란 사이의 흔히 무의식적인
투쟁을 나타낸다. 우리는 두 목소리가 같다는 것을 인식하지 못하지만,
희망적인 표면 이야기는 더 어두운 하위텍스트와 경쟁한다."[89] 트라우마
희생자가 생존을 위해 자신의 경험에 의미를 부여하는 서사적 재구성 행

---

87   위의 책, 346쪽.
88   위의 책, 351쪽.
89   Lawrence Langer, *Holocaust Testimonies*, 129쪽.

위와 트라우마 기억이 소환하는 고통과 희생의 경험을 충실히 전달하는 행위 사이에는 긴장과 갈등이 존재한다. 트라우마의 서사는 따라서 과거에서 현재와 미래로 향하는 시간적 진행과 과거의 외상적 사건에 머물거나 그 시간으로 반복적으로 회귀하려는 경향이 갈등하는 과정이다.

이 과정은 서사 이론에서 이야기와 플롯의 갈등으로 볼 수 있다. 주지하다시피 러시아 형식주의자 토마셰프스키Boris Tomashevsky는 이야기story와 플롯plot을 구분했다. 토마셰프스키에 따르면 연대기처럼 사건을 시간 순서대로 정렬하는 방법과 소설처럼 사건을 인과적 연관성에 따라 정렬하는 방법이 있다. "인과적 연관성이 약할수록 순수히 연대기적인 연관성이 강하다."[90] 이야기는 연대기적 정렬에 플롯은 인과적 정렬에 더 가깝다. "이야기는 실제의 연대기적 인과적 사건의 순서에 따라 이야기될 수 있다. 플롯은 이야기와 구분된다. 둘 다 동일한 사건들을 포함하지만 플롯에서는 그 사건들이 작품에서 제시되는 순서에 따라 **정렬되고 연관된다**."[91] 트라우마 환자의 서사에는 이야기와 플롯이 교차하고 갈등한다. 트라우마 환자는 과거의 사건을 역사적인 시간에 따라 자신 삶의 일부로 진술하면서 동시에 그 사건을 중심으로 삶의 이야기를 재구성할 수 있기 때문이다.

그러나 더 정확히 말하면 트라우마 희생자는 사건을 능동적으로 재구성한다기보다 그 사건에 수동적으로 지배된다. 랭거는 홀로코스트 구두 증언을 이야기와 플롯의 관점에서 다음과 같이 설명한다.

---

90   Boris Tomashevsky, "Thematics", *Russian Formalist Criticism : Four Essays*, Lee T. Lemon and Marion J. Reis 공역, Lincoln : U of Nebraska P, 1965, 66쪽.

91   위의 글, 66~67쪽.

이 증언들은 이야기와 플롯을 포함한다. "이야기"는 "나는 태어났다"로 시작해서 (일부는 해방 후 삶에 대한 에필로그를 덧붙이기도 하지만) "나는 해방되었다"로 끝나는 연대기적 서사다. "플롯"은 사건들을 선택하는 대신 사건들에 포획되는 증인, 트라우마의 순간에 박힌 세부사항들과 대면하는 기억을 드러낸다. (…중략…) 이야기로서의 아우슈비츠는 아무리 끔찍해도 우리가 그곳을 지나쳐 넘어갈 수 있게 하지만 플롯으로서의 아우슈비츠는 연대기적 시계를 멈추고 시간의 변화에 면제된 채 기억과 상상력에 영원히 그 순간을 고정한다.[92]

트라우마 서사에서 이야기와 갈등하는 플롯은 이야기의 연대기적 진행에 저항하며 외상 사건이 발생한 과거의 시간에 서사를 고정시킨다. 따라서 트라우마 서사는 어떻게 시간적으로 구성되는 서사 형식을 유지하면서 동시에 사건의 독특성에 충실할 것인가라는 근본적인 문제에 봉착한다. 앞서 논했듯이 이는 서사와 반-서사 사이의 투쟁이며, "단절과 흐름, 저지와 운동 사이의 근본적인 긴장"이다. 이는 7장에서 논한 리쾨르의 서사 이론에서 서사 구조와 사건 사이의 갈등 및 아리스토텔레스의 이론에서 불일치의 일치라는 서사의 모순적 통합에도 상응한다. 트라우마를 시간적인 서사의 형식으로 통합한다면 과거가 현재에 종속되고 트라우마는 망각되거나 그 외상적 속성이 현재가 사후에 부여하는 의미로 대체되는 것이 아닐까? 그러나 신화에 대한 블랑쇼의 발언은 서사가 지나간 것의 망각이 아닌 보존의 기능을 수행한다는 것을 강조한다.

신화는 하나의 가설, 사유가 한계로 치달으면서 사유를 복잡하게 하고, 분

---

92 Lawrence Langer, *Holocaust Testimonies*, 174~175쪽.

리하고, 파괴하는 것, 허구적 서사(순전한 이야기하기로의 회귀)를 통해서조차 가장 강한 지점에서 자신을 유지하는 가능성을 파괴하는 것을 포함해 왔다는 가설의 급진화다. 그러나 신화는 ─ "진리"라는 단어를 지우지 않고 스스로를 비진리로 제시하는 한에서 ─ 여전히 적어도 살아 있으면서 현재의 능동적 힘을 인식하는 것으로 보이는 자들(우리 모두)에게 어떤 영향도 미치지 않는 지나간 것을 보호한다.[93]

신화myth ─ 즉 아리스토텔레스가 말하는 뮈토스muthos ─ 는 지나간 것이 현재의 살아있는 우리에게 어떤 영향을 미치지 않아도 사유를 파괴하는 것조차 보존하고 보호하는 기능을 담당한다. 신화는 현재 시점에서 우리와 무관해서 망각할 수도 있는 과거의 사건을 보존해야 한다. 지나간 것 특히 사유의 한계를 시험하는 극단적인 사건을 보존하는 것이 서사의 근본적인 기능이다.

그렇다면 트라우마 서사에서 이야기와 플롯, 시간의 흐름과 중단의 대립이 아포리아로 귀결되지 않는 방법은 없을까? 리쾨르가 주장하듯이 구성이 "이질적인 것들의 종합"이라면 구성이 수행하는 종합에서 이질성과 독특성을 동일성으로 환원하지 않고 사건이 플롯을 구성하는 하나의 요소로서 "서사의 시작과 끝뿐 아니라 서사의 진행에 기여하는 것"이 되는 방법은 없을까?[94] 리쾨르의 주장은 트라우마 / 사건이 서사의 흐름에 저항하면서도 서사의 흐름을 중단시키지 않고 오히려 추진하는 동력이 되는 가능성을 암시한다. 브룩스Peter Brooks가 프로이트의 죽음 욕동 개념을 서사적 욕망의 관점에서 다시 해석하면서 서사의 시작과 끝 사

---

93   Maurice Blanchot, *The Writing of the Disaster*, 86쪽.
94   7장 9단원 「시간과 서사」를 볼 것.

이에 있는 중간의 중요성을 강조하며 논하는 토도로프의 "서사적 변형" 개념은 이런 가능성에 대한 서사 이론을 제공한다.

토도로프는 프롭Vladimir Propp과 토마셰프스키의 이론을 토대로 서사적 변형 개념을 통해 서사 구조의 역동적 성격을 규명하려고 시도한다. 프롭은 형식주의적 구조주의적 관점에서 러시아 민담의 공통점을 등장인물들이 수행하는 기능function이 일정한 순서에 따라 정렬되어 있다는 사실에서 찾는다.[95] 민담은 첫 번째 기능인 "가족의 구성원 중 한 명이 집에서 나간다"로 시작해서 마지막 서른한 번째 기능인 "주인공은 결혼하고 왕위에 오른다"로 끝나는 일정한 순서에 따라 진행된다.[96] 토도로프에 따르면 프롭의 방법론은 "근본적으로 통합적syntagmatic"이며 "서사의 계열적paradigmatic 분석을 거부한다."[97] 즉 프롭은 시간적 순서에 따른 통합적 분석만 고려하고 같은 것과 다른 것의 관계에 기초한 계열적 은유적 분석은 간과한다. 그러나 토도로프는 프롭이 제시하는 기능들이 인접에 기초한 시간적 순서뿐 아니라 기능들 사이의 공통점과 차이점도 보여준다고 지적한다.[98] 이런 특성은 토도로프가 정의하는 변형 개념에

---

95 프롭은 기능들을 다음과 같은 등장인물들의 행동 영역(sphere of action)으로도 구분한다. ① 악한(villain), ② 기부자(donor, 또는 제공자 provider), ③ 조력자(helper), ④ 공주(princess)와 공주의 아버지, ⑤ 파견자(dispatcher), ⑥ 주인공(hero), ⑦ 가짜 주인공(false hero). Vladimir Propp, *Morphology of the Folktale*, Laurence Scott 역, Austin : U of Texas P, 1968, 79~80쪽.

96 위의 책, 25~65쪽.

97 Tsvetan Todorov, *The Poetics of Prose*, Richard Howard 역, Ithaca : Cornell UP, 1977, 223쪽.

98 통합은 환유에 계열은 은유에 해당한다고 볼 수 있다. 토도로프는 서사의 두 원칙을 연속과 변형으로 정의하고 이 대립이 야콥슨(Roman Jakonson)의 환유와 은유의 대립과 일치하지는 않는다고 지적한다. "이 관계는 가능하지만 필수적으로 보이지는 않는다. 더구나 모든 유사성을 은유로 동화하는 것이 어려운 것처럼 모든 변형을 유사의 관계로 동화하기는 어렵다. 특히 연속은 시간적이고 환유나 인접은 공간적이므로, 연속을 환유나 인접으로 불러서 얻을 것은 없다." Tsvetan Todorov, "The Two Principles of

부합한다. 왜냐하면 변형은 서로 완전히 다른 별개의 항목들 사이에서 발생하지도 않고 또 완전히 같은 것에서도 발생하지 않기 때문이다. 여기에서 중요한 것은 그가 내리는 변형의 정의다. 토도로프의 서사적 변형 개념은 토마셰프스키가 (상황을 변화시키지 않는 정태적static 모티프와 구분해서) "상황을 변화시키는 모티프들"로 정의한 역동적dynamic 모티프 개념에서 유래한다.[99]

시간의 직선적 진행으로 이루어진 순서에 기초한 프롭의 형태학은 이런 변형을 설명하지 못한다.[100] 토도로프에 따르면 변형 개념은 단순히 묘사적인 것이 아니라 "서사의 성격 자체"에 본질적이다.[101] "서사는 차이와 유사라는 두 형식적 범주의 긴장으로 구성된다. (…중략…) 변형은 정확히 차이와 유사의 종합이고 두 사실을 서로 같아질 수 없게 하며 연결한다. (…중략…) 그것은 유사와 차이를 모두 주장하고 하나의 움직임 속에서 시간을 작동하고 중단한다. (…중략…) 한 마디로 그것은 서사를 가능하게 하고 서사의 정의를 생산한다."[101] 토도로프는 서사에서 유사와 차이를 연결해서 시간적인 진행과 중단을 하나의 움직임 속에서 발

<hr>

Narrative", *Diacritics* Vol.1, No.1, 1971, 42쪽.

99 Tsvetan Todorov, *The Poetics of Prose*, 220쪽. 원문은 Boris Tomashevsky, "Thematics", 70쪽. 그는 또한 쉬클로프스키(Victor Shklovsky)의 텍스트 분석이 모티프의 특성과 플롯을 얻기 위해 모티프들이 어떻게 결합해야 하는가에 대한 해답을 보여준다고 주장한다. 쉬클로프스키가 분석하는 여섯 가지 사례들은 "변형의 관계"를 포함하는 명제로 이루어진 상황들을 보여준다. 이 변화의 종류는 다양하다. 예컨대 "인물들의 관계"는 "인물들 관계의 역전"이라는 긍정 / 부정의 관계를 지닌 "상태의 변형"을 보여주고 "예측"과 "예측의 실현"은 "가정의 변형"을 보여준다. Tsvetan Todorov, *The Poetics of Prose*, 232쪽.

100 토도로프는 프롭이 분석하는 『개리(*The Swan-geese*)』를 예로 설명하면서 이 이야기의 단위들 사이에는 연속뿐 아니라 변형의 관계도 존재한다고 주장한다. Tsvetan Todorov, "The Two Principles of Narrative", 39쪽을 참조할 것.

101 Tsvetan Todorov, *The Poetics of Prose*, 233쪽.

생시키는 서사적 변형을 서사의 원동력으로 파악한다. 차이와 유사, 연속과 중단을 결합하는 서사적 변형 개념은 트라우마 서사를 서사와 반-서사의 아포리아가 아닌 변형의 관점에서 바라볼 수 있게 한다.

6. 서사적 욕망의 공간 시작과 끝 그리고 중간, 삶과 죽음

브룩스는 토도로프의 서사적 변형이 발생하는 공간을 프로이트가 논한 죽음 욕동이 전개되는 삶의 여정의 관점에서 다룬다. 그는 정신분석적 관점에서 토도로프의 서사적 변형을 논하면서 삶의 여정이 시작에서 끝으로 향하지만 인간의 욕망이 전개되는 장소는 시작과 끝 사이의 중간이라는 사실에 주목한다. 이는 삶을 서사로 보았을 때 중간에서 발생하는 사건의 중요성을 간과하지 않으면서 시작 / 끝과의 관계에서 파악해야 할 필요성을 제시한다. 브룩스에 따르면 토도로프의 "같지만 다른" 모델은 근본적으로 "시간적 형태의 공간적 모델화"이고, 아리스토텔레스가 말하는 인식이 발생하는 공간 또는 "바르트가 일컫듯 서사의 '지연적 공간' ― 지체, 연기, 실수, 그리고 부분적인 드러냄의 공간 ― 이 변형의 공간이다. 여기에서 애초의 욕망에 제기된 그리고 이 욕망이 제기한 문제가 해결되고 극복된다."[103] 서사적 변형의 공간이 욕망이 활동

---

102 위의 책, 233쪽.

103 Peter Brooks, *Reading for the Plot : Design and Intention in Narrative*, Cambridge : Harvard UP, 1984, 92쪽. 브룩스가 언급하는 바르트의 '지연적 공간'은 바르트(Roland Barthes)가 고전적 저서 『S/Z』에서 시작에 질문을 제시하고 끝에서 대답을 제시하는 것으로 정의하는 해석학적 약호(hermeneutic code)에 대한 논의에서 찾을 수 있다. 바르트에 따르면 "문장들이 이야기의 '전개'를 촉진하고 이야기를 움직이지 않을 수 없는 반면, 해석학적 암호는 반대 행동을 수행한다. 그것은 담론의 흐름에서 **지연**(장애,

하는 공간이다.

아리스토텔레스 이후 모든 서사는 시작과 끝을 상정한다. 그러나 브룩스가 지적하듯이 커모드Frank Kermode는 고전적 저서 『끝의 의미The Sense of an Ending』에서 시작과 끝이 아닌 항상 중간에 있는 인간이 불가피하게 자신이 알 수 없는 끝에 대한 의미를 추구해왔다고 지적한다.[104] 이야기는 항상 중간에서 시작해서 중간에서 끝난다. 인간의 삶은 처음과 자신이 죽은 후 시간의 끝과의 관계에서 자기 삶의 의미를 찾는다. 즉 항상 시간의 중간에 있는 유한한 우리는 '이해할 수 있는 끝intelligible Ends'에 대한 욕망을 지닌다.[105] 따라서 끝이 중요한 것은 인간과 서사가 모두 중간에 있기 때문이다. 시작에 있는 욕망의 실현이 끝에 완성될 수 있기 때문에 끝을 욕망한다. 그러나 이 욕망의 실현이 전개되는 공간은 중간이다. 브룩스는 프로이트의 이론이 욕망이 실현되는 공간으로서의 중간에 대한 통찰력을 제공한다고 해석한다. "만일 시작에 욕망이 있고 이것이 궁극적으로 끝에 대한 욕망임을 드러낸다면, 시작과 끝 사이에 우리가 필요하다고 느끼지만 (…중략…) 그 변형과 극복작업의 과정이 불분명하게 남아 있는 중간이 있다. 바로 여기에서 시작과 관련한 끝에 대한 프로이트의 가장 야심적인 탐구가 도움이 되고 적절히 역동적인 플롯 모델

중단, 일탈)을 만들어야 한다. 그것은 언어의 불가피한 진전을 조직된 중단의 세트로 반대해야 하기 때문에 그것의 구조는 본질적으로 반작용적이다. 질문과 대답 사이에 지연적 영역 전체가 있다." Roland Barthes, *S/Z : An Essay*, Richard Miller 역, New York : Hill and Wang, 1974, 75쪽.

104 "시인들처럼 인간들도 태어날 때 '한가운데로(*in medias res*)' 뛰어들고, 한가운데서(*in mediis rebus*) 죽는다. 그들은 그들 생애의 의미를 갖기 위해 삶과 시에 의미를 주는, 기원과 종말과의 허구적인 일치를 필요로 한다. 그들이 상상하는 끝은 환원할 수 없게 중간적인 몰두를 반영할 것이다." Frank Kermode, *The Sense of an Ending : Studies in the Theory of Fiction*, London : Oxford UP, 1966, 7쪽.

105 위의 책, 8쪽.

에 공헌할 수 있다."[106]

브룩스가 서사의 욕망이 전개되는 중간에 관한 이론의 모델로 삼는 프로이트의 글은『쾌락원칙을 넘어서』이다. 1장에서 보았듯이 프로이트는 이 책에서 인간의 삶을 역설적으로 죽음 욕동이 실현되는 우회적인 과정으로 해석한다. 브룩스 해석의 특징은 이 과정을 서사성의 관점에서 보는 것이다. 브룩스에 따르면 프로이트는 "궁극적으로 삶에 관해 이야기할 가능성 자체 — 삶의 '서사가능성narratability' 자체에 관해 말하고 있다. 그의 가장 대담한 의도는 삶의 기간의 역학 이해에 관한 따라서 삶의 서사적 이해에 관한 이론을 제공하는 것일 것이다."[107] 따라서 삶의 이야기가 펼쳐지는 시간이 죽음 욕동이 죽음을 지연하는 시간이고, 죽음 욕동이 작동하는 삶의 지연된 시간은 삶의 서사성이 펼쳐지는 시간이다.

이 지연은 단순히 죽음이 지연되는 시간이 아니라 쾌락원칙이 지연되는 시간이기도 하다. 앞서 논한 유사와 차이의 반복은 최대한의 만족을 위해 텍스트의 에너지가 최후에 방출될 수 있도록 텍스트 에너지의 방출을 막는 과정이다. 이런 점에서 삶의 서사는 죽음 욕동과 쾌락원칙이 상호작용하는 과정이다.

반복을 통해 텍스트에서 작용하는 것은 죽음 본능, 끝을 향한 동력이다. 쾌락원칙의 지배 너머에 그리고 이 지배 밑에는 이 기준선, 즉 우리를 텍스트에서 되돌아가게 하는 반복을 통해 감지하거나 들을 수 있는 그것의 기본적 "박동"이 있다. 그러나 반복은 또한 방출의 만족을 위한 쾌락원칙의 추구를 지연하고, 이 지연은 텍스트의 또 다른 전진적 추진력이다. 우리는 두 전진 운동의

---

106 Peter Brooks, *Reading for the Plot*, 96쪽.
107 위의 책, 97쪽.

원칙이 지연을 만들기 위해 서로에게 작용하는 기이한 상황을 맞는다. (…중략…) 서사의 발전은 이 긴장이 무활동의 목표로 되돌아가는 더 복잡한 연기나 **우회**détour로 유지되는 것을 보여준다.[108]

요컨대 브룩스는 프로이트에게서 "우회로서의 중간을 필요하게 만드는 방식으로 끝(죽음, 무활동, 서사불가능성)을 시작(에로스, 긴장으로의 자극, 서사의 욕망)과 대비해서 구조화하는 역동적 모델"을 발견한다.[109] 이 역동적 모델은 시작과 끝이 아닌 중간의 중요성과 필연성을 설명한다. 서사의 중간을 차지하는 과정은 궁극적으로 "의미의 생산, 인식과 텍스트를 총제적 은유로 이해하게 허락할 소급적 깨달음"이라는 종점을 향하지만, "인식은 텍스트성을 폐지할 수 없고, 눈멈과 인식 사이, 기원과 종말 사이에서 진동하는 반복의 장소인 중간을 취소할 수 없다. 인식을 향한 반복이 서사적 텍스트의 진리를 구성한다."[110] 이 중간은 일탈이고 지연이지만 끝을 향해 가는 우회로일뿐 끝에서 벗어나는 탈선은 아니다. 그렇다면 브룩스가 서사의 종점에 있는 것으로 설정하는 "의미의 생산"과 "인식"은 무엇일까? 서사의 종점에서 가능한 인식이 반복과 지연의 장소인 삶의 과정에 대해 주는 "소급적인 깨달음"은 무엇일까? 삶을 서사로 본다면 삶의 종점에서 삶의 의문에 대한 대답을 얻을 수 있는 것일까?

108　위의 책, 102~103쪽.
109　위의 책, 107쪽.
110　위의 책, 108쪽.

7. 상처 말하기의 주체성

브룩스는 서사의 시작과 끝이 아닌 중간을 서사의 진리로 삼는 근거로 프로이트의 「끝낼 수 있는 분석과 끝낼 수 없는 분석」을 제시한다. 1장에서 논했듯이 프로이트는 이 글에서 환자가 저항을 극복해서 일부 기억을 회복하더라도 다른 기억은 여전히 망각된 상태일 수 있으므로 치료는 잠정적이고 치료과정은 끝없이 지속될 수 있다고 주장한다. 브룩스는 프로이트의 이런 논의가 서사의 시작과 끝의 권위를 전복하고 끊임없이 중간 즉 반복의 공간으로 회귀하는 과정이라고 해석한다. "반복은 텍스트에서 궁극적으로 시작과 끝 개념 자체를 전복하는 귀환에 대해 말하며, 시작 개념이 끝을 전제하고 끝은 시작 전의 시간이며 따라서 끝날 수 없는 것은 플롯에서 최종적으로 결코 구속될 수 없다고 암시한다."[111] 그렇다면 트라우마 서사는 끝낼 수 없는 분석처럼 똑같은 트라우마의 현장으로 끊임없이 회귀하는 반복의 이야기인가 아니면 반복에서 차이를 만들어내어 의미를 생산하고 "소급적인 깨달음"을 얻는 끝이 있는 이야기인가? 서사의 끝에서 차이가 생산되고 깨달음을 얻을 수 있다면 이를 준비하고 성취하는 서사의 중간 과정이 필요하지 않을까? 시작과 끝이 동일성의 반복이 아닌 "같지만 다른" 것이 되기 위해서는 불일치가 단지 불일치로 남지 않고 불일치적 일치로 바뀌고 트라우마의 사건이 서사구조에서 고립되고 침묵 속에 정지된 채로 남지 않고 끝을 향한 동력으로 작용해야 하지 않을까? 심지어 침묵도 일시적인 멈춤을 통해 앞으로 나아가는 추진력을 축적하는 것으로 볼 수 있지 않을까? 페

---

111 위의 책, 109쪽.

더슨[Joshua Pederson]이 말하듯이 "재난에 직면해서 침묵은 묘사하고 기억하고 통합할 수 없는 무능이 아니라 힘을 모으고 상실을 추모하는 의도적 결단을 지시하는" 것이 아닐까?[112]

토도로프가 구조주의 형식의 관점에서 서사 패턴으로 분석한 "서사적 변형"은 서사의 주체가 말하는 과정을 통해 변화하는 보다 역동적인 의미의 변형으로 이해할 수 있다. 이런 관점에서 서사 행위는 트라우마를 정체하게 하는 관성이 아니라 역동적 힘으로 변화시키는 것일 수 있다. 상처에 대해 말하는 서사 행위는 상처에 매몰되지 않고 상처의 의미를 재구성하게 하고, 역으로 상처의 의미를 재구성하는 행위는 그 상처를 포함한 삶과 정체성을 재형성하게 할 수 있지 않을까? 7장에서 보았듯이 리쾨르는 동일한 것으로 존재하는 사물의 정체성과 달리 "서사적 정체성"을 시간 속에서 서사적으로 구성되고 생성되는 것으로 정의한다. 리쾨르에 따르면 "서사의 불일치적 일치"를 우리 삶에 적용하면 "우리의 삶은 (…중략…) 서사적 이해에서 빌려온 구성행위의 영역으로 우리에게 나타나며, 이 서사적 이해를 통해 우리는 우리를 구성하는 서사적 정체성을 (…중략…) 발견하려고 시도한다. (…중략…) 이런 방식으로 우리는 실제로 **우리 자신의 삶의 작가**가 되지 않으면서 **우리 자신의 이야기**의 내레이터와 주인공이 되는 것을 배운다."[113] 자신의 삶을 쓰는 작가가 되는 것과 자신의 이야기의 내레이터가 되는 것은 다를 수 있다. 삶을 다시 다르게 살 수 없지만 삶의 이야기는 다시 쓸 수 있다. 삶을 바꾸지는 못해도 자신이 삶에서 겪은 사건들을 다르게 바라보고 쓸 수 있으며 다른 의미를 찾을 수 있다. 이는 글을 쓰는 과정에서 창조하는 서사적 정체

---

112 Joshua Pederson, "Trauma and Narrative", *Trauma and Literature*, J. Roger Kurtz 편, Cambridge : Cambridge UP, 2018, 107쪽.

성을 통해 가능하다. "서사의 불일치적 일치"를 통해 구성된 이 정체성은 트라우마라는 불일치적 사건에 대해 침묵하거나 거부하지 않고 자신 삶의 일부로 말할 수 있는 정체성이 아닐까.

리딩Anna Reading은 사법적 배상restitution이 피해에 대한 경제적 보상을 넘어서 피해를 유발한 사회 경제적 불평등을 바꾸는 사회적 정의의 행위를 포함해야 한다는 '변형적 정의transformative justice' 개념을 서사 행위에 적용해서 '복원적 이야기하기restitutional storytelling'를 논한다. 리딩에 따르면 "변형적 정의 모델은 윤리적으로 복원적인 이야기하기가 가해진 피해의 역사적 상상뿐 아니라 지속되는 자원의 불평등한 분배와 인권 위반의 사회적 문맥의 위계를 서사와 기억으로 만들 수 있다는 것을 암시한다."[114] 복원적 이야기하기는 물질적 에너지의 반환이라는 물리학적 의미를 넘어선 차원 즉 "복원 과정의 정신적 정동적 차원으로 여겨질 수 있는 에너지의energetic 반환을 제공할 갈등 또는 학대의 비물질적 영향을 표현해야 한다."[115] 배상 또는 복원은 물질적 차원의 상환이나 배상을 넘어 인권과 평등이라는 정신적인 차원을 반드시 포함해야 한다.

이 복원은 시간적 과정에서 가능하다. 리딩은 복원 과정의 시간적 성격을 강조한다. "배상은 단발성 경제적 행위 이상이며 '배치' 또는 시간적이고 끝나지 않을 수 있는 과정들의 범위다."[116] 복원적 이야기는 피해와 상처에 대한 단발적 회복이 아니라 끝나지 않을 수도 있는 지속적인

---

113 Paul Ricoeur, "Life in Quest of Narrative", 32쪽.

114 Anna Reading, "Transformative Tales : Theater Storytelling, Ethics and Restitution", *Storytelling and Ethics*, Hanna Meretoja and Colin Davis 공편, 221쪽.

115 위의 글, 221쪽.

116 위의 글, 223쪽. 리딩은 "자기를 조직하는 이질적 요소들의 지속적 과정"이라는 들뢰즈와 가타리의 "배치" 개념을 빌려 "복원적 배치(restitutional assemblage)"라는 용어를 사용한다.

복원 과정에 관한 것이다. 이 복원적 이야기는 비인간적 조건에서 발생한 상처를 통해 개인적으로 성장하고 사회적 정의의 요구와 실현을 통해 개인과 사회가 모두 변화하는 가능성을 말한다. "여러 종류의 이야기들이 (…중략…) 비인간적이었고 여전히 비인간적인 것에 둘러싸인 자아의 삶이 성장하도록 돕는 복원의 계기들을 동원하고 강화한다. (…중략…) 가정에서의 생존자들의 비공식적 이야기들, 자서전적 허구적 이야기들 (…중략…) 희생자들이 법정과 위원회에 말하는 증언적 이야기들을 포함한 이야기하기 행위는 복원적 동원, 변형, 변화, 출현 및 공고화를 포함하는 배치에 모두 필수적이다."[117]

리딩은 경제적 보상을 넘어선 사회적이고 집단적인 정의를 강조하지만, 리딩의 주장에서 정신적 정동적 복원은 개인적인 의미도 지닌다. 리딩은 "복원은 행위력을 복원하길 추구한다는 점에서 복수와 다르다"고 지적하며, 아동 성폭력 피해를 다룬 자신의 연극 "『키스 펀치 굿나잇*Kiss Punch Goodnight*』의 이야기가 주인공 "던Dawn이 여성적 행위력과 힘에 대한 의식을 통해 변모하는 대안적 역사적 상상을 제공하길 원했다"고 말한다.[118] 행위력의 복원은 일시적이지만 지속적인 영향을 미칠 수 있고 대안적 사회를 상상할 수 있게 한다. 리딩의 연극은 "어떻게 연극의 이야기가 지속적 복원 과정 또는 배치에 필수적인, 개인과 공동체를 위한 역사적 상상을 동원하고 공고화할 수 있는지" 보여준다는 것이다.[119] 여기에서 리딩이 인용하는 지발트Winfried Sebald의 문학과 복원에 대한 발언을 상기할 필요가 있다. "많은 형태의 글이 있다. 그러나 오직 문학에서만

---

117 위의 글, 224쪽.
118 위의 글, 230쪽.
119 위의 글, 232쪽.

단순한 사실들의 설명과 학문을 넘어선 복원의 시도가 있을 수 있다."[120] 지발트는 허구적 문학을 다른 글과 구분하지만, 그가 강조하는 문학적 상상력의 복원력은 자서전과 증언을 포함한 모든 트라우마 서사에서 가능하지 않을까. 대안의 서사를 꿈꾸는 상상력은 상처를, 상처를 겪은 자신의 삶을 다시 바라볼 수 있게 한다.

프랭크는 『상처받은 이야기꾼*The Wounded Storyteller*』에서 중병을 경험한 환자들이 자신의 상처에 대해 말할 수 있는 목소리와 권리 즉 행위력을 가질 것을 강조한다. 프랭크는 현대의학이 환자의 신체를 치료하면서 의학 담론에 환자를 종속시키고 환자가 자신의 신체와 질병에 대해 말할 권리를 박탈하는 결과를 초래했다고 비판한다. 이와 달리 "포스트모던 시대의 특징은 사람들이 자신의 것으로 인식하는 목소리의 필요를 느끼는 것이다. (…중략…) 포스트모던 시대는 자신의 이야기를 할 수 있는 능력이 복구되는 시기다."[121] 프랭크는 식민주의가 영토를 식민지로 삼았듯이 모더니스트 의학이 환자의 신체를 식민지로 삼아 치료 담론을 생산했고, 자신의 경험을 스스로 말하는 권리를 회복한 환자는 신체의 탈식민화를 성취했다는 점에서 탈식민주의적이라고 말한다.

이렇듯 프랭크에게 '포스트'post의 의미는 중요하다. 포스트는 환자가 의사들의 권위에 종속되는 것에서 벗어나고 자신의 신체와 질병의 식민화에서 해방되었다는 의미에서 포스트모던하고 탈식민주의적이다. 그러나 프랭크는 '포스트'의 의미를 의학적으로 질병의 차도를 경험한 자들 즉 "사실상 건강하게 되었으나 결코 치유되었다고 간주될 수 없는 사

---

120 위의 글, 222쪽에서 재인용. 원문은 W. G. Sebald, "An Attempt at Restitution", Anthea Bell 역, The New Yorker, Vol. 80, No. 40, December 20, 2004, 114쪽.

121 Arthur Frank, *The Wounded Storyteller*, 7쪽.

람들"을 뜻하는 '완화 단체remission society'의 정신적 경험과 연결시킨다. 환자들이 "오로지 건강해지는 것에만 책임 있는" 모더니스트 의학의 관점과 달리 "완화 단체에서 탈-식민주의적 환자는 질병이 자신의 삶에서 무엇을 의미하는가에 대한 책임이 있다."[122] 즉 프랭크에게 '포스트'의 의미는 단순한 시간적 "이후"나 해방적 '탈'의 의미를 넘어서 질병을 경험한 자가 삶의 의미에 대해 숙고하는 행위를 함축한다. 프랭크가 말하듯 "포스터모던 질병은 하나의 경험이고, 신체, 자아 그리고 삶의 지도가 인도하는 목적지에 대한 숙고다."[123]

자신의 질병과 상처에 대해 자신의 목소리로 말하는 포스트모던 병자와 희생자가 지향하는 삶의 목적지는 어디일까? 프랭크는 서사가 삶의 "목적지에 관한 숙고"의 기회를 제공한다고 말하지 목적지를 지시한다고는 말하지 않는다. 이야기하는 과정은 자신의 목소리로 말할 수 있는 행위력을 지닌 주체가 출현하는 과정이지 설정한 목적에 도달하는 목적론적 과정이 아니다. 프랭크는 상처받은 이야기꾼의 서사를 세 가지로 분류하는 데 첫째는 '복원 서사restitution narrative'다. 프랭크가 의미하는 "복원"은 리딩이 배상 / 복원의 의미에 포함하는 사회정치적 정의와 개인의 변화를 포함하지 않는다. 오히려 그가 정의하는 "복원 서사"는 라캉 이론에서 자아가 자기동일적 이미지로 회귀하려는 관성을 지닌 상상계에 속한다. 프랭크는 막대한 고통 끝에 부와 가족을 회복하는 구약의 욥 이야기를 복원 서사가 지니는 플롯의 모델로 삼는다. "복원 플롯"은 항상 질병의 목적지를 치료로 설정한다. 병원과 상업적 의학 광고가 제시하는 "모든 고통에 치료가 있다"는 메시지는 이를 잘 예증한다.[123] "텔레비

---

122 위의 책, 13쪽.
123 위의 책, 7쪽.

전 광고가 말하든, 사회학 또는 의학이 말하든 복원 이야기는 문화적으로 선호하는 서사"이며 치료에 몰두하는 현대의학 담론이 제시하는 치료라는 목적지로 향하는 희망의 이야기는 다른 서사를 지배하고 추방한다.[125] 프랭크는 복원 서사가 바우만Zygmund Bauman이 현대세계의 특징으로 꼽은 "사멸성 해체"의 문화를 반영한다고 해석한다.[126]

죽음을 추방한 문화에서 질병은 반드시 회복되는 목적지로 향해야 한다. 죽음을 추방하는 복원 서사는 삶에서 예측할 수 없는 모든 우연성과 우발성도 제거한다. "복원 이야기를 하는 자는 신체가 과거에 지녔던 예측 가능성을 되찾길 원한다. 이 예측 가능성은 단순히 증상에서 해방된 삶과 함께 오는 기계적 기능성만이 아니다. 회피할 필요가 있는 것은 질병 자체가 나타내는 더 심층적인 우발성contingency 즉 사멸성이라는 우발성이다. 어떤 질병도 사멸성의 암시이고 복원 이야기로 질병을 말하는 것은 그 암시를 예방한다."[127] 복원 서사에서 신체는 항상 '회복 가능한restorable 신체'이고 타자의 신체와 분리된 '단자적 신체monadic body'이며, 환자 자신에게서 분리된 신체다.[128] 이 신체는 "이 신체의 복원을 기대하는 자아로부터 분리된다. 일시적으로 고장난 신체는 치료될 '그것'

---

124 위의 책, 80쪽.

125 위의 책, 83쪽.

126 위의 책, 83쪽. 바우만은 근대성(modernity)을 사멸성을 기피하고 추방하는 문화로 규정한다. "죽는 자와 소통하는 데 실패하는 것은 근대세계의 주민으로서 우리가 죽음의 광경이 지속적으로 쫓겨난 사치스러운 삶에 대해 치르는 값이다. (…중략…) 근대적 도구성은 **사멸성을 해체했다**. 해체는 죽음을 폐지하지 않는다. 그것은 단지 죽음을 장식 없이 헐벗고 의미가 벗겨진 채로 남겨두었을 뿐이다. 죽음은 삶의 생산에서의 폐기물일 뿐이다. (…중략…) 죽음은 근대적 삶의 **타자(the Other)**다." Zygmund Bauman, *Modernity, Immortality and Other Life Strategies*, Cambridge : Polity Press, 1992, 131쪽.

127 Arthur Frank, *The Wounded Storyteller*, 85쪽.

128 위의 책, 84~85쪽.

이 된다."[129] 주체가 의학적 처방을 철저히 지켜 건강을 회복하려는 대상으로 삼아 '그것'이 되는 이 신체는 '훈육된 신체disciplined body'다.[130] 복원 서사의 신체는 또한 건강한 타자의 신체와 동일시하고 모방하는 '거울반영적 신체mirroring body'다. "이 신체-자아는 소비가 더 멋있고 더 건강한 다른 신체들의 이미지로 신체를 재창조하려고 시도하기 때문에 거울반영적이라 불린다."[131] 복원 서사에서 자아로부터 분리된 거울반영적 신체와 훈육된 신체는 모두 타자와의 유대가 없다는 점에서 단자적 신체다.[132] 이 거울반영적 신체를 가진 복원서사의 자아에게는 자신을 말할 이야기가 없다. "복원 이야기들은 자아의 투쟁이 아니라 타자들의 전문성을 증언하기" 때문이다.[133] 복원 서사에서 거울반영적이고 훈육된 신체-자아는 근본적으로 단자적이므로 타자와 관계를 맺지 못한다. 따라서 "복원 서사에서 책임은 약을 먹고 병이 나아지는 것으로 제한된다."[134] 복원 서사의 주체는 오로지 자기 신체의 회복에만 책임이 있다.

프랭크가 두 번째로 논하는 '혼돈 서사chaos narrative'는 복원 서사와 정

---

129 위의 책, 84~85쪽.

130 위의 책, 41쪽.

131 위의 책, 43쪽.

132 프랭크는 라캉의 상상계를 단자적 신체에, 상징계를 타자와 소통하는 소통적 신체에 대입한다. "라캉의 상상계 개념은 우리가 자아라고 부르는 것이 항상 다른 곳에서 온 이미지들의 침전물이라고 암시한다. 이 이미지들은 갑옷처럼 입고 이 갑옷 안에 있는 것은 확실히 우리가 흔히 믿는 것 이하다. 어느 자아도 다른 곳에서 온 이미지들의 상상적 침전물 안에 사는 것을 멈추지 않는다. (…중략…) 그러나 우리는 상상적 자아를 라캉이 상징계라고 부르는 것으로의 진입으로 보완할 수 있다. 여기에서는 신체-자아가 상징적 교환에 들어선다. 이름을 주고 이름을 받는 것은 전형적인 교환이다. 단순히 자신을 위해 타자들의 이미지를 전유하는 대신 신체-자아는 이 타자들과 소통한다." 위의 책, 46쪽.

133 위의 책, 92쪽.

134 위의 책, 91쪽.

반대로 궁극적 회복에 대한 기대가 없다. 이 서사의 플롯은 "삶이 결코 더 좋아지지 않는다고 상상한다. 이야기들은 서사 질서의 부재로 혼란스럽다. 사건들은 이야기꾼이 삶을 경험하는대로 순서나 알 수 있는 인과성 없이 말해진다."[135] 혼돈 서사의 특징은 신체의 회복력이 아니라 반대로 취약성을 강조한다. "이 이야기들에서 치료, 진보, 전문성이라는 모더니스트 방어벽은 깨지고 취약성, 허망futility, 불능을 드러낸다."[136] 이런 혼돈 서사의 특징은 앞서 다룬 트라우마 서사의 파편적 성격을 설명한다. 프랭크는 홀로코스트 이야기에서 최초로 혼돈 서사를 접했고 특히 랭거의 『홀로코스트 증언Holocaust Testimonies』에 영감을 받았다고 고백한다. 혼돈 서사의 특징은 언어로 표현할 수 없는 상처를 메울 수 없는 공백처럼 그 주위를 맴도는 서사다. 프랭크에게 혼돈 서사를 말하는 자가 전형적인 "상처받은 이야기꾼"이다.

홀로코스트 증인들이 말하는 이야기에서 피할 수 없는 것은 메울 수 없는 또는 라캉의 은유를 사용하면 봉합할suture 수 없는 서사의 구멍이다. 이야기는 단지 에둘러 말할 수 있는 상처의 가장자리를 추적한다. 단어들은 그 상처의 생경함을 암시하지만 그 상처는 너무도 신체적이고 모욕과 고통과 상실이 너무 커서 단어들은 필연적으로 실패한다. 혼돈 이야기를 하는 자는 특히 상처받은 이야기꾼이지만 상처를 정말로 **사는** 자들은 말로 이야기할 수 없다. 혼돈을 말로 된 이야기로 바꾸는 것은 그것에 관해 어느 정도 반성적 이해를 하는 것이다. 이야기에서 말할 수 있는 혼돈은 이미 거리를 취한 것이고 회고적으로 반추된다. (…중략…) 서사가 시간을 통해 서로 연결된 사건들의 순서를

---

135 위의 책, 97쪽.
136 위의 책, 97쪽.

함축한다면, 혼돈 이야기는 서사가 아니다. 내가 아래에 혼돈 서사를 지시할 때 나는 순서 없는 시간, 매개 없는 이야기, 자신에 대해 충분히 반추할 수 없는 상태로 자신에 대해 말하는 반-서사를 의미한다.[137]

혼돈 서사는 과거의 질병 / 트라우마라는 심연 주위를 맴돌며 그 주변을 이야기하는 데 정체되어 있을 뿐 현재와 미래로 나아가지 못한다. 다시 말해서 혼돈 서사에서 상처는 서사를 진행하는 추진력이 아니라 서사를 방해하는 관성으로 작용한다. 이 반-서사에서 상처는 주체를 압도하기 때문에 주체는 상처를 말하지 못하는 수동적 주체가 된다. 혼돈 서사에서 현재와 미래를 말할 수 없는 것은 과거의 상처만큼 질병 / 트라우마 후의 세계도 두렵기 때문이다. 프랭크는 랭거가 '비통한 기억'을 논하면서 한 홀로코스트 증인이 해방의 순간 했던 발언—"그때 나는 내 고난trouble이 정말로 시작될 것을 알았다"—이 "전통적인 역사 서사에 대해 기대하기를 배웠던 갈등과 해결의 순서를 역전시키는" 것으로 해석한 것을 예로 제시한다.[138] 프랭크가 예로 제시하는 혼돈 서사는 홀로코스트 증인들에게만 한정되지 않는다. 홀로코스트 증인과 마찬가지로 사고로 다리 감각을 상실했다 회복한 색스Oliver Sacks도 다시 현실 세계로 들어서는 것에 대한 두려움을 겪는다. 프랭크에 따르면 "그는 혼돈을 알았고 자신의 해체와 대면했었다. 그의 두려움은 이 해체를 상상할 수 없고 상상하길 원하지 않는 세계에 다시 들어서는 것에 관한 것이었다."[139] 혼돈 서사의 주체가 혼돈과 거리를 두지 못하는 한 혼돈의 심연에서 벗

---

137 위의 책, 98쪽.

138 Lawrence Langer, *Holocaust Testimonies*, 67쪽; Arthur Frank, *The Wounded Storyteller*, 106쪽.

139 Arthur Frank, *The Wounded Storyteller*, 107쪽.

어나지 못하며 혼돈 이후의 세계와 관계를 맺을 방법을 찾지 못한다.

복원 서사를 말하는 자가 오로지 질병으로부터의 회복에만 책임이 있다면, 혼돈 서사의 주체는 혼돈에 매몰되어 있는 한 어떤 책임도 느낄 수 없다. "혼돈 이야기가 혼돈 안에서 말해질 수 없듯이 혼돈의 경험이 함축하는 책임도 혼돈 안에서 행사될 수 없다. 혼돈을 산 사람은 반성과 시간의 서사적 정렬이 가능하도록 거리가 생길 때 그 경험에 대해 회고적으로 책임이 있을 뿐이다. (…중략…) 책임 행사는 **목소리**를 요구하고 혼돈의 신체는 목소리가 없다. (…중략…) 이 목소리는 혼돈 밖에서부터 혼돈에 관해 말할 수 있을 뿐이다."[140] 프랭크는 혼돈 서사를 오로지 질병의 관점에서 우울증 현상으로 치부하는 의학계를 비판한다.

그렇다면 혼돈이 지니는 다른 서사적 기능과 의미는 무엇일까? 혼돈 서사에 대한 프랭크의 진단은 질병, 혼돈, 트라우마 등 고통스런 사건을 서사를 멈추게 하는 방해물이 아니라 서사의 동력을 주는 계기로 바라볼 수 있는 시점을 제공한다. 프랭크에 따르면 "특히 임상 실무 그리고 더 일반적으로 어떤 대인관계에서도 필요한 것은 혼돈을 삶 이야기의 일부로 더 잘 용인하는 것이다."[141] 혼돈을 삶 이야기의 일부로 이해하는 것은 혼돈을 회피하는 것도 혼돈에 존재하지 않는 의미를 억지로 부여하는 것도 아니다. 프랭크는 "내 목적은 혼돈을 낭만화하는 것이 아니다. 혼돈은 끔찍하다. 그러나 모더니티는 잠정적으로라도 삶이 때때로 끔찍하다는 것을 받아들이기 어려워한다. 이에 수반되는 혼돈의 부정은 삶의 끔찍함을 더 악화할 뿐이다. 이 끔찍함은 대면할 수 있을 뿐 결코 해결될 수 없는 신비다."[141] 혼돈을 삶의 일부로 이야기하는 것은 혼돈을 긍

---

140 위의 책, 108~109쪽.
141 위의 책, 111쪽.

정적으로 바꾸는 것이 아니라 끔찍한 채로 받아들이는 것이다.

이런 수용은 동시에 서사의 동력이 될 수 있다. 프랭크는 질병이 때로 "서사적 난파"에 빠지게 하지만 "질병은 이야기들을 요구하고", 이야기하는 것은 "지도를 다시 그리고 새로운 목적지를 발견하는 방법"이 될 수 있으며, "자아는 말해진 것에서 **형성된다**"고 말한다.[143] 질병과 상처는 이야기를 요구하고, 이야기를 통해 상처가 의미하는 삶의 끔찍함을 포용하면서 그것을 삶의 일부로 말할 수 있는 서사적 주체가 태어난다. 프랭크는 구약의 시편이 "믿음의 구원은 오로지 혼돈에서만 시작할 수 있다"는 메시지를 준다고 해석한다.[144] 이런 관점에서 질병, 상처, 혼돈은 서사의 동력이 될 수 있다. 그리고 혼돈이 동력이 되는 서사는 이미 혼돈의 서사가 아니라 프랭크가 '추구 서사quest narrative'라 부른 종류의 서사다. 이 서사에서 혼돈은 삶의 일부로 용인되고 삶은 추구의 과정으로 이해되기 때문이다. 추구 서사를 주장한다는 점에서 프랭크의 연구는 홀로코스트 구두 증언에 대한 랭거의 연구와 다르다. 홀로코스트 희생자의 파편화된 서사와 달리 추구 서사는 근본적으로 질병을 여정의 일부로 파악한다.

프랭크는 캠벨Joseph Campbell이 『천의 얼굴을 가진 영웅The Hero With a Thousand Faces』에서 출발, 입문, 귀환 3단계로 주인공의 여정을 논한 것에 기초해서 각각 질병 증상 발생, 입원이나 수술 등 치료 및 시련, 그리고 마지막으로 "더 이상 아프지 않으나 질병의 표식을 지닌 자"가 되는 단계로 환자의 여정을 구분한다.[144] 프랭크는 둘째 단계에서 발생하는 변화를

---

142 위의 책, 112쪽.
143 위의 책, 53~55쪽.
144 위의 책, 114쪽.

추구 서사의 핵심으로 파악한다. "추구 서사는 변화되는 것에 대해 자의식적으로 말한다. 변화를 겪는 것은 이야기꾼의 책임의 중요한 차원이다. 여정의 끝은 캠벨이 '혜택'boon이라 부른 것을 가져온다. 질병의 추구 서사는 말하는 자에게 경험에 의해 무엇인가가, 주로 타인들에게 전수해야 하는 어떤 통찰이 주어진다고 암시한다."[146] 고통스런 여행의 과정에서 얻는 통찰은 고통을 대하는 방식에 대한 지혜다. 추구 서사의 주인공은 "고통을 경험하는 대안적 방법을 발견한다."[147] 캠벨이 말하는 영웅성은 힘이 아니라 고통을 견디는 인내에 있다. "영웅의 도덕적 위상은 괴로움agony을 통해 속죄에 들어서는 것에서 나온다. 이는 자신과 세계가 하나이고 세계가 세계 창조의 원칙과 하나라는 깨달음이다. 고통suffering은 이 원칙에 필수적이고 고통의 진실성integrity을 배우는 것은 혜택의 핵심이다."[148] 고통스런 여정의 혜택으로 주어지는 지혜는 고통이 삶의 불가피하고 필수적인 일부라는 것을 깨닫는 것이다. 프랭크의 추구 서사에서 고통이 혜택으로 바뀌는 이런 전환은 토도로프가 서사적 변형의 한 형태로 제시하는 역전에 가깝다. 따라서 "추구 이야기들에서 중단은 도전으로 재구성된다."[149] 이런 관점에서 질병, 고통, 트라우마 등 이야기를 중단시킬 수 있는 삶의 위기는 "처음에는 중단으로 나타나지만 나중에는 개방opening으로 이해되게 된다."[150]

이런 개방의 결과는 서사 주체의 변화다. 앞서 인용했듯이 리쾨르는

---

145 위의 책, 118쪽.
146 위의 책, 118쪽.
147 위의 책, 119쪽.
148 위의 책, 119쪽.
149 위의 책, 128쪽.
150 위의 책, 128쪽.

"우리는 실제로 **우리 자신의 삶의 작가**가 되지 않으면서 **우리 자신의 이
야기의 내레이터와 주인공**이 되는 것을 배운다"고 말한다. 지나간 삶을
달리 살 수 없지만 그 삶을 다르게 이야기할 수 있으려면 삶을 다르게
대하는 주체의 변화가 선행되어야 한다. 과거의 상처와 상실, 고통과 시
련은 자신 삶의 역사에서 지울 수 없다. 그러나 프랭크의 말대로 "상실
은 계속 애도하되 이득을 강조할" 수 있다.[151] 추구 서사의 주체는 과거
가 아니라 과거를 대하는 현재를 바꾼다. 색스처럼 극적인 변화를 보여
주는 경우도 있지만 프랭크에게 "대부분의 이야기들은 이보다 덜 극적
인 변화에 대해 말한다. 말하는 자가 발견하는 것은 전적으로 새로운 누
군가가 아니라 '항상 있어 왔던 나'다. 이 자아는 새로 발견된다기보다
자아의 기억과 새롭게 연결된다. 과거는 현재의 관점에서 재해석되고
향상된 의미를 지니게 된다."[152] 시련이 가져다주는 혜택은 다시 사는 기
회가 아니라 자신의 삶을 다르게 바라보고 이야기할 수 있는 깨달음이
다. 프랭크가 암시하듯이 이런 주체의 변화는 상처의 기억을 수정할 수
도 있다. "그들이 항상 누구였고, 진실로 누구였는지 깨달으면서 각자는
그 자아의 재창조된 도덕적 판본이 되거나 될 준비를 한다. 이런 성격을
전시함으로써 기억은 수정되고, 중단은 동화되며, 목적은 이해된다."[153]
서사는 트라우마의 기억을 바꿀 수 있다.

---

151 위의 책, 128쪽.
152 위의 책, 129쪽.
153 위의 책, 131쪽.

8. 서사와 치유

　제1부에서 살펴본 바와 같이 상실한 기억의 회복과 수정은 트라우마 치유의 중요한 과정이며 서사는 기억의 수정과 밀접히 관계된다. 2장에서 보았듯이 자네는 "외상기억의 회복은 사실 고착된 표상을 단순히 제거하는 것이 아니라 수정하고 치환하는 과정"이라고 설명하며, 적응의 관점에서 "기억의 서사화를 치유의 과정으로 강조한다." 왜냐하면 기억을 수정하는 일은 결국 현실에 적응할 수 있도록 자신을 수정하는 것이기 때문이다. 3장에서 살펴본 신경과학적 트라우마 치료 중 하나인 내면 가족체계 치료도 "비의식적 차원에 새겨진 암묵적 기억을 수정하는 효과"를 지니며 또한 "비의식적 암묵적 기억을 의식적 외현적 기억으로 전환해서 궁극적으로 외상적 경험이 환자의 삶의 서사에 편입되는 것을 돕는다." 이와 유사하게 "정신운동치료는 여러 인물이 내담자의 과거에서 중요했던 인물들을 대신해 과거와 다른 역할을 수행해서 내담자의 과거를 수정하는 집단 치료다." 이런 수정은 결국 트라우마의 기억을 수정하고 "대안 기억"을 제공할 수 있다.

　이렇듯 서사 행위에서 기억이 수정되고 새로운 서사적 정체성이 출현할 수 있다는 프랭크의 주장은 제1부에서 살펴본 트라우마 치유의 메커니즘과 상통한다. 서사의 치유력은 1장에서 논한 프로이트의 "말하는 치료"_{대화 치료} — "환자가 정상적인 표상들과 분리되어 기억하지 못하는 외상적 사건을 기억해 말로 표현하게 해서 정상적 의식에 통합하는 방식으로 치료하는 것" — 개념에서부터 출발한다. 망각한 기억을 언어로 표현하는 것은 해리이론으로 볼 때 두 의식이 통합되는 과정이고 억압 이론으로 볼 때는 극복작업의 과정이자 결과다. 니더랜드는 나치 강제수용소 생존자들의 죄책감을 치료하는 방식으로 극복작업을 제시한다. 그에 따르면 "죄책감의 짐을 정신치료적으로 제거하는 유일한 방법은 생존자들을 박해와 위협적 절멸의 악령incubus 밑에서 살았던 악몽적 삶의 유형으로 되돌아가게 해서 막대한 저항에 맞서 외상 경험과 상황을 극복 작업하게 하는 것"이며 이 과정에서 환자들이 기억의 간극을 메우고 "연상과 박해 사건들의 세부 탐구를 통해 이 경험들과 연관된 죄책감, 수치심 및 공포의 심층에 도달하게" 하는 것이다.[154] 니덜랜드는 강제수용소 생존자들이 영구적인 상처를 받았고 "그들은 어떤 의미에서 여전히 강제수용소에서 살고 있다"는 마투섹P. Matussek의 연구를 인용하며 이들이 과거에 머물고 있음을 주장한다. 앞서 언급했듯이 니더랜드는 홀로코스트 생존자 R. F.의 대표적인 트라우마 증상으로 "과거와 현재의 혼동"을 제시한다.[155] 그렇다면 니더랜드가 제시하는 극복작업을 통해 기억을 되살리고 무의식적인 죄책감과 수치심을 대면하는 과정은 외상적 사건을 과거의 사건으로 인식해서 과거에서 해방된 현재에서 살게 하는 것 즉 삶의 시간적 서사를 회복하는 과정의 일부로 볼 수 있다.

서사의 관점에서 치료는 상처를 삶의 일부로 말하게 되는 것이다. 1장에서 보았듯이 프로이트는 전이를 통해서 환자가 기억하지 못하는 과거의 사건을 현재에서 행동으로 반복하는 행동화 대신 기억을 되찾아주어 환자가 과거의 사건에 "일정한 정도의 거리두기aloofness"를 갖고 대해서 "현실로 보이는 것이 사실은 망각한 과거의 반영에 불과하다는 것을 인식하게" 하는 것이 "치료의 성공"을 가져온다고 지적한다.[156] 자네의 "기

---

154 William G. Niederland, "Psychiatric Disorders Among Persecution Victims", 473쪽.
155 위의 글, 460쪽.
156 Sigmund Freud, *Beyond the Pleasure Principle*, 19쪽.

억의 서사화"와 마찬가지로 프로이트에게도 과거의 사건을 현재가 아닌 과거의 위치에 되돌려놓아 삶의 시간적 서사를 회복하는 것이 치유의 관건이다. 3장에서 언급했듯이 럭허스트는 서사가 트라우마의 치유력을 지닌다는 연구 동향의 "기초가 되는 전제"를 "트라우마가 있었던 곳에 서사가 있을 것이다"라는 명제로 요약한다.[157] 이는 1장에서 논한 프로이트의 정신분석치료 공식인 "이드가 있었던 곳에 자아가 있을 것이다"를 트라우마와 서사의 관계에 적용한 것으로서 서사가 곧 트라우마를 대신하고 치유할 것이라는 의미를 지닌다.

라웁이 지적하듯이 과거의 사건에 매몰된 트라우마의 반복에서 벗어나 치유되는 길은 환자의 내면에 감금된 트라우마의 상처를 말하는 것이다. "알 수 없고 말할 수 없으며 반복될 수 있을 뿐인 운명의 함정을 없애기 위해서는 치료과정 — 서사를 구축하고 역사를 재건하며 본질적으로 사건을 재-외화re-externalizing 하는 과정 — 이 가동되어야 한다. 사건의 재외화는 이야기를 말하고 전달할 수 있을 때, 문자 그대로 자기 밖의 사람에게 전이했다가 다시 안으로 회수할 때만 발생할 수 있고 효력을 지닐 수 있다."[158] 이 과정에서 트라우마 생존자의 기억을 되살리는 것은 단순하지 않다. 라웁은 생존자의 내면 깊은 곳에 왜곡되고 변형된 형태로 침잠해있던 기억을 되살리려면 때로는 트라우마 "경험에 가까이 다가갔다가 후퇴하는 것을 교대하는" 전진과 후퇴의 복합과정이 필요하다고 주장한다.[159] 그리고 이런 방법의 목적은 트라우마의 과거를 현재의 서사로 통합하는 것이다. "서술자와 나는 이 기억들이 말해질 때

---

157 Roger Luckhurst, *The Trauma Question*, 82쪽.

158 Shoshana Felman and Dori Laub, *Testimony*, 69쪽.

159 위의 책, 76쪽.

멈춰서 그것들에 대해 생각해서 과거의 진실성을 재천명하고 현재 삶과의 연결, 현재 삶으로의 동화를 새롭게 수립하는 것이다."[160] 라웁은 분석가가 생존자와 공동으로 새로운 서사를 구축하기 위해서는 우선 그들이 트라우마의 끔찍한 경험을 인정할 수 있을 만큼 "안전하고 강하다는 것을 서로에게 증명하는" 일종의 "상호 안전 테스트"를 통과해야 할 것을 제시한다.[161]

허먼은 고전적인 저서 『트라우마와 회복*Trauma and Recovery*』에서 이 과정을 안전 확보, 트라우마 말하기, 단절된 세계와의 재연결이라는 회복의 세 단계로 더 구체적으로 논한다. 트라우마를 이야기하는 것은 회복의 중심에 있다. "회복의 둘째 단계에서 생존자는 트라우마 이야기를 한다. 그녀는 그 이야기를 심층적으로 자세하게 완전히 말한다. 이 재구성 작업은 실제로 외상기억이 생존자의 삶 이야기에 통합될 수 있게 그 기억을 변화시킨다. (…중략…) 과거의 공포를 대면하는 선택은 생존자에게 있다. 치료자는 증인과 협력자의 역할을 하고 그 앞에서 생존자는 말할 수 없는 것을 말할 수 있다."[162] 생존자가 치료자와 협동으로 과거의 기억을 말할 때 "재구성의 과정에서 빠졌던 조각들을 찾으면서 이야기는 변할 수 있다."[163] 이야기하기가 회복과정의 핵심이다. 환자에게 외상기억을 떠올리게 해서 바꾸는 두 대표적 기법인 "직접적 노출" 또는 "자극 홍수법"*flooding*이나 일정한 형식으로 외상 경험을 상세히 기록하게 하는 증언 방법은 모두 "안전한 관계의 맥락에서 강렬한 재경험을 조성하

---

160 위의 책, 76쪽.

161 위의 책, 69쪽.

162 Judith Herman, *Trauma and Recovery*, 175쪽.

163 위의 책, 179쪽.

기 위해 서사 구조를 사용한다."[164] 이렇게 트라우마를 다시 경험하며 말하는 이야기에는 물론 감각과 이미지도 동원된다. "외상적 이미저리와 신체적 감각을 포함하지 않는 서사는 건조하고 불완전하다. 그러나 궁극적인 목표는 이미저리를 포함해서 이야기를 말로 옮기는 것이다."[165] 안전한 환경이 조성된 가운데 외상 경험을 이야기하는 것은 외상기억을 수정하는 효과를 낳을 수 있다. 허먼은 여러 임상 연구에서 "보호된 관계의 안전 속에서 '이야기를 하는 행위'가 실제로 외상기억의 비정상적 처리의 변화를 낳는다"는 것이 입증된다고 말한다.[166]

서사가 트라우마의 기억을 바꾸고 나아가 환자의 삶을 바꾼다면 이런 변화는 바람직하고 필요한가? 기억의 수정이 트라우마의 현실을 부정하거나 그 사실성을 훼손하는 것은 아닐까? 기억의 수정이 5장에서 논한 트라우마의 역사와 진실이 일치하지 않는 문제를 다시 제기하는 것은 아닐까? 프로이트의 정신분석은 환자의 무의식에 저장된 역사적 사건의 진실을 밝혀내는 것이 아닌가? 무엇보다 앞서 언급한 "트라우마가 있었던 곳에 서사가 있을 것이다"라는 명제가 지나치게 서사의 치유력을 단정하는 것은 아닐까? 앞서 논했듯이 아리스토텔레스와 매킨타이어가 삶의 이야기를 완성의 관점에서 본다고 비판하고 삶의 무질서와 굴곡에 관한 비트겐슈타인의 발언에 기초해서 트라우마 서사의 반-서사적 특징을 논한 이글스톤은 홀로코스트 텍스트를 허먼이 제시하는 "상실과 회복의 서사"의 공식으로 해석하는 것의 몇 가지 문제를 지적한다.[166] 홀로코스트 텍스트를 트라우마의 관점에서 해석하는 방식의 문

---

164 위의 책, 183쪽.
165 위의 책, 177쪽.
166 위의 책, 183쪽.

제점은 첫째로 "증언들은 단순히 말하는 치료talking cure가 아니어서" 이런 임상 치료의 공식이 생존자들의 진리에 봉사하지 못한다는 것이다.[168] 둘째는 환자를 대상으로 한 의학적인 '치료 용어therapeutic terms'를 다양한 문학적 장르로 표현되는 증언 텍스트에 잘못 적용할 가능성이 있고, 또한 트라우마 이론이 '구원'의 환상을 불러일으킬 수 있다는 것이다. "이런 구원적 의미에서의 트라우마 — 회복이 따르는 상처 — 는 본질적으로 희극적인데 증언 텍스트는 그렇지 않다."[169] 셋째로, 이런 치료 용어의 사용은 생존자에게서 행위력을 빼앗고 외상의 희생자로 만들 가능성이 있다. 결과적으로 "트라우마라는 용어는 (…중략…) 홀로코스트의 이야기를 치유 분석 또는 치료의 담론으로 지나치게 약호화해서 생존자 증언을 이해하고 해결하며 '극복작업'하거나 사건들을 기억할 윤리적 의무를 다하는 것처럼 보임으로써 생존자 증언을 이해하는 인식론적 윤리적 불가능성을 간과할" 위험이 있다.[170]

이글스톤이 지적하는 치료 공식의 위험성은 트라우마 텍스트가 지니는 진리의 흔적이 완전히 전달되거나 상처가 회복될 수 있다는 착각에 대한 경고다. 이글스톤은 치료의 필요성을 부정하는 것이 아니라 트라우마의 진실을 피하지 않고 대면하는 윤리적 소명을 간과할 위험성을 지적하는 것이다. 이는 그가 "어떻게 트라우마 생존자들이 대면하고 자주 우리에게 전달하려고 시도하는 현실의 힘과 진리를 제거하지 않으면서 고통을 완화하도록 돕고 고통의 성격을 이해하는가"라는 캐루스의

---

167 Robert Eaglestone, *The Holocaust and the Postmodern*, 31쪽.
168 위의 책, 31~32쪽.
169 위의 책, 32쪽.
170 위의 책, 33쪽.

발언을 인용하며 이런 문제의식을 공유하는 것에서도 나타난다.[171] 캐루스는 해리된 외상기억을 정상 의식에 통합해서 치료한다는 프로이트의 초기 치료방식이 트라우마의 진실을 "안심시키는 치료의 용어"로 희석하고 "사건을 망각하게 허용하는 방식"이 될 수 있다고 지적하며 "어떻게 우리가 트라우마의 병리학을 넘어서 그것이 우리에게 말하는 진리를 위해 트라우마를 들을 수 있고, 어떻게 우리가 외상적 고통의 고통스런 반복을 넘어서 이 진리를 표현하는 것을 배우는 방법을 찾을 수 있는가"를 모색한다.[172] 캐루스는 특히 외상환자들이 회복한 기억이 사실에 부합하지 않는 거짓이라는 논쟁이 "전통적 기준으로 거짓으로 여겨질 기억의 진리를 듣고 인식하는 새로운 방식을 창조해야 할 시급성"을 제기한다고 말한다.[173] 이 시급성은 서사와 치유의 관점에서 특히 두드러진다. 트라우마의 기억을 회복하고 수정하는 것이 치유의 길이 될 수 있다면 기억의 사실성을 포기하지 않으면서 진실성을 확보하는 것이 무엇보다도 필요하기 때문이다.

9. 기억과 진리의 서사적 창조

정신분석에서도 이 문제는 오래전에 제기되고 논의되었다. 셰퍼는 정신분석 이론을 서사로 보는 관점에서 프로이트 이론을 재해석한 바 있

---

171 Cathy Caruth, "Preface", *Trauma : Explorations in Memory*, Cathy Caruth 편, vii쪽. 이글스톤의 인용은 Robert Eaglestone, *The Holocaust and the Postmodern*, 33쪽.
172 Cathy Caruth, "Preface", vii~viii쪽.
173 위의 글, viii쪽.

다. 프로이트 이론은 보통 두 가지 "원초적 서사 구조"를 제시한 것으로 이해되어왔다.[174] 첫째는 인간이 이드를 지닌 존재로 출발해서 점차 이드가 자아와 초자아에 의해 길들여지고 발전하는 문명화의 서사다. 둘째는 생리학적이고 신경해부학적 전통에서 뉴턴 물리학에 기초해 인간을 힘과 에너지의 증감 또는 역동적 관계로 작동하는 정신 기구 또는 메커니즘으로 파악하는 서사다. 그러나 셰퍼는 프로이트의 정신분석을 "인간 행동에 관한 해석적 연구"로 보는 견해를 제시한다.[175] 셰퍼에 따르면 전통적인 정신분석이론은 "한편으로 현실적이고, 진실되며, 객관적인 것과 다른 한편으로 비현실적이고, 거짓이며, 주관적인 것"을 분명히 구분하는 프로이트의 현실성 검사reality testing 개념에 기초해 현실을 외부나 인간 내면에 "알 수 있고 확인할 수 있는 본질"로 존재한다고 가정하는 실증주의적 입장을 취한다.[176] 그러나 셰퍼는 이와 달리 정신분석에는 오로지 "현실의 판본들"만 있을 뿐이고 "현실은 항상 서술narration에 의해 매개된다. 현실은 순수히 만나거나 발견하는 것이 아니라 조정된 방식으로 창조된다"고 주장한다.[177] 이런 관점에서 프로이트의 정신분석은 피분석가와 분석가의 대화를 통해 서사적인 현실을 창조하는 과정이다.

　스펜스도 역사적 진실을 발견할 수 있다는 프로이트의 고고학적 입장을 비판적으로 검토하며 프로이트 이론에서 진실이 서사적으로 구성된다는 입장이 함축적으로 존재한다고 주장한다. 스펜스는 이런 해석에 기초해서 궁극적으로 정신분석치료에서 서사가 트라우마의 진실에 다가

174　Roy Schafer, "Narration in the Psychoanalytic Dialogue", *On Narrative*, W. J. T. Mitchell 편, Chicago : U of Chicago P, 1980, 26쪽.

175　위의 글, 29쪽.

176　위의 글, 45쪽.

177　위의 글, 45쪽.

갈 수 있고 트라우마를 치유할 힘이 있는가에 대한 심층적인 해석을 제시한다. 스펜스에 따르면 프로이트가 시작한 정신분석에서 함축적으로 존재하는 "서사 전통"의 영향은 이후 분석가들에게 "일관성과 연속성의 추구"를 중요하게 만들었다.[178] 이 서사 전통은 환자가 말하는 이야기가 불가피하게 취하는 파편적이고 불연속적인 서사를 궁극적으로 일관성 있는 시간적 서사로 만드는 것이다. "(임상적 만남에서) 불연속적이거나 끝이 없거나 의미가 통하지 않는 것으로 시작하는 것은 불가피하게 서사 전통으로 메워져 과정 노트나 출판된 보고서의 형태를 취하게 될 때 평범하게 보이게 만드는 서사적 세련polish을 얻게 된다. (…중략…) 이 서사적 세련은 그것의 서사적 진리와 치료적 중요성에 중요한 공헌을 할 수도 있다"[179] 서사적 세련 즉 원재료를 손질해서 서사적 일관성을 갖게 하는 과정이 치료에 공헌할 수 있다는 점은 서사와 치유의 관계에서 매우 중요하다. 그런데 프로이트 자신은 분석상황에서 이야기를 만들어 가는 서사 전통의 중요성과 트라우마의 사실성 사이에서 분열되었다.

서사 전통을 프로이트적 모델과 짝짓는 것은 두 종류의 진리를 구분하지 못하게 만든다. 프로이트는 정신분석 과정에서 자신이 항상 과거의 조각들을 드러낸다고 믿으면서 자신을 일종의 고고학자로 생각하고 싶어 했다. 만일 환자가 자유연상의 입장 덕분에 과거에 특권적으로 접근한다고 여겨지고, 우리가 듣는 이야기가 그가 말하는 이야기와 같다고 여겨진다면, 우리는 그의 역사의 조각, "그대로 있었던 방식"의 이야기를 듣고 있다는 결론을 내릴 유혹

---

178 Donald P. Spence, *Narrative Truth and Historical Truth : Meaning and Interpretation in Psychoanalysis*, New York : Norton, 1982, 22~23쪽.
179 위의 책, 26쪽.

을 받는다. 서사적 진리는 역사적 진리와 혼동되고 이야기의 일관성 자체로 인해 우리는 실제 일어난 사건과 접촉한다고 믿게 될 수 있다. 더구나 특수한 시간에 환자에게 생기는 효과(해석의 서사적 진리)가 그것의 역사적 토대 때문이라고 잘못 여겨질 수 있다. 이 혼란으로 인해 모든 해석이 항상 역사적 진리의 조각을 담고 있고, 그가 일컬었듯이 이 "진리의 핵"이 해석의 효과를 낳는다는 프로이트의 믿음이 생겨났다. 이 규칙이 때로 옳다고 하더라도 우리는 여전히 역사적 진리를 서사적 진리에서 분리하는 체계적 방법이 없다. 따라서 항존하는 진리의 핵에 관한 은유는 경험 법칙으로 아주 유용하지 않다. 더구나 이는 서사적 진리가 나름대로 특수한 중요성을 지니며 실제 과거와 접촉하는 것이 특수한 사건들의 조합에 대한 일관성 있는 이야기를 만드는 것보다 훨씬 중요하지 않을 수 있다는 사실을 흐리게 할 수 있다.[180]

스펜스에 따르면 프로이트의 자유연상 기법은 억압된 무의식적 재료를 기억으로 복원할 수 있다는 가정에 기초한다. 더구나 프로이트는 환자가 자유연상으로 의식에 떠오르는 것을 말하면 무의식에 접근할 수 있고 분석가도 환자의 자유연상에 상응하는 방식으로 특별히 의식적으로 집중하지 않고 환자의 말을 들을 것을 분석기법으로 권고한다. 프로이트에게 환자가 "머리에 떠오르는 것은 무엇이든 아무런 비판 없이 보고해야 한다"는 것이 "정신분석의 근본 규칙"이다.[181] 분석가는 "자신이 듣는 모든 것을 대할 때 특별히 어느 것에 주의를 기울이지 않고 (내가 일컬었듯이) 똑같은 '균등하게 중지된 관심'을 유지하는 것"이 필요하다.[182]

---

180 위의 책, 27~28쪽.

181 Sigmund Freud, "The Dynamics of Transference", *SE*, Vol. XII, 107쪽.

182 Sigmund Freud, "Recommendations to Physicians Practising Psycho-Analysis", *SE*, Vol.

분석가가 환자의 말 중 일부에 선택적으로 관심을 기울이면 그가 이미 알고 있는 것을 재확인할 수 있을 뿐 환자의 무의식을 새롭게 발견할 수 없다. 환자가 자유연상으로 말하는 것을 논리적 판단으로 제어하지 말아야 하듯이 의사도 환자의 이야기에 간섭하지 말아야 한다. 프로이트는 이런 분석가의 태도를 마이크에 말해진 것을 전달하는 전화 수화기에 비유한다. 환자와 분석가 쌍방에서 이런 상호작용이 이루어지면 환자의 무의식과 의사의 무의식은 교감한다. 프로이트는 이 과정에서 자유연상으로 전달된 환자의 무의식을 "의사의 무의식이 재구성한다"고 설명한다.[183] 이렇게 자유연상 법칙에 따라 출현하는 이야기에는 상호모순된 요소들이 양립하고 시간적 순서가 없는 무의식의 특성이 있을 수 있고 서사적 논리가 존재할 수 없다.

그러나 스펜스는 분석상황에서 환자와 의사가 모두 무의식의 텍스트를 그대로 말하고 듣는 것이 아니라 둘 다 서사적인 가공을 가한다고 주장한다. 환자가 자유연상으로 파편적 이야기를 하면 의사는 이 파편 사이의 틈을 메우고 재구성한다는 것이다. "자유연상은 깊이 이해하려면 분석가가 계속 의미를 제공하고 (…중략…) 자신의 문맥을 재료에 부과하는 일정한 종류의 능동적이고 구성적인 듣기를 요구한다."[184] 환자가

XII, 111~112쪽. 여기에서 "중지된"은 판단을 유보하고 중지한다는 의미를 지닌다. 프로이트가 이 표현을 사용했다고 말한 글은 꼬마 한스의 사례분석에 등장하는 다음과 같은 표현이다 : "현재로서 우리는 우리 판단을 중지하고 관찰할 모든 것에 공정한 관심을 기울일 것이다." *Analysis of a Phobia in a Five-Old Boy*, *SE*, Vol. X, 23쪽. 스펜스는 이 표현을 "evenly-hovering attention"으로 인용한다. Donald Spence, *Narrative Truth and Historical Truth*, 25쪽. 이 표현은 "중단"의 의미보다 의사의 관심이 환자의 말 어디에도 집중하지 않고 위에서 "맴도는" 또는 "떠도는"의 의미를 지닌다고 볼 수 있다.

183 Sigmund Freud, "Recommendations to Physicians Practising Psycho-Analysis", 116쪽.

184 Donald Spence, *Narrative Truth and Historical Truth*, 53쪽.

자신의 무의식적 사고를 충실히 전달하려면 대화 상대인 분석가는 더욱 더 이해할 수 없게 되고, 반대로 대화 상대인 분석가와 소통하려면 그가 이해할 수 있도록 말해야 한다. "프로이트가 환자에게 하는 최초의 지시는 자유뿐 아니라 소통도 함축하기" 때문이다.[185] 따라서 프로이트의 환자는 자신의 내적인 사고를 충실히 피력하거나 반대로 분석가와 대화를 이어가라는 "두 모순된 지시"에 직면한다.[186] 실제 분석상황에서는 환자와 분석가가 공통된 의미로 이해할 수 있는 이야기의 구성이 발생함으로써 이 역설적 상황은 해결된다.

정신분석 치료는 무의식적 원재료에 접근하는 것이 아니라 이런 협업의 과정에서 가능하다. "성공적 치료에서 발생하는 것은 시간이 지남에 따라 공유된 언어가 발달한다는 것이다. (⋯중략⋯) 그러나 이런 일이 발생하기 위해서는 대화의 쌍방이 협상한 이해를 이루기 위해 능동적 노력을 기울여야 한다."[187] 환자가 분석가와 소통하기 위해 이야기를 구성하면서 환자의 기억이 말로 표현되는 과정에서 왜곡이 발생할 수도 있다. 그러나 스펜스는 기억이 근본적으로 구성된다는 점을 강조한다. "일단 특수한 문장들의 집합으로 표현되면 기억 자체는 변하고 환자는 결코 (말로 옮기기 전과) 똑같은 희미하고 불특정의 훼손되지 않은 인상을 결코 다시 갖지 못하게 된다. 따라서 과거에 대해 말하는 행위 자체는 과거를 특수하지만 약간 임의적인 언어로 확고히 하고 이 언어는 최초의 기억을 왜곡하게 한다. 더 정확히 말하면 새로운 묘사는 최초의 기억이 **된다**. 매우 현실적인 의미에서 기억은 분석과정에서 창조된다."[187] 기

---

185 위의 책, 84쪽.

186 위의 책, 85쪽.

187 위의 책, 85쪽.

억은 복원이나 재생이 아닌 창조의 산물이다.

이 창조적 재구성 과정은 물론 환자와 분석가가 협력하는 과정이다. 따라서 환자가 기억을 언어로 표현하며 창조하는 것만큼 분석가의 해석도 이야기의 창조에 공헌한다. 해석 역시 과거의 복원이 아닌 창조의 과정이기 때문이다. "어떤 해석도 환자의 과거에서 특정한 시간과 장소와 부합한다는 의미에서 정확할 수 없다. 거의 모든 해석은 언어적 창조다."[189] 해석을 과거의 복원이 아니라 창조로 이해하면 분석과정에서 출현하는 이야기가 역사적 진리가 아니라 서사적 진리의 가치를 지닌다는 점을 알게 된다. "초점은 역사적 진리에서 서사적 진리로 이동했다. 해석은 과거의 조각에 부합한다는 의미에서는 부정확할 수 있지만, 창조적이고 새로운 주제가 출현하게 하는 한 치료에서 긍정적 요소가 된다."[190] 스펜스는 이렇게 이야기가 창조되는 과정을 서사의 형식을 취하는 과정으로 설명한다.

이 창조적 노력의 형식은 서사 전통의 인도를 받는다. (…중략…) 서사적 진리는 어떤 경험이 언제 우리에게 만족스럽게 포착되는지를 결정할 때 사용하는 기준으로 정의될 수 있다. 그것은 연속성과 종결 그리고 조각들의 부합성이 미학적 최종성을 취하는 정도에 달려 있다. (…중략…) 일단 주어진 구성이 서사적 진리를 획득하면 그것은 다른 종류의 진리만큼 현실이 된다. 이 새로운 현실은 정신분석 치료의 중요한 일부다.[191]

---

188 위의 책, 92쪽.
189 위의 책, 172쪽.
190 위의 책, 173쪽.
191 위의 책, 31쪽.

　　환자의 말과 분석가의 해석으로 "연속성과 종결" 및 조각들의 상호 "부합성"으로 인한 미학적 특성을 갖춘 서사의 형식을 취하며 창조된 이 야기는 환자의 무의식 / 과거에 있는 가공되지 않은 원재료와는 거리가 멀다. 따라서 분석상황에서 출현하는 이야기는 고고학자가 과거의 역 사를 있는 그대로 복원하는 역사적 진리가 아닌 서사적 진리다. "발언은 과거의 조각을 나타내기보다 현재의 창조다."[192] 환자의 말은 과거가 아 닌 현재에 귀속하고 현재성을 지닌다. 서사적 진리는 거짓이 아니라 역 사적 진리와 다르나 여전히 가치가 있는 현실성을 지니고 치료에서 중 요한 역할을 할 수 있다. 서사적 진리의 현실성과 치료적 가치는 과거가 아닌 현재에서 발생한다. "서사적 부합성narrative fit에 초점을 맞추면 현재 로 초점이 이동한다."[193] 치료의 관점에서는 과거보다 현재가, 역사적 부 합성보다 서사적 부합성이 더 중요하다. 분석가의 해석은 항상 부정확 할 수 있고 부정확한 해석이 지니는 "역사적 부합성의 결여는 과거에 대 한 의존을 느슨하게 했기 때문에 덜 중요할 수 있다."[194] 중요한 것은 과 거와의 부합 여부가 아니라 현재 상황의 변화다. 서사적 부합성은 역사

192　위의 책, 267쪽. 트라우마 증언에서 파편화된 서사의 조각들이 파편에 머물지 않고 서 사의 일부가 되게 만들려면 분석가가 증인의 자유연상을 적절히 허용하고 또 제재하 는 개입이 필요하다는 라웁의 지적은 서사의 공동 창조과정에서 분석가의 역할을 보 여준다. "트라우마는 생존자의 기억에서 연결되지 않은 파편들로 귀환하기 때문에 듣 는 자는 이 트라우마 파편들이 자신과 증인에게 영향을 행사하도록 허용해야 한다. 증 언은 서사가 경청하라고 건네는 말이다. 왜냐하면 생존자가 남이 자신의 말을 듣는다 는 것을 알 때만 자신을 듣기를 — 경청하기를 — 멈추기 때문이다. 따라서 파편의 흐 름이 흔들릴 때, 듣는 자는 그 파편들을 향상시켜 자유로운 표현을 유도해야 한다. 반 대로 트라우마 파편들이 가속화되어 지나치게 강해지고 격렬해서 통제할 수 없게 될 위협이 있을 때 그는 그것들을 제어해서 그 흐름을 조절해야 한다." Shoshana Felman and Dori Laub, *Testimony*, 71쪽.

193　Donald Spence, *Narrative Truth and Historical Truth*, 186쪽.

194　위의 책, 173쪽.

적 과거와 맞지 않을 수 있지만 "변화를 가져오는 것의 중요한 부분"이다.[195] 스펜스가 이런 관점에서 인용하는 괴테의 말 "열매를 맺는 것이 진리다*Was fruchtbar ist, allein ist wahr*"는 이야기의 관건이 사실 부합성이 아닌 치유력임을 잘 보여준다.[196]

분석과정에서 창조되는 이야기는 과거를 재구성한 것이 아니라 새로 구성된 것이다.[197] 이 구성은 창조과정이고 또 서사의 과정이다. 이렇게 창조되고 이야기된 서사는 궁극적으로 환자의 삶 이야기의 일부가 된다. 해석과정에서 환자가 접하는 경험들은 "일단 말로 표현되면 환자의 삶 이야기의 다른 부분들에 통합될 수 있고 (…중략…) 그것이 현재와 맞는 것이 과거와 부합하는 것보다 치료에 더 적절하다."[198] 분석상황에서 창조되는 이야기의 조각들은 더 큰 삶의 일부를 구성하게 되고 궁극적으로 삶 자체를 형성하게 된다. 매클라우드John Mcleod가 서사 치료과정을 설명하면서 말하듯이 "치료자의 역할은 내담자가 완전한 이야기를 하도록 돕고 그렇게 함으로써 특수한 '일상으로부터의 일탈의 서사를 그 또는 그녀가 살고 있는 또는 재구성하려 애쓰는 포괄적 삶-이야기와

---

195 위의 책, 187쪽.

196 위의 책, 164쪽.

197 스펜스는 몇몇 이론가들의 논의에서 역사적 진리와 서사적 진리, 재구성과 구성의 대립과 유사한 대립을 찾는다. 예컨대 셔우드(Michael Sherwood)가 정신분석 서사의 기준으로 제시한 정확성(accuracy)과 적합성(adequacy), 월시(William Henry Walsh)의 "평이한 서사(plain narrative)"와 "의미 있는 서사(signfcant narrative)"는 각각 역사적 진리와 서사적 진리에 상응한다. 위의 책, 180·291쪽. 월시는 평이한 서사를 "발생한 것에 대한 단도직입적 진술로 제한된 사실들의 묘사"로 의미 있는 서사를 "그것(사실)들의 연관을 보여주는 설명"으로 구분하고 후자가 "발생한 것뿐 아니라 왜 발생했는가도" 보여준다고 말한다. Willaim. H. Walsh, "'Plain' and 'Significant' Narrative in History", *Journal of Philosophy*, Vol. 55, No. 11, 1958, 480쪽.

198 Donald Spence, *Narrative Truth and Historical Truth*, 173쪽.

관련시키는 것을 돕는 것이다."[199]

역사적 진리에서 서사적 진리로 초점이 이동하면 삶은 과거에 완성된 것이 아닌 현재 진행형의 이야기가 될 수 있다. 분석에서 창조되는 이야기가 현재 시점에서 서사적 진리를 지니며 치료에 공헌할 수 있다는 사실은 환자의 이야기 창조 과정이 계속될 수 있다는 것을 암시한다. 이야기는 창조될 뿐 아니라 수정될 수 있다. 따라서 이야기는 탄력적이다. "서사는 거의 무한히 탄력적이어서 나타나는 어떤 새로운 증거도 수용한다. 이 난처할 정도의 신축성은 (…중략…) 연대기에 크게 의존한다는 사실에서 나온다. 서사의 구문은 '그리고 (……) 그리고 (……) 또 그리고'의 형태로 재현될 수 있다."[200] 서사의 신축성은 삶의 신축성과 변화를 낳을 수 있지 않을까. 앞서 리쾨르를 인용하며 말했듯이 우리는 삶의 저자가 될 수 없어도 이야기의 주인공이 될 수 있다. 서사가 기억을 수정할 수 있는 치유의 과정이고 과거를 수정하고 현재를 바꿀 수 있다면 말하는 주체와 삶도 달라지는 것이 아닐까.

프로이트가 '말하는 치료'를 통해 과거를 복원하고 잊어버린 기억을 되찾아 치료하려 했다면, 스펜스의 해석은 복원과 재구성을 강조한 프로이트의 이론에 숨겨진 또 다른 진리 즉 말하는 행위 자체가 창조적 구성을 통한 치유력을 가질 수 있다는 것을 보여준다. 브리슨은 오스틴 John Austin이 발화를 행위로 설명한 화행론을 트라우마 말하기의 상황에 적용해서 "트라우마 증언의 경우 행위는 외상기억을 서사 기억으로 바꾸는 또는 자아를 회복하거나 다시 만드는 것으로 묘사될 수 있다"고 주장한다.[200] 말하는 행위 자체가 말하는 사람의 기억과 정체성 그리고

---

199 John Mcleod, *Narrative and Psychotherapy*, London : Sage Publications, 1997, 124쪽.
200 Donald Spence, *Narrative Truth and Historical Truth*, 182쪽.

삶 자체를 바꿀 수 있다. "극복작업 과정의 결과는 트라우마 회복에서 발화행위의 수행적 역할을 드러낸다. 올바른 조건에서 외상기억에 대해 무언가 **말하는 것**은 그 기억에 무언가를 **행한다**."[202] 스스로 폭력의 희생 자였던 브리슨은 폭력으로 입원했을 때 "경찰, 의사, 정신의학자, 변호 사 그리고 검찰에게 일어난 일을 이야기했을 때 생생하고 두려운 플래 시백의 일시적 완화를 경험했고" 이들이 질문하면서 트라우마를 재경 험하게 하는 것에 대해 사과했지만 "내가 말한 것을 듣고 믿었던 타자 들이 있는 가운데 증언을 하는 것은 그 초기 단계에서조차 치유적이었 다"고 고백한다.[203]

브리슨은 말하는 행위의 치유력을 주체가 행위력을 되찾는 데서 찾는 다. 트라우마 희생자가 "기억의 발화행위"를 통해서 외상기억을 통제하 게 되는 과정은 "다른 사람(가해자)의 말 (또는 다른 표현 행위)의 대상이나 도구에서 자신 주체로의 이동"을 포함한다.[204] 트라우마를 말하는 희생 자는 이야기하는 능동적 행위를 통해 대상에서 주체가 되고 수동적으로 종속되었던 외상기억을 능동적으로 통제하게 된다. "희생자는 외상 에 피소드를 앞과 뒤가 있는 삶 속으로 통합할 뿐 아니라 침투적 기억의 발 생에 대한 통제력을 얻는다."[205] 여기에서 브리슨은 외상기억의 통제력 을 얻는 것을 단순한 발화행위를 넘어서 앞과 뒤가 있는 삶 이야기 안에 외상 사건을 통합하는 것과 연결한다. 이 행위는 다름 아닌 이야기를 구 성하고 창조하는 서사 행위다.

---

201 Susan J. Brison, "Trauma Narratives and the Remaking of the Self", 52쪽, 미주 18번.
202 위의 글, 48쪽.
203 위의 글, 46쪽.
204 위의 글, 39쪽.
205 위의 글, 46쪽.

자신의 이야기를 반복적으로 말하는 것을 통해 "트라우마를 통제하는" 이 과정을 어떻게 설명할 수 있을까? 외상기억(특히 지각적 감정적 플래시백)이 마치 수동적으로 견디는 것처럼 느껴진다면 서사는 어떤 명백한 선택(예컨대 누구에게 얼마나 많이 어떤 순서로 말하는가 등)의 결과다. 이는 서술자가 기억의 구속에 종속되지 않는다거나 어떻게 말해도 이야기는 진실처럼 들린다는 말이 아니다. 그리고 말하기 자체는 통제를 벗어나 강박적으로 반복될 수도 있다. 그러나 서사의 일정한 측면을 통제할 수 있고 그런 통제를 반복적으로 행사하면 기억 자체를 더 많이 통제할 수 있고, 기억의 침투성을 줄이고 기억이 삶의 나머지로 통합될 수 있게 만드는 그런 종류의 의미를 기억에 줄 수 있다.[206]

말하는 행위 자체 그리고 선별적으로 이야기를 구성하는 서사 행위는 트라우마 기억에 대한 통제력을 능동적으로 행사하게 하고 궁극적으로 트라우마를 자신 삶의 일부로 통합하는 주체가 되게 한다. 그래서 브리슨은 트라우마 이야기를 반복하는 것이 트라우마의 통제력을 갖게 한다고 주장한다. 매클라우드도 다시 이야기하기의 치료적 효과를 지적한다. 사건에 대해 반복적으로 말하는 행위는 트라우마를 다시 경험하는 고통을 줄 수도 있다. 그러나 "이야기를 다시 하는 것 역시 문제 해결의 수단이다. 이야기를 다시 할 때마다 말하는 자는 그 경험을 다시 방문해서 이제까지 말하지 않았거나 순서에 맞지 않았던 경험 요소들을 서사로 동화할 기회를 얻는다."[207] 브리슨에 따르면 이야기의 반복이 트라우

---

206 위의 글, 46~47쪽.

207 John Mcleod, *Narrative and Psychotherapy*, 38쪽. 다양한 방식으로 — 예컨대 객관적, 주관적, 은유적 등 — 경험을 다시 이야기하는 치료 연구에 관해서는 위의 책, 71~72쪽을 볼 것. 분석이나 상담에서 다시 말하기는 분석가와 치료자와의 대화와 협력으로 이루어진다. 셰퍼는 정신분석에서 분석가가 다시 말하는 것의 중요성을 강조한다. 피분

마의 통제력을 갖게 하는 것은 기억을 수정하기 때문이다. 서사는 외상 기억을 서사 기억으로 바꾸고, 수동적 희생자를 능동적 서술자로 바꾸며, 삶의 시간에 동화시킬 수 없었던 고립되고 불연속적인 외상 사건을 앞과 뒤가 있는 삶의 일부로 통합할 수 있게 한다.

10. 이야기의 사회성과 현재성

스펜스와 브리슨의 연구는 넓은 의미에서 심리학과 자연과학 분야의 '서사적 전회'narrative turn로 발생한 포스트모던적 서사 치료의 일부라고 볼 수 있다.[208] 앞서 인용한 "트라우마가 있었던 곳에, 서사가 있을 것이다"라는 명제는 럭허스트가 매클라우드의 『서사와 정신치료Narrative and Psychotherapy』의 내용을 요약하며 말한 것이다. 매클라우드는 이 명제를 직접 사용하지 않으나 그의 책 제목이 암시하듯이 이 명제는 서사가 정신치료의 핵심이라는 점을 집약적으로 표현한다. 맥클라우드는 서사를 정신치료에 도입하는 연구 동향을 크게 세 가지로 논하면서 스펜스의 연구를 사회적 구성주의 서사치료social constructionist narrative therapy의 중요한

석가의 이야기를 듣고 분석가가 그 이야기를 다른 관점에서 다시 말해주는 것을 통해 피분석가는 자신의 삶에 대해 새로운 이야기를 할 수 있다. "분석가가 다시 하는 이야기는 피분석가가 말한 이야기의 내용과 방법에 점진적으로 영향을 준다. 분석가는 때로 이견이 제기되거나 저항을 받는 그러나 새로운 질문들을 만들고 이 질문들은 조정된 서사적 가능성을 지닌다. 이렇게 텍스트를 섞어 짜는 것의 최종산물은 급진적으로 새롭고 공동으로 쓴 작품 또는 작업방식이다. 분석과정에서 다소간 협력한 일군의 새로운 서술이 발달한다고 말할 수 있다." Roy Schafer, "Narration in the Psychoanalytic Dialogue", 36쪽.

208 1970~1980년대의 심리학과 자연과학의 서사적 전회와 관련된 연구에 관해서는 John Mcleod, *Narrative and Psychotherapy*, 30~31쪽을 참조할 것.

성과로 평가하고 포스트모더니즘의 관점에서 서사와 정신치료의 관계를 제시한다.[209] 인간을 공동체 일부로 파악한 종교적인 전통사회와 달리 세속화된 과학적 현대의학은 인간을 공동체에서 분리된 개별적 존재로 이해한다. 매클라우드는 프로이트를 세속화된 정신치료의 대표자로 보고, 사적인 장소에서 치료자와 내담자의 관계에 기초한 정신분석이 "현대의 자율적이고 제한된bounded 자아의 거울"이라고 해석한다.[210] 이와 달리 매클라우드가 주장하는 포스트모던적 정신치료는 근본적으로 자아를 사회적 존재로 이해한다는 점에서 오히려 전현대적 문화에 더 가깝다. 이런 맥락에서 정신치료는 타자와 공동체에 자신의 개인적 이야기를 하는 것이다. "포스트모던적 충동은 치료를 해체하고, 치료가 특권화된 과학적 지식 / 권력 / 확실성을 지녔다는 주장을 벗겨내고 치료의 핵심이 개인적 이야기를 하기 위한 무대임을 드러내는 것이다."[211] 매

---

209 매클라우드가 검토하는 다른 두 서사 치료는 정신역동적 접근(psychodynamic approach)과 구성주의 서사 치료(constructivist narrative therapy)다. 이 두 방식은 서사 개념을 사용하지만 "근본적으로 사람을 이야기하는 존재로 특징짓지 않는 이론체계"에 속한다. John Mcleod, *Narrative and Psychotherapy*, 54쪽. "(무의식적 역학 또는 인지 도식 같은) 그들이 사람의 측면 중 심리적으로 더 근본적이라고 여기는 것에 접근하기 위한 방법으로 서사를 사용하는" 역동적 접근과 구성주의 서사 치료와 달리 사회적 "구성주의 치료자들은 그들이 시도하는 것의 중심에 이야기를 둔다. 이 치료자들에게 사람은 '이야기된 세계'에 거주하는 살아 있는 '텍스트'로 이해될 수 있다." 위의 책, 84쪽. 매클라우드는 사회적 구성주의를 "모더니즘을 넘어서려 시도하는 **포스트모던** 사회 문화 운동의 일부"로 본다. 위의 책, 54쪽.

210 위의 책, 12쪽.

211 위의 책, 24쪽. 매클라우드는 치료상황에서 "서사"와 "이야기"를 다음과 같이 구분한다. "나는 '서사'라는 용어를 치료 담론 전체를 지시하는 데 사용하고 '이야기'라는 말을 특수한 사건들의 설명을 지시하는 데 사용할 가치가 있다는 것을 발견했다. 그러므로 치료 서사는 내담자가 문구들을 연결한 일련의 이야기의 생산과 치료자의 개입을 통해 문제적인 경험을 '서사화'하는 시도로 볼 수 있다." 위의 책, 51쪽. 서사 치료는 말뿐 아니라 글도 포함한다. 트라우마 경험을 글로 쓰는 것이 말하는 것보다 더 큰 효과를 지닐 수 있다는 연구에 관해서는 위의 책, 78~80쪽을 볼 것.

클라우드의 주장은 앞서 논한 포스트모던 주체의 목소리에 관한 프랭크의 주장과 상통한다.

매클라우드는 개인적 이야기를 하는 무대가 사적이고 폐쇄된 진료실이 아니라 개인이 속한 공동체이며 개인의 이야기는 개인이 속한 문화가 제공하는 이야기들에서 유래한다고 본다. 이런 점에서 매클라우드의 포스트모던 서사 치료는 앞서 논한 매킨타이어의 철학과 밀접히 연관된다. 실제로 매클라우드는 인간을 이야기하는 동물로 정의하는 매킨타이어를 비중 있게 다루며 포스트모던 정신치료의 서사적이고 문화적인 성격을 강조한다.

> 치료 작업의 주된 양식은 이야기하기를 통해 이루어진다. 내담자 또는 환자는 들어와서 이런저런 방식으로 자신의 이야기를 하고 말할 새로운 이야기를 발견하거나 구성한다. (…중략…) 치료적 만남은 더 이상 단순히 '치료'가 아니라 대화적이고 서사적인 사건, 문화 구성원들이 이용할 수 있는 많은 이야기 공연무대 유형 중 하나로 볼 수 있다. (…중략…) 대부분 우리 삶을 구성하는 이야기들은 '저기 밖에' 있고 그들은 우리가 태어나기 전에 존재하고 우리가 죽은 뒤에도 지속한다. 문화에 존재하는 사람의 임무는 개인 경험과 '내가 자신의 역할을 찾는 이야기' 사이에 만족스런 동조를 창조하는 것을 포함한다.[212]

212　위의 책, 26~27쪽. 매클라우드는 로지(David Lodge)의 소설 『치료(*Therapy*)』를 자아가 자신에 맞는 이야기를 문화적으로 존재하는 이야기에서 찾는 예로 제시한다. 이 소설의 주인공인 로렌스 터비 패스모어(Laurence Tubby Passmore)는 성공한 시트콤 작가로 유복한 삶을 살지만 우울증과 무릎 통증으로 고생하고 정신분석 치료를 받는다. 그는 "좋은 삶(good life)"이라는 메타 서사에 포함된 자신의 삶 이야기를 갖고 있지만 정신치료에서 "만족스런 삶에 맞고 이런 삶에서 살 수 있는 또 이런 삶의 토대를 형성할 수 있는 대안적 삶 이야기들"을 찾는다(130~131쪽). 그는 한편으로는 키르케고르

치료자의 역할은 내담자가 더 만족스런 이야기를 찾는 것을 돕는 것이다. 이런 관점에서 서사적 치유는 자신에게 맞는 역할이 있는 이야기를 문화적 전통에서 찾아 자신의 경험에 맞게 조율하는 것이다. 따라서 이야기는 발견이면서 창조의 과정이다. 치유의 관점에서 이런 구성과 창조의 과정은 문제 해결의 효과를 지닌다. 매클라우드는 브루너^{Jerome Bruner}가 제시한 서사의 특징 ― 예컨대 순차성, 모호성, 소통하는 주체성, 일상으로부터 일탈의 설명 ― 을 논하면서 이야기가 특히 일상으로부터의 일탈을 설명하면서 동시에 해결하는 수단임을 강조한다.[213] 브루너가 제시하는 서사의 특징 중 하나는 규범성^{normativeness}이고 이야기는 항상 "관례적 기대의 위반"을 포함하며 "관례적 기대가 깨질 때 문제^{trouble}가 뒤따른다."[214] 여기에서 '문제'는 우리가 생각하는 현실의 근본적인 불확실성과 회의를 포함하는 포괄적 의미를 지니지만 개인이 삶에서 당면하는 문제로도 볼 수 있다. "이야기하는 행위는 불확실하고 모호한 세계에 대한 인식을 전달할 뿐만 아니라 말하는 과정에서 더 완전하고 질서 있게 되는 설명을 만들어서 불협화음을 줄이고 통제와 질서의 감각을 재건하는 수단을 제공한다. 이야기가 문제 해결 기능을 갖는 다른 방법은 혼돈의 경험들을 인과적 순서로 재구성해서 어떤 일이 어떻게 왜 발생

(Kierkegaard)의 철학에서 자신을 발견하면서 우울증을 극복하고, 다른 한편으로는 첫 여자 친구 모린(Maureen)의 산티아고 순례 여정에 동참하며 무릎 통증을 극복한다. 키르케고르와 모린은 터비에게 문화의 이야기를 제공한다. "그는 (…중략…) '문화의 이야기들 속으로 움직여 들어간다.' 터비의 치료의 가장 중요한 측면이 되는 것은 그가 두 매우 다른 서사적 문화 자원의 유형 즉 키르케고르의 삶 이야기를 통해 표현된 실존주의 철학과 순례 경험과 관계를 맺는 것이다." 위의 책, 135쪽.

213 더 상세하게 보면 브루너는 서사를 "현실 구성(reality construction)"의 수단이라고 정의하면서 서사의 특징을 10개로 제시한다. Jerome Bruner, "The Narrative Construction of Reality", *Critical Inquiry* Vol.18, No.1, 1991, 6~20쪽을 볼 것.

214 위의 글, 15~16쪽.

했는지 이해하게 돕는 것이다. 이런 종류의 이야기하기는 위험과 트라우마 상황에서 발견될 수 있다."[215] 매클라우드의 설명은 서사의 통제 능력에 대한 브리슨의 설명과 일치한다.

서사적 치료는 근본적으로 이야기하는 주체가 자신이 당면하는 문제를 해결할 수 있는 새로운 이야기를 찾는 것이다. 전술했듯이 매클라우드는 인간을 사회에서 분리된 자율적 자아로 본 모더니즘과 달리 근본적으로 인간을 사회적 존재로 파악하는 포스트모던 서사 치료를 강조한다. 인간은 근본적으로 이야기하는 존재일 뿐만 아니라 사회적 존재이고 따라서 반드시 듣는 타자 또는 더 넓게 공동체에게 말한다. 문제를 해결할 수 있는 새로운 이야기를 찾는 것은 내담자 혼자가 아니라 치료자와의 협업으로 가능하다. 이 협업은 내담자와 치료자의 평등한 위치를 가정한다. 치료자는 내담자를 도울 수 있지만 문제를 해결해줄 수 있는 지식을 가진 특권적 위치를 점하지 않는다. 오히려 매클라우드가 거건^{Kenneth Gergen}의 이론을 소개하면서 말하듯 "치료에 대한 서사적 접근은 치료적 만남을 내담자의 부적합성에 기초한 불평등한 자들의 만남의 구도로 만드는 것을 피하는 방법을 치료자가 생각하도록 초대하는 것"이다.[216] 이야기를 통해 말하는 자가 트라우마에 대한 통제력을 얻을 수 있고 새로운 자아를 구성할 수 있다고 주장하는 브리슨은 "자기-서사를 구성하기 위해 우리는 우리의 이야기를 할 단어들뿐 아니라 우리를 들을 수 있고 들으려 하며 우리가 의도한 대로 우리 말을 이해할 청중도 필요하다. (…중략…) 공감적 타자는 자아를 다시 만드는 데 필수적이다"라고 말한다.[216] 말하는 인간은 근본적으로 타자와의 관계에서만 존재한다. 매클라

---

215 John Mcleod, *Narrative and Psychotherapy*, 37쪽.
216 위의 책, 102쪽.

우드는 "서사적 구성주의 치료에서 개인 자아 개념은 사람person 개념으로 대치된다"고 말하며 맥머레이John Macmurray를 참조해 이 개념을 "의도적 행위에 참여한 능동적 행위자이자 관계적 존재"로 정의한다.[218]

그러나 이야기하기는 진료실이나 상담실에서 제한적으로 이루어질 필요가 없다. 치료자가 공동체로 확대될 수 있듯이 이야기하고 새로운 이야기를 찾는 과정은 치료 시간과 장소에 구속되지 않고 계속되는 과정이다. 물론 정신치료에서 이야기하기와 일상적인 이야기하기는 다를 수 있다. 매클라우드는 일상생활의 이야기하기에서 "사람들은 같은 이야기를 같은 방식으로 이야기하고 다시 이야기할 수 있지만", 정신치료에서는 변화가 있어야 하고 이야기는 바뀌어야 한다.[219] 이런 변화를 위해 이전의 삶 이야기는 해체되어야 한다. 매클라우드는 "해체는 당연하게 여겨지는 현실과 실행을 전복하는 절차들과 관계한다. (…중략…) 많은 해체 방법이 이 친숙하고 일상적으로 당연하게 여겨지는 현실과 실행을 객관화함으로써 낯설게 만든다"는 화이트Michael White의 해체 개념을 토대로 치료적 이야기하기가 "말할 더 좋은 이야기를 찾으려는 목적으로 말해진 이야기를 해체하는 작업"이라고 주장한다.[220] 자신의 삶을 지배했던 이야기를 해체하고 새로운 이야기를 찾는 과정에서 발생하는 변화는 궁극적으로 능동적인 행위력의 회복이다. 화이트는 "내가 '해체적'이라고 일컫는 치료 실습은 사람들이 '행위력'의 감각을 확립하는 것을 돕는다. 이 감각은 삶에서 '소극성'passengerhood을 피하는 경험과 자신의 삶을 형성

---

217 Susan J. Brison, "Trauma Narratives and the Remaking of the Self", 46쪽.

218 John Mcleod, *Narrative and Psychotherapy*, 91쪽.

219 위의 책, 118쪽.

220 위의 책, 118쪽.

하는 데 능동적 역할을 할 수 있다는 감각에서 유래한다"고 말한다.[221] 기존의 삶 이야기를 해체하고 새로운 이야기를 찾는 것은 수동적으로 종속되는 이야기에서 능동적으로 행동하는 이야기로 바꾸는 것이다. 이는 브리슨의 말한 트라우마에 대한 통제력의 획득과 상통한다. 새로운 이야기를 찾고 이를 통해 새로운 정체성을 얻는 것은 물론 일회적이 아닌 지속적 과정이다. "사회적 구성주의 관점에서 이야기의 최종본, 결정적인 '참된' 이야기하기는 있을 수 없다" 그리고 "한 번에 이야기할 수 있는 것보다 더 많다"는 매클라우드의 발언은 사회적 구성주의 관점을 떠나서도 성립되고 상담실과 분석상황 너머로 확대될 수 있지 않을까.[222]

여기에서 중요한 것은 이야기하기의 시점이다. 이야기하기가 트라우마를 극복하는 등 문제를 해결하고 능동적인 정체성을 찾는 목표를 갖는다면, 과거를 말하더라도 항상 현재 말하는 주체를 위한 것이어야 한다. 앞서 논했듯이 스펜스는 서사의 현재성을 강조한다. 프로이트 정신분석을 서사의 관점에서 재해석한 셰퍼는 분석상황에서 이야기가 갖는 중요도 순위를 바꾼다. 보통 환자의 이야기를 역사적 과거의 현실 또는 진실에 가까운 일차적 서사로 분석가의 해석을 이차적인 서사로 보는 것과 반대로, 환자가 자신의 과거에 대해 말하는 이야기가 이차적이고 분석가와의 대화에서 형성된 이야기가 일차적이다. 과거보다 현재가 우선한다. 정신분석은 피분석가의 과거 삶이 아니라 "피분석가가 말한 것을 분석가가 다시 말한 것에 대한 서사적 설명과 이 서사적 변화에 대한 피분석가의 응답에서 시작해야 한다."[222] 분석상황 밖에서도 과거를 이

---

221 Michael White, "Deconstruction and Therapy", *Experience, Contradiction, Narrative and Imagination*, Adelaide, South Australia : Dulwich Centre Publications, 1992, 145~146쪽.

222 John Mcleod, *Narrative and Psychotherapy*, 122·134쪽.

야기하는 행위는 항상 서사 행위를 통해 형성되고 출현하는 주체를 위한 것이다. 메레토자Hanna Meretoja와 데이비스Colin Davis가 이야기와 윤리의 관계를 논하면서 이야기를 재현으로 보는 시각과 소통으로 보는 시각 둘 다 비판하며 말하듯이 "이야기하기는 세계를 만드는 과정이고 기억의 실행은 과거를 다루는 것에 관한 것일뿐 아니라 타자와 함께 세계를 상상하고 재창조하는 것"이며 서사는 "동시에 과거와 미래 둘 다를 향한 현재의 사건"이다.[224]

상처와 서사의 관계를 논하는 이 장을 마치면서 마지막으로 주목할 것은 이야기하기를 통해 출현하는 서사적 정체성의 현재성과 임의성이다. 7장에서 보았듯이 리쾨르가 자기동일적 나idem와 자기ipse를 구분하면서 도달한 결론에서 동일성이 박탈된 자기가 트라우마와 같은 "많은 극적인 경험들"을 통해 "무의 시련"을 겪고 난 후에 대면하는 것은 "나는 누구인가?"라는 질문이다. 새로운 이야기를 찾는 과정에서 출현하는 새로운 정체성이 어떤 확고한 현실이나 사상에 정초한 확실성의 주체라고 단정할 수는 없다. 우리는 많은 홀로코스트 생존자가 증언을 통해 그들이 겪은 가혹한 트라우마의 상흔을 말하고서도 결국 자살을 택하는 현실을 목격한다. 랭거는 홀로코스트 구두 증언이 "이전의 윤리적 이상을 실현하려는 필요로 지탱되는 종결 개념을 파괴한다"고 말하며 트라우마 서사의 종결이 가능하지 않다는 회의를 표명한다.[225] 그는 "자살자로서의 레비는 그가 과거를 통제했고 아우슈비츠의 잔혹성을 받아들였으며

---

223 Roy Schafer, "Narration in the Psychoanalytic Dialogue", 49쪽.

224 Hanna Meretoja and Colin Davis, "Introduction : Intersections of Stroytelling and Ethics", *Storytelling and Ethics*, Hanna Meretoja and Colin Davis 공편, 7쪽.

225 Lawrence Langer, *Holocaust Testimonies*, 110쪽.

치유되고 온전해져서 인류 공동체에 합류했다는 생각을 허물었다. (…
중략…) 그가 쓴 것 전부를 볼 때 생존은 지나간 것과 회복된 연결을 의
미하는 것이 아님이 명백하다. 영구적인 파괴의 유산은 받아들이기 어
렵지만 그의 자살에 지속적인 기생충처럼 맴돈다”고 말한다.[226] 레비가
많은 증언을 저술하고도 자살로 생을 마감했다는 사실은 서사의 치유력
과 회복력의 한계를 여실히 보여준다. 이는 아마도 레비와 같은 홀로코
스트 희생자가 경험하는 “굴욕의 기억이 의미가 없고, 정신적으로 표류
하며, 공감적 이해와 멀고, 가치를 상실한, 변덕스런 우주에 빠지기” 때
문일 것이다.[227]

　이런 점에서 사회적 구성주의 서사치료를 주장하는 많은 이론가가 중
요하게 참조하는 브루너가 규범성으로부터의 일탈, 곤경, 문제를 서사
의 특징으로 제시하면서도 문제의 해결을 서사의 특징으로 삼지 않는
것은 주목할 필요가 있다. 오히려 브루너는 “서사는 그것이 다루는 문제
를 해결할 필요가 없다. 내가 믿기에 서사는 언캐니한 것을 해결하기보
다 포함하기로 기획된다. 서사는 ‘올바른 쪽’으로 나올 필요가 없다. 프
랭크 커모드가 ‘위안의 플롯’consoling plot이라고 부르는 것은 해피 엔딩의
위로가 아니라 해석될 수 있게 됨으로써 견딜 수 있게 되는 역경plight의
이해다.”[228] 서사는 치유할 수 있지만 치유는 문제의 완전한 제거나 해결
이 아니라 문제를 불가피한 일부로 포함하는 것으로 자신의 삶을 다시
이야기하는 것이 아닐까. 상처와 고통을 포함하는 것으로 자신의 삶을
다시 이야기할 수 있는 것은 이미 치유의 속성을 내포하기 때문이다.

226　Lawrence Langer, *Preempting the Holocaust*, New Haven : Yale UP, 1998, xv~xvi쪽.

227　Lawrence Langer, *Holocaust Testimonies*, 100쪽.

228　Jerome Bruner, “The Narrative Construction of Reality”, 16쪽.

상처와 공감의 윤리

1. 상처의 보편성

본론에서 트라우마 말하기를 논하면서 도달한 결론은 상처는 말하기를 통해 치유될 가능성이 있고 말하기는 듣는 공감적 타자와 공동체가 반드시 필요하다는 것이다. 10장에서 논한 『상처받은 이야기꾼』의 저자 프랭크는 추구 서사의 주체를 생의 한가운데 홀로 선 고독한 인간이 아니라 나의 고통을 말할 너에게 향하는 이야기로 규정한다. 질병의 고통을 통해 얻는 시련의 혜택이 "타인들에게 전수해야 하는" 것이라는 점에서 추구 서사의 주체는 복원 서사의 거울반영적 신체나 훈육된 신체와 달리 단자적이 아니라 이자적이고 타자와 소통하는 "소통적 신체commu-nicative body"다. "변화와 성장의 원천으로서의 위기에 개방적이고 심지어 고통을 동반한 우발성을 소중하게 여기는 것이 소통적 신체의 토대다."[1] 추구 서사는 삶의 위기로 발생하는 고통과 우발성 등 통제할 수 없는 사건들에 개방적이고 이 사건들은 변화의 동력과 계기로 작용한다. 이 변화는 상실과 상처로 시작한 추구 서사의 주인공이 여정을 통해 무엇인

---

1 Arthur Frank, *The Wounded Storyteller*, 126쪽.

가를 얻게 하지 않을까?

프랭크에 따르면 추구 서사의 여정에서 얻는 "혜택은 (…중략…) 신체가 자신을 소통적 신체로 반성적으로 파악하는 능력, 자신과 연계하고, 우발성에 개방적이며, 타자에 이자적이고, 타자와의 관계에서 자신을 위해 욕망하는 것이다. 이 혜택의 성격은 그것이 공유되어야 한다는 것이다."[2] 프랭크가 논하는 추구 서사에서 소통적 자아가 실천할 세 가지 윤리도 모두 타자와의 유대와 관련된다. 첫째, "기억의 윤리*ethic of recollection*는 기억하는 자가 과거 행동의 기억을 공유할 때 실천된다."[3] 이야기하기는 "잘못 또는 불완전하게 이루어진 것을 바로 잡을 도덕적 기회"이지만, 이 기회는 말하는 자의 기억의 회로를 넘어서 타자와 공유할 때 의미를 지닌다. 즉 추구 서사의 소통적 자아는 "실패를 기억하고 당시에 이루어졌어야 했던 것을 암시하며 타자에게 제공하는" 것이어야 한다.[4] 실패를 깨닫고 얻은 더 바람직했을 당위에 대한 통찰은 타자와 공유할 때 비로소 윤리적 가치를 지닌다. 둘째, "연대와 헌신의 윤리*ethic of solidarity and commitment*"는 "타자를 위해서가 아니라 고통받는 동료로서 타자와 함께 이야기하기 위해 자신의 목소리를 제공하는" 것이고, 셋째, "영감의 윤리*ethic of inspiration*"는 상처받은 자가 어려운 상황에서 시련을 겪고 극복한 이야기를 통해 타자에게 영감을 주는 것이다.[5]

이 세 윤리는 추구 서사의 소통적 주체에게 타자와 자신의 경험을 공유하는 책임이 있음을 보여준다. "이야기꾼의 책임은 일어난 것의 기억

---

2   위의 책, 127쪽.
3   위의 책, 132쪽.
4   위의 책, 132쪽.
5   위의 책, 132~133쪽.

을 증언하고 타자가 따를 더 좋은 예를 제공함으로써 이 기억을 바로잡는 것이다."[6] 자신이 겪은 고통의 경험을 기억하고 수정하는 일은 타자와의 관계에서만 가능하다. 자신이 제시하는 실패와 당위의 의미를 깨닫는 서사적 주체의 탄생 또는 변화는 이야기를 통해서만 가능하고, 이야기는 근본적으로 자신에게 말하는 독백이 아니라 타자에게 건네는 말이며, 이 말이 타자의 삶과 이야기에 불가피하게 영향을 미치기 때문이다. 이야기하는 자는 단순히 자신이 아니라 타자를 위해 말하는 책임을 다하는 것이다. 타자에 대한 책임은 이타적인 목적을 위해 사는 것이 아니다. "사람들은 인간으로서의 자신들의 삶이 그런 방식으로 사는 것을 요구하기 때문에 타자를 위해 산다."[7] 즉 이타적인 목적을 위해서가 아니라 주체와 타자 모두 같은 인간적인 삶을 공유하기 때문에 주체의 이야기는 타자에 대한 책임이 될 수 있다. 진정한 소통을 위해서는 말하는 자뿐 아니라 듣는 자도 이런 공유에 대한 인식과 책임이 필요하다. 이런 점에서 프랭크가 추구 서사를 증언과 연결하는 것은 놀랍지 않다. 고통의 여정에 관한 이야기는 상처를 타자에게 말하고 공유하는 증언이 된다.

사람들은 자신의 변화하는 정체성을 해결하기 위해서뿐 아니라 그들을 따를 타자들을 인도하기 위해 이야기한다. 그들은 타자들을 인도할 수 있는 지도를 제공하는 것이 아니라 — 각자 자신의 지도를 만들어야 한다 — 자신의 지도를 구축하는 경험을 증언하는 것을 추구한다. 증언하는 것은 상식적 세계와 타자에 대한 의무다. 상식적 세계에 대한 책임으로 자신의 이야기를 한다는 생각은 내가 포스트모던 도덕성의 핵심으로 이해하는 것을 반영한다. 이야

---

6   위의 책, 133쪽.
7   위의 책, 15쪽.

기하기는 자신을 위한 것만큼 타자를 위한 것이다. 이야기하기의 상호성에서 말하는 자는 타자의 자기 형성에 대한 인도로 자신을 제시한다. 타자가 이 인도를 수용하는 것은 말하는 자를 인식할 뿐만 아니라 **존중하는** 것이다. 이야기하기의 도덕적 특성genius은 말하는 자와 듣는 자 각각이 타자를 위한 이야기의 공간에 들어선다는 것이다. 포스트모던 시대에 그리고 아마 모든 시대에, 이야기하는 것은 타자의 삶에 영향을 미침으로써 자신의 삶을 변화시키려는 시도다. 그래서 모든 이야기는 **증언**의 요소를 지닌다.[8]

이야기를 통해 자신과 타자를 변화시키려는 시도가 증언의 속성이라면 이야기가 증언하는 것은 구체적으로 무엇일까? 이야기하는 주체가 타자에게 어떤 영향을 미쳐서 타자가 변화하는 것일까? 나는 어떻게 남이 겪는 고통의 이야기를 경청하고 공감할 수 있을까? 우리가 경청하고 공감할 수 있게 하는 근본적인 공통분모가 있어야 하지 않을까? 우리가 공유하는 것은 근본적으로 무엇일까?

5장에서 논한 라웁의 홀로코스트 증언 연구는 증언을 듣는 청자의 관점에서 삶의 근본적인 문제에 대한 인식의 공유를 보여준다. 프랭크가 질병을 겪은 자가 말하는 관점에서 논한 것과 라웁이 홀로코스트 증언을 듣는 자의 관점에서 말한 것은 다르지 않다. 듣는 자는 말하는 자의 이야기에서 삶의 공통된 근본 문제를 인식한다.

생존 경험 또는 홀로코스트 경험은 삶이 대부분 무엇에 관한 것인지에 대한 매우 압축된 판본이다. 그것은 우리가 일상생활에서 자주 사소한 일들에

사로잡혀 회피하려는 많은 큰 실존적 문제를 포함한다. 홀로코스트 경험은 이런 문제들과의 가차 없는 불가피한 대면이다. 듣는 자는 더 이상 죽음의 문제, 시간과 시간의 경과를 대면하는 문제, 삶의 의미와 목적의 문제, 자신의 전능의 한계의 문제, 우리와 가까운 자들을 상실하는 문제, 우리의 궁극적 고독이라는 거대한 문제, 우리가 타자와 다른 것, 우리 운명에 대한 우리 운명을 위한 책임, 사랑과 사랑의 한계의 문제, 부모와 자식의 문제 등을 무시할 수 없다.[9]

우리가 일상생활에서 회피하는 삶의 근본적 문제는 반드시 심오한 철학적 진리를 의미하지 않는다. 오히려 프랭크는 "상식적 세계에 대한 책임으로 자신의 이야기를 하는" 것을 "포스트모던 도덕성의 핵심"으로 꼽는다. 이야기하기와 듣기는 상식적 세계에서 주체와 타자가 맺는 상호적 책무를 수행하는 것이다. 프랭크는 "우주의 혼란Universe's hash" 문제를 해결하려는 듯 거창한 진리를 추구하는 것의 어리석음을 깨닫고 "상식적 세계"를 "진짜 실재the really real"로 인식한 제임스William James를 인용하며 타자에게 말하는 행위의 책임성과 포스트모던적 의미를 피력한다.[10] 타자에 대한 책임이 상식적 세계에 대한 책임인 이유는 제임스가 비판하는 "우주의 혼란"의 해결을 추구하는 경향이 일상적인 삶의 문제를 간과하기 때문이다.

프랭크는 인간의 일상적이고 상식적 세계의 특성을 신체에서 찾고 신체와 신체의 질병에 대해 말하는 것이 포스트모던 시대의 도덕이고 윤리라고 주장한다. "이야기꾼은 고통을 증언으로 바꾸려 시도할 때 도덕적 행위에 참여한다. 신체, 목소리, 그리고 질병의 주제는 포스트모던 시

---

9   Shoshana Felman and Dori Laub, *Testimony*, 72쪽.
10   Arthur Frank, *The Wounded Storyteller*, 17쪽.

대에 유일하게 가능해진 윤리에서 절정에 이른다."[11] 병자의 이야기가
타자의 공감을 불러일으킬 수 있는 이유는 그들이 공유하는 신체와 신
체의 질병이 있기 때문이다. 병자의 이야기가 불러일으키는 공감은 병
들 수 있는 신체가 지시하는 인간의 보편적인 취약성 때문에 가능하다.
"우주의 혼란을 해결하는 것은 우주 안에 존재하는 것이 포함하는 취약
성과 우발성 밖에 자신을 두는 것이다. 이런 야심으로 감염된 지식인은
자신을 신체로 생각하기를 멈추고 따라서 신체들이 공유하는 취약성을
부인하는 것이다. 자신을 신체로 생각하기를 멈추는 것은 자신을 다른
사람들을 위해 존재하는 사람으로 생각하는 데 있어서 근본적인 연결을
끊는 것이다."[12] 그래서 자신의 상처에 대해 말하는 것은 곧 "신체의 윤
리ethics of the body"이고, 상처에 대해 말하는 공간에 듣는 자가 들어서므로
신체의 윤리는 또한 "경청의 윤리ethics of listening"가 되어야 한다.[13] 이런 점
에서 개인의 신체와 신체적 질병을 말하는 것 역시 사회적 경험이다.

　타자의 고통에 대한 증언을 경청한 자는 그 이야기에 공감하고 자신

11　위의 책, 18쪽.

12　위의 책, 19쪽.

13　위의 책, 19·25쪽. 신체의 윤리 개념은 신체가 생물학적 개념을 넘어서 주체와 타자
　　를 연결하는 매개체라는 생각에서 나온다. 신체적 고통의 사회적 성격에 관한 프랭
　　크의 논의는 중국 문화혁명이 유발한 사회 문화적 트라우마가 신체에 미치는 영향의
　　연구에서 영감을 받는다. 이 연구에 따르면 문화혁명의 사회적 혼란과 이후의 정치
　　적 위협에 대한 공포 및 소외는 신경쇠약을 비롯한 여러 신체 증상을 유발했다. 따라
　　서 "사회적 경험은 사회적 고통과 주관적 고통을 별개의 실체가 아닌 상호작용의 과
　　정으로 연결한다." Arthur Kleinman and Joan Kleiman, "How Bodies Remember : Social
　　Memory and Bodily Experience of Criticism, Resistance, and Delegitimation Following
　　China's Cultural Revolution", *New Literary History* Vol. 25, No. 3, 1994, 712쪽. 이 연구
　　에서 저자들은 신체적 고통의 사회적 성격에 주목하기 위해 정신과 신체의 상호작용
　　을 표현하는 '정신신체적(psychosomatic)'이라는 정신분석용어보다 신체 증상의 사회
　　적 차원을 표현하는 '사회신체적(sociosomatic)'이라는 용어를 사용한다.

의 고통을 또 다른 자에게 말할 수 있다. "증언은 타자들이 목격하는 것에 그들을 연루시키기에" 듣는 자는 말하게 되고 상처 말하기는 증언의 연쇄를 낳는다.[14] "병자는 전적으로 개인적인 것 — 내 고통은 오로지 나의 것이다 — 이지만 또한 공유된 고통에 몰입하기 때문에 질병은 이자적 신체dyadic body가 되는 것으로 개방되는 것을 제시한다. (…중략…) 이야기하기는 이자적 신체가 자신의 고통을 제시하고 타자들이 그 고통을 가하는 것이 무엇인지 인식한다는 확신을 받는 하나의 매개체다."[15] 상처 말하기가 독백이 아니라 증언이 될 수 있는 이유는 상처의 서사 밑에 고통과 인간의 근본적 취약성에 대한 상호인식의 토대가 있기 때문이다.

이렇게 "신체의 취약성과 고통을 중요하게 여길 때 새로운 사회적 윤리가 요구된다."[16] 이 윤리는 주체와 타자 모두 결핍되어 있고 이 결핍을 메우기 위해 서로를 필요로 한다는 인식이 낳는 공감에 기초한다. "만일 사람들이 우리 각자가 타자만이 메울 수 있는 무엇인가를 결핍하고 있다고 믿을 수 있다면 (…중략…) 공감은 더 이상 한 사람이 다른 사람을 '위해 갖고 있는' 것이라고 말할 수 없다. 공감은 한 사람이 다른 사람과 '함께'인 것, 즉 각자가 자신을 다른 사람이 완성할 필요가 있는 존재로 이해하는 관계다."[17] 여기에서 공감은 타자의 감정을 자신의 것으로 삼는 것이 아니다. 타자의 이야기를 읽을 때 요구되는 것은 "타자의 느낌feelings을 내면화하는 것으로서가 아니라 핼펀Halpern이 타자와의 '공명'resonance이라고 부른 것으로서의 공감"이다.[18] 질병과 상처에 대해 말

---

14   Arthur Frank, *The Wounded Storyteller*, 143쪽.

15   위의 책, 36쪽.

16   위의 책, 146쪽.

17   위의 책, 150쪽.

18   위의 책, 158쪽. 핼펀의 공명 개념은 의사가 환자를 대하는 임상에서 공감(empathy)

하고 듣는 서사의 공간은 주체와 타자의 공감이 발생하는 장소다. 프랭크의 "서사의 윤리"narrative ethics는 나의 이야기가 너의 이야기와 맞물릴 때 가능하다. "서사의 윤리는 말하고 들을 때 발생한다. 문자 그대로 자기-이야기라는 것은 없다. 자기-타자-이야기만 있을 뿐이다. 우리가 '우리의 것'이라고 부르는 이야기들은 이미 타자들의 이야기들에서 모은 조각들이고 우리도 그들의 '자기' 이야기들 안에 존재한다. 궁극적으로 서사의 윤리는 우리가 동료 인간으로서 얼마나 서로와 관계있는지를 인식하는 것이다."[19] 이렇게 상처를 말하는 과정은 궁극적으로 상호 공유하는 고통을 인식하는 "서사의 윤리"의 토대가 된다.

2. 고통의 공감

상처를 말하는 이야기는 주체와 타자 사이에 우발성과 사멸성에 노출된 취약한 인간의 상호 공감이 출현하고 이를 통해 서로의 상처를 어루만지는 의미 있는 행동이 열리는 공간이 된다. 프랭크는 『상처받은 이야기꾼』 결론에서 레비나스의 「쓸모없는 고통Useless Suffering」을 논하며 상처의 의미를 인류의 상호유대에서 찾는다. 레비나스가 이 글에서 질병의

을 동정(sympathy)과 구분하는 다음의 발언에서 찾을 수 있다. "공감과 동정은 연관되지만 다르다. 이들은 모두 공명의 느낌에서 유래한다 (…중략…) 그러나 공감에서 공명 감정은 다른 사람과 동일시하거나 그의 투쟁을 자신의 것으로 삼기 위해서가 아니라 그 사람을 더 정확히 이해하기 위해 사용된다." Jodi Halpern, "Empathy : Using Resonance Emotions in the Service of Curiosity", *Empathy and the Practice of Medicine : Beyond Pills and the Scalpel*, Howard M. Spiro, Enid Peschel, Mary G. Mccrea Curnen, and Deborah St. James 공편, New Haven : Yale UP, 1993, 172쪽.

19 Arthur Frank, *The Wounded Storyteller*, 163쪽.

고통도 논하기 때문에 프랭크가 이 글을 언급하는 것은 놀랍지 않다. 그러나 프랭크가 결론에서 이 글을 논하는 이유는 그가 질병을 다루며 신체의 중요성을 강조하고 신체-자아라는 용어를 사용하면서도 궁극적으로 신체의 고통을 매개로 개인을 넘어서는 고통의 상호주체적 사회적 의미에 도달하기 때문이다. 이런 점에서 고통의 정신적 의미에 대한 철학적 사색을 담은 레비나스의 글은 트라우마 말하기의 논의를 마무리하며 상처에서 어떤 의미를 찾을 수 있는가의 문제를 되짚어 볼 때 깊이 숙고할 논점을 제시한다. 더구나 레비나스가 이 글에서 홀로코스트를 중요하게 다룬다는 사실은 그가 외상적 사건이라는 실재의 구멍을 상징계의 의미로 메꾸려는 시도가 가능하고 필요한지에 대한 성찰을 줄 수 있음을 암시한다.

레비나스에게 고통은 신체적인 것을 포함하지만 정신적인 의미가 더 중요하다. 그는 고통을 의식에 주어졌으나 "의식에도 불구하고 취할 수 없는 것"으로 정의한다.[20] 프랭크가 지적하듯이 레비나스가 "취할 수 없는" 것이라고 말할 때 이는 "개인이 자신의 것으로 취할 수 없는 고통"이라는 의미를 지닌다.[21] 여기에서 좀 더 주목할 것은 취할 수 없는 것의 성격이다. 레비나스에게 "'취할 수 없음'은 감각의 과잉 강도, 일종의 양적인 '과다'(…중략…)에서 나오지 않는다. 그것은 고통으로서 그것에 열리고 그것에 이식된 의미의 차원을 침투하는, 감각적 내용에 새겨진 '과다'에서 생긴다."[22] 따라서 그것은 감각적인 것이 아니라 "감각적 질로

---

20 Emmanuel Levinas, "Useless Suffering", Richard Cohen 역, *The Provocation of Levinas : Rethinking the Other*, Robert Bernasconi and David Wood 공편, London : Routledge, 1988, 156쪽.

21 Arthur Frank, *The Wounded Storyteller*, 177쪽.

22 Emmanuel Levinas, "Useless Suffering", 156쪽.

부과된 의미의 거부와 거절"이다.[23] 레비나스는 고통을 수동성과 취약성
으로 정의하고 "고통은 악을 통해서 이해된다"고 말하며 궁극적으로 고
통의 의미를 악으로 확대한다.[24] 고통이 악인 이유는 수동적이고 취약할
뿐 아니라 의미를 부정하는 부조리이기 때문이다. "악의 **아님**not은 무의
미non-sense에 이를 정도로 부정적이다. 모든 악은 고통을 지시한다. 그것
은 삶과 존재의 **곤경**impasse이고 부조리다. (…중략…) 고통의 악, 피해 자
체는 부조리의 폭발이자 가장 심오한 표현이다. 따라서 고통에 대해 말
할 수 있는 최소한의 것은 자체 현상으로서 본질적으로 쓸모없고 '헛되
다'for nothing는 것이다."[25] 고통은 결국 아무 의미도 찾을 수 없고 헛되며
부조리한 삶과 존재 한가운데 도사리는 부정성의 표현이라는 점에서 넌
센스한 것이다.

트라우마는 근본적으로 무의미한 상처일 수 있다. 리어Jonathan Lear는
외상꿈이 트라우마의 현장으로 계속 돌아가려는 반복강박이라는 프로
이트의 설명을 수정하면서 오히려 반복적 회귀는 "아무런 목적 없이"인
간 마음이 "자신을 파괴하려는 경향"에 대한 방어가 실패했기 때문이라
고 주장한다.[26] 리어에 따르면 "일단 마음이 (실제 삶의 사건에 의해) 외상화
되면, 스스로를 외상화하기 시작하려 한다."[27] 트라우마 현장으로 복귀
하는 것은 (자기)파괴적 트라우마에 대한 방어가 실패하기 때문이다. 이
실패는 무의미한 사건에 의미를 부여할 수 없기 때문에 발생한다. 외상

---

23 위의 글, 156쪽.
24 위의 글, 157쪽.
25 위의 글, 157쪽.
26 Jonatha Lear, *Happiness, Death, and the Remainder of Life*, Cambridge : Harvard UP,
    2000, 77쪽.
27 위의 책, 78쪽.

환자들이 트라우마의 꿈을 반복해서 꾸는 것은 "이 장면의 반복을 주장하는 어떤 기본적인 힘이 있어서가 아니라, 무의미한 파괴 — 외적인 트라우마나 내적인 자기파괴self-disruption — 에 의미를 주는 정신적 노력이 불발하기 때문이다."[28] 본론에서 논했듯이 상처에서 의미를 찾는 것은 그것을 포함하는 삶 이야기를 재구성하고 창조하는 과정에서 가능할 수 있다. 그 자체로 무의미한 사건이 삶의 서사로 편입될 때 우발적이고 불가피한 삶의 불가피한 요소로 인식될 수 있기 때문이다. 고통에 대한 레비나스의 사색은 무의미한 고통의 의미를 스스로 찾는 가능성에 대한 전망을 넘어 타자의 고통에 대한 의미의 당위성을 제시한다. 레비나스의 윤리는 나의 고통보다 타자의 고통을 우선시한다. 나의 존재와 고통의 의미는 타자의 고통에 대한 인식에 의존하기 때문이다.

그는 타자의 얼굴과의 관계가 스피노자의 코나투스 개념에 도전한다고 주장하며 "타자에 대한 내 응답의 의무는 자기 생존에 대한 내 생득권을 중단시킨다"고 말한다.[29] 왜냐하면 "나 자신을 얼굴의 취약성에 노출하는 것은 내 존재론적 존재 권리를 문제시하게 하기" 때문이다.[30] 타자의 (얼굴의) 취약성에 대한 응답을 자신의 생득적 생존의 권리에 앞선 윤리적 의무로 여기는 레비나스는 자신을 보존하려는 생득적인 노력 또는 경향을 의미하는 코나투스 개념에 도전한다고 말한다. 그러나 레비나스와 스피노자가 양립할 수 없는 것은 아니다. 스피노자에게 윤리적 개념인 덕virtue은 코나투스와 다르지 않기 때문이다. 스피노자는 "각 사

28　위의 책, 77쪽.

29　Emmanuel Levinas and Richard Kearney, "Dialogue with Levinas", *Face to Face with Levinas*, Richard A. Cohen 편, Alany : SUNY Press, 1986, 24쪽.

30　위의 글, 24쪽.

물이 자신의 존재를 지속하려고 노력하는 코나투스는 사물의 실제 본질 이외에 아무것도 아니고" 마찬가지로 "덕은 인간과 관계되는 한 인간의 본질 자체 또는 본성"이라고 말한다.[31] 덕과 코나투스의 관계는 "덕의 근본이 자신의 존재를 보존하려는 코나투스 자체이고 행복은 인간이 자신의 존재를 보존할 수 있는 것에 있다"라는 명제로 더 명확해진다.[32]

신경과학의 철학적 뿌리를 스피노자에게서 찾는 다마지오는 이 명제에서 코나투스의 의미가 타자와의 관계로 확장되는 것을 발견한다. 그래서 그는 "어떻게 스피노자는 덕이 자신에게서 적용되어야 하는 다른 모든 자아로 이동할 수 있는가?"라는 질문을 던지고, 이 명제가 "우리는 자신을 유지하려는 양도할 수 없는 필요 때문에 필연적으로 다른 자아들의 보존을 도와야 하므로 자기보존이라는 생물학적 현실은 덕으로 이끈다"는 것을 의미한다고 해석한다.[33] 자신을 보존하는 코나투스 개념은 타자의 보존과 공동의 이익 추구로 확장될 수 있다. 스피노자에 따르면 "인간은 모두의 마음과 몸이 말하자면 하나의 마음과 몸을 구성하도록 모든 면에서 일치하고 (…중략…) 모두 함께 자신을 위해 공동의 이익을 추구하는 것보다 자신의 존재를 보존하기 위해 더 좋은 것을 바랄 수 없다. (…중략…) 이성의 인도로 자신의 이익을 추구하는 사람은 다른 사람들을 위해 바라지 않는 것을 자신을 위해 바랄 수 없다."[34] 이성은 나의 보존과 타자의 보존이 분리될 수 없다고 가르친다.

다마지오는 "인간이 자신의 자연권 일부를 양보해야 하거나 양보하도

---

31 Benedict de Spinoza, *Ethics*, 108·155쪽. "코나투스"는 새뮤얼 셜리(Samuel Shirley)의 번역을 따른다. 8장「트라우마와 정동」각주 21번을 참고할 것.

32 위의 책, 125쪽.

33 Antonio Damasio, *Looking for Spinoza*, 171쪽.

34 Benedict de Spinoza, *Ethics*, 126쪽.

록 강제되고 일정한 방식으로 살도록 자신을 구속하는 법은 인간 법령에 의존한다"라는 스피노자의 말을 인용하며 스피노자 철학을 신경과학적 윤리의 토대로 삼는다.[35] 인간이 자신의 자연권 일부를 양보해야 한다는 스피노자의 법은 타자에 대한 응답의 의무가 자기 생존의 생득권을 중단시킨다는 레비나스의 선언과 상통한다. 물론 다마지오의 스피노자 해석은 궁극적으로 신경과학과 생물학의 토대에 기초한다. 그가 "우리는 인간 법령을 만들고 완성하도록 열심히 일해야 하지만 어느 정도 우리의 두뇌는 이 법령을 가능하게 만드는 과정에서 타자들과 협력하게 유전적으로 결정되어 있다"고 말하기 때문이다.[36] 그러나 그가 생명의 보존이라는 코나투스에서 타자에 대한 염려와 관심을 도출하는 논리에는 인간 삶의 근본적인 취약성에 대한 인식이 깔려 있다.

스피노자의 체계에서 생물학적 사실들의 중요성은 아무리 강조해도 지나치지 않는다. 현대 생물학의 관점에서 볼 때 이 체계는 생명의 존재에 의해, 그 생명을 보존하려는 자연적인 경향의 존재에 의해, 생명의 보존이 생명 기능의 평형 상태와 생명 조절에 의존한다는 사실에 의해, (⋯중략⋯) 충동, 감정 그리고 생명 조건의 불안정성이 자아, 의식, 지식기반 이성의 구축으로 인해 인간 개인에 의해 알려질 수 있고 인식될 수 있다는 사실에 의해 조건화된다. 의식적 인간들은 충동과 감정을 느낌으로 알고 이 느낌은 생명의 유약성에 대한 지식을 심화시켜 이 지식을 염려concern로 만든다. 위에서 개괄한 이 모든 이유 때문에 염려는 자아에서 타자로 넘쳐흐른다.[37]

---

35   Antonia Damasio, *Looking for Spinoza*, 173쪽에서 재인용.
36   위의 책, 173쪽.
37   위의 책, 174쪽.

　　현대생물학의 관점에서 스피노자의 코나투스 이론은 생명 보존이라는 유기체의 생득적인 기능의 작동으로 해석될 수 있다. 그러나 스피노자의 철학은 또한 이성과 의식을 지닌 인간이 "생명 조건의 불안정성"을 인식할 수 있고, 감정과 느낌을 지닌 인간이 "생명의 유약성에 대한 지식"을 "염려"로 전환할 수 있으며, 이 염려가 타자에 대한 염려로 발전할 수 있다는 사실도 보여준다. 나의 취약성에 대한 인식에서 비롯된 염려는 타자의 취약성에 대한 염려를 낳을 수 있다. 이런 점에서 인간 생명의 근본적 취약성과 불안정성에 대한 다마지오의 사유는 코나투스 개념에 기초한 스피노자 철학뿐 아니라 이 철학에 기초해 그가 시도하는 신경과학적 윤리도 타자 지향적인 레비나스의 윤리와 만날 수 있음을 암시한다.

　　생명의 근본적인 취약성에 기초해 나에게서 타자로 향하는 다마지오의 신경과학적 사유는 삶의 '불안정성' 관점에서 레비나스를 논하는 버틀러의 나르시시즘 비판을 상기시킨다. 버틀러는 "위반의 금지가 공격성 자체를 위한 내적 도관이 되는 논리"인 나쁜 양심bad conscience이 "단지 나르시시즘의 부정적인 판본"이며 "타자의 얼굴은 외부에서 내게 오고 그 나르시스적 회로를 차단한다"고 말하며 나르시시즘을 넘어 절대적 타자로 향하는 레비나스의 윤리를 지지한다.[38] 레비나스의 발상의 전환은 무용하고 무의미해서 의식적으로 취할 수 없는 고통의 의미를 타자를 향한 열린 외침으로 인식할 때 발생한다. 프랭크가 찾는 것도 이런 인간 상호적 관계로 열리는 고통의 의미에 대한 레비나스의 철학이다.

　　고통의 악 — 극단적 수동성, 무력함, 버림abandonment과 고독 — 은 또한 취

38　Judith Butler, *Precarious Life : The Powers of Mourning and Violence*, London : Verso, 2004, 138쪽.

할 수 없는 것이고 따라서 절반의 개방half opening 가능성이 아닌가? 더 정확히 말하면 앓는 소리moan, 비명, 신음 또는 한숨이 생기는 곳 마다 원조와 치료적 도움에 대한, 자신과 다르고 자신 밖에 있기에 구원을 약속하는 다른 자아의 도움에 대한, 근원적 요청이 있다는 가능성이 아닌가? 그것은 (…중략…) 도움이 되는 것에 대한 근원적 개방이다. 본질적으로 무의미하고 출구 없는 자신에게 가해진 순수한 고통을 위해 그것 너머의 것이 상호–인간성inter-human에서 형성된다. (…중략…) 고통의 고통, 다른 사람의 쓸모없는 고통을 위한 고통, 타자의 정당화될 수 없는 고통을 위한 내 안의 정당한 고통이 고통에 대해 상호인간성의 윤리적 관점을 개방한다. (…중략…) 내 고통의 모험의 체질적 또는 선천적 쓸모없음은 다른 누군가의 — 냉혹할 수 있는 — 고통을 위한 고통이 되는 가운데 고통이 지닐 수 있는 유일한 의미를 갖게 될 수 있다. (…중략…) 최고의 윤리적 원칙으로 고양될 정도로 인간 주체성의 유대 자체로 긍정할 수 있는 것은 타자에 대한 이 관심이다.[39]

타자가 겪는 쓸모 없고 무의미하며 "정당화될 수 없는" 고통에 관한 관심은 자기 안에 "정당한 고통"을 느끼게 한다. 프랭크가 지적하듯이 이 정당한 고통은 타자의 고통에 관한 관심으로 발생한 "두 번째 순서의 고통"이다.[40] "고통이 지닐 수 있는 유일한 의미"는 타자의 고통에 관한 관심에서 내가 느끼는 고통에서만 가능하다. 타자가 겪는 정당화될 수 없고 아무 쓸모도 없는 고통이 그 자신에게는 오로지 삶과 존재에 내재하는 부조리를 증언하는 무의미한 고통이라면, 타자에 관한 관심으로 이 타자의 고통이 내가 느끼는 고통을 공명할 때 이는 "정당한" 고통

---

39   Emmanuel Levinas, "Useless Suffering", 158~159쪽.
40   Arthur Frank, *The Wounded Storyteller*, 177쪽.

이고 따라서 의미 있는 고통이다. 고통은 주체와 타자의 이런 공감적 고통의 차원에서 의미를 지닌다. 프랭크가 추구 서사의 여행에 대해 말하듯이 "여정은 자신의 고통이 타자의 고통과 맞닿는 것을 배우는 과정이다. '상호인간성'은 고통이 자아와 타자가 서로 연루된 부름과 응답이 될 때 열린다."[41] 프랭크는 레비나스가 상호인간성을 향한 열림에 "절반의 개방"이라는 단서를 붙인 것을 쓸모없고 무의미한 고통의 완전한 해소에 대한 현실적 회의로 해석하고 존중하면서도 그 절반의 개방이 고통의 의미를 가능하게 한다는 점을 강조한다. "이 개방은 이름 없는 고통에 의미를 주지 않지만 그렇다고 그 고통이 쓸모없는 채로 남지도 않는다. (…중략…) 레비나스는 쓸모없고, 이름 없고, 닿지 않은 채 남아있는 고통, 쓸모없지만 또한 타자를 부르는 가운데 쓸모없지 않은 고통을 기억하기를 요구한다."[42] 쓸모없고 무의미한 고통에서 의미를 발견할 수 있는 것은 타자에 대한 절반의 개방이다.

프랭크는 레비나스가 열림을 절반으로 제한하는 것을 존중하면서도 레비나스를 보완하는 목소리를 레멘Rachel Naomi Remen에게서 찾는다. 레멘은 "내 상처는 당신의 치유자를 불러낸다. 당신의 상처는 내 치유자를 불러낸다. 내 상처는 내가 당신이 상실되었다고 착각하는 곳에서 상처를 지닌 당신을 발견할 수 있게 한다"고 말한다.[43] 프랭크는 이 발언에서 상처를 지닌 나와 너가 상처를 말하고 듣는 과정에서 서로에게 치유자가 되는 가능성을 발견한다. "상처는 이야기의 원천이다. (…중략…) 듣고 말하는 것은 치유의 단계들이다. 치유자와 이야기꾼은 하나다."[44] 프

---

41   위의 책, 178쪽.
42   위의 책, 180쪽.
43   위의 책, 183쪽에서 재인용.

랭크가 "질병 이야기들은 완전에 대한 일별을 제공한다"라는 말로 책의 결론을 맺는 것은 이야기하기가 치유하기로 귀결되는 것에 대한 희망의 피력이 아닐까.

프랭크는 『상처받은 이야기꾼』의 재판에서 추가한 후기에서 희망이라는 용어를 일부러 사용하지 않았다고 말한다. 왜냐하면 많은 복원 서사가 특수한 신체적 기능의 의학적 회복에 대한 희망을 말하는 것이 문제가 있다고 인식했기 때문이다. 프랭크는 이에 대한 대안으로 **"자동사적 희망**intransitive hope 즉 특별한 대상이나 목적이 없는 희망"을 제시하고 "자동사적 희망은 미래를 열린 채로 남긴다"고 말한다.[45] 열린 미래에 대한 희망은 맹목적이지 않지만 과격할 수 있다. 프랭크는 리어가 『과격한 희망Radical Hope』에서 희망과 연결하는 용기의 다섯 가지 기준을 소개하면서 그런 용기를 갖게 될 때 리어가 말하는 "새로운 좋은 삶의 형식"이 가능하겠지만 "이 희망이 과격하거나 역설적인 것은 현재 그런 새로운 삶의 형식을 상상할 수 없다는 것"이라고 말한다.[46] 열린 미래는 불투명하다. 프랭크가 역설적인 희망의 메시지를 던지는 이유는 이야기가 곧 치유가 되기를 바라는 희망이 과격하고 역설적이기 때문은 아닐까.

그렇다면 레비나스가 상호인간성이 허락하는 개방을 절반으로 제한한 이유가 정당하지 않은가. 상호인간성과 절반의 개방은 레비나스가 서구역사에서 쓸모없고 무의미한 고통에서 의미를 찾으려던 시도를 검토한 후에 도달한 윤리적 결론이다. 레비나스에 따르면 역사적으로 경험한 "고통 자체의 근본적 악의"에 대해 "형이상학적 질서의 적절

---

44   위의 책, 183쪽.
45   위의 책, 205쪽.
46   위의 책, 217쪽.

한 의미를 환기함으로써" 의미를 찾으려 했던 시도가 있었고, 그 결과 "고통은 신앙이나 진보에 대한 믿음이 상상한 형이상학적 목적성finality 에 이렇게 저렇게 종속되어 의미를 지니게 된다. (…중략…) 이 초감각 적 관점들은 본질적으로 불필요하고 불합리하며 명백히 임의적인 고통 에서 의미와 질서를 상상해보기 위해 환기된다."[47] 레비나스는 신정론 theodicy이 재난에 의미를 부여할 수 있었던 시대는 20세기에 발생한 홀 로코스트를 포함한 대규모 참사와 학살 및 전체주의 횡포에 의해 끝났 다고 진단한다. 그래서 "고통과 악이 고의적으로 강요되지만 어떤 이성 도 정치적이 된 나머지 모든 윤리에서 분리된 이성의 격분을 제한하지 못한다. (…중략…) 고통과 모든 신정론 사이의 불균형은 아우슈비츠에 서 확연하고 분명하게 드러났다."[48] 왜 신은 아우슈비츠에서 침묵했냐 고 물을 수 있다. 하지만 이런 질문에 대한 대답으로 신의 부재를 말하 는 것은 적합하지 않다. 왜냐하면 "아우슈비츠 이후에 아우슈비츠에 없 었던 이 신을 버리는 것은 (…중략…) 국가사회주의의 범죄기획을 완 성하는 것"이기 때문이다[49] 그러나 레비나스는 아우슈비츠에 없었던 신 을 찾아 무의미한 고통에 다시 신학적 의미를 찾는 대신 "인류는 (…중 략…) 신정론 없는 신앙에서 신성한 역사Sacred History, 각자에게서 자기self 의 더 많은 자원을 요구하고, 타자의 고통에 영감을 받은 자기의 고통 에 호소하며, 더 이상 '헛된' 고통이 아니고 즉각 의미를 지니는 쓸모없 지 않은 고통 (또는 사랑)인 동정에 호소하는 역사를 계속해야 하지 않 는가?"라고 묻는다.[50] 신정론에서 벗어난 이 새로운 질서가 '상호인간적

---

47 Emmanuel Levinas, "Useless Suffering", 160쪽.

48 위의 글, 162쪽.

49 위의 글, 163쪽.

질서^{inter-human order}'다.

신성한 역사는 인간 각자가 타자와 공유하는 상호인간성의 역사와 구분되지 않는다. 신성은 인간 세계를 초월하는 장소가 아니라 인간 세계에 내재한다. 여기에서 레비나스의 질문은 그래야만 한다는 당위의 형태로 제시된다. 다시 말해서 타자의 고통에 관한 관심에서 발생하는 상호인간성은 정치적이 아닌 윤리적 명령이다. 따라서 무의미하고 불합리한 고통의 의미를 찾는 것을 근본적으로 회의하게 만든 홀로코스트 같은 사건들을 대면해서 레비나스가 와해된 신정론이 아닌 상호인간성에서 찾는 의미는 정치 체제나 신학적 질서의 구조에서 유래하지 않는 윤리적 의미다. 이 윤리적 명령을 가능하게 하는 것은 무엇일까?

상호인간적 관점에서 고통을 생각하는 것은 이 고통을 다양한 의식의 공존에서 찾거나, 사회 속 사람들이 이웃 관계와 공동 운명에 대해 갖는 단순한 지식이 동반된 사회적 결정론에서 찾는 것이 아니다. (…중략…) 상호인간성은 한 사람과 다른 사람의 비-무관심^{non-indifference}과 한 사람이 다른 사람에게 갖는 책임에 있다. 상호인간성은 이 책임의 상호성에 앞선다. (…중략…) 상호인간성은 타자의 놀라운 타자성이 단순한 예절의 교환에서 진부하거나 희미해지기 전에 사람들이 서로에게 도움을 구한다는 데 있다. (…중략…) 우리가 쓸모없는 고통의 현상을 분석하려고 한 것은 상호성에 대한 관심 없이, 내가 그에게 무상으로 도움을 요구할 때, 한 사람과 다른 사람의 관계가 불균형한 상태에서 다른 사람에게 갖는 나의 책임의 상호인간적 관점에서다.[51]

---

50   위의 글, 164쪽.
51   위의 글, 165쪽.

절반이 열림의 최대치인 이유는 상대방에 대한 도움의 요청이 응답을 전제로 하지 않기 때문이다. 사회적 계약이 규정하는 상호 책임이 아니라 무조건적으로 도움을 요청할 수 있게 하는 것은 인간이 서로에게 갖는 "비-무관심"의 책임이라는 윤리적 명령 때문이다. 레비나스에게 타자는 그에 대한 나의 관념을 항상 초과하고 넘치기에 절대적이고 무한하며 근본적으로 낯설고 벌거벗고 궁핍한 그래서 내가 나의 자유를 제한해서 주어야 할 존재이기 때문이다. "타자, 자유로운 타자는 또한 이방인이다. 그의 얼굴의 벌거벗음은 차갑고 벌거벗음을 부끄러워하는 신체의 벌거벗음으로 확대된다. 세계에서 있는 그 자체로의^{καθαὑτό} 존재는 궁핍^{destitution}이다. (⋯중략⋯) 얼굴의 벌거벗음은 궁핍성이다. 타자를 인식하는 것은 배고픔을 인식하는 것이다. 타자를 인식하는 것은 주는 것이다. (⋯중략⋯) 내가 소유한 세계를 이기적인 입장에서 독립된 관점으로 통각하는 것은 관대함 안에서다. (⋯중략⋯) 타자를 인식하는 것은 따라서 소유된 사물의 세계를 가로질러 그에게 가는 것이고 동시에 선물로써 공동체와 보편성을 수립하는 것이다."[52] 타자는 나의 관대함과 나의 선물을 요구하고 명령하며 나의 책임과 비-무관심을 소환한다. 우리는 나의 자유를 주장할 수 없다.

트라우마 말하기에 관한 책을 마치며 레비나스의 상호인간성과 책임의 윤리를 논할 때 간과하지 말아야 할 것은 나의 관대함과 선물을 명령하고 상호인간성을 가능하게 하는 것이 타자의 배고픔뿐 아니라 고통과 상처라는 점이다. 레비나스가 윤리적 명령으로 정의하는 인간상호간의 "비-무관심"을 촉발하는 매개는 타인의 고통이다. 그런데 왜 무관심

---

52 Emmanuel Levinas, *Totality and Infinity : An Essay on Exteriority*, Alphonso Lingis 역, Pittsburgh : Duquene UP, 1969, 75~76쪽.

하지 않아야 하는가? 왜 비-무관심이 절대적인 윤리적 명령이어야 하는가? 주체와 타자 관계의 불균형은 근본적으로 개인이 대면하는 고통의 차이에서 비롯된다. 주체와 타자 사이의 공명은 완전한 동일시가 아니라 거리를 전제로 한 공감이다. 레비나스에게 타자는 동일성으로 환원될 수 없는 타자, "모든 동일성의 제국주의에 앞선" 타자이고 "타자의 내용 자체를 구성하는 타자성을 지닌 타자"다.[53] 레비나스는 나와 절대적 타자 사이의 거리를 좁힐 수 없으므로 사회성이 너와 나가 융합될 수 있음을 의미하지 않는다고 강조한다. 타자의 정당화될 수 없는 고통과 내 안의 정당한 고통 사이의 거리는 없앨 수 없고 고통의 쓸모없음과 무의미함은 완전히 제거될 수 없다.

그럼에도 타자의 쓸모없는 고통을 나의 의미 있는 고통으로 바꾸게 만드는 상호인간성의 윤리적 명령을 가능하게 하는 것은 상처와 고통의 보편성이다. 사회정치적 경제적 상황을 떠나 인간에게 주어진 근원적인 취약성과 사멸성에 대한 인식과 감정이 없다면 너의 고통에서 나는 고통을 느끼지 않을 것이고 나의 고통을 너에게 말하지 않을 것이다. 레비나스는 취약성과 사멸성이 나와 너, 주체와 타자를 매개하는 사회성의 토대라고 암시한다. 타자가 나에게 그의 취약성과 사멸성에 대한 책임을 불러일으키는 것은 바로 내 안의 심층에 놓인 취약성과 사멸성이다.

사회성은 얼굴의 타자성, 나를 부르는 대타for-the-other의 타자성이고, 나의 사멸성에서 내 나약성의 심층에서 모든 언어적 표현에 앞서 내 안에서 생기는 목소리다. 그 목소리는 명령이다. 나는 다른 사람의 생명을 위해 답할 명령을

---

53   위의 책, 38~39쪽.

지닌다. 나는 그를 혼자 죽게 내버려 둘 권리가 없다. (…중략…) 얼굴은 주권이고 무방비성 자체다. (…중략…) 이 얼굴은 벌거벗음에 노출된 채로 모두 똑같다. 그것이 보이는 표정 밑에서 그것의 나약성 전부가 나오고 동시에 내가 그것을 완전히 없앨 수 있을 정도까지 그것의 사멸성이 출현한다. 그렇게 하지 못할 까닭이 있는가? 그러나 거기에 얼굴의 모호성, 타자와의 관계의 모호성이 있다. 의지할 것 없고 안전하지 않으면서 나약하고 죽을 수 있는 채로 내 시선에 노출되는 타자의 이 얼굴은 또한 내게 '그대는 살인하지 말지어다'라고 명령하는 얼굴이다. (…중략…) 얼굴의 상태를 다른 모든 알려진 대상과 구분하는 것은 그것의 모순적 성격에서 나온다. 그것은 극도의 나약함이고 극도의 권위다. 그것이 타자에게 노출하는 명령도 나의 책임의 요구에서 나온다. 그것이 내게 주는 그 무한은 어떤 의미에서는 타자와의 관계에서 내가 그와 아직 끝나지 않았다는 나의 비-무관심을 표시한다. 내가 '나는 의무를 다하고 있다'고 말할 때 나는 거짓말을 하는 것이다. 왜냐하면 나는 타자와의 관계에서 결코 해제되지 않기 때문이다.[54]

타자는 나약성과 사멸성을 지닌 채로 내 시선에 노출되고 나는 그를 죽일 힘을 지닌다. 그럼에도 타자의 얼굴은 내가 살인하지 못하게 만드는 명령의 권위를 지니며 나는 타자를 존중하고 타자에게 무관심하지 않을 책임과 의무에서 영원히 벗어날 수 없다. 레비나스의 윤리학은 타자의 고통에 응답해야 할 상처에 대한 공감의 윤리가 절실한 트라우마의 시대에 사는 우리에게 철학적인 성찰을 제시한다. 레비나스가 "윤리가 존재론에 앞선다"고 말하듯이 타자의 상처에 대한 나의 공감과 책임

---

54 Emmanuel Levinas, *Alterity and Transcendence*, Michael B. Smith 역, New York : Columbia UP, 1999, 103~105쪽.

의 윤리가 나의 존재보다 앞선다면 상처를 말하고 듣는 증언과 경청의 치유 잠재력은 최대치에 도달할 것이다.[55]

버틀러는 삶의 불안정성을 탐구하며 레비나스의 철학을 사색하면서 미디어 재현의 한계에 봉착한 시대에 "우리는 얼굴이 삶의 불안정성을 알기 위해 언어가 아닌 어떤 것으로 말할 때 들어야 할 필요가 있다. (⋯중략⋯) 인문학이 문화비평으로서 미래를 갖고 있고 문화비평이 현재 임무가 있다면, 그것은 의심의 여지 없이 인간을 발견하리라 기대하지 못한 곳, 즉 인간의 나약함에 있는, 인간이 의미를 통하게 할 능력의 한계에 있는, 인간으로 우리가 돌아가게 하는 것이다"라고 말한다.[56] 우리는 한 걸음 더 나아가 인문학이 아닌 인류의 미래가 인간의 근본적인 불안정과 나약함을 인식하는 데 달려있다고 말해도 과언이 아닐 것이다. 인간의 근본적이고 보편적인 취약성을 인식하고 공감하지 못할 때 우리 시대의 폭력은 지속될 것이고 상처는 늘어나고 덧날 것이며 우리 사회는 병들고 파괴될 것이기 때문이다.

상처 말하기는 상처가 보편적이고 공유될 수 있으며 상처를 듣는 사람들의 공동체가 존재한다는 믿음에서 시작한다. 나의 상처에 대해 말

---

55 위의 책, 98쪽. 레비나스는 타자를 동일성으로 환원하는 것을 존재론으로, 동일성의 논리를 의문시하고 타자의 낯섦을 존중하는 것을 윤리학으로 정의한다. "타자를 동일성(the same)으로 환원하는 존재론은 자유 — 타자에 의해 소외되는 것을 허용하지 않는, 동일성의 확인인 자유 — 를 권장한다. (⋯중략⋯) 비평(critique)은 존재론이 그렇듯이 타자를 동일성으로 환원하지 않고 동일성의 실행을 의문시한다. 동일성을 의문시하는 것 — 이는 동일성의 이기적 자발성 안에서 발생할 수 없다 — 은 타자에 의해 유발된다. 우리는 타자의 존재에 의해 나의 자발성에 이렇게 의문을 품는 것을 윤리라 부른다. 타자의 낯섦, 그를 나, 내 생각, 내 소유로 환원할 수 없다는 것이 정확히 내 자발성에 대한 의문시로, 윤리로 성취된다." Emmanuel Levinas, *Totality and Infinity*, 42~43쪽.

56 Judith Butler, *Precarious Life*, 151쪽.

하는 것은 들을 수 있고 듣고 있으며 듣기를 원하는 누군가를 향한 손짓이고 외침이다. 레비나스의 논리대로 이 손짓과 외침은 응답을 전제로 하지 않는다. 이 외침에 대한 응답은 말하는 자의 몫이 아니기 때문이다. 그러나 말하는 행위에서 말하는 자는 자신의 상처를 삶의 일부로 받아들이면서 이미 응답할 타자와 대화를 시작한다. 그래서 상처를 말하는 자는 외롭지 않고 외롭지 않아야 한다. 상처를 말하는 자가 응답의 공명을 듣는다면 그 울림은 상처를 감싸고 어루만지는 손길이 될 것이다. 상처의 시대에 우리는 상처에 대해 말하고 응답하며 호소하고 공감하는 공동체를 이루어야 할 윤리적 소명과 책임이 있다. 우리는 상처 없는 세상에는 살 수 없지만 상처를 어루만져 주는 세상에는 살 수 있다. 그래서 우리는 상처와 공감의 윤리를 이렇게 말할 수 있다. "상처가 있었던 곳에 말하기가 있을 것이고, 상처를 말하는 곳에 공감하고 경청하는 응답이 있어야 할 것이다."

참고문헌

국내문헌

김상현, 『칸트 「판단력 비판」』, 『철학사상』 별책 5권 6호, 서울대 철학사상연구소, 2005.

김정하, 「트라우마와 정동」, 『비평과 이론』 19권 2호, 2014, 47~64쪽.

박찬부, 「트라우마와 정신분석」, 『비평과 이론』 15권 1호, 2010, 31~58쪽.

브라이언 마수미, 『가상계-운동, 정동, 감각의 아쌍블라주』, 조성훈 역, 갈무리, 2011.

『성경』, 한국천주교중앙협의회, 2005.

양석원, 「미셸 푸코 이론에서의 주체와 권력-응시의 개념을 중심으로」, 『비평과 이론』 8권 1호, 2003, 31~64쪽.

_____, 『에로스의 두 얼굴-프로이트와 라캉의 성과 사랑 이론』, 서강대 출판부, 2019.

우병훈, 「아우구스티누스의 창세기 해석의 유연성-"참된 의미는 생육하고 번성한다"」, 『개혁논총』, 66권, 2023, 45~85쪽.

이마누엘 칸트, 『순수이성비판 1』, 백종현 역, 아카넷, 2006.

이자벨 보쉐, 문명숙, 「"정신의 연장"으로서의 시간-성 아우구스티누스의 개념과 그에 대한 한스 우르스 폰 발타사르와 폴 리쾨르의 해석」, 『가톨릭신학과사상』, 88호, 2023, 56~89쪽.

장 라플랑슈·장 베르트랑 퐁탈리스, 『정신분석 사전』, 임진수 역, 열린책들, 2005.

장 프랑수아 리오타르, 『쟁론』, 진태원 역, 경성대 출판부, 2015.

정경훈, 「신경과학과 정신분석 마주쳐 읽기 I-욕망, 충동, 신경전달물질 / 호르몬을 중심으로」, 『비평과 이론』 23권 3호, 2018, 113~132쪽.

정혜욱, 「랑시에르의 미학적 공동체와 '따로·함께의 역설'」, 『비평과 이론』 18권 1호, 2013, 189~217쪽.

외국문헌

Adorno, Theodore W., *Negative Dialectics*, E. B. Ashton 역, New York : Continuum, 1995.

_____, *Prisms*, Samuel and Shierry Weber 공역, Cambridge, MA : MIT P, 1988.

Agamben, Giorgio, *Homo Sacer : Soverign Power and Bare Life*, Daniel Heller-Roazen 역, Stanford : Stanford UP, 1998.

_____, *Remnants of Auschwitz : The Witness and the Archive*, Daniel Heller-Roazen 역, New York : Zone Books, 2002.

Ahmed, Sara, *The Cultural Politics of Emotion*, Edinburgh : Edinburgh UP, 2014.

Alarcia, Diego Téllez, "Spanish Interpretation of the Lisbon Earthquake between 1755 and the War of 1762", *The Lisbon Earthquake of 1755*, Theodore E. D. Braun and John B Radner 공편, 50~65쪽.

Altieri, Charles, *The Particulars of Rapture : An Aesthetics of the Affects*, Ithaca : Cornell UP, 2003.

American Psychiatric Association, *Diagnostic and Statistical Manual of Mental Disorders : DSM-5*, Washington, DC : American Psychiatric Publishing, 2013.

Amery, Jean, *At the Mind's Limits : Contemplations by a Survivor on Auschwitz and its Realities*, Sidney Resenfield and Stella P. Rosenfeld 공역, Bloomington : Indiana UP, 1980.

Anderson, Frank Guastella, "'Who's Taking What?' Connecting Neuroscience, Psychopharmacology and Internal Family Systems for Trauma", Martha Sweezy and Ellen L. Ziskind 공편, *Internal Family Systems Therapy New Dimensions*, Routledge : London, 2013, 107~126쪽.

______, Martha Sweezy, and Richard C. Schwartz, *Internal Family Systems Skills Training Manual : Trauma-informed Treatment for Anxiety, Depression, PTSD and Substance Abuse*, www.pesipublishing.com : PESI Publishing & Media, 2017.

Antelme, Robert. *The Human Race*, Jeffrey Haight and Annie Mahler 공역, Marlboro, Vermont : The Marboro Press, 1992.

Antze, Paul, and Michael Lambek 공편, *Tense Past : Cultural Essays in Trauma and Memory*, New York : Routledge, 1996.

Aristotle, *Aristotle's Poetics*, George Whalley 역, Montreal & KIngston : McGill-Queen's UP, 1997.

Armstrong, Paul B., "Neuroscience and the Social Powers of Narrative : How Stories Configure Our Brains." *Journal of English Language and Literature*, Vol.64, No.1, 2018, 3~24쪽.

Augustine, *Confessions*, Vernon J. Bourke 역, Washington, D. C. : The Catholic University of America Press, 1953.

Barral, Cécile and Russell Meares, "The Holistic Project of Pierre Janet : Part Two : Oscillations and Becomings : From Disintegration to Integration", *Rediscovering Pierre Janet : Trauma, Dissociation, and a New Context for Psychoanalysis*, Giuseppe Craparo 외 공편, 116~128쪽.

Barthes, Roland, *The Rustle of Language*, Richard Howard 역, Berkeley : U of California P, 1989.

______, *S/Z : An Essay*, Richard Miller 역, New York : Hill and Wang, 1974.

Bauman, Zygmund, *Modernity, Immortality and Other Life Strategies*, Cambridge : Polity Press, 1992.

Beauvoir, Simone de, "Preface", *Shoah : The Complete Text of the Acclaimed Holocaust Film by Claude Lanzmann*, New York : Da Capo Press, 1995, iii~vi쪽.

Beeson, David and Nicholas Cronk, "Voltaire Philosopher or Philosphe?" *The Cambridge Companion to Voltaire*, Nicholas Cronk 편, Cambridge : Cambridge UP, 2009, 47~64쪽.

Berlant, Lauren, *Cruel Optimism*, Durham : Duke UP, 2011.

Bernard-Donals, Michael and Richard Glejzer, *Between Witness and Testimony : The Holocaust and the Limits of Representation*, Albany : State U of New York P, 2001.

Bettelheim, Bruno, *The Informed Heart : Autonomy in A Mass Age*, New York : The Free Press, 1960.

______, *Surviving and Other Essays*, New York : Vintage Books, 1980.

Blanchot, Maurice, *The Writing of the Disaster*, Ann Smock 역, Lincoln : U of Nebraska P, 1995.

Braun, Theodore E. D. and John B Radner 공편, *The Lisbon Earthquake of 1755 : Representations and Reactions*, Oxford : Voltaire Foundation, 2005.

Brett, Elizabeth A. and Robert Ostroff, "Imagery and Posttraumatic Stress Disorder : An Overview." *American Journal of Psychiatry*, Vol.142, No.4, 1985, 417~424쪽.

Brinkley, Robert and Steven Youra, "Tracing *Shoah*", *PMLA*, Vol.111, No.1, 1996, 108~127쪽.

Brison, Susan J., "Trauma Narratives and the Remaking of the Self", *Acts of Memory : Cultural Recall in the Present*, Mieke Bal, Jonathan Crewe, and Leo Spitzer 공편, Hanover : UP of New England, 1999, 39~54쪽.

Brooks, Peter, *Reading for the Plot : Design and Intention in Narrative*, Cambridge : Harvard UP, 1984.

Brown, Laura S., "Not Outside the Range : One Feminist Perspective on Psychic Trauma", *Trauma : Explorations in Memory*, Cathy Caruth 편, 100~112쪽.

Bruner, Jerome, "The Narrative Construction of Reality", *Critical Inquiry* Vol.18, No.1, 1991, 1~21쪽.

Buber, Martin, "Guilt and Guilt Feeling", *CrossCurrents* Vol.8, No.3, 1958, 193~210쪽.

Bühler, Karl-Ernst and Gerhard Heim, "General Introduction to the Psychotherapy of Pierre Janet", *American Journal of Psychotherapy*, Vol.55, No.1, 2001, 74~91쪽.

Burke, Edmund, *A Philosophical Enquiry into the Origin of Our Ideas of the Sublime and*

Beautiful, Oxford : Oxford UP, 1998.

Butler, Judith, *Precarious Life : The Powers of Mourning and Violence*, London : Verso, 2006.

Caroll, David, "Forword : The Memory of Devastation and the Responsibilities of Thought : 'And let's not talk about that'", Jean-François Lyotard, *Heidegger and "the jews"*, Andreas Michel and Mark Roberts 공역, Minneapolis : U of Minnesota P, 1990, vii~xxix쪽.

Caruth, Cathy, "An Interview with Robert Jay Lifton", *Trauma : Explorations in Memory*, Cathy Caruth 편, 128~147쪽.

______, "Recapturing the Past : Introduction", *Trauma : Explorations in Memory*, Cathy Caruth 편, 151~157쪽.

______편, *Trauma : Explorations in Memory*, Baltimore : Johns Hopkins UP, 1995.

______, *Unclaimed Experience : Trauma, Narrative, and History*, Baltimore : Johns Hopkins UP, 1996.

Changeux, Jean-Pierre, and Paul Ricoeur, *What Makes Us Think? : A Neuroscientist and a Philosopher Argue about Ethics, Human Nature, and the Brain*, M. B. Debevoise 역, Princeton : Princeton UP, 2000.

Chanter, Tina. "The Artful Politics of Trauma : Rancière's Critique of Lyotard", *Trauma and Transcendence : Suffering and the Limits of Theory*, Eric Byonton and Peter Capretto 공편, New York : Fordham UP, 2018, 121~141쪽.

Clough, Patricia Ticineto, "Introduction", *The Affective Turn : Theorizing the Social*, Paricia Ticineto Clough and Jean Halley 공편, 1~33쪽.

______, and Jean Halley 공편, *The Affective Turn : Theorizing the Social*, Durham : Duke UP, 2007.

Coady, C. A. J., *Testimony : A Philosophical Study*, Oxford : Clarendon Press, 1992.

______, "Testimony and Observation", *American Philosophical Quarterly* Vol.10, No.2, 1973, 149~155쪽.

Craparo, Giuseppe, Francesca Ortu, and Onno van der Hart, "Introduction", *Rediscovering Pierre Janet*, Giuseppe Craparo 외 공편, 1~3쪽.

______공편, *Rediscovering Pierre Janet : Trauma, Dissociation, and a New Context for Psychoanalysis*, London : Routledge, 2019.

Craparo, Giuseppe, and Onno van der Hart, "Preface to the English edition", Pierre Janet,

Catalepsy, Memory, and Suggestion in Psychological Automatism, Giuseppe Craparo and Onno van der Hart 공편, vii~xi쪽.

Cvetkovich, Ann, *An Archive of Feelings : Trauma, Sexuality, and Lesbian Public Cultures*, Durham : Duke UP, 2003.

Damasio, Antonio R., *Descartes' Error : Emotion, Reason, and the Human Brain*, 1994. New York : Penguin, 2005.

______, *The Feeling of What Happens : Body and Emotion in the Making of Consciousness*. New York : Harcourt, 1999.

______, *Looking for Spinoza : Joy, Sorrow, and the Feeling Brain*, Orlando : Harvest, 2003.

Davis, Colin and Hanna Meretoja 공편, *The Routledge Companion to Literature and Trauma*, London : Routledge, 2020.

Delbo, Charlotte, *Auschwitz and After*, Rosette C. Lamont 역, New Haven : Yale UP, 1995.

______, *Days and Memory*, Rosette Lamont 역, Northwestern : Marlboro P, 1990.

Deleuze, Gilles, *Spinoza : Practical Philosophy*, Robert Hurley 역, San Francisco : City Lights Books, 1988.

des Pres, Terrence, *The Survivor : An Anatomy of Life in the Death Camps*, New York : Oxford UP, 1976.

Dockett, Lauren, "From Margin to Mainstream : Peter Levine's Bottom-Up Approach to Healing", *Psychotherapy Networker*, Vol.43, No.2, 2019, 26~31쪽.

Eaglestone, Robert, "Forms of Ordering : Trauma, Narrative and Ethics", *Storytelling and Ethics*, Hanna Meretoja and Colin Davis 공편, 55~67쪽.

______, *The Holocaust and the Postmodern*, Oxford : Oxford UP, 2004.

______, "Trauma and Fiction", *The Routledge Companion to Literature and Trauma*, Colin Davis and Hanna Meretoja 공편, 287~295쪽.

Ellenberger, Henri F., *The Discovery of the Unconscious : The History and Evolution of Dynamic Psychiatry*, New York : Basic Books, 1970.

Erdelyi, Matthew Hugh. "Repression, Reconstruction, and Defense : History and Integration of the Psychoanalytic and Experimental Frameworks." *Repression and Dissociation : Implications for Personality Theory, Psychotherapy, and Health*. Jerome L. Singer 편, Chicago : U of Chicogo P, 1990, 1~31쪽.

Farber, Tracey, Cora Smith, and Gillian Eagle, "The Trauma Trilogy of Castrophic Grief, Survivor Guilt and Anger in Aging Child Holocaust Survivors", *Journal of Loss and*

Trauma, Vol.27, No.2, 2022, 99~119쪽.

Felman, Shoshana, and Dori Laub, *Testimony : Crises of Witnessing in Literature, Psychoanalysis, History*, New York : Routledge, 1992.

Fimiani, Ramona, Francesco Gazzillo, Nino Dazzi, and Marshall Bush, "Survivor Guilt : Theoretical, Empirical, and Clinical Features", *International Forum of Pschoanalysis*, Vol.31, No.3, 2022, 176~190쪽.

Fletcher, John. *Freud and the Scene of Trauma*. New York : Fordham UP, 2013.

Fotopoulu, Aikaterini, "The History and Progress of Neuropsychoanalysis." *From the Couch to the Lab*, Aikaterini Fotopoulu 외 공편, 12~24쪽.

______, Donald Pfaff, and Martin A. Conway 공편, *From the Couch to the Lab : Trends in Psychodynamic Neuroscience*, Oxford : Oxford UP, 2012.

Foucault, Michel, *The Archaeology of Knowledge and the Discourse on Language*, A. M. Sheridan Smith, New York : Pantheon Books, 1972.

______, "The Life of Infamous Men", *Michel Foucault : Power, Truth, Strategy*, Meaghan Morris and Paul Patton 공편, Sydney : Feral Publications, 1979, 76~91쪽.

Frank, Arthur, *The Wounded Storyteller : Body, Illness and Ethics*. 2nd ed. Chicago : U of Chicago P, 2013.

Frank, Luanne, "No Way Out : Heinrich von Kleist's *Erdbeben in Chile*", *The Lisbon Earthquake of 1755*, Theodore E. D. Braun and John B Radner 공편, 265~281쪽.

Franklin, Ruth, "On Film : *Shoah*, by Claude Lanzmann", *Salmagundi*, No. 170/171, 2011, 26~34쪽.

Freud, Sigmund, *The Revised Standard Edition of the Complete Psychological Works of Sigmund Freud*. 24 Vols. James Strachey and Mark Solms 공역, London : The Institute of Psychoanalysis, 2024,

______, *The Standard Edition of the Complete Psychological Works of Sigmund Freud*. 24 Vols. James Strachey 역, London : Hogarth, 1953~1974.

______, *Analysis of a Phobia in a Five-Old Boy, Standard Edition*, Vol. X, 1~149쪽.

______, "Analysis Terminable and Interminable." *Standard Edition*, Vol. XXIII, 209~253쪽.

______, Sigmund, *Beyond the Pleasure Principle. Standard Edition*, Vol. XVIII, 1~64쪽.

______, *Civilization and Its Discontents, Standard Edition*, Vol. XXI, 57~145쪽.

______, "The Dynamics of Transference", *Standard Edition*, Vol. XII, 97~108쪽.

______, "The Economic Problem of Masochism", *Standard Edition*, Vol. XIX 157~170쪽.

Freud, *The Ego and the Id, Standard Edition*, Vol. XIX, 1~66쪽.

______, "Female Sexuality", *Standard Edition*, Vol. XXI, 221~243쪽.

______, "Heredity and the Aetiology of the Neuroses", *Standard Edition*, Vol. III, 141~156쪽.

______, *Inhibitions, Symptoms, and Anxiety. Standard Edition*, Vol. XX, 75~175쪽.

______, *The Interpretation of Dreams II. Standard Edition*, Vol. V.

______, "Introduction to Psychoanalysis and the War Neuroses", *Standard Edition*, Vol. XVII, 205~210쪽.

______, *Introductory Lectures on Psychoanalysis. Standard Edition*, Vol. XVI.

______, "Lines of Advance in Psycho-analytic Therapy." *Standard Edition*, Vol. XVII, 157~168쪽.

______, "The Loss of Reality in Neurosis and Psychosis", *Standard Edition*, Vol. XIX, 181~187쪽.

______, "Memorandum on the Electrical Treatment of War Neurotics." *Standard Edition*, Vol. XVII, 211~215쪽.

______, "Neurosis and Psychosis", *Standard Edition*, Vol. XIX, 147~153쪽.

______, *New Introductory Lectures on Psychoanalysis. Standard Edition*, Vol. XXII, 1~182쪽.

______, "On Narcissism : An Introduction." *Standard Edition*, Vol. XIV, 67~102쪽.

______, *Project for a Scientific Psychology. Standard Edition*, Vol. I, 281~397쪽.

______, "Recommendations to Physicians Practising Psycho-Analysis", *Standard Edition*, Vol. XII, 109~120쪽.

______, "Remembering, Repeating, and Working-Through." *Standard Edition*, Vol. XII, 145~156쪽.

______, "Repression." *Standard Edition*, Vol. XIV, 141~158쪽.

______, "Some Character-Types Met With in Psycho-Analytic Work", *Standard Edition*, Vol. XIV, 309~333쪽.

______, *Studies on Hysteria. Standard Edition*, Vol. II.

______, *Totem and Taboo, Standard Edition*, Vol. XIII, 1~162쪽.

______, *Three Essays on the Theory of Sexuality. Standard Edition*, Vol. VII, 123~243쪽.

______, Sigmund, "The Unconscious." *Standard Edition*, Vol. XIV, 159~215쪽.

Friedlander, Saul, *Memory, History, and the Extermination of the Jews of Europe*, Bloomington : Indiana UP, 1993.

______ 편, *Probing the Limits of Representation : Nazism and the "Final Solution"*, Cambridge : Harvard UP, 1996.

Friedlander, "Trauma, Transference, and 'Working Through' in Writing the History of the 'Shoah'", *History and Memory*, Vol.4, No.1, 1992, 39~59쪽.

Ganteau, Jean-Michel, "Working-Through." *The Routledge Companion to Literature and Trauma*, Colin Davis and Hanna Maretoja 공편, 131~140쪽.

Gautier, Andrés, "The Psychoanalyst : From Private Witness to Public Testimony", *Bearing Witness*, Andrés Gautier and Anna Sabatini Scalmati 공편, 229~247쪽.

_____, and Anna Sabatini 공편, *Bearing Witness : Psychoanalytic Work with People Traumatised by Torture and State Violence*, London : Karnac, 2010.

Givoni, Michal, *The Care of the Witness : A Contemporary History of Testimony in Crisis*, Cambridge : Cambridge UP, 2016.

Goldberg, Greg and Craig Willse, "Losses and Returns : The Soldier in Trauma", *The Affective Turn*, Paricia Ticineto Clough and Jean Halley 공편, 264~288쪽.

Goffman, Erving, *Stigma : Notes on the Management of Spoiled Identity*, New York : A Touchstone Book, 1986.

Greenspan, Henry. "From Testimony to Recounting : Reflections from Forty Years of Listening to Holocaust Survivors", *Beyond Testimony and Trauma*, Steven High 편, 141~169쪽.

Guenther, Lisa, "Resisting Agamben : The Biopolitics of Shame and Humiliation", *Philosophy and Social Criticism*, Vol.38, No.1, 2012, 59~79쪽.

Hacking, Ian, "Repression and Dissociation — A Comment on 'Memory Repression and Recovery'", *Health Care Analysis* Vol.5, 1997, 117~120쪽.

Halpern, Jodi, "Empathy : Using Resonance Emotions in the Service of Curiosity", *Empathy and the Practice of Medicine : Beyond Pills and the Scalpel*, Howard M. Spiro, Enid Peschel, Mary G. Mccrea Curnen, and Deborah St. James 공편, New Haven : Yale UP, 1993, 160~173쪽.

Hartman, Geoffrey H., "The Book of the Destruction", *Probing the Limits of Representation*, Saul Friedlander 편, 318~334쪽.

Hartman, Geoffrey H., *The Longest Shadow : In the Aftermath of the Holocaust*, Bloomington : Indiana UP, 1996.

_____, "Shoah and Intellectual Witness", *Partisan Review*, Vol.65, No.1, 1998, 37~48쪽.

_____, "Testimony and Authenticity", *Yale Review*, Vol.90, No.4, 2002, 1~15쪽.

Heim, Gerhard and Karl-Ernst Bühler, "Janet's Views on the Etiology, Pathogenesis, and Therapy of Dissociative Disorders", *Rediscovering Pierre Janet*, Giuseppe Craparo 외 공편, 178~199쪽.

______, "Psychological Trauma and Fixed Ideas in Pierre Janet's Conception of Dissociative Disorders", *American Journal of Psychotherapy*, Vol.60, No.2, 2006, 111~129쪽.

Herman, Judith, *Trauma and Recovery : The Aftermath of Violence From Domestic Abuse to Political Terror*, Rev. ed. New York : Basic, 2015.

High, Steven 편, *Beyond Testimony and Trauma : Oral History in the Aftermath of Mass Violence*, Vancouver : UBC P, 2015.

______, "Introduction", *Beyond Testimony and Trauma*, Steven High 편, 1~18쪽.

Horowitz, Mardi Jon, *Stress Response Syndromes*, London : Jason Aronson, 2011.

Howe, Louisa P., "Origins and History of Pesso System/Psychomotor Therapy", *Moving Psychotherapy*, Albert Pesso and John Crandell 공편, 3~31쪽.

Hunter, Anna, "The Holocaust as the Ultimate Trauma Narrative", *Trauma and Literature*, J. Roger Kurtz 편, 66~82쪽.

Hutchinson, Phil, *Shame and Philosophy : An Investigation in the Philosophy of Emotions and Ethics*, London : Palgrave Macmillan, 2008.

Janet, Pierre, *Catalepsy, Memory, and Suggestion in Psychological Automatism : Total Automatism*, Giuseppe Craparo and Onno van der Hart 공편, Adam Crabtree and Sarah Osei-Bonsu 역. London : Routledge, 2022.

______, *The Major Symptoms of Hysteria : Fifteen Lectures Given in the Medical School of Harvard University*, Mcallister, 2017.

______, *The Mental State of Hystericals : A Study of Mental Stigmata and Mental Accidents*, Caroline Rollin Corson 역, New York : G. P. Putnam's Sons, 1901.

______, "Pierre Janet", *A History of Psychology in Autobiography Volume I*, Carl Murchison 편, Worcester, MA : Clark University Press, 1930, 123~133쪽.

______, *Principle of Psychotherapy*, H. M. and E. R. Gutrie 공역, New York : Macmillar, 1924.

Janet, Pierre, *Psychological Healing : A Historical and Clinical Study Vol. I*, Eden and Cedar Paul 공역, New York : Macmillan, 1925.

______, *Psychological Healing : A Historical and Clinical Study Vol. II*, Eden and Cedar Paul 공역, New York : Macmillan, 1925.

______, *Subconscious Acts, Anesthesias, and Psychological Disaggregation in Psychological*

Automatism : Partial Automatism. Giuseppe Craparo and Onno van der Hart 공편, Adam Crabtree and Sarah Osei-Bonsu 공역, London : Routledge, 2022.

Johnston, Adrian, and Catherine Malabou, *Self and Emotional Life : Philosophy, Psycho-analysis, and Neuroscience*, New York : Columbia UP, 2013.

Kant, Immanuel. *Critique of Judgement*, J. H. Bernard 역, New York : Hafner Press, 1951.

______, *Critique of Pure Reason*, Norman Kemp Smith 역, New York : St Martin's, 1965.

Kaplan, Ann, *Trauma Culture : The Politics of Terror and Loss in Media and Literature*, New Brunswick : Rutgers UP, 2005.

Kardiner, Abram, *The Traumatic Neuroses of War*, 1941, Mansfield Centre, CT : Martino Publishing, 2012.

______, and Herbert Spiegel, *War Stress and Neurotic Illness*, New York : Paul B. Hoeber, 1947.

Karlsson, Gunnar, and Lennart Gustav Sjöberg, "The Experiences of Guilt and Shame : A Phe-nomenological-Psychological Study", *Human Studies*, Vol.32, No.3, 2009, 335~355쪽.

Kermode, Frank, *The Sense of an Ending : Studies in the Theory of Fiction*, London : Oxford UP, 1966.

Kinston, Warren, "A Theoretical Context for Shame", *International Journal of Psychoanalysis*, Vol.64, 1983, 213~226쪽.

Kirmayer, Laurence, "Landscape of Memory : Trauma, Narrative, and Dissociation", *Tense Past*, Paul Antze and Michael Lambek 공편, 173~198쪽.

Klein, Melanie, *The Selected Melanie Klein*, Juliet Mitchell 편, New York : The Free Press, 1986.

Kleinman, Arthur and Joan Kleinman, "How Bodies Remember : Social Memory and Bodily Experience of Criticism, Resistance, and Delegitimation Following China's Cultural Revolution", *New Literary History*, Vol.25, No.3, 1994, 707~723쪽.

Klemperer, Victor. *I Will Bear Witness : A Diary of Nazi Years 1933~1941*, Martin Chalm-ers 역, New York : Modern Library, 1999.

Knudsen, Nicolai Krejberg, "Shame, Belonging, and Biopolitics : Agamben Among the Phenomenologists", *Human Studies*, Vol.41, No.3, 2018, 437~455쪽.

Krämer, Sybille, "Epistemic Dependence and Trust : On Witnessing in the Third-, Sec-ond-, and First-Person Perspectives", *Testimony/Bearing Witness*, Sybille Krämer and Sigrid Weigel 공편, 247~257쪽.

______, and Sigrid Weigel, "Introduction : Converging the Yet-Separate Theoretical Discourses of Testimony Studies", *Testimony/Bearing Witness*, Sybille Krämer and Sigrid Weigel 공편, London : Rowman & Littlefield, 2017, ix~xli쪽.

Krämer, 공편, *Testimony/Bearing Witness : Epistemology, Ethics, History and Culture*, London : Rowman & Littlefield, 2017.

Kurtz, J. Roger 편, *Trauma and Literature*, Cambridge : Cambridge UP, 2018.

Lacan, Jacques, *Écrits : The First Complete Edition in English*, Bruce Fink, Héloïse Fink, and Russell Grigg 공역, New York : Norton, 2006.

______, *The Four Fundamental Concepts of Psychoanalysis*, Alan Sheridan 역, New York : Norton, 1978.

______, *Freud's Paper on Technique : The Seminar of Jacques Lacan Book I*, John Forrester 역, New York : Norton, 1991.

LaCapra, Dominick, *History and Its Limits : Human, Animal, Violence*, Ithaca : Cornell UP, 2009.

______, "Lanzmann's *Shoah* : 'Here There is No Why'", *Critical Inquiry*, Vol.23, No.2, 1997, 231~269쪽.

______, *Representing the Holocaust : History, Theory, Trauma*. Ithaca : Cornell UP, 1996.

______, *Writing History, Writing Trauma*, Baltimore : Johns Hopkins UP, 2001.

Lang, Berel, *Act and Idea in the Nazi Genocide*, Syracuse : Syracuse UP, 2003.

Langer, Lawrence L., *Holocaust Testimonies : The Ruins of Memory*, New Haven : Yale UP, 1991.

______, "Introduction to the Second Edition", Charlotte Delbo, *Auschwitz and After*, xi~xxvii쪽.

______, *Preempting the Holocaust*, New Haven : Yale UP, 1998.

Lanzmann, Claude, "Hier ist kein Warum", Claude Lanzmann 역, *Claude Lanzmann's Shoah : Key Essays*, Stuart Liebman 편, Oxford : Oxford UP, 2007, 51~52쪽.

Langer, Lawrence L., *Shoah : The Complete Text of the Acclaimed Holocaust Film by Claude Lanzmann*, New York : De Capo Press, 1995.

______, Ruth Larson and David Rodowick, "Seminar With Claude Lanzmann, 11 April 1990", *Yale French Studies* No.79, 1991, 82~99쪽.

Laplanche, Jean, *Life and Death in Psychoanalysis*, Jefferey Mehlman 역, Baltimore : Johns Hopkins UP, 1976.

______, and Jean-Bertrand Pontalis, *The Language of Psychoanalysis*, Donald Nicholson-Smith 역, New York : Norton, 1973.

Laub, Dori and Susanna Lee, "Thanatos and Massive Psychic Trauma : The Impact of the Death Instinct on Knowing, Remembering, and Forgetting", *Journal of American Psychoanalytic Association*, Vol.51, No.2, 2003, 433~464쪽.

Lear, Jonathan, *Happiness, Death, and the Remainder of Life*, Cambridge : Harvard UP, 2000.

LeDoux, Joseph, *The Emotional Brain : The Mysterious Underpinnings of Emotional Life*, New York : Simon, 1996.

Lehtonen, Johannes, "Dimensions in the Dialogue between Psychoanalysis and Neuroscience", *International Forum of Psychoanalysis*, Vol.19, No.4, 2010, 218~223쪽.

Leskela, Jennie, Michael Dieperink, and Paul Thuras, "Shame and Posttraumatic Stress Disorder", *Journal of Traumatic Stress*, Vol.15, No.3, 2002, 223~226쪽.

Levi, Primo, *The Drowned and the Saved*, Raymond Rosenthal 역, New York : Simon & Schuster, 1986.

______, *The Reawakening*, Stuart Woolf 역, New York : Simon & Schuster, 1995.

______, *Survival in Auschwitz*, Stuart Woolf 역, New York : Simon & Schuster, 1996.

______, *Survival in Auschwitz and The Reawakening : Two Memoirs*, Stuart Woolf 역, New York : Summit Books, 1986.

Levinas, Emmanuel, *Alterity and Transcendence*, Michael B. Smith 역, New York : Columbia UP, 1999.

______, *On Escape : De l'évaison*, Bettina Bergo 역, Stanford : Stanford UP, 2003.

______, *Totality and Infinity : An Essay on Exteriority*, Alphonso Lingis 역, Pittsburgh : Duquene UP, 1969.

______, "Useless Suffering", Richard Cohen 역, *The Provocation of Levinas : Rethinking the Other*, Robert Bernasconi and David Wood 공편, London : Routledge, 1988, 156~167쪽.

______, and Richard Kearney, "Dialogue with Levinas", *Face to Face with Levinas*, Richard A. Cohen 편, Alany : SUNY Press, 1986, 13~33쪽.

Levine, Peter A., *In an Unspoken Voice : How the Body Releases Trauma and Restores Goodness*, Berkeley, California : North Atlantic Books, 2010.

Lewis, Helen, "Shame and Guilt in Neurosis", *Psychoanalytic Review*, Vol.58, No.3, 1971, 419~438쪽.

Leys, Ruth, "Death Masks : Kardiner and Ferenzi on Psychic Trauma", *Representations*, No.53, 1996, 44~73쪽.

______, *From Guilt to Shame : Auschwitz and After*, Princeton : Princeton UP, 2007.

______, *Trauma : A Genealogy*, Chicago : Chicago UP, 2000.

______, "Trauma and the Turn to Affect", *Trauma, Memory, and Narrative in the Contemporary South African Novel*, Ewald Mengel and Michela Borzaga 공편, New York : Rodopi, 2012. 3~27쪽.

______, "The Turn to Affect : A Critique", *Critical Inquiry*, Vol.37, No.3, 2011, 434~472쪽.

Lifton, Robert Jay, *The Broken Connection : On Death and the Continuity of Life*, New York : Simon and Schuster, 1980.

______, "The Concept of the Survivor", *Survivors, Victims, and Perpetrators : Essays on the Nazi Holocaust*, Joel E. Dimsdale 편, Washington : Hemisphere Publishing, 1980, 113~126쪽.

______, *Death in Life : Survivors of Hiroshima*, Chapel Hill : U of North Carolina P, 1991.

Lindsay-Hartz, Janice, "Contrasting Experiences of Shame and Guilt", *American Behavioral Scientist*, Vol.27, No.6, 1984, 689~704쪽.

Liotti, Giovanni and Marianna Liotti, "Reflections on Some Contributions to Contemporary Psychotraumatology in the Light of Janet's Critique of Freud's Theories", *Rediscovering Pierre Janet*, Giuseppe Craparo 외 공편, 95~105쪽.

Loftus, Elizabeth F., *Eyewitness Testimony*, Cambridge : Harvard UP, 1996.

Lopez, Giovanni, "Why Verbal Psychotherapy is Not Enough to Treat Post Traumatic Stress Disorder : a Biosystemic Approach to Stress Debeiefing", *Body, Movement and Dance in Psychotherapy*, Vol.6, No.2, 2011, 129~143쪽.

Luckhurst, Roger, *The Trauma Question*, New York : Routledge, 2008.

Lyotard, Jean-François, *The Differend : Phrases in Dispute*, Georges Van Den Abbeele 역, Minneapolis : U of Minnesota P, 1988.

Lyotard, Jean-François, *Heidegger and "the jews"*, Andreas Michel and Mark Roberts 공역, Minneapolis : U of Minnesota P, 1990.

______, *The Postmodern Condition : A Report on Knowledge*, Geoff Bennington and Brian Massumi 공역, Minneapolis : U of Minnesota P, 1989.

MacIntyre, Alasdair. *After Virtue : A Study in Moral Theory*, Notre Dame : U of Notre Dame P, 2007.

MacKenzie, Jordan and Michael Zhao, "Survivor Guilt", *Philosophical Studies*, Vol.180,

No.9, 2023, 2707~2726쪽.

Malabou, Catherine, *The New Wounded : From Neurosis to Brain Damage*, Steven Miller 역, New York : Fortham UP, 2012.

______, *What Should We Do With Our Brain?* Sebastian Rand 역, New York : Fortham UP, 2008.

Mandel, Naomi. *Against the Unspeakable : Complicity, the Holocaust and Slavery in America*, Charlottesville : U of Virginia P, 2006.

Margalit, Avishai. *The Ethics of Memory*, Cambridge : Harvard UP, 2002.

Massumi, Brian, "The Autonomy of Affect", *Cultural Critique*, No.31, 1995, 83~109쪽.

______, *Parables for the Virtual : Movement, Affect, Sensation*, Durham : Duke UP, 2021.

Mcleod, John, *Narrative and Psychotherapy*, London : Sage Publications, 1997.

Meares, Russell and Cécile Barral, "The Holistic Project of Pierre Janet. Part One : Disintegration or *désagrégation*", *Rediscovering Pierre Janet*, Giuseppe Craparo 외 공편, 106~115쪽.

Meretoja, Hanna and Colin Davis, "Introduction : Intersections of Stroytelling and Ethics", *Storytelling and Ethics*, Hanna Meretoja and Colin Davis 공편, 1~20쪽.

______ 공편, *Storytelling and Ethics : Literature, Visual Arts and the Power of Narrative*, New York : Routledge, 2018.

Micheels, Louis J., "Bearer of the Secret", *Psychoanalytic Inquiry*, Vol.5, No.1, 1985, 21~30쪽.

Mills, Catherine. "Linguistic Survival and Ethicality : Biopolitics, Subjectification, and Testimony in *Remnants of Auschwitz*", *Politics, Metaphysics, and Death : Essays on Giorgio Agamben's* Homer Sacer, Andrew Norris 편, Durham : Duke UP, 2005, 198~221쪽.

Mucci, Clara, Giuseppe Craparo, and Vittorio Lingiardi, "From Janet to Brombert, via Ferenczi : Standing in the Spaces of the Literature on Dissociation", *Rediscovering Pierre Janet*, Giuseppe Craparo 외 공편, 75~92쪽.

Murray, Hannah L., "Survivor Guilt in a Posttraumatic Stress Disorder Clinic Sample", *Journal of Loss and Trauma*, Vol.23, No.7, 2018, 600~607쪽.

Nadler, Steven, *Spinoza's Ethics : An Introduction*, Cambridge : Cambridge UP, 2006.

Nasio, Juan-David, *Hysteria From Freud to Lacan : The Splendid Child of Psychoanbalysis*, Susan Fairfield 역, New York : Other Press, 1998.

Nathanson, Donald L., "A Timetable for Shame", *The Many Faces of Shame*, Donald L. Nathanson 편, New York : The Guilford Press, 1987, 1~63쪽.

Neimiah, J. C., "Janet Redivivus : The Centenary of *L'automatisme Psychologique*", *American*

Journal of Psychiatry, Vol.146, No.2, 1989, 1527~1529쪽.

Niederland, William G., "Clinical Observations on the 'Survivor Syndrome'", *International Journal of Psychoanalysis*, Vol.49, 1968, 313~315쪽.

______, "The Problem of the Survivor Part I : Some Remarks on the Psychiatric Evaluation of Emotional Disorders in Survivors of Nazi Persecution", *Journal of the Hillside Hospital*, Vol.10, 1961, 233~247쪽.

______, "Psychiatric Disorders Among Persecution Victims : A Contribution to the Understanding of Concentration Camp Pathology and Its After-effects", *Journal of Nervous and Mental Disease*, Vol.139, No.5, 1964, 458~474쪽.

______, "Studies of Concentration-Camp Survivors", *Massive Psychic Trauma*, Henry Krystal 편, New York : International Universities Press, 1968, 23~46쪽.

______, "The Survivor Syndrome : Further Observations and Dimensions", *Journal of the American Psychoanalytic Association*, Vol.29, No.2, 1981, 413~425쪽.

Novaco, Raymond W. and Claude M. Chemtob, "Anger and Combat-Related Posttraumatic Stress Disorder", *Journal of Traumatic Stress*, Vol.15, No.2, 2002, 123~132쪽.

Nussbaum, Martha C., *Hiding from Humanity : Disgust, Shame, and the Law*, Princeton : Princeton UP, 2004.

Ogden, Pat, "Acts of Triumph : An Interpretation of Pierre Janet and the Role of the Body in Trauma Treatment", *Rediscovering Pierre Janet*, Giuseppe Craparo 외 공편, 200~209쪽.

Orth, Ulrich and Andreas Maercker, "Posttraumatic Anger in Crime Victims : Directed at the Perpetrator and at the Self", *Journal of Traumatic Stress*, Vol.22, No.2, 2009, 158~161쪽.

Oulahbib, Lucien, "La Contemporanéité de Pierre Janet" [The Contemporaneity of Pierre Janet], *Annales Médico-Psychologiques*, Vol.178, No.10, 2020, 1034~1038쪽.

Pederson, Joshua, "Trauma and Narrative", *Trauma and Literature*, J. Roger Kurtz 편, 97~109쪽.

Pesso, Albert and Han Wassenaar, "The Relationship Between PS/P and a Neurobiological Model", *Moving Psychotherapy*, Albert Pesso and John Crandell 공편, 33~40쪽.

Pesso, Albert and John Crandell 공편, *Moving Psychotherapy : Theory and Application of Pesso System/Psychomotor Therapy*, Cambridge, MA : Brookline Books, 1991.

Pesso Boyden System Psychomotor, "Structures", https://pbsp.com/theory-and-technique/structures/

Propp, Vladimir. *Morphology of the Folktale*, Laurence Scott 역, Austin : U of Texas P, 1968.

Rancière, Jacques, *The Future of the Image*, Gregory Elliott 역, London : Verso, 2007.

______, *The Politics of Aesthetics*, Gabriel Rockhill 역, New York : contiuum, 2006.

Reading, Anna, "Transformative Tales : Theater Storytelling, Ethics and Restitution", *Storytelling and Ethics*, Hanna Meretoja and Colin Davis 공편, 219~236쪽.

Reiter, Andrea, *Narrating the Holocaust*, Patrick Camiller 역, London : continuum, 2005.

Ricoeur, Paul. "Life in Quest of Narrative", *On Paul Ricoeur : Narrative and Interpretation*, David Wood 편, London : Routledge, 1991, 20~33쪽.

______, *Memory, History, Forgetting*, Kathleen Blamey and David Pellauer 공역, Chicago : U of Chicago P, 2004.

______, "Narrative Identity", David Wood 역, *On Paul Ricoeur*, David Wood 편, 188~199쪽.

______, *Time and Narrative volume 1*, Kathleen McLaughlin and David Pellauer 공역, Chicago : U of Chicago P, 1984.

______, *Time and Narrative Volume 3*, Katheleen Blamey and David Pellauer 공역, Chicago : U of Chicago P, 1985.

Riggs, David S., Constance V. Dancu, Beth S. Gershuny, Deborah Greeberg, and Edna B. Foa, "Anger and Post-Traumatic Stress Disroder in Female Crime Victims", *Journal of Traumatic Stress*, Vol.5, No.4, 1992, 613~625쪽.

Ritivoi, Andreea Deciu, "Affect", *The Routledge Companion to Literature and Trauma*, Colin Davis and Hanna Meretoja 공편, 2020, 141~151쪽.

Robbins, Jill, "The Writing of the Holocaust : Claude Lanzmann's *Shoah*", *Prooftexts*, Vol.7, No.3, 1987, 249~258쪽.

Rolland, Jacques, "Annotations", Emmanuel Levinas, *On Escape : De l'évaison*, 74~94쪽.

Russell, Dania E. H., *The Secret Trauma : Incest in the Lives of Girls and Women*, New York : Basic Books, 1986.

Saillot, Isabelle, "'The City Buried beneath Ashes' : Pierre Janet Unearthed", *European Journal of Trauma & Dissociation*, Vol.2, No.1, 2018, 1~4쪽.

Sanfelippo, Luis César and Antonio Dagfal, "The Debate Between Janet and Freud Revisited : Trauma and Memory", *The Psychoanalytic Quarterly*, Vol.79, No.1, 2020, 119~141쪽.

Santner, Eric L. *Stranded Objects : Mourning, Memory, and Film in Postwar Germany*, Ithaca : Cornell UP, 1990.

Sawyer, Dylan, *Lyotard, Literature and the Trauma of the differend*, London : Palgrave Macmillan, 2014.

Scalabrini, Andrea, Clara Mucci et al., "Dissociation as a Disorder of Intergration — On the Footsteps of Pierre Janet", *Progress in Neuropsychopharmacology & Biological Psychiatry*, Vol.101, 2020, 1~12쪽.

Scalmati, Anna Sabatini and Andrés Gautier "A Time for Bearing Witness", *Bearing Witness*, Andrés Gautier and Anna Sabatini Scalmati 공편, xix~xxviii쪽.

Schafer, Roy, "Narration in the Psychoanalytic Dialogue", *On Narrative*, W. J. T. Mitchell 편, Chicago : U of Chicago P, 1980, 25~49쪽.

Schmidt, Sibylle. "The Philosophy of Testimony : Between Epistemology and Ethics", *Testimony/Bearing Witness*, Sybille Krämer and Sigrid Weigel 공편, 259~274쪽.

Schwab, Gabriele, *Haunting Legacies : Violent Histories and Transgenerational Trauma*, New York : Columbia UP, 2010.

Schwartz, Richard C. and Martha Sweezy, *Internal Family Systems Therapy*, 2nd edition, New York : Guilford Press, 2020.

Sebald, W. G., "An Attempt at Restitution", Anthea Bell 역, *The New Yorker*, Vol.80, No.40, December 20, 2004, 110~114쪽.

Sedgwick, Eve Kosofsky, *Touching Feeling : Affect, Pedagogy, Performativity*, Durham : Duke UP, 2003.

______, and Adam Frank, "Shame in the Cybernetic Fold : Reading Silvan Tomkins", Silvan Tomkins, *Shame and Its Sisters*, Eve Kosofsky and Adam Frank 공편, 1~28쪽.

Seigworth, Gregory J. and Melissa Gregg, "An Inventory of Shimmers", *The Affect Theory Reader*, Melissa Gregg and Gregory J. Seigworth 공편, Durham : Duke UP, 2010, 1~25쪽.

Seltzer, Mark, "Wound Culture : Trauma in the Pathological Public Sphere", *October* Vol.90, 1997, 3~26쪽.

Shapiro, Francine, "Efficacy of the Eye Movement Desensitization Procedure in the Treatment of Traumatic Memories", *Journal of Traumatic Studies*, Vol.2, No.2, 1989, 199~223쪽.

______, *Eye Movement Desensitization and Reprocessing (EMDR) Therapy : Basic Principles, Protocols, and Procedures*, 3rd edition, New York : The Gilford Press, 2018.

______, and Deany Laliotis, "EMDR and the Adaptive Information Processing Model : Integrative Treatment and Case Conceptualization", *Clinical Social Work Journal*, Vol.39, No.2, 2011, 191~200쪽.

Shouse, Eric, "Feeling, Emotion, Affect", *M/C Journal*, Vol.8, No.6, 2005, https://journal.

media-culture.org.au/mcjournal/article/view/2443

Sofsky, Wolfgang. *The Order of Terror : The Concentration Camp*, William Templer 역, Princeton : Princeton UP, 1997.

Solms, Mark, "Is the Brain More Real than the Mind?" *Psychoanalytic Psychotherapy*, Vol.9, No.2, 1995, 107~120쪽.

Spence, Donald P., *Narrative Truth and Historical Truth : Meaning and Interpretation in Psychoanalysis*, New York : Norton, 1982.

Spinoza, Baruch, *Ethics, Treasise on the Emendation of the Intellect and Selected Letters*, Samuel Shirley 역, Indianapolis : Hackett Publishing Company, 1992.

Spinoza, Benedict de, *Ethics*, Edwin Curley 역, London : Penguin, 1996.

Square, Larry R., "Declarative and Nondeclarative Memory : Multiple Brain Systems Supporting Learning and Memory", *Memory Systems*, D. L. Schacter and E. Tulving 공편, Cambridge : MIT P, 1994, 203~231쪽.

Steele, Kathy and Onno van der Hart, "The Hypnotherapeutic Relationship with Traumatized Patients : Pierre Janet's Contributions to Current Treatment", *Rediscovering Pierre Janet*, Giuseppe Craparo 외 공편, 145~163쪽.

Stone, Andrew M., "The Role of Shame in Post-Traumatic Stress Disorder", *American Journal of Orthopsychiatry*, Vol.62, No.1, 1992, 131~136쪽.

Sumic-Riha, Jelica, "Testimony and the Real : Testimony between the Impossibility and the Obligation", *parallax*, Vol.10, No.1, 2004, 17~29쪽.

Tal, Kalí, *Worlds of Hurt : Reading the Literatures of Trauma*, Cambridge : Cambridge UP, 1996.

Tasso, Torquato. *Jerusalem Delivered*, Ralph Nash 역, Detroit : Wayne State UP, 1987.

Todorov, Tsvetan. *Facing the Extreme : Moral Life in the Concentration Camps*, Arthur Denner and Abigail Pollak 공역, New York : An Owl Book, 1996.

______, *The Poetics of Prose*, Richard Howar 역, Ithaca : Cornell UP, 1977.

______, "The Two Principles of Narrative", *Diacritics*, Vol.1, No.1, 1971, 37~44쪽.

Tomashevsky, Boris, "Thematics", *Russian Formalist Criticism : Four Essays*, Lee T. Lemon and Marion J. Reis 공역, Lincoln : U of Nebraska P, 1965, 61~95쪽.

Tomkins, Silvan, *Shame and Its Sisters : A Silvan Tomkins Reader*, Eve Kosofsky and Adam Frank 공편, Durham : Duke UP, 1995.

Trezise, Thomas, "Between History and Psychoanalysis : A Case Study in the Reception of

Holocaust Survivor Testimony", *History and Memory*, Vol.,20 No.1, 2008, 7~47쪽.

van der Hart, Onno, and Barbara Friedman, "A Reader's Guide to Pierre Janet : A Neglected Intellectual Heritage", *Rediscovering Pierre Janet*, Giuseppe Craparo 외 공편, 4~27쪽.

van der Hart, Onno, Kathy Steele, Suzette Boon, and Paul Brown, "The Treatment of Traumatic Memories : Synthesis, Realization, and Integration", *Dissociation*, Vol.6, No.2/3, 1993, 162~180쪽.

van der Hart, Onno, Paul Brown, and Bessel A. van der Kolk, "Pierre Janet's Treatment of Posttraumatic Stress", *Rediscovering Pierre Janet*, Giuseppe Craparo 외 공편, 163~177쪽.

van der Hart, Onno and Rutger Horst, "The Dissociation Theory of Pierre Janet", *Journal of Traumatic Stress*, Vol.2, No.4, 1989, 397~412쪽.

van der Kolk, Bessel A., "The Body Keeps the Score : Approaches to the Psychobiology of Posttraumatic Stress Disorder", *Traumatic Stress : The Effects of Overwhelming Experience on Mind, Body, and Society*, Bessel A. van der Kolk, Alexander C. McFarlane, and Lars Weisaeth 공편, New York : Guilford, 1996, 214~241쪽.

______, *The Body Keeps the Score : Brain, Mind, and Body in the Healing of Trauma*, New York : Penguin, 2014.

______, "Posttraumatic Therapy in the Age of Neuroscience", *Psychoanalytic Dialogues*, Vol.12, No.3, 2002, 381~392쪽.

van der Kolk, Bessel A., "Trauma, Neuroscience, and the Etiology of Hysteria : An Exploration of the Relevance of Breuer and Freud's 1893 Article in Light of Modern Science", *Journal of the American Academy of Psychoanalysis*, Vol.28, No.2, 2000, 237~262쪽.

______, and Onno van der Hart, "The Intrusive Past : The Flexibility of Memory and the Engraving of Trauma", *Trauma : Explorations in Memory*, Cathy Caruth 편, 158~182쪽.

______, and Rita Fisler, "Dissociation and the Fragmentary Nature of Traumatic Memories : Overview and Exploratory Study", *Journal of Traumatic Stress*, Vol.8, No.4, 1995, 505~525쪽.

Verhaeghe, Paul, *Does The Woman Exist? From Freud's Hysteric to Lacan's Feminine*, Marc Du Ry 역, Rev. ed. New York : Other P. 1999.

Vice, Sue, *Shoah*, London : British Film Institute, 2019.

Vickroy, Laurie. *Reading Trauma Narratives : The Contemporary Novel and the Psychology of

Oppression, Charlottesville : U of Virginia P, 2015.

Voltaire, *Toleration and Other Essays*, Joseph McCabe 역, New York : Knickerbocker Press, 1912.

Walsh, William. H., "'Plain' and 'Significant' Narrative in History", *Journal of Philosophy*, Vol.55, No.11, 1958, 479~484쪽.

Welz, Claudia, "Shame and the Hiding Self", *Passions in Context : International Journal for the History and Theory of Emotions*, Vol.82, No.2, 2011, 67~92쪽.

White, Hayden, "Historical Emplotment and the Problem of Truth", *Probing the Limits of Representation*, Saul Friedlander 편, 37~53쪽.

White, Michael, "Deconstruction and Therapy", *Experience, Contradiction, Narrative and Imagination*, Adelaide, South Australia : Dulwich Centre Publications, 1992, 109~152쪽.

Wiesel, Elie. *Night*, Marion Wiesel 역, New York : Hill and Wang, 2006.

______, "The Nobel Peace Prize Acceptance Speech Delivered by Elie Wiesel in Oslo on December 10, 1986", Elie Wiesel, *Night*, 117~120쪽.

Wieviorka, Annette, *The Era of the Witness*, Jared Stark 역, Ithaca : Cornell UP, 2006.

______, "The Witness in History", Jared Stark 역, *Poetics Today*, Vol.27, No.2, 2006, 385~397쪽.

Wisdom, J., J. L. Austen, and A. J. Ayer, "Symposium : Other Minds", *Proceedings of the Aristotelian Society, Supplementary Volumes, Logic and Reality*, Vol. 20, 1946, 122~197쪽.

"Witness", n. 6. a. *Oxford English Dictionary*, https://www.oed.com/search/dictionary/?-scope=Entries&q=witness. Oxford UP, 2025.

Wolpe, Joseph, "Psychotherapy by Reciprocal Inhibition", *Conditional Reflex*, Vol.3, No.4, 1968, 234~240쪽.

Wood, David, "Introduction : Interpreting Narrative", *On Paul Ricoeur*, David Wood 편, 1991, 1~19쪽.

______ 편, *On Paul Ricoeur : Narrative and Interpretation*, London : Routledge, 1991.

Young, Allan, "Bodily Memory and Traumatic Memory", *Tense Past*, Paul Antze and Michael Lambek 공편, 89~102쪽.

Young, James, *Writing and Rewriting the Holocaust : Narrative and the Consequences of Interpretation*, Bloomington : Indiana UP, 1988.

Yovell, Yoram, Mark Solms, and Aikaterini Fotopoulou, "The Case for Neuropsycho-
analysis : Why a Dailogue with Neuroscience is Necessary but Not Sufficient for
Psychoanalysis", *International Journal of Psychoanalysis*, Vol.96, No.6, 2015,
1515~1553쪽.

Zepf, Siegfried, and Florian D. Zepf, "Trauma and Traumatic Neurosis : Freud's Concepts
Revisited", Simon Thomas and Judith Zepf 공역, *International Journal of Psycho-
analysis*, Vol.89, No.2, 2008, 331~353쪽.

Žižek, Slavoj, *The Sublime Object of Ideology*, London : Verso, 1989.

용어

ㄱ

가소성(plasticity)　73, 136, 137

가시성(visibility)　460, 619~621, 628

가해자(perpetrator)　30, 31, 159, 220, 271, 277, 278, 307, 337~340, 426, 427, 446, 467, 543, 557, 558, 569, 572~575, 594, 596, 597, 599, 600, 607, 625, 629, 633, 716

감성(sensibility)　386~388, 416, 419, 420, 423, 439, 457, 458, 462, 506, 567

감성의 분할(distribution of the sensible)　457, 458, 462

감정(emotion)　24, 29, 30, 123, 124, 126, 129, 137, 147, 162, 165, 176~179, 184, 190, 194, 201, 206, 208, 227, 253, 259, 265, 270, 410, 447, 453, 456, 475, 494, 515, 518~521, 523, 525~527, 531~536, 541, 542, 550, 551, 553, 554, 557, 564~567, 569~571, 576, 581, 584, 591, 608, 610, 623, 624, 627, 629, 648, 740

감정충격(*émotion-choc*, emotional shock)　137

강도(intensity)　532~536, 553

강직증(catalepsy)　113, 114

건망증(방심상태, absent-mindedness)　133

격노(rage)　531, 570, 571, 573, 576, 649

경멸(contempt)　531, 581, 603, 604

경악(fright)　31, 44, 45, 51, 52, 54, 71, 82, 95, 252, 514, 515, 553, 564, 570

경청의 윤리(ethics of listening)　732

경향성(tendency)　110, 148, 150, 151, 157, 161

고착된 표상(고정관념, fixed idea)　21, 121~123, 127~130, 134~136, 138~142, 145, 149, 152, 154, 156, 158, 536, 537, 700

공감(empathy)　18, 21, 34, 310, 315, 320, 351, 362, 375, 493, 607, 638, 727, 732~734, 747, 748

공백(공허, void)　80, 81, 267, 376, 378, 381~383, 433, 621, 640, 641, 694

공포(fear)　22, 23, 29~31, 62, 83, 96, 121, 123, 128, 129, 144, 174~182, 188, 191, 195, 198, 208, 209, 229, 237, 247, 249, 345, 355, 360, 365, 378, 411, 437~439, 442, 446, 447, 453, 454, 475, 478, 494, 495, 508, 515, 518, 525, 527, 529, 531, 557, 563, 564, 567, 570, 571, 574~576, 599, 630, 654, 701, 703

과잉카섹시스(hypercathexis)　55, 71

관념(idea)　29, 43, 108, 114, 121, 125, 130, 142, 152, 162, 171, 243, 244, 283, 286, 504, 516~521, 526, 534, 536, 598, 603, 746

교감신경계(SNS, Sympathetic Nervous System)　206, 207

구성(플롯, plot, emplotment)　28, 29, 459, 476~485, 489, 493, 497, 498, 504~507, 510, 660, 679

조에(*zoē*) 32, 54, 205, 220, 289, 383,
  394, 402, 407, 478, 483, 485, 529,
  543, 571, 616, 622, 631, 634, 635,
  638, 639, 686, 712, 745
존재(being, existence) 559, 561~564,
  602, 617~621, 623, 624, 661, 662,
  669, 671, 736~738, 741, 746
존재론(ontology) 231~233, 240, 456,
  503, 556, 564, 623, 629, 630, 737, 748
종합(synthesis) 21, 29, 67, 130~132,
  134~136, 141, 145, 161, 162, 225,
  250, 332, 386~388, 416, 437,
  482~484, 499, 505, 506, 522, 539,
  554, 679, 681
종합력(power of synthesis) 21, 134, 135, 145
좌절(frustration) 67, 86, 90, 193, 571,
  589, 590, 645
죄(guilt) 560, 579, 586, 600, 601,
  610~612
죄의식(sense of guilt) 73, 239, 298, 579, 609
죄책감(guilt, guilt feeling) 29~31, 194,
  198, 239, 252, 271, 274~276, 278,
  279, 289, 295, 305, 515, 557~565,
  574~604, 607~612, 619, 620, 623,
  628, 633, 640, 665, 701
주의 분산(distraction) 114, 121, 134, 501
주의력 결핍 및 과잉행동 장애(ADHD) 223
주체(subject) 21, 23, 30, 32, 42, 46, 58,
  59, 61, 62, 75, 76, 85, 89~91, 94, 95,
  97, 112, 114, 116, 120, 121, 126, 129,
  130, 133, 136, 143~145, 149, 158,
  165~167, 226~233, 310, 334, 363,
  371, 384~391, 393, 396, 399~401,
  403, 421, 422, 508, 511, 516, 537, 538,
  541, 542, 547~550, 552, 553, 555,
  557, 558, 560, 593, 602, 618~623,
  630, 631, 634~637, 642, 661,
  662, 666, 673, 687, 691, 693, 695,
  697~699, 715~717, 720, 722, 724,
  725, 727~729, 731~734, 742, 747
주체-기능(subject-function) 396
주체성(subjectivity) 20, 26, 32, 334,
  383, 384, 386, 389, 390, 400, 512,
  549, 622, 623, 629, 634, 636~638,
  661, 721, 741
죽음(death) 18, 23, 24, 27, 33, 38~40,
  49, 55~59, 62, 74, 75, 78~81, 129,
  143, 146, 147, 237, 239~255, 258,
  260~263, 267, 269, 271~273,
  276~279, 281~289, 292~300, 305,
  313, 324, 342, 348, 349, 356, 357,
  365, 369, 377, 378, 380~382, 391,
  406, 407, 411, 412, 425, 530, 574,
  575, 585, 590~596, 600, 604, 606,
  611, 614, 615, 625, 631, 640, 643,
  652~657, 661, 667~669, 671, 679,
  682, 684, 685, 692, 731
죽음정치(thanatopolitics) 261, 262
증언(testimony, witnessing) 19, 20, 23,
  25~27, 31, 32, 38, 69, 77, 78, 81, 213,
  261, 265, 267, 268, 272, 274, 275, 285,
  290, 299, 300, 302~310, 312~352,
  355~358, 360~375, 379~383,
  389~397, 399~408, 426~428, 431,